U0906552

上海现代服务业联合会郑惠强会长在2019年长三角物流发展与合作论坛致欢迎辞

上海市商务委员会市场体系建设处肖刚处长在2019年物流供应链大会即5.6物流节上作发言

上海现代服务业联合会与供应链委员会专职副主任兼秘书长韩志雄在2019年物流供应链大会即5.6物流节作大会主持

江苏省太仓市发改委主任王莉萍在2019年物流供应链大会即5.6物流节上作发言

上海物流协会陈震常务副秘书长在2019年物流供应链大会即5.6物流节上作发言

上海圆通速递（物流）有限公司喻渭蛟董事长在 2019 年物流供应链大会即 5.6 物流节上作发言

上海海事大学黄有方教授在 2019 年物流供应链大会即 5.6 物流节上作发言

浙江省桐乡市发改委副主任全见方在2019年物流供应链大会即5.6物流节上作发言

上海市青浦区副区长彭一浩在2019年物流供应链大会即5.5物流节上作发言

上海市青浦区华新镇镇长林峰在2019年物流供应链大会即5.6物流节上作发言

圆通快递小哥郭浩强在2019年5.6物流节作交流发言

上海现代服务业联合会郑惠强会长、专委会主任范鸿禧与中国物流与采购联合会副会长蔡进

上海市商务委员会副主任刘敏、联合会副会长陈振鸿在探讨与研究工作

上海现代服务业联合会副会长陈振鸿出席 2019 年物流供应链大会即 5.6 物流节

上海现代服务业联合会副会长刘春景出席 2019 年物流供应链大会即 5.6 物流节

上海市商务委刘敏副主任、联合会领导与部分物流行业协会、企业家合影集体照

长三角供应链创新与应用大会即2019年长三角物流发展与合作论坛主会场

上海现代服务业联合会第四届理事会第三次会议（扩大）

上海现代服务业联合物流与供应链服务专委会走访工程技术大学专题活动

上海现代服务业联合会领导一行出席 2019 上海现代物流与供应链高峰论坛

2020 上海现代物流与供应链高峰论坛主题会场一角

上海现代服务业联合会陈振鸿一行参观圆通速递公司远景规划展

2019年第三届“物流节”部分嘉宾合影

上海现代服务业联合物流与供应链服务专委会专题活动

上海现代服务业联合物流与供应链服务专委会走访江苏省徐州市鼓楼区活动

上海现代服务业联合物流与供应链服务专委会走访上海物流企业家协会

上海现代服务业联合物流与供应链服务专委会走访上海市物流协会

上海现代服务业联合会副会长李关德出席金山区物流区域联动大会上发言

上海现代服务业联合会副秘书长白焕耀出席金山区物流区域联动大会上发言

上海现代服务业联合会副会长陈虎祺与部分编辑人员参观华东无人机创业园区

上海现代服务业联合会副会长李关德、副秘书长白焕耀与
部分编辑人员参观华东无人机创业园区

上海现代服务业联合会副秘书长白焕耀观摩倾听无人机使用特性

2019 年物流供应链大会即 5.6 物流节联合会领导与获奖者合影

上海现代服务业联合物流与供应链服务专委会与部分物流供应链企业家合影

上海现代服务业联合物流与供应链服务专委会走访江苏省徐州市鼓楼区活动

上海现代服务业联合物流与供应链服务专委会走访上海冷冻空调行业协会

上海现代服务业联合物流与供应链服务专委会走访上海市仓储与配送行业协会

上海现代服务业联合会副秘书长白焕耀出席2019年长三角物流发展与合作论坛

上海物流企业家协会一行走访建行卢湾支行商议双方合作事宜

上海市交运集团公司向武汉灾区发运“抗疫”物资

上海现代服务业联合会白焕耀副秘书长联络部刘宇部长与捐赠“抗疫”物资单位合影

上海物流行业社会组织合作联盟秘书长会议

上海新杰物流集团股份有限公司向青浦区华新镇社区卫生中心捐赠抗疫物资

上海新英源物流公司向上海市肿瘤医院捐赠“抗疫”物资

创建物流应急供应链筹备会议

上海现代服务业联合会与供应链专委员会主任范鸿禧一行走访绿地全球贸易港

上海现代服务业联合会物流与供应链专委会走访新天天低温吴淞基地

上海现代服务业联合会领导调研物流信息国家工程实验室

上海现代服务业联合会物流与供应链专委会范鸿喜主任一行考察华晨优安冷库

上海现代服务业联合物流与供应链服务专委会专题活动授奖

上海品牌（微视频）大赛获金奖单位授领奖牌

[东方美谷企业集团]

打造全区美丽健康产业的投资管理平台

东方美谷集团全称东方美谷企业集团股份有限公司，是奉贤区第一家区属一级国有股份公司，注册资本 6 亿元。

集团作为推动“东方美谷”发展的市场化主体，以“产业投资，专业招商”为主要业务，并以“产业集群，企业上市”为发展目标，致力于全面整合资源，拓展东方美谷美丽健康产业的承载空间，提升产业发展品质，加快产业发展速度，丰富产业发展内涵，并对美丽健康全产业链相关优质资产开展收购兼并和股权投资，打造全区美丽健康产业的投资管理平台，推动奉贤区美丽健康产业集群集聚发展。

集团通过投资、收购全区乃至全市范围内 104 板块适合产业开发的土地和拟实施产业结构调整的土地，与当地政府进行合作开发，打造以实现美丽健康产业集群发展为目标，运用专业化、现代化、国际化的招商思路和手段，吸引、培育一批行业顶尖、具有国际影响力的美丽健康产业企业和机构落户，形成国内规模最大的美丽健康产业集群和具有行业引领作用的发展高地。

东方美谷集团将围绕东方美谷“五大平台”和“八大中心”，构建产业支撑体系。

五大平台——产业发展平台、产业资源平台、产业孵化平台、产业服务平台、产业政策平台。

八大中心——研发中心、设计中心、检测中心、展示中心、营销中心、体验中心、服务中心、指导中心。

康成投资(中国)有限公司

康成投资（中国）有限公司（英文名称：CONCORD INVESTMENT (CHINA) CO., LTD. 简称“康成投资”）是上海市外商投资企业协会副会长级会员单位。“康成投资”是 2005 年 3 月 4 日经国家商务部批准成立的外商投资性公司，2009 年 12 月 21 日经上海市商务委员会认定为“跨国公司地区总部”，是“大润发”系列注册商标的所有权人，目前公司注册资本为 24831.3183 万美元。

2017 年 11 月 20 日，阿里巴巴与大润发母公司高鑫零售达成战略合作，阿里巴巴投入约 224 亿港元持有高鑫零售 36.16% 的股份。高鑫零售旗下有大润发和欧尚两大零售企业，截至 2016 年现代通路中的主要零售商占有率大润发（6.5%）和欧尚（1.3%）共有 7.8% 的市场份额，排名中国第一。作为全国最大的大卖场运营商与全国最大的电商平台，两者强强联手将从商业模式和资本结构双通道加快推动新零售进程。

满足顾客需求，并让顾客满意

未来已来，唯一的不变就是改变

物流体系的建构：

1. 全国物流中心：

5 大中心仓库：华东 / 华北 / 东北 / 华南 / 华中
4 大区域仓库：南京 / 厦门 / 成都 / 哈尔滨
正在构建华北中心仓库
总计面积：430000 平方米

2. 仓库参数

品项数：23000 SKU
日均收货量：70 万箱（2100 万箱 / 月）
日均出货量：65 万箱（2000 万箱 / 月）
365 天 24 小时提供服务

3. 自动化仓库作业

滑块分拣机 + 堆垛机器人：
【货到人】机器人系统
无人搬运车 + 遥控拣货车

4. 运输参数

日均趟次：485 趟（14550 趟 / 月）
总车辆数：360 台
总柜数：1050 个
平均里程：350-400 公里（最远距离 4000 公里）

5. 运输作业

运输模式：路运 / 海运 / 铁路
GPS：里程 / 油耗 / 轨迹 / 车速 / 停车异常 / 超速报警
OTMS：外车预约 / 报到 / 追踪在途车辆及时状况

作业准则：

效率最大化，成本最小化
安全、效率、品质、服务、成本、创新
精益求精，落实工匠精神

服务宗旨

满足顾客需求，并让顾客满意
未来已来，唯一的不变就是改变

效率最大化，成本最小化
安全、效率、品质、服务、成本、创新
精益求精，落实工匠精神

上海物流年鉴 2019

Shanghai Logistics Yearbook 2019

上海现代服务业联合会
上 海 市 物 流 协 会　编著
上 海 市 物 流 学 会

图书在版编目（CIP）数据

上海物流年鉴. 2019 / 上海现代服务业联合会，上海市物流协会，上海市物流学会编著. ——上海：上海社会科学院出版社，2020

ISBN 978-7-5520-3251-2

Ⅰ. ①上… Ⅱ. ①上… ②上… ③上… Ⅲ. ①物流—上海—2019—年鉴 Ⅳ. ①F259.275.1-54

中国版本图书馆CIP数据核字(2020)第115528号

上海物流年鉴 2019

编　　著—— 上海现代服务业联合会
上海市物流协会
上海市物流学会
责任编辑—— 董汉玲
封面设计—— 白焕耀
出版发行—— 上海社会科学院出版社
上海顺昌路 622 号　邮编 200025
电话总机 021-63315947　销售热线 021-53063735
http://www.sassp.cn　E-mail:sassp@sass.cn
印　　刷—— 上海新岛印刷有限公司
开　　本—— 890 毫米 ×1240 毫米　1/16
印　　张—— 31
字　　数—— 848 千字
插　　页—— 14
版　　次—— 2020 年 7 月第 1 版
2020 年 7 月第 1 次印刷
书　　号—— 978-7-5520-3251-2/F•625
定　　价—— 399.00 元

《上海物流年鉴》编辑委员会

地址： 上海市浦东滨江大道 2525 弄 5 号 A 栋（邮编 200120）/ 北海路 8 号福申大厦 10 楼（邮编 200001）

电话： 021-50151868（总机）　**传真：** 021-50151827

E-mail: shsf.china@163.com　shlogyearbook@126.com

新浪博客 / 微博： http://blog.sina.com.cn/u/2748023544

前　言

2019年是充满变数的一年，2020年初，一场突如起来“疫情”给我国经济发展带来前所未有的冲击，整个经济及物流业受到了重创，但在物流业编创人员克服各种困难的情况下，《上海物流年鉴2019》又如期和大家见面了。我谨代表上海现代服务业联合会及我个人，向年鉴编辑和多年来积极支持参与年鉴编辑工作的业内外工作者表示衷心的感谢和热烈的祝贺。

全市物流业人士在以习近平同志为核心的党中央坚强领导下，坚决贯彻落实党中央、国务院和中共上海市委决策和部署，按照习近平总书记倡导建设一个“开放、稳定、安全”的物流供应链指示和方针，物流业作为国民经济体系中的重要产业之一，事关上海城市能级和核心竞争力的全面提升，事关上海更好服务全国发展大局。全市物流业人士在更高起点上谋划和推动上海服务业高质量发展，在“创新区域联动、拓展市场效应”运作模式下，充分发挥业内人士的专业特长应对着来自一切外部的经济压力，推动了上海服务业高质量发展，全面增强上海服务业的支撑力、竞争力和引领力，开创了上海服务业高质量发展新局面。

2019年，我国的经济发展是在面对着世界外部环境的恶劣变化，面临着各种复杂严峻的经济形势中突出重围，促使我们物流业做了产业调整，扩大了长三角的联动机制，锁定了交通环保、城市配送、邮政快递、口岸贸易业务、中国国际进口博览会等8个重点课题及近百个合作项目，今年又新增了国家级的物流企业A级名单和企业的优秀案例，对2020年物流业的发展前景做了分析和展望，同时又在本年鉴中详细描述了上海物流界在此次“疫情”中快速响应、积极参与，第一时间将联防联控运作机制的精髓做到极致，在业内引起了极大的反响，交出了一份可歌可泣的答卷。上述这些重要内容都已经在新年鉴中得到详细的陈述和反映。

今年出版的《上海物流年鉴2019》是本年鉴创办以来的第九本，当我们回顾这九年的光辉历程，值得庆贺的是，这九年来我们业内人员坚持不懈坚守物流阵地，齐心协力、善于总结经验，客观地分析解读当前物流业的发展趋势、勇于开拓创新，为每年的物流年鉴提供宝贵数据及信息素材，该年鉴得到了物流界内外的认可和褒奖。作为年鉴编委主任，我将继续关心和指导年鉴编辑工作，望你们不断地总结经验，在习近平主席倡导的建设一个“开放、稳定、安全”物流供应链理论指引下，把上海新时代物流业行业发展不断地推向新的更高的水平作出新贡献。

郑惠强

2020 年 5 月 6 日

目　录

第一篇　综合报告和政策文件

第二篇 物流基础领域

第三篇 物流业创新研发与应用实践

第四篇 口岸、自贸区和进口博览会物流

第五篇 长三角物流区域联动合作

第六篇 制造业物流

第七篇 城市配送和快递物流

第八篇 冷链物流

第九篇 物流供应链

第十篇 逆向物流

第十一篇 物流装备技术与物流标准

第十二篇 物流金融

第十三篇 附 录

第一篇 综合报告和政策文件

1.1 物流业综合报告和2019年度统计数据

1.1.1 全国物流业

《中华人民共和国2019年国民经济和社会发展统计公报》交通运输、仓储和邮政业部分统计数据（节录）

四、服务业

* 全年交通运输、仓储和邮政业增加值42802亿元，增长7.1%；

* 全年货物运输总量471亿吨，货物运输周转量199290亿吨公里。全年港口完成货物吞吐量140亿吨，比上年增长5.7%，其中外贸货物吞吐量43亿吨，增长4.7%。港口集装箱吞吐量26107万标准箱，增长4.4%。

表4 2019年各种运输方式完成货物运输量及其增长速度

指标	单位	绝对数	比上年增长（%）
货物运输总量	亿吨	470.6	-
铁路	亿吨	43.2	7.2
公路	亿吨	343.5	-
水运	亿吨	74.7	6.3
民航	万吨	753.2	2.0
管道	亿吨	9.1	1.8
货物运输周转量	亿吨公里	199289.5	-
铁路	亿吨公里	30074.7	4.4
公路	亿吨公里	59636.4	-
水运	亿吨公里	103963.0	5.0
民航	亿吨公里	263.2	0.3
管道	亿吨公里	5352.2	1.0

* 全年旅客运输总量176亿人次，比上年下降1.9%。旅客运输周转量35349亿人/公里，增长3.3%。

* 年末，全国民用汽车保有量26150万辆（包括三轮汽车和低速货车762万辆），比上年末增加2122万辆，其中私人汽车保有量22635万辆，增加1905万辆。民用轿车保有量14644万辆，增

加 1193 万辆，其中私人轿车保有量 13701 万辆，增加 1112 万辆。

* 全年完成邮政行业业务总量 16230 亿元，比上年增长 31.5%。邮政业全年完成邮政函件业务 21.7 亿件，包裹业务 0.2 亿件，快递业务量 635.2 亿件，快递业务收入 7498 亿元。

* 全年完成邮政行业业务总量 12345 亿元，比上年增长 26.4%。邮政业全年完成邮政函件业务 26.8 亿件，包裹业务 0.2 亿件，快递业务量 507.1 亿件，快递业务收入 6038 亿元。

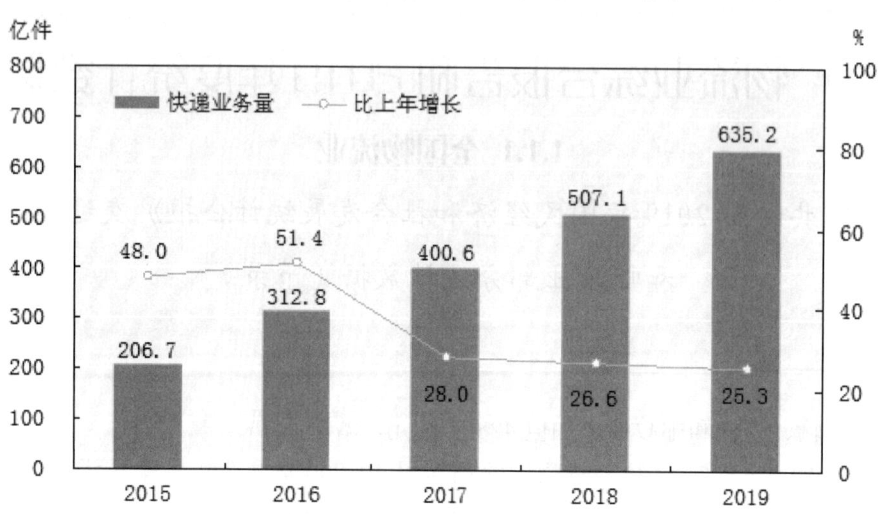

图 14 2015-2019 年快递业务量及其增长速度

六、固定资产投资

* 2019 年全社会固定资产投资 560874 亿元，比上年增长 5.1%。
* 2019 年全年全国交通运输、仓储和邮政业固定资产投资额累计增长 3.4%
* 2019 年固定资产投资新增主要生产与运营能力（交通运输部分）

表 7 2019 年固定资产投资新增主要生产与运营能力

指标	单位	绝对数
新增 220 千伏及以上变电设备	万千伏安	23042
新建铁路投产里程	公里	8489
其中：高速铁路	公里	5474
增、新建铁路复线投产里程	公里	6448
电气化铁路投产里程	公里	7919
新改建公路里程	公里	327626
其中：高速公路	公里	8313
港口万吨级码头泊位新增通过能力	万吨 / 年	12022
新增民用运输机场	个	3
新增光缆线路长度	万公里	434

七、对外经济

表 13 2019 年外商直接投资（不含银行、证券、保险领域）及其增长速度

行业	企业数（家）	比上年增长（%）	实际使用金额（亿元）	比上年增长（%）
总计	**40888**	**-32.5**	**9415**	**5.8**
其中：农、林、牧、渔业	495	-33.2	38	-27.9
制造业	5396	-12.3	2416	-11.0
电力、热力、燃气及水生产和供应业	295	3.9	239	-17.6
交通运输、仓储和邮政业	591	-21.6	309	-1.6
信息传输、软件和信息技术服务业	4295	-40.5	999	29.4
批发和零售业	13837	-39.5	614	-4.5
房地产业	1050	-0.3	1608	8.0
租 赁和商务服务业	5777	-36.5	1499	20.6
居民服务、修理和其他服务业	361	-25.6	37	-0.4

全年对外非金融类直接投资额 7630 亿元，比上年下降 4.3%，折 1106 亿美元，下降 8.2%。其中，对“一带一路”沿线国家非金融类直接投资额 150 亿美元，下降 3.8%。

来源：国家统计局《2019 年国民经济和社会发展统计公报》2020 年 2 月 28 日

2019 年全国物流运行情况通报

国家发展改革委、中国物流与采购联合会

2019 年，全社会物流总额保持基本平稳增长，社会物流总费用与 GDP 的比率为 14.7%，比上年下降 0.1 个百分点。社会物流总额增速稳中趋缓，需求结构继续优化。社会物流总费用平稳增长，增速小幅回落。物流运行总体保持平稳、稳中有进的发展态势。

一、社会物流总额增速稳中趋缓

2019 年，全国社会物流总额 298.0 万亿元，按可比价格计算，同比增长 5.9%，增速比上年同期回落 0.5 个百分点，其中一季度增长 6.4%，上半年增长 6.1%，前三季度增长 5.7%，全年社会物流总额呈缓中趋稳，四季度小幅回升。

从构成看，工业品物流总额 269.6 万亿元，按可比价格计算，同比增长 5.7%，增速比上年回落 0.5 个百分点；进口货物物流总额 14.3 万亿元，增长 4.7%，比上年提高 1 个百分点；农产品物流总额 4.2 万亿元，增长 3.1%，比上年回落 0.4 个百分点；单位与居民物品物流总额 8.4 万亿元，增长 16.1%；再生资源物流总额 1.4 万亿元，增长 13.3%。

二、社会物流总费用与 GDP 的比率小幅回落

2019 年，社会物流总费用 14.6 万亿元，同比增长 7.3%，增速比上年回落 2.5 个百分点。社会物流总费用与 GDP 的比率为 14.7%，比上年下降 0.1 个百分点。

其中，运输费用 7.7 万亿元，同比增长 7.2%，保管费用 5.0 万亿元，增长 7.4%，管理费用 1.9 万亿元，增长 7.0%。

三、物流业总收入保持较快增长

2019 年，物流业总收入 10.3 万亿元，同比增长 9.0%。

来源：中物联科技信息部

2019 年物流运行情况分析报告

2019 年，全球经济增长持续放缓，经济下行压力加大。面对纷繁复杂的国际国内形势，物流运行保持总体平稳、稳中有进的运行态势，物流需求规模不断扩大，经济结构调整优化，物流运行效率有所改善。

一、物流运行再上新台阶

（一）社会物流需求进入到中高速发展阶段

社会物流需求总体保持平稳增长，但增速有所趋缓，进入中高速发展阶段。从规模总量看，2019 年，我国社会物流总额达到 298.0 万亿元，从增速看，全年社会物流总额可比增长 5.9%，增速比上年回落 0.5 个百分点；从年内走势看，一季度、上半年增速仍维持 6% 以上，前三季度回落至 6% 以内，年底两个月小幅回升。

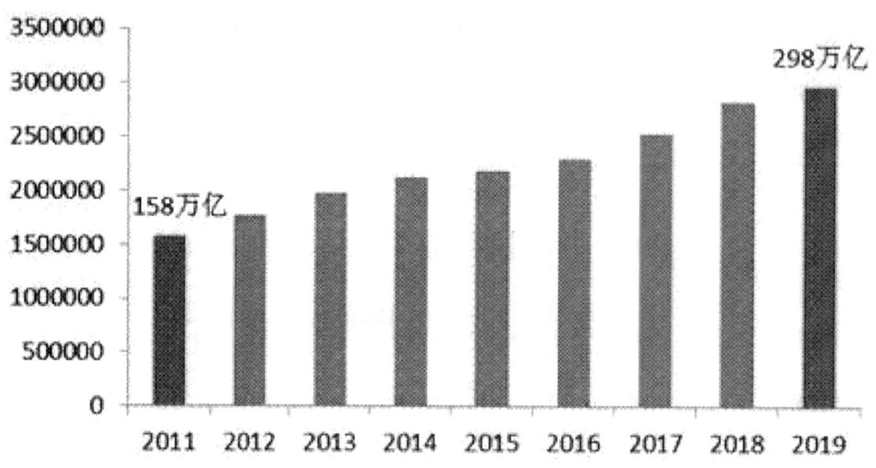

图 1 2011-2019 年社会物流总额（单位：亿元）

从“十三五”时期来看，2016-2018 年，社会物流总额增速均高于 6.0%，保持在 6.1-6.7% 之间，2019 年回落至 6% 以内。与同期 GDP 相比，“十三五”以来社会物流总额已连续多年低于 GDP 增长，显示当前经济增长方式已从物化劳动为主向服务化活劳动为主转变。

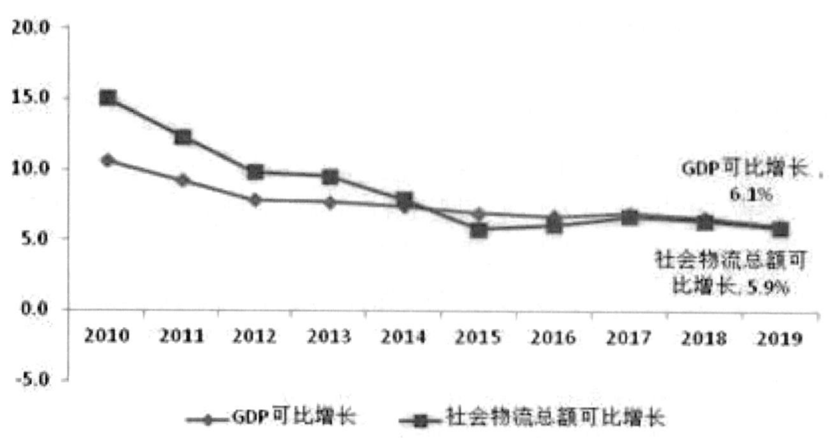

图 2 2010-2019 年社会物流总额与 GDP 可比增长对比（单位：%）

（二）物流需求结构优化调整，消费物流新动能不断壮大

从 2019 年变化趋势看，工业物流需求贡献率进一步趋缓，内需对物流需求增长的拉动继续增强，进口、消费相关等新动能物流需求贡献率继续提升，转型升级态势持续发展。以新产业、新业态、新模式为主要内容的新动能正在快速集聚，持续发展壮大，成为支撑物流需求结构调整的重要力量。

单位与居民物流总额保持较快增长，新业态新模式仍是重要引擎。2019 年，消费相关物流需求仍保持平稳较快增长，单位与居民物品物流总额同比增长 16.1%，增速比社会物流总额高出 10.2 个百分点。其中新业态新模式仍是拉动增长的重要引擎。2019 年，直播电商、社交电商、生鲜电商等新业态快速壮大，相关物流需求继续保持快速增长。全国实物商品网上零售额比上年增长 19.5%，增速比社会消费品零售总额快 11.5 个百分点，实物商品网上零售额的贡献率超过 45%。快递业务量完成 630 亿件，同比增长 24%。

全球产业链地位继续巩固，进口物流量质齐升。2019 年，我国货物贸易规模迈上新台阶，全年货物进出口总额 31.5 万亿元，增长 3.4%，出口占国际市场份额稳步提升，根据世界贸易组织统计，2019 年前三季度，我国出口增速比全球高 2.8 个百分点，国际市场份额比 2018 年提高 0.3 个百分点，至 13.1%。在此背景下，我国全球产业链的地位继续巩固，进口物流需求形势总体良好，逐季回升，特别是 12 月进口总值更是创下月度历史峰值。海关数据显示，部分原材料和能源产品进口持续增加。2019 年，我国进口铁矿砂 10.7 亿吨，增长 0.5%；进口原油 5.06 亿吨，增长 9.5%；进口天然气 9656 万吨，增长 6.9%；进口大豆 8851 万吨，增长 0.5%。此外，消费品、医药品进口分别增长 19% 和 25.8%。

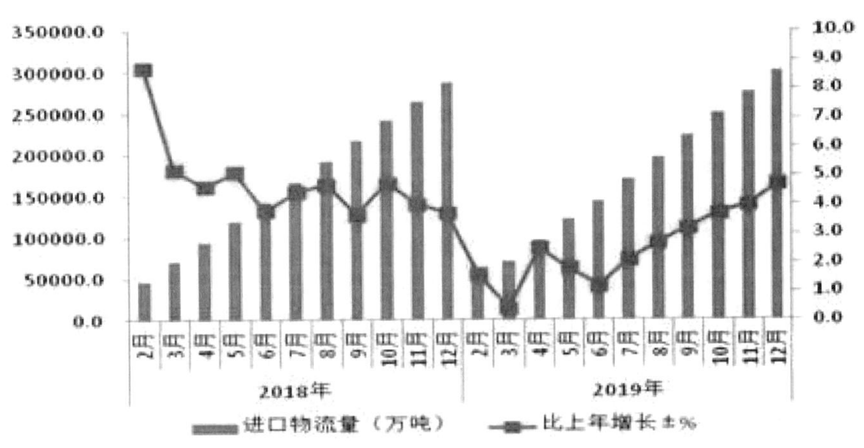

图 3 2018—2019 年进口物流量及增长情况

工业品物流总额增速放缓，但仍是物流需求的主要力量。全年工业物流需求基本平稳，但增速比上年同期均有所回落；从年内走势看，二、三季度下行压力较大，四季度明显回升，全年工业品物流总额比上年增长 5.7%。从需求结构看，战略性新兴产业、高技术制造业继续保持较快增长，支撑作用进一步增强，结构调整优化态势进一步显现。全年战略性新兴产业物流需求增长 8.4%，增速高于工业品物流总额 2.7 个百分点。高端制造业物流需求比上年增长 8.8%，增速高于工业品物流总额 3.1 个百分点。高端制造业占比达到 14.4%，较上年提高 0.5 个百分点。

（三）物流市场主体规模扩大，吸纳就业能力不断增强

物流单位数快速增长，企业规模持续扩大。第四次全国经济普查数据显示，2018 年末，全国交通运输、仓储和邮政快递企业法人单位 54.0 万个，比 2013 年末增长 126.2%，增速高于第二产业和第三产业活动的法人单位增速 26 个百分点。物流市场规模持续增长，2019 年，物流业总收入 10.3

万亿元，同比增长 9.0%。

物流业吸纳就业能力不断增强，从业人员快速增长。物流相关行业从业人员数由 2016 年的 1000 万人增至 2018 年 1100 万人。其中，快递业从业人员数达 310 万人，占全国就业人员 0.7%，年均增长 12%，高于同期城镇就业人员增长 10 个百分点。2019 年上半年，物流从业人员水平有所趋缓，但三季度以来指数持续回升，行业吸纳就业能力持续回暖。12 月，物流业景气指数中的从业人员指数为50.4%，中国仓储指数中的企业员工指数为52.0%，均保持在扩张区间，显示物流从业人员保持增长，行业吸纳就业力度依然较强。

（四）物流景气保持活跃，企业盈利能力增强

2019 年，中国物流业景气指数平均为 53.5%，与上年同期基本持平；中国仓储指数平均为 52.5%，同比提高 1.2 个百分点，两指数均处于扩张区间。显示物流活动总体较为活跃，企业业务量水平均保持较好增长。

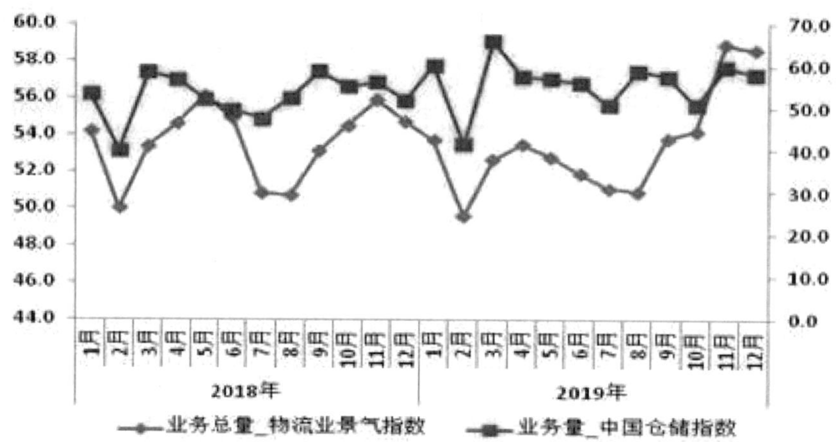

图 4 2018—2019 年物流业景气指数中国仓储指数业务量指数走势

物流供需趋平衡，物流服务价格企稳。2019 年，物流业景气指数中的物流服务价格指数平均为 50%，比上年略有回升。从年内走势看，价格指数呈现逐步回暖，年末逐步回升至年内最高水平。各环节价格均有不同程度回升。其中，运输环节中公路物流价格指数 98.3 点，比上年回升 0.59%；仓储环节中收费价格指数为 51.8%，比上年提高 1.1 个百分点。

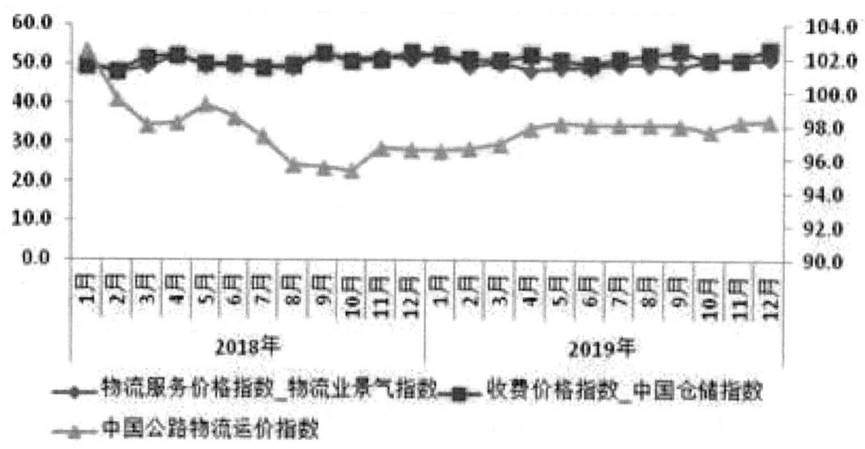

图 5 2018—2019 年物流业景气指数、中国仓储指数、中国公路物流价格指数走势

物流企业经营状况向好，效益稳中趋升。2019 年 12 月，物流业景气指数中的主营业务利润指数

回升 0.8 个百分点，至 52.6%；仓储指数中的业务利润指数回升 3.1 个百分点，至 54.5%。

（五）物流成本增势趋缓，物流效率有所改善

2019 年，社会物流总费用比上年增长 7.3%，增速比上年回落 2.5 个百分点，比年初回落 1.2 个百分点。社会物流总费用与 GDP 的比率为 14.7%，比上年同期下降 0.1 个百分点。其中，运输物流效率持续改善。物流运输系统更为高效，铁路、管道运输费用占比均有提高，相对费率较高的道路运输比率有所下降，显示当前运输费用结构更趋合理。各种交通方式向一体化融合发展转变，运输结构进一步优化，铁水、公铁、公水、空陆等联运发展迅速，多式联运及运输代理等高效连接方式占比提高 1.1 个百分点。

但从近年走势来看，物流成本由快速下降期转而进入平台期。2017 年之前，社会物流总费用与 GDP 的比率连续下降，2018-2019 年则有所提高。在未来一段时期，这一比率仍可能在 14%-15% 的区间波动。

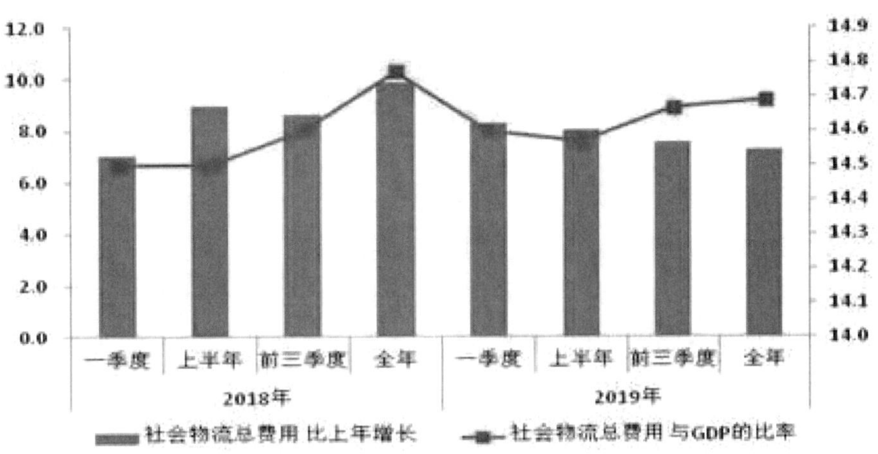

图 6 2018-2019 年社会物流总费用及与 GDP 的比率

（六）物流政策更趋完善，营商环境趋好

2019 年，物流业政策引领行业发展，顺应行业需求，政策前瞻性、针对性和有效性持续提升，政策体系更趋完善。从政策数量看，2019 年物流相关政策近 60 条，相关政策密集出台对物流高质量发展起到良好的促进作用；从政策分布看，政策聚焦物流领域降本增效、现代供应链创新应用、农村农业物流等一系列重点问题，既与往年相比具有较好的延续性，又突出了高质量发展的重点，有助于行业更好实现转型升级，帮助物流企业健康、良性发展。

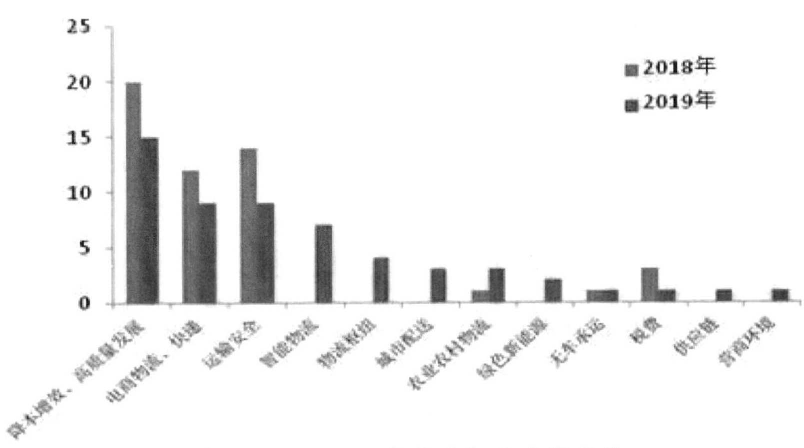

图 7 2018-2019 年物流相关政策数量

与此同时，“放管服”改革不断深化，物流运行的营商环境区域改善。世界银行《2020 年全球营商环境报告》显示，我国营商环境排名跃升至第三十一位，上升 15 位。

二、当前运行中主要问题及后期预判

2020 年是“十三五”的收官之年，也是我国全面建成小康社会的关键之年，新冠肺炎疫情以前所未有的方式冲击全球经济，发展的风险和不确定性明显增加。

（一）国内外经济下行压力继续增大

随着国内疫情得到遏制，除部分地区外正在全面复工复产，市场信心稳步恢复，但疫情对消费、投资和生产形成广泛冲击，在经济结构性和周期性因素之外增加了更多不确定性，从国际上看，疫情在全球高度扩散带来跨境贸易停摆、金融期货动荡、国际物流人流受阻，重创全球价值链、供应链、产业链，疫情持续时间、扩散程度和各国应对措施有效性相互影响，对国际经济、物流运行和企业发展带来的更大不稳定因素，总体来看经济运行面临较大下行压力。

（二）需求变化和成本压力不容忽视

近两年，社会物流总额增长呈现波动中趋缓的走势，数据显示，社会物流总额由 2018 年 2 月的 7.7%，逐步回落到今年的 6% 以内。在产业升级的背景下，物流需求规模也在由单一的规模化、数量化转向系统化、多样化。

在需求放缓的同时，物流行业业务量有所回落，企业运行成本持续上涨，部分领域盈利能力偏弱的问题依然突出。2019 年物流业景气指数比上年同期回落 0.1 个百分点；其中主营业务利润指数全年均值 50.1%，同比下降 0.2 个百分点。显示物流企业运行成本持续上涨，盈利能力偏弱的问题依然较为突出，行业发展的困难与压力依然较大。

（三）物流运行中库存中转环节效率偏低

经济运行中的资金周转水平持续偏低。2019 年，工业流动资产周转次数 2.03 左右，与上年基本持平，但比 2017 年下降了 0.4 次。工业企业资金周转次数下降导致运转的必要货币需求量有所增加，企业生产经营的流动资金压力也有所增加，直接导致物流运行中的资金周转效率下降。

表 1 2016-2019 年规模以上工业企业流动资产情况

	2019 年 12 月	2018 年 12 月	2017 年 12 月	2016 年 12 月
流动资产周转次数	2.03	2.0	2.1	2.2

库存周转趋缓，社会库存有所上升。经济环境趋于复杂，实体经济困难的状况有所加剧，企业产成品库存增加，库存周转放缓。国家统计局数据显示，12 月末，产成品存货周转天数 16.9 天，与上年同期基本持平。从长期趋势来看，与 2016 年、2017 年相比库存周转速度有所放缓，社会库存有所上升。2019 年，工业规模以上企业存货与主营业务收入的比率为 11.1%，与 2017、2016 年相比显著提高。由此也带来仓储物流成本的持续增加，2019 年，仓储相关物流成本增长 10.6%，占保管费用比例提高 0.9 个百分点。

表 2 2016-2019 年规模以上工业企业存货情况

	2019 年	2018 年	2017 年	2016 年
存货与主营业务收入比率	11.13%	11.40%	9.70%	9.10%

总体上看，疫情对经济的冲击是阶段性的，不会改变中国经济中长期增长趋势，当今我国物质基础更加雄厚，经济实力和综合国力更加强大，市场规模优势更加明显，内需市场更具韧性，为疫后自我修复奠定了较好基础。同时也要注意到，国际疫情持续蔓延，经济下行风险加剧，不稳定不确定因素显著增多。面对严峻复杂的国际疫情和世界经济形势，我们要坚持底线思维，做好较长时间应对外部环境变化的思想准备和工作准备。

来源：中物联金融委

2019年中国物流行业十件大事

中国物流与采购联合会

（2019年12月31日发布）

1. 中共中央、国务院印发《交通强国建设纲要》，提出到2035年基本建成交通强国。基本形成“全国123出行交通圈”（都市区1小时通勤、城市群2小时通达、全国主要城市3小时覆盖）。

2. 中共中央政治局就区块链技术发展现状和趋势进行集体学习。习近平总书记关于“要加快推动区块链技术和产业创新发展，积极推进区块链和经济社会融合发展”的重要指示，对于区块链技术在物流与供应链领域的应用具有重要指导作用。

3. 国家发展改革委等24部门印发《推动物流高质量发展，促进形成强大国内市场的意见》，提出推动物流高质量发展的25条政策措施。国务院办公厅转发交通运输部等13部门《关于加快道路货运行业转型升级，促进高质量发展的意见》，部署14项重点工作任务。

4. 国家发展改革委、交通运输部联合印发《关于做好2019年国家物流枢纽建设工作的通知》，首批23个国家物流枢纽列入2019年建设名单。

5. 由商务部牵头，中国物流与采购联合会等八部门和单位联合推动的全国供应链创新与应用工作进展顺利，相关试点成果展示推广，《供应链服务企业分类及评估指标》团体标准批准发布，供应链创新发展进入新阶段。

6. 交通运输部门积极推动2019年底前取消全国高速公路省界收费站。全国高速公路省界收费站正线改造总计划全部完工，年内新增ETC发行超1亿，高速公路不停车快捷收费实现历史性跨越。

7. 物流管理被教育部列入首批“1+X”证书制度试点领域，355所院校成为首批试点院校。

8. “百家骨干物流园区互联互通工程”列入国家发展改革委等24个部门“2019年推动物流高质量发展10项重点工作”之一。中国物流与采购联合会主导的《中国物流园区图谱》上线运行，“入图”物流园区近600家。

9. 2019年1月1日起，全国全面供应符合国六标准的车用汽柴油，停止销售低于国六标准的汽柴油，重点区域提前实施机动车国六排放标准。多部门发文对纯电动轻型货车原则上不得限行，物流业积极参与污染防治攻坚战。

10. 无锡高架桥发生重大侧翻事故，各地开展“百吨王”超限超载治理专项行动。12月16日起，全国统一实施封闭高速公路收费站入口不停车称重检测，拒绝违法超载货车驶入高速公路。

来源：中物联网 2019年12月31日

2019 年中国物流行业发展概述及未来行业十大发展趋势分析

一、物流行业发展概述

物流（不含快递）板块业绩承压。2019Q1 物流（不含快递）板块营收 1552.56 亿元，同比下降 1%，较 18Q4 下降 4.84pct；归母净利润 13.75 亿元，同比下降 39.72%，其中化工石化物流宏川智慧、密尔克卫等业绩增速较快。2019Q1 毛利率相较于 2018Q1 小幅下滑，期间费用率增加，净利润率水平下降。

物流费用占 GDP 比重仍然较高，存在较大发展空间。2019 年第一季度全国社会物流总额达到 66.5 万亿元，同比增长 6.57%，社会物流总费用为 3.1 万亿元，占 GDP 比重为 14.52%，已连续多年下降，但是对比美国、日本、德国均不到 10%，我国物流产业发展还有较大发展空间。受经济下行物流业景气下降。2019 年 4 月，中国物流业景气指数（LPI）为 53.5 低于去年同期 54.6，中国仓储指数为 54.3 低于去年同期 55。

二、2019 年中国物流发展变革十大趋势

（一）最大热点：2019 年智慧物流变革

2018 年，智慧物流发展得到了业界广泛关注，成为物流业发展与创新的一道靓丽风景；预测 2019 年智慧物流发展继续加速，将成为物流行业最大的创新热点。

1. 从物流系统技术趋势角度看

智慧物流系统是由物流大脑、信息传输系统和作业执行所组成。目前物流大脑创新方面处于数字化发展阶段，正在向程控化和智能化全面进化；信息传输系统方面处于“互联网＋”阶段，正在向物联网和信息物理系统（CPS）进化；作业执行系统目前热点是自动化和机器人，正在向柔性自动化、无人化和智能硬件系统进化。

2. 从智慧物流应用领域看

电子商务物流领域智慧物流发展最快，但在 ToB 的传统物流领域，智慧物流发展刚刚起步。由于传统物流领域各环节货物交接订单杂乱，不仅还没有实现电子化，物流订单不能够“一单到底”，订单标准规格不统一，让传统物流系统的信息流无法互联互通，物流全链条流程难以数字化，没有数字化就无法实现网络化和智能化。预计，2019 年传统物流领域智慧物流发展将加速，传统智慧物流发展预计将先从数字化开始，通过物流订单标准化与电子化，打通物流各个流程，实现一切流程数字化，进一步推动传统物流全链路的信息互联互通，实现一切数据流程化，全面推动传统物流领域实现数字化发展。

3. 从智慧物流核心技术创新趋势看

最近菜鸟网络 CTO 谷雪梅发布了对 2019 年智慧物流技术发展趋势的展望认为 IoT 将在 2019 年成为最重要技术趋势，IoT 将给传统物流装上数字化升级的翅膀，带领全球物流行业进入新的时代。谷雪梅介绍，IoT 不是孤立的技术，而是叠加机器学习和人工智能、运筹学和全局优化、区块链等技术形成物流行业的巨大商业价值。菜鸟科学家预测，围绕 IoT 这个重大核心技术战略，人工智能、区块链、机器视觉、实时计算、柔性自动化等技术将呈爆发趋势，驱动整个物流业从人力密集型向资本、技术密集型转型。认可菜鸟网络的这一分析判断，2019 年在智慧物流信息传输体系方面，将呈现由“互联网＋”向“物联网＋”进化趋势。

4. 从智慧物流创新理念角度看

笔者预测在 2019 年软件定义物流将成为一个创新发展趋势。传统的物流系统，硬件是硬件，软

件是软件，硬件没有智能。随着智慧物流发展，软件系统也成为物流硬件的大脑，软件与硬件结合成为智能硬件发展方向，其中软件进化将是硬件系统的进化重要特征。软件在硬件的排列、组合、管理、调度、控制上将居于主导地位。软件定义技术理念要求硬件层、软件层、控制层虽然在物理上融合但在逻辑上需要分离，通过把物流硬件资源虚拟化，按照单元化和标准化的思想，归类成基础的物流功能模块，通过程序软件对虚拟的硬件单元进行更开放、灵活、智能的管理与调度，实现物流装备系统的柔性化。物流硬件系统的软件通过联网可以不断进化与迭代创新，相当于让智能硬件有了可以进化的思维大脑，在不改变硬件情况下实现硬件系统的进化。在2018年物流展会上已经出现软件定义硬件发展趋势，预计2019年软件定义物流硬件理念也将会得到更深入发展，让物流自动化系统更柔性和更智能。总之，预计2019年智慧物流发展创新将全面开花，除了上述几个方面的进展外，很多其他方面的变革也应予以关注。如：关键的智慧物流装备的核心零部件国产化将取得重要进展，物流机器人得到更广泛应用，无人驾驶技术在货运领域开始得到应用，智慧物流市场规模增长迅速等等。

（二）需要重视：中国电商快递的增长速度出现下降

近年来，笔者经常呼吁大家关注中国电商快递包裹增长速度的拐点，组织研究电商物流快递包最大饱和量问题。但长期以来中国快递包裹增长速度一直在50%左右，2016年甚至达到了51%，让很多大咖和物流专家感到十分乐观。但笔者认为，中国电商物流快递包裹一定会随着基数增大带来增长速度的逐步下降，增长速度绝不会长期保持在50%左右。事实上，2017年中国快递包裹增长速度就出现了大幅度下降，增长速度由上年的51%下降到28%，只不过由于快递包裹增长的绝对量太大，全年快递业务置超过了400亿件，让大家忽视了快递包裹增长速度大幅下降的问题。

2018年，快递业务量虽然继续高速增长，超过了505亿件，增长25.8%，增长速度继续下降。结合这两年的变动趋势，基本可以确定电商包裹增长速度的拐点在2017年已经出现。预测中国快递包裹的增长速度2019年将继续下降，增长速度下降到23%左右，2020年将下降到20%左右。随着快递包裹基数越来越大，未来电商物流快递包裹增长速度还将下降，对此物流技术装备企业及快递物流企业必须要引起高度重视。假设快递包裹业务量每年增长按上述预测趋势下降，2024年全年包裹量不仅达不到每天10亿件，估计连每天5亿件（即全年包裹数量1825亿件）都达不到。电子商务快递业务总量发展趋势的预测极为重要，关系着中国电商物流休系的建设规模与资源配置，关系着未来电商物流仓库与快递网点的发展规划，关系着未来快递物流企业需要配备的分拣系统、叉车、货架、车辆、包装箱等资源数量，如果预测出现巨大误差，将在未来的物流设备与设施配置资源等方面带来严重的过剩和浪费。基于这一点，呼吁业内专家应该全面组织调查研究，进行广泛的探讨与争论，尽量做出预测预测并引导社会舆论；否则出现严重的“产能”过剩，难道让电商物流领域也来一次“供给侧”改革吗？

三、全面启动：现代物流基础设施网络建设

党中央在十九大报告中提出要加快现代物流基础设施网络建设。2018年末，国务院召开常务会提出要多措并举发展“通道＋枢纽＋网络”的现代物流体系，为贯彻落实党中央、国务院关于加强物流等基础设施网络建设的决策部署，科学推进国家物流枢纽布局和建设，2018年12月24日，国家发展改革委、交通运输部会同相关部门研究制定并印发了《国家物流枢纽布局和建设规划》。这些政策措施的发布，标志着在2019年中国现代物流基础设施网络建设将全面启动。2019年现代物流基础设施体系建设工作中需要澄清如下认识：

物流枢纽与枢纽城市的区别。应注意，在国务院文件和发改委发布的规划中，并没有现代物流枢纽城市的提法，强调的是现代物流网络枢纽，城市只不过是现代物流枢纽的载体，按文件说法称之为物流枢纽承载城市。这跟现代物流枢纽城市的提法具有根本区别。我看到现在一些政策解读在按物流枢纽城市来解读，已经出现了理解的巨大误差。

物流枢纽建设是国家现代物流基础设施体系的项目建设。按文件要求，从国家现代物流体系角度规划做物流枢纽规划，而不是仅仅考虑城市空间布局的均衡。物流枢纽应该尽量集约化发展，而不是均衡分散式布局。

企业参与开发建设物流枢纽应该本着开放共享的原则。作为国家的规划与布局，鼓励企业积极参与开发建设；但是如果建成的物流枢纽不能够开放共享，仅仅作为企业自身的物流枢纽，则失去了国家现代物流枢纽建设的意义。

现代物流枢纽基础设施需要智慧化。要推动互联网基础设施与物流地联网的基础设施融合，虚实结合建设智慧型的国家现代物流枢纽。

既要重视物流枢纽，更要重视与现代物流枢纽对接的多层级的物流网络体系和通道体系建设。现代物流体系是一个系统，没有网络形成不了枢纽。

现代物流开展枢纽建设的同时，还需要通过平台和产业集群的配套，通过物流带动商贸与制造业发展，形成强大的经济枢纽。上述 5、6 点是国家物流枢纽城市更应该重视的工作。

四、值得关注：中国物流市场需求

增长趋势出现变化从 2012 年以来，中国物流市场总需求增速就开始出现拐点，增速不断下降，在 2015 年达到谷底，物流总额增长速度仅为 5.8%最低点，带动了这几年中国物流成本占 GDP 比例出现较大幅度的下降。

在 2015 年之后物流总需求增长速度有所反弹，出现小幅回升，到 2017 年增长速度到达峰值，2018 年基本处于平稳态势。目前中国制造业采购经理人指数已经进入衰退区间，2018 年 12 月份，中国制造业采购经理指数（PMI）为 49.4〇/〇，比上月回落 0.6 个百分点。制造业是先行指标，产品是物流之源，制造业不景气一定会影响物流市场需求，另据相关指标，目前中国市场消费需求也呈现低迷态势。因此我们预计 2019 年中国物流市场揣求不旺，物流总额同比的增速将再次下降到 6%左右，物流总费用、物流增加值等指标增长速度也会同步下滑。

2019 年，中国物流市场需求结构也将呈现较大变化，2018 年，国务院发布了关于调整运输结构的政策，大力推进公转铁，公转水，大力推进多式联运等运输方式变革。受这一政策影响，预计 2019 年公路货运业需求将更为低迷，物流货运资源供大于求，是物流货运企业及个体司机的日子艰难的一年。2019 年，公路货运的需求低迷会推动行业变革与技术进步，预计 2018 年货运车辆无人驾驶、卡车后市场、单元化运输等领域的创新探索成为行业发展的亮点。根据市场越低迷物流成本占 GDP 比例越会下降的规律，2019 年，物流成本占 GDP 的比例可能会有明显下降，从而满足大部分物流专家和相关部门的期待，但物流行业从业者的日子如何，就冷暖自知无需多言了。

五、市场风口：即时物流配送推动末端物流变革

即时物流看似简单，表面看仅仅是物流最原始的点对点配送模式，但在互联网成为基础设施的今天，大数据、云计算、物联网等先进技术都在即时物流配送体系中得到应用，数据驱动，智能调拨已经成为即时物流的核心竞争力。即时物流的技术变革解决了传统的点对点配送的大规模、高延时、不确定等问题，降低了成本，提升了效率，更提升了服务体验；又通过与新零售对接、与电商物流前端配送系统对接、与供应链系统对接，打通了物流最后一公里的末端配送网络，推动着物流系统的变革。即时物流的变革带来了市场需求的高速增长，2018 年即时物流行业用户快速增长，季度环比增长速度超过了 20%，引来传统快递企业、电商物流企业、城市配送企业的加入，引起了资本市场广泛关注，引发了城市配送模式的深度变革。

预计 2019 年即时物流继续呈现高速发展态势，随着新零售的发展，即时配送迅速的同新零售的线下门店配送对接，快速向商超宅配、零售末端配送等领域扩张；随着懒人经济发展，即时配送又开始与 C2C 业务对接，向代买代送、同城快递领域扩张；随着客户对配送时效要求的提升，即时配送也开始与传统配送系统对接，向同城落地配领域渗透，推动末端的快递市场变革，总之，2019 年即时物流将不断扩张着边界，将有可能成为本地生活的基础服务模式，推动本地生活新生态的重构。

六、行业热点：中国家居物流快速发展

在衣食住行中的民生领域都需要现代物流服务作为重要支撑，新时代的消费升级推动了品质消费、懒人经济，推动了民生物流服务的快速发展。民生物流服务面对 C 端，呈现的是碎片化、随机化等特征。前几年电子商务与新零售物流的重点聚焦在衣与食，因为家居物流服务链条长，作业难度大、物流成本高、难以标准化，需求规模更大的家居物流服务却一直没有引起广泛重视。

2017 年，中国家居物流和大件物流市场已经开始启动，家居电商也在快速发展，家居物流向着标准化、定制化、一体化、智慧化、供应链协同化方向进化。2019 年，中国家居物流将成为中国物流市场上一个突出亮点，成为物流业界广泛关注的热点：

家居物流技术装备市场需求成为热点。家居物流技术升级推动家居物流中心建设与改造，增加对托盘、单元载具、叉车、货架、分拣系统等物流技术与装备的市场需求。

以家居物流为主题的大件快递、快运市场需求增长，推动大件物流的标准化进步。

家居物流领域将成为资本关注对象，定位家居物流的创新企业与创新模式会不断涌现。

七、市场亮点：物流技术装备行市场需求旺盛

近年来，随着中国电子商务与新零售的快速发展，智能制造的全面推进，人口红利的消失和劳动力成本的不断上升，在物流领域物流作业机械化、自动化、智能化发展迅速，通过实现机器代人而减少人工成本已经成为行业共识，推动了物流技术装备市场需求的快速增长。预计这一趋势在 2019 年会继续延续，2019 年中国物流装备行业市场需求继续保持 20%以上增长，智能物流装备保持在 25%以上的增长。在制造业和物流行业总需求整体疲软，经济增长速度不断下滑，每年 GDP 增长速度在 7 %以下的情况下，中国物流技术装备产业市场需求每年保持 20%左右的增长速度，个别产品的增长速度甚至超过 30%，与经济发展环境形成了鲜明的对照，成为物流行业的市场亮点。预计未来几年中国物流技术装备行业将继续处在高速增长的发展阶段，其中家居领域的市场需求将成为快速增长的新热点，电商、快递、新零售、服装、新能源、新制造等领域的市场需求继续保持快速增长。

八、加速发展：商贸物流标准化与单元化物流

1. 商贸物流标准化

经过商务部几年来大力推进商贸物流标准化试点示范工作，大力推进托盘标准化和托盘的循环共用，带动了物流箱周转箱、货运车辆车厢、货运集装箱、货架货位、装卸设备、包装箱等产品的尺寸规格标准化，推动了产品包装模数标准化，激活了单元化物流发展的市场机制，为全面实施单元化物流打下了良好基础。

2018 年，商务部在围绕“物”的标准化基础上，又以“物”的单元标准为载体，推动标准化工作由标准货物单元向计置单元、信息单元、订货单元方向发展，通过给标准单元赋码，推进 GS1 编码标准全面实施，推动了物流、信息流、商流三流合一，促进了以单元化为基础的供应链体系建设。2018 年商务部还联合 9 部委正式发布了《关于推广标准托盘发展单元化物流的意见》。该意见的发布吹响了单元化物流的号角。在上述工作基础上，预计 2019 年商贸物流标准化与单元化物流必将加快发展。

2. 单元化物流

单元化物流是物流业提质增效的基础，在商务部大力推进下，目前托盘标准化工作取得重大成绩，单元化物流深入人心，带动了围绕托盘标准化和单元化物流的一系列创新。如：社会化的托盘循环共用开放体系得到推进，运输领域单元化物流运输创新取得突破，农超对接生鲜蔬果周转箱应用取得重大成效，等等。尤其是在单元化甩箱运输方面，由于甩箱运输既可以大幅度降低运输成本，又可以实现前置分拣，得到了一些运输企业的青睐，创造了新的运输模式和创新的独角兽企业。如：商桥将单元化甩箱模式应用到全运输网络，覆盖了10个重点省份；在网络运营中，商桥通过投入单元化的小箱主打的“公交货巴”快件箱模式，由于快件箱的标准化，极有可能在公铁联运上进行大规模的运营。此外，在单元化小集装箱运输方面，还有宇鑫的区域网甩箱模式和壹站壹达的专线甩箱模式的探索。预计2019年单元化物流的创新模式将引起社会广泛关注，其中的创新性独角兽企业快速发展，从而带动中国单元化物流发展进入一个新阶段。

九、全面推进：城乡高效配送试点示范重点工程

2017年底商务部等五部门联合印发《城乡高效配送专项行动计划（2017-2020年）》，提出到2020年，初步建立起高效集约、协同共享、融合开放、绿色环保的城乡高效配送体系。确定全国城乡高效配送示范城市50个左右、骨干企业100家左右，并提出了具体任务要求和开展重点示范工程的试点示范工作。在此基础上2018年4月商务部等部门联合印发《关于组织实施城乡高效配送重点工程的通知》，推进落实重点工程。

2018年11月商务部等部门又发布了《城乡配送绩效评价指标体系》，提出城市和企业推进城乡高效配送发展的重点工程与评估指标体系，引导各地商务部门与相关企业开展试点、促进城乡配送专项行动计划取得实效。多部委政策的落地实施，为企业发展城乡配送指明了方向，为进一步完善城乡物流网络节点、降低物流配送成本、提高物流配送效率提供了有力支撑。

预计2019年全国城乡高效配送各项试点示范工程将进入全面推进阶段，全国参与重点工程试点示范工作的城市将采取各种措施，总结试点经验，发现骨干企业，编写先进企业案例，加强对试点城市与试点企业的评估与评价，推动建立高效绿色的中国城乡物流配送体系。

十、走向全球：中国重点物流企业开始海外拓展

以全球化的视野，将供应链系统延伸至整个世界范围。随着“一带一路”倡仪的稳步推进，跨境电商的快速发展，中国重点物流企业开始了走向全球，在海外拓展，建立仓储物流基地，打造面向全球的现代物流网络体系。预计2019年中国物流企业海外拓展的步伐将进一步加快。

如目前顺丰集团已经在新加坡、韩国、马来西亚、美国等10余个国家成立了营业网点，至少开通了14条国际航线。据其发布的2018年中报显示，截至今年上半年，集团国际标快／国际特惠业务已涉及全球53个国家，国际小包业务则覆盖了全球225个国家及地区。并且公司还在美国、德国、爱沙尼亚等建立了海外仓。在2018年10月顺丰又与国际物流三巨头之一的DHL达成战略合作协议，将以55亿元整合DHL在中国大陆、香港及澳门的供应链管理业务、管理团队和相关科技技术。近年来菜鸟网络加快在全球“织网”，目前搭建的全球航空运输网络已连接航线达106条，日均飞行航班225班，可飞达全球40多个国家和地区；菜鸟跨境网络已经遍布全球，服务覆盖224个国家和地区，初步搭建起了一张真正具有全球配送能力的跨境物流骨干网。京东物流则瞄准供应链服务全球化网络，计划搭建以中国制造通向全球，全球商品进入中国的双通网络，并通过建设海外仓等方式，缩短货品距离，实现48小时中国与全球相通。目前，京东物流国际供应链已在五大洲设立超过110多个海外仓，原产地覆盖达到100%。通过海外仓进行供应链前置，能够避免增加商品不必要的物流成本，在原产地即开启商品的溯源追踪，节约了成本，也为打击假货和用户的购物安全提供了保障。目前走向国际的物流企业已经超越简单的仓运配服务，随着服务链条变长，需要物流与供应链全流程的优化整合设计能力，需要考虑与本土化企业的生态联动，需要建立当地的落地配网络，需要形成双向对流的物流通道。这是一条艰险的道路，任重而道远，预计随着中国产品走出去和国外产品买进来，2019年，中国物流企业走向国际的步伐必将进一步加快。

来源：中国产业信息网微信服务号 2019年6月17日

2019年我国物流业发展回顾与2020年展望

——推进物流高质量发展 助力全面建成小康社会

中国物流与采购联合会会长、中国物流学会会长 何黎明

2019年，是中华人民共和国成立70周年，也是物流业稳中有进、变中求新的一年。面对国内外风险挑战明显上升的复杂局面，全国物流行业以习近平新时代中国特色社会主义思想为指导，坚持新发展理念，坚持稳中求进工作总基调，深入推进供给侧结构性改革，取得了来之不易的成绩。

展望2020年，我国经济稳中向好的基本趋势不会改变，物流业平稳增长的总体方向也不会改变。但是，物流下行压力依然较大，发展不平衡、不充分的矛盾比较突出，与人民群众日益增长的美好生活需要和现代化经济体系建设要求仍有差距，高质量发展任重道远。

一、2019年我国物流业发展回顾

2019年，我国物流业主要经济指标运行在合理区间，结构调整和新旧动能加快转换，降本增效取得阶段性成果，营商环境持续改善，为实现“六稳”目标做出了应有贡献。

（一）总体运行缓中趋稳

社会物流需求增速持续放缓。2019年1-11月，全国社会物流总额为272万亿元，同比增长5.8%。初步预计，全年社会物流总额近300万亿元，同比增长5.8%左右，增速较上年下滑约0.6个百分点。中国物流与采购联合会、国家统计局服务业调查中心发布发布的2019年12月中国制造业采购经理指数（PMI）为50.2%，与上月持平。从全年走势看，PMI从5月开始连续6个月处于荣枯线以下，显示有效需求相对不足。年底两个月虽然升至荣枯线以上，但需求基础仍然偏弱。据工业和信息化部预计，全年全国规模以上工业增加值增长5.6%左右，增速较上年下降0.6个百分点左右。据商务部预计，全年社会消费品零售总额同比增长8%，较上年降低1个百分点左右。受上游需求不振影响，社会物流供给增速有所放缓。1-11月，社会物流总费用12.8万亿元，同比增长7.1%，比上年同期回落1.5个百分点。全社会完成货运量486.3亿吨，同比增长5.5%，较上年同期降低1.7个百分点。据交通运输部预计，全年完成营业性货运量491亿吨，增速较上年有所放缓。公路、水路等各类运价指数低位徘徊，均低于2018年平均水平。受业务量增速放缓、价格走低挤压，物流行业整体盈利水平进一步走弱，企业生存压力持续加大，一批竞争力不足的企业退出市场。

（二）供需结构加速调整

物流需求结构持续优化。2019年，我国人均GDP预计超过1万美元，消费对经济增长的贡献率超过60%。强大国内市场刺激内需扩大、消费升级，也带动内需型、消费型物流快速增长。1-11月，单位与居民物品物流总额7.5万亿元，同比增长16.4%，依然保持两位数增长。全年快递业务量超过630亿件，人均达到45件。冷链物流、电商物流、即时物流、同城速递等与居民消费生活相关的领域成为市场增长热点。目前，我国已成为全世界拥有全部工业门类的制造大国，工业品物流仍然是、也将长期是社会物流需求主要来源。1-11月，工业品物流总额246万亿元，同比增长5.6%，占社会物流总额90%左右。高技术产业、战略性新兴产业物流需求增速快于高耗能物流、大宗商品物流，服务型制造与制造型服务相互渗透，为社会化、专业化物流提供新的空间。

物流供给结构稳步升级。大型骨干物流企业逆势而上，市场集中度进一步增强。全国A级物流企业总数已达6132家，其中5A级334家。“中国物流企业50强”主营业务收入总额超过一万亿元，进入“门槛”提高到30亿元。在快递快运、铁路物流、港航物流、合同物流、仓储园区、汽车

物流等细分市场优胜劣汰洗牌加速，前八家快递与包裹服务企业品牌集中度指数超过八成。运输结构调整取得成效，2019 年，国家铁路完成货物发送量 34.4 亿吨，同比增长 7.8%。环渤海、山东省、长三角地区沿海主要港口和唐山港、黄骅港等港口，矿石、焦炭等大宗货物疏港比例，出现了铁路和水路回升，公路占比下降的趋势。大型工矿企业和物流园区铁路专用线接入比例、大宗货物铁路运输比例和商品车铁水运输比例稳步增加。随着运输结构调整，物流成本持续优化。1-11 月，运输费用 6.7 万亿元，同比增长 6.5%，较上年同期下降 1.5 个百分点。运输费用占社会物流总费用的 52.3%，较上年同期降低 0.6 个百分点。

（三）科技赋能物流数智化、平台化

科技应用引领数智化转型。2019 年，物联网、云计算、大数据等新一代信息技术在物流领域加快应用，物流业务实现全链路在线化和数字化，为企业智能化转型奠定重要基础。无人机、无人车、无人仓、无人驾驶、无人码头等智能装备使用场景增多，人工智能技术在物流领域逐步落地。中共中央政治局就区块链技术发展现状和趋势进行集体学习，区块链技术受到重视。中物联区块链分会推出的《2019 中国物流与供应链产业区块链应用白皮书》显示，区块链在物流供应链领域应用扩大到六大场景。平台经济日益兴起，在整车运输、城市配送、航运货代等领域涌现了一批大量整合零散资源、活跃用户数领先的平台型企业。交通运输部 229 家无车承运试点企业整合货运车辆 211 万辆，以政府监管平台、平台整合车辆为特点，市场集约化、规模化明显增强。

（四）现代供应链成为新“亮点”

供应链创新发展进入新阶段。党的十九大报告提出，在现代供应链等领域培育新增长点、形成新动能。2019 年，为推进商务部、工业和信息化部、生态环境部、农业农村部、人民银行、市场监管总局、银保监会和中国物流与采购联合会等 8 部门（单位）联合开展的供应链创新与应用试点工作，11 月 28-29 日，全国供应链创新与应用试点成果展示在厦门举行，集中展现了试点工作一年来的突出成果。从试点情况看，试点企业正在形成彼此包容、彼此开放、彼此共享的供应链思维，逐步由传统的拼速度、拼规模、拼价格的竞争，转变为上下游协作，共同搭建供应链协同共赢的生态圈，有效推进供应链成本降低和效率提升。为规范供应链金融发展，银保监会发布《中国银保监会办公厅关于推动供应链金融服务实体经济的指导意见》，引导供应链金融服务实体经济。数字化供应链积极探索，一批先进制造企业结合工业互联网，强化全球数字化供应链体系建设，抢占数字经济新高地。中物联主持起草的《供应链服务企业分类及评估指标》团体标准正式发布，新兴的供应链服务企业向标准化发展迈出了重要一步。

（五）物流枢纽网络助力枢纽经济

物流基础设施网络加快升级。2019 年，我国新设立 6 个自由贸易试验区、长三角区域一体化、粤港澳大湾区、西部陆海新通道等重大战略规划出台，区域协调发展新格局正在形成，也对物流基础设施网络升级更替提出了新要求。目前，我国综合交通运输体系初具规模，高速铁路、高速公路里程数以及港口万吨级泊位数等指标均位居世界第一，机场数量和管道里程居于世界前列，“五纵五横”综合运输大通道基本贯通。预计 2019 年全年完成交通固定资产投资 3.2 万亿元，新增铁路 8000 公里、公路 33 万公里，高等级航道 385 公里、民用运输机场 5 个。根据中国物流与采购联合会调查统计，我国规模以上物流园区超过 1600 个，还有大量的物流中心、分拨中心和末端配送网络。物流枢纽凭借区位、产业、金融、信息等多方资源优势，与区域产业联动融合日益深化。按照国家有关部门规划，到 2025 年，计划布局建设 150 个左右国家物流枢纽。2019 年，国家发改委和交通运输部首次确定 23 家国家物流枢纽建设名单，物流枢纽网络建设进入实质性推进阶段。

（六）国际物流打开对外开放新局面

物流“走出去”空间加大。2019年，面对日趋错综复杂的外部环境，我国对外投资合作和对外援助执行保持平稳有序健康发展。1-11月，我国全行业对外直接投资1044亿美元，制造业等实体经济领域对外投资稳步增长。对外承包工程完成营业额1350亿美元，主要集中在交通运输、一般建筑和电力工程建设行业。对外投资和工程建设带动物流“走出去”发展，物流企业与工程制造企业深化国际合作，跨境电商、快递快运、物流平台等一批国内领先的骨干企业加速布局新兴物流市场。海外仓库、港口码头、公路、铁路等物流基础设施和成熟运营主体成为投资重点，“一带一路”物流体系建设稳步推进。1-11月，我国企业对“一带一路”沿线国家实现非金融类直接投资128亿美元，占同期总额的12.9%。“一带一路”国际物流保持较快增长势头，全年中欧班列开行1.8万列，联通亚欧大陆110多个城市。民航新开通“一带一路”航线409条。中国与白俄罗斯、蒙古国签署国际道路运输合作文件，国际道路运输便利化迈出重要一步。《西部陆海新通道总体规划》正式印发，有望开辟“一带一路”国际陆海贸易新通道。

（七）绿色物流配合污染防治攻坚战

绿色环保对行业影响深远。2019年，污染防治攻坚战取得关键进展，主要污染物排放量持续减少，未达标城市细颗粒物（PM2.5）浓度继续下降，生态环境质量总体改善。柴油货车污染治理攻坚行动正式启动，多地出台环保限行和老旧柴油货车淘汰政策，各地老旧柴油货车淘汰数量有望达到任务量的40%以上。全国全面供应符合国六标准的车用汽柴油，北京、天津等重点区域提前实施机动车国六排放标准。在用车环保监督执法力度加大，清洁能源物流车辆得到政府支持，电动船舶蓄势待发。第二批24个城市绿色货运配送城市名单公布，多地出台针对清洁能源物流车的便利通行政策。有关部门发文要求，除特殊区域外，对纯电动轻型货车原则上不得限行。氢燃料电池汽车开始起步，各地加氢示范站逐步落地。多部门联动共同推进船舶靠港使用岸电，长江沿线11省市联合加快港口岸电全覆盖。国家邮政局开展绿色采购试点和可循环中转袋应用试点，为行业生态环保工作积累经验。快递、物流企业纷纷探索可回收包装和可循环材料，托盘循环共用、挂车交换共享、仓库太阳能屋顶日益普及，绿色、可持续物流取得新进展。

（八）政策环境持续改善

2019年，也是物流政策“落地年”。中共中央、国务院印发《交通强国建设纲要》，提出到2035年基本建成交通强国，形成“全国123出行交通圈”和“全球123快货物流圈”。国家发展改革委等24部门印发《推动物流高质量发展，促进形成强大国内市场的意见》，提出推动物流高质量发展的25条政策措施。交通运输部、商务部、邮政局等有关部门从各自职能出发提出了高质量发展的任务措施。物流降本增效政策措施大面积落地，交通运输业增值税税率降低1个百分点，物流辅助服务享受加计扣减政策；高速公路省界收费站全面取消，全国ETC客户累计达到1.92亿；总质量4.5吨及以下普通货运车辆道路运输证和驾驶员从业资格证正式取消；货运车辆全面实现“三检合一”和异地年审；物流企业大宗商品仓储设施土地使用税、挂车车辆购置税实现减半征收；网络平台道路货物运输企业代开增值税专用发票试点工作启动；货车安装尾板检验登记制度正式出台。这些政策措施落地使物流企业获得感增加，从业人员稳定性增强，物流营商环境得到持续改善。

总体来看，2019年，我国物流业面对严峻形势，顶住下行压力，实现平稳运行，多方面都有新的进展。但物流发展不平衡、不充分、不可持续的矛盾依然突出，与人民群众日益增长的美好生活需要和现代化经济体系建设的要求差距依然较大，亟待进一步转变发展方式、调整产业结构、实现动能转换，挖掘物流高质量发展的巨大潜力。

二、2020年我国物流业发展展望

2020年是全面建成小康社会和“十三五”规划收官之年，也是“十四五”规划的定调之年。在党中央、国务院坚强领导下，我国经济稳中向好、长期向好的基本趋势不会改变，物流业平稳增长的总体方向也不会改变，预计物流业主要经济指标将继续保持平稳增长态势。

在新的一年里，我们要以习近平新时代中国特色社会主义思想为指导，紧扣全面建成小康社会的目标任务，坚持稳中求进工作总基调，坚持新发展理念，坚持以供给侧结构性改革为主线，坚持以改革开放为动力，聚焦提升物流内生动力和产业竞争力，打造高质量发展引擎，加快推动我国从“物流大国”向“物流强国”转变，有力支撑现代化经济体系建设，为全面建成小康社会提高物流保障。

（一）决胜全面建成小康社会

坚持稳字当头，紧扣全面建成小康社会涉及物流领域的各项指标和要求，密切关注国内外环境变化和苗头倾向，加紧补短板、增能力、保稳定，平衡物流稳增长和高质量发展的关系，确保全面建成小康社会的时代任务高质量完成。

（二）谋划物流“十四五”规划

坚持目标导向，围绕世界百年未有之大变局和中华民族伟大复兴“两个大局”，紧扣“两个一百年”奋斗目标，抓住世界新一轮技术革命和产业变革的历史机遇，探索新时代物流业发展的新使命和新要求，重点谋划物流行业“十四五”发展战略。

（三）巩固物流降本增效成果

突出新发展理念，促进传统的数量型降成本向效率型降成本转变，统筹协调、系统谋划降低全社会物流结构性成本和制度性交易成本。引导企业以效率提升、技术进步、模式创新、节能环保来降低企业自身物流成本。以供应链创新应用为抓手，降低供应链综合成本，提升供应链整体运行质量和效率。

（四）挖掘强大国内市场需求

顺应消费升级、产业升级新需求，深化产业联动融合，从低水平粗放式发展方式转向精细化、高品质发展，挖掘新需求、创造新供给、壮大新动能，培育一批标杆企业和服务品牌，助力强大国内市场再升级。完善城市消费物流服务体系和农产品上行渠道，重点提升电商物流、快递快运、即时物流、冷链物流等细分领域的服务水平，让人民群众享受物流高质量发展的新成果。

（五）实施创新驱动战略

坚持科技引领和技术驱动，抓住 5G 商业应用的历史机遇，强化共性技术协作攻关和行业推广，引导企业全面拥抱产业互联网。推动数字经济、平台经济变革，打造万物互联的物流互联网，助力产业向数字化、智能化、平台化转型，建设智慧物流新生态。充分挖掘区块链技术潜力，推进区块链与实体产业相结合的项目落地，激发物流高质量发展的新动能。

（六）建设物流基础设施网络

推进“国家物流枢纽联盟工程”和“全国百家骨干物流园区互联互通工程”，促进物流资源互联互通和共享利用。围绕京津冀协同发展、粤港澳大湾区建设、长三角一体化发展等国家区域发展战略，统筹社会物流资源布局，建设一批高水平的国家物流枢纽，打造“通道 + 枢纽 + 网络”的现代物流运行体系。围绕城市群和城市圈建设，构建适应城市发展需要、沟通城乡、满足人民生活需要的城乡物流运行体系。

（七）提高物流对外开放水平

配合“一带一路”建设，推动国际物流合作和交流，提升国际运输、通关与物流便利化水平，打造国际物流大通道，构建面向全球的物流与供应链服务体系。要正视国际贸易环境变化的影响，适应全球产业转移和分工重构的趋势，防范供应链风险，协同供应链各方合作共赢，助力构建人类命运共同体、物流共同体。

（八）推进治理体系和治理能力现代化

物流业是新兴的服务业，也是复合性产业，涉及部门多、协调难度大，对政策环境依赖性高。在前一段“放管服”改革深入推进，政策环境持续改善的基础上，研究进一步处理好政府和市场、国家和地方、市场和企业的关系，充分发挥市场配置资源的决定性作用、同时更好发挥政府作用。注重发挥行业协会的桥梁纽带作用，积极反映企业诉求，主动参与政府决策，加强理论体系、学科体系、人才培养体系、标准体系、统计体系和诚信体系建设，营造政府、企业和协会合力推进物流业高质量发展的产业生态圈。

2020 年物流业发展任务艰巨、前景广阔。让我们以习近平新时代中国特色社会主义思想为指导，全面贯彻党中央决策部署，坚持稳中求进、稳中求变、稳中求质，以优异成绩圆满完成全面建成小康社会的目标任务，为“十四五”发展和实现“第二个百年”奋斗目标做出新的更大贡献！

来源：中物联网 2020 年 1 月 17 日

2019 年中物联和部分上海市周边省市发布的物流业景气指数一览

2019 年中物联和部分上海市周边省市发布的物流业景气指数一览表（%）

<table>
<tr><th>月 份</th><th>中物联</th><th>浙江省</th><th>嘉兴市</th><th>福建省</th></tr>
<tr><td>12</td><td>58.6</td><td>/</td><td>51.01</td><td>55.7%</td></tr>
<tr><td>11</td><td>58.9</td><td>/</td><td>53.86</td><td>56.6%</td></tr>
<tr><td>10</td><td>54.2</td><td>/</td><td>53.54</td><td>/</td></tr>
<tr><td>9</td><td>53.8</td><td>/</td><td>49.66</td><td>56.2%</td></tr>
<tr><td>8</td><td>50.9</td><td>51.66</td><td>50.64</td><td>55.4%</td></tr>
<tr><td>7</td><td>51.1</td><td>52.0</td><td>50.55</td><td rowspan="7">55.6-56.2</td></tr>
<tr><td>6</td><td>51.9</td><td>/</td><td>51.52</td></tr>
<tr><td>5</td><td>52.8</td><td>50.14</td><td>50.0</td></tr>
<tr><td>4</td><td>53.5</td><td>53.05</td><td>50.44</td></tr>
<tr><td>3</td><td>52.6</td><td>53.71</td><td>52.21</td></tr>
<tr><td>2</td><td>49.6</td><td>46.8</td><td>48.26</td></tr>
<tr><td>1</td><td>53.7</td><td>48.79</td><td>48.19</td></tr>
<tr><td>来 源</td><td>中国物流信息中心网 http://www.clic.org.cn</td><td>浙江省物流与采购协会网 http://zjwlcg.org/</td><td>嘉兴市物流与供应链网 http://www.jxwlxh,com/</td><td>福建省物流产业服务网 http://wwwfj56.org/</td></tr>
<tr><td>抽样业内企业种类和数量</td><td>涉及《国民经济行业分类》GB/T4751-2011 中与物业行业相关的 8 行业大类抽样企业</td><td>按照行业大类（铁路、道路、水上、装卸及运输代理、仓储业、邮政业）企业类型分布的 100 家样本企业</td><td>全市 198 家物流业企业</td><td>省内 74 家或国家 3A 级及以上的物流业企业</td></tr>
<tr><td>首次发布物流业指数时间</td><td>2013 年 2 月起</td><td>2014 年 5 月起</td><td>2014 年 3 月起</td><td>2016 年 2 月起</td></tr>
</table>

来源：中物联 & 部分省市物流业相关协会网

摘录和制表：喻海峰

2019年上海市国民经济运行情况

上海市统计局 国家统计局上海调查总队

2020年1月21日

2019年，在以习近平同志为核心的党中央坚强领导下，全市以习近平新时代中国特色社会主义思想为指导，全面贯彻落实党的十九大和十九届二中、三中、四中全会精神，深入贯彻落实习近平总书记考察上海重要讲话精神，坚持稳中求进工作总基调，坚持新发展理念，坚持以供给侧结构性改革为主线，积极推动高质量发展，着力提升城市能级和核心竞争力，努力以稳增长的硬任务实现高质量发展的硬道理，以自身发展的确定性有效应对外部环境的不确定性。全市经济运行总体平稳、稳中有进、进中固稳。

全年经济运行主要呈现以下特点：

一、经济增长总体平稳，第三产业比重提高

根据第四次全国经济普查国家统计局对2018年生产总值初步核算数的修订结果，2018年，全市生产总值修订为36011.82亿元，比初步核算数增加3331.95亿元，增加幅度为10.2%。根据国家统计局反馈的统一核算数据，以修订后数据为基数，2019年全市生产总值38155.32亿元，按可比价格计算，比上年增长6.0%。其中，第一产业增加值103.88亿元，下降5.0%；第二产业增加值10299.16亿元，增长0.5%；第三产业增加值27752.28亿元，增长8.2%。第三产业增加值占全市生产总值的比重为72.7%，比上年提高1.8个百分点。

从主要行业看，全年金融业增加值6600.60亿元，比上年增长11.6%；房地产业增加值3300.72亿元，增长5.1%；交通运输、仓储和邮政业增加值1650.44亿元，增长3.6%；批发和零售业增加值5023.23亿元，增长2.4%；工业增加值9670.68亿元，增长0.4%。

二、投资增速保持平稳，工业投资持续较快增长

全年全市固定资产投资总额比上年增长5.1%，增速比前三季度提高0.3个百分点。从主要领域看，工业投资增长11.3%，连续21个月保持两位数增长；房地产开发投资增长4.9%，增速比前三季度提高0.9个百分点；城市基础设施投资下降2.6%，降幅比前三季度收窄3.0个百分点。

2019年，全市制造业投资在新能源汽车、电子信息等一批大项目的带动下，比上年增长21.1%。六个重点工业行业投资增长24.2%。其中，生物医药制造业投资增长79.0%，汽车制造业投资增长48.5%，石油化工及精细化工制造业投资增长36.6%，电子信息产品制造业投资增长12.9%。

三、市场销售增长基本平稳，网上零售增长较快

全年全市商品销售总额120808.41亿元，比上年增长1.1%，增速比前三季度提高0.2个百分点；社会消费品零售总额13497.21亿元，比上年增长6.5%。分行业看，批发和零售业零售额12306.96亿元，增长6.8%；住宿和餐饮业零售额1190.25亿元，增长4.3%。分商品类别看，化妆品类和通讯器材类增长较快，增速分别为21.8%和21.3%。

全年无店铺零售业态零售额2403.19亿元，比上年增长13.0%。其中，网上商店零售额1896.51

亿元，增长15.8%，占社会消费品零售总额的比重达14.1%，比上年提高2.2个百分点。

四、工业生产有所好转，工业战略性新兴产业领先增长

全市规模以上工业增加值由前三季度下降1.7%转为全年增长0.4%；全年规模以上工业总产值34427.17亿元，比上年下降0.3%，降幅比前三季度收窄2.3个百分点。其中，6个重点行业总产值比上年增长0.1%，扭转了2019年初以来的下降局面。部分行业实现较快增长，生物医药制造业总产值增长7.3%，石油化工及精细化工制造业总产值增长8.6%。

全年工业战略性新兴产业总产值11163.86亿元，比上年增长3.3%，增速高于规模以上工业总产值3.6个百分点。主要行业中，新能源总产值增长17.7%，生物总产值增长7.3%，新材料总产值增长5.7%，高端装备总产值增长2.8%，新能源汽车总产值增长2.2%。

五、财政收入小幅增长，金融市场成交活跃

全年全市地方一般公共预算收入7165.10亿元，比上年增长0.8%，增速比前三季度提高0.6个百分点。其中，增值税2766.85亿元，增长5.4%；受个税起征点提高和六项专项附加扣除政策实施等因素影响，个人所得税603.73亿元，下降21.6%。全市地方一般公共预算支出8179.28亿元，比上年下降2.1%，降幅比前三季度收窄0.6个百分点。

全年全市金融市场成交额1934.31万亿元，比上年增长16.6%。其中，上海证券交易所股票成交额增长35.3%，上海期货交易所成交额增长19.3%，中国金融期货交易所成交额增长1.7倍，银行间市场成交额增长15.2%，上海黄金交易所成交额增长33.2%。12月末，全市中外资金融机构本外币存款余额13.28万亿元，比上年末增长9.7%；中外资金融机构本外币贷款余额7.98万亿元，增长9.0%。

六、对外贸易小幅增长，利用外资增势良好

据上海海关统计，全年全市货物进出口总额34046.82亿元，比上年增长0.1%。其中，出口总额13720.91亿元，增长0.4%；进口总额20325.91亿元，下降0.1%。

全年全市外商直接投资合同项目6800个，比上年增长21.5%；外商直接投资合同金额502.53亿美元，增长7.1%；外商直接投资实际到位金额190.48亿美元，增长10.1%。

七、居民消费价格总体平稳，工业生产者价格小幅下降

全年全市居民消费价格比上年上涨2.5%，涨幅比前三季度提高0.3个百分点。从两大分类看，消费品和服务价格分别上涨2.8%和2.0%。从八大类别看，食品烟酒类上涨5.0%，衣着类上涨3.2%，医疗保健类、其他用品和服务类均上涨3.3%，居住类上涨1.9%，教育文化和娱乐类上涨1.2%，生活用品及服务类上涨0.9%，交通和通信类下降2.2%。

全年全市工业生产者出厂价格比上年下降1.2%，工业生产者购进价格下降1.3%。

八、居民收入增势良好，就业形势保持稳定

全年全市居民人均可支配收入69442元，比上年增长8.2%，扣除价格因素，实际增长5.6%。分城乡看，城镇常住居民人均可支配收入73615元，比上年增长8.2%，扣除价格因素，实际增长5.6%；农村常住居民人均可支配收入33195元，增长9.3%，扣除价格因素，实际增长6.6%。

就业形势保持稳定。全年新增就业岗位58.91万个，比上年增加0.74万个。截至12月底，城镇登记失业人数19.34万人，比上年末减少0.07万人。

总的来看，2019年上海经济延续了总体平稳、稳中有进、进中固稳的发展态势，经济增速逐步回稳，

显示出较强的韧性和活力。2020 年是我国全面建成小康社会的决胜年，是上海浦东开发开放 30 周年，也是实现“十三五”圆满收官、为“十四五”良好开局奠定基础的关键年。要继续以习近平新时代中国特色社会主义思想为指导，全力实施三项新的重大战略任务，不断强化“四大功能”，全面做好“六稳”工作，统筹推进稳增长、促改革、调结构、惠民生、防风险、保稳定，推动高质量发展，确保经济持续健康发展。

2019 年上海经济运行特点解读

——总体平稳 稳中有进 进中固稳

2019 年，在以习近平同志为核心的党中央坚强领导下，全市上下坚持稳中求进工作总基调，坚持新发展理念，坚持以供给侧结构性改革为主线，积极推动高质量发展，着力提升城市能级和核心竞争力。全市经济运行总体平稳、稳中有进、进中固稳，主要预期目标较好完成。

经济运行主要呈现以下几方面特点：

一、经济运行总体平稳

经济增速逐步回稳。在国际环境错综复杂、国内经济下行压力较大以及自身结构调整阵痛、新旧动能转化困难等因素影响下，2019 年，全市生产总值 38155.32 亿元，比上年增长 6.0%，增速与前三季度持平，比一季度和上半年分别提高 0.3 个和 0.1 个百分点。其中，第三产业保持较快增长，金融业、信息服务业、商务服务业、科研服务业等领先增长，服务业“独角兽”企业营业收入增势强劲；在石油煤炭及其他燃料加工业增幅扩大、铁路船舶航空航天和其他运输设备制造业及汽车制造业加快生产等的带动下，工业增加值由降转增。

物价保持温和上涨。全年全市居民消费价格比上年上涨 2.5%，涨幅比前三季度提高 0.3 个百分点，低于全国 0.4 个百分点。

就业形势保持稳定。全年全市新增就业岗位 58.91 万个，比上年增加 0.74 万个。截至 12 月底，城镇登记失业人数 19.34 万人，比上年末减少 0.07 万人。

居民收入增势良好。全年全市居民人均可支配收入比上年增长 8.2%。其中，城镇常住居民人均可支配收入增长 8.2%，农村常住居民人均可支配收入增长 9.3%。

二、结构调整步伐稳健

第三产业比重进一步提高。2019 年，全市第三产业增加值占全市生产总值的比重达到 72.7%，同比提高 1.8 个百分点；第二产业增加值占全市生产总值的比重为 27.0%，第一产业增加值占全市生产总值的比重为 0.3%。三次产业增加值比例由 2018 年的 0.3：28.8：70.9 变为 2019 年的 0.3：27.0：72.7。

工业战略性新兴产业占比提高。全年全市工业战略性新兴产业总产值比上年增长 3.3%，生产形势明显好于全市工业平均水平，占全市规模以上工业总产值的比重达到 32.4%，同比提高 1.8 个百分点。其中，受益于风电、核电设备订单增加，新能源产业产值增长 17.7%；生物产业在外资原研药企的拉动下，产值增长 7.3%。

新兴服务业行业增长势头强劲。1-11 月，全市规模以上服务业企业营业收入比上年同期增长 8.4%。其中，科学研究和技术服务业增长 12.4%，信息传输、软件和信息技术服务业增长 10.3%。

工业投资引领全市投资增长。全年全市工业投资比上年增长 11.3%，增速高于全市固定资产投资 6.2 个百分点。全市工业投资已连续 21 个月保持两位数增长，中长期工业经济增长后劲可期。制造业投资领先增长，同比增长 21.1%。其中，6 个重点工业行业投资增长 24.2%，汽车制造业和生物医药制造业投资分别增长 48.5% 和 79.0%。

三、经济活力继续增强

市场活力不断增强。全年日均新设企业 1476 户，比上年增长 12.0%，为全市经济发展注入新动能。全年新认定高新技术企业 5950 家，总数达 1.28 万家。

网络经济蓬勃发展。全年电子商务交易额达到 3.3 万亿元，比上年增长 14.7%。网络购物交易额达到 1.3 万亿元，同比增长 27.0%，其中，服务类网络购物交易额增长 26.2%。

研发投入强度提高。据市科委、市教委和大型工业企业集团等研发重点投入部门的综合测算，2019 年，上海全社会 R&D 投入预计实现 1500 亿元左右，R&D 投入强度为 4% 左右。截至 11 月底，全市每万人口发明专利拥有量达 53.05 件。

四、质量效益保持较好水平

规上服务业营业利润显著增长。1-11 月，全市规模以上服务业企业营业利润比上年同期增长 22.9%。其中，科学研究和技术服务业营业利润增长 87.0%，信息传输、软件和信息技术服务业营业利润增长 37.1%。

部分工业效益指标向好。1-11 月，全市规模以上工业营业收入利润率 7.6%，高出全国工业 1.7 个百分点。11 月末，全市规模以上工业企业资产负债率为 47.9%，同比回落 0.3 个百分点，比全国工业低 9.0 个百分点。

五、对外开放进一步扩大

利用外资较快增长。全年全市新设外资合同项目数和合同金额在上年两位数增长的基础上继续保持较快增长，增速分别为 21.5% 和 7.1%，实到外资同比增长 10.1%。在科技服务业、商务服务业等增资推动下，第三产业实到外资增长 11.6%。

“一带一路”桥头堡作用继续显现。1-11 月，与“一带一路”沿线国家和地区的货物进出口额比上年同期增长 7.2%，明显好于全市水平；占本市的比重为 22.4%，同比提高 1.8 个百分点。来自“一带一路”沿线国家的外商直接投资合同金额和实到金额同比分别增长 42.2% 和 51.5%，增速明显高于全市水平。

自贸试验区改革开放继续深化。年内自贸试验区临港新片区成立，新片区新设企业 4025 家，签约重点项目 168 个、总投资 821.9 亿元。

总的来看，2019 年，上海经济延续了总体平稳、稳中有进、进中固稳的发展态势，显示出较强的韧性和活力。2020 年，上海要继续以习近平新时代中国特色社会主义思想为指导，全力实施三项新的重大战略任务，不断强化“四大功能”，全面做好“六稳”工作，着力推动高质量发展，确保经济持续健康发展。

来源：上海市统计局网 2020 年 1 月 21 日

中物联：中国物流业景气指数（LPI）（2012–2019）和中国仓储指数（2017–2019）走势图

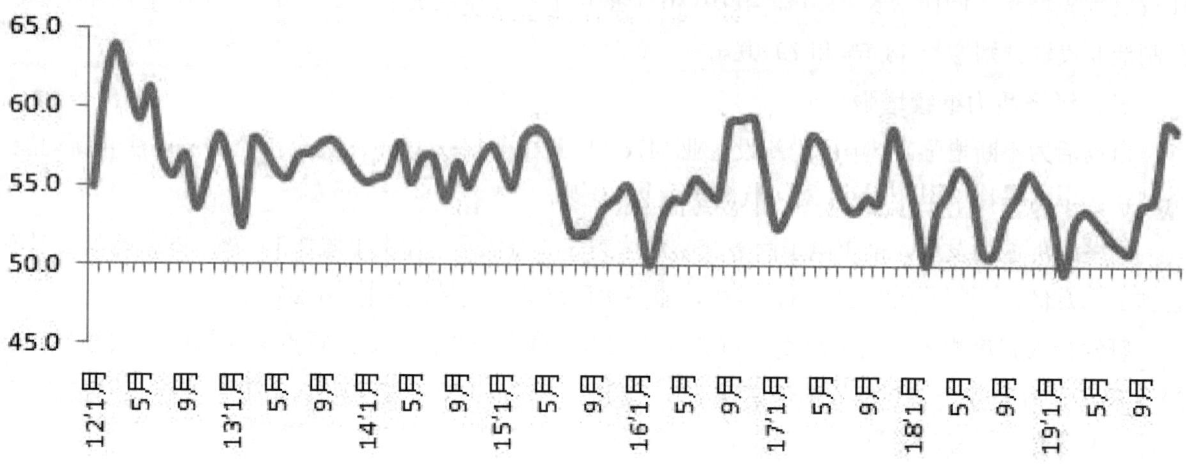

图 1 LPI 走势（%）

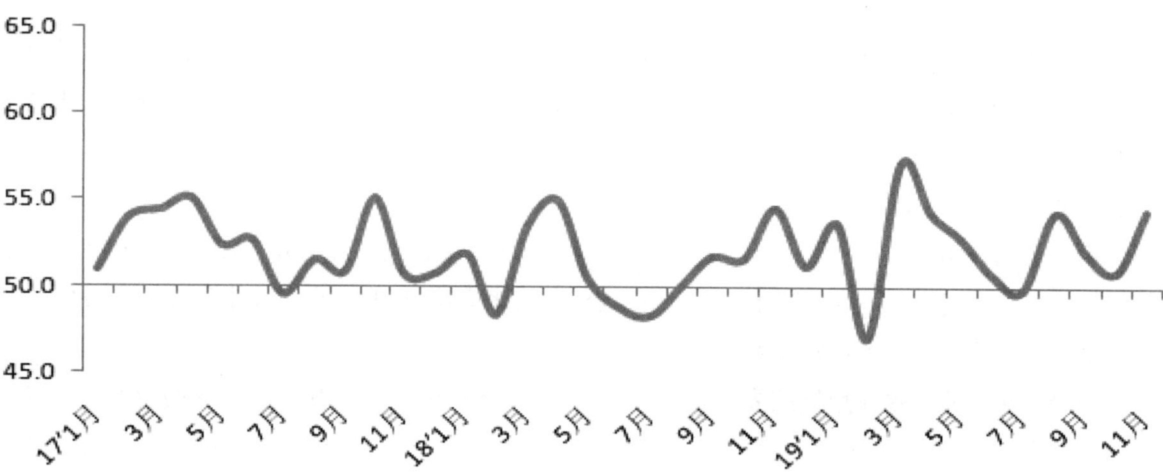

图 2 中国仓储指数走势（%）

来源：中物联网

1.1.2 上海市物流业

《2019 年上海市国民经济和社会发展统计公报》中交通运输、仓储和邮政业部分统计数据（节录）

五、交通、邮电和旅游

全年实现交通运输、仓储和邮政业增加值 1650.44 亿元，比上年增长 3.6%。

全年各种运输方式完成货物运输量 109608.51 万吨，比上年增长 2.1%。旅客发送量 22237.84 万人次，增长 3.4%（见表 9）

表 9 2019 年货物运输量与旅客发送量及其增长速度

指标	单位	绝对值	比上年增长（%）
货物运输量	**万吨**	**109608.51**	**2.1**
铁路	万吨	471.79	0.7
水运	万吨	69980.95	4.6
公路	万吨	38750.00	-2.1
机场	万吨	405.78	-2.8
旅客发送量	**万人次**	**22237.84**	**3.4**
铁路	万人次	12833.85	4.6
港口	万人次	115.04	-27.2
公路	万人次	3167.07	0.5
机场	万人次	6120.85	3.4

全年上海港口货物吞吐量达到 72031.32 万吨，比上年下降 1.4%；集装箱吞吐量 4330.26 万国际标准箱，增长 3.1%。集装箱水水中转比例达 48.3%，其中国际中转比例 10.8%。

全年完成邮政业务总量 770.04 亿元，比上年下降 6.2%；电信业务总量 2244.05 亿元，增长 56.7%。邮政业全年完成邮政函件业务 4.57 亿件、包裹业务 210.94 万件、快递业务 31.33 亿件；快递业务收入 1288.84 亿元。

来源：《上海市国民经济和社会发展统计公报》2020 年 3 月 10 日

2019 年中国物流行业发展现状分析

——整体稳增长 降本增效取得了一定进展

一、我国社会物流总额保持平稳增长

根据中国物流与采购联合会统计数据，2014-2018 年，我国社会物流总需求呈平稳增长的发展态势。2018 年，全国社会物流总额 283.1 万亿元，按可比价格计算，同比增长 6.4%，增速比上年同期回落 0.2 个百分点。物流需求总体保持平稳增长，但受宏观经济下行压力影响，增速略有回落。

2019 年上半年，全国社会物流总额为 139.5 万亿元，按可比价格计算，同比增长 6.1%，增速比上年同期回落 0.8 个百分点，比一季度回落 0.3 个百分点。

从物流行业下游的需求构成看，工业品占据了绝大部分市场，比重高达 90% 以上。具体来看，工业品物流总额 256.8 万亿元，按可比价格计算，同比增长 6.2%；进口货物物流总额 14.1 万亿元，增长 3.7%；农产品物流总额 3.9 万亿元，增长 3.5%；单位与居民物品物流总额 7 万亿元，增长 22.8%；再生资源物流总额 1.3 万亿元，增长 15.1%。

值得注意的是，工业品物流结构不断优化，高新技术和装备制造业等新兴动力在增强。消费与民生领域物流需求成为物流需求增长的重要驱动力，2018 年，单位与居民物品物流总额同比增长 22.8%，比社会物流总额增速高出 16.4 个百分点。在网络零售领域，受电商消费快速增长拉动，全国快递业务量实现 507.1 亿件，同比增长 26.6%。另外，受国际经贸摩擦影响，进口货物物流增速放缓较为明显。

二、物流成本平稳增长，运输费明显回落

根据中国物流与采购联合会统计数据，2014-2018 年，社会物流总费用逐年提高；2018 年社会物流总费用 13.3 万亿元，同比增长 9.8%，增速比上年同期提高 0.7 个百分点。

2019 年上半年，社会物流总费用为 6.6 万亿元，同比增长 8.0%，比 2018 年同期回落 1 个百分点。

从我国社会物流费用总构成来看，主要包括运输费用、保管费用、管理费用。

2018 年运输费用 6.9 万亿元，增长 6.5%，增速比同期下降 4.3 个百分点，占比达 51.88%。分析原因，运输费用出现大幅回落主要是货源增速放缓和运输结构调整，2018 年货物运输总量 515 万吨，同比增长 7.1%，增速也下滑 2.2%。

保管费用 4.6 万亿元，增长 13.8%，增速比同期提高 7.1 个百分点。分析原因，保管费用增长体现了实体经济中融资难、融资贵、资金利用效率偏低等问题。

管理费用 1.8 万亿元，增长 13.5%，增速比同期提高 5.1 个百分点。管理费用增速提高的原因主要是受物流用地难、用地贵的影响，导致仓储租金总体上涨。作为衡量社会物流运行效率的主要指标，2018 年，社会物流总费用与 GDP 的比率为 14.8%，比 2017 年同期上升 0.2 个百分点。究其原因，从物流运行效率来看，随着经济结构的调整、运输供给市场优化和简政放权持续实施，物流领域降本增效的工作，取得了初步的成绩，运输费用方面下降比较明显，但是保管费用和管理费用仍然增长较快。预计未来，降低保管费用和管理费用将成为物流降本增效的重要手段。

三、物流业总收入加快增长，2018 年破 10 亿元

根据中国物流与采购联合会统计数据，2014-2018 年，我国物流业总收入稳步增长。2018 年，物流业总收入 10.1 万亿元，比上年增长 14.5%，增速比上年同期提高 3 个百分点。

总体来看，我国物流业仍然处于重要的战略机遇期。面对国内外形势和各种因素叠加，我国物流业面对较大压力。预计 2019 年我国物流业仍将在合理区间运行，社会物流运行效率将继续维持平稳。

来源：前瞻产业研究院 2019 年 9 月 3 日

布局智慧仓储 实现物流降本增效

近年来，中国的快递业务量增速强劲，2018 年达到 507.1 亿元，已连续 5 年位居世界第一。今年“双 11”，天猫物流订单量更是一天突破 12.92 亿单，而京东物流也实现了全国 90% 区县的 24 小时内送达，电商物流总量和效率都创下新的纪录。

“双 11”“双 12”成为消费者的盛宴，而对物流企业来说则是争分夺秒的竞赛。全球市场研究机构 eMarketer 和 Project44 数据显示，在电子商务领域，影响消费者购物体验的首要因素与物流相关。消费市场对物流速度和服务要求愈发“严苛”的背后，是我国物流行业从依靠人力、粗放经营到数字化、智慧化的转变。

应需而生，智慧物流的市场规模 2018 年达 3380 亿元。

智慧物流带来的是资源的优化配置

智慧物流降低了产业链的运营和管理成本。国家近几年也高密度发布相关产业政策支持文件，持续推动物流行业的智慧化建设。然而，实现智慧物流仍面临诸多挑战。物流企业正在开拓新业务，寻求服务创新以驱动未来的利润增长；电商因其物流的独特性纷纷自建智慧仓储，在需求波动较大时保证物流效率并实现人工成本控制；制造业在不断优化物流链，大力投入物流设备以实现资源合理调配。

智慧仓储建设成为物流业降本增效最有效手段

仓储、运输和配送是物流链的三个基本环节，其中，仓储环节占用货主企业资金最多。此外，相比于运输和配送，仓储环节由于应用环境相对简单可控，现已有更多先进成熟的技术支持。高资金占用、智慧技术相对成熟，通过智慧化设备实现的降本增效被认为相对于其他环节投入回报率更高。

智慧仓储的科技管理手段在调度中得到应用

科技自动化设备、无人机、智能识别等智慧化手段可以实现库存的优化和控制，提高物流链的反应速度。建设和升级智慧仓储成为实现降本增效的“捷径”。高工产业研究院 GGII 预测：到 2023 年，未来智能仓储市场规模将达 1975 亿元。

现在，自动化和无人化是智慧仓储发展的主要方向。智慧仓储内，应用自动化技术可超越人工的作业效率并降低差错率；无人化技术则能实现仓内各种工作区域的无障碍连接，这在不适宜人工作业的区域尤其重要。此外，无人化技术还可以平衡订单流量不稳定带来的人工成本过剩。苏宁超级云仓效率是人工拣选的 10 倍以上，日处理高达 181 万件；京东物流无人仓的拆零拣选作业的效率是传统作业模式的 8 倍以上，拣货准确率可达到 99.99%。自动化和无人化不仅实现了惊人的效率增长，还极大提升了分拣的精确度。

高性能物流设备：赋能仓储智慧化建设

仓储中，大陆集团的皮带产品主要为物流设备提供动力、作为输送承载和提供输送定位。大陆集团的皮带产品拉伸量小、噪音低、定位精确、免维护，是物流设备供应商的首选。

在存储系统中，提升机实现货物的纵向输送，但如何在高速运转时保证稳固性是保证提升机输送效率的关键。大陆集团的皮带产品拉升量小，耐用性高，非常适用于提升机。此外，Synchrodrive 产品的齿形设计让智慧物流设备实现精准定位。在输送系统中，AGV 仓储机器人的优势有很多：防止因人工的不规范操作和疏忽而造成的产品损坏；可以任意站点间运输，降低人力成本；比传统的叉车占地面积更小等优势。实现更高的运输效率还需充分发挥仓内 AGV 优势。大陆集团的 Synchrobelt 同步带可在小空间内提供较大动能，保证 AGV 小车多种作业需求。大陆集团的皮带产品耐磨、寿命长，可极大减少物流设备的维护投入，进一步降低仓储成本。

更新升级硬件设备是实现智慧物流的基础。仓储的无人化运营基于物联网技术和机器人技术。大陆集团在智慧仓储领域不断提供技术支持，ADAS 雷达传感器、车辆流体系统、车联网系统等在物流各个环节都已有成熟应用。

未来，智慧物流需要高端智能设备作为基础，利用新一代信息手段加速扩展应用场景，形成相对成熟的商业化运作模式。智慧物流市场方兴未艾，大陆集团也将不断探索物流领域新应用，为广大物流设备商提供高质量、完备的解决方案。

大陆集团致力于开发创新技术和服务，为人们及其货物提供可持续性的互联驾乘和运输解决方案。科技公司大陆集团成立于 1871 年，为车辆、机械设备、交通及运输领域提供安全、高效、智能且经济适用的解决方案。2018 年大陆集团销售额初步达到 444 亿欧元。目前集团在全球员工数量约为 24 万名，遍及 60 个国家和地区。

康迪泰克是全球领先的行业专家之一。作为大陆集团的事业群，康迪泰克为客户提供具有连接性、环保、安全和便捷的产品与服务解决方案，用于工程车辆，铁路和公路，无论是空中，地上还是地下，工业环境，食品领域乃至家具工业。事业群在全球 42 个国家和地区拥有员工约 4.7 万名，销售额为 63 亿欧元（2018），作为全球产业合作伙伴活跃在亚洲、欧洲、北美和南美洲。

来源：搜狐网　2019 年 12 月 19 日

物流行业发展优化推进降本增效趋势

一、新型物流基础设施投资规模扩大

自动驾驶、无人仓等技术的发展对物流基础设施智能化的要求越来越高，建设互联互通的物流物联网迫在眉睫。但是，我国存量巨大的物流基础设施目前还达不到智能化的要求，推动传统基础设施的智能化改造将成为发展重点。

中央经济工作会议将“5G、人工智能、工业互联网、物联网”定义为“新型基础设施建设”，并且提出“加大城际交通、物流、市政基础设施等投资力度”，《国家物流枢纽布局和建设规划》提出以 127 个城市作为国家物流枢纽承载城市建设现代化物流运行体系。预计作为政府稳增长稳投资的重点领域，智慧型物流园区、物流物联网络、农村物流、冷链物流等新型物流基础设施的投资规模将进一步加大。

二、物流市场监管转向信用和数据改造体制机制创新

2019 年，物流信息化建设深入推进，国家综合物流信息平台实体化营运，部分地区交通运输、海关、税务、工商等部门积极开展政府物流信息平台建设，19 家部委就物流业严重违法失信市场主体及其有关人员实施联合惩戒，物流业信用体系建设步入规范化轨道。信息技术的进步为政府监管提供了新的手段，货运市场监管向实时监管、视频监管、远程监管、平台监管发展，监管信息透明化程度和监管力度得到加强。未来监管的重点将由以审批为主的事前资质监管转向以信用为主的事中事后监管转变。随着区块链技术商业化，物流信用记录方式、契约规则将发生改变，物流信用系统、物流金融创新将具有极大的发展潜力。

三、物流业务流程数字化完善物流设施网络

推动物流企业拥抱智能科技，加快推进传统企业业务流程的数字化改造，是物流业下一步发展面临的艰巨挑战。通过云计算、大数据、物联网等新型基础设施的建设，把物流每个环节的信息转化为数据，并将这些数据打通实现在线化，只是解决传统物流企业业务数据化的第一步。更重要的是按照数字化的要求对业务流程及组织管理体系进行重构，推动全流程的透明化改造，通过智能化技术赋能物流各个环节实现效率提高和成本降低，实现数据业务化。

四、物流业和制造业深度联动实施物流标准化试点

伴随新一轮产业革命以及中美贸易摩擦，全球产业布局和全球供应链格局均将发展重大调整。

《中国制造 2025》将推动我国的制造业加速向智能化、高端化、精细化发展，对于物流供应链可视化、协同化、全球化和稳健性的要求越来越高。作为生产性服务业的重要组成，物流业将在提升制造业核心竞争力方面发挥更加重要的作用。未来这种趋势将进一步驱动物流业与制造业深度联动融合发展。对于物流企业而言，竞争力的关键不再是单纯提供物流运营业务，而是能够输出上下游供应链一体化的解决方案，实现制造、流通和消费的无缝对接。培育具有国际竞争力的全球供应链体系，将成为物流业和制造业深度联动融合发展的核心。

五、区域物流一体化加速推进优化市场环境

2018 年，港珠澳大桥通车，京津冀、长三角、粤港澳大湾区等城市圈（群）和区域一体化正成为引领高质量发展的重要动力源。推动城市圈（群）一体化发展，要求打破传统的城市行政边界，在更大的范围内调整物流布局。未来，以京津冀协同发展、粤港澳大湾区、长三角高质量一体化三大国家战略为核心，以基础设施互联互通、运输组织协同高效、信息资源共享应用、管理政策规范统一、推动区域物流与产业协同为重点，区域物流一体化将加速推进。

六、信息技术影响物流模式变革推动物流模式创新

随着新型信息技术的广泛应用，物流管理理念转向以轻资产的形态管理重资产，推动物流业跨界融合、动态化演进。2019 年，物联网和大数据在物流领域中的应用潜力已经得到验证，今年人工智能和区块链技术在物流领域将迎来应用的爆发。信息技术对物流业的支持，也逐步由问题解决型向方案设计型过渡，新兴技术给物流业带来信息收集、精准匹配及产业链整合的机会，同时也扮演着流量端口和精准营销端口的双重角色。新零售的变革带来线上线下的进一步融合落地，推动智慧物流加速前进的同时，也对物流效率和体验提出了新要求。

来源：中商情报网 2019 年 12 月 15 日

上海市邮政管理局：第 50 届世界邮政日致辞

——加快建设与小康社会相适应的上海现代邮政业

上海市邮政管理局局长 夏颐

在举国欢庆中华人民共和国 70 华诞的日子里，我们迎来了第 50 届世界邮政日。借此机会，我代表上海市邮政管理局，向关心、支持上海邮政业发展的社会各界表示崇高的敬意和衷心的感谢！向上海邮政业的广大干部职工致以节日的问候和良好的祝愿！

邮政业是推动流通方式转型、促进消费升级的现代化先导性产业，邮政体系是国家战略性基础设施和社会组织系统，在国民经济中发挥着重要的基础性作用。当前，我国邮政业保持高位运行，要素资源持续活跃，高质量发展进程加快，服务国家战略取得积极成果，社会经济效益日益凸显。2018 年，我国邮政业业务总量完成 12345.2 亿元，业务收入（不包括邮政储蓄银行直接营业收入）完成 7904.7 亿元，同比增长分别达到 26.4% 和 19.4%。其中，快递业务量达到 507 亿件，同比增长 26.6%，已连续五年稳居世界第一，年支撑网络零售交易额近 7 万亿元，新增社会就业 20 万人以上，为国家“稳增长、促改革、调结构、惠民生、防风险”政策实施作出了积极贡献。2018 年，上海邮政业业务总量完成 820.6 亿元，业务收入完成 1090.0 亿元，同比增长分别达到 15.3% 和 16.5%。其中快递业务量完成 34.9 亿件，快递业务收入完成 1020.3 亿元，在全国省市排名中分别名列第四、第二位。上海市邮政业业务收入在全国邮政业业务收入和上海地区生产总值中的占比分别为 13.8%

和 3.3%，全行业 7 家成功改制上市的快递企业中有 5 家总部在上海。上海邮政业为助力上海打响上海服务、上海制造、上海购物、上海文化四大品牌以及加快推进上海建设国际经济、金融、贸易、航运、科技创新五个中心作出了积极的贡献。

在看到成绩的同时，我们更要清醒地认识到，上海邮政业还存在服务消费和服务生产不平衡、速度规模和质量效益不平衡、国内业务与国际业务发展不平衡、寄递企业总部和基层网点发展不平衡、行业发展和治理体系能力不平衡等短板弱项。我们必须坚持以习近平新时代中国特色社会主义思想为指导，坚决落实党中央、国务院重大决策部署，按照“巩固、增强、提升、畅通”八字方针，全面用好我国发展的重要战略机遇期，继续坚持“打通上下游、拓展产业链、画大同心圆、构建生态圈”工作思路，深化改革开放、加快结构优化、提升创新能力、推进绿色发展，坚持邮政业高质量发展不动摇，更好地满足人民美好生活需要，更好地服务经济社会发展大局。

聚焦促改革扩开放，进一步释放邮政业的发展活力

要推动市场主体变革，发挥市场在资源配置中的决定性作用，鼓励支持新主体、新技术、新模式进入行业形成集群发展。要引导快递企业完善现代企业制度，处理好长期发展与短期利益、稳增长与防风险、总部与加盟企业之间关系。要推进行业治理方式改革，深化“放管服”改革，更好发挥政府作用。要创新行业监管方式，强化对标监管，开展分类监管，推进信用监管，探索智能监管，按照包容审慎原则对新业态实施监管服务，坚守安全质量底线。

聚焦抓机遇稳态势，进一步厚植邮政业的发展优势

要坚持“两个毫不动摇”稳主体，毫不动摇地巩固和发展国有经济，支持邮政企业充分发挥国有企业骨干作用和全球邮政一张网的优势提升服务能力水平，毫不动摇地支持和引导民营经济发展，对标世界先进水平，加快形成具有国际竞争力的快递物流企业。要深化电商快递协同稳基本，提高服务农村电商、跨境电商、品牌电商、生鲜医药电商的质量水平；适应消费需求变革，着力打造“快递 + 电商”中国方案升级版，继续提升网络覆盖度、稳定性和柔性，延长产业链，提高附加值，更好支撑线上线下一体新型流通、社交电商等新型电商发展。

聚焦提质效、育动能，进一步增强邮政业的发展后劲

要坚持以人民为中心，更好满足人民美好生活需要，实现质量变革，把提高行业供给体系质量作为主攻方向，着眼生产生活发展需要，引导邮政、快递企业丰富服务品种，提供更弹性更精准更多样的服务，不断满足人民群众的更好用邮需求。要坚持以供给侧结构性改革为主线，进一步推动“快递进厂”，推进邮政快递企业与先进制造业融合，把邮政快递网变成现代制造业的“移动仓”和“移动工厂”；进一步推动“快递出海”，通过造船出海、抱团出海和借船出海，加快推动邮政快递企业“走出去”；进一步推动邮政业与旅游文化、教育科技、健康养老等现代服务业联动协同，服务智慧社会建设。要坚持贯彻落实新发展理念，建设邮政业的现代化产业体系，实现效率变革，大力实施“科技兴邮”战略，推进科技创新，提升分拣、配送等流程的效率，通过信息化、集约化、社会化发展实现降本增效。加快落实“邮政业大数据发展”行动计划，重点推动云计算、大数据、物联网、区块链、人工智能和邮政业深度融合，提高全要素生产率和运行效率，加快“智慧邮政”建设。

聚焦补短板强弱项，进一步夯实邮政业的发展根基

要紧紧围绕国际化持续加快跨境寄递基础设施建设，支持寄递企业加强自主国际航空运能建设，加快国际邮件快件航空枢纽布局，建设完善“通道 + 枢纽 + 末端”的现代跨境寄递网络。要紧紧围绕末端网络有效破解“最后一公里”难题，优化网络布局、加强末端建设，提高网络利用效率。切实压实企业总部主体责任，维护末端网点和快递员权益，推进公共末端服务体系建设，推动在城乡规划中统筹考虑快递基础设施布局，大力发展共同投递和智能终端服务体系。要紧紧围绕绿色邮政建设着力提升行业绿色文明程度，突出创新引领，强化法治保障和政策协调，强化标准贯彻执行，督促邮政、快递企业改进生产方式，注意节约环保，引导企业合理开展多式联运，促进结构性减排，推广使用新能源车辆，杜绝过度包装，避免浪费和污染环境，持续推进邮件快件包装绿色化、减量化、可循环，加快邮政业绿色发展步伐。要紧紧围绕安全邮政建设不断增强安全工作主动权，统筹推进邮政业安全生产领域改革发展，压实企业特别是总部的安全生产主体责任，着力完善寄递安全监管体制机制，进一步推动联合监管、联防联控，实现寄递安全共建共治共享。

让我们更加紧密地团结在以习近平同志为核心的党中央周围，以习近平新时代中国特色社会主义思想为指导，不忘初心、牢记使命，以敢闯敢干、一往无前的奋斗姿态，务实进取、担当作为，狠抓工作落实，持续推进上海邮政业高质量发展，为全面建成与小康社会相适应的上海现代邮政业而努力奋斗！

来源：上海市邮政管理局网 2019 年 10 月 9 日

1.2 2019年物流业政策文件

1.2.1 国务院暨各部委局物流业部分政策文件

中物联：每月《物流政策辑要》

2019年1-2月

政策解读：国家发改委等24部门：印发《推动物流高质量发展促进形成强大国内市场的意见》

政策动向：国务院：取消10项“物流相关”行政许可事项

交通运输部：《危险货物道路运输安全管理办法（征求意见稿）》公开征求意见

两部门：进一步清理规范铁路货物运输相关收费

邮政局：部署全面推开快递员职称评审工作

2019年3月

政策动向：国务院：修改部分物流相关行政法规

国家发展改革委：4月1日起，油、电、气价格下调

交通运输部：加快取消全国高速公路省界收费站

交通运输部：《网络平台道路货物运输经营管理办法（征求意见稿）》公开征求意见

交通运输部：公示拟投资补助的货运枢纽（物流园区）项目

商务部：推进城乡高效配送专项行动和产品追溯体系建设

中国铁路总公司：4月10日全国铁路实行新列车运行图

政策摘要：财政部、税务总局、海关总署三部门：发布《关于深化增值税改革有关政策的公告》

财政部、工业和信息化部、科技部、发展改革委：联合发布《关于进一步完善新能源汽车推广应用财政补贴政策的通知》

交通运输部、国家发展改革委：关于修订印发《港口收费计费办法》的通知

市场监管总局、工业和信息化部、公安部三部门：发布《关于加强电动自行车国家标准实施监督的意见》

2019年6月

政策点评：国家发展改革委、交通运输部：推进高速公路ETC应用

政策动向：《中华人民共和国疫苗管理法》明确疫苗流通配送方式

交通运输部、公安部、工业和信息化部：加强车辆运输车运营常态化管理

交通运输部：审议通过《智能快件箱寄递服务管理办法》

国家邮政局：重点推进快递员权益保护

国家邮政局：支持民营快递企业改革发展

工业和信息化部：废止《汽车动力蓄电池行业规范条件》

政策摘要：公安部：印发《关于开展轻型货车检验登记集中排查工作的通知》

交通运输部：印发《关于加强国内水路运输市场监管工作的通知》

交通运输部：印发《互联网道路运输便民政务服务系统业务办理工作指南（试行）》

国家邮政局：印发《行业绿色采购试点工作方案》

国家邮政局、商务部：印发《关于规范快递与电子商务数据互联共享的指导意见》

2019 年 7 月

政策点评：国务院：印发《关于促进平台经济规范健康发展的指导意见》

交通运输部、国家发展改革委、财政部：印发《关于切实做好货车通行费计费方式调整有关工作的通知》

交通运输部：印发《关于贯彻〈收费公路车辆通行费车型分类〉行业标准（JT/T489—2019）有关问题的通知》

政策动向：中共中央政治局会议：首次提出城乡冷链物流设施建设

国务院：部署完善跨境电商等新业态促进政策

国家发展改革委：《运输物流行业失信联合惩戒对象名单管理工作实施意见（征求意见稿）》公开征求意见

交通运输部：取消轻型普货车“双证”

交通运输部：加快国家综合立体交通网规划编制

交通运输部：开展公路限高限宽设施和检查卡点专项清理行动

政策摘要：国务院：印发《交通运输领域中央与地方财政事权和支出责任划分改革方案》

财政部：发布《关于促进政府采购公平竞争优化营商环境的通知》

交通运输部：印发《数字交通发展规划纲要》

交通运输部：印发《智能快件箱寄递服务管理办法》

交通运输部：发布关于修改《道路货物运输及站场管理规定》

交通运输部：印发《道路运输企业主要负责人和安全生产管理人员安全考核管理办法》《道路运输企业主要负责人和安全生产管理人员安全考核大纲》

交通运输部、国家发展改革委、财政部：印发《关于全面清理规范地方性车辆通行费减免政策的通知》

交通运输部、国家发展改革委、财政部：印发《关于进一步优化鲜活农产品运输“绿色通道”政策的通知》

民航局：发布《关于同意扩大无人机物流配送应用试点范围的通知》

2019 年 8 月

政策解读：交通运输部、国家税务总局：《网络平台道路货物运输经营管理暂行办法》

政策点评：交通运输部、国家邮政局等十八部门：印发《关于认真落实习近平总书记重要指示推动邮政业高质量发展的实施意见》

政策动向：国务院：关于印发 6 个新设自由贸易试验区总体方案的通知

国家发展改革委、交通运输部：印发《关于做好 2019 年国家物流枢纽建设工作的通知》

交通运输部、国家邮政局、中国邮政集团公司：关于深化交通运输与邮政快递融合推进农村物流高质量发展的意见

交通运输部：关于征求加快推广应用道路运输电子证照提升数字化服务与监管能力实施方案意见的函

国家邮政局：印发《2019 年行业生态环境保护工作要点》

政策摘要：国务院：印发《关于加快发展流通促进商业消费的意见》

交通运输部、公安部、工业和信息化部：关于进一步加强车辆运输车超长违法运输行为治理的通知

国家邮政局、公安部、国家安全部：发布《关于加强国庆 70 周年庆祝活动期间寄递物品安全管理的通告》

国家税务总局：发布《关于实施第二批便民办税缴费新举措的通知》

国务院：关于在全国推开“证照分离”改革的通知

交通运输部等九部门：发布贯彻落实国务院办公厅《推进运输结构调整三年行动计划（2018—2020 年）》的通知

国家税务总局、公安部《关于试点应用车辆购置税电子完税信息办理车辆登记业务的公告》

最高人民法院、最高人民检察院、公安部：印发《关于办理盗窃油气、破坏油气设备等刑事案件适用法律若干问题的意见》

2019 年 9 月

政策点评：中共中央、国务院：印发《交通强国建设纲要》

政策动向：国务院：复制推广借鉴优化营商环境改革举措

国家发展改革委：推送并应用市场主体公共信用综合评价结果

交通运输部：印发《网络平台道路货物运输经营服务指南》等三个指南

国家税务总局：调整货物运输业小规模纳税人申请代开专用发票资质要求

政策摘要：国家发展改革委、交通运输部：印发《关于做好物流降本增效综合改革试点工作的通知》

国家发展改革委等五部门：发布《关于加快推进铁路专用线建设的引导意见》

交通运输部 : 发布《关于深化交邮融合推广农村物流服务品牌的通知》

国家邮政局：印发《邮政企业、快递企业安全生产主体责任落实规范》

2019 年 10 月

政策点评：公安部：印发《关于进一步规范和优化城市配送车辆通行管理的通知》

交通运输部：关于印发《加快推进道路运输车辆综合性能检测联网实现普通货运车辆全国异地检测工作方案》的通知

政策摘要：国务院办公厅：印发《关于保持基础设施领域补短板力度的指导意见》

国务院：印发《优化口岸营商环境促进跨境贸易便利化工作方案》

2019 年 11 月

政策点评：公安部：印发《关于进一步规范和优化城市配送车辆通行管理的通知》

交通运输部：关于印发《加快推进道路运输车辆综合性能检测联网实现普通货运车辆全国异地检测工作方案》的通知

政策摘要：国务院办公厅：印发《关于保持基础设施领域补短板力度的指导意见》

国务院：印发《优化口岸营商环境促进跨境贸易便利化工作方案》

国务院：关于在全国推开“证照分离”改革的通知

交通运输部等九部门：发布贯彻落实国务院办公厅《推进运输结构调整三年行动计划（2018—2020 年）》的通知

国家税务总局、公安部《关于试点应用车辆购置税电子完税信息办理车辆登记业务的公告》

最高人民法院、最高人民检察院、公安部：印发《关于办理盗窃油气、破坏油气设备等刑事案件适用法律若干问题的意见》

政策解读：交通运输部、国家税务总局：《网络平台道路货物运输经营管理暂行办法》

政策点评：交通运输部、国家邮政局等十八部门：印发《关于认真落实习近平总书记重要指示推动邮政业高质量发展的实施意见》

政策动向：国务院：关于印发 6 个新设自由贸易试验区总体方案的通知

国家发展改革委、交通运输部：印发《关于做好 2019 年国家物流枢纽建设工作的通知》

交通运输部、国家邮政局、中国邮政集团公司：关于深化交通运输与邮政快递融合推进农村物流高质量发展的意见

交通运输部：关于征求加快推广应用道路运输电子证照提升数字化服务与监管能力实施方案

政策摘要：国务院：印发《关于加快发展流通促进商业消费的意见》

交通运输部、公安部、工业和信息化部：关于进一步加强车辆运输车超长违法运输行为治理的通知

国家邮政局、公安部、国家安全部：发布《关于加强国庆 70 周年庆祝活动期间寄递物品安全管理的通告》

国家税务总局：发布《关于实施第二批便民办税缴费新举措的通知》

政策点评：交通运输部、工业和信息化部等 6 部门：发布《危险货物道路运输安全管理办法》

政策动向：国务院：降低物流等部分基础设施项目最低资本金比例

工业和信息化部：发布《新能源汽车产业发展规划（2021-2035 年）（征求意见稿）》

财政部：发布《快递包装政府采购需求标准（试行）》《商品包装政府采购需求标准（试行）》

财政部：发布《2020 年节能减排补助资金预算对地方分配结果》

交通运输部、国家发展改革委：深化道路运输价格改革

交通运输部：开展交通强国建设试点工作

交通运输部：开展 ETC 发行专项清理工作

商务部、中国工商银行：组织供应链领域重点合作项目推荐

政策摘要：中共中央、国务院：发布《推进贸易高质量发展的指导意见》

国家发展改革委等 15 部门：印发《关于推动先进制造业和现代服务业深度融合发展的实施意见》

交通运输部、国家发展改革委等九部门：发布《关于建设世界一流港口的指导意见》

交通运输部：印发《推进综合交通运输大数据发展行动纲要（2020—2025 年）》

商务部等 18 部门：印发《关于在中国（海南）自由贸易试验区试点其他自贸试验区施行政策的通知》

中国人民银行、银保监会：发布《关于金融服务支持收费公路制度改革的指导意见》

国家邮政局：发布《邮政服务和快递服务用户申诉处理办法（征求意见稿）》

2019 年 12 月

政策动向：国务院：同意在石家庄等 24 个城市设立跨境电子商务综合试验区

交通运输部：进一步规范全国高速公路入口称重检测

交通运输部：严禁强制安装 ETC 和对非 ETC 车辆通行高速设置障碍

交通运输部：部分货车通行费畸高问题正督促各地抓紧解决

交通运输部、公安部、商务部：公布第二批城市绿色货运配送示范工程创建城市

国家税务总局：开展网络平台道路货物运输企业代开增值税专用发票试点工作

政策摘要：中共中央、国务院：发布《长江三角洲区域一体化发展规划纲要》

中共中央、国务院：发布《关于营造更好发展环境支持民营企业改革发展的意见》

交通运输部：印发《推进综合交通运输大数据发展行动纲要（2020—2025 年）》

交通运输部：贯彻落实习近平总书记重要指示批示精神切实加强道路运输安全监管工作

交通运输部：发布《关于做好高速公路车辆通行费优惠预约通行相关工作的通知》

人力资源社会保障部、国家邮政局：发布《快递员国家职业技能标准》《快件处理员国家职业技能标准》

来源：中物联每月《物流政策辑要》

摘录整理：喻海峰

国务院暨部委发布的物流业其他部分政策文件目录

2020 年 1 月 14 日，国家税务总局《关于开展网络平台道路货物运输企业代开增值税专用发票试点工作》的通知

2019 年 1 月 25 日，国务院印发《关于促进综合保税区高水平开放高质量发展的若干意见》

2019 年 2 月 26 日，国家发展改革委等 24 国务院部委：《关于推动物流高质量发展促进形成强大国内市场的意见》（发改经贸〔2019〕352 号）

2019 年 4 月 4 日，交通运输部办公厅《交通运输行政执法程序规定》

2019 年 5 月 6 日，交通运输部《交通运输标准化管理办法》（中华人民共和国交通运输部令 2019 年第 12 号）

2019 年 6 月 12 日，《交通运输部关于修改〈道路货物运输及站场管理规定〉的决定》

2019 年 7 月 3 日，国务院部署《完善跨境电商等新业态促进政策》

2019 年 7 月 11 日，交通运输部发布关于修改《道路货物运输及站场管理规定》实施通知

2019 年 8 月 14 日，交通运输部印发《关于贯彻〈收费公路车辆通行费车型分类〉行业标准（JT/T489—2019）有关问题的通知》

2019 年 10 月 20 日，交通运输部审议通过《智能快件箱寄递服务管理办法》

2019 年 11 月 20 日，国务院印发《交通运输部关于修改〈中华人民共和国港口设施保安规则〉的决定》

2019 年 11 月 20 日，国家邮政局、商务部印发《关于规范快递与电子商务数据互联共享的指导意见》

2019 年 11 月 28 日，交通运输部发布关于修改《快递业务经营许可管理办法》的决定

摘录整理：喻海峰

1.2.2 上海市人民政府暨部门物流业部分政策文件目录

2019 年 1 月 29 日，上海市商务委员会：《关于本市推进电子商务与快递物流协同发展的实施意见》解读

2019 年 3 月 11 日，上海市城市交通管理局关于发布《上海市道路旅客运输站管理规定》的通知

2019 年 3 月 13 日，上海市人民政府关于印发《“十三五”时期上海国际航运中心建设规划》的通知

2019 年 3 月 21 日，上海市交通委员会《关于开展本市交通建设工程合同登记备案工作》的通知

2019 年 4 月 5 日，上海市人民政府《关于上海市积极推进供应链创新与应用的实施意见》解读

2019 年 4 月 18 日，上海市税务局《关于全面落实税收优惠政策积极促进减税降费措施落地》通知

2019 年 5 月 27 日，上海市人民政府办公厅关于印发《上海市推进运输结构调整实施方案（2018-2020 年）》的通知

2019 年 9 月 18 日，上海市人民政府发布《进一步促进外商投资的若干意见》意见

2019 年 12 月 5 日，上海市商务委员会关于《上海市落实 2019 年港口建设费减负政策措施》的通知

摘录整理：喻海峰

1.2.3 部分物流业政策文件解读

《上海国际航运中心建设三年行动计划（2018-2020）》

当前及今后一个时期，是上海基本建成“四个中心”的冲刺时期，也是上海迈向“具有全球影响力的科技创新中心”“卓越的全球城市”的重要时期。为实现到 2020 年基本建成上海国际航运中心，切实提升上海的城市核心竞争力，上海市交通委员会会同有关部门，共同制定了《上海国际航运中心建设三年行动计划 (2018-2020)》。

一、《三年行动计划》的编制情况

1.《三年行动计划》充分考虑国际航运中心建设面临的新机遇、新要求

进入中国特色社会主义新时代，上海国际航运中心建设迎来新的历史机遇，面临新的发展要求。国际上看，全球经贸新格局、绿色航运新趋势、航运技术新突破将深度影响航运业发展方向。从国内看，发展方式转变、经济结构优化、增长动力转换对上海国际航运中心建设提出更高要求。为全面贯彻党的十九大精神，落实“一带一路”建设、“长江经济带”“交通强国”“海洋强国”等决策部署，践行“创新、协调、绿色、开放、共享”的发展理念，推动上海国际航运中心国家战略目标的实现，市交通委牵头研究编制《三年行动计划》，在总结回顾“十三五”前期建设情况的基础上，进一步明确了今后三年的工作目标和重点任务，是上海国际航运中心“十三五”规划的有效补充。

2. 服务国家战略，立足高质量发展编制《三年行动计划》

上海国际航运中心建设涉及领域广、产业跨度大、关联部门多。为确保《三年行动计划》的引导性和可操作性，在编制过程中，主要突出“三个围绕”：一是紧紧围绕国家战略，以国务院〔2009〕19 号文件为指引，充分体现“一带一路”建设、“长江经济带”“交通强国”“海洋强国”战略布局要求，将国家发展任务与上海国际航运中心建设紧密结合。二是紧紧围绕高质量发展，依托上海自贸试验区改革创新平台，营造航运发展环境，集聚航运要素，提升上海国际航运中心辐射服务能力。立足航运中心转型升级，重点突出绿色航运、智慧发展和服务品质提升。三是紧紧围绕区域合作，在立足上海的同时，充分体现与长三角、长江经济带以及“一带一路”沿线国家的相互协作和共同发展。

二、《三年行动计划》的主要内容

《三年行动计划》正文包括四个部分，明确了今后 3 年上海国际航运中心建设的指导思想、总体目标、主要任务和保障措施。

第一部分：主要是落实国家和上海的发展要求，提出了上海国际航运中心建设的指导思想，明确将全面贯彻落实党的十九大精神，以习近平新时代中国特色社会主义思想为指导，秉持“创新、协调、

绿色、开放、共享”的发展理念，落实“交通强国”“海洋强国”决策部署，把握“一带一路”建设、“长江经济带”和自由贸易试验区战略契机，对标国际航运最高标准，全力提升海空枢纽、邮轮母港的服务效率和品质，全面强化现代航运服务业对内集聚和对外辐射能力，努力打造具有国际竞争力航运业营商环境，在国家战略实施、区域协同发展和航运产业创新中发挥引领作用，提升全球航运资源配置能力。

第二部分：主要是根据《“十三五”时期上海国际航运中心建设规划》，提出今后三年上海国际航运中心建设的总体目标，即到2020年，上海要基本建成航运资源高度集聚、航运服务功能健全、航运市场环境优良、现代物流服务高效，具有全球航运资源配置能力的国际航运中心。并对总体目标加以分解，提出三方面具体目标，一是航运枢纽功能国际领先。对接“一带一路”建设、“长江经济带”战略，建成以智慧高效的集装箱枢纽港、品质领先的航空枢纽港、国际一流的邮轮母港等为特征的、具有全球影响力的国际航运运营中心。集装箱年吞吐量突破4200万标准箱；航空旅客年吞吐量达到1.2亿人次，货邮年吞吐量达到440万吨；邮轮年接待出入境游客350万人次。二是航运服务能级大幅提升。提高现代航运服务业对外辐射能力和国际化水平，基本建成国际航运服务中心，集聚航运服务全要素。全球百强航运企业和国际航运组织进一步增加，海事法律与仲裁、航运融资与保险、海事教育与研发、航运咨询与信息等服务能级进一步提高。三是航运创新能力全面增强。深化航运制度创新，对标国际贸易便利化最高标准，口岸综合效率和营商环境达到国际先进水平。打造航运科技创新高地，通过互联网、物联网、大数据、智能化等新技术应用，实现航运产业转型发展。枢纽港建设与城市发展相协调，实现能源清洁、能耗节约、污染物受控、土地岸线资源集约利用。

第三部分：主要是提出了今后三年国际航运中心建设的重点任务，包括四个方面：

一是对标国际一流，全力打造世界先进的海空枢纽。完成洋山四期工程后续工作，加快推进外高桥港区八期工程建设。建设浦东机场三期、虹桥机场T1航站楼、浦东机场第五跑道工程，推进浦东机场总体规划修编；优化上海地区空域结构，深化空域精细化管理改革，提升两场航班放行正常率；争取对上海开通和加密国际航班的政策支持；提升国际航空货邮中转功能，推进快件、冷链物流和跨境电商等细分业务开展；发展机场旅客中转业务，扩大旅客过境免签政策适用国家范围。推进吴淞口国际邮轮码头后续工程建设，优化完善口岸配套设施；建立邮轮旅客凭票进港、凭票登船机制。优化完善枢纽港集疏运体系。推进南槽航道治理一期工程，推动长江口大型船舶超宽交会常态化运行。推动江海直达运输，加强船员培训和安全监管。推进外高桥内河港区一期工程项目和大芦线二期等内河高等级航道建设。推进沪通铁路南通至安亭段建设，力争沪通铁路太仓至四团段开工，推进铁路进外高桥港区。优化完善外高桥港区周边路网，建设郊环北部越江通道工程，建设临港集卡服务中心。加快浦东综合交通枢纽规划编制，推进轨道交通引入浦东综合交通枢纽。加快机场联络线前期工作，完成轨道交通二号线东延伸改造工程，完善机场周边路网。

二是贯彻绿色理念，促进安全、高效、可持续发展。编制实施新一轮《绿色港口三年行动计划》，进一步实施船舶排放控制区管控措施，加快岸电设施推广和应用，推广LNG动力内河船舶应用，提高港区非道路移动机械清洁能源使用率，全面落实港口、船舶污染物的规范接收处置。全面具备向停靠飞机提供桥载电源的能力，支持机场新能源车辆推广应用。完善国际贸易单一窗口，打造长江口深水航道E航海示范区，建设跨境贸易管理大数据平台和长江集装箱江海联运综合服务信息平台，完善集卡预约平台功能，全面推行港口业务网上受理，推进集装箱设备交接单、提货单电子化。浦东、虹桥机场打造全流程自助服务候机楼。修编发布《上海港防止船舶污染海洋环境应急能力建设规划》；合理布局锚地，提升不良气候条件下应急保障能力；推进外高桥危险品堆场工程。

3. 是树立品牌观念，全面提升现代航运服务能级。打造上海航运金融产业集聚区，深化北外滩“航运服务总部基地”建设，吸引航运服务功能性机构落户；打造虹桥临空经济示范区，促进航空要素集聚和交易；建设吴淞口邮轮总部基地，丰富邮轮商业服务，打造邮轮物资配送中心。推动船用保税油许可制度创新，完善国际船舶登记服务，建成洋山国际船员服务中心。建设国际海事司法中心，推进航运仲裁信息化服务。深化航运保险注册制改革，拓展航运保险指数功能。完善融资租赁登记、查询和配套司法服务，协调解决融资租赁飞机实际入区问题。打造“上海航运指数”品牌，发展航运金融衍生品业务。打造具有全球影响力的航运智库，加强国际间协同创新。上海中国航海博物馆打造国内一流、具有全球知名度的一级博物馆。

四是加强区域协同，合力提升全球航运资源配置能力。强化长三角区域港航协同发展机制，加快推进小洋山北侧岸线联动开发，鼓励以港航龙头企业为主体开展区域合作。鼓励机场之间构建联盟体，创新跨区域机场运行管理体制。发挥长江经济带航运联盟作用，完善工作机制，发挥示范效应。建立 21 世纪海上丝绸之路港航合作机制。支持航空公司拓展“一带一路”国际航线网络。支持和推动保险机构大力发展海外投资保险等业务。充实“一带一路”航贸指数的内涵，加强指数应用和推广。开展与“一带一路”沿线国家在法律服务、海事人才培养等领域的合作。

第四部分：主要是保障措施，包括强化组织领导与统筹协调、优化航运发展综合环境、注重人才培养和人才引进、增加政策支撑及资金投入四个部分。

信息来源：中国水运网

《关于本市推进电子商务与快递物流协同发展的实施意见》解读

为了进一步贯彻落实《国务院办公厅关于推进电子商务与快递物流协同发展的意见》深入实施“互联网 + 流通”行动计划，进一步提高上海电子商务与快递物流协同发展水平，现提出本市推进电子商务与快递物流协同发展的实施意见如下：

一、推动电商快递基础设施合理化布局，进一步提升集约水平

（一）加强规划协同引领。落实《上海邮政业发展“十三五”规划》《上海市电子商务发展“十三五”规划》，构建适应电子商务发展的快递物流服务体系，强化电子商务物流支撑，打造电商快递长三角一体化，构建国际化发展战略高地。鼓励企业在长三角区域开展基础设施、干支线运输、网络网点、快件揽收和末端派送等各方面合作，形成区域协同、城乡一体的快递服务网络体系。以浦东国际机场三期扩建工程为契机，加快上海邮政快递国际枢纽中心建设，支持邮政快递企业入驻，打造联通亚太、辐射全球的国际航空快递枢纽。（责任单位：市规划资源局、市邮政管理局、市发展改革委、市商务委）

（二）保障基础设施建设用地。落实《上海市快递设施专项规划（2017-2035 年）》，快递物流相关仓储、分拨、配送等设施用地须符合土地利用总体规划并纳入城乡规划。支持建设集约化智能仓储、现代化无人仓库等。研究制定电子商务快递物流土地保障机制，利用存量房产和土地资源建设电子商务、快递物流项目，在办理用地手续等方面给予政策支持。在不改变用地主体、符合城乡规划和建设规范、不影响相邻关系及严守安全底线的前提下，利用存量房产和土地资源建设电子商务、快递物流项目的，可在 5 年内保持土地原用途和权利类型不变，5 年期满后需办理相关用地手续可采取协议方式办理。（责任单位：市规划资源局、市发展改革委、市商务委、市邮政管理局、各区政府）

（三）**创新末端设施支持政策。**创新公共服务设施管理方式，明确智能快件箱、快递末端综合服务场所的公共属性，为快递末端网点提供用地保障等配套政策。将智能快件箱、电商快递末端网点等纳入本市新建小区和旧城改造公共服务设施相关设置规划；结合实施上海住宅小区建设“美丽家园”三年行动计划，在有条件的住宅小区设置智能快件箱。结合15分钟社区生活圈建设，在全市有条件的社区服务中心内设置电商快递服务场所。鼓励在社区商业设施中纳入电商快递服务功能。创新价格监管方式，引导本市电子商务平台逐步实现商品定价与快递服务定价相分离，促进快递企业发展面向消费者的增值服务。（责任单位：市住房城乡建设管理委、市商务委、市邮政管理局）

二、推动电商快递智能化发展，进一步提升协同水平

（四）**提高科技应用水平。**鼓励电商快递物流企业采用先进技术和装备，建立深度感知的智慧化仓储管理系统。支持无人配送、无人仓及无人零售技术在本市的推广应用，建立高效便捷的智慧化末端配送网络。加强大数据、云计算、机器人等现代信息技术和装备在电子商务与快递物流领域应用，建立科学有序的智慧化物流分拨调配、安检系统。支持企业建立智能电商快递综合协同平台和智慧化物流信息服务平台。加大服务业引导资金等政府专项资金对本市快递物流、电子商务行业的支持力度，鼓励电商快递企业申请高新技术企业等相关资质。（责任单位：市商务委、市发展改革委、市科委、市经济信息化委、市邮政管理局、市公安局）

（五）**推进园区建设与升级。**加快推进青浦全国快递行业转型发展示范区建设，支持重点电商快递企业建设贸易型总部。引导国家、市级电子商务示范基地和园区探索推广“互联网＋电商产业园＋物流园”融合发展新模式，提高区域辐射能力。加快传统物流园区转型升级，提升仓储、运输、配送、信息等综合管理和服务水平，鼓励在有条件的园区对无人配送技术应用给予特定道路测试支持。依托浦东祝桥临空经济区，加快浦东祝桥国际现代快递物流园区建设，推动上海快递产业高质量发展。（责任单位：市邮政管理局、市商务委、相关区政府）

（六）**推动供应链协同发展。**鼓励仓储、快递、第三方技术服务企业转型升级，向配送运营中心和专业化、规模化第三方物流发展。支持有条件的企业发展智能仓储，延伸服务链条，向提供一体化解决方案和供应链集成服务的第四方物流发展。充分发挥供应链平台的资源集聚、供需对接和信息服务等功能，鼓励物流快递与电商、实体商业企业合作，推进“店仓配”一体发展，构建跨界融合的产业供应链生态。（责任单位：市商务委、市经济信息化委、市邮政管理局）

三、推动电商快递绿色化运营，进一步提升环保水平

（七）**推广绿色包装。**贯彻实施国家邮件、快件绿色包装、减量包装相关行业标准，推广应用绿色包装和回收利用技术、材料，推进快递物流包装减量化。2020年，上海协议客户电子面单使用率达95%以上，减少纸箱和胶带的使用量，减少二次包装，鼓励电商平台提供绿色包装选项，对绿色包装实行计价优惠。试点开展“逆向物流”回收包装，促进资源循环利用，探索建立包装生产者、使用者和消费者在内的多方协同回收体系。（责任单位：市生态环境局、市邮政管理局、市商务委、市经济信息化委、市绿化市容局、市市场监管局）

（八）**推动绿色运营。**在干线运输环节，引导企业利用铁路资源，合理开展多式联运，促进结构性减排，在中转运输和末端配送环节，推广使用新能源车辆。鼓励企业优化生产作业流程，推广使用可重复使用的中转袋、中转箱、笼车等设备应用，提升作业效率。鼓励邮政、快递企业加大甩挂运输、多式联运等先进运输组织方式的应用。在具备条件的电商快递物流产业园、区域分拨中心和末端配送网点等地方配套建设汽车充电桩。加强能源管理，建立绿色节能低碳运营管理流程和机制，在电商快递仓库、分拨中心、数据中心、管理中心等场所推广应用节水、节电、节能等新技术新设备，提高能源利用效率。（责任单位：市交通委、市邮政管理局、市商务委、市经济信息化委）

四、推动电商快递标准化建设，进一步提升规范运营水平

（九）便利配送车辆通行。完善上海电商快递配送车辆通行管理政策，支持重点电商快递物流企业车辆和新能源车辆办理通行证。合理确定通行区域和时段，给予临时停靠便利。鼓励民航、铁路、海关、港口等运输部门为快件运输开设绿色通道，提供便捷服务。鼓励机场、车站、口岸等单位规划建设快件集中处理场所，提供快件快速配载、装卸、交接等服务。（责任单位：市公安局、市交通委、市商务委）

（十）规范配送服务车辆运营管理。修订《上海市快递揽投专用电动自行车管理办法（暂行）》，进一步推广揽投电动自行车覆盖范围，制订并出台揽投车辆技术标准。对专用电动自行车统一标识，实施数字化管理，加强对电商快递服务车辆驾驶人交通安全教育，鼓励保险公司开发符合快递业特点的道路交通安全事故险等险种。研究制定城市小型快递专用汽车标准，引导快递企业使用符合标准的配送车型，研究制定城市快递揽投专用车相关地方标准， 推动配送车辆标准化、厢式化。（责任单位：市邮政管理局、市公安局、市交通委、市市场监管局）

（十一）推进末端快递标准化服务。引导上海快递企业与电子商务企业深度合作，促进线上线下互动创新，共同发展体验经济、社区经济、逆向物流等便民利商新业态。支持邮政企业和快递企业充分利用现有邮政网点优势，整合末端派送资源，创新合作模式。鼓励快递企业与物业建立市场化协作机制，为业主（使用人）提供收代寄服务，提高快递末端投送效率。推广智能快件箱纳入便民服务、民生工程等项目，加快社区、高校、商务中心、地铁站周边等末端节点布局。加快出台《上海市快递末端综合服务站通用规范》，完善快递末端综合服务站点消防设置及快递配送车辆充电规范等要求。（责任单位：市邮政管理局、市商务委、市住房城乡建设管理委、市应急局、市教委）

五、推动电商快递便利化服务，进一步优化营商环境

（十二）深化“放管服”改革。优化完善快递业务经营许可管理信息系统，对接上海市网上政务大厅，实现“一网通办”。简化快递业务经营许可程序，优化快递企业年度报告制度，对快递末端网点实施备案管理，末端网点备案无需取得工商营业执照。加强事中事后监管，全面推行“双随机、一公开”监管。（责任单位：市邮政管理局、市商务委、市市场监管局）

（十三）健全企业间数据共享制度。在确保消费者个人信息安全的前提下，鼓励和引导本市电子商务平台与快递物流企业之间开展数据交换共享。探索建立数据保护、开放共享规则，建立数据中断等风险评估、提前通知和事先报告制度。依托本市大数据交易领先及产业集聚优势，率先实现在部门、行业、地区等不同领域信息的共享互换、协同作业，提升电商与快递之间的协同效率。（责任单位：市商务委、市邮政管理局、市经济信息化委）

（十四）健全协同共治管理模式。建立本市电商快递企业信用评级体系、信用信息系统和服务安全信用档案数据库，建立“信用不良名单”制度。发挥电商及快递行业协会自律作用，推动出台行业自律公约。鼓励电商、快递企业建立诚信联盟，联合建立从业人员诚信档案，加强从业人员配送行为的规范化管理，保护用户利益及信息安全。加快全市范围内快递一体化安检建设。

来源：上海市人民政府办国厅 2019 年 1 月 29 日

1.2.4 国务院部委最新政策文件
《关于推动物流高质量发展促进形成强大国内市场的意见》

在构建高质量物流基础设施网络体系方面，《关于推动物流高质量发展促进形成强大国内市场的意见》（以下简称《意见》）提出，围绕“一带一路”建设等重大战略实施，选择部分基础条件成熟的承载城市，启动第一批15个左右国家物流枢纽布局建设。引导各类社会资本加大对公铁、铁水、空陆等不同运输方式的转运场站和“不落地”装卸设施等方面的投入。推动具备条件的物流园区引入铁路专用线，支持铁路专用线进码头。实施城乡高效配送专项行动、“邮政在乡”工程，升级“快递下乡”工程。鼓励和引导城市共同配送公共信息平台加强与国家交通运输物流公共信息平台的有效衔接。

《意见》提出，加强生产服务型国家物流枢纽建设，增加开行面向大型厂矿、制造业基地等的“点对点”直达货运列车。加快发展面向高附加值制造业的航空货运服务，加大“卡车航班”开行力度。加强邮政、快递物流与特色农产品产地合作，畅通农产品“上行”通道。

根据《意见》，多部门将努力增强物流高质量发展的内生动力。鼓励和支持共享物流模式、共同配送、集中配送等先进物流组织方式发展。加快数字化终端设备的普及应用，实现物流信息采集标准化、处理电子化、交互自动化。研究制定统一的多式联运服务规则，加快建设多式联运公共信息平台，促进货源与公铁水空等运力资源有效匹配，降低车船等载运工具空驶率。以绿色物流为突破口，推行实施货物包装和物流器具绿色化、减量化。通过既有政策措施加快淘汰存量非标货运车辆和鼓励应用中置轴厢式货车等标准厢式货运车辆。鼓励和支持公共“挂车池”等共享模式和甩挂运输等发展，鼓励企业使用智能化托盘等集装单元化技术。降低车辆通行和港口物流成本是重点之一。《意见》提出，全面推广高速公路差异化收费，完善货车使用ETC非现金支付等优惠政策。逐步取消高速公路省界收费站，降低水路运输过闸费，进一步清理港口收费，合理降低收费标准。

全方位多部门联合推动物流高质量发展——畅通全链条运行促进国内市场强大

近日，国家发展改革委、交通运输部等24个部门联合发布《关于推动物流高质量发展促进形成强大国内市场的意见》，旨在巩固物流降本增效成果，增强物流企业活力，提升行业效率效益水平，畅通物流全链条运行，加快推动提升区域经济和国民经济综合竞争力。

在构建高质量物流基础设施网络体系方面，《意见》提出，围绕“一带一路”建设等重大战略实施，选择部分基础条件成熟的承载城市，启动第一批15个左右国家物流枢纽布局建设。引导各类社会资本加大对公铁、铁水、空陆等不同运输方式的转运场站和“不落地”装卸设施等方面的投入。推动具备条件的物流园区引入铁路专用线，支持铁路专用线进码头。实施城乡高效配送专项行动、“邮政在乡”工程，升级“快递下乡”工程。鼓励和引导城市共同配送公共信息平台加强与国家交通运输物流公共信息平台的有效衔接。

《意见》提出，加强生产服务型国家物流枢纽建设，增加开行面向大型厂矿、制造业基地等的“点对点”直达货运列车。加快发展面向高附加值制造业的航空货运服务，加大“卡车航班”开行力度。加强邮政、快递物流与特色农产品产地合作，畅通农产品“上行”通道。

根据《意见》，多部门将努力增强物流高质量发展的内生动力。鼓励和支持共享物流模式、共同配送、集中配送等先进物流组织方式发展。加快数字化终端设备的普及应用，实现物流信息采集标准化、处理电子化、交互自动化。研究制定统一的多式联运服务规则，加快建设多式联运公共信息平台，促进货源与公铁水空等运力资源有效匹配，降低车船等载运工具空驶率。以绿色物流为突破口，推行实施货物包装和物流器具绿色化、减量化。通过既有政策措施加快淘汰存量非标货运车辆和鼓励应用中置轴厢式货车等标准厢式货运车辆。鼓励和支持公共“挂车池”等共享模式和甩挂运输等发展，鼓励企业使用智能化托盘等集装单元化技术。

降低车辆通行和港口物流成本是重点之一。《意见》提出，全面推广高速公路差异化收费，完善货车使用 ETC 非现金支付等优惠政策。逐步取消高速公路省界收费站，降低水路运输过闸费，进一步清理港口收费，合理降低收费标准。

来源：交通运输部网站 2019 年 3 月 8 日

第二篇 物流基础领域

2.1 交通运输

2.1.1 2019 年基本情况

2019 年（1–12 月）上海市交通运输业（货运部分）基本情况

2019 年，本市行业生产运行平稳，总体保持稳中有进态势货运方面，本市货运行业保持总体平稳、稳中有进态势，货运结构加快调整，全行业积极因素不断累积。

一是货运规模保持增长，交通运输经济基础稳固。全年本市交通运输、仓储和邮政业增加值同比增长 4.7%（据上海市统计局初步核算）。全社会货物运输量 10.96 亿吨，增长 2.1%。从交通运输方式看，铁路完成货物发送量 471.8 万吨，增长 0.7%，公路完成货运量 3.88 亿吨，下降 2.1%，其中集装箱运输量 2240 万 TEU，增长 0.3%，水路货物运输量 7.0 亿吨，增长 4.6%，机场货物吞吐量 405.7 万吨，下降 2.8%，交通运输经济延续向好趋势，基础更加稳固，保持与宏观经济运行的关联和协调发展。

二是航运市场不确定不稳定因素依然突出。2019 年，航运市场受全球经济放缓、中美贸易摩擦、以及地缘政治局势紧张升级等因素影响，表现出明显的不确定和不稳定性。从上海航运指数看，集装箱运输市场呈现“两头高”波动特征，CCFI 综合指数在年底达到全年最高位 897.5 点；沿海散货市场总体呈现“波动向上”走势，至年底 CCBFI 综合指数达 1121.8 点，而国际干散货和远东干散货市场呈现“冲高回落”特征，至年底 FDI 综合指数不足 800 点；“一带一路”航贸指数总体保持稳健向上态势，至年底贸易额指数 144.8 点、货运量指数 145.2 点、“海上丝绸之路”运价指数 109.8 点。

三是上海港生产保持总体平稳。全年上海港完成货物吞吐量 7.2 亿吨，比上年下降 1.4%。受当前经济下行压力持续加大，实体经济困难突出，以及国内需求疲软等因素影响，内外贸货物吞吐量均下降达 1.4%。全港集装箱吞吐量保持稳定增长，全年完成吞吐量 4330.3 万 TEU，增长 3.1%。其中，重箱吞吐量 3142.4 万 TEU，增长 1.5%，占 72.6%。箱量结构保持在合理区间，水水中转比例稳步提高达 48.3%，其中国际中转比例 10.8%，分别比上年提升 1.5 和 2.0 个百分点。

2019 年 1 月，本市交通行业运行情况简报

1 月，本市交通行业生产运行总体平稳有序

货运方面，一是全社会货物运输量。当月完成 9321 万吨，同比增长 13.0%。其中铁路完成 39.6 万吨，同比下降 5.2%；公路完成 3263 万吨，同比下降 1.1%；水路完成 5986 万吨，同比增长 22.9%；航空 33.2 万吨，同比下降 6.8%，其中浦东机场占比 88.6%。二是港口生产。当月全港货物吞吐量完成 6387.9 万吨，同比增长 2.8%。从港区来看，海港货物占比 93.5%。按内外贸分，内贸货物 2845.8 万吨，同比下降 2.2%；外贸货物 3542.2 万吨，同比增长 7.2%。集装箱吞吐量完成 375.2 万 TEU，同比增长 10.5%；其中洋山深水港区完成 173.6 万 TEU，同比增长 20.9%。

2019 年 2 月，本市交通行业运行情况简报

2 月，本市交通行业生产运行总体平稳有序

货运方面，一是全社会货物运输量。当月完成 7661 万吨，同比增长 2.1%。其中铁路完成 26.9 万吨，同比增长 0.5%；公路完成 2788 万吨，同比下降 0.1%；水路完成 4824 万吨，同比增长 3.5%；航空 21.6 万吨，同比下降 18.0%，其中浦东机场占比 91.2%。二是港口生产。当月全港货物吞吐量完成 4579.6 万吨，同比下降 8.0%。从港区来看，海港货物占比 95.3%。按内外贸分，内贸货物 1948.7 万吨，同比下降 6.4%；外贸货物 2630.9 万吨，同比下降 9.2%。集装箱吞吐量完成 285.5 万 TEU，同比下降 13.2%；其中洋山深水港区完成 132.6 万 TEU，同比增长 1.6%。

2019 年 3 月，本市交通行业运行情况简报

3 月，本市交通行业生产运行总体平稳有序

货运方面，一是全社会货物运输量。当月完成 9021 万吨，同比增长 6.3%。其中铁路完成 44.4 万吨，同比增长 2.7%；公路完成 3324 万吨，同比下降 1.4%；水路完成 5618 万吨，同比增长 11.7%；航空 34.7 万吨，同比下降 3.7%，其中浦东机场占比 90.5%。二是港口生产。当月全港货物吞吐量完成 6412.7 万吨，同比增长 9.6%。从港区来看，海港货物占比 94%。按内外贸分，内贸货物 2825.3 万吨，同比增长 8.6%；外贸货物 3560.4 万吨，同比增长 10.4%。集装箱吞吐量完成 380.5 万 TEU，同比增长 12.1%；其中洋山深水港区完成 175.7 万 TEU，同比增长 22.6%。

2019 年 4 月，本市交通行业运行情况简报

4 月，本市交通行业生产运行总体情况简析平稳有序

货运方面：总体平稳，稳中调整。一是全社会货物运输量。1-4 月，全社会货物运输量完成 3.5 亿吨，同比增长 4.8%，其中铁路货运量 147.6 万吨，同比下降 3.7%；公路货运量 1.26 亿吨，同比下降 1.4%；水路货运量 2.22 亿吨，同比增长 8.7%；航空货运量 122.1 万吨，同比下降 8.7%。二是港口生产。全港货物吞吐量完成 2.4 亿吨，同比增长 1.0%，其中内贸货物吞吐量 1.04 亿吨，同比增长 0.3%；外贸货物完成 1.3 亿吨，同比增长 1.5%。集装箱吞吐量 1402.4 万 TEU，同比增长 5.7%。

2019 年 5 月，本市交通行业运行情况简报

5 月，本市交通行业生产运行总体情况简析平稳有序

货运方面，一是全社会货物运输量。当月完成 9290 万吨，同比下降 1.3%。其中铁路完成 35.1 万吨，同比下降 11.8%；公路完成 3308 万吨，同比下降 3.6%；水路完成 5913 万吨，同比增长 0.2%；航空 33.8 万吨，同比下降 5.8%，其中浦东机场占比 90.2%。二是港口生产。当月全港货物吞吐量完成 6299.6 万吨，同比下降 2.3%。从港区来看，海港货物占比 91.9%。按内外贸分，内贸货物 2825 万吨，与去年同期持平；外贸货物 3474.7 万吨，同比下降 4.1%。集装箱吞吐量完成 375.6 万 TEU，同比增长 3.4%；其中洋山深水港区完成 178.6 万 TEU，同比增长 14.7%。

2019 年 6 月，本市交通行业运行情况简报

6 月，本市即上半年交通行业生产运行情况简析

货运方面：总体平稳，稳中调整。一是全社会货物运输量。上半年，全社会货物运输量完成 5.4 亿吨，同比增长 2.3%，其中铁路货运量 218.3 万吨，同比下降 5.5%；公路货运量 1.9 亿吨，同比下降 2.2%；水路货运量 3.4 亿吨，同比增长 5.2%；航空货运量 189.1 万吨，同比下降 7.4%。二是港口生产。全港货物吞吐量完成 3.6 亿吨，同比下降 0.3%，其中内贸货物吞吐量 1.6 亿吨，同比下降 0.2%；外贸货物完成 2.0 亿吨，同比下降 0.3%。集装箱吞吐量 2153.6 万 TEU，同比增长 5.0%。

2019 年 7 月，本市交通行业运行情况简报

7 月，本市交通行业生产运行总体情况简析平稳有序

货运方面：总体平稳，稳中调整。一是全社会货物运输量。1-7月，全社会货物运输量完成6.3亿吨，同比增长2.5%，其中铁路货运量254.7万吨，同比下降5.2%；公路货运量2.2亿吨，同比下降2.3%；水路货运量4.0亿吨，同比增长5.5%；航空货运量223.4万吨，同比下降6.7%。二是港口生产。全港货物吞吐量完成4.2亿吨，同比下降0.4%，其中内贸货物吞吐量1.9亿吨，同比下降0.8%；外贸货物完成2.3亿吨，同比下降0.1%。集装箱吞吐量2539.1万TEU，同比增长5.5%。

2019年8月，本市交通行业运行情况简报

8月，本市交通行业生产运行总体情况简析平稳有序

货运方面：总体平稳，稳中调整。一是全社会货物运输量。1-8月，全社会货物运输量完成7.2亿吨，同比增长1.7%，其中铁路货运量293.1万吨，同比下降4.7%；公路货运量2.6亿吨，同比下降2.1%；水路货运量4.6亿吨，同比增长4.0%；航空货运量256.6万吨，同比下降6.4%。二是港口生产。全港货物吞吐量完成4.8亿吨，同比下降0.7%，其中内贸货物吞吐量2.1亿吨，同比下降1.6%；外贸货物完成2.7亿吨，同比增长0.1%。集装箱吞吐量2915.1万TEU，同比增长5.8%。

2019年9月，本市交通行业运行情况简报

9月，本市交通行业生产运行总体情况简析平稳有序

货运方面：总体平稳，稳中调整。一是全社会货物运输量。前三季度，全社会货物运输量完成8.1亿吨，同比增长1.5%，其中铁路货运量336.4万吨，同比下降3.1%；公路货运量2.9亿吨，同比下降2.3%；水路货运量5.2亿吨，同比增长3.9%；航空货运量292.6万吨，同比下降5.5%。二是港口生产。全港货物吞吐量完成5.4亿吨，同比下降1.3%，其中内贸货物吞吐量2.4亿吨，同比下降1.8%；外贸货物完成3.0亿吨，同比下降0.8%。集装箱吞吐量3285.6万TEU，同比增长4.8%。

2019年10月，本市交通行业运行情况简报

10月，本市交通行业生产运行总体情况简析平稳有序

货运方面，一是全社会货物运输量。当月完成9108万吨，同比下降2.6%。其中铁路完成44.6万吨，同比增长7.2%；公路完成3186万吨，同比下降3.2%；水路完成5840万吨，同比下降2.4%；航空37.0万吨，同比增长3.4%，其中浦东机场占比88.6%。二是港口生产。当月全港货物吞吐量完成6197万吨，同比下降0.6%。从港区来看，海港货物占比92.3%。按内外贸分，内贸货物2882.8万吨，同比下降1.0%；外贸货物3314.2万吨，同比下降0.3%。集装箱吞吐量完成362.9万TEU，同比下降1.6%；其中洋山深水港区完成158.9万TEU，同比下降1.7%。

2019年11月，本市交通行业运行情况简报

11月，本市交通行业生产运行总体情况简析平稳有序

货运方面，一是全社会货物运输量。当月完成9300万吨，同比增长7.8%。其中铁路完成45.3万吨，同比增长18.9%；公路完成3235万吨，同比下降2.7%；水路完成5981万吨，同比增长14.4%；航空38.7万吨，同比增长7.3%，其中浦东机场占比89.1%。二是港口生产。当月全港货物吞吐量完成5903.4万吨，同比增长1.4%。从港区来看，海港货物占比91.2%。按内外贸分，内贸货物2656.7万吨，同比增长2.5%；外贸货物3246.7万吨，同比增长0.4%。集装箱吞吐量完成355.2万TEU，同比增长0.6%；其中洋山深水港区完成153.8万TEU，同比下降4.1%。

来源：上海市交通委统计

2019年上海市货运行业运行综合分析

2019年，本市货运行业保持总体平稳、稳中有进态势，货运结构加快调整，全行业积极因素不

断累积。

一是货运规模保持增长，交通运输经济基础稳固。全年本市交通运输、仓储和邮政业增加值同比增长 4.7%（据上海市统计局初步核算）。全社会货物运输量 10.96 亿吨，增长 2.1%。从交通运输方式看，铁路完成货物发送量 471.8 万吨，增长 0.7%，公路完成货运量 3.88 亿吨，下降 2.1%，其中集装箱运输量 2240 万 TEU，增长 0.3%，水路货物运输量 7.0 亿吨，增长 4.6%，机场货物吞吐量 405.7 万吨，下降 2.8%，交通运输经济延续向好趋势，基础更加稳固，保持与宏观经济运行的关联和协调发展。

二是航运市场不确定不稳定因素依然突出。2019 年，航运市场受全球经济放缓、中美贸易摩擦、以及地缘政治局势紧张升级等因素影响，表现出明显的不确定和不稳定性。从上海航运指数看，集装箱运输市场呈现“两头高”波动特征，CCFI 综合指数在年底达到全年最高位 897.5 点；沿海散货市场总体呈现“波动向上”走势，至年底 CCBFI 综合指数达 1121.8 点，而国际干散货和远东干散货市场呈现“冲高回落”特征，至年底 FDI 综合指数不足 800 点；“一带一路”航贸指数总体保持稳健向上态势，至年底贸易额指数 144.8 点、货运量指数 145.2 点、“海上丝绸之路”运价指数 109.8 点。

三是上海港生产保持总体平稳。全年上海港完成货物吞吐量 7.2 亿吨，比上年下降 1.4%。受当前经济下行压力持续加大，实体经济困难突出，以及国内需求疲软等因素影响，内外贸货物吞吐量均下降达 1.4%。全港集装箱吞吐量保持稳定增长，全年完成吞吐量 4330.3 万 TEU，增长 3.1%。其中，重箱吞吐量 3142.4 万 TEU，增长 1.5%，占 72.6%。箱量结构保持在合理区间，水水中转比例稳步提高达 48.3%，其中国际中转比例 10.8%，分别比上年提升 1.5 和 2.0 个百分点。

来源：上海市交通委员会

2019 年上海市公路水路交通固定投资完成情况（分月累计）

表 1 2019 年 1 月上海市公路水路交通固定投资完成情况

地区	自年初累计		公路建设		内河建设		沿海建设		其他建设	
	实绩	为去年同期 (%)	实绩	为去年同期 (%)	实绩	为去年同期 (%)	实绩	为去年同期 (%)	实绩	为去年同期 (%)
上海	53,257	69.8	53,257	69.8	–	–	–	–	–	–

来源：上海市交通委员会 2019 年 2 月 20 日

表 2 2019 年 2 月上海市公路水路交通固定投资完成情况

地区	自年初累计		公路建设		内河建设		沿海建设		其他建设	
	实绩	为去年同期 (%)	实绩	为去年同期 (%)	实绩	为去年同期 (%)	实绩	为去年同期 (%)	实绩	为去年同期 (%)
上海	110,687	93.1	110,687	93.1	–	–	–	–	–	–

来源：上海市交通委员会 2019 年 3 月 20 日

表 3 2019 年 3 月上海市公路水路交通固定投资完成情况

地区	自年初累计		公路建设		内河建设		沿海建设		其他建设	
	实绩	为去年同期 (%)	实绩	为去年同期 (%)	实绩	为去年同期 (%)	实绩	为去年同期 (%)	实绩	为去年同期 (%)
上海	224,173	72.1	220,877	80.8	–	–	–	–	3.296	/

来源：上海市交通委员会 2019 年 4 月 18 日

表 4 2019 年 4 月上海市公路水路交通固定投资完成情况

地区	自年初累计		公路建设		内河建设		沿海建设		其他建设	
	实绩	为去年同期 (%)	实绩	为去年同期 (%)	实绩	为去年同期 (%)	实绩	为去年同期 (%)	实绩	为去年同期 (%)
上海	332,133	72.4	282.868	77.6	45,345	88.9	–	–	3,920	/

来源：上海市交通委员会 2019 年 5 月 20 日

表 5 2019 年 5 月上海市公路水路交通固定投资完成情况

地区	自年初累计		公路建设		内河建设		沿海建设		其他建设	
	实绩	为去年同期 (%)	实绩	为去年同期 (%)	实绩	为去年同期 (%)	实绩	为去年同期 (%)	实绩	为去年同期 (%)
上海	590,093	94.6	500,569	110.7	84,823	104.4	–	–	4,701	/

来源：上海市交通委员会 2019 年 6 月 20 日

表 6 2019 年 6 月上海市公路水路交通固定投资完成情况

地区	自年初累计		公路建设		内河建设		沿海建设		其他建设	
	实绩	为去年同期 (%)	实绩	为去年同期 (%)	实绩	为去年同期 (%)	实绩	为去年同期 (%)	实绩	为去年同期 (%)
上海	727,105	79.8	616,066	96.1	106,338	89.6	–	–	4,701	/

来源：上海市交通委员会 2019 年 7 月 19 日

表7 2019年7月上海市公路水路交通固定投资完成情况

地区	自年初累计		公路建设		内河建设		沿海建设		其他建设	
	实绩	为去年同期(%)	实绩	为去年同期(%)	实绩	为去年同期(%)	实绩	为去年同期(%)	实绩	为去年同期(%)
上海	856,618	79.2	729,393	93.9	119,968	87.9	–	–	7,256	/

来源：上海市交通委员会 2019年8月20日

表8 2019年8月上海市公路水路交通固定投资完成情况

地区	自年初累计		公路建设		内河建设		沿海建设		其他建设	
	实绩	为去年同期(%)	实绩	为去年同期(%)	实绩	为去年同期(%)	实绩	为去年同期(%)	实绩	为去年同期(%)
上海	983,531	79.6	832,916	91.4	141,978	91.5	–	–	8,637	416.9

来源：上海市交通委员会 2019年9月20日

表9 2019年9月上海市公路水路交通固定投资完成情况

地区	自年初累计		公路建设		内河建设		沿海建设		其他建设	
	实绩	为去年同期(%)	实绩	为去年同期(%)	实绩	为去年同期(%)	实绩	为去年同期(%)	实绩	为去年同期(%)
上海	1,186,288	84.7	1,007,492	97.8	169,408	93.5	–	–	9,388	453.1

来源：上海市交通委员会 2019年10月18日

表10 2019年10月上海市公路水路交通固定投资完成情况

地区	自年初累计		公路建设		内河建设		沿海建设		其他建设	
	实绩	为去年同期(%)	实绩	为去年同期(%)	实绩	为去年同期(%)	实绩	为去年同期(%)	实绩	为去年同期(%)
上海	1,425,353	91.5	1,165,155	99.7	248,605	125.2	–	–	11,593	382.6

来源：上海市交通委员会 2019年11月20日

表 11 2019 年 11 月上海市公路水路交通固定投资完成情况

地区	自年初累计		公路建设		内河建设		沿海建设		其他建设	
	实绩	为去年同期 (%)	实绩	为去年同期 (%)	实绩	为去年同期 (%)	实绩	为去年同期 (%)	实绩	为去年同期 (%)
上海	1,707,880	104.2	1,425,502	115.7	264.425	125.9	–	–	17.953	234.0

来源：上海市交通委员会 2019 年 12 月 20 日

行业动态

1. 本市货运行业如何做好“放”“管”“服”三篇文章

深化“放管服”改革，是党中央、国务院作出的重大决策部署，是全面深化改革的重要任务。近年来，交通行业着力精简审批事项，大力加强事中事后监管，努力提升管理服务水平，促进了交通运输持续健康发展。作为基层一线的管理部门，在贯彻落实上级要求的同时，更需要思考的是如何持续发力“放管服”改革，为企业“松了绑”，为市场“腾了位”，同时，兼顾不放松事中事后监管力度。通过去年广泛的调研，走访企业、区运管部门等，收集了大量的信息，拓宽了管理思路。

“放”，取消 4.5 吨及以下普通货运从业资格证和车辆营运证

为贯彻落实交通运输“放管服”改革，促进物流业降本增效，根据《交通运输部办公厅关于取消总质量 4.5 吨及以下普通货运车辆道路运输证和驾驶员从业资格证的通知》，本市货运行业制定相关监管措施。自 2019 年 1 月 1 日起，本市对 4.5 吨及以下普通货运将取消从业资格证和车辆营运证的管理。一是自 2019 年 1 月 1 日起，各区运管机构不再为总质量 4.5 吨及以下普通货运车辆配发道路运输证。二是自 2019 年 1 月 1 日起，将已办理道路运输证的总质量 4.5 吨及以下普通货运车辆在运管系统中的车辆状态变更为“非在册”。相关车辆无需参加车辆年度审验，企业可前往发证机关对相关车辆申请注销道路运输证。三是自 2019 年 1 月 1 日起，总质量 4.5 吨及以下普通货运车辆驾驶员无需取得从业资格证件。

“管”，建立“黑名单”数据库，加强事中事后监管

按照“管行业必须管安全、管业务必须管安全、管生产经营必须管安全”的要求，管理部门建立上海市道路货物行业“黑名单数据库”，利用信息化手段做好事中事后的监管，督促企业落实安全生产主体责任。

在走访调研基础上，管理部门广泛听取企业、区运管机构及行业协会的意见建议，制定并下发《关于建立上海市道路货物运输行业黑名单数据库的通知》，明确上海市道路货物行业黑名单数据库将在册道路普通货物运输企业（车辆）存在的以下十类异常情况的列入重点监管范围，即 (1) 本市及外省市执法部门查处案件未处理的；(2) 普通货运半挂牵引车或总质量在 12 吨以上的重型载货汽车未接入或连续 15 天以上在全国道路货运车辆公共监管与服务平台显示异常，占 10% 以上车辆异常的；(3) 普通货运车辆技术等级评定逾期（车辆超过 13 个月未进行检测评定），1 辆以上逾期的；(4) 国三集卡尾气净化装置未正常运行的；(5) 企业存在的其他违法及不诚信行为（提供虚假营业执照、机动车登记证书、机动车行驶证等行为）的；(6) 伪造道路运输经营许可证、道路运输证、从业资格证的；(7) 被委托人无理取闹、扰乱正常办公秩序的；(8) 冒用他人证件被发现后拒不改正的；(9) 拥有 50

辆及以上重型载货汽车或牵引车的道路货物运输企业未配备专职监控人员。专职监控人员配置少于2人的;(10)每年未按规定参加营运车辆年度审验的企业。

2018年，利用“黑名单”大数据，管理部门已将连续不参加车辆年度审验、车辆技术等级评定过期及有重型车辆车载卫星定位监控离线15天以上车辆的运输企业列入锁定“黑名单”。截至目前，已将7669户（占总业户数20.86%）涉及违规的企业信息及633户（占总业户数2%）的牵引车准牵引总质量与挂车总质量不匹配的企业信息进行了锁定。这些企业将被列为年度重点监管对象，并限制其办理业务、抄告执法部门进一步查处等，倒逼此类违规企业及时改正违规行为，确保安全运行。

今后，“黑名单”制度将形成长效监管机制，管理部门将不定期锁定违规企业，督促其落实安全主体责任，强化车辆运营安全管理，做好半挂牵引车以及重型载货汽车（总质量为12吨及以上的普通货运车辆）的车载卫星定位监控工作，杜绝各类违规现象的发生。

“服”，全面推行网上年审，当好“店小二”

为深入推进道路运输“放管服”改革，切实解决企业实际困难，提高监管效能，运管部门依托互联网平台，自2018年10月15起开始试点网上年审模式。运输企业不再需要来回奔波，只需要网上提交相关年审材料，待管理部门审核通过后，就近赴相关便民服务点打印“年审”标志即可。为了让企业更快熟悉网上年审流程和操作，市运输管理处通过建立年审咨询QQ群、开通年审专门咨询热线电话，及时回复企业提问咨询，并要求年审工作人员沉着应对、有条不紊按年审程序、要求进行操作，确保完成今年年审工作任务。截至目前，已受理企业年审10916户，受到企业广泛好评。

来源：市运输管理处

2. 长三角三省一市交通公路部门签署《长三角地区治理货物运输车辆超限超载合作协议》

4月26日上午，沪苏浙皖四地交通运输管理部门（安徽省交通运输厅公路管理服务中心、上海市交通委员会执法总队、江苏省交通运输厅综合行政执法监督局、浙江省交通运输厅公路与运输管理服务中心）在安徽省宣城市共同签署了《长三角地区治理货物运输车辆超限超载合作协议》，建立长三角地区超限超载合作新机制。

根据《长三角地区治理货物运输车辆超限超载合作协议》，重点就公路治超联合执法、信息传递、协助调查、统一非现场执法标准、信用采信等方面开展合作与交流。主要内容在区域联合治超执法、信息传递、协助调查、治超非现场执法、信用采信、完善跨省大件运输联合审批机制、共同做好维稳工作等七大领域建立广泛而深入的合作。三省一市治超工作将实现互联互通、信息共享的互联网时代。

区域联合治超执法。对省际站点进行统筹设置，强化路网管控，避免资源浪费。重点加强高速公路治超工作力度，严查违法超限车辆入省。对省际高速公路收费站出入口、国省干线公路出入境道口每季度集中开展不少于1次的路面治超区域联合执法行动。

信息传递。四省市借助区域联网治超执法联动平台，建立日常信息沟通渠道，抄告违法车辆信息。落实对本地道路运输经营者、车辆及驾驶员、货运源头单位的“一超四罚”等事后监管措施。

协助调查。四省市在查办违法超限运输案件过程中需要协查或核实一方区域内货运车辆、从业人员和道路运输经营者资质证件及有关联系方式等基础信息的，被请求一方在收到请求的3个工作日内予以答复并提供相关信息。

治超非现场执法。四省市应大胆创新、先行先试，逐步探索统一道路治超非现场执法系统建设标准、在案违法车辆协同预警标准、遮挡车牌识别标准、违法车辆取证标准、案件处罚标准，依托区域联网治超执法联动平台，探索非现场执法卡点检测车辆图片、定位、称重等检测信息实时共享，逐步实现公路治超非现场执法异地查处。

信用采信。四省市可以将本地区道路运输经营者、驾驶员在对方区域内发生并被查处的违法超限运输案件情况予以采信。界定严重违法失信或质量信誉考核的标准应当与其在本地发生违法超限运输情况的标准相一致。

完善跨省大件运输联合审批机制。四省市应根据《超限运输车辆行驶公路管理规定》所规定的程序和时限要求，完善各方许可办理部门信息对接，积极配合起运地一方便捷、快速地办理跨省大件运输许可。

自 2018 年合作协议签署以来，四地先后联合开展长三角区域超限运输专项整治行动 6 次，公路路政、公安交警等部门累计出动执法人员 1000 余人次，检查车辆 1280 余辆，查处违法超限车辆 118 辆，卸载 1300 余吨。

来源：市交通委执法总队

3. 关于公布本市高速公路车辆通行费收费标准的通

沪交财〔2019〕1158 号

市道路运输事业发展中心，各高速公路经营管理单位：

为贯彻落实党中央、国务院决策部署，进一步深化收费公路制度改革，推进取消高速公路省界收费站，经市政府同意，现将本市高速公路车辆通行费收费标准有关事项通知如下：

一、全市高速公路（除 G40 长江隧桥段）通行费计算公式为：分车型的每车公里单价 × 计费里程。

计费里程为车辆实际行驶里程，其中由高速公路开放路段进出主线收费站的车辆，其计费里程含该条高速公路开放路段的建设起讫点间里程。

通行费按实计收，ETC（电子不停车收费）车辆单次交易金额按照四舍五入规则精确到分；MTC（人工收费）车辆单次交易金额按照四舍五入规则取整精确到元。

二、G40 长江隧桥段通行费按次计费。

三、各高速公路收费单位应严格执行明码标价制度的规定，在收费场所显著位置公示收费项目、收费依据、收费标准、监督举报电话等信息，接受社会监督。

四、本通知自 2020 年 1 月 1 日起实行。《关于调整本市高速公路车辆通行费计价办法的通知》（沪建交联〔2011〕1350 号）、《关于上海长江隧桥车辆通行收费有关事项的通知》（沪发改价费〔2009〕009 号）同时废止。

特此通知。

附件： 1. 高速公路（除 G40 长江隧桥段）车辆通行费车型分类收费标准表

2. G40 长江隧桥段车辆通行费车型分类收费标准表

上海市交通委员会

上海市发展和改革委员会

上海市财政局

二〇一九年十二月二十四日

附件 1

高速公路（除 G40 长江隧桥段）车辆通行费车型分类收费标准表

单位：元 / 公里

序号	车型类别		车型标准	收费标准
1	客车	1 类客车	车长小于 6000mm 且核定载人数不大于 9 人	0.60
2		2 类客车	车长小于 6000mm 且核定载人数为（10-19）人	0.60
3		3 类客车	车长不小于 6000mm 且核定载人数不大于 39 人	0.90
4		4 类客车	车长不小于 6000mm 且核定载人数不小于 40 人	0.90
5	货车	1 类货车	2 轴车长小于 6000mm 且最大允许总质量小于 4500kg	0.60
6		2 类货车	2 轴车长不小于 6000mm 或最大允许总质量不小于 4500kg	0.90
7		3 类货车	3 轴	1.02
8		4 类货车	4 轴	1.315
9		5 类货车	5 轴	1.428
10		6 类货车	6 轴	1.428
11	专项作业车	1 类专项作业车	2 轴车长小于 6000mm 且最大允许总质量小于 4500kg	0.60
12		2 类专项作业车	2 轴车长不小于 6000mm 或最大允许总质量不小于 4500kg	0.90
13		3 类专项作业车	3 轴	1.02
14		4 类专项作业车	4 轴	1.315
15		5 类专项作业车	5 轴	1.428
16		6 类专项作业车	≥ 6 轴	1.428

注：6 轴以上货车按照 6 类货车收费标准执行。

附件 2

G40 长江隧桥段车辆通行费车型分类收费标准表

单位：元 / 车次

序号	车型类别		车型标准	收费标准		
				长江隧道	长江大桥	合计
1	客车	1 类客车	车长小于 6000mm 且核定载人数不大于 9 人	20	30	50
2		2 类客车	车长小于 6000mm 且核定载人数为（10-19）人	20	30	50
3		3 类客车	车长不小于 6000mm 且核定载人数不大于 39 人	30	45	75
4		4 类客车	车长不小于 6000mm 且核定载人数不小于 40 人	30	45	75
5	货车	1 类货车	2 轴车长小于 6000mm 且最大允许总质量小于 4500kg	25	35	60
6		2 类货车	2 轴车长不小于 6000mm 或最大允许总质量不小于 4500kg	40	55	95
7		3 类货车	3 轴	45	60	105
8		4 类货车	4 轴	55	75	130
9		5 类货车	5 轴	60	85	145
10		6 类货车	6 轴	60	85	145
11	专项作业车	1 类专项作业车	2 轴车长小于 6000mm 且最大允许总质量小于 4500kg	25	35	60
12		2 类专项作业车	2 轴车长不小于 6000mm 或最大允许总质量不小于 4500kg	40	55	95
13		3 类专项作业车	3 轴	45	60	105
14		4 类专项作业车	4 轴	55	75	130
15		5 类专项作业车	5 轴	60	85	145
16		6 类专项作业车	≥ 6 轴	60	85	145

注：6 轴以上货车按照 6 类货车收费标准执行。

来源：上海市交通委员会

4. 上海道路运输行业公布首批严重失信名单

近期，市道路运输局率先在道路运输行业公布企业和个人违规经营“严重失信黑名单”，101 家企业、2915 个人“榜上有名”。

出租汽车、机动车维修、长途客运等道路运输行业与人民群众的生产生活息息相关，但一些诸如提供虚假材料申请许可、出租汽车“拒载”“绕路多收费”、使用“小马达”以及机动车维修企业使用假冒伪劣配件等行业顽疾，严重侵害着市民群众的合法权益。市道路运输局公布违规经营“严重失信黑名单”，旨在创新监管方式，提升行业治理能力和治理水平，以便市民自行鉴别规避风险，打造良好的营商环境。“严重失信黑名单”的对象，涵盖在本市行政区域内从事公共汽车和电车、出租汽车（包括巡游出租汽车和网络预约出租汽车）、汽车租赁、道路旅客运输、道路旅客运输站（场）、道路货物运输、道路货物运输站（场）、机动车维修、机动车驾驶员培训、机动车综合性能检测和其他道路运输经营活动的经营者和个人，如果企业或个人发生严重失信行为，都有可能受到点名批评。此次“严重失信黑名单”出台前，市交通运输管理部门结合实际情况，综合考虑市场经营状况、法律法规规定、行业管理需求等，厘清并公示了 49 条“严重失信行为清单”。道路运输行业的经营企业和个人一旦出现其中的一种，就将被列入“严重失信黑名单”。对列入“黑名单”的失信主体，市道路运输局将在“为期 2 年”的名单有效期内，按照相关规定采取联合惩戒。被列为重点审批审查对象和重点监管对象的，将受到更为严格的审批审查和更高频次的监管检查；企业失信后，在实施告知承诺、提前服务等行政许可中，在涉及企业车辆额度管理、客运线路经营权管理等公共资源交易中，在出租汽车“预上牌”、推荐试点单位等相关行政管理便利化措施中，将被严格限制，降低信用等次。同时，市道路运输局将与市、部信用平台联手，对严重失信主体实现跨行业、跨部门、跨地区的多方位惩戒，倒逼企业加强内部管理，细化对内部严重失信行为人的惩戒措施。除了惩戒失信企业外，市道路运输局也对信用较好、风险较低的企业，出台了相应的配套优惠政策，如对守信守法的企业，合理降低抽查比例和频次；结合“一网通办”等行政审批改革工作，对守信经营的企业研究制定更多的信用承诺、提前服务等便民措施，进一步缩减办事期限、压缩材料提交、提高当场办结的效率。

来源：上海市交通委员会

5. 今日起本市正式启动高速公路入口称重检测

为进一步加大对违法超限超载行为的整治力度，12 月 5 日起，本市正式启动高速公路入口称重检测，违法超限超载货运车辆将无法驶入高速公路。为配合高速公路入口拒超工作，启动当日起，公安交警、交通执法和道路运输管理部门将同步联合开展高速公路入口治超专项整治行动，严厉打击货运车辆违法超限超载行为，保障高速公路通行和设施安全。本次专项整治行动是全面贯彻落实国务院取消高速公路省界收费站工作部署，按照交通运输部关于进一步规范高速公路入口治超工作要求，确保高速公路入口拒超工作的全面实施而开展的多部门联合执法。公安交警、交通执法和道路运输管理部门将遵循“货车必检，超限禁入，违法必究，依法执法”原则，进一步健全完善高速公路入口治超工作机制，依法严厉打击货运车辆超限超载违法行为，为提升高速公路通行安全，服务经济社会持续健康发展和人民群众安全便捷出行提供坚实保障。2020 年 1 月 1 日起，违法超限超载货运车辆将无法驶入全国所有高速公路入口。目前已完成本市所有高速公路收费站入口称重设备的安装工作，货运车辆驶入高速公路前均要进行称重检测。经称重系统检测为超限超载的货运车辆，将被拒绝进入高速公路。本市交通管理部门提醒广大运输企业和货运车辆驾驶员，自觉遵守交通法律法规，拒绝违法超限超载，共同维护交通出行环境的安全和畅通。

来源：上海市交通委员会

6. 本市多部门联合开展高速公路入口治超专项整治行动

12 月 5 日，本市正式启动高速公路入口称重检测，公安交警、交通执法和道路运输管理部门同步联合开展高速公路入口治超专项整治行动。首日上午 8 时起，所有货运车辆在驶入高速公路入口前，都要经过称重检测。检测数据将实时同步传输至收费岗亭内的监控屏幕上。当经检测有超限超载行为的货运车辆行驶到入口前，收费人员将不会发放通行卡和抬起栏杆，车辆将无法驶入高速公路。同时，参与现场整治的公安交警和交通执法人员会对超限超载车辆进行联合执法查处。截至 12 月 5 日 24 时，全市共查处违法超限超载车辆 28 辆。据悉，本次专项整治行动是全面贯彻落实国务院取消高速公路省界收费站工作部署，按照交通运输部关于进一步规范高速公路入口治超工作要求，确保高速公路入口拒超工作的全面实施而开展的多部门联合执法。公安交警、交通执法和道路运输管理部门将遵循“货车必检，超限禁入，违法必究，依法执法”原则，进一步健全完善高速公路入口治超工作机制，依法严厉打击货运车辆超限超载违法行为，为提升高速公路通行安全，服务经济社会持续健康发展和人民群众安全便捷出行提供坚实保障。2020 年 1 月 1 日起，全国高速公路将一律实施入口称重。目前已完成本市所有高速公路收费站入口称重设备的安装工作，货运车辆驶入高速公路前均要进行称重检测。经称重系统检测为超限超载的货运车辆，将被拒绝进入高速公路。专项整治期间，执法部门将联合执法，对驶入高速公路入口处的违法超限超载货运车辆进行严厉查处，保障高速公路通行和设施安全。

来源：上海市交通委员会

7. 本市 9 个省界收费站拆除工作今天完成

上海前往周边城市通行效率将大幅提升，本市 9 个省界收费站的设施施工部分于 12 月 18 日完成。2020 年 1 月 1 日之后，“省界”的概念将不复存在，主线上真正实现“一脚油门”，车辆从上海出发，一路开向江苏、浙江，高速公路的“堵点”少了，通行效率进一步提升。在 G2 京沪高速安亭收费站看到，该站点的正线拉直施工已经完成，标志标牌、限速牌、Led 显示屏等附属设施也已安装完毕，途经车辆已经可以“直线”过站。目前，取消高速公路省界收费站的设施施工部分已完成，接下来，市交通委、市道路运输管理局将集中精力加紧进行联调联试和系统切换的工作，按照交通运输部的要求，明年 1 月 1 日开始全网切换。为了应对可能发生的拥堵情况，交通管理部门制定了“一站一方案”的应急预案，每个收费站根据具体情况，安排工作人员进行值守；同时对收费员进行培训，一旦突发拥堵，可以有序引导车辆通行。此外，交通管理部门对 113 个收费站进行了车流量的排摸，对于车流量密集的收费站，将联合交警部门安排适当的人员处置突发事件，应对有可能发生的拥堵状况。市道路运输管理局指出，2020 年 1 月 1 日之后，“省界”的概念将不复存在，主线上真正实现“一脚油门”，长三角在高速公路方面真正实现一体化。目前 ETC 的安装率和使用率都在稳步提升，但是仍然有很多车辆没有安装，随着 ETC 车道的开放量的持续增加，MTC 车道有可能出现“大排长龙”的现象，再次提醒驾驶员朋友，尽快去安装 ETC 设备，并完成设备激活。过渡期间，每个 ETC 车道上都安排了值守人员，如果遇到无法解决问题，请求助现场工作人员。

来源：上海市交通委员会

8. 本市将扩大国三标准柴油货运机动车 限制通行范围

《关于扩大国三标准柴油货运机动车 限制通行范围的通告》

按照国家打赢蓝天保卫战的部署，为进一步改善本市大气环境质量，加快淘汰本市使用年限较长、污染排放较大的国三标准柴油货运机动车，根据《上海市大气污染防治条例》规定和《中共上海市委办公厅、上海市人民政府办公厅印发上海市打好污染防治攻坚战 11 个专项行动实施方案的通知》（沪委办〔 2018 〕54 号）要求，经上海市人民政府同意，决定对国三标准柴油货运机动车实施限制通行措施，具体要求如下：

一、自 2020 年 4 月 1 日起，全天 24 小时禁止国三标准柴油货运机动车（国三标准柴油冷藏车和已加装尾气净化装置、并且尾气净化装置能正常使用的本市国三标准柴油集装箱运输车辆除外）在本市 S20 外环高速以内的道路上（不含 S20 外环高速以及 S20 外环高速高架段投影下的地面道路）行驶。S20 外环高速包括 S20 外环高速与 G1503 上海绕城高速在外环隧道至五洲大道的共线段。

二、国三标准柴油冷藏车和根据上海市交通委员会《关于做好国三柴油集装箱运输车辆加装尾气净化装置工作的通知》（沪交科〔2016〕511 号）要求，已加装尾气净化装置、并且尾气净化装置能正常使用的本市国三标准柴油集装箱运输车辆，自 2020 年 6 月 1 日起，全天 24 小时禁止在本市 S20 外环高速以内的道路上（不含 S20 外环高速以及 S20 外环高速高架段投影下的地面道路）行驶。S20 外环高速包括 S20 外环高速与 G1503 上海绕城高速在外环隧道至五洲大道的共线段。

三、自 2020 年 10 月 1 日起，全天 24 小时禁止国三标准柴油货运机动车在 G1503 上海绕城高速范围以内的道路上（含 G1503 上海绕城高速以及 G1503 上海绕城高速高架段投影下的地面道路）行驶。G1503 上海绕城高速包括 G1503 上海绕城高速与同济路高架共线段和 G1503 上海绕城高速与 S20 外环高速共线段。

四、违反通行规定的，由本市公安交通管理部门根据《中华人民共和国道路交通安全法》的有关规定依法处理。

五、本通告自 2020 年 4 月 1 日起施行。

特此通告。

市交通委

市生态环境局

市公安局

二〇一九年七月十七日

来源：上海市交通委员会

9. 本市开展道路运输行业“十四五”发展规划调研

11 月 29 日下午，市道路运输局“十四五”规划工作小组赴杨浦区建设和管理委员会开展“十四五”发展规划调研工作，局规划科技处、客运处、设施运行处、运输服务处、货运处、设施养护处和道运中心派人参加。作为市道路运输局“十四五”规划调研工作首发站，杨浦区建设和管理委员会对调研工作给予大力支持。杨浦区建设和管理委员会热情介绍了本区道路运输和交通设施建设运营现状及成就，并表达了区道路运输行业发展各方面的工作诉求。市道路运输局相关部门充分肯定了杨浦区现状取得的工作成就。在对杨浦区道路运输发展现状基本了解的基础上，双方就道路基础设施、道路运行、地面公交、出租车、停车、慢行交通、运输服务等方面展开深入的交流探讨，并对道路运输行业“十四五”发展规划达成一致的工作意见。杨浦区道路基础设施建设管理任务多责任重，在新一轮城市更新进程中，区建管委将大力推进“十四五”规划工作，市道路运输局各部门也将积极支持参与杨浦区交通建设管理任务，下阶段双方将继续保持密切联系，做好各专项规划对接工作。

来源：上海市道路运输管理局

10. 上海市推进运输结构调整实施方案（2018-2020 年）及解读

为深入贯彻《国务院办公厅关于印发推进运输结构调整三年行动计划（2018-2020 年）的通知》（国办发〔2018〕91 号），加快推进本市交通运输结构调整，努力打造生态友好、清洁低碳、集约高效的绿色交通运输体系，结合实际，制定本实施方案。

一、总体要求

（一）指导思想

以习近平新时代中国特色社会主义思想为指导，牢固树立新发展理念，坚持"生态优先、绿色发展，宜水则水、宜陆则陆"的原则，深化交通运输供给侧结构性改革，聚焦公转铁、水水中转、海铁联运、城市配送，着力加快运输结构调整，打造绿色交通运输体系，坚决打赢污染防治攻坚战，促进本市综合交通运输体系持续健康发展，为推动长三角高质量一体化发展打好基础。

（二）工作目标

到 2020 年，运输结构调整取得突破性进展，上海港口铁路集疏运量有明显增加。与 2017 年相比，2020 年，上海铁路货运量增加 30 万吨、增长 6%；商品车铁路发送量达 50 万台，较 2017 年增加 21.5 万台。上海国际航运中心洋山深水港区水水中转业务比例力争达到 50%，集装箱铁水联运量年均增长 20% 以上，洋山集装箱江海直达比例力争达到 20%。

二、主要任务

（一）提升铁路运输能力

加快铁路基础设施建设。统筹考虑铁路规划和港口的有效衔接及功能匹配。到 2020 年底，沪通铁路南通至安亭段基本建成，加快建设太仓至四团段。结合太仓至四团段工程，加快推进外高桥港区铁路装卸场站及配套设施建设。（责任单位：市交通委、市发展改革委、市规划资源局、中国铁路上海局集团、上港集团、申铁公司、相关区政府）

深化铁路运输挖潜提效。加强精细化调度组织，提高运输效率，压缩运输时限，实现运输服务的准时制、快捷化、差异化。积极推进与物流企业融合发展，积极开行如集装箱、冷链、商品车等有特色的多式联运专列。（责任单位：中国铁路上海局集团、市商务委（市口岸办）、市交通委）

提升铁路货运服务水平。深化铁路货运价格市场化改革，构建符合铁路行业特征的市场化定价机制，综合实施运价策略，不断提高运价决策水平和实施效果。规范收费行为，降低物流成本，切实提高铁路运输市场竞争力。近期，针对洋山港铁水联运，加强协调，推进芦潮港与洋山港港站一体化管理，降低铁水联运"最后一公里"成本，提升市场竞争力。加强与重点产业园区和港口的对接，定期开展上门服务，掌握客户需求，对"公转铁"运输需求较大的企业，加强协调，按照"一企一策"原则，开发定制化产品，支持企业进行运输结构调整，实现路企共赢。（责任单位：中国铁路上海局集团、市交通委、市发展改革委、上港集团）

（二）完善水路运输系统

完善内河水运网络。提升长江口航道通航能力，深化长江口北槽深水航道通航研究，继续完善大型船舶超宽交会措施。2019 年，完成长江口南槽航道治理一期工程工可编制和初步设计，启动工程建设；2020 年，基本完成建设。有序推进长三角高等级航道整治工作。持续推进大芦线航道二期、赵家沟东段航道、平申线航道（上海段）、长湖申线航道（上海段）等多项整治工程，推进大治河西枢纽新建二线船闸工程。（责任单位：市交通委、市发展改革委、长江口航道局）

大力发展江海直达和江海联运。基本形成长江和长三角地区至洋山深水港区江海直达运输系统。完善小洋山北侧支线码头的配套设施。强化长三角区域港航协同发展机制，落实浙沪两地合作备忘录，加快推进小洋山北侧岸线联动开发，建设专用支线码头或泊位。2019 年，与浙江方面达成小洋山北侧开发协议，争取启动支线码头建设；2020 年，推进支线码头建设。重点支持武汉至洋山、长三角水网至洋山代表船型研发。2020 年底前，推进江海直达船型相关建造规范出台，积极推动集装箱江海直达标准船型建造应用。（责任单位：市交通委、市发展改革委、上港集团、中国船级社）

（三）加强公路货运治理

加强道路货运车辆超载超限治理。加强货物装载源头监管，督促大宗货物生产、仓储企业和物流园区落实安全生产主体责任，制止超限超载运输车辆上路。定期开展超限超载车辆路面执法监督检查工作，重点加强对严重超限超载车辆的查处，积极开展流动联合执法，统一超限超载认定标准，制定治超联合执法工作方案，形成交通、公安联动执法的良好局面。研究高速公路收费站称重检测的技术方案。开展非现场治超执法系统工程，完善运行 13 处、38 条车道的治超动态不停车检测系统，研究货车车道渠化、电子抓拍等科技手段的应用，启动非现场处罚手段，研究出台治超非现场执法布点建设方案，逐步推动治超信息系统功能升级与系统改造。加强执法单位的数据对接，推进各执法单位在信息领域的合作，加强与苏浙皖三省的数据交换，推进跨区域超限案件协查、“一超四罚”车辆信息传递等功能建设。推进长三角区域高污染机动车环保信息共享平台建设，强化长三角区域内高污染车联防联治。（责任单位：市交通委、市发展改革委、市经济信息化委、市公安局、市生态环境局）

大力推进货运车型标准化。根据交通运输部要求稳步开展道路货运行业细分领域非标或非法改装车辆的治理。推进不合规货运车辆退出，建立不合规车辆黑名单数据库制度，完善货运车辆退出机制。加强多部门联动，加快研究制定货车车型标准化范围，协同推进货运车型标准化工作。依法保障符合国家标准、具备合法证明的车辆办理登记上路行驶。（责任单位：市交通委、市公安局）

（四）推进多式联运发展

加快联运枢纽建设，推动联运装备标准化。打造由五大重点物流园区（外高桥、深水港、浦东空港、西北、西南）、四类专业物流基地（制造业、农产品、快递、公路货运）为核心架构的“5+4”空间布局。推动多式联运设施与装备技术标准化，鼓励开展物流一体化运输，推广托盘、集装箱、集装袋等周转联运设备标准化与循环共用。（责任单位：市发展改革委、市商务委（市口岸办）、市交通委、相关区政府、上港集团、中国铁路上海局集团、中铁集上海分公司）

加快发展集装箱铁水联运。由港铁等多方共同成立合资公司经营铁水联运业务。开行覆盖纵深经济腹地的铁水联运五定班列，开设上海－沪宁沿线等短线，上海－合肥线等中线，以及上海－成都线等长线。打通海铁信息系统，设立海铁联运信息服务平台。（责任单位：上港集团、中国铁路上海局集团、中铁集上海分公司、中远海运集团、市交通委、市发展改革委）

深入实施多式联运示范工程。推进落实“安吉物流沿江沿海经济带商品车滚装多式联运示范工程”实施方案，依托沿江、沿海 2 条综合运输大通道，打造 6 条（2 条外贸、4 条内贸）精品示范线路，开展全场景无人化整车仓储运作，融合汽车零部件、城市配送等多种物流业态的多式联运模式，打造多式联运综合物流服务平台，建成全流程数字化多式联运的行业标杆。（责任单位：市交通委、市发展改革委、示范工程相关企业）

（五）推动城市绿色配送

推进城市绿色货运配送工程。支持邮政快递企业、城市配送企业、道路货运企业创新统一配送、集中配送、共同配送等集约化运输组织模式，积极开展网络化运输、带板运输、托盘社会化循环共用等高效组织和运营模式的试点项目，并适时推广。进一步深化无车承运人和甩挂运输工作。加强多部门协同，推动完善末端配送设施布局顶层设计。加强对装卸停靠需求的排摸，挖掘路内外停车存量资源，多措并举缓解“停靠难、装卸难”问题；推动企业精简装卸货流程、调整配送时段、线路，

优化装卸点选址。（责任单位：市交通委、市商务委（市口岸办）、市公安局、相关区政府）

加大新能源城市配送车辆推广应用力度。到2019年7月1日，提前实施新车国Ⅵ排放标准。到2020年，建成区新增和更新的邮政和轻型物流配送车辆采用新能源或清洁能源汽车的比例达到80%；新能源货车推广规模超过1.5万辆；在铁路货场、机场、港口，更新和新增作业车辆中新能源或清洁能源车占比达到80%；充电桩总量不低于21万个，公共、专用充电基础设施不少于7万个，外环以内及新能源重点发展地区充电设施服务半径小于1公里；集装箱车辆LNG使用比例达到10%。新增轻型货车额度仅对纯电动、氢燃料电池等新能源汽车发放，中心城区货运车通行证发放向新能源汽车倾斜。（责任单位：市交通委、市发展改革委、市生态环境局、市公安局、市商务委（市口岸办）、市经济信息化委、各区政府）

（六）加强信息资源整合

提升联运信息化水平。加快研究建立规范的多式联运统计制度，推进多式联运信息交换共享，提高业务协同和服务效能。探索联运业务“一单制”，尽快实现各部门间数据的高效交换和信息共享，打造上海港“一站式”专业化的多式联运服务平台，并推动与上海国际贸易“单一窗口”平台互联互通和信息共享。研究推进货物港口提单、铁路运单、装卸车船等铁水联运信息交换共享。到2020年底前，建立以业务为支撑、以服务为导向的具有创新示范效应的多式联运信息服务平台。（责任单位：市交通委、市商务委（市口岸办）、上港集团、中国铁路上海局集团、中铁集上海分公司）

加强运输结构调整信息报送和监测分析。结合本市实际，研究建立符合本市特点的运输结构调整指标体系。建立货物运输“公转铁、公转水”运行动态、多式联运发展状态、新能源车辆推广应用等信息运行监测和报送机制。2019年起，按季度形成《上海市运输结构调整工作监测分析表》。（责任单位：市交通委、各相关责任单位）

三、保障措施

（一）加强政策支持

积极落实财政支持政策，研究制定专项扶持政策。继续加大节能减排专项资金、国际航运中心建设专项资金等政府资金的支持力度。研究出台推进集装箱铁水联运发展的扶持政策。研究制定机场、港口非道路移动机械推广应用新能源、清洁能源装备扶持政策。（责任单位：市交通委、市发展改革委、市财政局）

（二）加强监督考核

强化督导考评。建立统计制度和评估体系，定期开展跟踪分析并发布评估结果，加强对各项目承担单位履责情况的监督；定期开展针对铁路、港口等企业的督导考核，确保责任落实。（责任单位：市交通委、各相关责任单位）

（三）营造良好发展环境

加强多部门协同联动，共同推进运输结构调整工作。加强各相关部门之间的沟通协调，完善多部门协同推进机制，持续推进本市运输结构调整工作。（责任单位：市交通委、各相关责任单位）

加强政策宣传，营造浓厚工作舆论氛围。制定宣传报道计划，报道本市运输结构调整工作进展，宣传和推广相关成果、产品应用案例等，通过新闻媒体、官方网站、官方微博微信等多种渠道加大宣传力度，提高社会各界知晓度。（责任单位：市交通委、各相关责任单位）

来源：上海市人民政府办公厅

2.1.2 综合信息

《上海市推进运输结构调整实施方案（2018—2020年）》解读

2018年9月17日，国务院办公厅印发《推进运输结构调整三年行动计划（2018—2020年）》，要求各省、自治区、直辖市人民政府，国务院各部委、各直属机构结合实际，认真组织实施。为深入贯彻落实文件精神，加快推进本市交通运输结构调整，努力打造生态友好、清洁低碳、集约高效的绿色交通运输体系，本市结合实际编制形成《上海市推进运输结构调整实施方案（2018—2020年）》（以下简称《实施方案》）。

一、国家工作要求

加快推进运输结构调整是以习近平同志为核心的党中央作出的重大决策部署，是打好污染防治攻坚战、打赢蓝天保卫战的重要举措，也是实现交通运输高质量发展、加快推进现代综合交通运输体系和交通强国建设的必然要求。

2018年6月27日，国务院总理李克强主持召开国务院常务会议，部署调整运输结构提高运输效率，降低实体经济物流成本。会议指出，调整运输结构、提高综合运输效率，降低全社会物流成本，对提升实体经济竞争力至关重要。会议确定：

一是循序渐进、突出重点，优化交通运输结构，更好发挥铁路在大宗物资运输、长距离运输中的骨干作用。加大基础设施投入，带动有效投资，力争到2020年大宗货物年货运量在150万吨以上的工矿企业和新建物流园区接入铁路专用线比例、沿海重要港区铁路进港率分别达80%、60%以上，着力提高沿长江重要港区铁路进港率。

二是加快发展多式联运，健全标准体系。推进城市生产生活物资公铁联运。发展铁路集装箱运输，推进铁水联运。开展全程冷链运输等试点，积极发展电商快递班列。

三是推动船、车、班列、港口、场站、货物等信息开放共享，实现到达交付、通关查验、转账结算等“一站式”线上服务。推进公路货运车辆标准化，促进公路货运行业创新发展。

四是进一步清理运输环节经营服务性收费，有关部门要开展督查，着力解决“乱收费、乱罚款”等问题，规范铁路货运收费，取缔不合理收费，纠正偏高收费，降低物流费用。

五是引导和规范交通运输领域“互联网+”新业态公平竞争、健康发展，防范和消除安全隐患。

国务院办公厅《关于印发推进运输结构调整三年行动计划（2018—2020年）的通知》（国办发〔2018〕91号）提出，以推进大宗货物运输“公转铁、公转水”为主攻方向，在全国范围实施铁路运能提升、水运系统升级、公路货运治理、多式联运提速、信息资源整合、城市绿色配送等六大行动，通过三年集中攻坚，到2020年实现全国铁路货运量较2017年增加11亿吨、增长30%（其中长三角地区增长10%），水路货运量增加5亿吨、增长7.5%，沿海港口大宗货物公路运输量减少4.4亿吨。全国多式联运货运量年均增长20%，重点港口集装箱铁水联运量年均增长10%以上。

二、本市《实施方案》编制过程

为深入贯彻落实国务院办公厅《推进运输结构调整三年行动计划（2018—2020年）》文件精神，市交通委根据沪府办秘〔2018〕010442号文批转要求，会同市发展改革委、市商务委、市经济信息化委、市公安局等部门起草形成了《上海市推进运输结构调整实施方案（2018—2020年）》（征求意见稿）。2018年12月7日、10日、11日，市交通委召开专题会议，听取各相关单位和部门的意见，并于12月17日、25日分别就《实施方案》（第一轮征求意见稿）和《实施方案》（第二轮征求意见稿）书面征求相关单位和部门意见。征求意见结束后，市交通委根据各相关单位及部门的反馈意见，对有关内容进行了修改完善，形成了《实施方案》（送审稿）报市政府审议。

三、本市《实施方案》主要内容

《实施方案》共三部分，其中，第一部分是总体要求，含指导思想和工作目标；第二部分是主要任务，包括六方面共14条；第三部分是保障机制，包括加强政策支撑、监督考核和营造良好发展环境三个方面，全力推进本市运输结构调整顺利实施。第二部分主要任务包括：

一是以提升铁路运输能力为主要目标，共3项工作，分别是加快铁路基础设施建设、深化铁路运输挖潜提效、提升铁路货运服务水平。具体包括统筹考虑铁路规划和港口的有效衔接及功能匹配，加强精细化调度组织，积极开行专列，深化价格改革，降本增效，提升服务等。

二是完善水路运输系统，共2项工作，分别是完善内河水运网络和大力发展江海直达和江海联运。具体包括提升长江口航道通航能力、推进长三角高等级航道整治工作、形成长江和长三角地区至洋山深水港区江海直达运输系统等。

三是聚焦道路货运领域，共2项工作，分别是道路货运车辆超载超限治理和货运车型标准化。具体包括以标准制定和协同治理为手段，加强对货运车辆出行的规范和监管，营造道路货运有序竞争、规范营运的良好市场环境等。

四是推进多式联运发展，共3项工作，分别是加快联运枢纽建设和装备标准化、加快发展集装箱铁水联运、深入实施多式联运示范工程。具体包括打造核心物流园区和专业物流基地为核心架构的空间布局，推动多式联运设施与装备的标准化、一体化和共享化，鼓励港铁等多方共同参与铁水联运服务，打通海铁联运信息系统，推进落实多式联运示范工程等方面。

五是推动城市绿色配送，共2项工作，分别是推进城市绿色货运配送工程和推广应用新能源城市配送车辆。具体包括支持集约化运输组织模式，积极发展和推广运营组织高效的试点项目，多措并举缓解“停靠难、装卸难”问题，提高应用新能源或清洁能源的货车比例，加快充电桩布局和投入，研究出台相配套的鼓励政策等。

六是加强信息资源整合，共2项工作，分别是提升联运信息化水平和加强运输结构调整信息报送和监测分析。具体包括通过研究建立规范的多式联运统计制度，推进多式联运信息交换共享，提高业务协同和服务效能，结合本市实际，研究建立符合本市特点的运输结构调整指标体系及运行监测和报送机制等内容。

来源：上海市人民政府办公厅

2019年中国公路货运行业十件大事

1. 中共中央、国务院印发《交通强国建设纲要》，提出到2035年基本建成交通强国。

2. 国务院印发《关于加快道路货运行业转型升级促进高质量发展的意见》（国办发〔2019〕16号），部署14项重点工作任务。

3. 交通运输部门推动2019年底前取消全国高速公路省界收费站。

4. 高速公路货车通行费计费方式由计重收费改为按车（轴）型收费，并确保不增加货车通行费总体负担，同步实施封闭式高速公路收费站入口不停车称重检测。

5.《网络平台道路货物运输经营管理暂行办法》（交运规〔2019〕12号）正式出台，自2020年1月1日起施行。

6. 无锡高架桥发生重大侧翻事故，各地开展“百吨王”超限超载治理专项行动。

7. 央视曝光轻型货车“大吨小标”问题，有关部门开展轻型货车检验登记、集中排查工作。

8.《危险货物道路运输安全管理办法》（交通运输部令 2019 年第 29 号）正式出台，自 2020 年 1 月 1 日起施行。

9. 交通运输部取消总质量 4.5 吨及以下普通货运车辆道路运输证和驾驶员从业资格证。

10. 全国全面供应符合国六标准的车用汽柴油，停止销售低于国六标准的汽柴油，重点区域提前实施机动车国六排放标准。

来源：中国物流与采购联合会公路货运分会

国务院办公厅转发《关于加快道路货运行业转型升级促进高质量发展的意见》及解读

国务院办公厅转发《关于加快道路货运行业转型升级促进高质量发展的意见》

国务院办公厅转发交通运输部等部门《关于加快道路货运行业转型升级促进高质量发展的意见》（以下简称《意见》）。

《意见》指出，要以习近平新时代中国特色社会主义思想为指导，全面贯彻党的十九大和十九届二中、三中全会精神，牢固树立和贯彻落实新发展理念，以供给侧结构性改革为主线，加快建设安全稳定、经济高效、绿色低碳的道路货运服务体系，促进道路货运行业高质量发展。《意见》聚焦当前道路货运行业发展面临的突出问题，从 5 个方面部署了 14 项重点工作任务。

一是深化货运领域“放管服”改革。进一步推动普通货车跨省异地安全技术检验、尾气排放检验和综合性能检测有关要求严格落实，优化道路货运企业登记注册、经营许可办理手续及流程。加快制定危险货物道路运输安全管理办法，加快修订常压液体危险货物运输罐车罐体相关国家标准。便利货运车辆通行，对符合标准的新能源城市配送车辆给予通行便利，除特殊区域外，对纯电动轻型货车原则上不得限行。

二是推动新旧动能接续转换。加快运输组织模式创新，指导行业协会、企业联盟研究推广挂车互换标准协议。推进规模化、集约化发展，以冷链物流、零担货运、无车承运等为重点，加快培育道路货运龙头骨干示范企业。鼓励规范“互联网 +”新业态发展，提高线上线下一体化服务能力。

三是加快车辆装备升级改造。积极稳妥淘汰老旧柴油货车，鼓励各地制定营运柴油货车和燃气车辆提前淘汰更新目标及实施计划。推广应用先进货运车型，积极推进货运车型标准化。加强货车超限超载治理，明确并公布各区域超限检测站点的联合执法模式，加快推进车辆信息、执法信息共享。

四是改善货运市场从业环境。加强从业人员职业教育培训，推进落实普通货运驾驶员线上线下及异地从业考试，2019 年实现普通货运驾驶员从业资格证诚信考核网上办理。鼓励道路货运企业组织开展货车司机继续教育，支持地方为转岗货车司机提供再就业培训。切实维护货车司机权益，加快推进“司机之家”建设，指导货主企业、道路货运企业合理制定运输方案，保障货车司机充分休息。

五是提升货运市场治理能力。部署全国公安机关依法打击车匪路霸，重点加强高速公路服务区、国省道沿线停车场等区域治安管理。建立货运企业分类分级监管体系，加大对违法失信经营主体的惩戒和定向监管力度。提高道路货运市场运行监测分析能力，及时引导、合理调控市场运力，实现供求基本平衡。

来源：新华网

道路货运如何转型升级，这些政策措施指明了方向

为贯彻落实习近平总书记关于"推动货运经营整合升级、提质增效，加快规模化发展、连锁化经营"重要指示精神和党中央、国务院决策部署，近日，国务院办公厅转发了交通运输部等13部门《关于加快道路货运行业转型升级促进高质量发展的意见》（简称《意见》），围绕5个方面提出了14项针对性强、目标导向明确的政策措施，为道路货运转型发展指明了方向、明确了目标，成为新时期推动道路货运行业高质量发展的总抓手。5月9日，交通运输部副部长刘小明在《中国交通报》刊发署名文章，对《意见》进行解读。

一、充分认识促进道路货运行业高质量发展的重大意义

（一）促进道路货运行业高质量发展，是落实党中央、国务院重大决策部署的具体行动

党中央、国务院高度重视道路货运行业的转型升级高质量发展工作。2018年5月，习近平总书记在全国生态环境保护大会上强调，要推动货运经营整合升级、提质增效，加快规模化发展、连锁化经营。李克强总理也对促进道路货运行业高质量发展工作多次作出重要批示。这是党中央、国务院站位经济社会发展全局，在我国经济转向高质量发展的重要阶段，对道路货运行业发展作出的新部署、新要求。

一是引领了新时代道路货运发展的目标方向。习近平总书记等中央领导同志的重要指示批示，深刻阐述了道路货运行业高质量发展的根本性、方向性、全局性的重大问题，指明了新时代道路货运行业的更高起点、全新定位，是新发展理念在道路货运行业落实的重要体现，道路货运行业必将以此为契机，进入新的发展阶段。

二是赋予了新时代道路货运发展的强劲动力。习近平总书记等中央领导同志对道路货运业的多次重要指示批示，是党中央、国务院立足道路货运行业发展的客观规律，在行业从粗放转向集约、从传统转向现代的关键阶段，对行业发展的新部署，体现了党中央、国务院对道路货运转型发展的殷切期待，要求我们必须用新理念、新思路、新模式，构建道路货运高质量发展的新动能，推动行业的新旧动能转换。

三是明确了新时代道路货运发展的工作重点。习近平总书记等中央领导同志的重要指示批示，既深刻分析了道路货运行业长期以来存在的深层次矛盾和问题，揭示了影响道路货运行业转型发展的根本原因，也科学谋划了道路货运行业未来发展的宏伟蓝图，指明了道路货运行业转型发展的根本路径和工作任务。必须要切实提高政治站位，牢固树立"四个意识"，坚定"四个自信"，坚决做到"两个维护"，进一步强化责任担当，凝聚各方力量，不折不扣贯彻落实好党中央、国务院的决策部署，共同推动道路货运行业转型升级、提质增效。

（二）促进道路货运行业高质量发展，是深化供给侧结构性改革，促进物流业降本增效的有效途径

推动高质量发展是当前和今后一个时期我国确定发展思路、制定经济政策、实施宏观调控的根本要求，降低全社会物流成本，则是推动经济高质量发展的重要保障。道路运输费用占全社会物流总费用的30%，是促进物流降本增效的关键所在。道路货运业在长期粗放式的发展中积累了较多矛盾，已成为亟待补齐的"短板"：一方面，运输组织效率低，单位运输成本居高不下。道路货运行业生产主体、生产要素较为分散，缺乏市场集中度高、整合能力强的龙头骨干企业，先进运输组织方式发展滞后，个体运输业户各自为阵，分散经营，造成行业组织效率低、交易环节多、资源利用率不高。

据统计，我国货运车辆平均实载率比欧美发达国家要低 1/3，车辆日均有效行驶里程仅为发达国家的 1/2，由于缺乏集约化组织，难以充分发挥运输业的规模效益和网络效益，单位成本居高不下。另一方面，企业经营负担重，市场交易成本不断提高。

今年政府工作报告中明确提出“治理对客货运车辆不合理审批和乱收费、乱罚款”。按照国务院的部署安排，今年 3 月，我们在全国组织对部分货车司机进行了问卷调查。数据显示，燃油费、通行费、人员工资仍然是道路货运经营成本的主要组成，占比分别为 34%、25% 和 17%，除此以外，相关资质许可、证照审验、考核检测也存在时效慢、环节多、不便利的问题。同时，路面执法不规范、乱罚款的现象依然存在，部分地区偷油偷货等治安事件也时有发生，更加重了货车司机经营负担。在全面推动经济高质量发展的大背景下，我们必须要加快促进道路货运行业转型升级，实现行业发展质量变革、效率变革、动力变革，提高行业全要素生产效率，降低制度性交易成本，为物流业提质增效，经济高质量发展提供坚实支撑。

（三）促进道路货运行业高质量发展，是支撑保障行业健康稳定发展的客观要求

全国道路货运行业从业人员 2000 多万人，关系到近 1 亿人口的生活，是交通运输行业中规模最大、从业人员最多、市场化程度最高、与百姓生产生活密切相关的行业。道路货运行业的健康稳定发展，事关社会和谐稳定，事关经济平稳运行，更事关数亿人民群众的安居乐业。当前，随着我国经济发展进入新常态，物流市场需求趋缓，运输结构加快调整，新旧业态相互交织，道路货运行业长期积累的矛盾和问题逐渐暴露。维护道路货运行业的健康稳定大局，必须标本兼治、综合施策，既要治标，更要治本，必须通过加快促进行业转型升级和高质量发展，努力破解行业长期以来存在的深层次矛盾，才能从根本上维护好道路货运行业和全社会健康稳定发展的大局。

二、加快道路货运行业转型升级是复杂的系统性工程

全国道路货运行业从业人员 2000 多万人，关系到近 1 亿人口的生活：

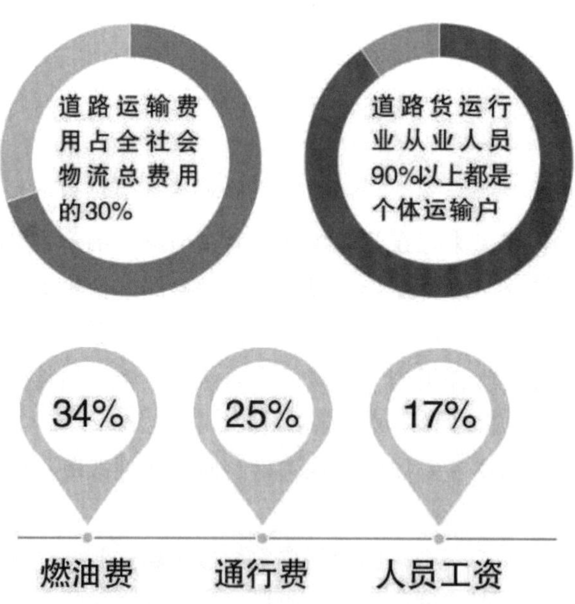

图 1 道路货运经营成本主要组成

加快道路货运行业转型升级促进高质量发展工作是一项复杂的系统性工程，涉及面广、社会影响大、各方关注度高。我们必须要深入贯彻落实习近平总书记等中央领导同志的重要指示批示精神，认真领会《意见》的精神实质和核心要义，牢牢把握工作的方向和原则，切实落实好工作的各项要求。

一是要把深化改革作为推进行业高质量发展的根本要求。20 世纪 80 年代“有路大家行车”的市场开放政策，极大地解放了道路货运行业的生产力，缓解了运力不足带来的经济社会运输瓶颈。经过长期快速发展，道路货运行业正处于从粗放发展走向集约运营，从传统运输迈向现代服务的关键阶段，所要开展的大部分工作，所要解决的大部分问题都是长期积累的最难啃的硬骨头，只有依靠深化改革，用改革的思维、改革的办法、改革的路径，才能有效解决发展中面临的问题和挑战。要进一步深化“放管服”改革，持续简政放权，优化审批流程，降低制度性交易成本。要推动管理制度改革，采取包容审慎的态度，鼓励和支持新业态发展，促进新旧动能加快转换。要加快管理方式的改革，充分利用移动互联网等信息化手段，实现道路货运各类检验检测、证照审验的网上办理，切实营造良好的营商环境，进一步激发市场的内生活力和发展动力。

二是要把创新引领作为推进行业高质量发展的不竭动力。“穷则变、变则通、通则久”，解决道路货运行业长期积累的矛盾，也必须用新思路、新方法，通过不断创新，打破传统以拼价格、靠钻空子违规运营维持发展的老路，走出一条依靠制度创新、模式创新、技术创新、管理创新的发展新路。要充分利用“互联网 +”等新业态、新模式，促进“多、小、散、弱”的货运资源集约整合。要通过鼓励发展大车队运营、挂车租赁共享、长途接驳甩挂、多式联运等新模式，进一步优化市场主体结构，培育扶持龙头企业，提升货运组织化程度和集约化水平。要推进大数据、信息化等在运输管理、车辆装备、物流组织中的广泛应用。要加快建立以“双随机一公开”为主体、重点监管为补充、信用监管为核心、数字监管为特征的新型市场监管机制，推动市场规范诚信、公平公正。要推动形成鼓励创新、支持创新、保障创新、包容审慎监管的体制机制和政策环境，让创新成为推动道路货运高质量发展的根本动力。

三是要把提质增效作为推进行业高质量发展的核心目标。当前，我国物流成本居高不下，不仅影响了企业和产品的竞争力，也直接影响了国民经济的总体运行水平。降低物流成本，是大力降低实体经济成本，提升实体经济竞争力，支撑我国产业、企业更深层次参与国际竞争的重要途径。促进道路货运行业转型升级高质量发展，核心就是“降本增效、提质升级”。《意见》提出的深入货运领域“放管服”改革、推动新旧动能接续转换、加快车辆装备升级改造、改善货运市场从业环境、提升货运市场治理能力五大重点任务、14 条政策措施，全部都指向“降本增效、提质升级”这个核心。各地、各部门必须进一步凝聚共识，坚持目标导向，紧紧围绕这个核心开展各项工作，切实采取有效措施把物流企业的成本降下来，效率和质量提上去。

四是要把稳中求进作为推进行业高质量发展的工作总基调。习近平总书记多次强调指出，稳中求进工作总基调是治国理政的重要原则，也是做好各项工作的方法论。道路货运行业从业人员众多，其中 90% 以上都是个体运输户，买车跑运输是广大农民和下岗工人养家糊口的基本谋生手段，行业的每一项改革、出台的每一项政策都与广大货车司机的切身利益息息相关。在推进行业高质量发展的过程中，必然要加快对不适应经济社会发展需要的落后运能的淘汰，必然要对传统模式下通过违规获取不正当利益的行为进行规范，这些都将不可避免地触及广大货车司机的眼前利益。在这一过程中，我们必须始终坚持稳中求进工作总基调，正确处理好改革、发展和稳定的关系，切实做好工作推进过程中的风险识别和矛盾化解，加强政策的宣传解读，让广大货车司机支持改革、支持规范，处理好当前利益和长远稳定利益的关系，加强行业监测、掌握行业动态，及时回应社会关切，合理引导市场预期，切实维护行业和社会和谐稳定大局。

五是要把治理能力提升作为推进行业高质量发展的有效保障。道路货运行业经营主体众多、流动性强，加之行业新老矛盾交织，各种利益相互博弈，必须通过行之有效的行业治理，才能为行业转型升级高质量发展创造公平公正的市场环境。《意见》针对道路货运行业治理能力不足的问题，围绕法规制度、执法监管、协同治理等方面部署了一系列重点工作。这就要求我们必须建立健全对行业关键要素以及新业态、新模式的管理制度，不断提升管理能力。要构建基于大数据的全要素、全链条、闭环式的监管体系，提高监管的针对性和实效性。要加快形成部门协同、部省协作、协会参与的齐抓共管的治理体系，形成政府、市场、社会多方共治善治的新格局，提高整体管理效率。

三、聚焦重点难点，切实推动《意见》各项任务落实到位

《意见》在深入调研、广泛吸纳各方意见建议的基础上，聚焦当前道路货运行业发展面临的痛点，围绕货运企业和货车司机最关心关注的问题，提出了加快道路货运行业转型升级促进高质量发展的系统化解决方案和顶层设计，为今后一个时期道路货运转型发展提供了根本遵循。《意见》的总体思路是：以习近平新时代中国特色社会主义思想为指导，全面贯彻落实党的十九大和十九届二中、三中全会精神，牢固树立和贯彻落实新发展理念，以供给侧结构性改革为主线，坚持远近结合、标本兼治、改革引领、创新驱动、综合治理，加快建设安全稳定、经济高效、绿色低碳的道路货运服务体系，促进道路货运行业高质量发展。

为实现上述目标，《意见》提出了 5 个方面共 14 项重点任务，今后一个时期，按照“远近结合、标本兼治、改革引领、创新驱动、综合治理”的原则，重点做好以下五个方面工作。

一是深化货运领域“放管服”改革。持续推进道路货运简政放权，进一步推动普通货车跨省异地安全技术检验、尾气排放检验和综合性能检测有关要求严格落实。今年实现普通货运车辆年度审验网上办理。优化道路货运登记注册、经营许可办理手续及流程。加快制定危险货物道路运输安全管理办法，研究改革完善危险货物道路运输押运员管理制度。便利货运车辆通行，优化车辆通行管控。

二是推动行业新旧动能接续转换。深入推进多式联运示范工程、城乡交通运输一体化示范工程、城市绿色货运配送示范工程，推广应用先进运输组织模式。以冷链物流、零担货运、无车承运等为重点，加快培育道路货运龙头骨干示范企业，鼓励提供优质干线运力服务的大车队模式创新发展。鼓励规范“互联网 +”新业态发展。

三是加快车辆装备升级改造。加快推广电子不停车快捷收费系统，优化货车通行费计费方式。全面推广高速公路差异化收费，鼓励发展符合国家标准的中置轴汽车列车、厢式半挂车等先进车型。加快推进货运车型标准化，积极稳妥淘汰老旧柴油货车，开展常压液体危险货物罐车专项治理工作。

四是改善货运市场从业环境。推进落实普通货运驾驶员线上线下及异地从业考试，今年实现普通货运驾驶员从业资格证诚信考核网上办理。鼓励运输企业组织开展货车司机继续教育。鼓励各地加大政策支持力度，加快建设一批功能实用、经济实惠、服务便捷的“司机之家”。指导货主企业、运输企业合理制定运输方案，保障货车司机充分休息。

五是提升货运市场治理能力。依法打击车匪路霸，重点加强高速公路服务区、国省道沿线停车场等区域治安管理，严厉打击黑恶势力收取保护费和偷盗车辆燃油及货物等违法行为。严格货车超限超载治理，加强执法监督考核，拓宽投诉举报渠道。建立货运企业分类分级监管体系，加大对违法失信经营主体的惩戒和定向监管力度。利用大数据、信息化手段提高道路货运市场运行监测分析能力。

推进道路货运行业转型升级高质量发展，促进物流业降本增效，全面支撑我国实体经济转型发展，意义重大、影响深远。必须协调各方、多措并举，必须部省协同、政企联动，必须努力攻坚克难、当好先行，交通运输要举全行业之力坚定不移贯彻落实党中央、国务院决策部署，推动我国道路货运转型升级高质量发展不断取得新成效，为全面建成小康社会、构建现代化经济体系作出新的更大的贡献。

来源：《中国交通报》

2019年货运物流行业报告：公路货运市场货源增速放缓、需求升级

2019年（第五届）全国货运物流行业年会在北京召开，年会以“数智创新 品质赋能——寻找发展新引擎”为主题。中国物流与采购联合会副会长贺登才在致辞中从“怎么看”“怎么办”“怎么盼”三个角度，总结了2019年，展望了2020年，并预判了“十四五”物流发展，包括物流强国建设；企业能级提升；物流枢纽网络；产业物流融合；生活物流升级；国际物流布局；供应链创新应用；物流智能化改造；减轻环境负荷；治理能力现代化。讲到星级车队时，贺登才提到，公路货运分会三年来评比认定了三批166家星级车队，其中五星级车队18家，头部企业月均行驶里程超过1万公里，效率在不断提高，影响力在不断提升，正在成为公路货运的骨干企业，显示了规模化、集约化发展势头。

国家发改委经济贸易司副司长张江波在会上指出，公路货运高质量发展，可从三方面理解：一是从产品服务来看，体现在“两高”，即高质量、高效益；二是从装备设施上看，体现在“两化”，即标准化、单元化；三是从发展动力来看，体现在“两新”，即新技术、新模式。在推动公路货运高质量发展的历史进程中，新技术和新模式，仍将发挥重要的作用。张江波还介绍了国家发改委为推动物流高质量发展所做的工作以及下一步工作重点，他透露，目前国家发改委正在研究实施启动2020年的国家物流枢纽申报工作，委托中物联组建国家物流枢纽联盟，同时开始研究制定2021年到2025年国家物流枢纽网络建设实施方案。会议期间，中国物流与采购联合会研究室主任周志成发布了《2019货运物流行业报告》。该报告指出，2019年货运行业下行压力加大，主要是因为燃油费、路桥费、司机工资依旧是公路货运的三大主要成本，包括2019年1月1日其正式施行国六燃油标准。2019年起，部分城市陆续开展排放车辆；从2020年1月1日其调整高速公路货车通行费计费方式，统一按车（轴）型收费。没有安装OBU装置的车辆不得享受ETC5%的优惠。司机工资成本持续上涨，近三年连续上涨15%-20%。针对2020年公路货运的市场发展展望，报告指出了六大趋势。分别为公路货运市场货源增速放缓、需求升级；货运市场朝着市场组织化、集约化方向发展；货运企业效率化、精细化持续提升；货运行业更加数字化、平台化、协同化创新；货运场站、公铁多式联运拓展方向；行业政策环境日益改善。

来源：中国财经网

交通部：鼓励发展网络货运 促进物流资源高效利用

交通部、国家税务总局印发《网络平台道路货物运输经营管理暂行办法》（以下简称《暂行办法》）。《暂行办法》指出，鼓励发展网络货运，促进物流资源集约整合、高效利用。网络货运经营者应当在许可的经营范围内从事经营活动，不得运输法律法规规章禁止运输的货物。《暂行办法》自2020年1月1日起施行，有效期2年。

《暂行办法》指出，本办法所称网络货运经营，是指经营者依托互联网平台整合配置运输资源，以承运人身份与托运人签订运输合同，委托实际承运人完成道路货物运输，承担承运人责任的道路货物运输经营活动。网络货运经营不包括仅为托运人和实际承运人提供信息中介和交易撮合等服务的行为。

《暂行办法》指出，鼓励网络货运经营者利用大数据、云计算、卫星定位、人工智能等技术整

合资源，应用多式联运、甩挂运输和共同配送等运输组织模式，实现规模化、集约化运输生产。鼓励组织新能源车辆、中置轴模块化汽车列车等标准化车辆运输。

《暂行办法》明确，鼓励发展网络货运，促进物流资源集约整合、高效利用。需要申领道路运输经营许可证的，可向所在地县级负有道路运输监督管理职责的机构提出申请，县级负有道路运输监督管理职责的机构应向符合条件的申请人颁发《道路运输经营许可证》，经营范围为网络货运。从事网络货运经营的，应当符合《互联网信息服务管理办法》等相关法律法规规章关于经营性互联网信息服务的要求，并具备与开展业务相适应的信息交互处理及全程跟踪记录等线上服务能力。

《暂行办法》要求，网络货运经营者应当在许可的经营范围内从事经营活动，不得运输法律法规规章禁止运输的货物。网络货运经营者和实际承运人应当保证线上提供服务的车辆、驾驶员与线下实际提供服务的车辆、驾驶员一致。网络货运经营者委托运输不得超越实际承运人的经营范围。

《暂行办法》提到，网络货运经营者应当建立健全投诉和举报机制，公开投诉举报电话，及时受理并处理投诉举报。鼓励网络货运经营者建立争议在线解决机制，制定并公示争议解决规则。网络货运经营者应记录实际承运人、托运人的用户注册信息、身份认证信息、服务信息、交易信息，并保存相关涉税资料，确保信息的真实性、完整性、可用性。信息的保存时间自交易完成之日起不少于三年，相关涉税资料（包括属于涉税资料的相关信息）应当保存十年。网络货运经营者应对运输、交易全过程进行实时监控和动态管理，不得虚构交易、运输、结算信息。

《暂行办法》强调，网络货运经营者应遵照国家税收法律法规，依法依规抵扣增值税进项税额，不得虚开虚抵增值税发票等扣税凭证。网络货运经营者和实际承运人均应当依法履行纳税或扣缴税款义务。网络货运经营者应当采取有效措施加强对驾驶员、车辆、托运人等相关信息的保密管理，未经被收集者同意，不得泄露、出售或者非法向他人提供信息，不得使用相关信息开展其他业务。

《暂行办法》明确，网络货运经营者有下列行为之一，造成重大责任事故的，县级以上负有道路运输监督管理职责的机构应依法查处，并将其纳入道路货物运输失信联合惩戒对象名单，实施联合惩戒：委托不具备资质的实际承运人从事运输；承运国家法律法规规章禁止运输的货物；指使、强令实际承运人超限超载运输货物。

网络平台道路货物运输经营管理暂行办法出台

交通运输部、国家税务总局关于印发《网络平台道路货物运输经营管理暂行办法》的通知

各省、自治区、直辖市、新疆生产建设兵团交通运输厅（局、委），国家税务总局各省、自治区、直辖市和计划单列市税务局：

为贯彻落实国务院关于促进平台经济规范健康发展的决策部署，规范网络平台道路货物运输经营，维护道路货物运输市场秩序，促进物流业降本增效，交通运输部、国家税务总局在系统总结无车承运人试点工作的基础上，制定了《网络平台道路货物运输经营管理暂行办法》(以下简称《办法》)，现将《办法》印发给你们，请遵照执行。

交通运输部无车承运人试点工作于 2019 年 12 月 31 日结束。从 2020 年 1 月 1 日起，试点企业可按照《办法》规定要求，申请经营范围为“网络货运”的道路运输经营许可；县级负有道路运输监督管理职责的机构应按照《办法》，对符合相关条件要求的试点企业，换发道路运输经营许可证。未纳入交通运输部无车承运人试点范围的经营者，可按照《办法》申请经营许可，依法依规从事网络货运经营。

2019-2020，公路货运怎么办?

——贺登才在第五届全国货运物流行业年会上发言

回顾总结即将过去的2019年，分析预测马上到来的2020年，展望期盼即将谋划的“十四五”发展方向。今天，我利用这个机会向大家请教一些问题。集中在三个方面：第一，2019年公路货运市场怎么看？第二，2020年公路货运行业怎么办？第三，“十四五”时期物流发展怎么盼？共30个问题，提出来和大家一起讨论。

一、2019年公路货运市场怎么看?

前不久结束的政治局会议上对2019年宏观经济形势作出了“国内外风险挑战明显上升的复杂局面”的基本判断。即将过去的2019年，公路货运行业出现了许多新的变化，同样面对复杂严峻的形势。一年来，我们坚持稳中求进工作总基调，以供给侧结构性改革为主线，推动高质量发展，为全面建成小康社会的总目标做出了应有贡献。对于2019年的公路货运市场形势，我提出以下十个方面的问题，供大家讨论。

一是政策环境怎么看？总的来说，2019年是我们这个行业政策环境持续改善，政策措施落地最多的一年。3月，国家发展改革委发布《关于推动物流高质量发展，促进形成强大国内市场的意见》（发改经贸〔2019〕352号），可以说是近年来推动物流降本增效政策的“总集成”；9月底，国家发展改革委、交通运输部联合印发《关于做好物流降本增效综合改革试点工作的通知》（发改经贸〔2019〕1537号），确定在山西、江苏、浙江、河南、重庆、四川等6个省（市）组织开展物流降本增效综合改革试点；9月，国家发展改革委、交通运输部联合印发《关于做好2019年国家物流枢纽建设工作的通知》（发改经贸〔2019〕1475号），公布23个2019年国家物流枢纽建设名单。

4月，《关于加快道路货运行业转型升级，促进高质量发展意见的通知》（国办发〔2019〕16号），提出促进道路货运行业发展的14条意见；9月，印发的《交通强国建设纲要》，统筹推进交通强国建设，13个地区成为首批交通强国建设试点地区。对公路货运以至于全社会具有重大影响的政策措施陆续推进落实。比如，取消高速公路省界收费站。目前，全国高速公路省界收费站正线改造总计划即将全部完工。全国ETC发行量突破1亿个，极大地推动了高速公路的信息化、便捷化、网络化发展。此外，还有取消4.5吨及以下车辆车辆营运证和从业资格证、挂车车购税减半征收、货车异地年审、大件运输并联审批等，行业政策获得感明显增强。

二是运行绩效怎么看？今年以来，我国经济下行压力持续加大，GDP增速从一季度的6.4%降到二季度的6.2%，再降到三季度的6.0%。加上经济结构调整，因三产比重升高而带来的货运量减少；由于经济布局调整，物流需求向原材料产地、最终消费地和货物转运地集中而带来的周转速度加快；运输结构调整，公转铁、公转水带来的公路货运量增速持续放缓。据统计，1-10月，社会物流总额增速为5.8%，低于GDP增速；公路货运量增速5.2%，又低于物流需求整体增速。包括公路货运市场在内的整个物流业下行压力加大，利润空间缩小，部分企业出现经营困难。但就总体运行情况来看，仍然保持了一定增速。11月，中国物流业景气指数为58.9%，较上月回升4.7个百分点，显示出我国经济发展较大的回旋余地和较强的韧性。

三是需求变化怎么看？在增速全面放缓的情况下，物流业需求结构加快调整。受中美贸易摩擦影响，进出口物流需求趋缓。强大国内市场消费物流需求增速上升，前三季度消费支出对经济增长贡献率在60%以上。今年“双11”期间，各邮政、快递企业共处理快递包裹5.35亿件，同比增长

28.6%。从货源结构看“傻大黑粗”的物资少了，“轻薄短小”的商品多了。客户在配送的速度、价格、服务、频次、批量等方面提出了更高要求。同时我们也注意到，虽然电商快递需求潜力巨大，但增速逐步放缓的趋势开始显现，从高速增长阶段转入中高速增长通道。

四是企业沉浮怎么看？随着市场竞争加剧，市场主体加速“洗牌”。经过重组整合，物流企业集中度提高。全国A级物流企业已达6146家，其中5A级物流企业284家。“中国物流企业50强”主营业务收入超过1万亿元，进入“门槛”提高到30亿元。在一些细分领域的头部企业适应市场需求变化，加快转变发展方式、加速动能转换，市场占有率持续提高，积累了在经济下行条件下仍然保持较高增长的宝贵经验。与此同时，也有不少企业业务急速下滑，陷入经营困境，甚至一些运营多年的传统企业进入破产清算阶段，还有一批创立不久的互联网平台型企业陆续退出市场。分析原因，既有宏观环境变化因素，也有企业自身脱离市场、盲目扩张的决策失误和经营失当。

五是星级车队怎么看？自2017年以来，我会共评审认定三批166家星级车队，其中五星级车队18家。第三批星级车队平均入网车辆422辆，排名前十的车队自有车辆数超过1000台，其中，五星级车队自有车辆超过1800台，四星级车队自有车辆超过200台。第三批星级车队排名前十的车队月均行驶里程超过1.3万公里，其中排名第一的星级车队月均行驶里程超过2万公里，甩挂运输、集拼集运等运输组织模式得到应用。星级车队评选和经验推广，有利于培育“品质运力”，促进公路货运行业规模化、集约化发展。但目前来看，围绕星级车队的配套服务有待提升，品牌价值有待挖掘。

六是细分领域怎么看？总体来看，2019年的公路货运市场进一步细分，服务更加细化，经营模式加快转变。主要快递企业全面进入零担快运市场，凭借服务品质、产品定位和网络基础，成为企业新的增长点和利润源，也加剧了市场竞争的激烈程度。专线联盟抱团取暖，多元化整合进一步加剧。相比快递、快运市场，整车运输市场发展空间较大。通过业务线路串联，形成网络效应，星级车队、大车队模式在车辆规模、运行效率、服务半径等方面显示出明显优势。随着城市居民对美好生活的物流需要，城市配送迎来快速发展期。需求规模扩大、服务模式创新，出现了即时物流服务、代买代送、仓配一体、共同配送等新的服务方式，通过个性化、品质化、增值化、智能化服务，增强客户粘性。其他一些细分领域，包括车货匹配的互联网平台型企业、汽车后市场服务等都出现了新的变化，进入改革创新的“深水区”。

七是技术和模式创新怎么看？随着新一轮科技革命在全球掀起的创新热潮，越来越多的公路货运企业关注大数据、云计算、人工智能、互联网、区块链等新兴技术。借助资本的介入、学术的聚焦及政策的扶持，催化了一系列先进物流技术成熟运用。比如，模块化汽车列车、无人驾驶、新能源货车、物流机器人、装卸搬运及车联网技术有效带动公路货运行业提质增效。包括车辆装备、配载技术、集装单元化技术等在过去一年中都有新的进展。网络货运、多式联运、甩挂运输等一批新模式得到推广。以资源整合、流程优化、组织协同和价值创造为特点的供应链模式创新应用，技术进步和模式创新成为企业占领市场制高点的必备条件。

八是多式联运怎么看？2016年底，交通运输部等18个部门发布《关于进一步鼓励开展多式联运工作的通知》，提出鼓励开展多式联运工作的18条政策措施。2018年10月，印发的《推进运输结构调整三年行动计划（2018－2020年）》（国办发〔2018〕91号），把“多式联运提速行动”纳入重点工作计划。自2017年以来，交通运输部会同国家发展改革委已评审认定了三批、70个多式联运示范工程项目，2019年对第一批12个多式联运示范工程项目进行了验收。12月5日，交通运输部在北京召开全国运输结构调整暨多式联运现场推进会，总结推广前段工作，提出下一步工作部署。在国家政策推动下，多式联运运量持续增长、组织模式不断创新，运输结构调整取得阶段性成效。但也存在重点目标进度滞后，重点项目进展缓慢和发展不平衡等问题，推进多式联运发展的任务依然艰巨。

九是国家枢纽怎么看？到目前，我国规模以上物流园区发展到1600多家，百家骨干物流园区互联互通工程有序推进。今年9月，政府确定了首批23家国家物流枢纽建设名单，下一步我们将在国家发改委领导下，推进国家物流枢纽联盟组建运行。物流枢纽是集中实现货物集散、存储、分拨、转运等多种功能的物流设施群和物流活动组织中心。国家物流枢纽是物流体系的核心基础设施，是辐射区域更广、集聚效应更强、服务功能更优、运行效率更高的综合性物流枢纽，在全国物流网络中发挥关键节点、重要平台和骨干枢纽的作用。国家物流基础设施网络的整合重构，是加强物流等基础设施网络建设决策部署的重要举措，也是物流业高质量发展的基础工作，必将对公路货运行业发展方式产生重大而深远的影响。

十是海外拓展怎么看？虽然我们的国内物流网络日趋完善，但海外布局仍然是短板中的短板，严重制约我们对全球供应链的掌控能力。随着“一带一路”深入实施，跨境电商快速发展，“中欧班列”加密运行，国内重点企业，包括快递企业、物流企业和电商企业都在加快海外拓展，打造面向全球的物流网络体系。目前，走向国际的物流企业需要物流与供应链全流程的优化整合设计能力，需要考虑与本土企业的生态联动，需要建立当地的集散中心，需要形成双向对流的物流通道。随着中国产品走出去和外国产品买进来，中国物流服务走出去的步伐将会进一步加快，风险和挑战也将随之增大。

二、2020年公路货运行业怎么办?

2020年是“十三五”规划收官之年，也是全面建成小康社会的决胜之年。公路货运行业面临形势依然复杂严峻，我们必须认真面对。

一是货量减速怎么办？预计产业结构、城乡结构、运输结构、需求结构和供给结构将进一步调整，总体货量减速是大概率事件。如何在货量减速，车多货少矛盾加剧的情况下求得生存发展。

二是竞争加剧怎么办？预计市场竞争情况2020年将比2019年更加突出。如何精准分析市场，延长服务链条，深化服务内容，开辟新的发展路径。

三是降本增效怎么办？当前的运价特别是公路运价已经远远背离全社会价格水平，降本增效绝不能一味压低运价。对整个社会来说，应该是货主企业、供应商、销售方和物流运输企业等生态链各方一起努力，从全流程一体化入手，用供应链思维来考虑，降低结构性、综合性成本。

四是网络货运怎么办？无车承运人试点工作将于2019年12月31日结束，网络货运新时代即将开启。如何避免“一哄而上”，做到合规有序发展，有助于发展“数字货运”，培育“品质运力”。

五是智慧物流怎么办？发展智慧物流，转换发展动能，是行业转型升级的必由之路，未来还有很大发展空间。“机器换人”，“人”怎么办？“鸟枪换炮”，“钱”从哪里来？

六是互联互通怎么办？国家发展改革委要求我们推动百家骨干物流园区互联互通，到目前《中国物流园区图谱》已经上线运行。下一步国家物流枢纽联盟也将组建运行，各类物流基础设施互联互通工作稳步推进，对公路货运行业意味着什么？我们怎样纳入全国物流互联互通发展的大循环，享受到协同共享的“红利”？

七是“司机之家”怎么办？今年8月，交通运输部、中华全国总工会联合在山东泰安召开“司机之家”建设工作推进现场会，全国76个建设试点项目通过验收。未来“司机之家”能不能增加更多司机群体急需的实质性服务功能？如何解决“司机之家”的公益性服务和正常运营经费问题，找到可持续发展的动力。

八是治超加严怎么办？昨天晚上，我们就此召开了专题座谈会，交通运输部和公安部的同志和大家形成了一些共识。那就是价值取向、统筹考虑、明确预期、共同发力。遵从以下四个方面：第一安全，第二效率，第三成本，第四合规。相信 2020 年治超工作会更加严格，特别是 17.5 米大板车的治理，业界迫切需要明确治理的“时间表”和“路线图”。

九是按轴收费怎么办？这是高速公路收费方式的重大改革，交通运输部一再强调不会因为按轴收费增加企业的负担。我们有没有考虑可能会出现一些不同车型以及空车和重车等结构性问题。不管怎样，建议司机朋友为了享受优惠政策和减少拥堵，还是尽快安装 ETC，实现不停车收费通行。

十是绿色货运怎么办？防治污染，是国家三大攻坚战之一，美丽中国建设是国家基本方略，我国已向国际社会做出庄严承诺。新的一年，对绿色货运的要求会越来越高，我们的企业要响应国家号召，积极推动绿色货运发展。同时，也希望政府充分考虑货运行业本身的实际承受能力和社会对货运正常运行的刚性需求，给予政策支持和资金引导，避免采取“一刀切”做法。

三、“十四五”时期物流发展怎么盼？

“十四五”时期是我国“两个一百年”奋斗目标的历史交汇期，也是全面开启社会主义现代化强国建设新征程的重要机遇期。“十四五”国家发展规划及物流业专项规划已经开始谋划，一些事关行业发展的重大问题，应该引起重点关注。

一是“物流强国”建设。经过改革开放 40 多年发展，我国在许多方面的重要指标走在世界前列。从这个意义来讲，我们已经成长为“物流大国”。但与全球发达国家的物流能力和水平相比，还不是“物流强国”。什么是“物流强国”，怎样建设“物流强国”？这是“十四五”期间物流业发展的重大战略问题。

二是企业能级提升。如何通过质量、效率和动能转换，推动高质量发展，培育“品质运力”“品质物流”，提升企业能级，形成一批国内知名、国外有影响的物流企业服务品牌和标杆企业。

三是物流枢纽网络。如何构建科学合理、功能完备、开放共享、智慧高效、绿色安全的国家物流枢纽网络，打造“通道 + 枢纽 + 网络”的物流运行体系，实现物流资源优化配置和物流活动系统化组织。

四是产业物流融合。如何鼓励和引导制造、商贸、物流、金融等企业联动融合，实现上下游各环节资源优化整合和高效组织协同。

五是生活物流升级。围绕建设强大国内市场，构建城乡一体、双向互济的物流服务体系，适应消费升级和人民对美好生活的新期待。

六是国际物流布局。新时代全方位、全领域对外开放新格局，“一带一路”建设深入推进，为物流业海外布局，融入全球供应链体系提供了新的机遇。如何补齐短板，提高物流综合竞争力任务艰巨。

七是供应链创新应用。现已逐步形成国家战略，政策和标准、试点示范、理论研究和人才培养体系，成为深化供给侧结构性改革，推动高质量发展的重要抓手。“十四五”期间，现代供应链将是物流业转型升级的重要方向。

八是物流智能化改造。这是物流业动能转换、创新发展的根本途径，也是“十四五”期间的重要课题。

九是减轻环境负荷。推广绿色运输、绿色仓储、绿色包装、逆向物流等绿色物流技术和方法，是“十四五”期间国家基本方略，也是物流行业重要任务。

十是治理能力现代化。党的十九届四中全会提出了治理体系和治理能力现代化，同样适用于物流行业。物流业一方面与社会经济、人民生活等各方面关联度高、影响大，一方面涉及管理部门多、协调难度大。如何建立有利于物流业创新发展的治理体系，提高治理能力，营造优良环境，增强行业企业获得感，是“十四五”期间物流业可持续发展的重要保障。

以上 30 个问题，有的提出了个人的理解，只能算作“一家之言”；更多的问题，还提不出准确答案，需要大家一起深入探讨。当然，我们所面临的问题远不止这些，许多问题也没有“标准答案”。

我用下面四句话作为结语：“爬坡过坎又一年，分析研判再向前。公路货运鼓干劲，小康决胜尽开颜。”谢谢大家！

来源：亿欧 2019 年 12 月 28 日

《网络平台道路货物运输经营管理暂行办法》

交通运输部 国家税务总局

2019 年 9 月 6 日

第一章 总则

第一条 为促进道路货物运输业与互联网融合发展，规范网络平台道路货物运输经营活动，维护道路货物运输市场秩序，保护网络平台道路货物运输经营各方当事人的合法权益，根据《中华人民共和国道路运输条例》及有关法律法规规章的规定和国务院关于促进平台经济规范健康发展的决策部署，制定本办法。

第二条 从事网络平台道路货物运输（以下简称网络货运）经营，应当遵守本办法。

本办法所称网络货运经营，是指经营者依托互联网平台整合配置运输资源，以承运人身份与托运人签订运输合同，委托实际承运人完成道路货物运输，承担承运人责任的道路货物运输经营活动。网络货运经营不包括仅为托运人和实际承运人提供信息中介和交易撮合等服务的行为。

实际承运人，是指接受网络货运经营者委托，使用符合条件的载货汽车和驾驶员，实际从事道路货物运输的经营者。

第三条 网络货运经营者从事经营活动，应当遵循自愿、平等、公平、诚信的原则，遵守法律和商业道德，公平参与市场竞争，承担运输服务质量责任，接受行业管理部门和社会的监督，网络货运管理应当公正、公平、便民。

第四条 国务院交通运输主管部门主管全国网络货运管理工作。

县级以上地方人民政府交通运输主管部门主管本行政区域的网络货运管理工作。县级以上负有道路运输监督管理职责的机构具体实施本行政区域的网络货运管理工作。

第五条 鼓励网络货运经营者利用大数据、云计算、卫星定位、人工智能等技术整合资源，应用多式联运、甩挂运输和共同配送等运输组织模式，实现规模化、集约化运输生产。鼓励组织新能源车辆、中置轴模块化汽车列车等标准化车辆运输。

第二章 经营管理

第六条 鼓励发展网络货运，促进物流资源集约整合、高效利用。

需要申领道路运输经营许可证的，可向所在地县级负有道路运输监督管理职责的机构提出申请，县级负有道路运输监督管理职责的机构应按照《中华人民共和国道路运输条例》《道路货物运输及站场管理规定》的规定，向符合条件的申请人颁发《道路运输经营许可证》，经营范围为网络货运。

第七条 从事网络货运经营的，应当符合《互联网信息服务管理办法》等相关法律法规规章关于经营性互联网信息服务的要求，并具备与开展业务相适应的信息交互处理及全程跟踪记录等线上服务能力。

第八条 网络货运经营者应按照《中华人民共和国安全生产法》的规定，建立健全安全生产管理制度，落实安全生产主体责任。

第九条 网络货运经营者应当在许可的经营范围内从事经营活动。

网络货运经营者不得运输法律法规规章禁止运输的货物。

第十条 网络货运经营者应当对实际承运车辆及驾驶员资质进行审查，保证提供运输服务的车辆具备合法有效的营运证（从事普通货物运输经营的总质量 4.5 吨及以下普通货运车辆除外）、驾驶员具有合法有效的从业资格证（使用总质量 4.5 吨及以下普通货运车辆的驾驶人员除外）。

网络货运经营者和实际承运人应当保证线上提供服务的车辆、驾驶员与线下实际提供服务的车辆、驾驶员一致。

网络货运经营者委托运输不得超越实际承运人的经营范围。

第十一条 网络货运经营者不得虚构运输交易相互委托运输服务。

第十二条 网络货运经营者委托实际承运人从事道路货物运输服务，经营行为应符合合同约定条款及国家相关运营服务规范。

第十三条 网络货运经营者应当遵守车辆装载的要求，不得指使或者强令要求实际承运人超载、超限运输。

第十四条 网络货运经营者应按照相关技术规范的要求上传运单数据至省级网络货运信息监测系统。

第十五条 鼓励网络货运经营者采取承运人责任保险等措施，充分保障托运人合法权益。

第十六条 网络货运经营者从事零担货物运输经营的，应当按照《零担货物道路运输服务规范》的相关要求，对托运人身份进行查验登记，督促实际承运人实行安全查验制度，对货物进行安全检查或者开封验视。网络货运经营者应当如实记录托运人身份、物品信息。

第十七条 网络货运经营者应当建立健全交易规则和服务协议，明确实际承运人及其车辆及驾驶员进入和退出平台，托运人及实际承运人权益保护等规定，建立对实际承运人的服务评价体系，公示服务评价结果。

网络货运经营者应当建立健全投诉和举报机制，公开投诉举报电话，及时受理并处理投诉举报。鼓励网络货运经营者建立争议在线解决机制，制定并公示争议解决规则。

第十八条 网络货运经营者应按照《中华人民共和国电子商务法》《中华人民共和国税收征收管理法》及其实施细则等法律法规规章的要求，记录实际承运人、托运人的用户注册信息、身份认证信息、服务信息、交易信息，并保存相关涉税资料，确保信息的真实性、完整性、可用性。信息的保存时间自交易完成之日起不少于三年，相关涉税资料（包括属于涉税资料的相关信息）应当保存 10 年；法律、行政法规另有规定的，依照其规定。

前款所指交易信息包括订单日志、网上交易日志、款项结算、含有时间和地理位置信息的实时行驶轨迹数据等。

网络货运经营者应对运输、交易全过程进行实时监控和动态管理，不得虚构交易、运输、结算信息。

第十九条 网络货运经营者应遵照国家税收法律法规，依法依规抵扣增值税进项税额，不得虚开虚抵增值税发票等扣税凭证。

第二十条 网络货运经营者和实际承运人均应当依法履行纳税或扣缴税款义务。

第二十一条 网络货运经营者应当遵守《中华人民共和国网络安全法》等国家关于网络和信息安全有关规定。

第二十二条 网络货运经营者应当采取有效措施加强对驾驶员、车辆、托运人等相关信息的保密管理，未经被收集者同意，不得泄露、出售或者非法向他人提供信息，不得使用相关信息开展其他业务。

第三章 监督检查

第二十三条 省级交通运输主管部门应按照相关技术规范的要求建立和完善省级网络货运信息监测系统，实现与网络货运经营者信息平台的有效对接；应定期将监测数据上传至交通运输部网络货运信息交互系统，并及时传递给同级税务部门；应利用省级网络货运信息监测系统对网络货运经营者经营行为进行信息化监测，并建立信息通报制度，指导辖区内负有道路运输监督管理职责的机构基于网络货运经营者的信用等级和风险类型，实行差异化监管。

第二十四条 网络货运经营者发生虚开虚抵增值税发票等税收违法违规行为的，税务部门按照《中华人民共和国税收征收管理法》等有关法律法规规定处理。

网络货运经营者虚构交易、运输、结算信息，造成监测结果异常的，县级以上负有道路运输监督管理职责的机构应依法查处。

第二十五条 网络货运经营者、实际承运人有违反道路运输法律法规规章规定的，由县级以上负有道路运输监督管理职责的机构按照《公路安全保护条例》《中华人民共和国道路运输条例》《道路货物运输及站场管理规定》《道路危险货物运输管理规定》等相关法律法规规章的规定查处。

网络货运经营者有下列行为之一，造成重大责任事故的，县级以上负有道路运输监督管理职责的机构应依法查处，并将其纳入道路货物运输失信联合惩戒对象名单，实施联合惩戒：

（一）委托不具备资质的实际承运人从事运输；

（二）承运国家法律法规规章禁止运输的货物；

（三）指使、强令实际承运人超限超载运输货物。

第二十六条 网络货运经营者违反道路运输法律法规规章及本办法相关规定的，县级以上负有道路运输监督管理职责的机构按照《中华人民共和国行政处罚法》的规定，可将其违法证据先行登记保存。

第二十七条 省级交通运输主管部门应当建立网络货运经营者信用评价机制，定期组织开展网络货运经营者信用评价，并将信用评价结果、处罚记录等信息公示。

第二十八条 支持成立行业协会，鼓励行业协会商会等社会组织引导企业贯彻落实国家法规制度及标准规范，加强行业自律，规范企业经营行为，推动网络货运发展模式创新。

第四章 附则

第二十九条 《中华人民共和国电子商务法》《中华人民共和国行政许可法》《中华人民共和国行政处罚法》《公路安全保护条例》《中华人民共和国道路运输条例》《道路货物运输及站场管理规定》《道路危险货物运输管理规定》《中华人民共和国税收征收管理法实施细则》等相关法律法规规章有明确规定的，从其规定；未作出明确规定的，按照本办法执行。

第三十条 本办法自 2020 年 1 月 1 日起施行，有效期 2 年。

来源：中国新闻网

物流业借“互联网 +”破局，交通运输部称将加强网络货运监管

约 1500 万辆大货车、3000 多万名货车司机、承担着一半以上的中国陆地货运量，规模庞大的中国物流业正在借助“互联网 +”，加快转型升级和高质量发展。在今天（31 日）召开的 2019 全国商用车车联网创新发展大会暨“新业态 新科技”交通货运高峰论坛上，交通运输部运输服务司货运与

物流管理处处长余兴源介绍，交通运输部将发挥全国道路货运车辆公共监管与服务平台在强化安全监管、促进降本增效、关爱货车司机等方面的作用，充分利用互联网手段助推货运物流行业转型升级和高质量发展。

“物流业已成为新技术、新模式、新业态最好的孵化池，科技作为催化剂的能量正在全面展现。”中国交通运输协会会长胡亚东在论坛上表示，尤其以“互联网 +”为代表的新技术、新模式、新业态与物流业的深度融合，将进一步赋能物流行业发展。

多年来，由于门槛低，我国的货运市场一直是一个过度竞争、效率不高、组成零散、信息流通不足的市场。交通问题专家蔡玉贺表示，在长期粗放式的发展中，道路货运业积累了较多的矛盾，运输组织效率低下、单位运输成本居高不下仍是亟待补齐的“短板”。作为物流行业重要的组成部分，公路货运市场规模巨大。中物联物流行业统计数据显示，今年前三季度，全国社会物流总额 215.9 万亿元，按可比价格计算，同比增长 5.7%，增速比上年同期回落 1 个百分点，比上半年回落 0.4 个百分点。中国物流业景气指数平均为 52.1%，连续 7 个月处于扩张区间。前三季度，社会物流总费用为 10.2 万亿元，同比增长 7.5%，比上年同期回落 1.1 个百分点，比上半年回落 0.5 个百分点。社会物流总费用与 GDP 的比率为 14.7%，尽管比 2018 年全年回落 0.1 个百分点，但比上年同期、今年上半年均提高 0.1 个百分点。今年以来，物流行业企业盈利能力偏弱依然较为突出，行业发展的困难与压力较大。作为物流行业重要的组成部分，公路货运市场规模巨大。

专家介绍，营运货车相关保险市场规模近 2000 亿元。但长期以来，保险公司只能通过车型、车系、品牌、吨位、使用年限等“从车”因子，粗略区分车辆风险成本，更无法及时了解和干预行车风险，使营运货车保险业务处境尴尬。蔡玉贺认为，未来应充分利用“互联网 +”等新业态、新模式，促进“多、小、散”的货运资源集约整合，加快促进行业转型升级和高质量发展将是大势所趋。近年来，在物流领域一批高科技驱动的创新型产品不断涌现。北京中交兴路信息科技有限公司（简称“中交兴路”）董事长夏曙东表示，随着 5G、区块链、物联网、云计算等新技术的兴起，商用车车联网迎来了新的发展机遇。论坛上，中交兴路和平安保险联合发布了国内首款基于车主驾驶行为差异化定价的货运保险——优驾保 UBI 网络货运物流责任险；阿里云也联合业内企业开发了“智云”计划，不仅实现了精准找车找货、订单全程可视化跟踪，也缩短了货车等货时间和返程空驶率。第一财经记者注意到，物流领域的创新和变革得到了资本市场的青睐。10 月 30 日，中交兴路微信公号称“获得新一轮融资，投资方为阳光保险”，融资将用于加强公司在大数据和人工智能方向的投入。2018 年 12 月，中交兴路获得由蚂蚁金服领投、北京车联网产业发展基金跟投的 7 亿元 A 轮融资。交通运输部此前出台的《关于推进供给侧结构性改革 促进物流业“降本增效”的若干意见》（“交通物流 19 条”）提出，到 2020 年，基本建成经济便捷、高效优质的交通运输物流服务体系，支持 150 个左右货运枢纽（物流园区）和 3000 公里左右重点港口集疏港铁路、公路建设，培育出一批规模化、网络化平台型物流企业，开展 50 个左右道路货运无车承运人试点，车辆运输车等重型载货汽车标准化率达 80%。今年 9 月，党中央、国务院印发的《交通强国建设纲要》明确提出，积极打造绿色高效的现代物流系统，发展“互联网 +”高效物流，加快新业态新模式发展。余兴源介绍，目前，交通运输部正以深化改革促进降本增效，以结构调整推动绿色发展，以网络货运推进创新发展，以车型标准化促进安全发展，以司机之家改善货车司机从业环境，加快建立安全高效、绿色低碳的物流运输服务体系。为规范物流新业态健康发展，交通运输部日前联合国家税务总局印发了《网络平台道路货物运输经营管理暂行办法》和三个配套的指南，“下一步，交通运输部还将指导各地加快网络货运监测系统建设，进一步规范新业态运营行为。”余兴源说。

来源：第一财经

下行压力加大、结构调整加快 2020 年公路货运如何破局?

回望即将过去的 2019 年，公路货运的日子似乎过得没有那么红火，这个传统又基础的行业，正在迎来科技与信息化的全面洗礼，同时也在宏观政策压力下缓慢前行。

在刚刚结束的 2019 年（第五届）全国货运物流行业年会上，中国物流与采购联合会副会长贺登才直言，从绩效方面来看，整个物流行业运行速度在放慢，90% 以上企业遇到了一定的经营困难。而从需求变化来看，生活物流服务在增长，工业品相对在下降，电商快递增长速度依然很高，但是速度也在放慢。

公路货运，这个承担着全国物流货运 80% 的基础物流行业，却因为长期的集约化程度低、小、散、乱等特点，在做着“脏活累活”之余，又很少获得应有的关注，而随着道路货运行业转型升级和高质量发展的推动促进，公路货运也正迎来前所未有的发展新机遇。在上述会议上发布的《2019 货运物流行业报告》（以下简称《报告》）预测，未来公路货运市场将将呈现货源增速放缓、需求升级；货运市场朝着市场组织化、集约化方向发展；货运企业效率化、精细化持续提升；货运行业更加数字化、平台化、协同化创新；货运场站、公铁多式联运拓展方向；行业政策环境日益改善等特点。

一、货运行业下行压力加大

“宠物消费过去一年规模达到 2000 个亿。”这一数据，或许会让不少物流基层工作者报之以苦笑。正如贺登才所言，随着需求结构的变化，“傻大黑粗”少了，“轻薄短小”多了，无疑为传统企业的发展带来了不小的变化和挑战。

《报告》提供的数据显示，2019 年 1-10 月，公路完成货运量 339.6 亿吨，同比增长 5.2%，公路货物周转量 6.1 万吨，同比增长 5.2%，增速较去年同期分别下降 2.5 和 1.6 个百分点。

而与此同时，2019 年 1-10 月，道路运输费用 3.4 万亿元，同比增长 4.9%，预计全年将超 4 万亿元，此外，中小型车队仍然是运输主体，目前拥有 10 辆车以下的运输企业依然占比超过 95%。

常熟申毅卡车厢体制造有限公司董事长李毅表示，大多数的物流企业日子比较难过。据他统计，2019 年大型物流公司货量减少了 3%-5%，如果没有货量减少，效益大概减少了 1/3；中型的物流公司大概下降了 10% 左右，小型下降 30% 也很正常。

“如果明年大家在企业都比较困难的情况下，应该从装备的提高，提升的效率上去多考虑。”他表示。

货量增速下降之余，公路货运的运输结构也发生了变化，现场数据显示，2019 年，车队主要承运货物前三位分别是快递物品、百货、大宗商品，占比均超过 50%。数据显示，双 11 安能物流货运逼近 4 万吨，百世、壹米滴答、顺丰快运、中通快运和德邦快运快递货量均超过 2 万吨。

对此，天津狮桥国际物流有限公司副总裁路松元表示，电商的发展对货运物流产生的重大变化。以前，货运行业主要是季节的变化，而如今由于电子商务产生的新零售，导致在区域之间货运的平衡产生了较大变化。

“2019 年电商真正到了田间地头，农民生产出来的生鲜产品和粮食都是通过自己在电商平台销售，而这些商品的流动和过去的商品流动，产生了细微变化，而在这个不对称当中，货运的价格产生了极深刻的变化，这是 2019 年货运行业最大的变化。“他表示。

此外，报告显示，随着经济结构转换和消费需求转变，货源结构日益从“大批量、少批次”向“小批量、多批次”转换，传统整车业务被零担业务蚕食，专线大票零担被小票快运零担分离，市场格局加快转换。

不过，相比于2018年，2019年的公路货运效率有所提升，《报告》数据显示，2019年11月，公路货运效率指数105.79，高于基准数（100）5.79个指数单位，比上个月上升了4.33个指数单位，与去年同期相比上升了7.36个指数单位。

二、2020或为变局之年？

一直以来，公路货运量都是整体货运量中最高的，达到80%左右，但是行业一直存在集约化程度低、小、散、乱等痛点。而信息化和数字化的“暴风来袭”，也被认为是解决公路货运现状的最佳切入点。近年来，包括G7、满帮、壹米滴答在内的互联网平台型公司开始与传统货运深度融合，也成为资本眼中当之无愧的明星。

值得注意的是，在交通运输部联合国家税务总局今年9月发布《网络平台道路货物运输经营管理暂行办法》，网络货运平台新政也将在2020年1月1日正式开始执行。

业内人士认为，这对传统的货运行业来讲，会形成一个很大的冲击，传统货运行业和网络货运行业之间，也将形成一种新的竞争格局。

合肥维天运通信息科技股份有限公司董事长冯雷认为，目前网络货运平台已经开始有了一个分化，一种分化是传统的运输企业，会结合互联网的能力，自己进行内部平台化，而另一种则是从互联网跨界过来的企业，而这一部分的跨界过来，最后也可能会越来越像三方平台。在这种趋势下，未来货运网络平台将更关注到司机服务。“如果说今年的破局点让物流企业能够真正能够从实质上去关注物流市场的结构是什么，明年的破局点从真正的服务、从整体上节省成本。”冯雷表示。而在满帮集团副总裁徐强看来，2020年更有可能是一个变局之年。徐强解释，2020年可以称为网络货运平台的元年，这需要所有参与者，包括政策制订者、产业和上下游的一些合作方，发挥各自不同的特点，来探索出不同的道路。“对于一些物流行业的新技术、新业态的探索。我判断可能有一些突破，像货运大数据、基于干线物流的无人驾驶，包括数字孪生、智慧城市，可能在一年当中会有一些技术点的突破，我们也期待这一天的到来。”徐强表示。

来源：每日经济新闻

2.2 水路货运

2019 年 12 月港口企业生产运行情况

2019 年 12 月，我国港口企业生产总体较快增长。货物吞吐量较快增长，集装箱吞吐量微幅增长，煤炭吞吐量小幅下降，金属矿石吞吐量小幅增长，石油、天然气及制品吞吐量味幅下降。

一、货物吞吐量较快增长

据中港协数据统计分析，12 月，我国 35 家主要港口企业完成货物吞吐量 50947 万吨，环比下降 2.9%，同比增长 11.8%。2019 年，主要港口企业累计完成货物吞吐量 63.2 亿吨，同比增长 0.6%。

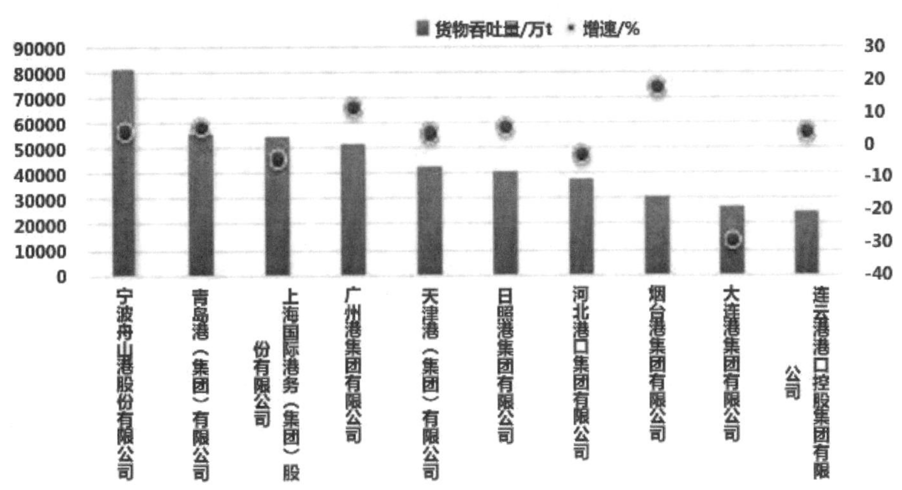

图 1 2019 年港口企业货物吞吐量排名及增长情况

二、集装箱吞吐量微幅增长

12 月，主要港口企业完成集装箱吞吐量 1529 万 TEU，环比下降 4.2%，同比增长 0.2%。2019 年，主要港口企业累计完成集装箱吞吐量 19178 万 TEU，同比增长 4.9%。

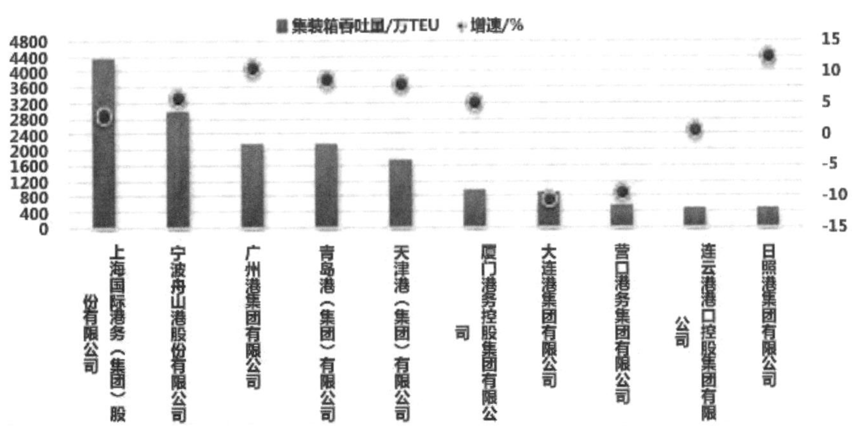

图 2 2019 年港口企业集装箱吞吐量排名及增长情况

三、煤炭

煤炭吞吐量小幅下降。在煤炭冬季取暖的刺激下，煤炭吞吐量降幅收窄。12 月，主要港口企业完成煤炭吞吐量 8187 万吨，环比增长 1.2%，同比下降 2.2%。2019 年主要港口企业累计完成煤炭吞吐量 101153 万吨，同比下降 3.6%。

煤炭进口同比大幅下降。12 月，煤炭进口量同比下降 72.9%。2019 年，进口煤炭 3.0 亿吨，比上年增长 6.3%。

煤炭价格回落。12 月 27 日，秦皇岛港 5500 大卡、5000 大卡和 4500 大卡煤炭综合交易价格分别为每吨 549 元、493 元和 443 元，比 11 月 29 日分别回落 8 元、6 元和 5 元。

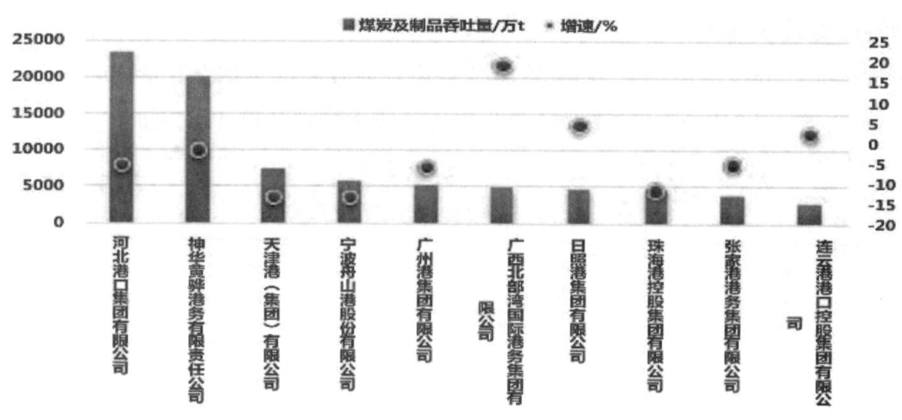

图 3 2019 年港口企业煤炭及制品吞吐量排名及增长情况

四、金属矿石

金属矿石吞吐量小幅增长。12 月，主要港口企业完成金属矿石吞吐量 11364 万吨，环比下降 7.0%，同比增长 2.3%。2019 年，主要港口企业累计完成金属矿石吞吐量 144041 万吨，同比增长 1.0%。

铁矿石进口量大幅增长。12 月，我国进口铁矿砂及其精矿 10130.3 万吨，较上月增加 1065.1 万吨，同比增长 16.9%；2019 年，我国累计进口铁矿砂及其精矿 106894.9 万吨，同比增长 0.5%。

中国铁矿石价格指数继续上升。12 月，CIOPO 综合指数平均值为 330.88 点，较上月上升了 19.39 点，升幅为 6.22%。其中：国产铁矿石价格指数平均值为 321.59 点，比上月下降 1.56 点，降幅为 0.48%；进口铁矿石价格指数平均值为 332.64 点，环比上升 23.35 点，升幅为 7.55%。

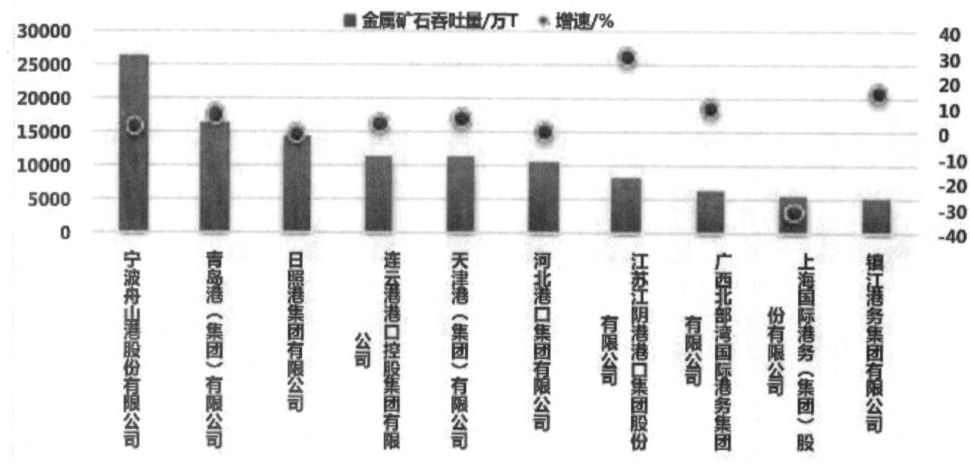

图 4 2019 年港口企业金属矿石吞吐量排名及增长情况

五、石油、天然气及制品

石油、天然气及制品吞吐量微幅下降。12 月，主要港口企业完成石油、天然气及制品吞吐量 3988 万吨，环比下降 14.5%，同比增长下降 0.4%。2019 年，主要港口企业累计完成石油、天然气及制品吞吐量 52269 万吨，同比增长 6.0%。

原油进口继续保持高位。进口原油 4548 万吨，同比增长 3.9%。2019 年，进口原油 5.1 亿吨，比上年增长 9.5%。

原油价格持续上扬。12 月 31 日，布伦特原有现货离岸价格为 67.7 美元 / 桶，比 11 月 29 日提高 3.3 美元。

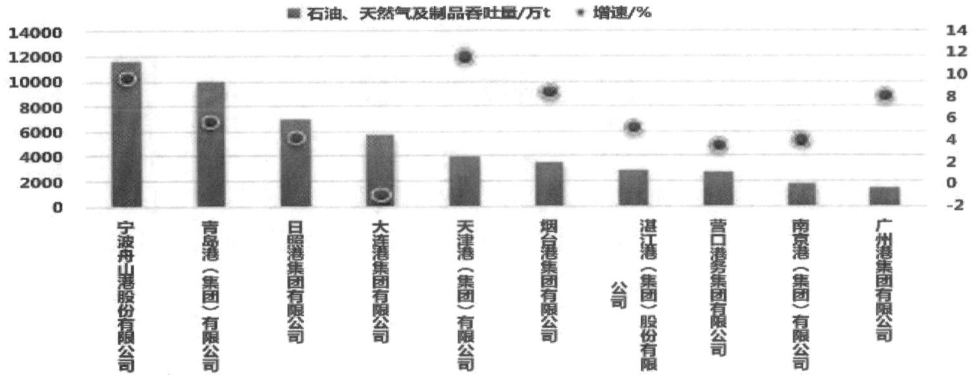

图 5 2019 年港口企业石油、天然气及制品吞吐量排名及增长情况

来源：中国港口协会

上海航运交易所推出全球集装箱班轮准班率指数

（Global Carrier Schedule Performance，GCSP）

全球集装箱班轮准班率指数的推出，能够帮助航运、港口等航运产业链上的相关企业提升精细服务的质量，也能够帮助货主企业选择自己中意的服务商。

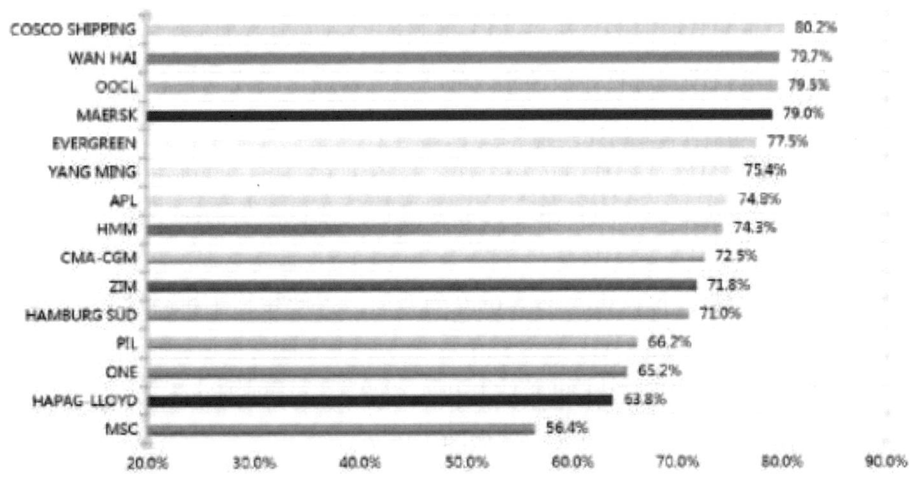

图 1 2019 年 1-10 月全球主要班轮公司收发货准班率

根据 2019 年 1-10 月全球集装箱班轮准班率报告，中远海运集运的收发货准班率高居榜首，（主干航线）班期综合服务水平排名第二。在分航线的全球主要班轮公司综合准班率排名中，中远海运集运在欧洲→亚洲、地中海→亚洲、亚洲→美东、亚洲→西非、亚洲→南非、南美→亚洲航线均位列三甲。

此次首发的“全球集装箱班轮准班率指数”，将成为衡量集装箱班轮服务品质的“刻度尺”，通过全球集装箱船舶实时运行大数据，衡量各大班轮联盟、集装箱班轮公司在全球主要港口航线的服务水平，以促进全球航运物流供应链管理效率和服务质量的提升。

来源：上海航运交易所

上海港科技创新之路

上海港位于长江三角洲前缘，扼长江入海口，地处长江东西运输通道与海上南北运输通道的交汇点，是中国沿海的主要枢纽港。上海港地理位置优越，水路干线发达，拥有连接全国的高速公路网，大大提高了港口的中转效率和运输效率。

港口虽然是一个传统行业，但作为区域经济的一个有机组成部分，其发展必须要遵循区域经济的发展方向。经济全球一体化使经济的发展越来越依赖于国内外两种资源、两个市场。

随着国际多式联运与综合物流服务的发展，现代港口作为全球综合运输网络的节点，其功能将更加多元化，服务也更加广泛，成为商品流、资金流、技术流、信息流与人才流汇聚的中心。

由此，第四代港口的概念被提出来。而第四代港口则以自由贸易为依托，成为主动策划、组织和参与国际经贸活动的产业集聚基地和综合服务平台。在地理布局上，第四代港口也正向网络化方向发展。这也将是港口行业走上可持续发展道路的必然选择。

尤其在国家领导提出的“一带一路”倡议下，上海港作为中国港口业的“名牌”正积极响应国家号召，为推进国际航运中心建设不断改革创新。

然而，港口业作为资本密集型产业，巨大的资金投入和成本消耗是不可避免的，上海港也面临同样的问题。如何在可持续发展中取得突破，在传统的经营方式中获得新的利润增长点，是上海港保持全球第一大港的主要任务之一。

一直以来，国家领导高度重视科技创新，科技是国家强盛之基，创新是民族进步之魂。

因此，我国的港口行业需要把握经济社会运行的规律和行业发展的趋势，大胆应用先进的互联网、物联网和自动化技术，对港口设施进行科技改造，对港口业务进行模式创新，大力推进绿色港口建设，优化港口能源结构，实现传统港口的转型升级。

在这个过程中，上海港充分发挥港口优势，加大技术创新力度，提高港口运营效率，以科技兴港全力推动“智慧港口、绿色港口、科技港口、效率港口”建设，努力将上海港建设成为全球港口行业科技引领者。

为了加强技术创新的建设，促进港口经济更好的发展，近些年，上港集团投入了大量资金开展科技研发活动。

据上港年报显示，2013-2017 年，上港集团共投入研发支出分别为 3041 万元、2723 万元、2455 万元、3795 万元和 4518 万元，占营业收入比例如图 1 所示。

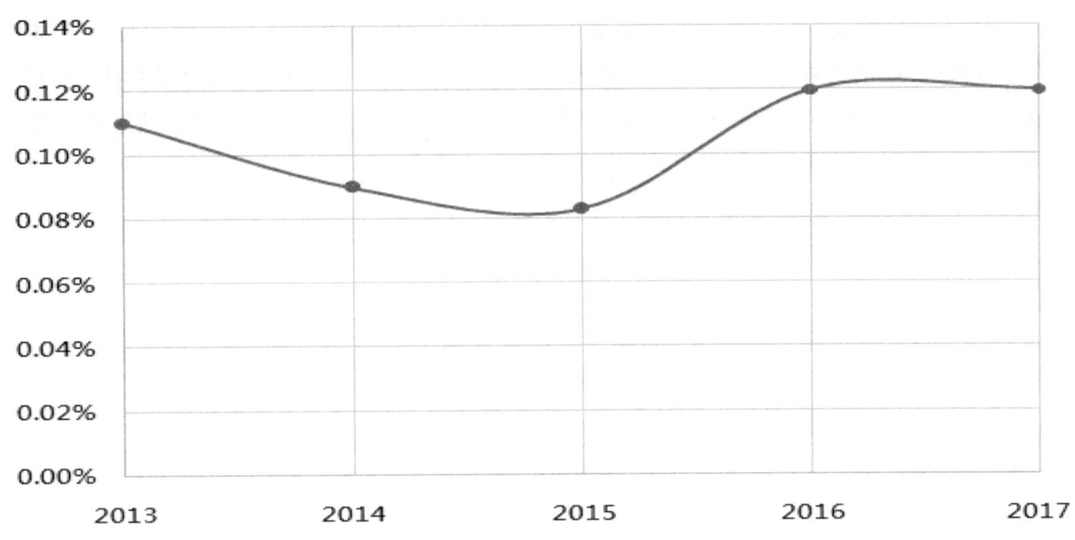

图 1　上港集团研发支出总额占营业收入比例（2013-2017 年）

图 1 显示，从 2014 年的研发投入减少到 2015 年的研发支出占营业收入比例达到最低值，其原因可能与当时的整体港航业低迷有关。但从 2016 年起这一比例开始增加，说明上海港加大科技研发投入力度，试图通过技术创新降低营运成本，提高效率。

2013 年

上港集团进一步落实“十二五”科技发展规划，积极争取政府扶持，推进重大项目建设，投入了 150 辆 LNG 集卡，完成了洋山 LNG 加气站建设，启动了 LNG 动力轮胎吊的试验工作，全年共完成科技创新项目 82 项，获得科技创新和节能减排奖项 8 个。

同时，加快推动 LNG 项目、设备变频改造、油改电、锂电池等节能减排项目，全年总能耗成本 15.4 亿元，同比下降 3.23%。

2014 年

洋山四期自动化码头建设全面开工，迈出了建设自动化码头的关键一步。

完成了码头结构升级改造，全年基本建设项目 10 项，更新改造项目 393 项，重大基建和改造项目有序推进；形成技术中心建设方案，加快推进重大科技创新项目，全年完成科技创新项目 52 项，获得省部级以上奖项 2 个，获得国家专利 6 项；积极推广 LNG 集卡、锂电池 RTG、LED 照明、岸基供电、集卡“一拖二”试点等节能技术运用，积极参与上海市碳排放交易试点工作，合理调整能源结构，科技创新和节能减排工作取得新成效。

2015 年

上海港深入贯彻落实市委、市政府关于上海加快建设具有全球影响力的科技创新中心的精神，提出建设“智慧港口、绿色港口、科技港口、效率港口”的总体要求，强调以科技创新引领港口发展。

进一步深化科技体制改革，制定实施了《关于推进集团科技管理体制改革加强科技创新的若干意见》，全面落实“科技兴港”战略；以国家级行业技术中心为目标，组建技术中心，成为公司科技创新和应用推广的功能型平台。

共完成科技创新项目 64 项，获得科技创新和节能减排奖项 4 个，申请国家发明专利 13 项，授权 2 项。其中“大型公共码头结构加固改造和能级提升成套技术研究及应用”获得 2015 年度中国港口协会颁发的中国港口科技进步一等奖。

2016 年

上海集团的工程建设和科技创新实现新突破，制定了《上港集团“十三五”科技创新发展规划》。

全年共完成科技创新项目 22 项，获得省部级以上奖项 3 个，申请国家专利 28 项；《自动化集装箱码头总体布局模式研究》项目获得 2016 年度中国港口协会颁发的中国港口科技进步一等奖。

传统集装箱码头大型设备远程控制及自动化改造、码头岸基供电系统示范、LNG 动力的港口装备技术研究及洋山港示范应用等项目取得阶段性成果。

2017 年

洋山四期自动化码头顺利开港运营

洋山四期自动化码头的建成开港，标志着全球规模最大，港口自动化程度最高的码头落户上海国际航运中心洋山港区，为进一步改善口岸营商环境、更好地服务区域经济发展展现了新的作为，为进一步服务长江经济带发展战略和“一带一路”国际合作倡议做出了积极努力。

全年共取得科技创新项目 70 项，其中省部级以上重大项目 5 项。

2018 年

据交通运输部统计数据显示，上海港前 4 个月共完成集装箱吞吐量 1325.97 万 TEU，为去年同期的 104.7%。

随着洋山四期自动化码头的运营，上海港的科技创新之路将越来越宽广。

来源：“港口网 www.chinaports.com”特约上海海事大学沙梅独家提供

2019 年 2 月 26 日

互联网寒冬期，重新解读产业互联网下的智慧航运

2019 年，“互联网 + 航运”的发展走到了十字路口。

2018 年年初，交通运输部贯彻国家信息化发展战略，相继印发推进“互联网 +”便捷交通促进智能交通发展的实施方案。

越来越多的城市开始打造智慧交通，引入车联网和大数据的应用，在这期间，航运互联网的发展也初露端倪。

2018 年底，折射“互联网寒冬”的百度指数环比激增 678%，“资本降温”“巨头裁员”等弥漫着整个互联网。

在这期间，航运互联网的发展有一定起色，却没有发生颠覆性的变化。传统互联网的烧钱模式也没有点亮一个成功的航运互联网，很多人开始怀疑航运互联网是个伪命题。

但今年召开的第四届长江航运互联网大会，将航运互联网生态提到了新的高度，预示着航运互联网的春天才刚刚开始。

产业互联网的发展思路，给了航运互联网更深层的启发，正帮助我们重新认识行业，重新理解智慧航运。

智慧航运的主导者：航运企业

马化腾在 2019 年全国“两会”期间表示，产业互联网不同于消费互联网，其主角是传统企业，它以生产经营活动为关键内容、以提升效率和优化配置为核心主题，不断推动产业的互联网应用和创新。

而目前，国内传统航运企业的信息化普及还处于起步阶段，传统航运企业要主导航运产业的进步和发展，需重新理解自己的定位和发展策略，依托产业互联网深度融合企业核心业务，才能发挥更大的价值，在开放的市场中提升竞争力，推动智慧航运的发展。

传统航运企业与产业互联网相融合并不是一蹴而就的，可以从三个方面逐步实现：

一是业务数据化，企业必须从内部开始进行信息化的建设，改变传统纸质化办公的现状，实现电子数据的长期留存和积累；

二是运营智能化，通过数据的完善和积累，形成自身业务的快速整合优化能力，推进企业智能决策和正确发展；

三是服务平台化，在自身信息化建设的基础上，依托航运产业互联网实现互通互联，打破信息孤岛，统一整合到开放平台，更公平、公开、公正地服务航运，取长补短良性竞争。

航运产业将逐渐实现低端去产能、去库存和中高端降成本、补短板的供给侧强有力升级，但产业互联网不同于传统的消费互联网，不可能有“一夜成名”的神话。

航运产业互联网是一条宽阔且深远的跑道，考验的是航运企业的应变力和忍耐力，但终点是明确而一致的：未来成功的航运企业必将也是互联网企业。

智慧航运的本质：航运产业互联网

技是第一生产力，帮助人类在生产过程中更好地征服和改造自然，那么同样科技也是航运这个垂直细分行业的第一生产力。

而智慧航运是科技发展和进步的结果，其本质是航运产业互联网。

近些年来，有很多对于智慧航运的尝试，比如北斗、AIS、VTS等技术，报关、船货追踪搜索等系统，视频监控、无人机、无人船等硬件出现在航运领域。

中国海事服务网

同时，2019年又迎来了5G商用元年。5G技术与AI、区块链和物联网技术一起，推动产业互联网的不断发展。

以5G为基础，一个新的“ABCD+X”技术周期（AI人工智能、Blockchain区块链、Cloud云计算、Data大数据）正在逐步影响航运业的数字化转型之路。

比如，利用大数据技术，可以对船舶和集装箱进行可视化跟踪，同时通过云计算平台对船舶进行实时航线分析，形成对于船舶进船位漂移、出入港、航次的优化算法，提升航运企业对于自家业务的综合分析能力。

随着航运企业的数字化升级，在互联网的助力下，传统航运企业将从自己的“单腿跳”变成与互联网协作的“双腿跑”，二者融为一个命运共同体，形成航运产业互联网，发挥出“1+1>2”的能量，真正实现智慧航运。

航运产业互联网的核心：航运云、智能物联、应用服务

大环境利好以及设施和技术的完善为智慧航运打下良好的基础，那智慧航运一定能成吗？

其实在国内很多垂直领域，“互联网+”推进的并不是很成功，都有相似的问题，他们主要依赖关系型合约和产业政策来推动经济发展，而市场在配置资源过程中并没有发挥决定性的作用。

同样，航运固有的特点也一直以来困扰航运互联网的实践者，很多人将困难归于“不透明、不公平、不合理”，说航运是灰色的，标准化的互联网是进不来的。

那么，如何做对价格，如何进行最佳的资源配置，如何充分发挥航运产业互联网的作用？

1. 航运产业互联网的大脑：航运云

航运云是航运业的大脑中枢，逐渐完善云计算、大数据和人工智能等新型基础设施，将激发每个参与者进行数字创新。

航运云能更好地支撑航运发展，为长江环保、政府政务、港口管理、企业业务等提供更精准的服务、更优质的解决方案。

未来一个企业发展得好与坏完全可以用企业的用云量来衡量，一个企业用云量越大，也就说明企业发展的越好、业务越活跃，反之则企业发展遇到了问题。而这样一来，也解决了航运业“不透明、不公平、不合理”的问题。

2. 航运产业互联网的触角：智能物联

智能物联的基础是物联网技术，船舶、港口是航运重要的生产要素，技术的升级将不断催化船舶和港口等要素的发展。

以船舶为例，通过传感器将船舶的各设备进行互联，采集船舶运行数据，全面实时监控船舶状态，包括油耗、发动机情况、航行路线等，依靠互联网传输到云端，结合卫星位置信息、航道信息、服务区信息等，为船舶提供更加合理化的航行建议。

近几年，更高级的技术推动，模拟驾驶，远程遥控甚至完全无人化的智能实践案例都出现在各种报刊杂志展会上，一旦大批量产和复制，实现船船互联、船港互联、港岸互联等等，整个航运业将完全进入新的时代。

3. 航运产业互联网的手和脚：应用服务

“办事全靠腿，沟通全靠嘴”，人作为航运的重要参与者，在低价值的事情上耗费了大量时间。

而应用服务是航运云的成果，依托航运云的数据和技术能力，可以创新更多的航运应用场景，为这些场景提供更多的优质服务。

航运作为一个古老的行业，也在社会的发展和科技的进步下，诞生更多的新应用场景，也许不久的将来，曾经的船长躺在家里就可以开船运货了。

当然，发展都是需要时间的，目前应用服务可以根据政府、航运企业、港口等实际业务需求设计多种多样的应用，比如报港报关、找船找货、维修保养等业务一键完成，将大大提高效率降低风险。

智慧航运的来路与前路：航运生态

航运产业互联网是智慧航运的本质，那么智慧航运的顶层设计就是航运生态。智慧航运从提出之日起，它的来路和前路都是航运生态。

那么，如何构建航运生态呢？

利用科技赋能产业链的每个节点，更加快速高效无风险，运用航运产业互联网融合政府、员工、港口、客户、货主、机构、系统为一体，各角色各司其职又连接互通，更加科学、协调，航运才能焕然一新，出现更多的增长点和创新性，最终反哺获利的是整个航运行业。航运生态需要我们形成共识，用更智慧的头脑、更开放的心态，联合各航运要素，深入各航运领域，共建、共赢、共享航运产业互联网时代。智慧航运不应该再是一个概念性的标签，产业互联网时代需要我们将新的理解变为脚踏实地的行动。

来源：中国海事服务网 2019 年 8 月 14 日

2019 年又一个中国港口首次跻身全球百大集装箱港口

近日，英国《劳氏日报》发布 2019 年全球百大集装箱港口最新榜单，中国大陆 21 家港口上榜，嘉兴港首次上榜，排在第 96 位。排名前 10 中共有 6 家中国大陆港口上榜。

嘉兴港为国家一类开放岸，近年来快速发展，开放泊位数从 2012 年的 12 个增加至 22 个。与此同时，货物吞吐量也不断攀高。

今年 1-6 月，嘉兴港完成货物吞吐量 5395.6 万吨，增长 8%；完成集装箱吞吐量 89.8 万标箱，增长 11.7%；完成外贸吞吐量 654.9 万吨，增长 6.3%。3 项主要生产数据仍居省内沿海港口第二位。

全球集装箱港口排名前 10 中有 7 家中国港口入围，分别为：上海港（第 1）、新加坡港（第 2）、宁波舟山港（第 3）、深圳港（第 4）、广州港（第 5）、釜山港（第 6）、香港港（第 7）、青岛港（第 8）、天津港（第 9）、迪拜港（第 10）。

与去年相比，宁波舟山港超越深圳港成为第三名，香港港连跌两位从第五名下降至第七名，釜山港维持第六名的位置不变，广州港超越香港港釜山港上升至第五名，天津港也上升一位成为第九。

第 11-20 位中有 3 家中国港口入围，分别是：鹿特丹港（第 11）、巴生港（第 12）、安特卫普港（第 13）、厦门港（第 14）、高雄港（第 15）、大连港（第 16）、洛杉矶港（第 17）、丹戎帕拉帕斯港（第 18）、汉堡港（第 19）、长滩港（第 20）。

其中，丹戎帕拉斯港与长滩港排名较上年有所上升，分别从第 19 升至第 18 和第 21 升至第 20。汉堡港排名出现下降，由第 18 名下跌一位至 19 名。其他港口排名情况与去年保持不变。

其他上榜的中国港口还有：营口港（第 26）、太仓港（第 31）、连云港港（第 34）、日照港（第 41）、东莞港（第 46）、福州港（第 49）、南京港（第 53）、烟台港（第 60）、唐山港（第 61）、泉州港（第 77）、珠海港（第 81）、海口港（第 90）、嘉兴港（第 96）。

据悉，2018 年百大集装箱港口吞吐量略微放缓，共完成集装箱吞吐量 6.16 亿 TEU，同比增幅从从前一年的 6%降至 4.8%，但在全球范围内增长仍然强劲。中国经济增长放缓并没有阻碍吞吐量的发展，而东南亚作为集装箱贸易强国的崛起步伐加快。

来源：中国交通运输协会物流技术装备委员会 2019 年 8 月 13 日

我国首个《沿海散货运价指数挂钩合同范本》发布

11 月 28 日，在“2019 上海航运交易论坛”上，上海航运交易所推出了《沿海散货运价指数挂钩合同范本》（简称《合同范本》）。有关航运专家、航运相关从业者等各方表示，《合同范本》的制订，对于沿海散货运输市场的发展和规范，对沿海运输市场标准化和健康运行意义重大。

近年来，在交通运输部水运局的长期支持和指导下，上海航运交易所发布的中国沿海散货运价指数在反映市场供求关系、提高水运服务质量等方面发挥了重要作用。

规范沿海运输市场

某船东相关负责人向记者表示，面对当前行业标准规范需进一步确立的现状，《沿海散货运价指数挂钩合同范本》的制订，对沿海运输市场标准化和健康运行意义重大。

调研数据显示，目前沿海运输市场超过 50% 的煤炭运输采用运价指数挂钩模式。沿海散货运输市场是较早应用运价指数挂钩协议的市场之一。

2011 年，在市场需求的召唤下，中国沿海煤炭运价指数日指数应运而生；2013 年前后，部分航贸企业开始率先自发使用运价指数挂钩协议；如今，运价指数挂钩协议全面铺开，应用广泛。

然而，沿海散货运输市场合同版本存在诸如合同种类繁多，鱼龙混杂；细节缺失，表述不清；合同磋商时间较长，矛盾较多；执行过程中容易发生纠纷；专业语言不一致等问题，市场亟需具有指导意义的第三方版本出现。

为了解决由于以上现象所导致的船货双方日益激烈的矛盾，促进沿海指数挂钩协议进一步规范化发展，上海航运交易所研究起草沿海煤炭指数挂钩合同范本。

10 月 31 日，在上海召开的沿海煤炭运价指数挂钩合同范本专家论证会上，专家组表示合同范本的推出填补了国内沿海散货运输市场的合同范本空白，并且一致同意通过沿海散货运价指数挂钩合同范本的项目评审，并建议行业主管部门支持、推动合同范本的推广应用。

填补沿海和内河运输法律空白

市场需要在法律的规范下进行，但沿海和内河运输的发展面临着无法可依的尴尬局面——一方面是 2016 年 5 月 30 日《国内水路运输管理规定》废止后，导致目前没有专门的法律法规调整内河和沿海水路货物运输，另一方面是现行《海商法》不适用于沿海和内河运输。

由此，沿海和内河运输行业亟需一个公正、权威的第三方机构发布的运价指数来确定运费率和调整规则的运输合同。《沿海散货运价指数挂钩合同范本》的出台也是众望所归。

上海航运交易所信息部经理刘越表示，上海航运交易所作为具有专业性、公信力、权威性第三方机构研发制定沿海散货运价指数挂钩合同范本，有利于提升航运各参与方的订约效率，对航运业具有突破性意义。

有关专家指出，这次上海航运交易所推出沿海散货运价指数挂钩合同范本，不仅是践行国家建设交通强国的重要举措之一，而且可以很好对接修订后的《海商法》。

运用前景非常乐观

合同履行更重要的是看合同双方的履约能力，合同的生命力在于签约双方能否双赢，合同运价挂钩指数关键要看运价指数的合理性和是否准确及时反映航运市场行情。

船方代表在接受记者采访时表示，《沿海散货运价指数挂钩合同范本》可以促使航运、货主企业各关联方在合同谈判时更加规范，从而更大范围达成约定俗成的行业规范。《合同范本》基本符合目前市场普遍的签约谈判习惯，运用起来方便可行。

一位货方代表表示，对“沿海散货运价指数挂钩合同范本”的市场运用前景持非常乐观的态度。他认为，该合同范本给了很好的参考版本，同时也保留了较大的灵活性，合同双方可以根据实际情况去执行更具体的规定。

目前，已有多家航运企业和货主企业表示，将结合《沿海散货运价指数挂钩合同范本》，进一步加深与各年度客户的合作，为推进沿海散货运输市场的标准化发挥示范带头作用。

来源：中国交通新闻网 2019 年 11 月 28 日

长江电子航道图“大显神通”

截至12月22日，电子航道图APP用户达6.33万。长江电子航道图不仅为航运企业、社会大众、港航管理单位提供更新及时、丰富实用的航道信息服务，提供更加智能化的助航导航服务，同时提供查询与搜索、船舶与船队管理以及交流与反馈等功能，在长江航运高质量发展中“大显神通”，保障了航道畅通安全，得到了用户的广泛好评。

重庆港航企业一拖轮上安装了长江电子航道图，船长由衷地说：“长江电子航道图为我们提供了很大方便，不仅提供了很多功能，还提供了很多人性化的服务，架起了与上级管理部门、船舶同行、服务单位的桥梁。尤其是在雾天影响视线时，助航作用非常明显。”

渝道标305作为航道维护船舶，在2019年11月15日参加了长江干线水上联合搜救演习。船长通过电子航道图精准锁定疑似沉物地理位置，为演习打捞沉物提供了重要数据参考。船长介绍，现在长江电子航道图在辅助航行、航标定位等航道维护和保畅通安全工作中发挥了越来越大的作用，对促进长江航运高质量发展方面作用也日益显著。

12月6日，参加长江航道运行管理研讨会的一船舶企业负责人也表示：“长江电子航道图在船舶航行中大显神通，现在深受我们一线船员欢迎。”

据了解 ，长江电子航道图是长江航道局面向广大行业用户，提供基于空间位置的航道信息服务的重要公共服务产品。长江航道局以用户需求为导向，2019年重点从提能力、优服务、强保障、重应用等方面，加强电子航道图运行管理，通过电子航道图APP反馈功能、电话沟通等方式积极收集用户有关意见与建议，根据用户需求对APP进行优化完善，电子航道图服务能力持续提升。今年以来，更新发布了两个升级版本，主要新增提供了沿江气象信息，增加了横驶区及控制河段语音播报、内置消息推送及ICON图标消息提示功能，集成了水运头条板块、汉江电子航道图，优化了航速计算算法，适配了部分新机型等功能，实现了为用户提供水文气象信息、航行安全信息等服务目标，在通过电子航道图实现航道信息服务“干支联动”方面，取得了突破性进展。

据悉，在做好服务能力提升和系统运行保障的基础上，长江航道局积极推广电子航道图，通过数字中国建设成果展览、中国国际海事会展、“长江电子航道图开放日”活动、行业QQ群等多种途径提升长江电子航道图影响力、扩大应用覆盖面。截至目前，电子航道图APP用户达6.33万，收到并审批150家单位船舶或台式机的数据申请，共服务1067条船舶；收到二次开发单位数据申请65家，并为其中43家提供了电子航道图数据或接口服务。

来源：长江航道 2019年12月23日

武汉新港海关 阳逻外贸箱铁水联运打通“最后一公里”

近日，首批经上海水路运输转关至武汉，再由铁路运输转关至成都的外贸箱在武汉新港海关监装下完成装车作业，将搭乘铁路天天班转运至成都清关，这标志着武汉阳逻国际港正式打通铁水联运“最后一公里”，长江中游核心枢纽作用进一步凸现。

阳逻铁水联运一期工程于2017年12月28日建成投用，实现了铁路进港的“零突破”；2018年3月20日开启常态化运营后，陆续开辟了经阳逻中转的“上海一武汉一川渝”及“上海一武汉一陕西、新疆”铁水联运双向内贸联运通道。因武汉铁水联运示范基地不具备外贸箱转运功能，以往的外贸箱通常由上海直接通过水路运输至重庆果园港或者泸州港清关，再公路运输至成都，运输时间近1个月。如果外贸箱由上海全程铁路或公路转运至成都，运输成本更为昂贵。

今年以来，武汉海关根据湖北省政府工作报告中“更大力度推动高水平开放，跑出开放加速度，提升湖北外向度”的工作部署，以“大调研，优服务；推改革，促创新”两大行动为总思路，着力改革创新，优化服务，多次到阳逻铁水联运示范基地调研，充分了解市场需求以及铁水联运的巨大潜力和成本优势。5月，武汉新港海关加强同上海、成都等兄弟海关的联系沟通，召集相关企业共同研究，对涉及铁水联运“最后一公里”（即水运码头到铁路场站）制定切实可行的具体物流监管方案，打造物畅其流、高效便捷的营商环境。

据铁水联运示范基地经营方武汉港航发展集团有限公司负责人介绍，铁水联运打通后，由上海至成都全程运输时间约为11天，比原来节省约14天左右，运输费用基本持平。预计每年经阳逻国际港转运的外贸箱将达到3万箱，后期根据市场需求，将陆续开通西北方向外贸联运通道，市场潜力巨大。

武汉新港海关负责人介绍，“铁水联运”打通后，阳逻国际港将成为推动陆海联运、东西互济，对接“一带一路”的重要联运节点，外贸箱中转将成为阳逻国际港外贸业务新的增长板。武汉新港海关将继续创新智能化监管方式，积极支持企业进一步精简环节、流程、成本等，优化服务，助推企业降本增效，促进武汉阳逻国际港中部区位优势“优势更优，开放更开”，全方位助力湖北高水平开放、高质量发展。

来源：中国物流产业网 2019年6月24日

破解监管难题 筑牢智能船舶——安全之路

2018年12月，工业和信息化部、交通运输部、国防 科工局联合印发《智能船舶发展行动计划（2019-2021年）》，将建立智能船舶标准体系列为行动目标和重点任务，明确提出研究制定智能船舶规范和标准体系建设指南。2019年5月，交通运输部、中央网信办、国家发展改革委、教育部、科技部、工业和信息化部、财政部等七部门联合发布《智能航运发展指导意见》，指出以法规、标准、规范制定为重点，加快构建智能航运治理体系。

为了顺应智能航运的到来，海事系统作为我国水上交通安全监督管理的主管机关，如何推动实施协调海事监管与智能船舶的发展，促使智能船舶乃至智能航运的发展，为未来智能船舶的安全运行保驾护航，是当下海事系统面临的机遇与挑战。

智能优势 助力未来海事监管

智能船舶将新技术与传统船舶技术融合，实现了信息感知技术、通信导航技术、能效控制技术、航线规划技术、状态监测与故障诊断技术、遇险预警救助技术、自主航行技术等技术的融合应用，在海事监管数据收集、事故调查取证、遇险人员搜救、船艇养护等方面具有传统船舶无法比拟的优势，必将为海事监管提供有力保障。

第一，减少人力投入。智能船舶的航行与操纵主要是通过自主决策完成，或者由少数岸基人员遥控指挥，智能船舶的无人化特点，减少了海事机关对海巡船艇专职船员的需求，降低了人力成本。而且，人为因素是海上安全事故的主要原因，船艇操纵人员的操作过失、设备使用不当以及决策失误都可能导致船舶事故，智能船舶可以进一步提高操作精度，降低事故率。

第二，协助调查取证。调查取证一直是海事管理的难题之一，对商渔船碰撞、不按规定航路航行等船舶违章行为的调查取证往往需要通过文书调查、事后溯源、航迹推演等手段进行，缺乏实时性和准确性。智能船舶通过搭载传感设备和记录设备，能够对声音、图像、视频等信息进行收集，并将信息进行记录或者传输至岸，结合其搭载的环境感知设备所获取的水流速度、能见度、温湿度等信息，从而有效地协助海事机构进行调查取证，提高工作效率和证据说服力。

第三，提高使用效能。智能船舶无需船员空间和设备，降低了船员方面的用电需求，大大提高了船艇的空间和能源使用效率，为智能船舶的模块化应用提供了可行性；而且智能船舶具有较强的环境适应能力，能够在恶劣海况、危险品泄漏，尤其是黑夜中执行巡航、搜救等任务，降低了船员的时间投入和风险投入，提高了船艇的使用效率。

第四，海上人命搜救。在实施海上人命搜寻中，智能船舶能够根据具体任务，在研判已获取信息（例如事故 地点、洋流、温度等）的基础上，基于智能算法，制定出一系列最优决策，配合所搭载的红外探测仪或者光电跟踪系统，能够全时段、全天候自动开展搜寻生命迹象行动，提高搜索效率，如能实现多艇协同、智能配合，则会更具优势。一旦发现遇险人员，则可以利用远程遥控，自动释放救生艇筏，高效实施人命救助。

第五，污染监控与处理。污染监控，尤其是海上溢油监视，是智能船舶在国外已经推广应用的主要方面，利用无人机与智能船舶的搭配融合，能够及时发现海上溢油事故，尽早采取行动。智能船舶在污染防治处理方面也具有极大优势，能够代替操纵人员深入污染区域，避免人员接触到毒性污染物，还可以在第一时间对污染源头进行控制，避免危化物品污染扩大。

第六，减轻运维负担。智能船舶不仅对外部信息具有较强的感知能力，还能够对自身设备的运行情况进 行监测和预报，从而可以使岸基人员及时了解船舶的健康状态，并通过专家系统对船舶的实际运行情况进 行综合分析，准确判断隐患设备，降低了船艇的运维负担，提高了设备效率和运行可靠性。

挑战仍在 尚有难点亟待解决

智能船舶给海事监管带来新的机遇的同时，也带来了若干挑战。

在操控技术方面，智能船舶减少了在船人员，但却增加了岸基远程操作人员。智能船舶的任务下达、数据交互、远程操控等一系列任务都需要人员参与。而且这种参与与传统的船舶操控技术具有很大的不同，需要海事机构加强对相关领域人才的储备与培养。

在数据传输方面，智能船舶在海上航行，尤其是执行海巡任务时，与岸基有大量的数据需要进行实时交 互，这就对数据传输实时性、稳定性与可靠性提出了挑战。5G 技术为智能船舶的数据传输提供了新的途径，但是 5G 网络在海上的覆盖情况却值得观察。

在设备可靠性方面，智能船舶一旦在海上发生事故或者设备出现故障，现场人员会及时予以修复或者维护，但是智能船舶的设备一旦出现问题，将很难获得及时维修，甚至完全失控，后果不堪设想。因此智能船舶的设备可靠性和故障诊断就显得尤为重要。

在网络安全方面，与商船不同，智能船舶应用较少涉及到防海盗、防商业泄密等维度，但是网络安全仍然是智能船舶在海事监管中应用必须考虑的问题。在发展智能船舶过程中，需要借鉴相关部门在陆上互联网系统积累的丰富经验，确保网络和数据传输安全。

破解难点 构建新型监管模式

为了顺应智能航运的到来，海事系统应在以下几个方面加以研究和应对：

第一，海事机构作为政府的代表，应密切跟踪业界对智能船舶的理论研究和发展动态，整合业界信息和 需求，履行政府职责，在 IMO 的层次积极参与智能船舶相关标准、规则的制定，发出中国的声音，甚至主导智能航运的发展。

第二，智能船舶的发展是基于大数据技术及网络通信技术，因此，制定统一的船舶相关的数据技术标 准、信息交换标准以及提高数据的安全性势在必行。海事监管作为智能航运中重要的一环，必须站在智能 航运全局的管理最高点，在智慧海事建设过程中，以更加严谨和开放的姿态制定智能船舶、船员、公司（岸基操控管理人员）、货物等要素的静态和动态数据标准，以及监管标准，实现数据的统一、安全和共享，使得智能船舶的发展与智慧海事建设相得益彰，如业界需要，可在船舶协同管理系统，开辟智能船舶监管试验模块，共同制定和测试对智能船舶的海事支持和服务，为智能船舶的商业化运用铺平道路。

第三，智能船舶的营运是基于高度的自动化、自主化，其最大的特点是“少人化”或“无人化”，其设备和系统的安全状态主要由岸基设备来感知和交互，传统的监管模式对于智能船舶几乎派不上用场，现行海事监管将失去原有的支点。因此，可以在现有以 VTS 为核心的基础上，构建一套与智能船舶及其岸基控制系统实时互联互通的的新型监管模式，能够与智能船舶岸 基控制中心同步分享智能船舶的各种技术参数和营运状态，在智能船舶出现异常情况、其岸基控制中心提出请求时，能够及时提供必要的海事协助甚至海上搜救， 为智能船舶的发展和商业化运用保驾护航，体现海事作为。

第四，智能船舶采用了大量最新的前沿技术，几乎彻底颠覆了海事以“船”和“船员”为基础的监管体系， 面对的是一个高度智能化和自主化以及“船－岸”一体化的全新监管对象，建议在交通运输部海事局层面设立智能船舶监管小组，跟踪国内外、尤其是国内智能船舶发展情况，研究制定智能船舶“船－岸”的安全和防污染标准以及智能船舶的“船－岸”人员的适任标准和配备标准，为智能船舶发展提供尽可能多的海事服务。

来源：《中国海事杂志》 2020 年 1 月 9 日

2.3 铁路货运

概述

上海铁路货运量2018年471.79万吨。比2017年增加0.7%，2019年468.38万吨，同比2018年减少0.7%。连续3年，货运量基本持平。

2019年上海铁路货运量1-12月每月情况。

运量＼月份	1	2	3	4	5	6	7	8	9	10	11	12
货运量（万吨）	39.62	26.88	44.44	36.65	35.05	35.68	36.42	38.38	43.25	38.97	45.33	45.48

注：根据上海市统计局统计数据。

上海铁路货运企业改革已经多年，铁路由长距离大宗货物运输为主，改革货运组织，在以大宗货物运输为主的，增加白货运输“小、快、零”需求，延伸接货，送货服务，适应上海经济升级转型发展的需要。2019年12月25日，沪通铁路太仓至四团段工程开建。沪通铁路全长111.8公里，其中上海境内104.5公里，全线设太仓、徐行、外高桥、曹路、上海东站，四团6个车站，客货共线，设计速度200公里/小时，外高桥建集装箱作业站。建成通车后。它将填补上海东站地区干线铁路的空白，提升自贸区临港新片区，外高桥港区等区域的铁路货运服务能力，推进上海多式联运的快速发展。届时，上海铁路货运量也将迅猛发展。

来源：上海市物流协会 吴骝

铁路货运新举措 助力交通强国

日常生活中，网络购物因其物美价廉方便快捷，已然成为我们现代人的一种生活方式。我们享受到的物流运输，不仅有陆运、空运、海运还有“铁运”。在这一方面，铁路有着独特的优势，与公路货运和航空货运相比，铁路货运受气候和自然条件影响较小，且运输能力大，成本相对较低，运输货物几乎不受重量和容积限制，特别是铁路货运在绿色环保方面的优势更加凸显。

今年“两会”期间，铁路总公司总经理陆东福表示，今年将深入挖潜，进一步积极降低规范铁路企业收费。通过进一步清理铁路货运杂费、降低专用线代运营代维护服务收费、降低自备车检修服务收费、主动下浮铁路货物运价等措施，从总体上进一步降低铁路物流成本。通过这一有力措施不仅能让货主受益，更能让广大消费者受益。

最近几年，铁路在提升客运质量的同时，也在不断地在货运方面进行改革。2012年，铁路方面开始推行“实货制”。这体现了铁路部门一切从市场出发，提高服务质量，满足客户需求的工作态度。“实货制”系统的自动化、智能化，大大提高了办事效率。2013年，铁路总公司实施货运组织改革，推动铁路货运全面走向市场，向客户作出“简化受理、随到随办、规范收费、热情服务”的承诺。“铁老大”努力转型为“铁小二”。铁路开始上门服务，为企业定制物流方案，实行“门到门”全程“一口价”收费。2015年，95306网上铁路货运平台开始投入使用，实现了网上办理，无论是大宗货物还是零担货物或者是特殊需求的货物，都可以轻松咨询、快捷办理，并且能够对货物的位置进行实时追踪。

货运收入是铁路收入的重要组成部分，铁路部门从多方面规范经营、降低费用、改进服务，着实是勇气可嘉、诚意可见！这不仅是落实今年《政府工作报告》中提出的“取消或降低一批铁路、港口收费”的具体措施，更体现了“人民铁路为人民”的服务宗旨。

铁路货运涉及铁路多个部门，每一个利民举措背后都需要进行大量的调研、布置、试运行和调整。或许，铁路货运的一些举措我们普通老百姓并没有直接感受，但其实我们已然从中受益。货主办理货运业务流程更简便顺畅、费用更规范透明合理、享受到的服务更优质，货主的综合运输成本必将降低，最终的货物价格上也会降低。受益的不仅仅是直接办理货物运输的货主，还有作为消费者的我们。

铁路货运，不仅在国内给我们提供了高效便捷的服务，中欧班列等国际货运专列同样也给我们带来了异域货物，让我们互通有无、提升了生活品质。可见，铁路货运的深刻变革，定会助力我国实现交通强国梦！

来源：千龙网中国首都网

2019年国家铁路货运量创历史新高 零散货运连续3年收窄

受煤炭需求增加、公转铁等利好因素影响，铁路货运量不断增加。2019年，国家铁路完成货物发送量34.4亿吨，创历史新高，同比增长7.8%。此前，国家铁路货运量的最高峰是2011年的32.95亿吨。

2019年，全国铁路固定资产投资完成8029亿元，超额完成年初确定的8000亿元任务，也创下了近4年的最高值。2012—2018年分别完成6309.80亿元、6638亿元、8088亿元、8238亿元、8015亿元、8010亿元、8028亿元。

国铁集团会议没有公布2020年铁路投资计划，但是2019年12月26日交通运输部召开的2020年全国交通运输工作会议透露，2020年铁路投资将完成8000亿元。

近3年来，零散货物运量增速放缓十分明显。2019年，集装箱、商品汽车、冷链运输同比分别增长30.4%、13.5%、30.6%。2018年，铁路集装箱、商品汽车、冷链运输同比分别增长33.4%、25.1%、52.3%，而2017年上述品类增长率分别为37%、58%和110%。

2019年，全国铁路投产铁路新线8489公里，其中高铁5474公里。截至2019年底，全国铁路营业里程达到13.9万公里以上，其中高铁3.5万公里。

会议还确定了2020年铁路工作主要目标：国家铁路完成旅客发送量38.5亿人、货物发送量36.5亿吨；确保投产新线4000公里以上，其中高铁2000公里。加快推动国铁企业股份制改造和川藏铁路重大项目建设取得积极进展。

国铁集团表示，2020年要加快推动国铁企业股份制改造，全面提升国铁资本经营质量和效益。继续推动优质资产股改上市和上市企业再融资。确保京沪高铁、中铁特货、金鹰重工、铁科轨道公司等企业股改上市工作取得实质性成果，研究探索区域铁路公司、设计集团公司等重点企业股改上市工作。充分利用既有上市公司，推进资产并购重组，盘活存量资产。

自 2012 年起，受宏观经济影响，全国铁路货运下滑趋势日渐显现。2012-2015 年，国家铁路货运量分别下降 1.8%、0.4%、4.7% 和 11.6%，降幅不断扩大。2016 年铁路货运量仍有下跌，完成发送货物 26.5 亿吨，但跌幅收窄至 2.36%。

2017 年，原环保部开始强力推动公路汽车运输转向铁路运输（以下简称“公转铁”），这一政策成为中铁总提速大宗货物运量的重要助力。代表案例是，环渤海港口从 2017 年 9 月底之后，禁收汽运煤集港。其中，天津港率先于 2017 年 4 月底禁收汽运煤。

受 2017 年煤炭等大宗货物需求激增，以及“公转铁”等利好政策的影响，2017 年国家铁路货物发送量达 29.18 亿吨，较上年增长 10.1%，不仅超额完成年初定下的 27.5 亿吨计划任务，且是六年来首次在货运量上取得增长。

2018 年，国家铁路货运总发送量继续保持增长，完成 31.91 亿吨，同比增长 9.3%。

2018 年 7 月 2 日，原中铁总宣布已制定《2018－2020 年货运增量行动方案》（以下简称《三年行动方案》），到 2020 年，国家铁路货运量达到 37.18 亿吨。这意味着，2020 年国家铁路货运量比 2019 年将增加 8.1%，高于 2019 年 7.8% 的增速。

“虽然 2019 年国家铁路货运量创历史极值，但为了完成《三年行动方案》，2020 年组织货运的压力将超过 2019 年。”国铁集团人士对《中国经营报》记者说。

《三年行动方案》中提出，到 2020 年大宗货物运量占铁路货运总量的比例稳定保持在 90% 以上。这意味着铁路货运发展重点重回大宗运输。

2012 年之前，铁路一直以长距离大宗货物运输为主。自 2012 年起，受宏观经济影响，全国铁路货运下滑趋势日渐显现。2013 年 6 月，中铁总启动铁路货运组织改革，其主要目的是适应快速增长的“小、快、零”白货运输需求。

原中铁总一名原副总经理表示，2013 年的铁路货运改革方案当时在中铁总内部就有争议，主要争议点在于铁路是否适合做零散货运输。在他看来，铁路的优势是长距离大宗货物运输，零散货物并不适合铁路。随着“公转铁”等一系列政策的出台，铁路大宗货物运输需求回升，现在国铁集团已基本不再提 2013 年的铁路货运改革思路。

来源：中国经营网 2019 年 12 月 31 日

国家铁路货运单日装车再创新高

澎湃新闻记者从中国国家铁路集团有限公司获悉，铁路部门深入开展“保安全、保稳定、保开通，增运量、增收入、增效益”攻坚战，积极实施货运增量行动，铁路货运实现持续大幅增长。11 月 16 日，国家铁路货运装车 170537 车，首次突破 17 万大关，创国家铁路单日装车历史新纪录。

针对货运市场回暖特别是煤炭运输需求增加的市场变化，各地铁路部门加强运输组织，优化运输结构，用好浩吉铁路等新增线路能力和机车车辆资源，畅通路网运输，强化卸车组织，提升运输效率，推动铁路货运增量逐步提速。截至 11 月 18 日，国家铁路今年日均货运装车 167402 车，同比增加 16040 车、增长 10.6%；货物发送量日均完成 1018.2 万吨，同比增加 97.3 万吨、增长 10.6%；日均卸空车 174993 车，同比增加 4873 车。

来源：澎湃新闻 2019 年 11 月 21 日

今年二季度中国铁路货物发送量实现大幅增长

中国国家铁路集团有限公司7月19日披露，2019年4-6月，中国铁路货物发送量实现大幅增长，累计完成10.52亿吨，同比增长8.0%。

中国国家铁路集团有限公司有关部门负责人表示，当前，铁路货物运输需求旺盛，国铁企业坚持以市场需求为导向，加大运力投放，及时启动货车和集装箱采购，开展破损敞车集中整治，有效增加了货车供给；扩大万吨列车开行，努力增加繁忙干线货运能力；加强精细化调度指挥，加快车辆周转，提升了运输效率；积极应对水害、地震等灾情影响，组织迂回运输，保证了运输畅通。二季度，国家铁路日均装车15.05万车，同比增长9.3%，其中6月日均装车达到15.43万车，创下月均装车历史最高纪录。

为有效承接大宗货物“公转铁”运输，国铁企业围绕全国范围内电煤、非电煤、氧化铝、焦炭、矿建等物资，以及河北南部、山西东南部、河南北部等重点地区钢厂疏港矿石运输，加强与相关省市区政府以及五大发电集团、中铝集团等重点企业沟通协调，全面梳理“公转铁”货源，制定实施铁路运输方案，有力促进了公路货源向铁路转移，有效减少了交通运输环节的能源消耗和污染排放，为打好污染防治攻坚战、打赢蓝天保卫战作出贡献。二季度，全国主要港口疏港矿石运量同比增长11.1%。

据该负责人介绍，今年先后出台了取消和降低10项货运杂费、降低专用线代运营代维护服务收费、降低自备车检修服务收费等多项措施，让利于企业和货主，预计全年降低社会物流成本约69亿元。同时，根据货运市场需求情况，分品类、分区域、分梯次下浮铁路货运价格，仅二季度就实施了1940多个项目，进一步降低了社会物流成本，支持实体经济发展。

记者从中国国家铁路集团有限公司获悉，今年4-6月，铁路货物发送量同比增幅高于公路、水路，铁路货运增量行动取得显著成效。

来源：中国新闻网

今年前11个月国家铁路完成货物发送量超30亿吨

今年1-11月，铁路货运实现持续大幅增长，共完成货物发送量31.15亿吨，同比增加1.98亿吨、增长6.8%，为服务经济高质量发展、助力打赢蓝天保卫战发挥了重要作用。

国铁集团有关部门负责人介绍，国铁集团各运输企业紧密对接市场需求，积极推动和承接“公转铁”货物运输，铁路货运量实现了持续大幅增长，特别是今年11月，国家铁路单日装车两次刷新历史纪录，屡创新高，日均装车16.77万车，同比增长10.8%，完成货物发送量3.06亿吨，同比增长10.4%。11月16日，国家铁路单日装车历史上首次突破17万辆大关。根据目前铁路货运良好态势，预计2018年和2019年国铁集团累计可实现货运增量5亿吨，超铁路货运增量三年行动计划目标进度5000万吨。

今年以来，京津冀地区疏港矿石铁路运输占比较2017年提升了5.2个百分点。打通铁路运输服务“前后一公里”，加快推进铁路专用线建设，2018年以来已建成投用重点专用线95条，畅通铁路“微循环”，为企业客户提供更加方便快捷的铁路运输服务。降低铁路专用线代运营代维护服务费用，为相关企业节约支出近30%。降低铁路运输物流成本，2018年以来，两次下调铁路货运价格，清理规范铁路货运相关收费，大力降低企业运输成本，累计为货主和企业节约物流成本约320亿元。

该负责人表示，铁路运输具有绿色环保、节能高效的显著优势，铁路货运单位能耗是公路货运的1/7，内燃机车的污染排放是公路货运的1/13，电气化铁路基本是零污染。实施铁路货运增量行动，积极承接“公转铁”货物运输，有效减少了交通运输环节的能源消耗和环境污染，为打赢蓝天保卫战和污染防治攻坚战发挥了积极作用。

来源：《经济日报》

长三角铁路货运网建设应尽快提上日程

“现在在长三角某些地方货运只能靠公路，这一方面造成排放污染，一方面使得道路堵塞。如果有铁路运输的话，不仅能降低碳排放量，也能大大提升运输量。”全国政协委员、上海科学院副院长曹阿民对第一财经记者谈到，长三角铁路货运网的建设势在必行，规划现在就应该提上日程，“如果将来有碳排放限制的话，目前的公路将难以承载运输量需求”。

公共交通的发展有利于提高货运效率、降低成本，同时，它也是应对污染防治攻坚的重要方面。两会期间，优化重点区域运输结构成为一个热门话题。

2019年3月5日下午，全国政协十三届二次会议召开以“政协委员谈打赢防范化解重大风险、精准脱贫、污染防治三大攻坚战”为主题的新闻发布会上，全国政协常委、政协人口资源环境委员会主任、国务院发展研究中心主任李伟也表示，将来我国货运的发展方向，或者能源结构调整的方向是更多地利用水运或者铁路，这是一个重中之重。

长三角道路交通“三高”特征

目前，长三角地区港口吞吐量位于世界前列，各省份货运量均在全国前10，但主要依靠柴油动力货车运输，铁路货运量所占比例不足3%，远低于全国水平。

上海市政协人口资源环境委员会去年的一项专题调研显示，近年来，长三角地区道路交通呈现高速增长、高密度聚集、高强度使用的“三高”特征，机动车保有量和汽柴油消费量增长迅速，柴油消耗量是全国平均水平的5倍，交通流量密集，物流运输频繁，氮氧化合物（NOx）排放贡献突出。

曹阿民告诉记者，从产业发展角度来讲，有了铁路运输，企业的原材料和产品的运进运出在效率上会高很多，受天气的影响也会小，这样企业的成本就会低很多。“同时，铁路网薄弱的地方往往发展比较滞后，而现在发展速度很快，今后光靠公路运输支撑不了这些地方的经济发展。这些地方的客运和货运同步建成以后，将能把这个地方的经济带动起来。”

李伟也在上述发布会上谈到，现在能源结构最突出的问题就是煤炭的比重太重，这造成了碳排放和主要污染物下降的速度很慢。

“现在中国的货运主要是靠公路，2017年的时候大体是472亿吨的货运量，78%是公路，14%多是水路，铁路只有7.8%。而公路运输靠汽车，载重汽车主要消耗汽油，甚至很多是柴油，汽油柴油对空气污染的程度可想而知。”李伟举出了一组数据。

李伟指出，今后在减少环境污染、加大能源结构调整力度上，优化重点区域运输结构是一项重要措施，将积极推进京津冀等重点地区公路转化为铁路，建设低碳高效的交通运输体系。

加快铁路货运网规划

曹阿民建议，对标国外先发的大城市群，为从源头上提高长三角区域货运效率、降低成本，同时有效控制区域移动源污染排放，从多方面着手改变目前的现状。

首先，加快推进长三角地区铁路路网建设，提升对内对外运输能力。曹阿民谈道，目前铁路网布局主要集中于上海、南京、杭州、合肥为核心的周边地区，苏北、皖北、皖南以及浙江境内沪昆线以南、以北地区仍存在一定路网空白，特别是货运这一块。

其次，既有货运铁路仍是客货共线运营，京沪、沪昆、京九、陇海、华东二通道等铁路能力利用率已接近或超过 100%，运输能力严重不足，极大制约了区域之间和对外的货物运输。

曹阿民建议，紧密结合江浙沪地区产业结构转型升级需求，以及安徽承接产业转移的天然优势，积极推进打通沿海通道，补强沿江通道，提升皖南地区和苏中、浙北地区的铁路运输能力。“将来如果海铁联运的话，这些没有铁路网的地方的海铁联运也搞不起来。”

再次，曹阿民建议，大力推动铁路进港，完善区域内多式联运网络建设。加强长三角地区铁路港站建设和自由港区或保税区建设发展规划统筹，积极引入直装理念，努力推动海铁联运零中转，为国际集装箱海铁联运中转作业提供高效、便捷、经济的运作环境。

同时，加快推动港口部门和铁路部门共同投资集装箱场站建设，协调各自利益，统一经营，共同管理，从根本上解决港站分离的局面，形成以沿海、内河港口为结点，以铁路内陆车站为辐射，以公路运输为补充，充分发挥各种运输方式优势的集装箱多式联运网络，真正促进长三角地区海铁联运、水铁联运业务的大幅提高。

曹阿民还提出，要进一步发挥长三角地区组合港优势，多措并举，提高区域整体运输效率和服务质量。“区域内各港口应尽快跨越简单竞争关系，充分考虑港口与区域经济发展的协调性、可持续性，实现吞吐互动，组合出击。把铁路运输信息管理纳入口岸信息管理系统，使各方都能在平台上及时沟通信息，减少运输延误和集装箱滞港，提高联运效率，满足集装箱追踪等需求。”

“建议成立长三角地区海铁联运综合协调监管机构，引入海铁联运经营人，促成铁路提供外贸集装箱‘港到门’服务，并适时构建区域海铁联运企业联盟。”曹阿民说。“长三角要建世界级城市群，将来如果有了丰富的铁路货运网，海外的货物在上海港口下来以后，经过铁路网运到江苏、浙江、安徽等地。这样一方面快，一方面上海就不需要那么多集装箱运出去了。”

来源：第一财经

铁路先行 助力长三角高质量一体化发展纪实

去年 11 月 5 日，习近平主席在首届中国国际进口博览会开幕式上宣布，支持长江三角洲区域一体化发展并上升为国家战略。

一年来，承担着上海、江苏、浙江、安徽三省一市的铁路运输和建设管理任务的中国铁路上海局集团有限公司，抢抓机遇，以服务长三角一体化国家战略为己任，主动融入、全面接轨，加速建设发达的快速铁路网，满足人民群众不断增长的运输需求。

一年来，长三角铁路建设快马加鞭，一条条高铁向前延伸，一个个项目纷纷落地，强力助推区域经济向更高质量一体化发展，书写了精彩蝶变的时代答卷。

这一年，铁路建设快马加鞭，驶入发展“快车道”。

9 月 16 日，徐州至盐城、连云港至镇江（董集到淮安段）铁路启动联调联试，计划 12 月 15 日前具备开通运营条件。徐盐铁路开通运营后，淮安、宿迁两市结束不通高铁的历史，江苏 13 个省辖市全部进入高铁时代。连镇铁路建成后，对进一步完善区域路网布局，提高过江通道运输能力，促进经济发展和人员交流具有重要意义。

9 月 17 日，杭州西站枢纽暨湖杭铁路开工。这条铁路从湖州至杭州西连通杭黄高铁，是打造“轨道上的长三角”重要节点工程，也是服务保障 2022 年杭州亚运会的重要交通配套工程。

9 月 20 日，设计时速 350 公里的宁淮城际铁路破土动工。近年来，江苏铁路建设蓬勃发展，路网规模和质量大幅提升，铁路建设运营管理模式不断创新，到 2020 年，省内“三纵四横”的高铁网基本建成，全省高铁里程将达 1804 公里。

10 月 24 日，商合杭铁路商合段、郑阜铁路安徽段列车开始运行试验，两线于 11 月底前具备开通运营条件。这 2 条线开通后，安徽省 16 个省辖市的最后 2 个市——阜阳、亳州市迈入高铁时代。

规划的沪苏湖铁路，穿越长三角生态绿色一体化发展示范区。通苏嘉甬铁路，是《长江三角洲地区城际轨道交通网规划》中的主骨架之一。目前，沪苏湖铁路与通苏嘉甬铁路两条新线正在抓紧推进，力争尽早开工，为长三角生态绿色一体化发展示范区建设提供强大运输支撑。

……

一条条高铁向前延伸，一个个项目纷纷落地。

高铁成网，发展红利惠及民生。特别是近十年来，长三角高铁建设“加速度”，开通合宁、合武、甬台温、温福、京沪、沪宁、沪杭、合蚌、宁杭、宁安、杭甬、杭长、合福、郑徐、金丽温、衢九、杭黄、青盐等高铁线路达 18 条，铁路营业里程突破 1 万公里，达 10560 公里，其中高铁里程达 4171 公里，形成全国最为密集完善的高铁网。

铁路承载着经济“输血”的重任，一同与区域一体化进程起舞，一起与经济发展壮大。如今，长三角以全国 8% 的铁路营业里程，承担着全国 20% 的旅客发送量。

今天，长三角铁路四通八达，营业里程是建国初期的 8 倍，重构了区域经济发展“新版图”；开行客车超过 1000 对，时速 350 公里“复兴号”列车开行进一步扩容。现代化的上海虹桥站最高日客发量逾 33 万人，运营时间内平均不到 2 分钟就有一趟高铁列车到发。目前，区域内基本建成“1—3 小时” 高铁交通圈，同城效应显现。高铁悄然改变着人们的生活方式，强力助推长三角一体化高质量发展。

这一年，铁路做大货运板块，加快步伐向现代物流业迈进。

古有丝绸之路，今有中欧班列。长三角地区是“一带一路”和长江经济带的重要交汇点。长三角铁路全力落实中央“调整运输结构、增加铁路货运量”的部署要求，积极实施货运提质，推动货运“公转铁”项目落地，常态化开行“海铁联运”班列，努力把战略机遇和有利条件最大限度转化为货运增量。

9 月 5 日 10 时 50 分，上海货运中心满载汽车、纺织品、太阳能板等物品的首列集装箱“铁海快线”（无锡—上海港—泰国 / 马来西亚）班列，驶出无锡南货场，到达上海港后出口至泰国、马来西亚等国家。这为上海货运中心与中远海运集装箱公司、中铁集装箱公司三方在上海港合作推进铁海联运，向东南亚国家运送出口商品开辟了新通道。

9 月 8 日，满载“江苏造”产品的 X8074 次中欧班列，从南京货运中心物流基地尧化门货场再次开出，驶向莫斯科。点到点开行中欧班列，采取货车客车化开行模式，直达目的地，换装和整理作业时间较之前的中欧班列节省近 1/5，为客户节约了物流运输时间和成本。

近年来，安徽合肥中欧班列快速发展。9 月 27 日 9 点 10 分，X8020 次中欧班列（合肥—杜塞尔多夫）满载着“安徽造”的机械、家电及液晶显示器等货物，从合肥货运中心北站物流基地又一次顺利发运，至此今年来合肥中欧班列累计发到数量达 300 列、29164 标准箱，同比增长 199.24%。2018 年，合肥中欧班列共发运 182 列，超过前 4 年发运总和，其中回程班列同比增长近 10 倍。

10 月 9 日上午，随着满载 82 个标准箱发往比利时列日的“菜鸟号”X8020 次列车从义乌西货运站启程，标志着华东地区首条跨境电商班列——中欧班列（义乌—列日）e-WTP（电子世界贸易平台）“菜鸟号”正式开通，也标志着义乌第 11 条中欧班列线路起航。

心诚致远，通达天下。近年来，上海局集团公司大力加强与地方政府部门合力，建设路网性物流中心，加快步伐向现代物流业转型，打通服务最后“一公里”，发展 “门到门”全程物流服务，组织“铁公水”集装箱多式联运，开行中欧班列，主动服务“一带一路”和长江经济带建设，降低社会物流成本。截至 9 月 29 日，集团公司累计完成集装箱发送量 145.57 万标箱，超去年全年总量。今年 1-9 月，宁波港完成“海铁联运”60.3 万标箱，同比增长 38.8%，超去年全年总量。

长三角铁路货运从内部生产型向市场导向型转变，铁路货运量得到快速提升，为华东地区经济发展提供了有力支撑。上海局集团公司对货运组织实施改革，畅通受理渠道、简化办理流程、规范运输收费。过去要运货，只能到货运站办理，现在货主可通过去营业厅、登录网站、拨打客服电话、利用上铁 95306 手机 APP 等多种方法来运货。如今，铁路货运站实现敞开受理、随到随办、随办随走。“一次提报、全程服务”一站式受理，方便客户办理业务。

铁路部门心系“三农”服务，积极投身交通扶贫、精准脱贫攻坚战，全力保障关系国计民生的重点物资运输，主动做好进口博览会等运输服务，赢得社会良好口碑。

交通强国，铁路先行。站在新的历史起点上，长三角铁路正在努力奔跑，继续书写东方奇迹。

来源：人民网—上海频道　2019 年 11 月 3 日

保障“双 11”，长三角铁路投入运力创新高

11 月 11-20 日，长三角铁路将发挥高铁安全快捷和成网运行等优势，充分利用高铁载客动车组、旅客列车行李车及特快班列等运力资源，全力服务“双 11”电商黄金周运输。

今年我国电商行业迎来了第 11 个“双 11”。根据国家邮政局预计，今年“双 11”高峰期全国邮快件业务量将达到 28 亿件，最高日处理量可能达到 5.2 亿件，物流行业将面临巨大的压力。

据了解，作为电商业务发达的长三角地区，中国铁路上海局集团有限公司根据“双 11”快递市场的需求，计划投放 61 列预留车厢动车组列车（其中发送 38 列，到达 22 列），同比增加 11 列（其中发送增加 7 列，到达增加 3 列），涉及三省一市上海虹桥站、上海站、杭州东站、杭州站、宁波站、南京南站、徐州东站、合肥南站等 8 个高铁车站。此外，铁路部门另计划投放普速旅客列车行李车 69 列（同比增加 27 列）、特快电商专列 2 列（同比增加 1 列），总体运力投放创历史新高。

为助力电商黄金周运输，今年铁路部门推出了系列新服务。一是“当日达即送”新服务。打造“高铁 + 专送”物流新模式，推出“当日达即送”新服务，24 小时为客户提供服务，打通高铁快运服务最后一公里。二是铁路冷链快递新服务。为满足高端医药冷链和食品冷链运输需求，长三角铁路部门在去往北京方向的 G170、G18、G154 次高铁和有客户需求的旅客列车行李车上投入使用新型专用冷链箱，为医药和食品等保温保鲜保冻货物提供冷链运输服务。三是继续做好多种特色运输服务。在往年经验基础上，与京东、顺丰等公司密切合作，做好“高铁极速达”“高铁京尊达”“丝路高铁快运”等多种运输服务。

来源：新华网

铁路货运量逐步扭转颓势 前5月增速近5%

铁路货运量开始逐步扭转颓势。2019年前5个月，国家铁路货物发送量完成13.53亿吨，同比增长4.97%；5月完成2.88亿吨，同比增长8.27%。当前，全路平均装车量稳定在往年历史最高点附近，货运增运攻坚成效取得一定成果，中国铁路总公司（以下简称“中铁总”）6月14日发布上述消息。

2019年一季度和前4个月国家铁路货运量同比增速分别为2.9%和4.51%，前5个月货运量增速虽然仍未破5%，但增速持续加大，显示出国家铁路货运形势日趋向好。对比2018年同期7.1%的货运增速，显示货运量仍有提升空间。

从全年计划看，中铁总2019年国家铁路货物发送量要完成33.68亿吨、同比增长要达到5.58%，前5个月货运量已完成全年计划的40.17%。“以目前货运增速看，中铁总上半年货运量有望过半。”中铁总人士对《中国经营报》记者说。

相关数据显示，5月，全国铁路18个铁路局集团公司中有14个货物发送量实现同比增长，增幅最大的是中国铁路武汉局集团有限公司，达25.8%。全路日均装车15.2万车，同比增加1.2万车、增长8.4%，这是继去年11月和今年1月后，全路单月日均装车再超15万车。

煤炭运输仍是中铁总货运量的保证，2019年5月，山西省发布《山西省推进运输结构调整实施方案》（以下简称“《方案》”）提出，到2020年，山西省重点煤矿企业全部接入铁路专用线，煤炭、焦炭铁路运输比例达到80%以上，出省煤炭、焦炭基本上全部采用铁路运输，山西省铁路货运量比2017年增加2亿吨。

在优化铁路运输组织方面，《方案》显示，要优先保障煤炭、焦炭、矿石、钢铁等大宗货物运力供给。重点推进大秦、朔黄、瓦日等线路返程运力，开展矿石、建材、集装箱等运输。并强调，根据市场情况制定短途大宗货物铁路运价浮动方案，完善短距离运价浮动机制。中铁总《2018-2020年货运增量行动方案》（以下简称“《三年行动方案》”）显示，到2020年，全国铁路货运量将达到47.9亿吨，较2017年增长三成，大宗货物运量占铁路货运总量的比例稳定保持在90%以上。

中国铁路太原局集团有限公司（以下简称“太原铁路局”）人士对《中国经营报》记者表示，作为中国铁路煤炭重载运输大局，太原铁路局的货运量是全国铁路货运的晴雨表。按照《三年行动方案》要求，2019年，太原铁路局需完成货运量7.4亿吨，同比增运6800万吨。他透露，截至5月21日，太原铁路局完成运量2.78亿吨，同比增运1936万吨，增长7.5%。

不过，太原铁路局煤炭运输重点保障企业大秦铁路股份有限公司（601006.SH）当前经营情况却不尽乐观，其数据简报显示，2019年5月，大秦线完成货物运输量3982万吨，同比减少1.26%。日均运量128.45万吨，2019年1-5月，大秦线累计完成货物运输量1.82亿吨，同比减少2.20%。

中铁总为提振煤炭货运量，于4月中旬下调部分线路矿石和煤炭运价，各路局可自主确定的最高下调幅度达30%。涉及下调运价的大宗货物区域包括中国铁路太原、西安、沈阳和哈尔滨局集团有限公司管内线路。5月31日起，再降铁路专用线（含专用铁路）代运营代维护、自备机车货车检修服务收费。中铁总方面称，预计每年可向货主和企业让利约9.4亿元。

客运方面，前5个月，国家铁路旅客发送量累计完成14.36亿人次，同比增加1.18亿人次。5月，国家铁路旅客发送量完成3.01亿人次，增长14.3%。动车组发送旅客1.92亿人次，增长18.3%。全国18个铁路局集团公司客运量有17个实现同比增长，中国铁路昆明局集团有限公司增幅最大，达39.6%。

来源：《中国经营报》2019年6月14日

中国铁路前 11 个月发送货物 31.15 亿吨，同比增 6.8%

12 月 10 日，记者从中国国家铁路集团有限公司（下称国铁集团）获悉，今年 1-11 月铁路货运实现持续大幅增长，国家铁路完成货物发送量 31.15 亿吨，同比增加 1.98 亿吨、增长 6.8%。

国铁集团有关部门负责人介绍，国铁集团各运输企业紧密对接市场需求，积极推动和承接“公转铁”货物运输，铁路货运量实现了持续大幅增长，特别是今年 11 月份，国家铁路单日装车 2 次刷新历史纪录，屡创新高，日均装车 16.77 万车，同比增加 1.63 万车、增长 10.8%，完成货物发送量 3.06 亿吨，同比增加 2875 万吨、增长 10.4%，今年以来首次实现两位数增长。11 月 16 日，国家铁路单日装车历史上首次突破 17 万辆大关。根据目前铁路货运良好态势，预计 2018 年和 2019 年国铁集团累计可实现货运增量 5 亿吨，超铁路货运增量三年行动计划目标进度 5000 万吨。

该负责人指出，国铁集团与国家有关部委、地方政府和企业紧密协作，多措并举，大力推动运输结构调整落地见效。

一是持续增加铁路运力供给，用好大秦、唐呼、瓦日、浩吉等重载铁路运输能力，建设完善西煤东运、北煤南运和港口集疏运体系，优化运输组织方案，推进煤炭和疏港矿石等大宗货物“公转铁”运输。今年以来，京津冀地区疏港矿石铁路运输占比较 2017 年提升了 5.2 个百分点。

二是打通铁路运输服务“前后一公里”，加快推进铁路专用线建设，2018 年以来已建成投用重点专用线 95 条，畅通铁路“微循环”，为企业客户提供更加方便快捷的铁路运输服务。降低铁路专用线代运营代维护服务费用，为相关企业节约支出近 30%。

三是降低铁路运输物流成本，2018 年以来，两次下调铁路货运价格，清理规范铁路货运相关收费，大力降低企业运输成本，累计为货主和企业节约物流成本约 320 亿元。优化完善铁路运价形成和调整机制，探索实施灵活价格调整策略，特别是针对“公转铁”运输需求，为客户量身定制“一口价”运输方案，受到企业和货主欢迎。该负责人表示，铁路运输具有绿色环保、节能高效的显著优势，铁路货运单位能耗是公路货运的 1/7，内燃机车的污染排放是公路货运的 1/13，电气化铁路基本是零污染。实施铁路货运增量行动，积极承接“公转铁”货物运输，有效减少了交通运输环节的能源消耗和环境污染，为打赢蓝天保卫战和污染防治攻坚战发挥了积极作用。以京津冀及周边地区 8 省市为例，2018-2019 年“公转铁”运量将达到 3 亿吨左右，相当于减少 800 万吨二氧化碳排放量。

来源：天眼新闻　2019 年 12 月 10 日

又降费了，今年铁路货运系统够拼！

5 月 31 日起，铁路部门将降低铁路专用线（含专用铁路）代运营代维护、自备机车货车检修服务收费，预计每年向广大货主和企业让利约 9.4 亿元。

中国铁路总公司（以下简称铁总）今日发布消息称，继 4 月 1 日铁路货运降价降费、让利 60 亿元后，自 5 月 31 日起，铁路部门将降低铁路专用线（含专用铁路）代运营代维护（以下简称代运代维）、自备机车货车检修服务收费，预计每年向广大货主和企业让利约 9.4 亿元，进一步降低社会物流成本，支持实体经济发展。

什么是铁路专用线和专用铁路？据了解，两者都是企业或单位自行修建的与国家铁路或其他铁路线路接轨的岔线，主要为本企业内部运输服务，一般用来运输钢铁、煤炭、化工肥料等货物。两者所不同的是，专用铁路一般都自备动力，自备运输工具，在内部形成运输生产的一套系统的运输组织，而铁路专用线则仅仅是一条线，其长度一般不超过 30 公里，其运输动力使用的是与其相接轨的铁路的动力。以上海为例，宝钢集团、上港集团等大型国有企业都有自己的铁路专用线或专用铁路。

铁总有关部门负责人介绍，具体降费方案将由各铁路局集团公司根据实际情况制定。铁路局集团公司将对货运量较大、货物发送增幅较高的专用线企业，按“多发货少交费”的原则进一步降费，促进铁路货运量持续增长，此举将惠及所有委托国铁进行专用线运营维护和自备机车货车检修的企业。

这是今年铁路货运系统第二次降费，为贯彻落实中央关于减税降费的部署要求，切实降低社会物流成本，减轻企业负担，4 月 1 日起，国家税务部门下调铁路运输服务增值税税率，同日起，铁路部门下浮国铁运输的整车、零担、集装箱等货物运价，取消翻卸车作业服务费等 6 项杂费，降低货车延期占用费等 4 项收费标准，主动将减税降费效应传递给下游企业。

如果把时间再往迁移，继 2017 年以来，铁路总公司连续采取一系列降费措施、累计降费已达 270 亿元。据悉，接下来铁路部门将加强对降费措施落实情况的监督检查，确保各项举措落到实处，切实减轻企业负担，提升铁路货运服务质量，为经济社会发展提供可靠运输服务保障。

来源：上观新闻 2019 年 5 月 31 日

日均 15 万车，同比增长 8.4% 铁路货运为啥淡季不淡

今年 5 月，铁路货运再次创下淡季小高峰。

来自国家铁路集团的数据显示，今年 5 月，国家铁路货物发送量完成 28762 万吨，同比增加 1760 万吨；14 个铁路局集团公司货物发送量实现同比增长，其中增幅最大的是中国铁路武汉局集团有限公司，达 25.8%。

不仅如此，在 5 月的货运传统淡季，铁路迎来了今年以来的装车高潮，全路日均装车 15.2 万车，再超日均 15 万车水平。

客运方面也增幅明显。今年 5 月，受五一小长假客流带动全路客运量实现大幅增长，国家铁路旅客发送量完成 30148 万人次，同比增加 3774 万人次、增长 14.3%，其中动车组发送旅客 19244 万人次，同比增加 2971 万人次、增长 18.3%。17 个铁路局集团公司客运量实现同比增长，其中中国铁路昆明局集团有限公司增幅最大，达 39.6%。

“今年 4 月，铁路采取了下调运价、取消杂费等一系列措施，让利企业，这为货运增长提供了利好。按照测算，铁路如果提高 1 个百分点的货物周转量，有利于降低社会物流成本大概在 0.01 个点左右。铁路通过这一轮的降价、降费，有利于吸引货源，增强它的市场份额，在更广泛范围内实现物流结构的调整和优化，促进全系统的降本增效。”北京交通大学教授张晓东对《华夏时报》记者表示。

淡季不淡

当前，各铁路局集团公司持续深入开展货运增运攻坚活动。

5 月份，全路日均装车 15.2 万车，同比增加 1.2 万车、增长 8.4%，这是继去年 11 月和今年 1 月后，全路单月装车再次超过日均 15 万车的水平。特别是 5 月 10 日以来，全路日均装车达 153194 车，全路一段时期内的平均装车量持续稳定在往年的历史最高点附近。

同时，各铁路局集团公司积极应对装车上量后车流和货流变化，加强日常运输组织和调整，努力消除车流积压，保持运输畅通。5月，全路卸空车日均完成157329车，超应卸5762车，中国铁路北京、济南局集团有限公司等创单日卸车历史新高。

近年来，铁路运输不断回暖。

据了解，自2014年起，我国铁路货运量连续三年负增长，截至2016年底，我国累计实现铁路货运量33.3亿吨，较2013年的高点39.7亿吨下降6.4亿吨，降幅达16%；但进入2017年后，受到宏观经济触底企稳、公路治超和油价上涨带来的铁路运量回流、煤炭钢铁等商品价格上升导致企业补库存等的影响，我国铁路货运量开始大幅回升，截至2017年11月，我国累计实现铁路货运量33.8亿吨，同比增长12.2%。

尤其是此次降费，为运量增加提供了重大利好。

《华夏时报》记者从国铁集团获悉，今年4月，随着增值税改革的推进，铁路决定同步对国铁运输的整车、零担、集装箱等货物运价相应下浮，取消翻卸车作业服务费等六项杂费，降低货车延期占用费等四项收费标准，同时，还将采取降低专用线代运营、代维护服务收费、自备车检修服务收费等措施，及时将减税降费效应传递给下游企业。预计每年向广大货主和企业让利约60亿元后，未来将吸引其他运输方式向铁路转移。

5月31日起，铁路再次降低专用线代运营代维护和自备机车货车检修服务收费。这是继4月铁路让利60亿元后的再一次降费，预计每年向货主和企业让利约9.4亿元。

运输结构改革

由于路在节能减排、便捷高效和安全环保上有较大优势，根据国家部署，未来我国要大力调整运输结构，减少公路货运量，增加铁路货运。

目前，我国货运市场中，存在公路占比过高的问题。数据显示，2008年-2017年，中国的公路货运量占比由74.1%上升到78%，铁路货运量虽然有所增加，但是占比却由13.2%下降到7.8%。

“铁路运输一向以大宗商品为主，之前几年，由于经济发展方式调整，煤炭等大宗商品的运输需求下降，对铁路运输不利。”中南大学交通运输学院副院长秦进表示。

不过，情况在逐渐改变。

按照国务院要求，环渤海、山东、长三角地区，2018年底前，沿海主要港口、唐山港、黄骅港等煤炭集疏港改由铁路或水路运输；2020年采暖季前，沿海主要港口、唐山港、黄骅港等矿石、焦炭等大宗货物原则上主要改由铁路或水路运输。2020年，重点区域铁路运输比例达到50%以上。

交通运输部等九部门2018年11月出台的《推进运输结构调整三年行动计划（2018-2020年）》明确，在北京、天津、河北、河南、山东、山西、辽宁、内蒙古等8省（区、市），组织实施铁路专用线建设工程、铁路货运服务提升工程、港口大宗货物“公转铁”工程等。

“公转铁”之下，2018年10月，国务院办公厅印发的《推进运输结构调整三年行动计划（2018-2020年）》提出，与2017年相比，全国铁路货运量增加11亿吨、增长30%，其中京津冀及周边地区增长40%、长三角地区增长10%、汾渭平原增长25%。

2019年1月，中国铁路总公司2019年铁路建设工作会议提出，深入推进货运增量行动。以“六线六区域”为重点，继续加大西煤东运、北煤南运力度，全力承接港口疏港物资公转铁运量，大力发展集装箱多式联运业务，实现全年货运增量2.5亿吨，集装箱、商品汽车和冷链物流运量同比增幅分别达到15%、10%、10%以上。

部分省份也出台了助推铁路货运的政策。2019年5月19日消息显示，山西省人民政府办公厅发布的《山西省推进运输结构调整实施方案》提出，到2020年，全省重点煤矿企业全部接入铁路专用线，煤炭、焦炭铁路运输比例达到 80% 以上，出省煤炭、焦炭基本上全部采用铁路运输。

同时，铁路降价降费也在发挥市场作用，吸引公路、海运等其他货源转向铁路。

铁路方面，针对部分通道能力紧张的问题，各铁路局集团公司积极采取措施，组织挖潜提效，加强机列衔接，组织“满吨满轴”运输，有效提升了铁路货运通道能力和效率。

来源：《华夏时报》 2019 年 6 月 20 日

今年铁路货运再次降费 累计让利近 70 亿元

“铁老大”再次降费了。

中国铁路总公司宣布，自 5 月 31 日起，降低专用线代运营代维护和自备机车货车检修服务收费。这是继 4 月 1 日铁路货运降价降费、让利 60 亿元后，铁路货运再一次降费，预计每年向货主和企业让利约 9.4 亿元。

中国铁路总公司有关部门负责人表示，这是为贯彻落实中央关于减税降费的部署要求，切实降低社会物流成本，减轻企业负担。

据了解，我国货运市场中，存在公路占比过高的问题。数据显示，2008 年 -2017 年，中国的公路货运量占比由 74.1% 上升到 78%，铁路货运量虽然有所增加，但是占比却由 13.2% 下降到 7.8%。

未来，在政策的“加持”下，铁路货运市场将有多大的发展空间？

政策多次“加持”

从 2006 年开始，铁路货运市场“涨声”不断。同时，由于铁路货运重点运输产品为大宗商品这类低附加值产品，运输高附加值的“白货”如家电等不如公路货运灵活，2016 年铁路货运量为 333186 万吨，创下 2010 年以来的最低点。

“铁路运输一向以大宗商品为主，之前几年，由于经济发展方式调整，煤炭等大宗商品的运输需求下降，对铁路运输不利。”中南大学交通运输学院副院长秦进接受《21 世纪经济报道》记者采访时表示。

2017 年以来，国家与地方政策频出，加之大宗商品需求上升，铁路货运的数据再次回暖。当年 2 月发布的《京津冀及周边地区 2017 年大气污染防治工作方案》提出，天津港不再接收公路运输煤炭，提升区域内铁路货运比例。

生态环境部也提出，2018 年 9 月底前，山东、长三角地区沿海港口煤炭集疏港运输全部改由铁路；2019 年底前，京津冀及周边、长三角地区沿海港口的矿石、钢铁、焦炭等大宗货物全部改由铁路运输，禁止汽运集疏港。

近期，部分省份也出台了助推铁路货运的政策。2019 年 5 月 19 日消息显示，山西省人民政府办公厅发布的《山西省推进运输结构调整实施方案》提出，到 2020 年，全省重点煤矿企业全部接入铁路专用线，煤炭、焦炭铁路运输比例达到 80% 以上，出省煤炭、焦炭基本上全部采用铁路运输。

2018 年 10 月，国务院办公厅印发的《推进运输结构调整三年行动计划（2018-2020 年）》提出，与 2017 年相比，全国铁路货运量增加 11 亿吨、增长 30%，其中京津冀及周边地区增长 40%、长三角地区增长 10%、汾渭平原增长 25%。

从数据上看，2017 年以来，铁路货运量确实明显回暖。2017 年铁路货运量为 368865 万吨，2018 年为 403000 万吨，2019 年前四个月，铁路货运量的同比增幅为 8.2%、-2.2%、2.3% 和 10%，除了春节所在的 2 月份之外，也都保持增长态势。

“铁路运输是我国的主干运输方式。目前，铁路货运经历了从低谷振荡到缓慢恢复的过程。我认为，未来铁路货运的情势会逐步好转和发展，从数据上也能看出来。因为大批量、长距离货物适合铁路运输，尤其是 600 公里以上的，我认为铁路运输比公路运输更合理。”秦进表示。

降价能助力夺回市场吗？

铁路货运未来真的一片光明吗？

“这是在用行政手段推动的。目前，提升铁路货运比例面临三大难题：定价偏高、运输能力不足和终端不匹配。”北京交通大学教授赵坚接受 21 世纪经济报道记者采访时指出，对“公转铁”并不太看好。

赵坚认为，在这些问题无法解决的情况下，铁路货运想要迎来快速发展将面临困难。

面对运输费用偏高的问题，铁路总公司有关部门负责人介绍，2017 年以来铁路总公司连续采取一系列降费措施、累计降费 200 多亿元。

同时，自今年 4 月 1 日起，下调铁路运输服务增值税税率。铁路总公司决定，同步对国铁运输的整车、零担、集装箱等货物运价相应下浮，取消翻卸车作业服务费等 6 项杂费，降低货车延期占用费等 4 项收费标准，主动将减税降费效应传递给下游企业，预计每年可向货主和企业让利约 60 亿元。

此外，自 5 月 31 日起，铁路部门将降低铁路专用线（含专用铁路）代运营代维护（以下简称代运代维）、自备机车货车检修服务收费，预计每年向广大货主和企业让利约 9.4 亿元。

降费有助于铁路货运夺回市场吗？

一些专家指出，目前看铁路大幅度降价的空间不大。赵坚表示，铁路货运价格在 2005 年到 2015 年出现了大幅上涨，目前还看不到大幅下降的可能。

石家庄铁道大学交通工程分院副院长牛学勤接受《21 世纪经济报道》记者采访时表示，从运输成本上看，铁路在运输过程中的消耗一定是比汽车小的，但是价格优势没体现，这是因为铁路还需要偿还巨额的建设成本。

不过，也有专家认为，与其说铁路货运运费偏高，不如说公路货运运费偏低。

“从定价上看，铁路 2005 年之前的定价是偏低的，因此经历了多轮涨价。但是现在能不能说就高了呢？”秦进表示，“我认为其实是公路货运的运价偏低了，有不少新闻说公路运输，1000 多公里，换了几个轮胎就赚不到多少钱，碰到一些意外事件甚至要赔钱。那么，公路是否低价竞争呢？

提升份额尚需时日

2019 年 1 月，中国铁路总公司 2019 年铁路建设工作会议提出，深入推进货运增量行动。以“六线六区域”为重点，继续加大西煤东运、北煤南运力度，全力承接港口疏港物资公转铁运量，大力发展集装箱多式联运业务，实现全年货运增量 2.5 亿吨，集装箱、商品汽车和冷链物流运量同比增幅分别达到 15%、10%、10% 以上。

秦进指出，铁路货运正不断寻求从低附加值的大宗商品运输，发展到高附加值的“白货”，比如家电的运输。“铁路货运有缺乏灵活性的问题，这些都在进行改革，比如进行门对门服务，货运站改革成为综合性物流中心等，同时也在发展高铁物流、冷链运输等。”

不过，这需要铁路在运输设备、终端配套上进一步改造。赵坚认为，我国的铁路货运能力存在不足，想要发展集装箱、汽车等高附加值运输，需要进一步对相关的设备和线路进行改造。

以高附加值的汽车运输为例，长江证券的一份铁路运输行业研究报告指出，美国汽车物流市场以铁路运输为最主要的运输方式，并且铁路运输的市场份额呈现持续扩大的趋势。2018 年，美国汽车物流市场中铁路运输占比超过 50%。

在这背后，价格优势是铁路竞争占优的关键。3 年前，美国卡车平均运价约为一级铁路运价的 4 倍。

对国内来说，铁路货运价格需要更加市场化。2019 年，中国铁路总公司的股份制改造将加快步伐。5 月 28 日，中铁特货物流股份有限公司创立大会在京召开，股份公司全体股东及中介机构代表参加了会议，标志着中铁特货股份制改造和上市筹备工作取得重要进展。

中信证券在上述研报中指出，美国铁路改革经验或提供较好借鉴，市场化定价和有效竞争机制是成功的关键所在。预计 2019 年中铁总股份制改革迈出实质步伐，进一步深化铁路管理体制和运行机制改革，利好铁路货运运价市场化进一步推进。

来源：新浪网 2019 年 6 月 4 日

“铁路货运增量”释放多重利好

今年 1-11 月，国铁集团深入实施货运增量行动，铁路货运实现持续大幅增长，国家铁路完成货物发送量 31.15 亿吨，同比增加 1.98 亿吨、增长 6.8%。

数据最具有说服力，从前 11 个月铁路货运情况不难断定，今年的总量将再创新高。这既在情理之中，也让人有些意外。毕竟，在全球经济总体形势并不乐观、货运总量呈下降趋势大背景下，中国铁路货运还能够逆势发展，足以印证中国经济的稳定性，牢固性，作为“世界工厂”的中国，对世界经济的发展促进依然十分明显。同时，铁路货运增量，也释放出多重利好。

折射中国经济持续向好。其实，一个国家的经济在走什么“曲线”，从货物的运输量就能窥斑见豹。如果出货量减少，意味着经济在走“下坡路”，反之则是稳中有升之势。尽管短距离、数量少、位置偏远地区货物运送离不开公路，但长距离、数量大、干线之间的运输仍以铁路为主。今年的铁路货物发送增量预计突破 2 亿吨，增长 6.8% 左右，充分折射中国在应对经济下行压力风险，采取的措施得力，取得了显著成效。

保护生态环境意义重大。绿水青山就是金山银山。尤其是改革开放四十多年来，高速经济发展带来了环境的巨大破坏，有的地方环境承受能力已达上限。只有走转型发展之路，进一步减少污染增量，压缩现有存量，才能让“绿水青山”“蓝天白云”梦想早日照进现实。相比之下，铁路货运单位能耗是公路货运的七分之一，内燃机车的污染排放是公路货运的 1/13，电气化铁路基本是零污染。铁路货运增量的一部分来自于“公转铁”，能从总量上减少公路货运，对污染的减少或许短时间不明显，但长此以往，对环境的保护作用无疑是巨大的。

有效缓慢公路交通压力。不可否认，随着近几年脱贫攻坚的深入推进，广大农村的道路交通条件有了明显改善，但城市之间的县道、省道上的汽车增量也相当惊人，造成拥堵成为常态，而且也增大了安全隐患，交通事故发生率上升。实施铁路货运增量行动，有利于缓解公路运输的困境，同时也能降低运输成本，使全国范围内的货物运输脉络更加畅通、及时、有效。

来源：华龙网 2019 年 12 月 12 日

铁路货运量大幅增长 两年累计实现增量5亿吨

国家铁路货运实现持续大幅增长，2019年前11个月，国家铁路完成货物发送量31.15亿吨，同比增加1.98亿吨、增长6.8%，增速达到今年最高水平。中国国家铁路集团有限公司（以下简称“国铁集团”）12月11日发布上述消息。

国铁集团称，目前各运输企业积极推动和承接“公转铁”货物运输，铁路货运量实现了持续大幅增长。根据目前铁路货运良好态势，预计2018年和2019年国铁集团累计可实现货运增量5亿吨，超铁路货运增量三年行动计划目标进度5000万吨。

11月，国家铁路完成货物发送量3.06亿吨，同比增加2875万吨、增长10.4%，首次实现两位数增长。铁路单日装车两次刷新历史纪录，日均装车16.77万车，同比增加1.63万车、增长10.8%。

2019年铁路货运量持续提升。一季度、上半年、三季度和前11月，国家铁路货运量同比增速分别为2.9%、5.62%、6.19%和6.8%，对比2018年前11个月8.8%的货运增速，当前货运增速仍略有下降。

从全年计划看，国铁集团2019年国家铁路货物发送量要完成33.68亿吨、同比增长5.58%，2019年前11个月货运量已完成全年计划的92.49%。“超额完成全年货运计划已没有悬念。”国铁集团人士对《中国经营报》记者说。

2019年，铁路持续增加运力供给，京津冀地区疏港矿石铁路运输占比较2017年提升了5.2个百分点。以京津冀及周边地区8省市为例，2018-2019年“公转铁”运量将达到3亿吨左右；同时打通铁路“最后一公里”，2018年以来已建成投用重点专用线95条。

国铁集团前身中国铁路总公司2018年7月发布《2018-2020年货运增量行动方案》显示，到2020年，全国铁路货运量较2017年增长30%，也就是要达到47.96亿吨。其中，煤炭运输成为重中之重，占货运总量近六成，达28.1亿吨，占全国煤炭产量的75%，大宗货物运量占铁路货运总量的比例稳定保持在90%以上。

作为中国铁路煤炭重载运输晴雨表的大秦铁路（601006.SH），2019年前11月，大秦线累计完成货物运输量3.96亿吨，同比减少4.15%，其中11月，大秦线完成货物运输量3541万吨，同比减少7.95%，日均运量118.03万吨。大秦线日均开行重车82.3列，其中日均开行2万吨列车55.8列。

来源：《中国经营报》2019年12月11日

铁路物流运输存在什么问题

铁路物流运输经过多年的发展，也已经从传统的物流运输模式变成了现代化的物流运输模式，但是毕竟是改革，所以在这其中也会遇到很多的问题，那么铁路物流运输存在哪些问题呢？

1. 基础设施能力不足，服务功能有待完善

因为经济的快速发展，铁路的使用率也在不断提升中，这也就导致铁路的运输路线相对集中一些，所以城市中心区域空间急剧扩张，但是随之而来的基础设备能力不足的问题就暴露出来了，因为铁路物流运输的使用率的提升，人员的配置明显不足，所以服务上也有待完善。

2. 经营范围有待扩展

铁路物流运输运输的一般都是大宗货，如果是散货的话，需要等待装满一车厢才能进行运输，

而且铁路物流运输还受航线的限制，不是所有的地方都可以到达，所以它的经营范围就比较局限了，这也是铁路物流运输目前比较难的一个问题。

3. 技术装备水平有待提高

铁路物流运输虽然已经有很多的发展历史了，但是因为之前那的使用率不是很高，所以技术装备方面还是比较落后的，新的设备也是近几年才被应用上的，虽然应用上了但是却没有很多可以进行专业操作的人。

4. 铁路物流人才匮乏

铁路物流运输因为其特殊的运输模式，所以环节比较多，综合型可以进行专业管理的人员太少了，所以人员的匮乏也是铁路物流运输现在面临的问题。

来源：上海统华物流 2019 年 12 月 26 日

上海铁路物流助力经济高质量发展

北京中交协物流研究院院长、研究员王德荣

教授级高工高月娥

2019 年，为贯彻落实党中央、国务院决策部署，坚持新发展理念，聚焦交通强国、铁路先行，坚持以供给侧结构性改革为主线，坚持以人民为中心，上海铁路物流在基础设施、业务总量、服务质量、装备能力、营商环境、中欧班列、深化改革等方面成绩显著，提升城市能级和核心竞争力，推动经济高质量发展。

一、铁路物流基础设施不断完善

铁路固定资产投资 8029 亿元，其中投产铁路新线 8489 公里，包括高铁 5474 公里；铁路营业里程达到 13.9 万公里以上，其中高铁 3.5 万公里。京张高铁、京雄城际北京大兴机场段、昌赣高铁、成贵高铁、郑万高铁郑州襄阳段、徐盐高铁、浩吉铁路等 51 条新线建成投产。京沪、沪昆、沿江、沿长江、南北沿海物流大通道有序推进，上海闵行、芦潮港铁路物流枢纽已建成，逐步打通铁路进港、进园“最后一公里”，沪通铁路一期境内正线工程全线贯通，铁路物流基础设施民生工程先行建设。

二、铁路物流业务总量持续增长

铁路货运实施增量行动，铁路货物发送量完成 43.2 亿吨，同比增长 7.2%；铁路货运增量两年累计超过 5 亿吨；国家铁路日均装车 153971 车，单日装车突破 17 万车大关，年日均装车和单日装车均创历史新高。唐呼、瓦日线货运量同比增长 57% 和 55%。北方主要沿海港口疏港矿石完成 2.74 亿吨，同比增长 15%。上海充分发挥芦潮港站中心站功能和上海港集疏运体系作用，推动公路集装箱中短距离运输向铁路、水运方式转移，全市铁路完成货运发送量 471.8 万吨，同比增长 0.7%，增速较去年同期上升 1.4 个百分点。

三、铁路物流服务质量显著提升

全国海铁联运量 515.5 万 TEU，同比增长 14.2%。延伸沿海、沿江等物流链，鼓励港口、工矿企业、物流园区等修建铁路专用线，上海港海铁联运集装箱吞吐量 14.7 万 TEU，同比增长 86.1%。铁路物流加强与社会物流商合作，开行时速 120 公里集装箱多式联运快速班列、集装箱公铁联运“点到点”班列不断扩大，铁路充分利用敞顶箱推进货场“散改集”，推广商品汽车运输“库前移”模式，不断开发铁路冷链物流市场，全年集装箱、商品汽车和冷链物流运量分别实现同比增长 28%、13% 和 27%；上海铁路局全年完成集装箱、商品汽车和冷链物流运量分别为 207 万 TEU、120.88 万台和 25.95 万吨，分别同比增长 43%、18% 和 6%，集装箱、商品汽车增速较全国加快 15 个百分点和 5 个百分点，铁路双层集装箱运输不断推进。

四、铁路物流装备技术快速发展

国家铁路共拥有货车 82 万辆，其中 70 吨及以上大吨位货车占比 57.7%，比上年末提高了近 4 个百分点；全年新增铁路 C70、C80 等 70 吨及以上大吨位货车 5.3 万辆。上海实行了“国际箱 + 内陆箱”“铁路箱 + 自备箱”并行发展模式，初步建立铁路箱与海运箱共用体系；推进新型铁路冷链、危化品运输、特种箱等专用车辆运用，推动互联网、大数据及区块链等技术与铁路物流融合，京东“亚洲一号”自动化分拣设备及机器人等先进设备不断涌现。

五、铁路物流营商环境逐步改善

上海不断完善铁路物流政策环境，发布《上海市推进海铁联运发展工作方案》，进一步优化交通运输结构。深化铁路物流“放管服”改革成效明显，上海铁路局集团铁路主动下浮货物运价，对海铁联运班列的经营人，依申请对管内实行铁路运输费最高下浮 50%（管外 30%）、装卸费下浮 30%-50% 的优惠；进一步清理规范铁路货运杂费，降低社会物流费用和实体经济成本。上海市持续推进行政审批“双减半”“双 100”工作落地，审批时间减少 74%，申报材料减少 54%。深化货物通关改革，推进通关一体化，进一步压缩货物通关时效。

六、中欧班列开行质量大幅提高

中欧班列统筹沿线资源，优化干支线运能，拓展宽轨段“三并二”集并运输，优先衔接枢纽节点，组织回程班列空箱揹货，提高开行质量。中欧班列开行 8225 列，同比增长 29%，发送 72.5 万 TEU，同比增长 34%，综合重箱率达到 94%。上海口岸贸易总额继续位居世界城市首位，中国铁路上海局集团有限公司管辖的中欧班列开行 985 列，同比增长 72.5%。上海局集团有限公司、中铁集装箱运输有限责任公司、中远海集装箱运输有限公司和大洋物流集团有限公司推出跨境电商中欧班列（沪欧通），从上海到莫斯科，实现全过程可视化并实现在途交易，对上海和长三角等地区跨境电商业务带来协同效应。

七、铁路物流基本公共服务增强

我国铁路基建投资在 14 个集中连片特困地区、革命老区、少数民族地区、边疆地区占铁路基建投资总额的 75.9%，西部地区铁路基建投资占铁路基建投资的 28.9%，保障特困地区、贫困地区以及西部地区的重点物资需求。上海铁路局集团公司积极与顺丰、铁闽等企业合作，开行小运转列车，优化城市配送“外集内配”等基本服务功能。铁路完成“第二届进博会”重要活动运输安保工作，确保了运输安全保障服务。

八、铁路物流深化改革不断推进

成立长三角地区交通一体化发展联络工作组，签署《2019 年长三角交通更高质量一体化发展备忘录》。铁路投融资改革不断推进，自 2014 年连续 5 年实现盈利的京沪高铁公司 IPO 通过发审委审核并取得核准发行批复，优质资产股改上市不断推动；中铁顺丰国际快运公司等混改企业经营持续向好。铁路“双 11”黄金周电商快运发送货物 3 万吨，同比增长 38.6%，产业链新业态加快发展。

2020 年是全面建成小康社会和“十三五”规划的收官之年，我国全面做好“六稳”工作，经济迈入高质量发展阶段，为铁路物流发展带来了机遇。同时，世界经济增长持续放缓，贸易保护主义加剧，国际公共突发事件等影响，以及国内经济下行压力的增大，对铁路物流发展也带来诸多挑战。聚焦铁路基础设施短板建设，继续调整运输结构，加大物流装备技术投入，创新运输组织模式，培育铁路物流新业态，全面深化铁路货运改革，未来铁路物流顺应新时代，创造新动能，更好地满足人民日益增长的美好生活需要。

2020 年 3 月 16 日

2.4 多式联运

概述

多式联运（intermodality）：由两种及其以上的交通工具相互衔接、转运而共同完成的运输过程统称为复合运输，我国习惯上称之为多式联运。

根据不同的原则，对多式联运可以有多种分类形式。但就其组织方式和体制来说，基本上可分为协作式多式联运和衔接式多式联运两大类。

协作式多式联运是指两种或两种以上运输方式的运输企业，按照统一的规章或商定的协议，共同将货物从接管货物的地点运到指定交付货物的地点的运输。

衔接式多式联运是指由一个多式联运企业（以下称多式联运经营人）综合组织两种或两种以上运输方式的运输企业，将货物从接管货物的地点运到指定交付货物的地点的运输。在实践

大力发展多式联运，是实现交通强国战略、发展综合交通运输体系的重要支撑，是推进运输结构调整、促进物流业降本增效的重要举措，是引领国际物流通道建设、推动国际贸易便利化的基础工程。

“2019 上海国际航运中心建设十大事件”选节

十、上海发布工作方案，推进运输结构调整和多式联运发展，进一步优化集疏运体系 2019 年，上海市印发《上海市推进运输结构调整三年行动计划》《上海市推进海铁联运发展工作方案》，推动公路集装箱运输向铁路、水运方式转移，推进发展水水中转、公铁联运、海铁联运，着力构建“宜铁则铁、宜水则水、宜公则公”的综合运输服务格局。

通过多项举措，多式联运业务量显著提升。2019 年，集装箱公铁联运量完成 31.71 万 TEU，同比增长 474%；集装箱海铁联运完成 14.23 万 TEU，其中芦潮港铁路中心站完成 9.83 万 TEU，同比增长 249%。外高桥港区专用线纳入沪通铁路二期工程可行性研究和专项规划，并已获批；沪通铁路二期先期开工段开工建设，海铁联运基础设施将得到改善；长江口深水航道利用边坡自然水深交会船型进一步扩大，保障了长江口深水航道的有序、畅通和安全。

依托两种及以上运输方式的多式联运是降低物流成本的重要措施。

记者从昨天（2019 年 12 月 5 日）举行的全国运输结构调整暨多式联运现场推进会上了解到，今年前三季度，交通运输部联合国家发改委开展的三批 70 个多式联运示范工程项目，共完成集装箱多式联运量 382 万标准箱，累计开通线路 390 多条，在降低物流成本、减少排放方面发挥重要作用。与公路运输相比，降低物流成本约 112 亿元，减少能耗 153 万吨标准煤，减少碳排放 397 万吨。

来源：中国经济信息社、央广网

上海发布推进海铁联运工作方案：拟实现多式联运年均增长 20%

2019 年 7 月 12 日，上海市政府官网公开发布了《上海市推进海铁联运发展工作方案》，提出进一步优化上海市交通运输结构，推进集装箱公铁联运、海铁联运发展，全面实现多式联运年均增长 20%、海铁联运年均增长 10% 的任务目标。该方案自 2019 年 7 月 1 日起施行，有效期至 2024 年 6 月 30 日。

《方案》明确，上海市推进海铁联运发展工作的近期目标是，2019 年完成海铁联运箱量 12 万 TEU，实现同比翻番（其中芦潮港站 8 万 TEU，同比增长 4 倍）；2020 年完成 24 万 TEU，同比翻番（其中芦潮港站 20 万 TEU，同比增长 2.5 倍）。远期目标是，至 2035 年完成海铁联运箱量 175 万 TEU—300 万 TEU，占全港集装箱吞吐量（按 5000 万 TEU － 5500 万 TEU）比重为 3.18%—5.5%，从 2021 年起实现年均增长 10% 以上。

为此，《方案》提出了六项重点任务：一是建立推进机制，通过建立市级层面的协调推进机制，统筹上海市海铁联运发展工作，构建高效顺畅的海铁联运协调平台，协调解决海铁联运发展过程中重大问题。二是成立经营主体，由上海市国资委会同久事集团、上港集团协调落实申铁公司持有的芦潮港中心站 50% 投资股权，在产权不变情况下，委托上港集团管理、海铁联运公司经营等事宜。以实现芦潮港与洋山港区的港站一体化管理为目标，成立由港口、铁路、船公司等共同出资组建的海铁联运公司，负责芦潮港站日常运营管理、海铁联运市场拓展、资源整合、模式创新，协同各方共同推进海铁联运公共服务平台、信息平台建设，逐步完善海铁联运发展软环境。三是补好当前短板，将芦潮港中心站部分装卸线路和堆场视作洋山港区的延伸地，铁路集装箱到站视同进港，由海铁联运公司负责港站之间“最后一公里”短驳运输，实现港站操作管理一体化，切实提高运营效率。结合生产计划，采取“削峰填谷”方式，合理安排短驳时间，缓解东海大桥交通压力。中铁集上海分公司停止对外签订或续签场地租赁合同，并根据业务发展需要，及时做好场地清理、腾退工作。由上海市发展改革委、市交通委等部门指导海铁联运公司结合外高桥铁路进港专用线建设，组织筹划集装箱中心站规划建设，就上海南港与沪通、沪乍杭等铁路线连接、与洋山水上穿梭巴士开通等进行研究，进一步完善芦潮港集疏运体系，推进临港地区多式联运体系建设。四是优化运输组织，开行海铁联运班列线路，优化运输组织，提高服务水平。近期主打苏州、无锡、常州、丹阳、南京等短距离班线客运化开行，同步开展合肥、蚌埠、徐州等中短线业务，逐步培育成都、郑州等长线业务；会同中国铁路上海局集团研究开行“多式联运班列”或直达列车，服务内陆主要箱源地与上海港之间的往返集装箱运输。五是落实优惠措施，铁路、港口、船公司等既有各方优惠政策进一步优化，实现不低于其它港口海铁联运享受的优惠幅度。中国铁路上海局集团对开通海铁联运班列的经营人，依申请对管内实行铁路运输费最高下浮 50%（管外 30%）、装卸费下浮 30%-50% 的优惠；对全程提单中转重箱的空箱回程运费，享受空重联运的优惠。铁路场站给予海铁联运船公司集装箱空箱最长 30 天的免费堆存期。上港集团对海铁联运中转重箱（全程提单）实施大船装卸费 35% 或更大力度优惠，并确保海铁联运集装箱优先装船。中远海运集团对海铁联运集装箱给予全程运价优惠 50-100 美元 / TEU，确保上海港干线船舱位、优先接转中远海运集团干线船，通过在内陆铁路场站提供全程多式联运服务，签发全程联运提单，鼓励客户选择海铁联运。六是出台扶持政策，按照“铁路让一点、企业担一点、政府补一点”的总体思路出台政府扶持政策。

来源：中港网

揭秘航空货运的多式联运

目前全球对货物的运输形式主要包括陆、海、铁、空四种。民用航空作为重要的交通方式之一，在多式联运中起着非常重要的作用。国际航协统计，虽然航空运输的货物在重量上不到全球贸易的1%，但在价值上占到全球贸易的35%。就航空运输而言，货物的多式联运主要包括空陆联运、空海联运和空铁联运，这3种联运方式正在实践中不断深化与发展。

空陆联运日益成熟

空陆联运是航空货运相关多式联运方式中发展相对成熟的联运形式，具体表现在运营长久、设备兼容、通关便捷、衔接顺畅上。2018年，交通运输部起草了《空陆联运集装货物转运操作规范》（征求意见稿），将空陆联运的定义规范为采用航空和公路两种运输方式完成的多式联运，包括陆运转航空和航空转陆运两种形式。

航空货运与公路运输存在竞合关系。2018年，公路在国内快件、短距离运输等方面占据主导地位。其主要优势包括：一是价格低廉。陆运价格不到空运价格的一半。二是能解决"最后一公里"运输问题。陆路卡车可以提供门到门的运输服务，而航空货运则是机场到机场，"最后一公里"还要依赖卡车运输。

与公路运输相比，航空在运输附加值高的货物以及长距离运输方面优势明显。

卡车航班在货物空陆联运的"一单到底"中发挥着关键作用。目前我国主要的航空货运枢纽，如香港机场、北京首都机场、上海浦东机场、广州机场、深圳机场等，集散周边货物的主要方式是通过卡车航班。国货航、东航物流等拥有非常成熟的卡车航班业务，支撑其在枢纽机场的货物集散。

除了卡车航班这种相对成熟的国际货物空陆联运形式外，绝大部分航空货物都需要陆路卡车进行"最后一公里"配送。航空对陆路卡车具有极强的依赖性。反过来，分拨航空货物是陆路卡车的重要服务内容。二者相互依存，共同促进。

空海联运如火如荼

空海联运综合了空运速度快、时效性强与海运运量大、成本低的特点，能对不同运量与不同运输时限的货物进行有机结合，在时间上比海运短，在运费上比空运低，有效提高了时效性。目前主要的空海联运线包括中国主要港口经船运输到阿联酋迪拜，通过迪拜国际机场的国际航班运输到非洲；中国主要港口经船运输到韩国仁川，经仁川国际机场的国际航班运输至欧洲或者美国；中国主要港口经船运输至美国洛杉矶或迈阿密，通过航班运输至中南美洲；国外主要港口经船运输至我国主要港口，经临近枢纽机场分拨至我国国内其他目的地。近年来，随着贸易碎片化以及跨境电商这种新型贸易形式的快速发展，海外仓、保税备货等贸易监管方式出现，大批量、长距离国际货物运输用海运，结合小批次、近距离运输用空运的空海联运形式越来越受青睐。同时，空海联运可以解决旺季空运直飞舱位紧张的问题；可以解决在交货延期时，全程海运时间太长或全程空运成本太高的问题；可以解决港口在不稳定、不安全时货物的运输问题等。

目前空海联运产品一般由同时具有海运和空运运输资质的货运代理推出，货运代理根据客户的路线、时限、费用等要求提供空海联运方案，在签订服务协议后预订海运和空运舱位，提供空海联运服务。在一般情况下，毛重超过500公斤的货物适合空海联运；不超过500公斤的货物空运价格与空海联运价格相差不大，大多会选择空运。

空铁联运开始试水

空铁联运，简而言之就是民航与铁路的联合运输，最早的空铁联运源于客运。2012年，东航、春秋航空等多家航空公司与上海铁路局开展了空铁联运；

2018 年 5 月 10 日，中国民用航空局与中国铁路总公司签署《推进空铁联运战略合作协议》。双方表示，要在完善空铁联运基础设施、创新空铁联运产品、提升空铁联运服务水平、扩大空铁联运信息共享、推进空铁联运示范工程等五个方面深化合作。

我国货运的空铁联运尚处于起步阶段，联运设施不完善、信息不共享、安检不互认等问题比较突出。但《推进空铁联运战略合作协议》的签订、空铁联运产品的推出等，为货物空铁联运的进一步创新预留了较大空间。

来源：《中国民航报》

2.5 航空货运

概述

航空货运，也叫空运，是现代物流中的重要组成部分，其提供的是安全、快捷、方便和优质的服务。空运以其迅捷、安全、准时的赢得了相当大的市场，大大缩短了交货期，上海国际空运公司对于物流供应链加快资金周转及循环起到了极大的促动作用。各大航空公司相继投入大量航班分取货运这块蛋糕。但空运相对海运成本较高，对于时间要求高 .

航空货运在很多方面与传统的航空快递业务、与邮政运送业务有相似之处，但作为一项专门的业务它又有独到之处，主要表现在：

航空货运则主要采用集中托运的形式，或直接由发货人委托航空货运代理人进行，货物到达目的地后再通过发货地航空货运代理的关系人代为转交货物到收货人的手中。业务中除涉及航空公司外，还要依赖航空货运代理人的协助。经营航空快递的大多为跨国公司，这些公司以独资或合资的形式将业务深入世界各地，建立起全球网络。航空快件的传送基本都是在跨国公司内部完成。而国际邮政业务则通过万国邮政联盟的形式在世界上大多数国家的邮政机构之间取得合作，邮件通过两个以上国家邮政当局的合作完成传送。

传统的航空货运业务以贸易货物为主，规定每件货物体积不得小于 5x10x20 厘米。邮政业务则以私人信函为主要业务对象，对包裹要求每件重量不超过 20 公斤，长度不超过 1 米。航空快递的收件范围主要有文件和包裹两大类。其中文件主要是指商业文件和各种印刷品，对于包裹一般要求毛重不超过 32 公斤（含 32 公斤）或外包装单边不超过 102 厘米，三边相加不超过 175 厘米。对包裹大小的要求趋于放松。

邮政运输的传统操作理论是接力式传送。航空快递公司则大多都采用中心分拨理论或称转盘分拨理论组织起全球的网络。

航空货运使用的是航空运单，邮政使用的是包裹单，航空快递业也有自己的独特的运输单据 -- 交付凭证 (Proof of Delivery，POD)。

2019 中国航空货运稳步向前

2019 年对于航空货运来说是特别不容易的一年。受世界经济下行、贸易争端等因素影响，全球航空货运发展面临巨大挑战。作为全球航空货运市场的重要组成部分，中国航空货运企业在经历严峻形势冲击的同时，拓展创新，降本增效，最终实现了逆风飞扬。

寻求突破，货机增长

根据国际航协（IATA）公布的数据，2019 年，全球航空货邮运输量为 6120 万吨，同比增长 -3.3%。依赖强大的国内市场及“一带一路”沿线国家航空货运发展的巨大潜力，2019 年中国的航空货邮运输量达到 752.6 万吨，同比增长 1.9%，远远好于全球航空货运整体发展。

据统计，截至 2019 年底，中国内地运营货机的航空公司有 13 家，货机总数达到 174 架。

公司重组，纵深发展

2019 年，三大航混合所有制改革稳步推进。7 月，东航物流正式递交招股书，拟在上海证券交易所上市，发行不超过 15875.56 万股，募资 24 亿元。年底，中国南方航空货运有限公司成立，注册资本为 10 亿元，目前三大航在货运发展中主要承担传统承运人的角色，均运营国际远程货运航线，因而更加直接地面对来自国际市场的冲击。借助混合所有制改革，三大航可以进一步向航空货运产业链上下游延伸，完成向综合物流服务提供商的角色转变。

凤凰展翅，机场集群

2019 年 9 月 25 日，北京大兴国际机场“凤凰展翅”。据初步统计，截至 2019 年 12 月 31 日，大兴国际机场 2019 年完成旅客吞吐量 313.8 万人次，货邮吞吐量 7375.5 吨，保障航班 2.1 万架次，航班放行正常率高达 96% 以上。作为国家发展的新的动力源，大兴国际机场的投运不但将重塑京津冀机场群的客货运发展格局，更会加速整个中国民航的发展进程。

上海浦东国际机场的货邮吞吐量同比增速在 2019 年 10 月终于变负为正。不同于中国大部分机场，浦东国际机场的国际货邮吞吐量占到其总体货量的 80% 左右，国际化程度较高，但受世界货运市场的冲击也比较明显。凭借长三角区域强大的经济发展动能及其自身良好的货运发展积淀，2019 年，浦东国际机场的货邮吞吐量位居全球第三位，仅次于香港国际机场和美国孟菲斯机场。

北京大兴国际机场、香港国际机场以及上海浦东国际机场等将充分发挥其在区域内的核心引领作用，带动整个机场群的共同发展。

一年来，中西部机场凭借自身保障能力的提升和高额的补贴政策仍在如火如荼地进行航空货源和货机运力的争夺战。如何通过短期的有效补贴实现航空货运的可持续发展，是值得深入思考的问题。

来源：《中国民航报》

2019 年上海两大机场旅客吞吐量超 1.2 亿人次

2019 年上海两大机场旅客吞吐量超 1.2 亿人次，繁忙又安全，怎么做到的？

随着 2019 年最后一秒钟的划过，新的一年已在脚下。今天，上海机场和上海边检总站相继发布数据，公布 2019 年相关情况，一起来看看吧。

2019 年 12 月 31 日 23:59，随着东航 MU5612 航班和 MU5160 航班分别平稳降落上海浦东和虹桥机场，上海机场 2019 年航班保障任务顺利收官，浦东机场连续实现了第 20 个安全年，虹桥机场连续实现了第 32 个安全年。

统计显示，2019 年，浦虹两场共保障航班起降 784831 架次，同比增长 1.72%（其中，浦东机场 511889 架次，虹桥机场 272942 架次）；完成旅客吞吐量 12177.41 万人次，同比增长 3.52%（其中，浦东机场 7609.75 万人次，虹桥机场 4567.66 万人次）；完成货邮吞吐量 405.26 万吨，实现逆势企稳。

2019 年，上海两场基础设施持续完善，浦东机场三期扩建主体工程暨卫星厅于 9 月 16 日启用，开启“航站楼 + 卫星厅”的机场运营新模式，成为上海航空枢纽建设新的里程碑。目前，卫星厅日均保障航班超 580 架次，占航班总量的 46%，全部实现靠桥保障，进而带动了浦东机场总体靠桥率从 50% 上升至 90%，航班放行正常率也从启用前的 86% 提升至 90% 以上。卫星厅中转规模也逐步放大，东航 S1 本楼中转比率已上升至 1/3，T1/S1 跨楼中转比例接近一半。全球机场空侧区域首个采用城市轨道交通钢轮钢轨制式的旅客捷运系统安全平稳运行，日均开行超过 1000 列次、载客里程近 1800

公里，高峰时段客流超过 2000 人次 / 小时。

两大机场航线网络航班时刻持续优化。浦东机场新增国际客运航点 3 个、加密国际中远程航线 3 条，旅客中转率超过 12%。虹桥机场完成厦航转场至 T1 运行，民航局 2% 时刻增量奖励有效落地，港澳航线实现加密，快线数量增至 14 条、占比升至 68.21%。2019 年在上海两大机场运营的航空公司达 108 家，通航 51 个国家，新增 3 个；通航点总数达 314 个，新增 14 个，其中国际通航点 142 个，国内通航点 172 个（含港澳台通航点 5 个）。

来源：《青年报》

东航物流圆满完成活体马匹与高精密仪器的运输任务

2019 年 3 月 14 日 11:47 分，CK206 航班顺利降落上海浦东国际机场，标志着东航物流旗下的中货航顺利完成了活体马匹和 1 台价值约 170 万欧元精密仪器的运输任务。此次承运的 12 匹骏马（4 个马厩）来自遥远的阿根廷首都布宜诺斯艾利斯，是上海的一家知名马球俱乐部引进的比赛专用马，这也是中货航欧洲营销中心第一次承运南美的贵重活体动物。

此次活体马匹的运输可谓是时间紧、任务重。从 3 月 11 日周一下午确认订单到最终出运，只有短短 1 天半的时间供准备材料、提交呈批件、协调操作这票特殊货物各环节。公司保卫部和市场部同事们齐心协力、加班加点，最终快速获得总部和边防的批复，确保了所有出入境手续按时完成，使此次活体马匹运输从不可能变为可能！运输过程中，各保障单位全程关注马匹的健康状况，及时观察马匹的喂食和饮水情况，确保马匹在整个运输过程中安然无恙。

西区货站此前已承运过多次马匹运输任务，有着丰富的运输保障经验。在接到马匹运输进港预报后，西区货站各部门各就各位，等待马匹进港。3 月 14 日 01:06，搭载着马匹的 CK206 航班从阿姆斯特丹起飞，航班按计划 11:47 准点降落在浦东国际机场。半小时后四只标准马厩集装箱从机坪拖入西区货站空侧场地。13:20 代理完成结费手续，进港将马匹拖至陆侧提货区，顺利与代理完成交付手续。从飞机起飞到货物交付，整个过程历时 12 小时 14 分钟，东航物流再一次为客户诠释了东航速度。

此外，该航班的执行还有另一大难点。航班上除了这 12 匹活体马匹，还有 1 台高价值精密仪器，对振动相当敏感且需要温控的设备，价值约 170 万欧元！由于精密仪器有特殊运输要求，欧洲营销中心的操作团队在航前做了细心的装载计划，精心做好外包装，在地板上进行了固定，尽最大可能地避免马匹在运输过程中对其互相影响。同时，物流公司货站事业部和运输服务部等部门的大力支持，全程呵护，圆满完成了地面的操作。

最终，凭借着高效的事前筹备，加上周密的现场配合，东航物流圆满完成了此次活体马匹和精密仪器的运输工作。

来源：东航物流

苏州工业园区空运直通港启动
——东航物流与园区高贸区开启全面战略合作

为响应长三角一体化国家发展战略，更好提升两地航空运输一体化和贸易便利化水平，2019 年 6 月 12 日上午，东航物流与苏州工业园区高端制造与国际贸易区管委会联合打造的苏州工业园区空运直通港正式启动。

双方将在战略协议框架之下，充分发挥苏州工业园区的产业优势、资源优势与上海机场的平台优势、功能优势，以物流、通关、贸易为核心，实现互利共赢、可持续发展的战略合作伙伴关系，更好地服务于国家战略和空运发展，并努力打造长三角区域提升物流一体化和贸易便利化水平的示范引领项目。

苏州工业园区空运直通港项目是东航物流主动融入长三角一体化发展国家战略，全面构建上海与苏州之间航空物流体系，持续提升区域物流一体化和贸易便利化水平的又一改革创新举措。空运直通港以颠覆传统的国际空港物流模式，有效推进苏州工业园区虚拟空港与上海机场实现联动对接，将上海浦东机场货站服务前移至苏州工业园区，航班落地后货物直接在上海机场货站一次性完成全部理货等动作（原有模式需经过 2 次理货），海关放行后即可通过卡车航班转至园区空运直通港进行分拨后送达企业，初步预测，该模式货物物流时效较原有模式提速 6 小时以上，企业节约物流成本 15%-25%。

作为东航物流一站式空服中心项目组今年重点推进的项目，苏州工业园区空运直通港自 2019 年 1 月 24 日首票试操作以来，受到多家企业对该模式给予的好评。正式启动后，将有助于打造一个全新的国际空运销售服务平台，为高端制造与国际贸易区企业提供优质的航空物流全程解决方案。信息来源： 东航物流

来源：东航物流

撰稿人： 上海市物流协会 朱泽榕

2.6 仓储业

概述

中国仓储与配送协会简介：中国仓储与配送协会前身是 1995 年经原国内贸易部审批、在国家民政部登记注册的中国仓储协会，2016 年 5 月，经国务院国资委审批、民政部核准， 更名为中国仓储与配送协会，是全国仓储配送行业的非营利性社团组织。现有共同配送、冷链、危险品、保税、钢材、金融仓储、中药材仓储、技术应用与工程服务、自助仓储、包装与单元化物流、家居物流、智慧物流等十二个分支机构。协会以推动中国仓储配送行业现代化、促进现代物流业的发展为宗旨，重点围绕各类仓储与配送设施建设、各类配送中心发展、仓配一体化服务与技术创新等开展政策研究、行业管理与自律、标准制定与实施、信息统计、资源整合、培训咨询、会议交流等。

物联云仓简介：物联云仓是由四川物联亿达科技有限公司推出的互联网仓储综合服务平台，于 2015 年 10 月上线，主要提供仓库租赁、仓配一体、仓库物资、仓库技术等服务。物联云仓旨在通过互联网仓储服务平台＋云端应用＋线下服务的方式，为传统行业实现高效、经济、快速的转型升级提供坚强支撑。

来源：投资中国网 2019 年 10 月 22 日

2019 年上海市通用仓储市场现状分析

作为中国经济、金融、贸易、航运、科技创新中心的上海，在过去 5 年发展中，交通设施网络日趋完善，仓储市场主体集聚壮大，市场环境也在逐渐优化。但是在发展的同时，上海仓储业发展也面临一系列问题，如物流园区规划落地难、仓储用地供应有限、税收政策严苛、仓储成本居高不下，等等。

为了帮助大家更好的了解 2019 年上海市仓储市场情况，物联云仓作为全国性的互联网仓储综合服务平台，根据平台实时在线数据，结合政府部门及行业协会等发布的权威信息，全面梳理上海市通用仓储市场背景、现状，分析上海市通用仓储市场存在机遇和挑战，预测上海市通用仓储市场未来发展趋势，为您提供参考。

一、上海市仓库资源分布情况

据物联云仓在线仓库数据显示，截至 2019 年 12 月，上海市仓库总面积达到 1,312.53 万平方米。其中，上海市普通仓面积达 1,251.97 万平方米，占上海市仓库总面积的 95.39%。上海市普通仓资源主要分布在浦东新区，约占整个上海市普通仓总面积的 29.90%；金山区、普陀区普通仓资源分布较少，仅占上海市普通仓总面积的 6.28%。

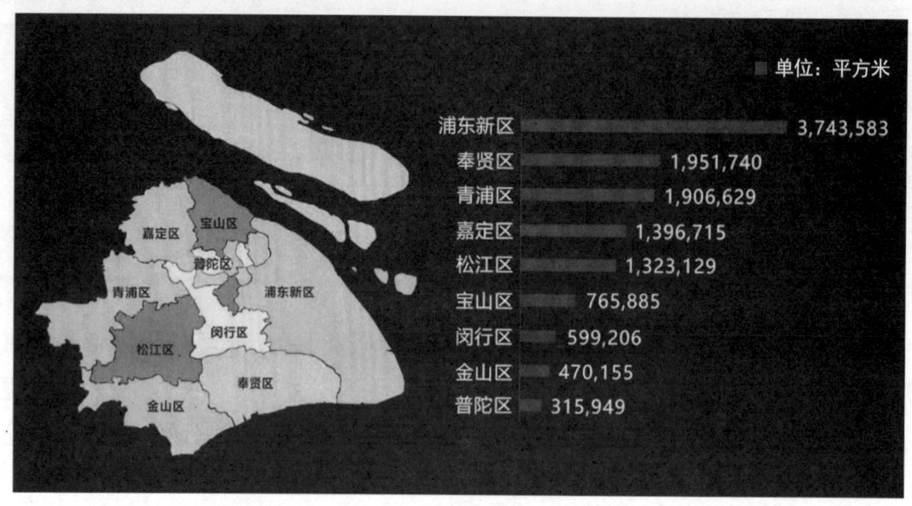

图 1 2019 年上海市子市场通用仓库资源分布情况

上海市仓储设施供应主要呈现两个方向：一是当地企业，二是大型物流地产商，是就当前市场来看，上海市仓库供应还是以大型物流地产商开发为主，且大型物流地产商在上海各重点区域的设施布局相对均衡。2019 年，受国内外经济环境影响，上海仓库新增供应增速减缓，通用仓库资源供应情况仍然维持供不应求状态，预计未来两年上海仓库租赁需求会进一步增加，供不应求状态仍将延续。同时受政府规划影响，上海部分不属于 104 板块的区域物流园未来或将面临拆迁风险，嘉兴、太仓等周边地区将成为主要承接地。

二、上海市仓库租金情况

据物联云仓在线仓库数据显示，截至 2019 年 12 月，上海市普通仓平均租金为 42.32 元 / 平方米•月，就全国范围而言，上海市普通仓平均租金远高于全国普通仓平均租金（25.10 元 / 平方米•月）；就华东地区而言，上海市普通仓平均租金在华东地区独高一格，位于华东地区普通仓平均租金第一梯队。

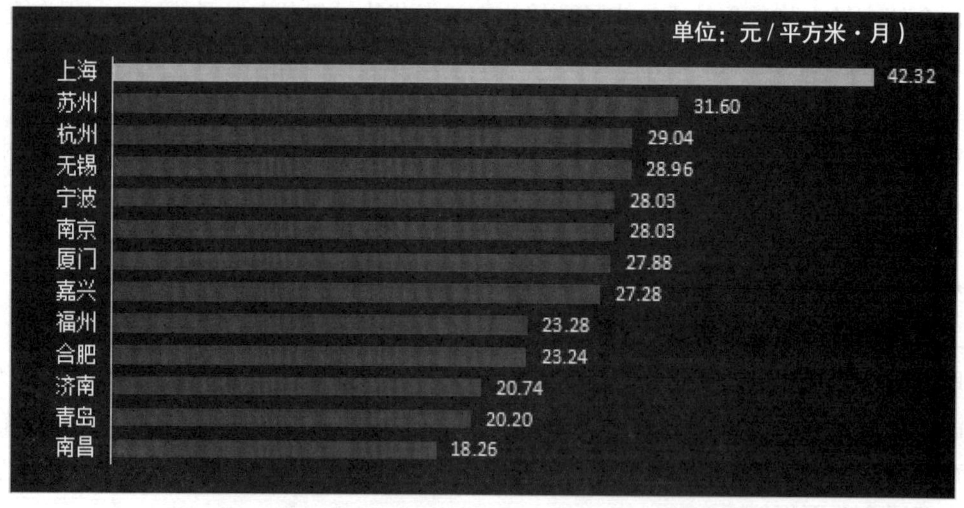

图 2 2019 年华东地区重点物流枢纽城市普通仓租金

据物联云仓在线仓库数据显示，截至 2019 年 12 月，上海市普陀区区普通仓租金独高一格，达 45.00 元 / 平方米 • 月；奉贤区、金山区普通仓租金较低，均低于 40.50 元 / 平方米 • 月。整体来看，上海市各区域间普通仓平均租金差异不大。

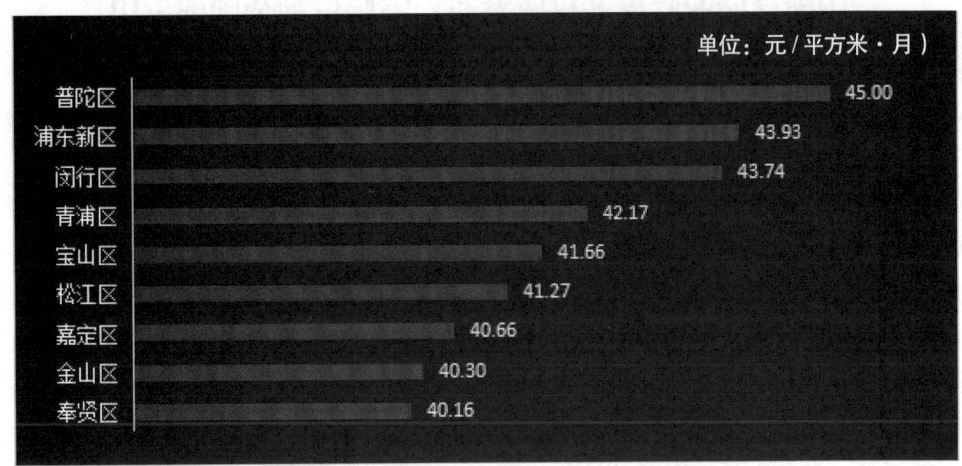

图 3 2019 年上海市重点区域普通仓租金情况

上海仓库租户主要以第三方物流、电商行业为主、高附加值生产企业为辅。由于租户对租仓成本比较看中，租户租仓首要考虑仓库租金，其次是地理位置。2019 年上海仓库租金基本保持平稳，无较大市场波动。预计未来上海仓库租金短期内不会呈现很大涨幅，依然保持平稳。在区域选择方面，浦东新区、奉贤区、松江区、青浦区、嘉定区因其交通优势和丰富的仓库资源，成为大多数企业的优先选择。

三、上海市仓库空置率情况

据物联云仓在线仓库数据显示，截至 2019 年 12 月，上海市普通仓可租面积 146.21 万平方米，平均空置率为 11.68%，与全国普通仓平均空置率（11.36%）水平基本持平，仓库资源基本能满足当地需求。其中，上海市金山区仓库空置率相对较高，高达 14.52%；闵行区、普陀区仓库空置率较低，均低于 3%。

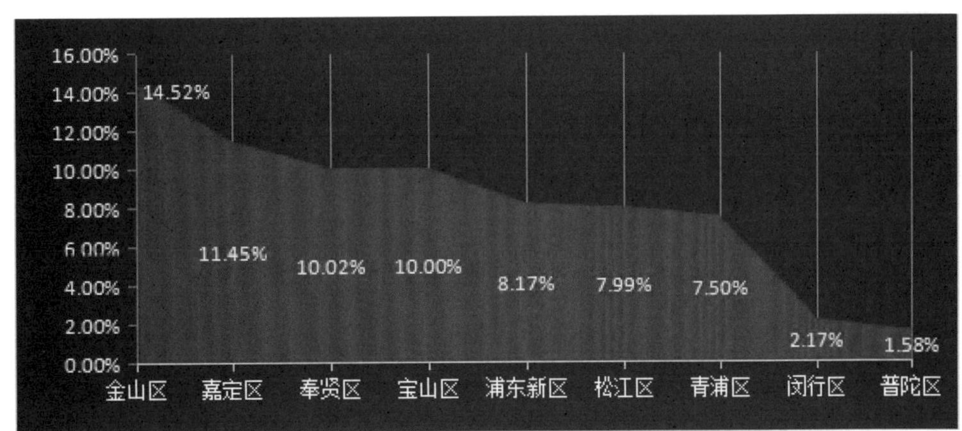

图 4 2019 年上海市重点区域普通仓空置率概况

上海属于一线城市，市场较成熟，仓库空置率常年保持低位，随着 2019 年下半年有电商节日、双十一、双十二、春节等促销节日来临，上海通用仓库资源更为紧张，其中无税收要求的高标仓备受租户青睐。预计未来随着上海城市规划推行，经济发展，未来两年，上海仓库空置率还会有所降低。

来源：物流云仓 2019 年 12 月 24 日

中国仓储业蓝皮书权威发布：宇培位列全国前三甲

日前，由中国仓储与配送协会编撰的中国仓储业蓝皮书权威发布：上海宇培（集团）有限公司在2018年全国仓储地产企业排名中位列前三甲。

据悉，上海宇培（集团）有限公司成立于2000年，是国内最早进入物流地产领域的专业开发商之一，系中国本土第一家在香港联交所上市的专业从事现代物流设施开发运营的企业——中国物流资产（股票代码：01589.HK）在境内的运营和管理主体。集团专注于在国内各直辖市、省会城市和物流节点城市的交通枢纽、城市配送中心及工业园区开发运营优质物流设施，为全球领先的电子商务企业、第三方物流企业、制造商、零售商等各种类型的客户提供以“优质仓储空间租赁”为核心的系列标准化服务。在国家大力支持发展现代物流业的政策环境下，受益于国内经济长期高速发展、电子商务迅猛增长、消费潜能不断释放等积极因素，公司业务规模不断增长。截至2018年12月，集团业务已拓展至国内45个城市，物流资产组合（含运营、在建、待开发及未来投资项目）超过790万平方米，持有资产总规模超过200亿元，形成了一个覆盖中国主要物流枢纽城市的高效物流设施网络。

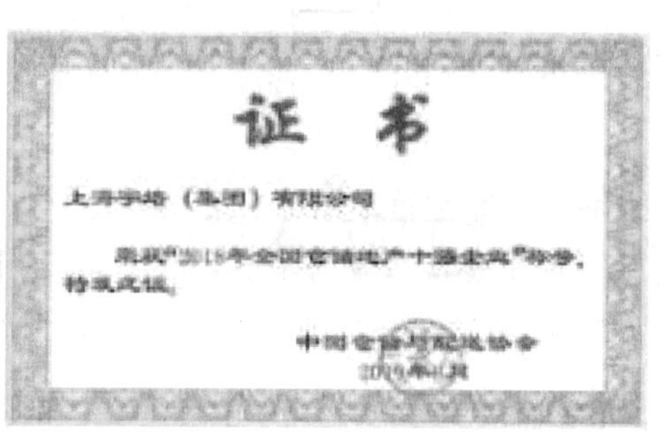

中国仓储与配送协会是全国仓储配送行业的非营利性社团组织。协会是国际仓储与物流协会联盟（IFWLA）执委会成员，协会主办的中国仓储配送大会已成功举办14届，在业界享有盛誉。其编撰的中国仓储业蓝皮书均由相关协会、研究机构等专家撰稿，旨在全面总结我国仓储配送业年度发展状况，聚焦行业发展问题，推广优秀模式和案例，以推动我国现代仓储与配送业健康发展。

来源：北国网 2019年7月4日

上海物流仓储供不应求 租金加速上涨

互联网商业的蓬勃发展、近年来紧锣密鼓的拆除违法建筑加之可供开发物流地块的日益稀缺，使得申城有限的物流仓储供应与强劲的租赁需求产生尖锐的供需矛盾，非保税仓储租金上涨增速正不断加快。

据全球领先的房地产专业服务和投资管理机构仲量联行10日发布的《2019年第一季度上海房地产市场回顾报告》，非保税仓储的本期吸纳量达到119540平方米，是2018年一季度吸纳量的4倍多。主要需求来自能够满足当地税收要求的第三方物流和制造商，而冷链服务商正在成为新的需求驱动力。

面对更加严苛的税收政策，市场净吸纳量依旧强劲，且询问量保持在高位。开发商担忧税收政策执行力度不断加强。诸如沪郊一些热门细分市场在新项目招租时，需要寻找能够满足税收要求的租户，这有可能导致整体租赁周期延长。而对于已达到税收要求的现有项目，空置面积一旦出现会立即被市场消化。

一季度，新宜嘉定维玉物流园满租开业，为上海市场总存量增加了 4.7 万平方米。近年来，此间可供开发地块的稀缺意味着供应量将不断下降，预计今年未来三个季度的新增供应量将降至 21.8 万平方米，低于去年新增供应量的一半。强劲的需求已导致市场总体空置率从约 8% 下降到 6.5%。

物流仓储空间的供不应求使得非保税仓储的租金加速上涨，租金环比涨幅从上季度的 1.1% 上升至 1.5%。成熟的细分市场如沪郊嘉定、青浦环比增幅最高，即使是受到税收政策影响，此类区域的新项目开发商仍未大幅下调租金，因为他们预计租户的需求会保持强劲。

来源：中国新闻网 2019 年 4 月 10 日

上海市人均物流仓储面积已接近纽约水平 短板仍然存在

上海在建设“五个中心”和实施长三角一体化战略中，物流是基础性、支撑性的行业，其中，物流业的物理载体——仓储设施必不可少，这些设施在上海的空间布局是否合理、数量是否合适、结构等级是否合度等等，都直接关系到上海“五个中心”的建设，尤其是经济、贸易和航运中心建设的水平。

今年，市商务委委托头等仓·上海熙邻网络技术有限公司，依托旗下 B2B 物流大数据运营平台，对上海及长三角部分城市的物流仓储设施状况作了摸底调研，并发布了《长三角仓储设施白皮书·上海篇》。近日，上海产业转型发展研究院从产业结构调整、工业存量用地盘活以及物流行业转型升级的角度，对白皮书的调研结果进行了分析解读。这些能够在市场上流通、市场化经营使用的物流仓储设施（企业自用不进入市场的除外），从总体上看呈现以下几个特点：

1. 具有相当规模。如与周边几个城市相比，上海这类物流仓储总量为 4300 万平方米，苏州是 4050 万平方米，无锡为 1530 万平方米，嘉兴为 1540 万平方米，杭州有 1070 万平方米。上海人均物流仓储面积为 1.8 平方米，已接近纽约水平。

2. 分布已郊区化。以人民广场为圆心，按照 15 公里、20 公里、30 公里、40 公里和 50 公里的半径，分析结果是：在 15-20 公里之间超过 500 万平方米；20-30 公里之间约 1500 万平方米；30-40 公里之间约 1000 万平方米；40-50 公里之间也有 1000 万平方米。总体看，上海的物流仓储设施已基本布局到外环线以外。

3. 空置率较低。如上海平均空置率为 6.53%，苏州为 6.81%，无锡为 9.15%，嘉兴为 8.27%，杭州为 5.26%。杭州总量不到上海的 1/4，所以空置率略低。在上海区域内，外高桥空置率最低，在 2.6%-3.4% 之间，临港最高，为 10%-12.5%；其余地区介于两者之间。

4. 形成三足鼎立格局。物流仓储设施主要集中在上海的西北、西南和浦东三个片区，其中西北片区为 1085 万平方米，西南片区为 1484 万平方米，浦东为 372 万平方米，包括外高桥 118 万平方米，浦东机场 97 万平方米，临港 157 万平方米。这三大片区约占上海物流仓储设施的 70%。

5. 存放货品结构变轻。从存放在仓储中的货品结构看，日用快消品占 25%，机械设备占 23%，电子产品占 16%，汽车配件占 10%，这四类就占了 74%。而传统的化工、钢木石材，则分别仅占 3% 和 2%。由此可以看出，上海的产业结构、消费结构和物流结构正在发生变化。

6. 货物流向特征明显。从货物入库来源地与出库方向看，由本市区域入库的占 51%，出库流入本市的占 32%；由市外区域入库的占 40%，出库流向市外的占 53%；由境外方向入库的占 9%，出库流向境外的占 15%。从中可以看出上海服务全国和经济国际化的程度在不断提高。其中，西北和西南片区主要面向长三角和国内各地，这两个片区仓储货物的进出特点为：由本市区域入库的占 54%，出库流向本市的仅占 14%；由市外区域入库的占 45%，出库流向市外的占 64%。浦东片区则主要服务于国际贸易，包括保税物流、航空物流和口岸物流。如由本市区域入库的占 38%，出库流入本市的仅占 8%；由市外区域入库的占 58%，出库流向市外的也只占 8%；由境外区域入库的占 4%，而出库流向境外的占 89%，外向型的特点突出。

与此同时，数据表明，上海物流仓储设施还存在三大“短板”问题：

一是仓储设施的等级不够高。

按照高标库、普通库和厂房的分类标准，高标库仅占 19%，标准库占 22%，厂房则占 59%。这三类等级的差异不仅体现在物理空间上和设施上，更主要体现在消防、环保等方面，出于成本、规划等各种因素考虑，厂房投入少、标准低、隐患大的问题十分普遍。而纽约、洛杉矶这两个城市的高标库比重接近 60%，相比之下，上海标准库、高标库的比例过低，已成为制约行业发展的“瓶颈”。如浦东片区高标库、普通库占 80%，厂房只占 20%；但在西北、西南片区，厂房分别占 75% 和 65%；高标库则分别仅占 10% 和 15%，已无法满足现在货物品种的仓储需求。

二是仓储设施单体规模偏小。

目前 4300 万平方米体量中约有 2500 个单体项目，其中小于 1 万平方米的占 41%，1 万 -2 万平方米的占 26%，2 万 -4 万平方米的占 21%，4 万平方米以上的仅 12%，即 2 万平方米以下的超过 2/3。从三类单体的平均面积看，高标库为 56155 平方米，普通库为 24347 平方米，而厂房仅为 12920 平方米。可见，小、散、低标的问题比较明显。

三是仓储设施专业化运营水准参差不齐。

在高标库运营方面，大型专业物流仓储设施开发商占 48%，如普洛斯、嘉民、安博等；其余也均为终端物流用户和中小型物流开发运营企业；在普通库运营方面，基本也是各类物流用户、运营商和开发商。问题比较突出的集中在由厂房改造而来的仓储设施的运营，55% 是原厂房业主，45% 是各类工业地产的二房东，他们将厂房作为仓储用途进行市场租赁，普遍存在专业化水平低、管理水平低、单位产出率低和各类事故风险高的问题。

上述问题的存在，已明显制约了上海整体物流仓储设施及运营水平的提高。从目前物流发展的趋势看，一是由电子商务驱动的电商和快运快递仓储需求持续增长；二是生鲜食品对冷冻冷藏仓储设施需求急剧增长；三是跨境电商对跨境仓储设施需求快速增长。这些都对仓储物流专业化、标准化和增值化服务提出了新的要求。如从高标准仓库租金的平均涨幅看，在过去的 10 年里，每年为 5. 3%，尤其是近两年涨幅达 15%，已接近洛杉矶的水平，是东京的 40% 和香港的 25%，表明高标准物流仓储设施建设的必要性、紧迫性和提升空间巨大。

从实际情况看，在外环之外的工业园区转型升级正日益迫切，除了向先进制造业纵向提升外，将一部分工业存量厂房土地用于现代物流的载体建设，也不失为一个有操作性的选择，因为大部分地处郊区的工业低效或闲置存量转型搞“文创园”“科创园”是不太现实的。但是，对已转型物流载体、并占仓储设施总量近 60% 的厂房，如何进行标准化改造、专业化运营、规模化建设、信息化整合；如何建立网络化、共享型仓储平台；如何推动智能分拣设备、物联网云平台、机器人、自动化立体仓等新技术的应用，这些，都是政府相关部门、物流行业和企业急需重视、研究和解决的问题。

来源：运输人网 2019 年 7 月 9 日

《2019 年 1 月中国通用仓储市场动态报告》发布

在中国仓储与配送协会指导下，物联云仓《中国通用仓储市场动态报告》已连续发布六期，本期也是进入 2019 年新年发布首期。《报告》通过对物联云仓实时数据进行汇总、整理，全面反映我国主要物流节点城市的仓储设施租金水平和空置情况，体现通用仓储市场的供需动态变化，总结市场发展规律，预测市场发展趋势，为了解仓储市场发展情况、合理投资提供参考依据，以下是中文报告全文（完整高清双语 PDF 版请至物联云仓下载）。

物联云仓延续往期《报告》成果，不断扩大统计范围，加强仓储市场分析，发布《2019 年 1 月中国通用仓储市场动态报告》。2019 年 1 月，物联云仓全国在线仓库面积新增 393 万㎡，总面积超 2.58 亿㎡，较 2018 年 12 月增长 1.54%；在线可租面积超 3,955 万㎡，较 2018 年 12 月增长 3.66%。仓库资源覆盖 32 个省份，201 个城市，5,800 个园区。

2019 年 1 月中国仓储设施租金水平

全国 30 个城市仓库平均租金为 26.99 元 / 平方米 • 月，环比上涨 0.71%。其中，华南、华东地区仓库平均租金仍高于华北、华中、华西地区。与上月相比，华南、华北、华西地区仓库平均租金小幅上涨，涨幅分别为 2.71%、0.97%、0.65%；华中地区仓库平均租金小幅下降，降幅为 1.22%；华东地区租金波动不大，涨幅为 0.26%。

具体来说，北京、上海、深圳仓库租金远高于其他城市，平均租金在 40 元 / 平方米 • 月以上。其中，北京、上海仓库平均租金波动不大；深圳受元旦、春节等节日影响，企业积极备货，尤其是服装、家电、快消品、农副产品等相关企业对仓库需求增大，拉动仓库租金大幅上涨（增幅已超过 10%）。深圳市规划国土委分别于 2018 年 12 月、2019 年 1 月发布《深圳市城市规划标准与准则》《深圳市扶持实体经济发展促进产业用地节约集约利用的管理规定（征求意见稿）》，调整了物流仓储用地容积率限制，这都意味着，2019 年，深圳在物流仓储土地利用、仓库规划建设方面将放宽管制，可有效缓解仓储用地紧张难题。

兰州、石家庄、太原、南昌仓库租金略低于其他城市，平均租金在 20 元 / 平方米 • 月以下。其中，石家庄、太原租金波动不大；随着春节临近，企业积极囤货以备销售，同时受部分物流公司停运影响，仓库需求增加，兰州仓库平均租金有小幅上涨（增幅为 5.85%）。

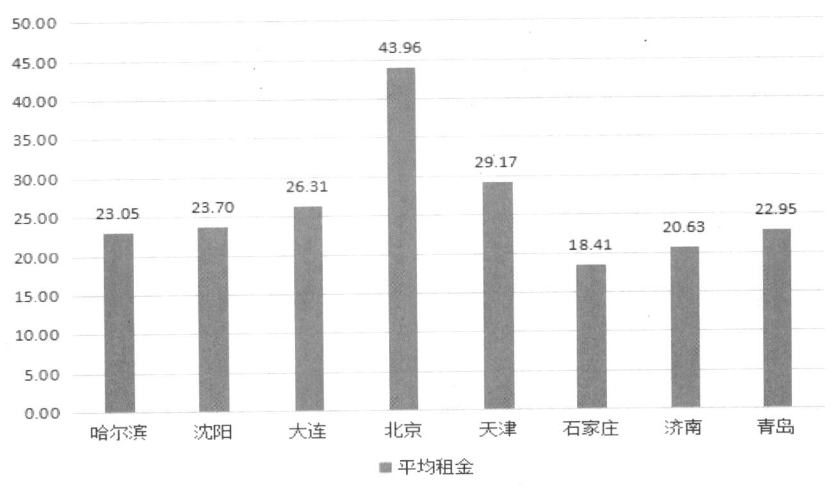

图 1 1 月华北地区仓库租金情况（单位：元 / 平方米 · 月）

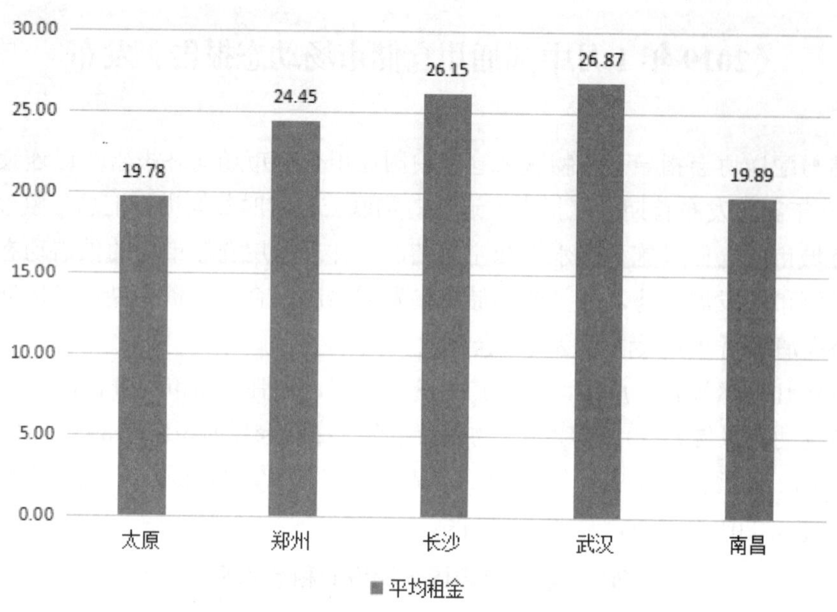

图 2　1 月华中地区仓库租金情况（单位：元 / 平方米 · 月）

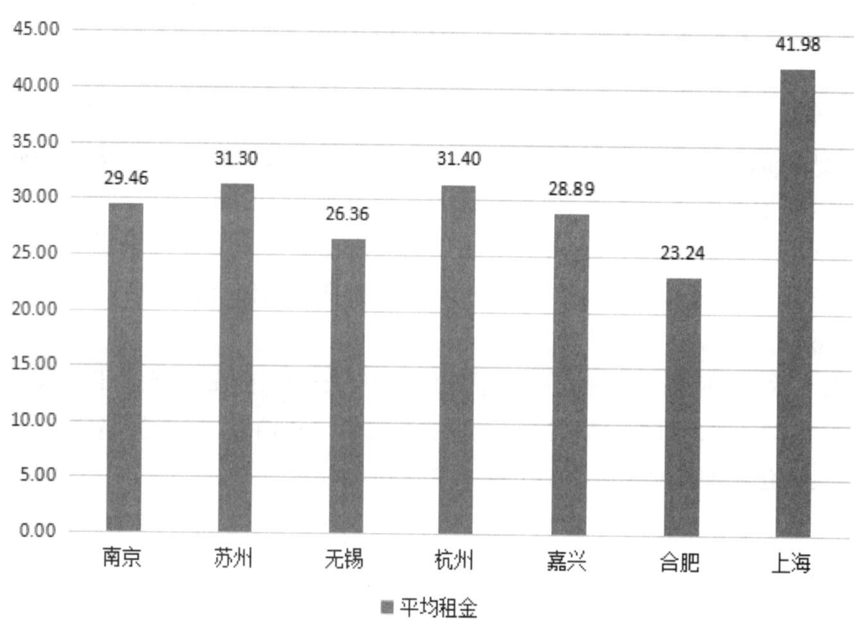

图 3　1 月华东地区仓库租金情况（单位：元 / 平方米 · 月）

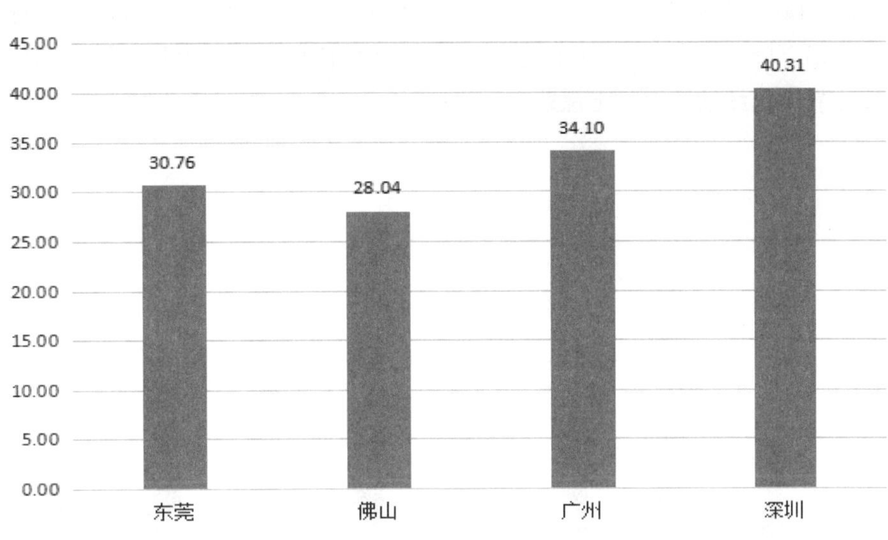

图 4 1 月华南地区仓库租金情况（单位：元 / 平方米 · 月）

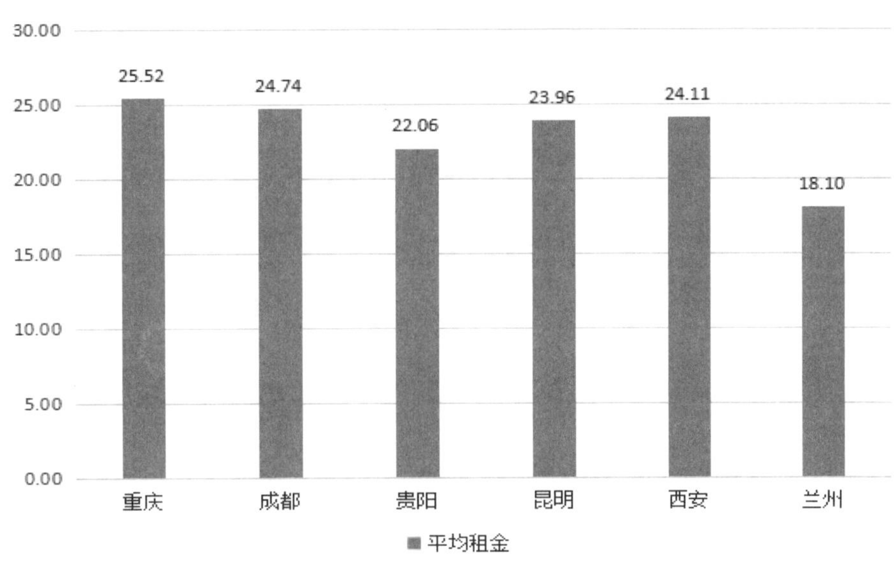

图 5 1 月华西地区仓库租金情况（单位：元 / 平方米 · 月）

2019 年 1 月中国仓储设施空置率情况

全国 30 个城市仓库平均空置率为 12.22%，环比上涨 0.44%。其中，华东地区仓库空置率远低于其他 4 个大区。与上月相比，华中、华南、华东地区仓库空置率有小幅上涨（涨幅分别为 2.96%、0.31%、0.14%），华西、华北仓库空置率有小幅下降（降幅分别为 0.50%、0.11%）。

仓库空置率最高的城市为重庆、南昌、昆明，均超 26%。与上月相比，昆明仓库空置率变化不大；重庆仓储市场长期处于供大于求状态，仓库空置率居高不下，延续上月上涨趋势；南昌仓库资源持续相对充足，仓库空置率长期处于高位，加之，1 月部分工厂陆续停工，导致仓库租赁需求有所下降，空置率有所上涨。

仓库空置率最低的城市为苏州、无锡、嘉兴，均低于 5%。相较上月，苏州、嘉兴仓库空置率变化不大；受春节企业租仓备货影响，无锡空置率有小幅下降，降幅约 3.35%。

仓库空置率波动最大的城市为长沙，较上月上涨约 11.36%，近期长沙对部分老旧批发市场进行拆迁，仓库需求有所下降，同时，1 月有部分新建仓库投入市场，比如万纬、普洛斯、嘉里大通、宝湾等，导致仓库空置率延续前两个月上涨趋势。

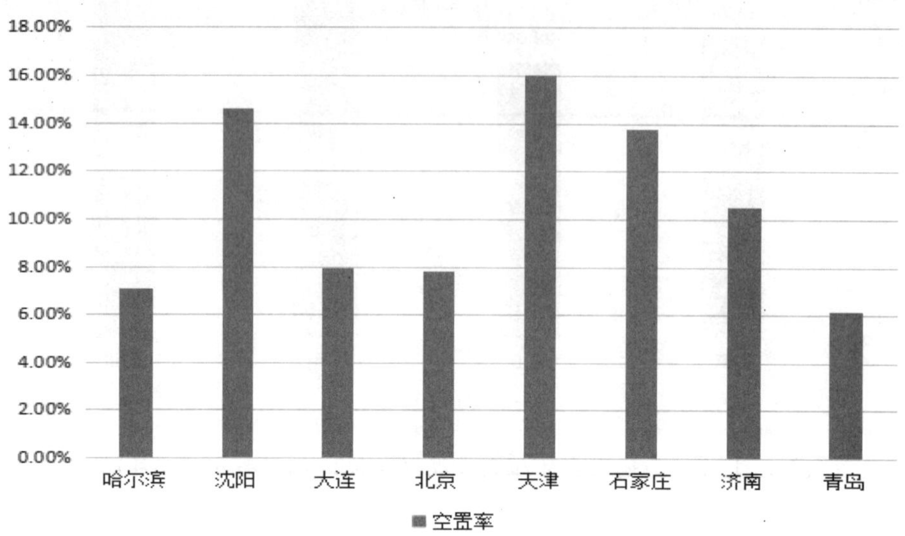

图 6　1 月华北地区仓库空置率情况

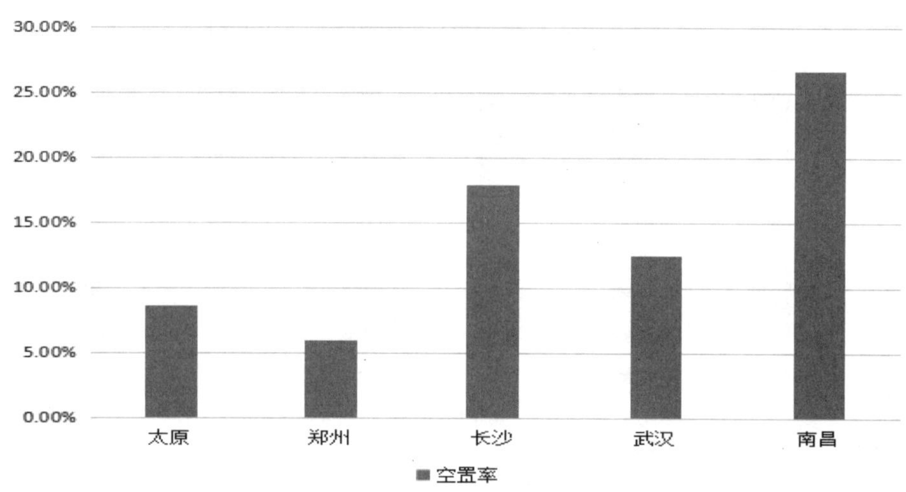

图 7　1 月华中地区仓库空置率情况

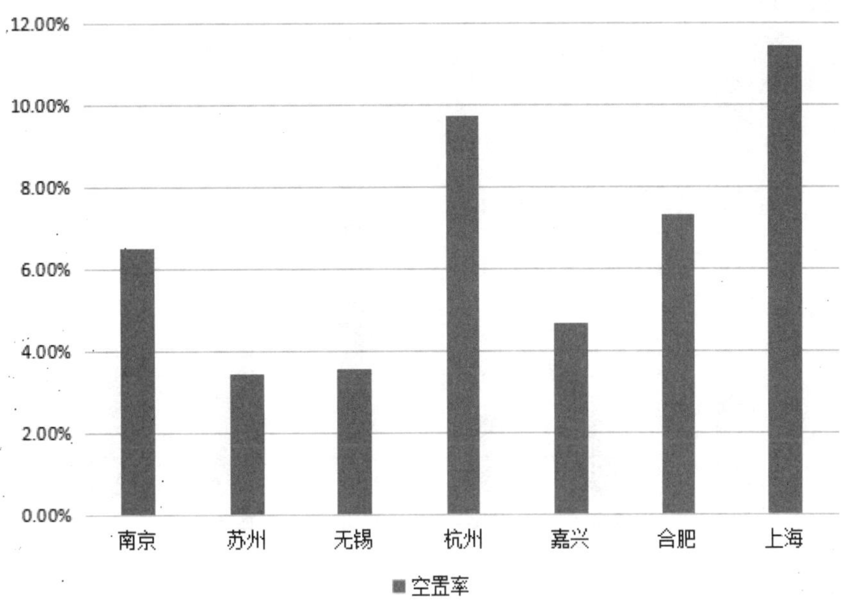

图 8　1 月华东地区仓库空置率情况

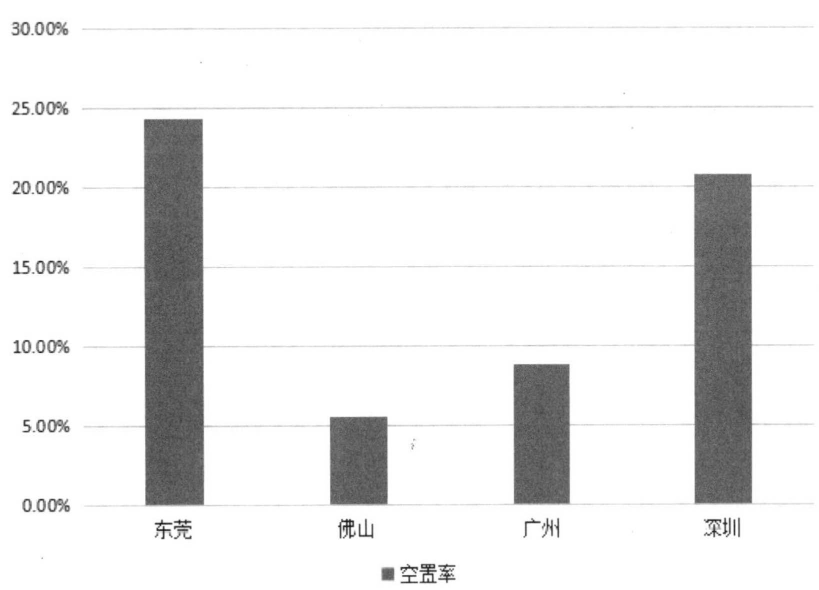

图 9　1 月华南地区仓库空置率情况

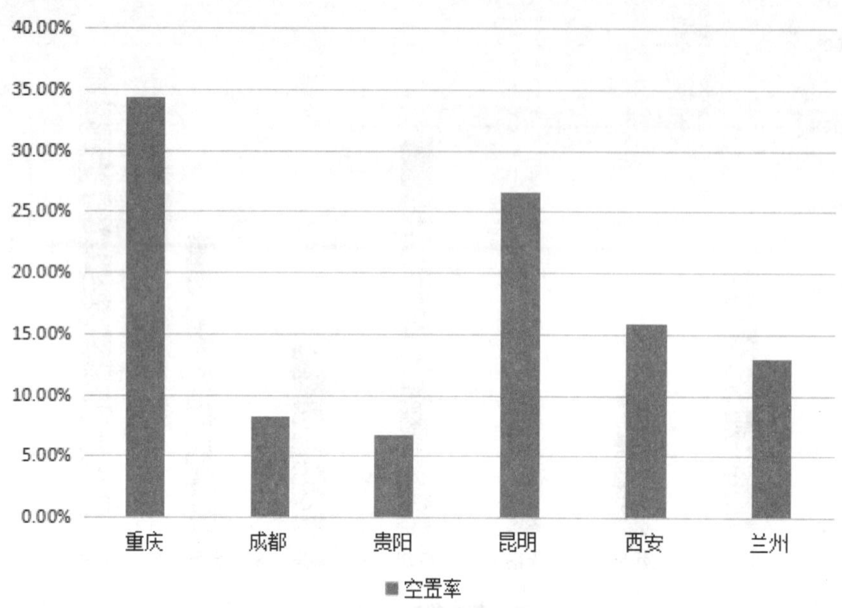

图 10　1 月华西地区仓库空置率情况

表 1　全国 30 个城市平均租金和空置率一览

城市	平均租金（元 / 平方米•月）	环比变化	空置率	环比变化
北京	43.96	1.20%	7.81%	0.23%
上海	41.98	2.27%	11.45%	2.60%
深圳	40.31	10.02%	20.84%	1.23%
苏州	31.30	-0.38%	3.45%	0.64%
杭州	31.40	-1.16%	9.75%	-0.40%
广州	34.10	0.56%	8.86%	0.06%
东莞	30.76	0.46%	24.33%	-2.05%
南京	29.46	0.55%	6.52%	0.26%
佛山	28.04	-1.68%	5.63%	2.01%
嘉兴	28.89	0.00%	4.66%	0.00%
长沙	26.15	-0.27%	17.89%	11.36%
天津	29.17	0.34%	16.02%	0.09%
无锡	26.36	-0.42%	3.58%	-3.35%
大连	26.31	2.65%	7.93%	0.14%
重庆	25.52	-0.66%	34.33%	3.87%
武汉	26.87	0.26%	12.48%	-0.49%
郑州	24.45	-0.81%	5.94%	-0.54%

城市	平均租金（元 / 平方米•月 ）	环比变化	空置率	环比变化
沈阳	23.70	0.94%	14.63%	-0.24%
合肥	23.24	0.30%	7.32%	1.20%
昆明	23.96	-0.79%	26.57%	0.53%
哈尔滨	23.05	0.88%	7.09%	0.14%
成都	24.74	-0.08%	8.20%	-0.09%
青岛	22.95	1.37%	6.19%	-1.83%
西安	24.11	0.17%	15.82%	0.05%
贵阳	22.06	1.15%	6.75%	0.00%
太原	19.78	0.00%	8.62%	0.75%
济南	20.63	0.24%	10.51%	0.86%
南昌	19.89	-5.87%	26.69%	3.74%
石家庄	18.41	-0.32%	13.74%	-0.26%
兰州	18.10	5.85%	13.00%	-7.31%

来源：物联云仓、物通网 2019 年 2 月 25 日

《2019 年 9 月中国通用仓储市场动态报告》概要

在中国仓储与配送协会指导下，物联云仓《中国通用仓储市场动态报告》（以下简称《报告》）已连续发布 14 期。《报告》通过对物联云仓实时数据进行汇总、整理，全面反映我国主要物流节点城市的仓储设施租金水平和空置情况，体现通用仓储市场的供需动态变化，总结市场发展规律，预测市场发展趋势，为了解仓储市场发展情况、合理投资提供参考依据，以下是中文报告全文。

物联云仓延续往期《报告》成果，不断扩大统计范围，加强仓储市场分析，发布《2019 年 9 月中国通用仓储市场动态报告》。2019 年 9 月，物联云仓全国在线仓库面积新增 160 万平方米，总面积超 3 亿平方米，较 8 月增长 0.56%；在线可租面积超 3,314 万平方米，较 8 月增长 1.51%。仓库资源覆盖 32 个省份，217 个城市，6,885 个园区。

2019 年 9 月中国通用仓储设施租金水平

全国 32 个城市仓库平均租金为 27.63 元 / 平方米 • 月，环比上涨 0.04%。其中，东部地区仓库平均租金（31.52 元 / 平方米•月）高于西部（23.98 元 / 平方米•月）、东北（23.78 元 / 平方米•月）、中部（23.44 元 / 平方米 • 月）地区。相较 8 月，东部地区仓库平均租金有小幅上涨，涨幅为 0.64%；西部、东北、中部地区仓库平均租金保持平稳，增（降）幅在 ±0.1% 以内。

北京、上海、深圳仓库平均租金仍然领先全国，均高于 40 元 / 平方米 • 月。

仓储市场稳定，平均租金波动不大，增（降）幅在 ±0.30% 以内。本月 25 日，北京大兴国际机场正式投运，同时随着《北京新机场临空经济区规划（2016-2020 年）》的推进，未来北京市礼贤镇、

兴隆场等区域及河北省廊坊市、固安县、永清县部分区域仓储物流市场或将迎来爆发式增长。

受仓储设施条件、地理位置等影响，南昌、石家庄、太原仓库租金水平仍旧较低，均低于 21 元 / 平方米 • 月。相较 8 月，南昌、太原仓库租金波动不大，市场保持稳定；石家庄因市区

三环内不再规划新建大型仓储设施，同时 2019 年 1 月起三环内全天禁止中型、重型载货汽车驶入，部分企业正逐步向周边区县转移，三环外仓库租赁需求增加，石家庄仓库平均租金自 3 月起持续上涨，9 月延续上涨趋势，涨幅为 1.20%。相比 8 月，兰州仓库平均租金水平波动最大，环比上涨 1.32%。因国庆、“双 11”等促销旺季的到来，部分企业尤其是日用品、电商、快递快运企业临时扩仓需求增加。

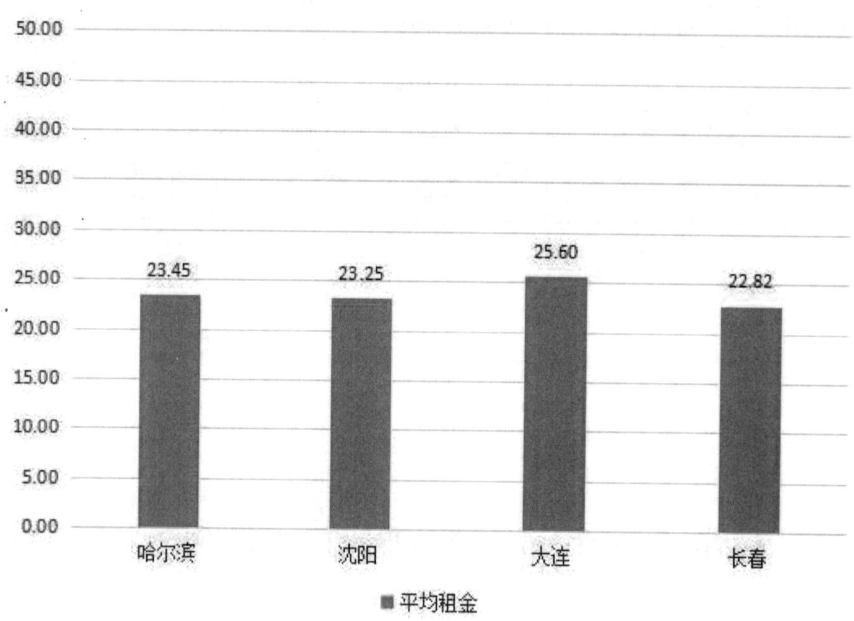

图 1 9 月东北地区仓库租金情况 (单位：元 / 平方米•月)

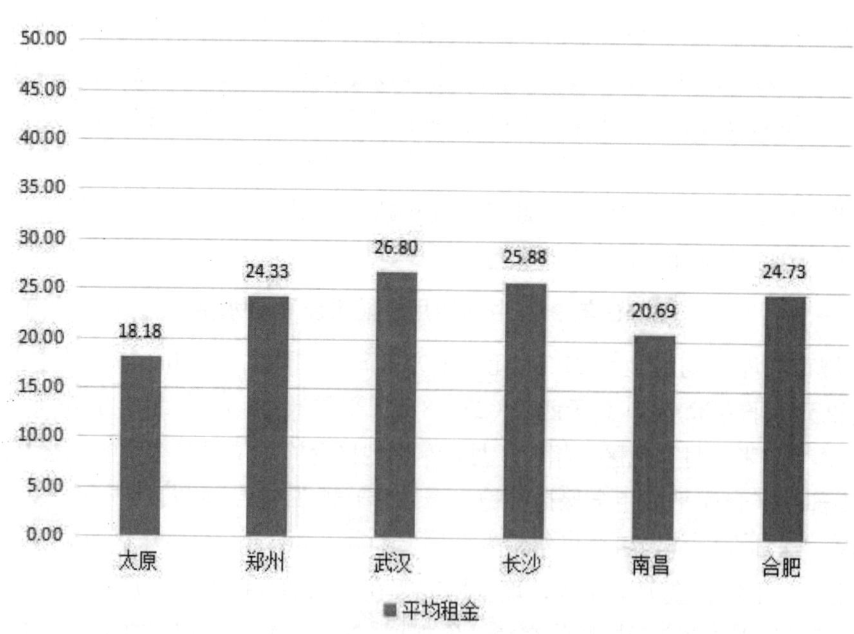

图 2 9 月中部地区仓库租金情况 (单位：元 / 平方米•月)

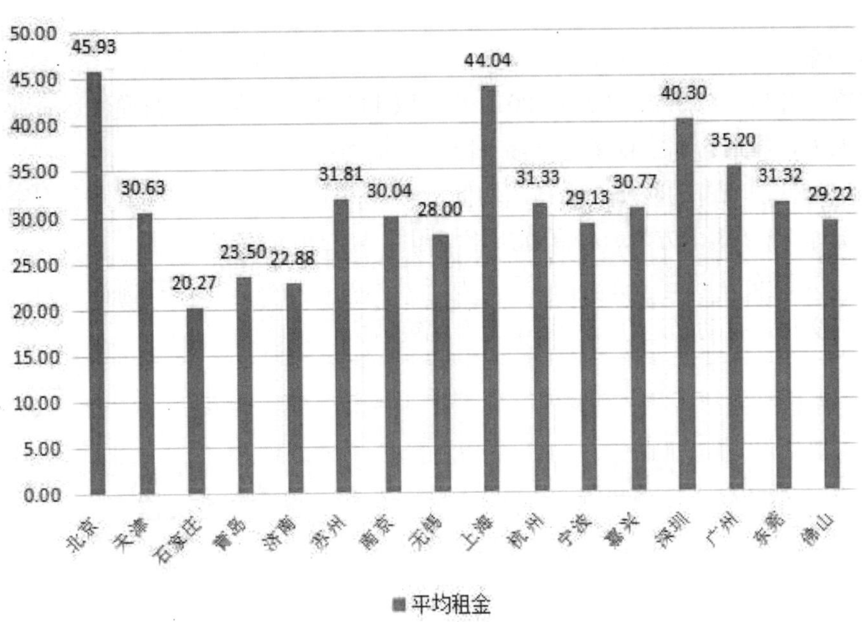

图 3 9 月东部地区仓库租金情况（单位：元 / 平方米•月）

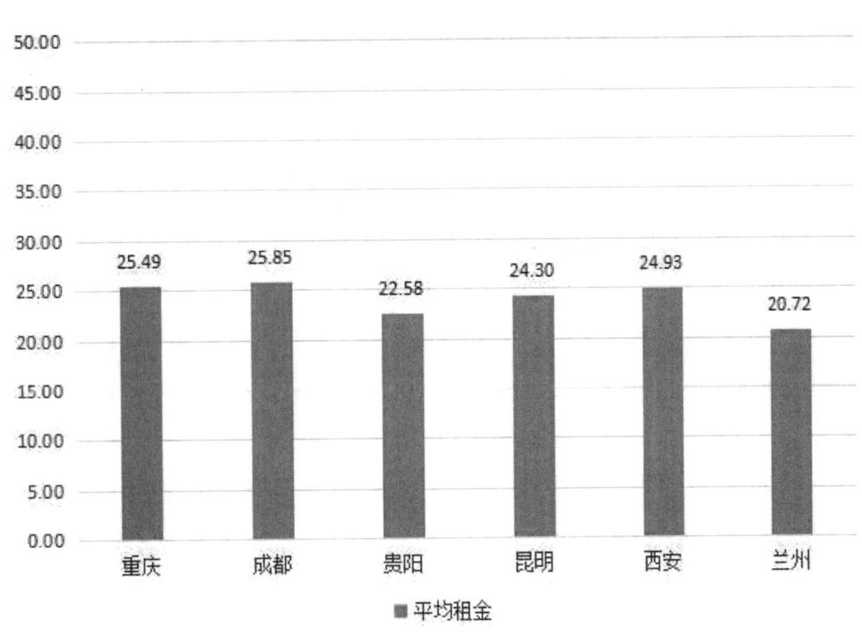

图 4 9 月西部地区仓库租金情况（单位：元 / 平方米•月）

2019 年 9 月中国通用仓储设施空置率情况

全国 32 个城市仓库平均空置率为 12.13%，环比下降 1.14%。其中，东北地区仓库空置率（21.93%）远高于西部（12.15%）、中部（11.33%）、东部（9.98%）地区。相较 8 月，中部地区仓库空置率有小幅下降，降幅为 0.76%；其他三个地区仓库空置率波动不大，增（降）幅在 ±0.2%

以内。

仓库空置率最高的城市为长春、大连，平均在 30% 左右。相较 8 月，长春延续上月仓库空置率上升趋势，空置率升幅约 2.99%；大连因 2019 年“双 11”电商节临近，快递快运企业业务流量增加，临时扩仓需求加大，导致仓库空置率有小幅下降，降幅为 1.36%。

仓库空置率最低的城市为苏州、无锡，均低于 4%。相较 8 月，苏州、无锡仓库空置率波动不大。本月无锡市新吴库 79,213 平方米、松澜苏州相城园区 51,240 m²建成交付。

相较 8 月，成都安博青白江物流园（5.1 万平方米）、丰树青白江物流园（11.7 万平方米）新建仓储项目竣工交付，拉动当地仓库空置率上升幅度较大，升幅为 6.65%。

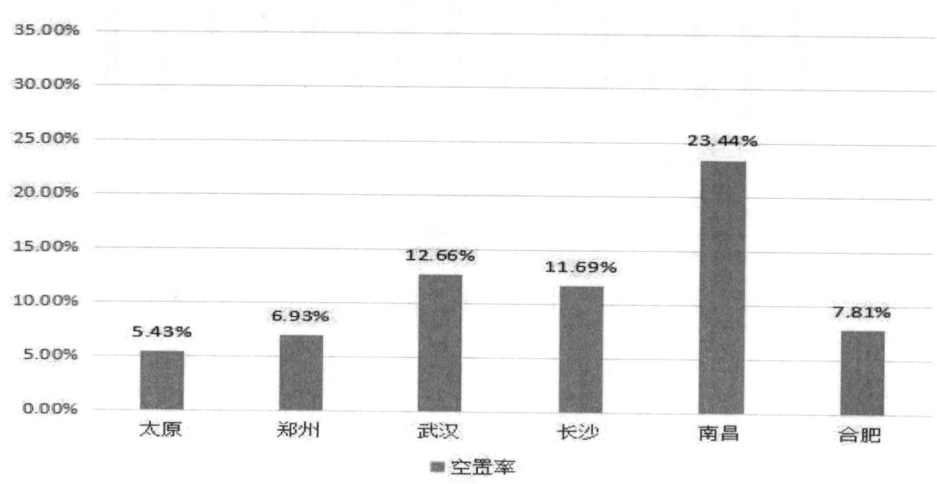

图 5　9 月中部地区仓库空置率情况

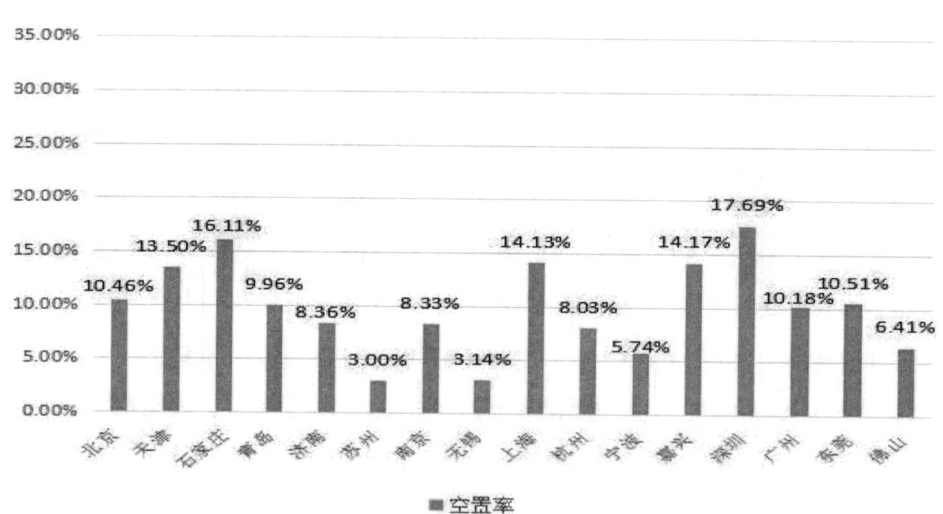

图 6　9 月东部地区仓库空置率情况

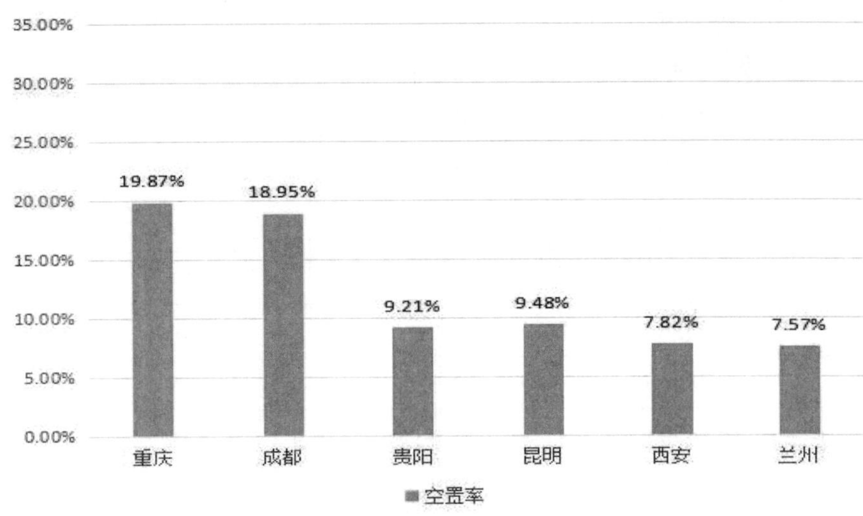

图 7 9 月西部地区仓库空置率情况

表 1 全国 32 个城市平均租金和空置率一览

城市	平均租金（元 / 平方米•月）	环比变化	空置率	环比变化
北京	45.93	-0.30%	10.46%	-0.14%
上海	44.04	0.11%	14.13%	0.65%
深圳	40.30	0.27%	17.69%	0.92%
苏州	31.81	0.28%	3.00%	0.01%
杭州	31.33	-0.22%	8.03%	0.13%
宁波	29.13	0.34%	5.74%	-1.72%
广州	35.20	-0.26%	10.18%	0.49%
东莞	31.32	0.00%	10.51%	-0.04%
南京	30.04	0.30%	8.33%	0.18%
佛山	29.22	0.00%	6.41%	0.00%
嘉兴	30.77	0.46%	14.17%	0.57%
长沙	25.88	0.00%	11.69%	1.33%
天津	30.63	0.10%	13.50%	0.70%
无锡	28.00	0.36%	3.14%	-0.43%
大连	25.60	0.08%	29.16%	-1.36%
长春	22.82	0.00%	32.61%	2.99%
重庆	25.49	-0.12%	19.87%	0.01%
武汉	26.80	0.04%	12.66%	-0.16%
郑州	24.33	0.29%	6.93%	-0.23%

城市	平均租金（元 /m²•月 ）	环比变化	空置率	环比变化
沈阳	23.25	-0.13%	16.59%	0.63%
合肥	24.73	-0.84%	7.81%	-0.13%
昆明	24.30	-0.45%	9.48%	-0.01%
哈尔滨	23.45	0.17%	9.34%	-1.47%
成都	25.85	-0.27%	18.95%	6.65%
青岛	23.50	-0.68%	9.96%	-0.71%
西安	24.93	-0.68%	7.82%	0.69%
贵阳	22.58	0.00%	9.21%	-4.48%
太原	18.18	-0.49%	5.43%	3.78%
济南	22.88	0.00%	8.36%	0.00%
南昌	20.69	0.34%	23.44%	-6.20%
石家庄	20.27	1.20%	16.11%	0.52%
兰州	20.72	1.32%	7.57%	-2.82%

来源：物联云仓

2019 年 10 月中国通用仓储市场动态报告

物联云仓延续往期《报告》成果，不断扩大统计范围，加强仓储市场分析，发布《2019 年 10 月中国通用仓储市场动态报告》。2019 年 10 月，物联云仓全国在线仓库面积新增 231 万平方米，总面积超 3.36 亿平方米，较 9 月增长 0.69%；在线可租面积超 4,755 万平方米，较 9 月增长 0.01%。仓库资源覆盖 32 个省份，217 个城市，7,074 个园区。

2019 年 10 月中国通用仓储设施租金水平

全国 32 个城市仓库平均租金为 27.28 元 / 平方米 • 月，环比下降 1.27%。其中，东部地区仓库平均租金（31.05 元 / 平方米 • 月）高于东北（24.15 元 / 平方米 • 月）、西部（23.85 元 / 平方米 • 月）、中部（23.24 元 / 平方米 • 月）地区。相较 9 月，中部地区仓库平均租金有所下降，降幅为 3.09%（中部地区）；东部、东北、西部地区仓库平均租金保持平稳，增（降）幅在 ±2% 以内。

上海、北京、深圳仓库平均租金仍然领先全国，均高于 40 元 / 平方米 • 月。相较 9 月，北京、上海通用仓储市场稳定，平均租金波动不大；深圳因临近“双 11”电商促销旺季，企业积极租仓备货，临时过渡仓需求较大且租金较高，拉动仓库租金有所上涨，涨幅为 9.53%。

受仓储设施条件、地理位置等影响，石家庄、太原仓库租金水平仍较低，均低于 20 元 / 平方米 • 月。相较 9 月，太原仓库租金保持平稳，市场相对稳定；石家庄因政府深入推进卫生城创建，将拆迁部分老旧违建仓库、整治交通秩序、清理道路及铁路沿线环境卫生，导致部分计划换仓企业处于谨慎观望状态，仓库租金有所下降，降幅为 8.63% 。

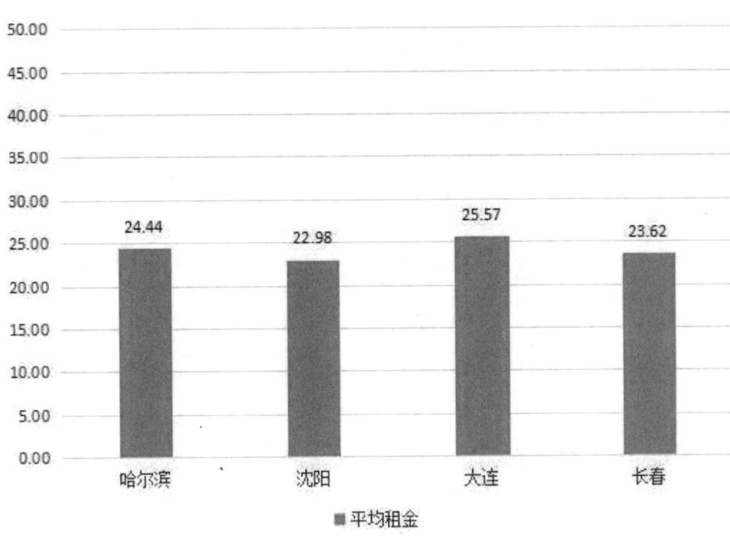

图 1 10 月东北地区仓库租金情况(单位：元 / 平方米•月)

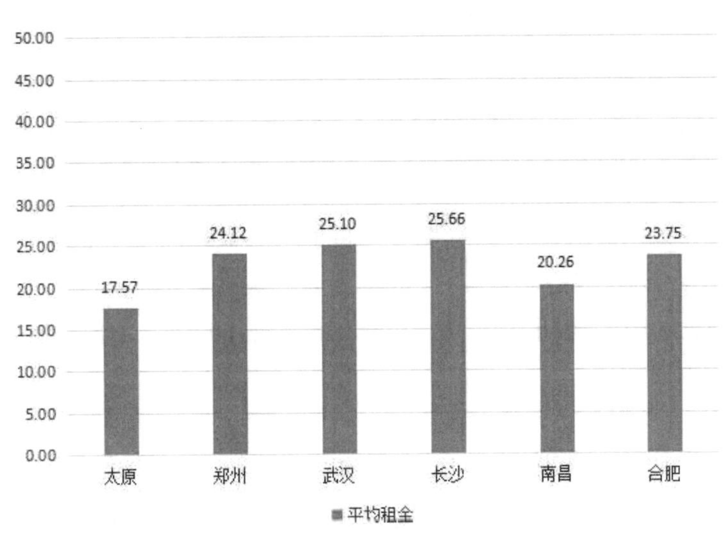

图 2 10 月中部地区仓库租金情况(单位：元 / 平方米•月)

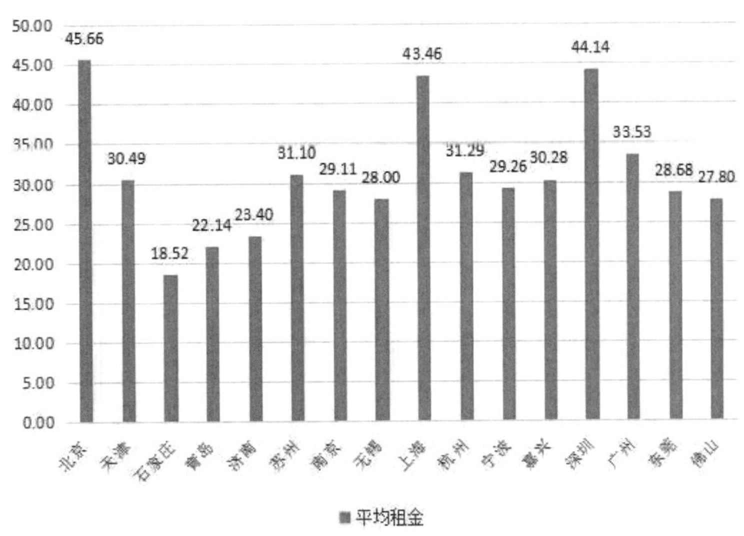

图 3 10 月东部地区仓库租金情况(单位：元 / 平方米•月)

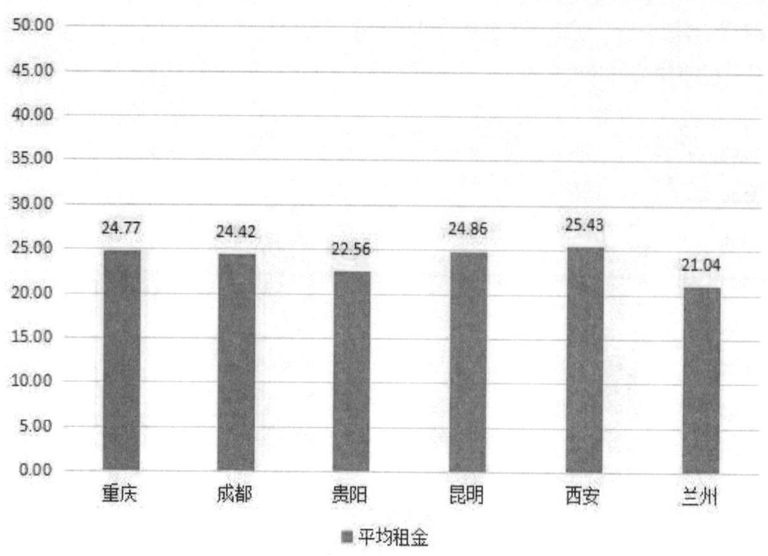

图 4 10 月西部地区仓库租金情况（单位：元 / 平方米•月）

2019 年 10 月中国通用仓储设施空置率情况

全国 32 个城市仓库平均空置率为 10.20%，环比下降 15.91%。其中，东北地区仓库空置率（18.58%）远高于西部（10.92%）、中部（8.40%）、东部（7.82%）地区。相较 9 月，东北、东部地区仓库空置率有小幅下降，降幅分别为 3.35%（东北地区）、2.16%（东部地区）；西部、中部地区仓库空置率波动不大，增（降）幅在 ±1.5% 以内。

仓库空置率最高的城市为长春、大连，均高于 20%。相较 9 月，长春、大连仓库空置率有所下降，降幅分别为 6.07%（长春）、5.88%（大连），因两地仓库租户以物流、电商企业为主，临近双“11”购物节，物流、电商企业临时扩仓需求增长明显，导致两地仓库空置率减少。

仓库空置率最低的城市为苏州、佛山、太原，均低于 4.50%。相较 9 月，苏州、太原、佛山仓库空置率波动不大，市场稳定。

相较 9 月，深圳空置率波动最大，仓库空置率下降 9.45%。主要因临近双“11”促销旺季，企业积极租仓备货，导致当地临时过渡仓需求大增，高标仓供应紧张。

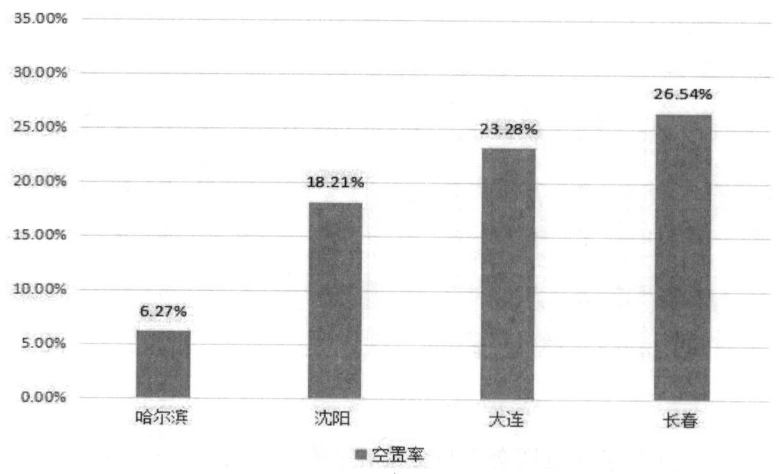

图 5 10 月东北地区仓库空置率情况

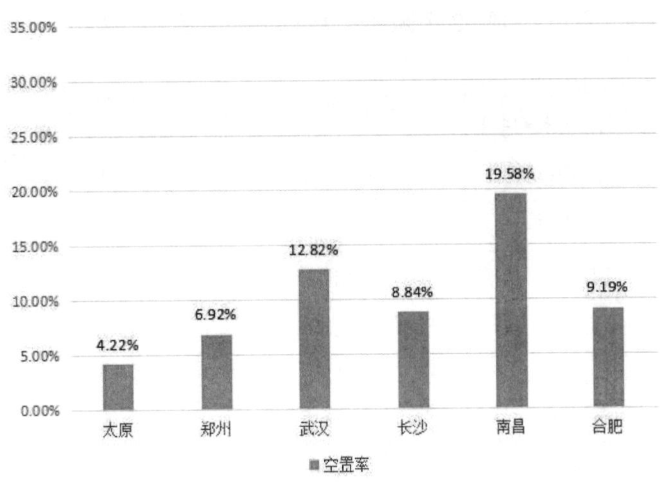

图 6 10 月中部地区仓库空置率情况

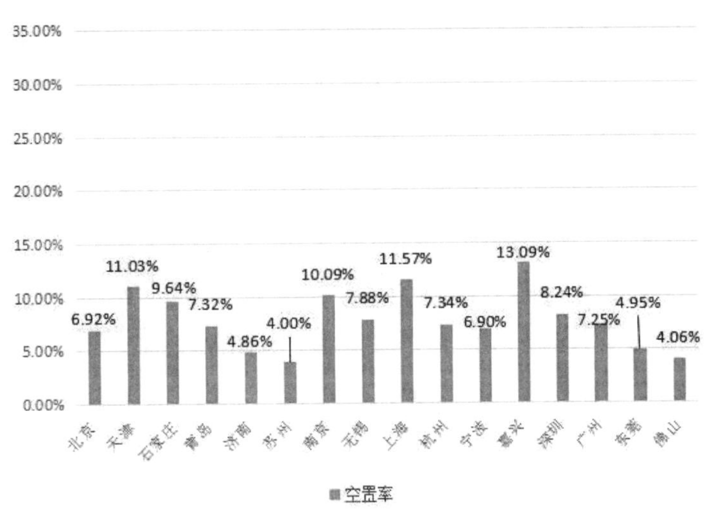

图 7 10 月东部地区仓库空置率情况

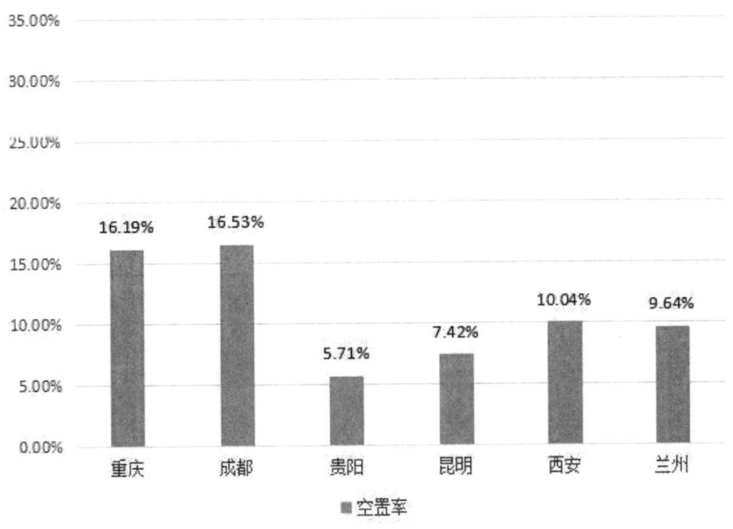

图 8 10 月西部地区仓库空置率情况

表 1 全国 32 个城市平均租金和空置率一览

城市	平均租金（元 / 平方米•月）	环比变化	空置率	环比变化
北京	45.66	-0.59%	6.92%	-3.54%
上海	43.46	-1.32%	11.57%	-2.56%
深圳	44.14	9.53%	8.24%	-9.45%
苏州	31.10	-2.23%	4.00%	1.00%
杭州	31.29	-0.13%	7.34%	-0.69%
宁波	29.26	-0.45%	6.90%	1.15%
广州	33.53	-4.47%	7.25%	-2.92%
东莞	28.68	-8.43%	4.95%	-5.56%
南京	29.11	-3.10%	10.09%	1.76%
佛山	27.80	-4.86%	4.06%	-2.36%
嘉兴	30.28	-1.59%	13.09%	-1.08%
长沙	25.66	-0.85%	8.84%	-2.85%
天津	30.49	-0.46%	11.03%	-2.47%
无锡	28.00	0.00%	7.88%	4.74%
大连	25.57	-0.12%	23.28%	-5.88%
长春	23.62	3.51%	26.54%	-6.07%
重庆	24.77	-2.82%	16.19%	-3.68%
武汉	25.10	-6.34%	12.82%	0.16%
郑州	24.12	-0.86%	6.92%	-0.01%
沈阳	22.98	-1.16%	18.21%	1.63%
合肥	23.75	-3.96%	9.19%	1.38%
昆明	24.86	2.30%	7.42%	-2.06%
哈尔滨	24.44	4.22%	6.27%	-3.07%
成都	24.42	-5.53%	16.53%	-2.41%
青岛	22.14	-5.79%	7.32%	-2.64%
西安	25.43	2.01%	10.04%	2.22%
贵阳	22.56	-0.09%	5.71%	-3.51%
太原	17.57	-3.36%	4.22%	-1.22%
济南	23.40	2.27%	4.86%	-3.50%
南昌	20.26	-2.08%	19.58%	-3.85%
石家庄	18.52	-8.63%	9.64%	-6.46%
兰州	21.04	1.54%	9.64%	2.07%

来源：物联云仓

为展品和消费者搭一座桥

——虹桥商务区保税物流中心（B 型）货物入库

第二届进博会前夕，来自东方国际集团的联合利华产品以及东浩兰生集团的宝玉石等保税货物正式进入虹桥商务区保税物流中心（B 型）。这标志着虹桥商务区在探索保税展销、“前店后库”模式，打造联动长三角、服务全国、辐射亚太的进口商品集散地的道路上又迈出坚实的一步。

作为虹桥进口商品展示交易中心的重要组成部分，保税物流中心按照海关总署及相关部委对保税物流中心（B 型）设立标准而建设，设有一个海关卡口和海关临时办公室，海关围网内仓库总建筑面积 5.1 万平方米，包含两个保税仓库和一个海关监管仓库。今年 9 月，虹桥商务区保税物流中心（B 型）正式通过上海海关验收，建筑面积 20 万平方米左右的二期展销平台也即将开工。

虹桥商务区保税物流中心（B 型）的建成使用就像是为进博会的展品和消费者之间搭建了一座桥梁。进博会的展品按照保税的模式，进入保税仓中，再用保税展示交易的模式，这些商品被发运到毗邻的虹桥进口商品展示交易中心的特殊监管场所中进行展示交易，从而将展品转化为商品。这一模式不但承接了进博会的展品，同时也放大了进博会的溢出效应。

保税物流中心可为入驻商户提供关务、仓储、初级加工、分拨、分拣等服务。通过全新的数字化、智能化、便利化、集约化仓库管理模式为客商提供一条龙报关仓储服务和一站式供应链解决。它正式运营后，将承担起虹桥商务区公共服务平台的功能，通过保税仓储功能，服务长三角企业开展保税进出口业务。同时，与区域内其它常年展示交易平台联动，开展保税展示展销常态化工作，扩大进口消费，促进消费升级，加快虹桥商务区成为“联动长三角、服务全国、辐射亚太的进口商品集散地”的步伐。

来源：《解放日报》 2019 年 10 月 29 日

打造百亿级跨境电子商务产业集群

——金桥跨境电商产业园开园

金桥跨境电商产业园昨天正式开园。园区位于金桥综合保税区，占地 11.34 公顷，总建筑面积约 30 万平方米，由上海金桥（集团）有限公司负责投资建设和运营，工程总投资约 23 亿元。

金桥跨境电商产业园是金桥建设国家级跨境电子商务综合试验区，聚力打造综合保税区特色板块，推进经济高质量发展的重要举措。3 年后，这里将形成一个以金桥跨境电商产业园为核心的跨境电子商务商业综合体，一个集“跨境电商 + 互联网金融 + 跨境贸易”等新业态于一体的跨境电商主题区，一个百亿级跨境电子商务产业集群。

据悉，产业园一期以建设跨境电商产业园为契机，打造进博会产业链，集展示销售、会展服务、保税物流、检测认证、供应链服务、专业金融等专业服务，吸引优质商品和优秀贸易服务供应商快速入驻，同时立足金桥综合保税区开放优势、产业优势和区位优势，用足用好国务院《关于促进综合保税区高水平开放高质量发展的若干意见》，实行“跨境电商 + 国际快件 + 物流配送”的运营模式，实现跨境电子商务交易、支付、通关、物流配送、退税、结汇一体化运作，提升通关效率，缩短物流时间，提高贸易便利化水平。

二期项目将深入进行保税仓储、国际物流配送、进出口贸易等跨境保税业务，实现新旧动能转换。浦东新区副区长王华表示，进博会的举行为金桥跨境电商产业园发展提供了契机，金桥将放大进博会溢出效应，开展精准招商、战略招商，充分展示金桥乃至浦东新区的优势和投资商机。

来源：《解放日报》2019 年 11 月 9 日

多仓融合：挖掘潜藏的利润增长点

消费者消费行为习惯的变化，让线下传统销售渠道遇到了前所未有的挑战，传统企业纷纷在线上渠道寻求突破。

互联网红利逐渐消退，线上获客成本从几十元飙升到几百元，电商巨头又纷纷向线下布局。

家居建材行业除了以往的传统分销渠道、家居大卖场、电商渠道，近几年又新增了家装平台公司这类 020 渠道。

润滑油企业近一年来，也开始注重与途虎、车发发这类汽车后市场平台合作，以开拓新的销售渠道。

化妆品企业开始减少在超市百货渠道的投入，转而增加在电商渠道、CS 渠道（专营店）的布局。

凡此种种，无不在证明当今销售渠道向多元化、全渠道发展的趋势，线上线下融合渐渐成为企业发展的刚需。

一、新零售呼唤“多仓融合”

新零售时代，企业通常拥有不止一类分销零售渠道，既有线上电商渠道，又有线下实体分销商或终端门店；即使是线上电商渠道，又可能分天猫、京东、苏宁易购、零售通、中商惠民、易久批等 B2C、B2B 众多不同平台。另外，企业商品中又分为成品、促销品、售后资材等多品类，对于仓储管理又有不同要求。

而在消费端，当今消费者可能在电商平台浏览比较商品，再跑到线下门店现场体验；或者是在线下门店选中合意的商品，然后登陆线上电商店查看评论并进行比价。消费场景的边界变得模糊，在消费者看来已没有明显的渠道间隔；传统模式下按不同渠道进行备货与库存管理，就变得没那么必要，甚至可以说是一种浪费。

在以往，线上线下渠道、几大电商平台各自为战，各自备货，很容易出现一个渠道短时间内售罄，另一个渠道又存货较多且无法及时调货的情况。如何协调不同渠道的备货问题，如何实现最优库存，如何合理快速调配货物，如何避免库存积压或缺断货，如何实现仓储成本效益最优……这些都是时下企业关心与头痛的问题。

因此，多品类、多平台、全渠道的仓储需要进行整合，打通线上线下商品流，线上的订单可通过线下取货，线下渠道可购买到线上产品；同时合理集约资源，减少重复备货，并打通数据以便进一步分析与优化。

二、“多仓融合”案例

在案例开讲前，我们先简单阐述一下“多仓融合”的概念：这是一种基于订单集成智能处理，为具有多平台、全渠道模式的客户提供库存融合、仓储服务资源共享、不同分拣模式并行、线上线下一站式订单履约交付的服务。主要目的是帮助客户高效便捷地实现“一盘货”管理；同时降低客户资金占用成本及整体物流成本，挖掘潜藏的利润。

下面同时将为大家介绍一个“多仓融合”领域的案例，希望能让各位看官有更具体、更直观的感受。

案例：某大型 3C 家电企业多品类全渠道的多仓融合

1. 项目背景

融合前，该企业线上线下销售渠道独立备货，在华东地区的 3 个城市设置了 5 个仓库，分别存放成品、售后资材、促销品等不同品类的商品，SKU 众多；而且分属不同物流供应商管理，信息联通不顺畅，管理协调难度大。

而这种分仓模式，给客户带来了成本高、效率低、管理难度大等问题：

①重复备货库存高

分开外包下，为不同销售渠道重复备货，库存量过高导致资金占用大，企业现金流压力大；库存量不足又引起缺货，市场需求无法满足。

②资源分散效率低

仓库人员和设备资源分开配置，波峰波谷需求无法平衡，作业效率低，资源投入大，管理成本高。

③数据离散，分析管理难度大

业务数据分散在不同的系统中独立处理，数据分析和管理难度大。

2. 多仓融合解决方案

首先是整合 IT 信息系统；搬仓后，更换掉原有三家不同物流服务商的信息系统，改为统一的 WMS；同时进行有针对性的二次开发，对接不同平台的订单信息，且满足 B2B、B2b、B2C 等不同订单模式下的作业管理。

其次是同时使用多种存储与分拣模式；分库区管理，使用 4 种存储容器、5 种存储模式、2 种分拣模式，以满足整托、箱拣、零拣等不同出入库作业的需要。

再次是应用多种仓储作业设备；多仓融合后作业将比以前要复杂一些，为不影响仓储效率，在作业中应用 RF 设备、CBM 称重机、流水线、PTL 电子播种墙、电子看板等多种仓储作业设备，减少人工数量，提升作业效率。

最后是优化现场运营管理；明确作业模块并推行标准化，进而对作业与人员进行整合；之后，统合现场操作技能，减少专向岗位，实现一人多能，提升人效产出；然后再定期回顾作业流程，持续优化并在信息系统上加以固化。

3. 多仓融合效果

多仓融合的作用，首先是有效地减少了仓库面积，减少仓租成本，该 3C 客户在实施多仓融合后，所使用的仓库面积减少了超 1 万平方米。

其次是人员与设备效率的提升，多仓融合后，人员与设备均实现了集约化，加上仓储设备、人员技能、作业流程的不同优化，达到了人员效率提升 40%、设备效率提升 18% 的效果。

再次是库存资金占用的下降与库存周转率的上升，多品类全渠道融合后，不再需要多余的重复备货，一仓即可以满足多个渠道的订单履约要求，因此库存资金占用降低了 10%，而库存的减少又帮助库存周转率提升了 25%。

最后，通过以上的种种努力，该多仓融合解决方案帮助客户每年减少 1100 万元的费用支出，成为客户一个新的利润增长点。

来源：万联网 2019 年 2 月 20 日

第三篇 物流业创新研发与应用实践

3.1 物流业新技术

信息技术的发展对物流行业的提升主要体现在无人化、智能化和精准化三个方面。依托于5G基础设施逐步投入使用和物联网技术的发展，无人化在物流行业的应用成为可能，接入物联网的无人机、无人载具等设备可以逐步接替目前以人力派送为核心的物流配送体系。而得益于无人驾驶技术的进步，干线运输车辆也有望实现彻底无人化和智能化。届时，依托智慧城市建设的大格局，兴建专门用于无人驾驶汽车的智能高速公路可以保证无人货运的安全性，从而让物流行业彻底摆脱劳动密集型发展模式，有效提高物流系统的时效性与安全性，大大降低物流运输与配送成本。如果说物流行业的无人化主要依托于物联网，那么区块链技术的兴起则是吹响了物流行业智能化、平台化、共享化的号角。发源于区块链技术的智能合约将打造物流服务业的全新开放平台，大大降低供应链系统的信息不对称风险，使物流企业可以在开放、共享的新理念下稳定开展业务，从而有效减少物流资源浪费，打造全新的高效、节能、低碳、智慧、强健的物流服务体系。而借助于大数据分析的长足发展，物流行业可以更加高速、有效、精准对接客户的需求，实现提前布局，事前储备，超前服务三位一体的新时代物流服务体系，极大提高物流系统对需求响应的时效性和精确性。

2019年，上海市的物流服务体系在上述三个方面均有所斩获，主要成绩与举措如下：

一是集中发力，打造无人仓储配送先锋军。

无人仓储方面，2019上海国际无人仓及智能配送展览会于11月18-20日在上海新国际博览中心举办。展会邀请众多科研单位、业务合作伙伴、相关技术企业及500多家行业网络媒体、100多家行业专业刊物等参加。展出范围包括：

无人仓类：无人仓、社区无人仓、渠道无人仓、跨境无人仓、智能快递柜等；

无人仓硬件设备：自动分拣机、AGV搬运机器人、拣选机器人、货架穿梭车、码垛机器人、分拣机器人、无人机、天机（货品时光机）、无人机智能安防巡检系统、巴枪数据传输等；

软件系统：云仓自动化、智能算法、车联网、自动驾驶、AR智慧物流系统，云TMS物流配送系统，云WMS仓储管理系统，仓储自动化作业系统，OMS订单管理系统，BMS计费管理系统，ROS配送路径优化系统，货品防伪追溯系统，实时库存监控系统，智能仓库选址系统，RFID信息化处理系统等；

配送方面，2019年1月16日，YOGO Robot以“智慧终端 高效物流”为主题，在上海张江科海大楼发布了新产品YOGO STATION智能配送站。这是全球首创的终端配送群体机器人系统解决方案，首次实现了覆盖“接收－暂存－分拣－递送－提货－反馈－退货”七大环节的无人化配送流程。机器人不断进化，从单机智能到多机智能，再到群体智能。群体系统机器人将率先覆盖终端配送的全环节，为终端配送企业实现真正的降本增效。

从部分服务机器人的市场表现来看，普通的机器人往往反应迟钝、速度缓慢，使得其在使用过程中有着一定的割裂性。在生活节奏快速的今天，这个毛病几乎是服务机器人投入应用的死穴。所以，如何让机器人跟上人类的步伐，已经是机器人行业共同面对的难题之一。而上海 YOGO Robot 通过多传感器的融合以及多 MCU 响应机制，配送机器人能够达到 0.01 秒的反应速度，保证了高速情况下对环境突发的响应能力，大幅优化了机器人的使用体验。

机器人要想实现商业化，低成本、高可靠性、可量产是必要的属性。目前，行业内大部分公司都在使用 Intel X86 的芯片，以开源的 ROS 系统作为开发平台，此类产品在获得高运算效率的同时，却需要付出昂贵的硬件成本，研发团队的自主性也不够强。在这里，低硬件成本与高可靠性成为了矛盾的对立面，也导致国内真正具备移动机器人量产能力的厂商十分稀有。上海 YOGO Robot 通过强大的通讯、算法、操作系统的全链路自研能力，在计算能力仅为 X86 五分之一的 ARM 核心芯片上嵌套核心算法，不仅做到定位导航能力达到顶尖水平，还极大地降低了产品的成本门槛；还有赛格威机器人依托平衡车的量产资源，也在长三角的工厂里部署了相应的产线。

根据相关外卖数据，商家如果承诺 30 分钟送达，一般会在 36 分钟，而这个时间可以分三段：取餐、送餐、楼内递送。其中，楼宇内递送 / 楼下等待用户取餐时间在 8-15 分钟，这一段时间是非标准的，而另外两段时间则相对固定。如果将“非标准”通过技术手段“标准化”，以后只要是“送东西”，不论外部环境如何，最终都会有“室内最后 100 米”的需要，这几乎是全场景的应用覆盖。回到无人配送产品的本身，根据 YOGO STATION 测试效果显示，无人配送站可为外卖员减少平均每单 10-15 分钟的配送时长，为单次配送时长的 30%，这便是其商业价值所在。

目前，一些工业型物流机器人比如 AGV 机器人、码垛机器人、分拣机器人已经开始大范围投用，这主要是因为其使用场景比较单一，技术难度不高。但服务型配送机器人是个全新的赛道，大部分的产品仍处于实验室阶段。电商、物流、外卖平台都在抢夺无人配送的风口，并有很多实质性的进展，有的企业甚至已经成为现阶段无人配送的标杆。在这条细分赛道上，既有像 YOGO、云迹、真机智能这样深耕技术多年的初创公司，也有如阿里菜鸟、京东这样自带场景的行业巨头。在信息流动的加速之后，物质流动方式，可能也将迎来激烈的变动。上海率先发力，在一体化终端无人配送站方面实现了国内“零突破”，这对于补足物流系统无人化的最后一块短板不啻为极大的利好。

二是构建区块链技术创新高地，引领全新智慧物流。

基于区块链技术的智能合约（Smart Contracts）以其去中心化、开放透明、可追溯、不可篡改等特性，成为解决中介信用问题的一种新思路。区块链在包括贸易融资在内的整个物流结算过程中具有显著的提高效率的潜力，有助于解决物流行业的纠纷。随着数字化文档和实时发货数据嵌入到基于区块链的系统中，这些信息可以用于智能合约实现。这些合约可以在满足约定的条件时自动执行商业流程。从市场来看，上海是国内区块链应用场景最丰富的地区之一，蚂蚁金服、平安集团、宝武集团、中远海运、万向区块链、众安保险、中信信息等一批国内领军企业纷纷选择上海布局区块链技术研发和产业化。

智能合约可以简单理解为一段写在区块链上的代码，当某个时间触发智能合约里的条款，代码就会自动代替人工审核和执行，节省人力和时间成本，通过网络成员之间共享、复制和同步的数据库，来促成点对点的交易，加快交易效率。把区块链引入物流，利用区块链的分布式账本和智能合约特性，搭建信任机制、提高交易结算效率、降低经营成本等一系列问题，建造一个可视化的供应链环境，用通俗的话来讲，那就是降本、提质、增效。

区块链与物流行业中的物联网（IoT）相结合，将使未来的物流合同更加智能化。智能合约与传统合约最大的差别在于，它不需要依赖第三方。当双方拟定合同之后，智能合约会从初始化开始，加密代码自动执行。智能合约技术的主要体现在交付验证，尤其是在物流运输场景。在物流层层外包的状态下，企业难以对物流运输、配送质量等进行监管。但在智能合约下，双方对于运输时效、配送质量都作出约定，约定之后双方均无法更改，只要物流公司履行合约条件，就会自动交付。例如，在交付时，连接的托盘将能够自动向基于区块链的系统传输确认信息、交付时间以及货物的状态。系统可以自动验证发货，检查货物是否按照约定的条件（如温度、湿度、倾斜等）发货，并将正确的货款支付给相应方，大大提高了效率和完整性。

区块链的分布式账本功能不但能够实现物流可视化管理，打通数据孤岛。还能有效去中心，提高供应链的反应效率。分布式账本最直观的应用在物流运输上，物流公司、车队、司机的资质审核，最优运输路线的选择等，都可以通过分布式账本公开透明的数据，来按照企业需求制定。公开化的数据能够直观反应企业资质、信用额度等信息，在分布式账本点对点交易的状态下，企业与企业之间的合作，不再需要通过试探性合作、或者第三方中介担保背书进行，直接通过区块链上公开的数据就可以判定企业实力。

上海对区块链技术的探索已经延伸到金融科技、产业链协同、智慧城市治理等多个领域，一批可复制、可推广的示范性应用在沪涌现。目前，我国区块链联盟共有 8 家，其中北京 2 家，深圳 2 家，而上海有 4 家，分别是中国区块链研究联盟、China Ledger 联盟、银行间市场区块链技术研究组和陆家嘴区块链金融发展联盟，区块链联盟数量居全国第一。上海的 4 家联盟均由科研机构、金融机构、应用主体等多方主体共同发起，已经将上交所、万向公司、中国银联等悉数涵盖，成立之初就有了较为清晰的实际应用需求，为上海建立区块链技术与产业创新中心提供了生态优势。

以宝武集团为例，2018 年 7 月，中国宝武在上海市经信委、人民银行上海总部的协调指导下，与央行数字货币研究所、同济大学等单位协作共建的“上海市大宗商品区块链供应链金融应用示范项目”正式立项。项目由中国宝武旗下金融科技平台公司欧冶金服承担研发、建设及业务运营任务，以中国宝武生态圈为业务场景，以国产自主研发区块链为技术底层，面向众多中小、民营企业提供便捷高效、成本低廉的普惠金融服务。中小企业持有通宝还可在欧冶云商平台及相关合作方应用于采购、物流、加工等场景，逐步形成了集贸易、物流、金融于一体的产业区块链生态圈。2019 年 10 月 18 日，欧冶金服通宝产品获得国家互联网信息办公室备案通过，为业务后续的合规发展奠定了基础。截至 2019 年 10 月底，已有超过 1000 家中小企业享受到了普惠金融服务，累计通宝交易规模逾 200 亿，融资成本最低可至 4.35%，最小单笔融资仅 3800 元。

另一个案例是上海万向区块链。由上海万向区块链和中都物流联合打造的运链盟，基于区块链技术，以汽车整车物流作为实际业务场景构建，是集物流、结算与供应链金融三大功能模块的综合服务平台。可以实现自动化的功能包括外包运输管理、规范遵从性、路线规划、交货调度、车队管理、货运代理以及与业务伙伴的连接等。

上海依托同济大学、复旦大学先后成立上海区块链技术研究中心、上海区块链工程技术研究中心，开展区块链技术的安全测试评估研究，2018 年 12 月在全国率先发布了《区块链技术安全通用规范（T/SSIA 0002-2018）》，2019 年 7 月已成为本市地方标准。截至 2019 年 10 月，在中央网信办公布的 506 个通过境内区块链信息服务备案的项目中，上海的项目约为 72 个，排名全国第三，成为名副其实的区块链技术创新高地。

三是充分利用大数据优势，构建节能高效物流服务体系。

目前，中国物流技术已经迈入了到了智慧物流阶段，其在物流信息连接技术的体现是互联网 +、物联网、信息物理系统的应用与发展；而在物流决策优化技术的体现则是大数据、云计算、人工智能的应用与发展，这些技术共同催生了更加节能高效的智慧物流体系。智慧物流开始让农业、制造业、商贸流通业等实体商品流动全面互通并融为一体，成为连接经济社会生态系统的基础支撑，具有了公共属性和普遍属性，成为了国民经济发展的底层支撑系统，在党的十九大报告中，已经把物流网络定位成新的基础设施。

物流业的数据化、智能化已经对其服务质量产生了较大的积极作用。以互联网、大数据为代表的智慧物流解决方案在行业内应用越来越广泛，对于行业服务能力的提升发挥了巨大作用。通过对全国各省的时效比较，长三角地区继续保持领先地位，上海市、浙江省和江苏省位列全国前三。这三省市也是我国物流业务大省，三地物流业务量合计占全国总量的 13%。这说明物流时效与物流业务量大小正相关，业务量越是饱满，越有利于提升物流效率。

在此基础上，上海市进一步加速了大数据与物流服务体系的融合。2019 年 9 月 19 日，经市邮政管理局和市大数据中心认真研究、科学论证和充分沟通协商，上海市大数据中心与顺丰速运上海公司签署合作框架协议。协议对合作模式、合作范围、服务品质、安全保密等作了明确规定，并在上海政务服务的“一网通办”平台上接入顺丰速运公司的物流服务。该服务于 9 月底正式上线运营。此后，用户在物流寄送方面除了既有的邮政 EMS 服务之外，还可以选择顺丰速运服务，从而进一步深化了“一网通办”物流平台建设，拓展优化用户办事体验，提升服务能级，提供给用户更多的服务选择。

此次签约也进一步体现了上海“一网通办”充分依托社会化力量专业服务能力优势，在优化营商环境、便利企业群众办事、激发市场活力和社会创造力、建设人民满意的服务型政府中发挥着积极作用。目前已接入服务事项 1724 项，个人用户数突破 1192 万，法人用户数超过 198 万。其中 1108 项服务事项已由“一网通办”统一物流平台提供寄送服务，累计物流递送超过 83 万件，充分体现了大数据在为物流服务业降低成本、节约资源、提升效率方面所发挥的积极作用。

3.2 物流业新应用

一、数字化加快转型——智慧型物流园区

中国作为全球第二大经济体，电子商务和零售业的发展让物流业有了很大的发展。随着“互联网+”“协同融合”“共享经济”这些新理念的提出，包括大数据的应用，一个全新的领域引起大家关注——智慧物流。随着整个物流信息技术和的物联网技术发展，以及“中国制造2025”和工业4.0概念的深化，生产、装备和物流行业正面临一次全面升级，作为工业4.0三大核心之一的智慧物流也得到了越来越多的关注，智慧物流也在我国不断发展。

全新一代智能物流技术正为物流园区的发展提供新的发展方向。智能物流园区是现代物流的有效载体，是以信息化、智能化、自动化、透明化、系统的运作模式运营的物流园区，利用“物流+互联网+大数据”相融合的一体化生态运作体系。以标准化托盘为单元，构建连接载具供应商、托盘服务商、物流企业、产品制造企业的智慧物流新生态，建立智能便捷的“物联网+”云服务平台，构建智慧物流新模式，显现智慧物流新价值。通过整合有形资源和无形资源，提供增值服务，实现模式创新。

智慧物流园的特点是整体运营管理智能化；货物管理智能化；共享服务平台化以及信息采集、物流大数据服务系统化。智慧型物流园区以“网上交易、业务管理、商务协同”为核心，面向物流产业链，整合上游货运厂商、下游物流公司客户，以全程电子商务平台为载体，融入电子商务交易、大屏幕货运信息交易、园区物业管理系统、园区公共服务管理系统、智能停车场、智能一卡通等子业务模块，有效提供物流产业链的全程服务，全面提升园区价值及竞争力。智慧物流园区依托全程物流电子商务平台，园区与平台双向协调，园区与园区信息共享，以“平台构造节点化、园区管理智能化、业务服务全程化、行业效益长远化”特色为核心，建设为有物流处理能力的高效智慧节点，是云物流的强力保障。

智慧型物流园区可有效解决当下各物流园区存在的信息孤岛、资源浪费等问题，同时帮助园区解决在车源、交易、零担、创造商机、仓储配送、后勤保障、行政服务、物业管理等方面面临的种种难题和困惑，全面提升物流园区的管理质量和核心竞争力。

以京东物流为例，在上海嘉定建设国内首个5G智能物流示范园区，并将在2020年内逐步建成并落地运营。其依托5G网络通信技术，通过AI、IoT、自动驾驶、机器人等智能物流技术和产品融合应用，打造高智能、自决策、一体化的智能物流示范园区。其中包含智能人员管理与智能车辆管理系统的一期工程已经上线交付使用。除此之外，京东物流还将同时在北京亚一、物流全链路可视化监控、机器人智能配送等多个物流场景进行5G应用部署。

根据设计规划，园区内将设置智能车辆匹配、自动驾驶覆盖、人脸识别管理和全域信息监控，预留全园自动驾驶技术接入，实现无人重卡、无人轻型货车、无人巡检机器人调度行驶；依托5G定位技术实现车辆入园路径自动计算和最优车位匹配；通过人脸识别系统实现员工管理，进行园区、仓库、分拣多级权限控制；基于5G提供园区内无人机、无人车巡检以及人防联动系统，实现人、车、

园区管理的异常预警和实时状态监控。

未来以 5G 智能物流园区为开始，京东物流还计划联合国内各大 5G 运营商一同推动更多场景的 5G 技术落地，实现物流全环节人员、设备、数据的互联和园区、仓储、站点、车辆、末端设备等全流程基础设施的互通，逐步形成 5G 在物流行业的应用和技术标准。

二、医药冷链物流应用逐渐加深，医药物流信息化建设初见成效

在我国进行“两票制”、税制改革、一致性评价等对医药行业的创新性改革的情况下，医药物流行业也悄悄发生了变化。医药冷链物流应用逐渐加深，医药物流信息化建设初见成效，都是不断适应我国医药行业变化取得的新进展。我国医药产业链可以分为生产、流通、消费三大环节，而医药物流作为药品、医疗器械等在空间上的转移，贯穿于整个医药产业链中，为我国医药行业的流通与发展贡献了不可磨灭的力量。

医药物流依托一定的物流设备、信息技术和营销管理系统有效整合药品生产、销售网络中的上下游资源，通过优化药品供销配送环节的验收、储存、分拣、配送等作业过程，提高订单处理能力，减少库存和缩短配送时间，降低流通成本，提高服务水平和资金使用效益，实现的自动化、信息化和效益化。

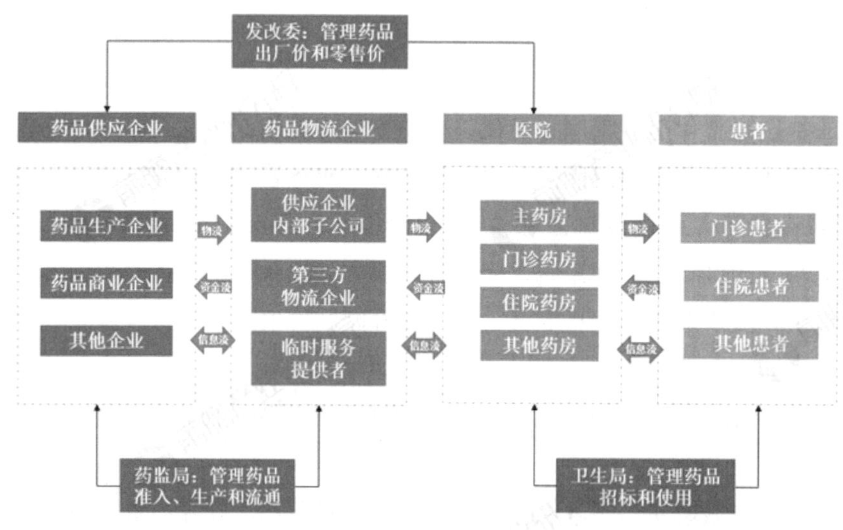

图 1 医药物流产业链全景

来源：前瞻产业研究院整理

在医药物流产业链上，主要涉及药品生产企业、药品物流企业和药品消费终端。其中上游环节主要是药品的发送者，主要为药品生产企业，包括原料药药品生产以及部分药品商业贸易公司；中游环节为药品的运输者，主要为药品物流企业，可以分为附属于药品集团的内部子公司、第三方物流企业和医药运输公司；药品消费终端是指药品的接收者，主要包括全国各级医院、药品批发企业、药品零售企业等。目前，我国医药商业企业基本形成辐射全国、辐射部分省市和辐射单一省市三大梯度。其中，上海医药、华润医药、国药控股、瑞康医药、九州通的物流配送网络基本辐射全国大部分地区。

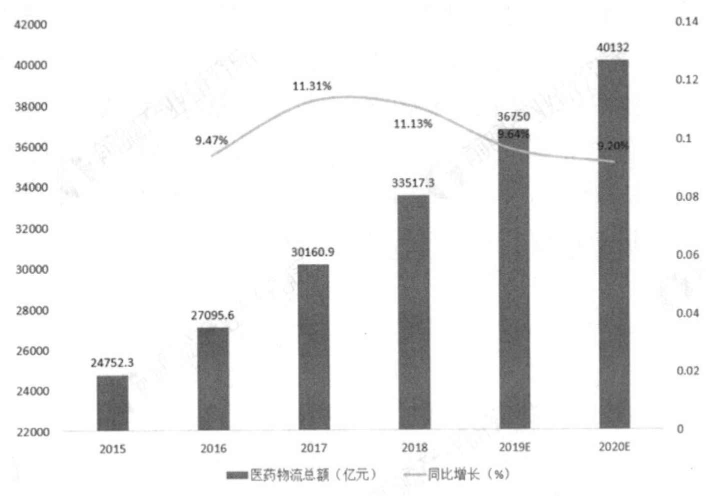

图 2 2015–2020 年中国医药物流总额及增长（单位：亿元，%）

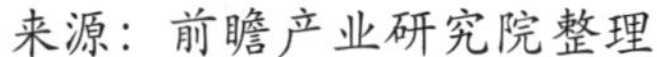
来源：前瞻产业研究院整理

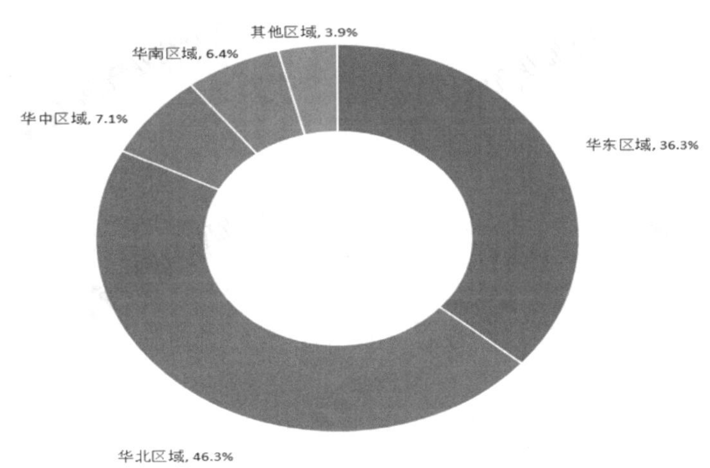

图 3 中国医药运输企业 50 强区域结构（单位：%）

来源：前瞻产业研究院整理

从省份来看，医药运输 50 强企业主要集中于沿海地区和中心城市，其中北京市有 12 家 50 强企业，数量占比为 24%，主营业务收入共计 203880 万元；上海市共有 9 家 50 强企业，数量占比为 18%，主营业务收入共计 85831 万元；山东省入围 6 家、江苏省入围 5 家，主营业务收入共计分别为 57524 万元和 28271 万元。

三、区块链赋能物流追踪

我国区块链技术目前在物流行业正聚焦四大应用方向：流程优化、物流追踪、物流征信和物流金融，通过区块链和供应链的创新结合，正在助力物流行业朝着更高效、协同、智能的方向发展。此外，区块链还在和物联网、大数据、人工智能等技术深入结合，推动建立多方信任的智能物流生态系统，促进整个物流行业转型升级。

在食品追溯与安全保障方面，上海市商务委等积极支持区块链技术在供应链体系建设中的应用，开展了试点项目。2018 年 11 月，长三角重要产品追溯联盟暨长三角区块链追溯联盟正式成立标志着区块链技术在产品追溯业务条线下的落地实施，食品安全作为民生领域的重要保障环节，区块链技术的应用能够解决传统溯源体系和流程中的部分问题，提高溯源的整体效率，进一步保障安全性。

“基于区块链的农产品供应链追溯平台”是信息发展打造的一款全新的农品区块链溯源产品。平台针对农产品供应链中信任缺失、产品质量验证耗时耗力、品牌化意识薄弱等痛点，提出“信任 + 自动化”的解决思路，利用区块链技术为农产品供应链赋能，构建数字可信体系。通过区块链去中心化、可追溯、防篡改等特性，实现供应链上下游信息协同共享，构建企业和消费者之间、企业与供应链上下游企业之间、企业与政府之间的信任桥梁，有效避免交易纠纷。同时该项目将依托信息发展打造的食安生态圈，借助信息发展长三角重要产品（区块链）追溯联盟理事长单位的资源优势，推动联盟企业间的技术合作与商业创新，帮企业进行管理、运输、销售、检测以及质量认证，为企业降本增效，提升品牌价值，打造全新的农产品供应链生态图景。

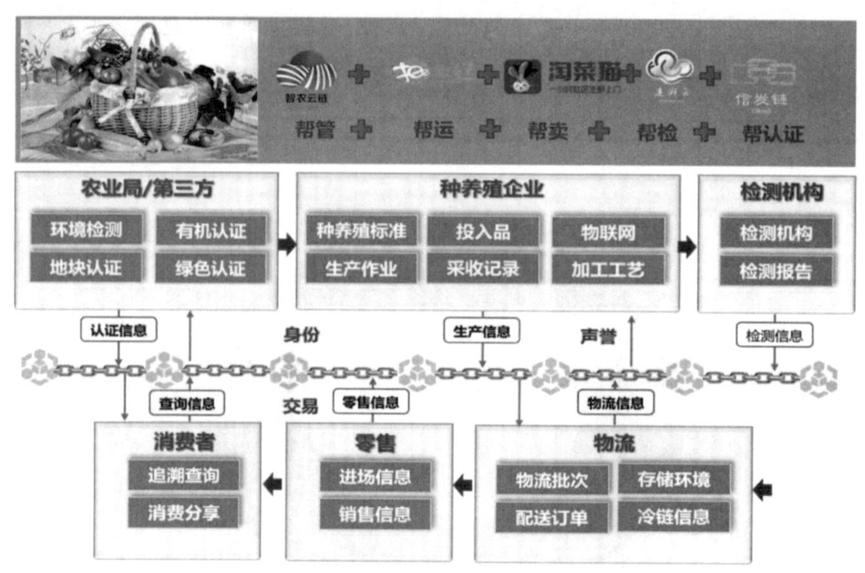

图 4 农产品供应链区块链追溯生态全景

首届中国国际进口博览会的餐饮食品安全用上了区块链技术来确保。展馆内的餐饮食材采购信息录入到系统里进行备案，并存储在区块链上不可篡改，再利用二维码作为信息载体，消费者扫码即可了解原料何时入库、何时通过冷链配送、企业信息等全面的餐饮食品信息，为食品安全保驾护航。

以上海阿刻忒科技有限公司为例，由上海阿刻忒科技有限公司打造的基于区块链 + 物联网的食品安全防伪溯源生态，运用相关的物联网设备能实现信息自动采集以及区块链存证来保证数据的真实性和不可篡改。

区块链 + 物联网的信息自动收集、去中心化、不可篡改、可溯源的几大特性，使溯源变得更加真实和可靠。

通过认知计算对区块链上存储的真实可靠数据的实时训练形成一套在农业金融领域的风控算法模型，从而为农村金融业务提供有效的数据凭证，进而有利于开展金融服务。

智慧农业通过物联网 + 区块链技术输出提供链接政资学研与食品行业间的信任桥梁，有利于做到精准扶贫。

该项目产品已在全国落地 7 个基地，分别在甘肃张掖的科技扶育苗大棚云南大理花伴一生种植基地、安徽肥西散养鸡养殖基地、黑龙江五常大米种植基地、内蒙古通辽羊养殖基地、宁波奉化溪口镇新建村水蜜桃基地、宁夏石嘴山惠农区东永固村黑枸杞种植基地。未来预期面向食品企业、中小型的农业合作社农委、食药监、扶贫办、商务委、金融机构、研究机构、学院机构等，实现生态的繁荣 + 价值的放大，让更多的食品生产商加入食品安全防伪湖源生态，成为生态的一部分。让更多的用户、金融机构、监管部门基于食品安全防伪溯源生态实现多方共赢的价值流通。实现全球化食品安全防伪谢源生态体系，构建程食品安全领域第一跨链服务生态。

四、5G 重塑物流发展业态

2019 年 1 月 10 日，工信部部长苗圩表示，今年国家将在若干个城市发放 5G 临时牌照，使大规模的组网能够在部分城市和热点地区率先实现，同时加快推进终端的产业化进程和网络建设。苗圩特别提到车联网，他表示：将来在我们的路网上面，也要进行数字化信息化的改造，将来的红绿灯，不光发出红绿黄，也同时发出一个 5G 无线信号，将来在智能网联汽车上面，也都可以通过传感器能够接收到这个无线的信号。构建起一个车、路、人互相连通的这么一个整个大的网络体系。5G 除了激发 5G+ 车联网的潜能外，在物流仓储装备、物流追踪、无人配送设备、物联网等方面也会得到大规模应用。

① 5G+ 车联网

车联网是以车内网、车际网和车载移动互联网为基础，融合了传感器、RFID、数据挖掘、自动控制等相关技术，按照约定的通信协议和标准，在车与车、路、行人、互联网的交互过程中，实现车辆与公众网络的动态移动通信。车联网可用于物流中的无人驾驶承运车、智能挂车等。

正如，G7CFO 张杰龙表示，处在窗口的自动驾驶的领域，5G 就是第三个推动力。据悉，G7 旗下专注于自动驾驶的赢彻科技已于 2018 年 11 月 28 日获得了在河北保定的无人驾驶道路测试许可证。

② 5G+ 物流仓储装备

现阶段，大家都在提“柔性机器人”，因为现在的设备虽处在智能化上升阶段，但技术没达到一定高度，传统机械版机器人装备已无法满足制造、仓储、电商用户的需求，需要机器人有组织、协同的能力来满足柔性生产，这就带来了机器人对云化的需求。尤其是 10 亿包裹时代的来临。

云化机器人需要通过网络连接到云端的控制中心，基于超高计算能力的平台，并通过大数据和人工智能对生产制造过程进行实时运算控制。5G 网络是云化机器人理想的通信网络，是云化机器人的关键。5G 切片网络能够为云化机器人应用提供端到端定制化的网络支撑。5G 网络接入的海量设备，也将为人工智能系统带来丰富的数据资源。英特尔预计，到 2020 年，5G 将需要连接 500 亿台智能设备和 77 亿人。

5G 已经突破传统通信技术人与人之间点对点的通信模式，大量物联网设备和工业设备成为新的联网终端，这使得各行业加速融合，垂直行业的应用也更加多样，产业互联网新生态正在加速形成。

③ 5G+ 物流追踪

现在，在机器人与人交互的市场环境中，对于人员、运输高端产品等的追踪因高连接成本问题，大大限制了该市场的增长。据亿欧查询资料显示，预计 5G 将在深度覆盖、低功耗和低成本以及作为 3GPP 标准技术方面提供额外优势。5G 提供的改进将包括在广泛产业中优化物流，提升工人安全和提高资产定位与跟踪效率，从而最小化成本。它还将扩展能力以实现动态跟踪更广泛的在途商品。随着在线购物的增多，资产跟踪将变得更加重要。

此外，虚拟工厂的端到端整合跨越产品的整个生命周期，要连接分布广泛的已售出商品，也需要低功耗、低成本和广覆盖的网络，企业内部或企业之间的横向集成也需要无所不在的网络，5G 网络能很好的满足这类需求。

④ 5G+ 无人配送设备

快递配送机器人自身配备了大量的传感器，比如图像、温湿度、信号强度甚至空气质量传感器，大量的配送机器人在完成配送任务过程中能够采集到丰富的立体的实时数据。

但国内配送机器人在计算、视觉、驱动等关键技术上还存在诸多问题，技术上的差距，导致国内企业在核心部件上仍然依赖进口。技术与成本相互掣肘，已经成为中国机器人行业发展的最大挑战。而 5G 网络能够保障海量数据的传输，能够为构建立体化的智慧城市网络提供丰富的输入。

例如，2019 年 1 月 20 日，杭州移动与迅蚁科技签署战略合作，至此，全国首个 5G+ 无人机物流创新应用实验室在杭州落成。5G 的高带宽、低延时和抗干扰，可以对无人化物流机器人的实时通信提供强大支撑，这样的实时控制可以使得机器人运行得更加安全。

导航不再依赖于 GPS，5G 能够让强大的机器视觉能力变得像人眼一样方便。抗干扰特性能够让高楼密集、电磁环境复杂的城市场景不再是飞行禁区。

同时，5G 基站的信号辐射范围相比 4G 更加立体，能够对 300 米以下的空域进行全覆盖。因此，每一个 5G 基站，包括宏站和微站，都可以成为未来低空空域管理的必要基础设施载体，成为低空的“道路”和“信号灯”。

⑤ 5G+ 物联网

5G 技术包括大规模天线阵列、新型多天线、超密集组网、新型多址、D2D 通信等技术。其中，5G 网络在物联网的运用过程中更符合其所需要的高宽带、低时延的“增项能力”，更具有低能耗、大连接、深度覆盖的低成本优势。

例如，2018 年 9 月 26 日，德邦快递携手广东联通成立快递物流界 5G 联合创新实验室，将在干线物联网、最后一公里物联网、冷链物流等领域进行深耕，进而整合联通能力，制定运输车辆调度、最后一公里等方面的管理技术标准。

物联网将是 5G 发展的主要动力，业内认为 5G 是为万物互联设计的。到 2021 年，将有 280 亿部移动设备实现互联，其中 IoT 设备将达到 160 亿部。未来 10 年，物联网领域的服务对象将扩展至各行业用户，M2M 终端数量将大幅激增，应用无所不在。

五、物流企业技术创新应用频现

5G、人工智能、IoT、AR、无人驾驶……当人力成本不断上升，当对作业效率的需求不断加大，当技术革命大潮涌来，越来越多的物流企业选择拥抱技术革新。

2019 年 2 月，菜鸟打造的“智能供应链大脑”正式上线，雀巢将率先使用这项智能系统，届时雀巢销售的全渠道商品状况都可以实时展示，并自带智能算法分析。据悉，该系统最大的特点是可视化、智能，可以打通品牌商在多个平台的数据，并进行实时监控与分析，为品牌打造“看得见的供应链”。通过它，全盘供应链信息在手机上一览无余。未来，“菜鸟智能供应链大脑”将向更多商家开放。

京东物流率先建设 5G 智能物流示范园区，首个 5G 智能物流示范园区位于上海嘉定，将在年内逐步建成并落地运营。京东物流 5G 智能物流园区将实现高智能、自决策、一体化，推动所有人、机、车、设备的一体互联，包括自动驾驶、自动分拣、自动巡检、人机交互的整体调度及管理，搭建 5G 技术在智能物流方面的典型应用场景。其中包含智能人员管理与智能车辆管理系统的一期工程已经上线交付使用。

2019 年 3 月，顺丰科技发布“慧眼神瞳”，而这标志着顺丰科技人工智能计算机视觉成果在业务场景的落地突破。“慧眼神瞳”是利用各种视频和图像进行自动化分析的人工智能系统。监控摄像头是目前快递企业各业务场景中的标配，其中蕴含丰富的数据资源，但是如果数据没有经过分析和汇总，就发挥不了更大的价值。“慧眼神瞳”就是通过人工智能的高科技手段自动分析这些数据，并将其转化为企业管理决策依据。

2019 年 3 月，G7 全新发布了智能挂车“数字货舱”V9 版，并搭载了业界首创的“量方”功能。“量方”功能，采用了传感器 +AI 算法，对舱内货物进行高精度扫描 + 三维图像建模，最终自动计算出货舱容积占用百分比，实现精准装载。不仅如此，货舱在装载过程中“哪里空”“哪里满”，都将以全 3D 方式呈现。通过对货舱空间更合理地利用，时刻保证车辆的真正满载。

2019 年 6 月 1 日，美团闪购发布面向商超、生鲜等零售行业的全新解决方案——无人微仓。该解决方案通过微型前置仓的形式自动化完成零售到家场景订单的拣选和打包问题，从商品推荐、线上下单、智能货架拣货、AGV 机器人运输、自动核验、打包到配送实现全自动流程化，完成对商户服务的整体闭环，提升效率、降低成本。消费者只需在美团或美团外卖 App 闪购入口下单后，无人微仓的人工智能分拣系统安排订单。由运输机器人开始在不同货架间收集订单商品，自动打包后交付给骑手，完成最后的配送。

百度发布了全球首个最全面的智能驾驶商业化解决方案—— Apollo Enterprise。Apollo Enterprise 是提供给全球汽车企业、供应商和出行服务商的一套加速实现智能化、网联化、共享化的，量产、定制、安全的自动驾驶和车联网解决方案。与此同时，百度还推出了 Apollo3.5 版本，将实现从简单城市道路到复杂城市道路的自动驾驶，可以自动处理窄车道、减速带、人行道、十字路口、无信号灯路口通行、借道错车行驶等十几种路况。

六、冷链物流助力生鲜电商新模式

冷链物流的上游是冷库与运输设备。冷库是整个冷链的核心节点，起到储藏、转运的功能。根据实际需求，冷库大致分为大型库、中型库、小型库和微型库。冷链物流的中游为运输、仓储企业。根据主要业务的不同，可以分为运输业务为主、仓储业务为主、城市配送业务为主、综合业务、农产品交易为主、供应链模式、电商生鲜配送为主、“互联网 + 冷链物流”平台模式等 8 种模式。冷链物流的下游需求领域主要有医药、冷饮、乳制品、生鲜农产品等。

作为冷链物流的下游，生鲜电商在冷链物流助力下得到快速发展。2013-2019 年，我国生鲜电商市场交易规模随着我国互联网及冷链技术的不断发展，总体呈逐年增长态势。从 2013 年的 127 亿元到 2018 年的 2045 亿元，年均复合增长 68.39%。2019 年，我国生鲜电商市场交易规模突破 2800 亿元大关，值得注意的是，受 2020 年疫情影响，生鲜电商受广泛关注，生鲜电商交易市场规模显著增长。预计未来我国生鲜电商市场交易规模仍将保持高速增长态势。

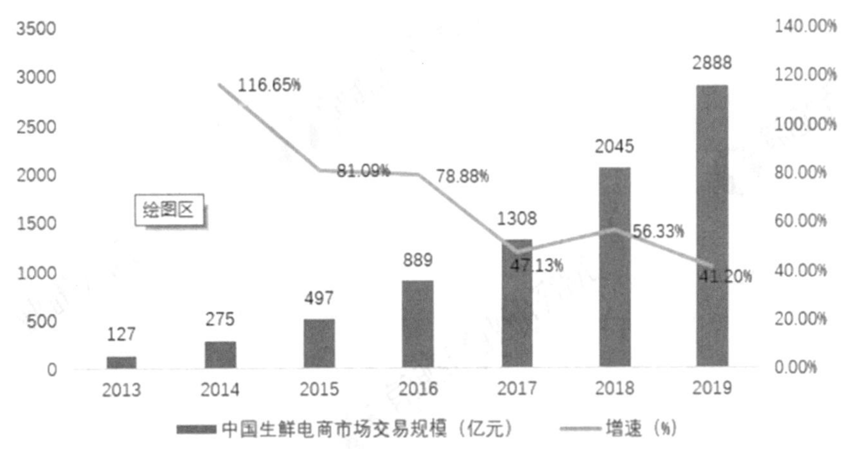

图 5 2013-2019 年中国生鲜电商市场交易规模

来源：iresearch 前瞻产业研究院整理。

2019 年，生鲜电商新模式不断涌现，阿里、腾讯、美团、京东都有布局。2019 年上半年，美团买菜、盒马菜市、饿了么买菜、苏宁菜场相继开业，叮咚买菜和朴朴超市则于同期相继获得新融资。下半年，闪购、京东和阿里纷纷布局。

表 1 2019 年电商巨头新模式

企业	时间	事件
美国	2019.01	美国买菜（从属于小象生鲜事业部）上线，主打前置仓模式
阿里	2019.03	口碑饿了么与生鲜电商叮咚买菜签署战略合作协议
阿里	2019.03	首家盒马菜市开业
大润发	2019.03	宣布淘鲜达配送范围从 3 公里全面扩展到 5 公里，在 3 公里以内配送时间仍是 1 小时达
腾讯	2019.03	投资社区菜市场——谊品生鲜
苏宁	2019.04	苏宁菜场上线，与苏宁小店合作，主打 24 小时内从原产地直发至门店
百果园	2019.04	推出百果心享，线上下单，次日可到百果园门店自提，或选择配送到家
饿了么	2019 上半年	饿鲜达上线，与各地菜场合作
闪购	2019 下半年	推出菜大全，菜场代运营
阿里（投资）	2019.07	菜划算上线，主打前置仓模式
京东	2019.12	推出七鲜生活、七范儿，主打线上线下一体

来源：前瞻产业研究院整理

3.3 物流业新模式

在消费端市场变化、产业端需求重构、行业产业链格局调整、创新技术推动、国家政策引导等多种因素的驱动下，上海物流业的发展、升级和创新正在达到一个前所未有的高度。2019 年，上海货物运输总量 109608.51 万吨，同比增长 2.1%；国际标准集装箱吞吐量 4330.26 万 TEU，同比增长 3.1%。对于物流企业而言，竞争力的关键不再仅是物流基础服务的质量高下，而是如何结合互联网、新技术和产业认知，整合上下游，提供一体化的解决方案，实现制造、流通和消费的无缝对接，尤其是在产业互联网发展的浪潮下，抓住发展机遇，创造新的价值链。近年来，各类型的物流企业彼此联动，相互影响，先后革新商业模式，不断重塑着物流行业的格局。

一、传统物流企业求变，延伸产业链价值

时值新经济的风口，各层级的传统物流企业不约而同开始谋求业务升级和转型，既有合纵连横的市场拼抢，亦有奋力一跃的阶层跃迁。横向多元化发展、升级为综合物流解决方案提供商、纵向深耕供应链是目前传统物流企业在战略转型上的三种选择。

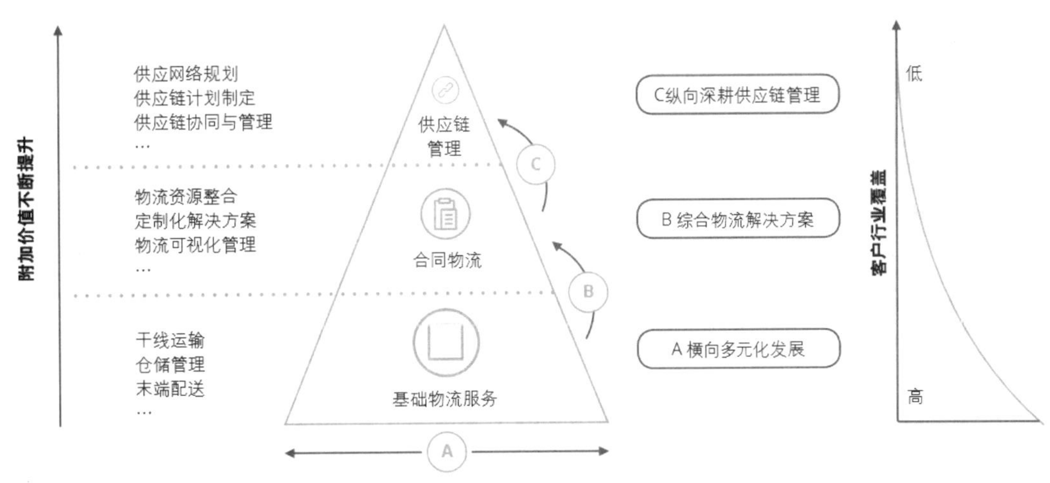

图 1　传统物流企业产业链延伸示意

1. 横向多元化发展：优势能力的线性复制

近年来，物流市场“跨界”消息频传。各类基础物流服务商纷纷完成业务领域的拓展，单点、单线的业务边界逐渐模糊，物流企业以更加多元的业务结构为目标，探索更大的生存空间，尝试服务领域的横向拓展。在新业务领域内，物流企业一方面利用自身现有物流资源要素，如仓储网络节点、干线运力等，与新领域的服务需求进行最大化的融合；另一方面则以现有客户资源为起点，拓展所能覆盖与服务的客户生命周期。

以占据运输方式主体的公路货运领域为例，综合快递、零担和整车运输的业务结构变化来看，快递产品正趋于重件化、零担产品趋于快运化、大票逐渐整车化的趋势日趋明朗，企业间的产品差异在缩小，市场边界逐渐模糊，行业表现出明显的融合态势。

随着行业的不断升级，标准化程度更高的“高端零担”即快运行业发展迅猛，而在横向多元化的趋势主导下，快运与“近邻”快递两大类型的核心企业不再泾渭分明。快递企业在同城配送、跨境电商、冷链物流等领域尝试发力，物流生态圈构建和高品质、差异化的战略布局更引领着行业升级，而快递与小票零担基因的天然相似性，则主导了快递企业进军快运行业的重要步履。

表 1 主要快递企业向快运跨界

企业	时间	事件
顺丰	2014 年	推出“物流普运”业务，涉足快运
	2018 年	17 亿收购新邦物流 71% 的股份
中通	2016 年	启动全国快运招商加盟，开展零担和快运业务
韵达	2017 年	启动全国快运招商加盟
申通	2018 年	成立申通快运
百世	2016 年	推出新产品“裹心件”，在 5-60 公斤大件包裹领域拓展服务
	2019 年	全线进军电商大件，聚焦 10-70 公斤产品

表 2 主要快运企业向快递跨界

企业	时间	事件
安能	2016 年	安能快递全国招商加盟会召开
远成	2017 年	获得国家邮政局颁发的《快递业务经营许可证》
德邦	2013 年	快递业务正式上线
	2015 年	德邦快递入驻菜鸟，为天猫、淘宝等平台商家和消费者提供 30 公斤以下的大件物流服务
	2018 年	企业品牌名称更名为“德邦快递”
	2019 年	投入 35 亿元，搭建和强化大件快递的运营配送体系，打造末端、场站、运力的核心竞争力。
	2019 年	全线进军电商大件，聚焦 10-70 公斤产品

与之相对，公路干线大件货物运输的先天同质化与低门槛，在很大程度上决定了快运行业分散的竞争格局。特定线路依赖性和属地化的特征，则进一步决定了快运企业全国性网络优势的欠缺。行业之间信息互通效率和技术运用水平低，市场尚未发展成熟。但三倍于快递行业的巨大市场规模为“整合 + 升级”带来巨大机遇。从德邦、安能、壹米滴答等几家领先企业的作为看来，除追求上市以对抗加盟制引来的收购危机，更新产品结构、降低产品重量从而渗透至快递市场同样成为了重要的手段。但跨界天然的难度，决定了双方在融合渗透的道路上均需审时度势，就对方市场的发展趋势及与自身业务的关联给予足够的考量。

总而言之，对于基础物流服务商，横向扩张势必是当前发展和转型的优先选择之一。经过多年业务开展，它们累积了丰富的物流资源，如网点、线路等要素，以及品牌等无形资产。依托上述资源，这些企业得以将服务能力向临近细分市场“线性复制”，甚至实现业务的扩张。

2. 综合物流解决方案：专注物流链资源整合

对于基础物流服务商，另一个拓进的方向是“向上”，构建综合物流解决方案能力，发展合同物流业务。快递业巨头顺丰收购 DPDHL 大中华区供应链业务，全球最大的船运公司马士基正在推进整体业务转型“ALL IN SUPPLY CHAIN”，无一不体现了这种“向上”的战略选择。

综合物流解决方案指第三方物流企业基于全球标准化仓储，运输和集成增值服务组件，通过整合内外部单点或多点的物流资源，为企业客户提供高度定制化的综合物流解决方案，利用其行业专业、全球规则和本地知识，直接响应客户物流全渠道全供应链管理和调度的需求。

对于以顺丰为首的新进入者，如何能够在新领域破局，始终值得深思，而 DPDHL 的路径背后正是这一点的终极体现。对后者而言，从初入中国市场到成功立足是出于客户，宝洁、星巴克、西门子等五家巨头帮助他们的物流伙伴在中国市场占据一席之地；但最终被本土的快递巨头收购，则依然是由于客户，从快消品为主的客户结构，到多年来始终难言有力的客户基础。同时，中国物流市场特有的分散化和复杂的市场结构也对 DPDHL 的资源整合能力提出了巨大的挑战，其最终的选择为所有野心勃勃的进入者提供了再思考的素材。不管是 DHL 作为全球合同物流巨擘野心勃勃进入中国市场到最后被收购，还是顺丰多年坚持不懈的向合同物流市场突围尝试，可以看到，客户关系、网络布局、资源整合和专业服务能力对于进入这个市场的企业缺一不可，尤其是在中国合同物流市场“客户为王”的市场生态下，客户资源和原生的客户关系是能在市场占据一席之地的关键。中国的合同物流市场发展 20 多年以来，没有一家真正意义上的跨行业的合同物流巨擎，客户关系导向性的市场商业生态是很重要的原因。

随着市场的演进变化，中国日益崛起的优质中小型企业需求逐步释放，大型企业对于全球化专业化的综合物流服务能力的要求更加显著，互联网经济和新技术带来的供应链和物流运作模式的转型升级，将使得未来的合同物流市场进入更为市场化竞争、靠实力突围的时代。如何与客户的供应链深度整合，如何通过协同、共享和平台模式快速构建全球化网络，如何通过创新模式有效整合各方物流要素和资源，如何通过创新技术为客户提供高效、可视、低成本和定制化的综合物流服务将是在未来的合同物流市场制胜的关键。

3. 纵向深耕供应链：最大化合作深度与价值创造

供应链管理是合同物流的更高层级，也是物流发展的终极阶段。物流企业与其客户的合作达到战略高度，服务内容也升级为供应链的整合与优化。此层级既有玩家大多脱胎于大型制造业企业的自建物流，天然具备较长的供应链链条管理与服务能力。如日日顺前身是海尔集团的企业物流部门，最早是在海尔企业内部搭建起的供应链网络；再如准时达背靠富士康，通过为其提供精益供应链管理服务积累了丰富经验。两家企业在脱离母体、对外扩张的过程中呈现出两种战略聚焦的选择：分销端与供应端。

准时达则立足供应端打通制造型企业供应链全链条，构建 C2M2C(Component to Manufacture to Consumer) 专业供应链管理平台，为客户提供互联网时代下从原材料端到消费者端的供应链整体解决方案。准时达于 2010 年成立，前身是富士康的全球供应链单位，已在制造业供应链管理领域默默耕耘了 17 年，富士康这艘全球制造业航母为其提供了体量与场景的优势，使准时达得以驾驭各种复杂供应链，并通过提升整体供应链效率创造服务溢价。凭借与制造业合作多年的深度融合，2014 年开始，准时达把从配合精益生产到精益供应链管理的经验和平台开始向外界开放。一方面依托于准时达长年服务于富士康所形成的全球物流与供应链服务网络和服务能力，另一方面综合利用大数据技术、云平台建设、物联网信息系统集成，打造以电子制造和 3C 家电为核心产业的供应链管理实时协同平台，打通了供应链上的信息孤岛，全面支持内部和外部客户的供应链管理和运营服务，实现“端到端”的供应链可视化和协同化运作。到目前为止，准时达已经实现超过 40% 的业务来源于富士康集团之外，并在 2019 年于资本寒冬逆市斩获 24 亿元 A 轮融资。

从市场上来看，真正能从综合物流服务向供应链管理服务延伸的物流企业均与其所服务的客户长期深度绑定，多数是原有的客户企业物流发展剥离而来，准时达和日日顺均是这样的背景。显然，如没有深度捆绑的关系，在供应链作为核心能力之一的制造业，很难有企业将自己的供应链“放心地”托付于外部企业。因此对于该类物流企业，面向未来的发展增长诉求，如何实现市场化的外向型拓展是一个必须面对的战略议题。准时达和日日顺的发展历程提供了不少有益的启示。

当下，随着我国企业的供应链思维日益增强，多个产业的供应链面临重塑的需求，这一过程为合同物流及更多细分领域的玩家们提供了天然的利好。抓住契机顺应或引导目标客户的供应链转型，机会可能在不经意间产生，旧时代的“运输总包”们，有望随着企业的成长，在当前还并不成熟的供应链管理队伍中站稳脚跟。

二、“互联网+”企业入局，启发模式创新

互联网所带来的技术手段和思维方式，正在深刻影响着社会经济发展与产业格局重塑。在物流领域，更是与产业深度融合，催生出以共享经济、平台经济为代表的商业模式，优化原有交易模式、业务流程，实现了降本增效。

随着新兴企业的积极入局，“互联网+物流”模式得以快速兴起。德勤预计，其将维持两位数的快速增长，直至2025年达到千亿规模。从发达国家市场经验看来，这类企业尚未占据较大的物流市场份额（预计小于10%），但作为行业的新鲜血液，这些新进入者在资本的助力下，依托其创新的商业模式、积极灵活的市场拓展过程确实对传统物流企业带来一定冲击，也进一步推动了整个物流产业生态的丰富和发展。

1. 立足客户视角，O2O成物流行业主流服务模式

以客户为中心，是互联网时代的服务核心。围绕这一理念，新兴物流企业与传统物流企业均在积极以数字科技重构物流服务全流程，通过线上便捷的业务系统与智能数据分析，提升综合解决方案能力，升级客户体验、履约质量与效率。

以货代为例，数字科技已经渗透到这个古老的行业中。Flexport、运去哪、运个货等是这类新兴物流企业的典型代表，抓住传统物流企业在服务与信息链条上的短板，以先进的技术打破传统业务模式进行突围。他们通过SAAS能力将耗时耗人工的单向信息链条传递方式改变为实时同步触发的网式传播，进而改变了操作链条与商业链条，大幅提升效率、降低成本。与此同时，这类新兴科技型物流企业天生具备以客户为中心的服务意识，致力于为企业客户提供端到端、仓到仓、门到门的一站式物流服务，大大提升了客户体验与业务拓展空间。以SAAS线上系统为核心技术手段，在变串行至平台-并行的模式后，对传统货代运营模式进行了根本性的颠覆。

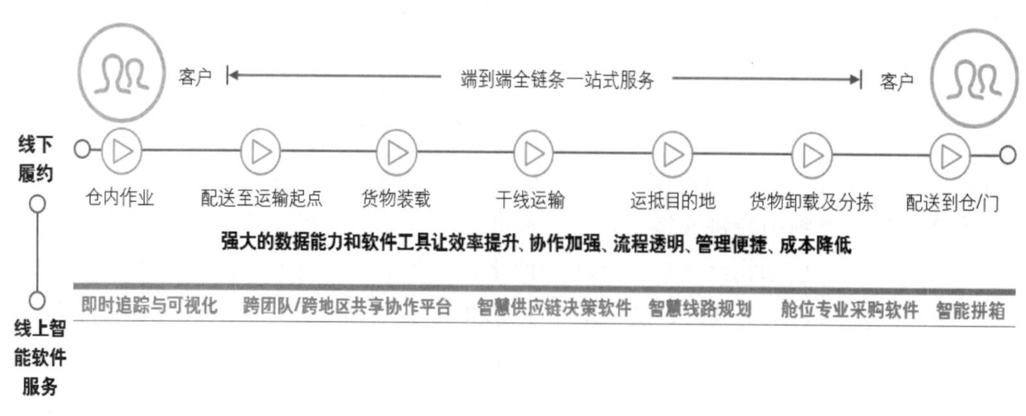

图2 O2O一站式物流服务模式

靠着这样清晰的思路与得当的策略，创立6年后的Flexport，已经在连年的融资潮中来到了30亿+估值的队伍中，直接比肩前十位的全球货代。尽管拥有线上服务能力的比较优势，这类企业始终面临线下履约能力的痛点。受限于发展时长、服务经验等因素，其线下基础设施与线路资源仍较为薄弱，这也是目前这类新兴物流企业在下一步投资布局的着力点。2019年2月，Flexport获得由软银集团领投的10亿美元融资，也是其最新一笔外部资金。其计划正是利用这笔资金扩大其全球物流基础设施足迹，扩大仓储面积，增加服务线路以及包括货机在内的运力资源。当然，这家科技型货代公司的野望也不紧限于补足短板，Flexport还加码技术投入，在获得融资后随即升级品牌定位，目标全球贸易操作系统，意图以大数据为基石，引领全行业颠覆性变革。

发展势头迅猛的新型物流企业势必会与逐步转型的传统企业在物流服务战场正面交锋。对双方而言，如何充分发挥自身既有优势，并快速补足“另一端（线上端vs线下端）”的短板抢占先机，或通过适当扩张策略（如并购整合）实现优势互补，将成为有效拼抢大客户资源、并不断扩大市场份额的关键。

2. 变分散为集约，资源撮合匹配平台不断涌现

与发达国家相比，我国物流业始终面临着市场集中度低、运力分散及使用效率较低等问题，特别是在运输结构占比最高的公路货运领域。以零担运输的细分市场为例，其行业集中度仅有3%，远远低于成熟市场，例如美国的75%。这背后的根本原因在于信息不对称，以及随之产生的层层转包的冗长交易链条和众多交易主体。

随着互联网信息技术在物流领域的渗透和应用逐渐成熟，特别是交通部开始推动无车承运人试点以来，大量的创新型平台公司进入市场，推动了整个行业的商业模式创新。以满帮为代表的资源撮合平台不断涌现，通过整合社会化运力资源形成运力池，连接货主及货代企业形成订单池，辅以大数据和AI技术进行精准匹配连接，实现物流资源的配置优化，显著提高了存量资产的使用效率。以公路运输市场为例，平台的出现有望使车辆空驶率从目前的40%-50%下降到20%左右。可以说，平台经济这一互联网时代的典型商业模式正在推动着我国物流行业从分离走向连接、从无序走向集约。

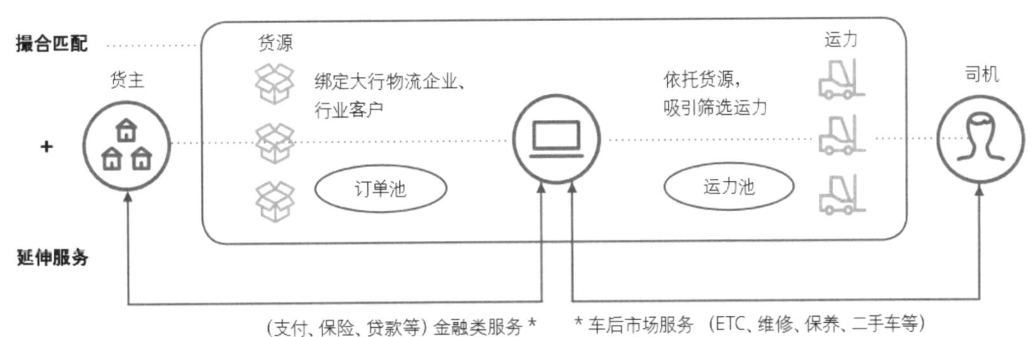

图3 资源撮合匹配模式

但类似其他行业的互联网平台企业，物流行业的平台企业也面临着盈利性难题，主要的掣肘在于：其一，平台整合的运力多为外协运力，平台对其的实际控制力和履约服务的质量难以保证，易引发货源订单不稳定的问题；其二，平台最初多以补贴等方式吸引运力资源加入，并用后市场增值方式来稳定运力资源，但补贴不能持续，平台的用户流量与粘性根本无法保证，后市场服务价值更无从谈起；其三，交易支付环节未完全打通，延伸服务的价值尚未释放。

3. 切中枢纽资源，节点生态圈模式有的放矢

区别于前述的 O2O 物流服务模式和资源匹配模式，一些物流市场的新进入者直接把控节点 / 枢纽这一物流环节中的核心要素，自下而上整合物流资源。线下建立物流节点，组建一张全国性的“地网”，作为实体骨干基座。卡行天下、传化智联以自建节点的方式整合资源，天地汇等企业则是通过加盟迅速铺开网络。这类企业以线下网络支持线上交易，通过数字化技术构建由信息和数据组成的一张“天网”，以线上平台连接物流链路上货主、货代、运输公司等需求主体，实现各要素的协同。“天网”与“地网”融合联动，创造了丰富的业务场景和数据积累。节点生态圈企业以此匹配金融、车后市场、信用评级等服务，构建多方共赢共生的生态系统。

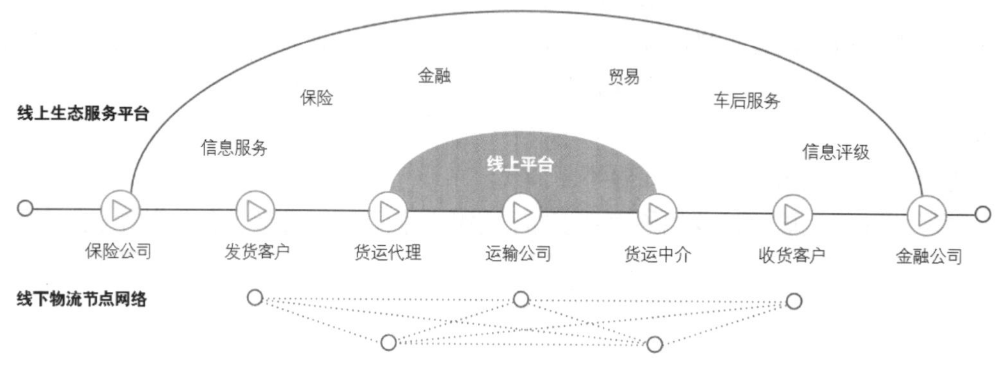

图 4 节点生态圈综合服务模式

可以预见，线下枢纽资源与网络作为此模式的基石，将是参与者们的必争之地。未来线下网络的发展速度与覆盖规模将是比拼重点。为更快更好地铺开网络，卡行天下积极融资，传化智联背靠上市企业获得资金支持，天地汇探索出有效落地的加盟合作模式。“地网”与“天网”的服务质量、交易场景的丰富性与交易闭环则是提升流量粘性、沉淀高价值数据的根本，各企业正积极提升产品能力与服务水平以应对这一挑战。除大数据应用与变现外，更为根本的问题也亟待攻克。

对于由线下重资产起家的节点生态圈企业，其发展壮大是全方位、系统性的工程，需要通过不断的探索与创新，迭代、完善、丰富公司的业务发展逻辑，全面提升用户体验，响应市场需求。在此过程中，线下重资产的运营风险始终是必须面对的对手；路港、园区内部与相互之间的复杂构造，物流业务流程环节及数据的整合，也对信息系统及相关基础设施提出了极高的要求——而这本又是它们所不那么擅长的。

三、电商物流体系演变，平台与履约模式交锋

1. 京东物流：以履约服务为核心，依靠基础设施与技术能力对外输出

京东物流的道路从自建、自营、自主履约开始。从京东仓到京东快递，凭借大规模、全覆盖的自营网络，京东对物流各个节点都享有极强的掌控力，建立了高时效、高质量履约服务的根本保障。在未来，京东物流将朝着三大目标持续迈进：“提升网络效率和标准服务能力、健全全面供应链服务能力、强化科技领先和平台化能力”。

京东物流的第一要义便是其庞大自建网络的持续发展布局，在夯实仓、干、配物流服务本质的同时，如是路径更为未来的供应链战略目标打下基础，为技术发展创造出充足的空间。而随着与菜鸟的正面网络竞争日渐增强，两大巨头的比拼早已走出国门。京东物流明确提出要搭建以中国制造通向全球、全球商品进入中国的“双通网络”，采取“830 枢纽布局”，即国内八大物流枢纽加全球三十大核心供应链节点的全球化布局。随之通过设立海外仓、开通跨境专线、智慧化多式联运等方式，

实现体验和效率的双重优化，力争实现全球智慧供应链基础网络的构建。

纵向深入、打造全面供应链服务能力是其服务能力导向的必由之路。而对于京东来说，利用其电商网络所连接和发展的客户资源，展开个性化的服务模式构建业已见到曙光。技术赋能则是京东在业务扩张背景下的又一种可能。智能化战略使得京东物流积累了在无人技术、物联网、人工智能等领域的强大技术能力，以及包括业务拓展、终端服务、运输管理、分拣中心、运营支持等多个模块在内的业务支撑系统。这些物流科技为京东物流提供了通过技术赋能进行变现的可能。未来，京东物流将致力于研发全自动物流中心、无人机、仓储机器人等智能物流项目，满足更多应用场景与行业用户需求，向社会全面开放，成为供应链基础设施服务商与解决方案供应商。

同时，京东物流面临的挑战也不容忽视。自建体系尤其是仓库的大规模投入带来了巨大的成本，京东真正实现稳定盈利尚需时日，但成本压力的背后，留给集团的时间也是有限的。

2. 菜鸟网络：以平台模式整合行业资源，积极探索服务变现

阿里以其一贯的平台模式思维建立物流体系，旨在通过数据驱动和社会化协同，打造一张全球智慧物流骨干网络，整合仓配、快递、末端等多个物流环节的从业者，建设物流行业的“公共基础设施”。菜鸟网络以物流企业的数字化能力（如菜鸟云）为核心、以基础设施（如菜鸟仓）为串联节点，最大化挖掘各环节合作伙伴的协同潜力，力图实现整个物流生态圈的降本、提质、增效。

但社会化资源整合的背面则是网络组织的松散。菜鸟网络 CEO 曾公开表示，菜鸟只搭建平台，不参与快递企业的竞争，履约服务方面也并不亲力而为。但社会化物流企业正极力尝试避免被菜鸟网络管道化，双方互相依存与牵制。为保证履约服务水平，菜鸟网络不得不通过控股等方式加强对网络的控制力与话语权。截至 2019 年，菜鸟与阿里已实现在物流、干线、智能仓储、最后一公里等模块的全面投资布局。

整合社会化资源后，菜鸟积累了大量数据产出。结合其数据处理能力，开始探索盈利方式，搭建了纯数据服务、数据产品、数据交换、数据应用、数据设备等服务模块对数据进行变现。依托其基础设施与科技储备，菜鸟更向合作伙伴提供仓配一体化等物流服务方案，进行物流云等技术赋能。菜鸟的终极目标之一，更是以淘系电商的海量货源为基础，贯通集团资源，以数据为核心，通过建立数据标准、数据交换的软硬件基础设施、开放的数据应用 / 交易市场和机制，建设快递行业的物流大数据平台。

在电商与物流相互成就的年代里，菜鸟和京东两派在相似的目标下，走着完全不一样的道路。阿里依托强大的电商商流，掌控了分配物流订单的权力，菜鸟平台通过连接各环节参与主体，不做实际的履约，有效派发订单提升行业整体效率，获取了数据方面的优势；京东则自营起家，自建电商平台及物流体系基础设施，培植了实力强劲的后端物流服务能力，兑现着高质量的履约，建立了地面供应链服务的优势。

在两派争夺的同时，更多电商企业也发展着自己的物流品牌，除主打自营或完全依靠第三方构建网络外，更多企业选取了两种模式结合的道路，结合的方式普遍为当当网“仓储自建 + 配送外部合作”模式。同时，各企业也发展了差异化的经营特点，苏宁的冷链和云仓、唯品会的航空货运、亚马逊的“物流 +”综合解决方案等，其背后既是自身电商背景的不同，又有着关乎企业愿景的考量。电商物流这一独特的细分行业，势必会在未来继续占据着独特而重要的地位。

来源：节选自德勤研究《新物流：下一站赢家？物流行业商业模式转型趋势初探》2019 年 6 月 21 日

3.4 物流业新趋势

一、商业模式革新重构物流行业生态体系

按照实际物流业务的“参与度”，物流行业生态体系可划分为如下三个层次：物流核心业务的从业者，它们专注在各个环节进行着物流行业的价值创造，或是履约仓、干、配的基础物流服务本身，或是作为合同物流商，为目标企业发挥着从供应，生产到分销的“物流总包”职能，再或则是深入客户企业的经营，充当着后者的供应链管理者角色。物流活动的“组织者”，他们充分借助互联网赋能，通过网络平台的构建组织运力资源，实现供需匹配，辅以线路规划、调度监控等效率提升方面的服务，支持物流活动的运行。同时，组织者们也逐步构建“地网”，对所参与的物流活动施加更为实际的把控。为物流活动提供各类辅助支持的企业。它们基于科技与数据，提供设施、设备、信息、数据等服务，从而赋能整个行业的发展。各阵营企业布局于不同圈层，并在其中进行着横向的位移与纵向的跃迁，推动着物流行业竞争者联盟的洗牌与格局的不断变迁。

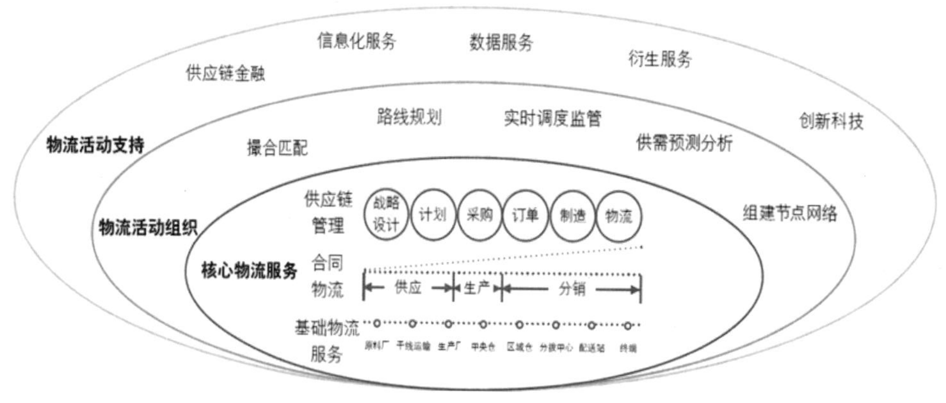

图 1 物流行业生态体系

来源：德勤研究。

传统物流企业未来将继续充当着物流行业的核心力量，并不断通过业务拓展，实现盈利能力和议价能力等领域的自我突破。行业头部企业将逐步纵向延伸业务链以提升自身服务价值，而中小物流服务商则将专注于降本增效和基础物流服务领域的横向扩张。在转型过程中，通过拥抱数字化建设，挖掘优势的线下资源，实现潜能协同，将成为重中之重。

新进入者由物流活动组织服务切入市场，但单纯依靠组织服务难以实现长久发展与盈利。未来，该类企业或逐步走向物流履约，切入物流核心价值链，并不断扩大线下资源网络，直面与传统物流企业的竞争，向更高价值的供应链管理服务迈进；或做大流量，深化技术和数据能力，探索创新产品与服务，构建盈利能力较为强大的生态圈。线下物流资源控制力或生态圈服务水平是此阵营企业未来能力构建与发展的核心。

科技与数据企业专注于物流活动支持，是行业的赋能者，持续支持行业的智能化发展。这类企业未来将依靠数据连接与沉淀向物流组织活动服务深度延伸。深化大数据分析挖掘技术，构建差异

化的科技 / 数据产品与解决方案是这类行业的立身之本。

电商物流拥有对 C 端资源的掌控优势，成为物流行业的重要一级，利用其社会化资源协同网络或自建网络体系，未来将继续深化在已圈定服务领域的业务布局，同时也将进一步向 B2B 供应链解决方案拓展。数据与技术驱动的智能物流体系、供应链科技解决方案和线下网络资源的有机结合将是这类企业的独特优势，但目前局限于分销链端，短期内未能渗透到流程复杂、专业要求较高的工业链端，尚无法击穿全链条。无论是菜鸟和京东都仍在探索如何通过构建连接更多产业合作伙伴的平台，实现对于更为复杂的产业供应链的延伸和渗透。

二、多维度整合成主导趋势，履约服务与平台生态圈或成终点

物流行业的重构是动态的进程，各阵营企业从不同模式起步，相互渗透、影响。未来，不同的力量将朝着各自的终点前进。面向未来履约服务与平台生态圈两种可能的终点，携带组网、承运等物流业务基因的玩家将走向核心物流企业的定位，专注于实际的服务履约；而不以物流业务作为主业的企业，如信息平台、技术提供商等，则倾向于打造稳定的盈利模式，以构建生态圈或加入某个平台的形式存在。

①横向整合

相当一部分传统物流企业将在自身主业及其他业务领域，通过兼并收购的方式进行跨界与延展，如顺丰通过收购新邦开始走向快运市场的横向延伸。

②纵向整合

各个细分市场的头部物流企业，则进一步向物流产业链上下游具有联系和协作关系的企业间发起整合，如顺丰收购 DHL 在华供应链业务，即作为基础物流运营商“向上”延伸的一种尝试。

③线上向线下

已经占据流量和市场优势的互联网 + 物流的企业，将借力资本市场进一步通过兼并收购布局线下资源，实现其基于数据和技术优势的业务“硬着陆”，如满帮收购志鸿物流，构建起了线下物流的交付能力。

④线下向线上

具备线下资源优势的传统物流企业也将通过收购和投资各种物流“新物种”，不断推动业务数字化和商业模式数字化的进程，或是在新的互联网 + 物流市场提前布局。顺丰投资 Flexport、马士基投资 FreightHub 均是传统物流企业在新的互联网商业冲击下对于新市场和商业模式的布局尝试。

⑤平台化整合

互联网时代下的平台商业思维也催生了物流行业新的市场整合力量，部分头部企业通过搭建平台的形式，直接连接广泛的市场参与主体，构建业务联盟，形成一种新型的 “竞合”生态。传化物流去年 6 月发起的传化物流联盟就是一个典型的例子——通过干线智能网络服务平台，在网络共建、标准重塑、品牌打造、金融扶持方面携手联盟内的各类企业，尝试构建出新型的专线物流联盟组织。

三、物流服务升级、信息连接与资源协同网络构建、智慧化与智能化是企业需始终关注的三大战略议题

①供应链管理与整合优化是产业转型升级的主要方向

发展服务于全链条的物流规划与服务能力，构建上下游纵向产业协同体系，实现由线性单链协同向大规模网链协同的现代供应链管理服务，是物流行业提升价值创造与实现转型升级的终极目标。在互联网时代，传统的供应链将逐步演变为各环节信息和决策实时同步的数字化供应网络。

同时，从产业竞争的角度来看，供应链的竞争优势构建已不能局限于单个企业的能力范畴，而需要更为开放地思考如何利用平台化思维、竞合联盟的新战略思维构建产业协同的供应链网络而实现更高层面的竞争优势。对于物流企业而言，需要在企业供应链战略和模式转型升级的思维方式中，思考如何延伸物流服务的内容和价值。

②数据连接共享与资源协同网络的结合是推动产业变革的核心资源要素

物流的核心离不开履约交付，自然就离不开线下的节点、通道和网络资源，在这样高度分工协作的产业中，如何挖掘线下网络的规模优势是核心，对线下资源的有效控制和协同是关键，而信息和数据的连接则是最重要的赋能手段。因此，基于互联互通搭建数据信息网络平台，整合基础设施（枢纽／运力等）构建线下资源网络，实现和促进“天网”与“地网”两大战略要素的融合与协同，将始终是产业升级的关键议题，也是任何一家物流企业都必须关注的核心资源要素。

③投资技术推进运营模式和商业模式的双重创新

大数据、人工智能和物联网等创新科技横跨物流行业的实体和数字世界，充分实现业务和设备的数字化，继而在数据集成后通过大数据分析挖掘产生洞察，最后以数据反向驱动供应链优化与物流操作自动化，从而构建出一套智能规划、敏捷调度和自动化操作的智慧物流体系和数字化供应链网络，全面提升产业的内部效率提升与外部价值创造。同时，技术不仅带来了整个物流和供应链运营的优化，更催生了商业模式的创新，物流企业在考虑运营模式创新和升级的同时，更要思考如何利用新技术在不断演进的产业生态中实现真正的商业模式创新，构建起独到、坚实、可持续的竞争优势。

仓储物流机器人

——正在向更智能化的高性能物流装备转变

仓储物流机器人属于工业机器人的范畴，是指应用在仓储环节，可通过接受指令或系统预先设置的程序，自动执行货物转移、搬运等操作的机器装置。仓储物流机器人作为智慧物流的重要组成部分，顺应了新时代的发展需求，成为物流行业在解决高度依赖人工、业务高峰期分拣能力有限等瓶颈问题的突破口。

根据应用场景的不同，仓储物流机器人可分为AGV机器人、码垛机器人、分拣机器人、AMR机器人、RGV穿梭车五大类：

AGV机器人：(Automatic Guided Vehicles)又称为自动引导车，是一种具备高性能的智能化物流搬运设备，主要用于货运的搬运和移动。自动引导车可分为有轨和无轨引导车。顾名思义，有轨引导车需要铺设轨道，只能沿着轨道移动。无轨引导车则无需借助轨道，可任意转弯，灵活性及智能化程度更高。自动引导车运用的核心技术包括：传感器技术、导航技术、伺服驱动技术、系统集成技术等。

码垛机器人：一种用来堆叠货品或者执行装箱、出货等物流任务的机器设备。每台码垛机器人携带独立的机器人控制系统，能够根据不同货物，进行不同形状的堆叠。码垛机器人进行搬运重物作业的速度和质量远远高于人工，具有负重高、频率高、灵活性高的优势。按照运动坐标形式分类，码垛机器人可分为直角坐标式机器人、关节式机器人和极坐标式机器人。

分拣机器人：是一种可以快速进行货物分拣的机器设备。分拣机器人可利用图象识别系统分辨物品形状，用机械手抓取物品，然后放到指定位置，实现货物的快速分拣。分拣机器人运用的核心技术包括：传感器、物镜、图象识别系统、多功能机械手。

AMR 机器人：(Automatic Mobile Robot) 又称自主移动机器人，与 AGV 自动引导车相比具备一定优势，主要体现在：

①智能化导航能力更强，能够利用相机、内在传感器、扫描仪探测周围环境，规划最优路径；

②自主操作灵活性更加优越，通过简单的软件调整即可自由调整运输路线；

③经济适用，可以快速部署，初始成本低。

RGV 穿梭车：是一种智能仓储设备，可以配合叉车、堆垛机、穿梭母车运行，实现自动化立体仓库存取，适用于密集存储货架区域，具有运行速度快，灵活性强、操作简单等特点。

仓储物流机器人行业发展前景良好，机遇与挑战并存

中国仓储物流机器人行业发展时间较短，大部分的仓储物流机器人厂商成立时间不超过 5 年，总体来说机遇与挑战并存。一方面，仓储物流机器人可在物流行业的转型升级中发挥积极作用，尤其是在人力劳动最繁重的搬运环节以及需要较多劳动力资源的分拣环节。目前行业内已经涌现出几家发展速度较快、技术水平较高的仓储物流机器人厂商如极智嘉 (Geek+)、快仓、海康威视等。由于行业发展前景较好，且机器人的技术研发需要大量的资金支持，仓储物流机器人行业的投融资动作频频。据沙利文统计，2017 年，仓储物流机器人行业的融资总金额已超过 10 亿元。

另一方面，仓储物流机器人行业还面临着一系列挑战：

①仓储物流机器人行业属于新兴行业，在快速发展壮大的同时也暴露出了一些问题：机器人的智能化程度不够导致在多场景运行下反应能力不足；机器人功能不全，障碍物识别存在盲区，产品的设计上还需添加独立的开关按钮；机器人带载运行稳定性差，容易出现无法举升货架或行驶轨迹偏移等严重问题；机器人制造商服务水平相比工业发达国家的来说还有很大差距，还需要进一步提升系统稳定性以及减少机器人故障率。

②以电商物流为主的服务限制了仓储物流机器人向其他行业渗透。当前中国仓储物流机器人行业面临的最大挑战是如何解决客户的痛点问题，如降低物流环节的劳动力成本和提高仓库分拣效率等。因此机器人厂商所提供的产品与服务必须贴合客户公司的实际物流需求，这既是仓储物流机器人生产企业增强核心竞争力，也是仓储物流机器人走向产品化的重要途径。

③本土品牌影响力不够。仓储物流机器人企业还需继续加强品牌建设，加大对核心零部件的研发力度，推动行业快速走向成熟。

产品未成熟，商业模式还在进一步探索中

中国仓储物流机器人行业的商业模式主要可分为四种，分别是提供产品解决方案、提供运营服务、提供租赁服务以及中介合作：

提供产品解决方案的模式：指为企业建立自动化仓库，提供集规划设计、软件开发、设备生产、现场安装、售后为一体的服务，由企业对仓库进行管理。仓储物流机器人厂商只收取一次性的行业解决方案费用，不参与仓库日常管理工作。

提供运营服务的模式：指为企业运营一个智能仓库，由仓储物流机器人厂商提供设备、人员和运营服务，帮助企业管理仓库和负责发送到该仓库的订单。仓储物流机器人厂商负责仓库的日常运营并将按照仓库的发货数量收取一定的服务费用。

提供租赁服务的模式：指针对一些难以承受机器人换人费用的企业而提供的仓储物流机器人租赁服务，仓储物流机器人厂商将按月或按年收取租赁费用。这种提供租赁服务的方式对于机器人产品使用方来说，能够减轻有使用意愿企业的资金压力；对于机器人提供方来说，能够提升自身的产业格局并扩大仓储物流机器人的应用领域。

中介合作的模式：指与物流运营商签订长期合作协议，为其提供智能仓库，仓储物流机器人厂商将从该仓库发送的每一笔订单收取一定比例的费用。

中国仓储物流机器人行业的商业模式仍在不断摸索中，当前下游应用需求并未完全打开，一体化产品解决方案还未成熟，按单收费更贴合实际需求；其次，仓储物流机器人厂商打造的机器人产品趋于标准化，有需求的企业更加青睐于机器人租赁方案。

未来，向更加智能化的高性能物流装备转变

在物联网技术、人工智能技术与机器人技术融合发展的背景下，未来仓储物流机器人不再被看作为单一的高性能硬件，而是更加智能化的高性能物流装备。其智能化将体现在三个方面：

①状态感知。借助于物联网技术，机器人能够与周边硬件或产品如可穿戴设备、环境监控设备等进行数据交互，从而实现对自身及周边环境状态的感知。

②实时决策。借助于人工智能技术，机器人能够对特定场景该如何动作做出决策。通过利用计算机技术模拟人类的视觉系统，赋予机器“看”和“认知”的功能。计算机视觉技术是机器认知世界的基础，与语音识别、自然语言处理等技术共同构成机器的感知智能，让机器人自行完成对外部世界的探测，进而做出判断，采取行动，让更复杂层面的指挥决策和自主行动成为可能。

③准确执行。这需要进一步提高机器人核心零部件的精度与能力，使机器人按照决策的结果做出精准的动作。

沙利文全球合伙人、全球市场战略规划副总裁兼中华区总裁王昕博士指出，技术是仓储物流机器人的核心，目前市场上仓储物流机器人的运送方式、拣选技术还不够成熟，产品的稳定性和安全性有较大进步空间。仓储物流机器人制造商还应在自动导航避障、运动控制、视觉识别、多传感器信息融合等方面继续优化，提升机器人性能，进一步提高物流效率，使机器人在智能物流时代发挥更大的作用。

来源：亿欧网 2019 年 3 月 28 日

第四篇 口岸、自贸区和进口博览会物流

4.1 综合信息

4.1.1 2019年上海口岸进出口物流业综合情况

大类	项　　目	2019年	同比（%）	2018年	同比（%）
货物	上海口岸进出口货物总值（亿元）	84,267.9	-1.2	85,317.0	7.7
	出　口	48,814.9	-0.2	48,913.9	6.9
	进　口	35,453.0	-2.6	36,403.1	8.8
	上海关区进出口货物总值	63,457.8	-0.9	64,064.3	7.3
	出　口	37,236.5	0.4	37,099.1	6.0
	进　口	26,221.2	-2.8	26,965.2	9.2
	上海市进出口货物总值	34,046.8	0.1	34,009.9	5.5
	出　口	13,720.9	-0.1	13,666.9	4.2
	进　口	20,325.9	0.4	20,343.1	6.4
	上海口岸货物吞吐量（万吨）	39,991.9	-1.4	40,550.7	-2.0
	航空口岸货邮量	332.7	-3.6	344.9	-0.4
	水运口岸货物量	39,659.2	-1.4	40,205.8	-2.0
	上海口岸集装箱吞吐量（万标箱）	3697.9	3.4	3574.8	4.6
	出　口	1604.4	0.7	1593.0	5.7
	进　口	1545.4	6.8	1446.8	3.5
	内支线	548.1	2.4	535.0	4.3
人员	上海口岸出入境人员总数（人次）	45,694,580	-1.1	46,269,846	5.8
	旅客总数	42,201,084	-0.6	42,501,425	6.4
	航空口岸出入境人员	42,621,826	1.6	42,001,615	7.5
	旅　客	40,248,213	1.5	39,681,632	7.6
	水运口岸出入境人员	2,996,995	-27.8	4,159,119	-8.6
	旅　客	1,884,893	-30.5	2,720,153	-8.4
	铁路口岸出入境人员	75,759	-30.5	109,112	-4.5
	旅　客	67,978	-31.7	99,640	-4.8
交通工具	上海口岸出入境交通工具总数	277,618	0.3	277,119	3.2
	飞机（架次）	253,842	0.5	252,845	4.0
	船舶（艘次）	2,3452	-1.8	23,908	-4.1
	列车（车次）	324	-11.5	366	1.1
	进出上海口岸国际航行船舶（艘次）	40312	-0.4	40467	-2.6
	货　船	39598	0.3	39462	-2.1
	邮（客）船	714	-29.0	1005	-18.0

备注：①2019年上海口岸进出口货物总值占全国进出口货物总值（315446.0亿元）的26.7%。②上海水运口岸货物吞吐量占上海港货物吞吐量（7.2亿吨）的55.1%；水运口岸集装箱吞吐量占上海港集装箱吞吐量（4330.3万标箱）的85.4%。③上海航空口岸货邮吞吐量占上海航空港货邮吞吐总量（405.8万吨）的81.9%，出入境旅客占上海航空港旅客吞吐总量（12179.1万人次）的33.0%。④进出上海口岸国际航行船舶包括在上海口岸办理出入境手续的国际航行船舶（即上海口岸出入境船舶）和在我国其他口岸办理出入境手续但进出上海口岸的国际航行船舶。

来源：上海市商务委员会上海市口岸服务办公室 2019年11月27日

2019年上海“五个中心”功能全面提升
上海口岸贸易总额位居世界城市首位

2020年1月15日，上海市十五届人大三次会议在世博中心开幕，市长应勇作政府工作报告。应勇指出，2019年上海“五个中心”功能全面提升，其中，上海口岸贸易总额继续位居世界城市首位，上海港集装箱吞吐量连续10年世界第一。

应勇说，过去一年上海推出“沪伦通”、沪深300股指期权等金融创新产品，野村东方证券、安联保险、摩根大通等对外开放项目落地，持牌金融机构新增54家，金融市场交易总额达到1933万亿元、增长17.5%。金融风险有效防控。

2019年，上海电子商务交易额增长14.5%，口岸贸易总额继续位居世界城市首位。浦东国际机场卫星厅投入使用，上海港集装箱吞吐量达到4330.3万标准箱、连续10年世界第一。

应勇说，过去一年，上海深化科技体制机制改革，推动在国家层面制定集成电路、人工智能、生物医药“上海方案”，制定实施智慧城市、数字经济等政策措施，超强超短激光、转化医学设施等大科学设施建成运营，海底科学观测网、高效低碳燃气轮机试验装置等重点项目开工建设，量子研究中心、清华国际创新中心、国际人类表型组研究院等新型研发机构相继成立，中以创新园开园运营。

4.1.2 2019年上海国际航运中心建设十大事件

上海自贸试验区临港新片区揭牌，长三角港航一体化加速前行，全国首个邮轮旅游示范区获批，上海空港的体量品质进一步提升……在过去的2019年，上海以善作善成的劲头，朝着2020年基本建成具有全球航运资源配置能力的国际航运中心目标发起冲刺。

近期，中国经济信息社发布“2019上海国际航运中心建设十大事件”，展示上海国际航运中心建设一年来的足迹和进展。

一、上海自贸试验区临港新片区揭开面纱，航运中心创新发展迎来新机遇

作为上海“三大任务、一大平台”之一，上海自贸区临港新片区2019年8月正式设立。新片区不是简单的扩区，而是以投资自由、贸易自由、资金自由、运输自由和人员从业自由等为重点，打造更具国际市场影响力和竞争力的特殊经济功能区。

服务新片区建设，海关总署正式发布洋山特殊综合保税区监管办法。航运巨头马士基也宣布在新片区内建设国际物流分拨中心，首家外商独资国际船舶代理公司伟朋特在上海落户。新片区的改革红利，将为上海国际航运中心的创新发展带来新一轮机遇。

二、长三角港航一体化加速前行，长三角地区最大内河枢纽船闸建成试运行

2019 年，长三角加速一体化融合发展。中央印发的《长江三角洲区域一体化发展规划纲要》提出，协同建设长三角一体化综合交通体系，合力打造世界级机场群，协同推进港口航道建设。

2019 年 2 月，上港集团与浙江省海港集团签署协议，推进小洋山北侧综合开发。

2019 年 7 月，长三角航运一体化发展论坛在虹口北外滩召开，成立了长三角航运创新发展联盟。

长三角最大内河枢纽船闸——大治河西枢纽新建二线船闸工程已建成并开展试运行，长湖申线航道按照Ⅲ级航道标准完成建设，将有效提升长三角地区高等级航道网综合集疏运能力。

三、上海继续位列全球国际航运中心第四，上海港集装箱吞吐量 4330 万标准箱，连续 10 年世界第一

2019 年 7 月，2019 新华—波罗的海国际航运中心发展指数在沪发布，新加坡、中国香港、伦敦位列全球国际航运中心三甲，上海凭借快速发展的现代航运集疏运体系，不断提升的航运服务能力，自贸试验区的驱动效应和持续改善的营商环境，航运发展水平紧追伦敦，继续位列第四。上海港集装箱吞吐量 4330 万标准箱、连续 10 年世界第一，洋山深水港区完成 1983 万标准箱，首次超过外高桥港区。

2019 年 8 月，联合国贸发会议发布《2019 年世界最佳连接港口排名》，中国上海港排名第一。

四、上海空港旅客吞吐量超 1.2 亿人次，体量扩容服务品质再提升

最新统计显示，上海浦东和虹桥两大机场 2019 年完成旅客吞吐量 12177.41 万人次，同比增长 3.52%。比数量更重要的是服务和品质。2019 年 9 月，上海浦东国际机场三期扩建主体工程暨卫星厅正式启用，开启“航站楼 + 卫星厅”一体化运营模式。

随着卫星厅正式启用，浦东机场服务品质进一步提升。旅客通过捷运系统往返航站楼与卫星厅，单向行程最快 2 分 30 秒，行车间隔小于 5 分钟。卫星厅新增 90 个登机桥位，航班靠桥率将从 50% 提高到 90% 以上。

五、上海获批全国首个邮轮旅游示范区，国内规模最大邮轮港进境免税店开业

2019 年 8 月，国家文化和旅游部正式批复上海创建中国首个邮轮旅游发展示范区，这是上海 2012 年获批邮轮旅游发展实验区的全面升级。同月，交通运输部联合公安部、文化和旅游部、海关总署和移民局正式发布《关于推广实施邮轮船票管理制度的通知》，将上海试点成果和经验向全国复制推广。

国内规模最大的邮轮港进境免税店于进博会期间正式开业，营业面积达 1700 平方米。上海海事局出台《“国际邮轮优先”工作职责及操作流程》，更好地保障邮轮准点和安全航行。以打造世界级旅游精品项目为目标，浦江游览硬件设施不断改造、服务品质不断提升。2019 年，黄浦江游览游客年接待量首破 500 万人次，同比增长 37%。

六、外高桥船厂开造中国首艘国产大型邮轮、江南造船首艘 LNG 浮式再气化驳船正式开工，造船业再创佳绩

2019 年 1 月，江南造船为 Gasfin Development S.A. 建造的 28000 立方米液化天然气浮式再气化驳船（LNG-FRU）开工，正式进军浮式储存及再气化装置（FSRU）船舶建造领域和海工领域。

2019 年 10 月，外高桥船厂正式开工建造国产首艘大型邮轮，在中国造船业的历史上实现了又一个里程碑，跨入大型邮轮建造新时代。

七、航运营商环境获国际认可，上海港港口业务进入“全程无纸化时代”

航运营商环境优化是上海国际航运中心建设的重要组成部分。2019 年 3 月，上海口岸深化营商环境改革“22 条”发布，进一步“提效降费”。根据《中国法治发展报告（2019）》，上海海事法院连续 3 年获评“最透明”海事法院。2019 年 11 月，上港集团继实现设备交接单和装箱单无纸化之后，全面实现了提货单无纸化，上海港迎来了港口业务“全程无纸化时代”。上海航运交易所发布全球集装箱班轮准班率指数，促进全球航运物流供应链和服务质量的提升。

上海航运营商环境的优化也获得了国际认可。世界银行发布的《全球营商环境报告 2020》中，中国整体排名再次提升 15 位，其中跨境贸易指标上升 9 位，涉及海关作业、港口物流作业等多个环节。

八、中国国际海事展会成为全球最大的海事展之一，参展商和专业观众创历史新高

2019 年 12 月，第 20 届中国国际海事会展在沪举办。共有来自 30 多个国家和地区的 2200 多家企业参展和 7 万多名专业观众参观，继上届跻身全球两大海事会展后，再创新高。

经过 40 年的发展，该展已是全球最具规模和影响力的国际海事专业会展之一，不仅成为中国与国际海事界加强交流共享、寻求全方位合作的桥梁纽带，更是展示中国实施海洋强国战略成就的重要平台。

九、港口岸电建设方案发布、智能重卡项目启动，上海持续推进绿色智慧港口建设 2019 年 6 月，上海市发布《上海市港口岸电建设方案》，明确集装箱、客货滚装等 5 类泊位的岸电建设任务，并配套岸电建设补贴、岸电设施运营补贴、靠港船舶岸电服务费优惠、港口建设岸电电价优惠等相关政策

2019 年 8 月，世界人工智能大会开幕式上，上海洋山深水港智能重卡示范运营项目正式发布。上海移动与上港集团、上汽集团携手打造全国首个“5G+ 智能驾驶”的智慧港口。目前，上海移动已完成上海洋山深水港智能重卡示范运营项目区域范围内的 5G 网络连续覆盖，范围包括东海大桥、洋山深水港和深水港物流园区。

十、上海发布工作方案，推进运输结构调整和多式联运发展，进一步优化集疏运体系 2019 年，上海市印发《上海市推进运输结构调整三年行动计划》《上海市推进海铁联运发展工作方案》，推动公路集装箱运输向铁路、水运方式转移，推进发展水水中转、公铁联运、海铁联运，着力构建“宜铁则铁、宜水则水、宜公则公”的综合运输服务格局

通过多项举措，多式联运业务量显著提升。2019 年，集装箱公铁联运量完成 31.71 万 TEU，同比增长 474%；集装箱海铁联运完成 14.23 万 TEU，其中芦潮港铁路中心站完成 9.83 万 TEU，同比增长 249%。外高桥港区专用线纳入沪通铁路二期工程可行性研究和专项规划，并已获批；沪通铁路二期先期开工段开工建设，海铁联运基础设施将得到改善；长江口深水航道利用边坡自然水深交会船型进一步扩大，保障了长江口深水航道的有序、畅通和安全。

来源：中国金融信息网 2020 年 2 月 6 日

4.1.3 上海口岸 2019 年物流统计数据

2019 年，我国服务进出口总额 54152.9 亿元，同比增长 2.8%。

2019 年，在服务贸易创新发展试点等政策的激励下，我国服务贸易总体保持平稳向上态势，逆差明显下降，结构显著优化，高质量发展成效初步显现。

2019 年我国服务进出口总额 54152.9 亿元（人民币，下同），同比增长 2.8%。其中，出口总额 19564.0 亿元，同比增长 8.9%；进口总额 34588.9 亿元，同比减少 0.4%。主要呈现以下特点服务贸易逆差明显下降。2019 年，我国服务业发展潜力不断释放，服务业增加值同比增长 6.9%，为服务出口的快速增长奠定了良好基础。服务出口总额在服务进出口总额中的占比达 36.1%，同比提升 2 个百分点。服务出口增速高于进口增速 9.3 个百分点，推动服务贸易逆差下降 10.5 个百分点，至 15024.9 亿元，同比减少 1760.0 亿元。

服务贸易结构显著优化。2019 年，我国知识密集型服务进出口额 18777.7 亿元，同比增长 10.8%，高于服务进出口整体增速 8 个百分点，占服务进出口总额的比重达到 34.7%，同比提升 2.5 个百分点。其中，知识密集型服务出口额 9916.8 亿元，同比增长 13.4%，占服务出口总额的比重达 50.7%，同比提升 2 个百分点；知识密集型服务进口额 8860.9 亿元，同比增长 8%，占服务进口总额的比重达 25.6%，同比提升 2 个百分点。从具体领域看，个人文化娱乐服务、电信计算机和信息服务、金融服务延续快速增长态势，进出口增速分别为 19.4%、18.9%、18.7%。

来源：中国产业经济信息网 2020 年 2 月 17 日

4.2 重要政策

4.2.1 2019年上海自贸区重要政策

2019年上海自贸试验区全年政策梳理

2019年下半年中，上海自贸试验区迎接了众多重磅消息：上海自贸试验区临港新片区正式成立，支持细则逐步出台；系列“证照分离”改革措施在自贸试验区内进行全覆盖试点；上海“四大战略”的稳步推进为自贸试验区带来全新角色定位与发展动力；多条促进自贸试验区深入发展的政策陆续出台，进一步营造一流营商环境激发市场活力……

2019年7月

一、《进一步推进中国（上海）自由贸易试验区外汇管理改革试点实施细则（4.0版）》

从简政放权、贸易和投资便利化、总部经济发展、离岸金融服务四个方面为上海自贸试验区创新试点增加新动能。具体包括区内主体可在线上申请行政许可业务；将外债注销登记功能下放至银行直接办理并取消办理时间限定；在区内试点资本项目外汇收入支付便利化，支持非投资性外资企业真实、合规的境内股权投资；支持选择“投注差”借用外债的企业调整为以跨境融资宏观审慎管理模式借用外债；将“上年度本外币国际收支规模1亿美元”门槛降低为5000万美元，鼓励总部企业做大做实等。

2019年7月

二、《中国（上海）自由贸易试验区贸易调整援助试点办法》有效期延长

将贸易调整援助试点办法有效期延长至2021年7月15日，援助企业条件包括在上海自贸试验区内登记满3年以上，企业一年内20%以上或连续两年每年10%以上的员工出现离职，或企业主要产品产量或销售量较上一年度下降30%以上。

2019年7月

三、《上海市人民代表大会常务委员会关于促进和保障浦东新区改革开放再出发实现新时代高质量发展的决定》

给予浦东新区自主创新赋权，围绕自贸试验区和科创中心建设等重点工作，浦东新区人大常委会可以依法决定在一定期限在浦东新区暂时调整或者暂时停止适用本市地方性法规的部分规定，并报市人大常委会备案。

2019年7月

四、《上海市人民政府关于促进上海创业投资持续健康高质量发展的若干意见》

更好发挥各类政府投资基金的引导带动作用，多位一体推动自贸试验区新片区、科创中心、科创板与长三角联动建设，营造更加活跃的创新创业环境，为上海创新创业主体提供多元化服务功能。具体包括扩大外商股权投资企业（QFLP）试点范围，深化合格境内有限合伙人（QDLP）试点，支持金融机构通过自由贸易账户为科技创新企业吸收创投资金、境外融资，以及开展技术贸易等提供相关的跨境金融服务，支持金融机构通过自由贸易账户，为境外创投等主体向境内科技创新企业办理投资相关的结算等业务等。

2019年7月

五、《浦东新区人民代表大会常务委员会关于进一步优化营商环境探索“一业一证”改革的决定》

在市场准入后的行业准营环节，政府通过优化审批流程和集中审批程序，将一个行业经营涉及的多项行政许可事项，整合为一张载明相关行政许可信息的行业综合许可证，还可以通过所加载二维码显示企业详细信息，改革前所有证件信息都能通过扫描许可证上的二维码来显示。这对于上海自贸试验区制度创新先行先试、推动政府职能转变促进“减证简政”、进一步优化浦东营商环境等具有重要意义。

2019 年 8 月

六、《中国（上海）自由贸易试验区临港新片区总体方案》

国务院正式发布《中国（上海）自由贸易试验区临港新片区总体方案》，它以临港新片区为先行启动区，在更深层次、更宽领域、以更大力度推进自贸试验区全方位高水平开放。新片区的设立是中国自贸区战略的一个新的里程碑。

2019 年 8 月

七、《上海市新一轮服务业扩大开放若干措施》

若干措施共分七大板块 40 条措施，内容包含进一步放宽服务业外资市场准入限制，减少对外资投资企业开展业务的限制，扩大跨境服务贸易领域开放，减少对自然人移动的限制，提升贸易便利化服务水平，发展数字贸易、现代航运服务业与金融服务业等。同自贸试验区相关的措施内容包括探索自贸试验区保税区等区域允许外商投资音像制品制作业务，探索允许在自贸试验区内设立中外合资、中外合作和外商独资文物拍卖企业，推进符合条件的外国船级社对自贸试验区内登记的国际航行船舶实施法定检验和单一船级检验，促进符合条件的外国验箱公司开展对自贸试验区内企业拥有的船运集装箱的检验业务，在自贸试验区内允许现货市场开展保税与非保税大宗商品业务，扩大现货离岸交易和保税交割业务规模等。

2019 年 8 月

八、《上海银行业保险业进一步支持科创中心建设的指导意见》

支持上海自由贸易试验区新片区、上海证券交易所科创板、长三角区域一体化这三项新的重大任务建设，鼓励使用信贷、并购、租赁、信托、债券等金融工具，有序推进 G60 科创走廊建设，重点支持处于产业链关键环节的战略性新兴产业项目，推动产业集群发展，支持跨界融合的创新活动，支持专业技术交易转移平台建设，为高层次科技人才针对性开发创新金融产品等。

2019 年 8 月

九、《国务院关于印发 6 个新设自由贸易试验区总体方案的通知》

在山东、江苏、广西、河北、云南、黑龙江等 6 省区设立自由贸易试验区。结合各地的区域特点与发展特色，《总体方案》提出了各有侧重的差别化改革试点任务。举例来说，山东自贸试验区将探索中日韩地方经济合作并加快海洋特色产业发展；江苏自贸试验区则立足长三角城市群与沿海经济带，旨在提高境外投资合作水平、加强金融支持实体经济并支持制造业发展等。而黑龙江、广西、云南三省自贸试验区则聚焦于加强同俄罗斯及东北亚、东盟、沿边国家的跨境国际经济合作，并促进自身特色产业发展。自此，自首个自贸试验区——上海自贸试验区诞生起，我国共成立 18 个自贸试验区。

2019 年 9 月

十、《关于进一步促进汽车平行进口发展的意见》

在风险可控、依法合规前提下，允许已开展汽车平行进口工作的有关省市在海关特殊监管区域内设立标准符合性整改场所，便利企业开展整改业务，并要求有关地区切实加强整改场所监管；同时，将全面扩大试点成效，对经国务院批复的汽车整车进口口岸，汽车整车年进口数量达到1000辆的，可在报备相关工作方案后，执行汽车平行进口相关政策，实现汽车平行进口工作常态化制度化。

2019年9月

十一、《关于组织申报2020年中国（上海）自由贸易试验区专项发展资金社会类功能提升项目的通知》

支持对象为符合重点支持领域的、注册地和税管地在自贸试验区内的企业和社会组织，项目要求在2020年1月1日-2020年12月31日期间启动建设，项目建设周期原则上不超过两年。专项资金采取政府补贴、贷款贴息等方式，单个项目的支持额原则上不超过2000万元。对于支持额度超过2000万元的社会类项目，通过“一事一议”方式予以明确。

2019年9月

十二、《关于本市进一步促进外商投资的若干意见》

从战略层面推动进一步扩大开放，积极促进并保护外商投资。在进一步推动自贸试验区扩大开放方面，将推进上海自贸试验区及临港新片区投资自由化便利化，进一步在电信、保险、证券、科研和技术服务、教育、卫生等重点领域加大对外开放力度，放宽注册资本、投资方式等限制，打造全方位开放的前沿窗口。

2019年9月

十三、《上海市市场监督管理局支持浦东新区（上海自贸试验区）改革开放再出发实现新时代高质量发展的工作备忘录》

市场监管局与浦东新区政府签署工作备忘录，涵盖深化审批制度改革、营造便利化营商环境等“放管服”改革的20项措施。具体内容包括在企业名称登记，办理工艺简单、低风险品种食品生产许可，部分计量器具型式批准等三个领域试点告知承诺制，便利企业准入，实现“你承诺，我发证”等。

2019年10月

十四、《商务部、海关总署、中国贸促会关于实施对外贸易经营者备案和原产地企业备案“两证合一”的公告》

自2019年10月15日起，在全国范围内推广自贸试验区试点经验——对外贸易经营者备案和原产地企业备案“两证合一”改革。

2019年10月

十五、《上海海关关于在外高桥港区试行出口“提前申报、运抵验放”通关模式的公告》

自2019年10月8日起，对于在外高桥港区出口的本地清关货物，企业信用等级为一般信用及以上的出口货物发货人，可自主选择“提前申报、运抵验放”模式办理出口通关手续。

2019年10月

十六、全国人民代表大会常务委员会关于授权国务院在自由贸易试验区暂时调整适用有关法律规定的决定

授权国务院在自由贸易试验区内，暂时调整对外贸易经营者备案登记、食品经营许可、报关企业注册登记等的有关规定。决定自2019年12月1日起施行，上述调整在三年内试行。

2019年10月

十七、《长江三角洲区域医疗器械注册人制度试点工作实施方案》

上海市药品监督管理局、江苏省药品监督管理局、浙江省药品监督管理局、安徽省药品监督管理局联合发布《长江三角洲区域医疗器械注册人制度试点工作实施方案》，推进长江三角洲区域医疗器械产业高质量一体化发展，为全国全面实施医疗器械注册人制度进一步积累经验。上海自贸试验区医疗器械注册人制度正式向长三角区域推广。

2019 年 10 月

十八、中国人民银行上海总部《关于促进金融科技发展 支持上海建设金融科技中心的指导意见》

从打造具有全球影响力的金融科技生态圈、深化金融科技成果应用、加强长三角金融科技合作共享等八个方面提出 40 条意见，助力上海国际金融中心建设和科技创新中心建设联动发展。内容包括鼓励国内外金融机构充分利用上海自贸试验区及临港新片区的优惠政策，在上海设立赋能平台、金融科技事业部、特色支行或金融科技公司等。

2019 年 10 月

十九、《上海自贸试验区将探索七项措施支持离岸转手买卖发展》

10 月 31 日，"中国（上海）自由贸易试验区离岸转手买卖产业服务中心"和"离岸转手买卖先行示范区"正式揭牌，同时公布将探索支持离岸转手买卖贸易企业享受相关税收优惠、支持金融机构为真实离岸转手买卖贸易提供高效涉外金融服务、支持离岸转手买卖外商投资贸易企业申请认定为跨国公司地区总部、优化人才发展政策、加大财政扶持力度、拓宽跨境金融服务方式、设立产业服务中心共 7 项措施支持离岸转手买卖发展。

2019 年 11 月

二十、国务院印发《关于在自由贸易试验区开展"证照分离"改革全覆盖试点的通知》

自 2019 年 12 月 1 日起，在全国自贸试验区开展"证照分离"改革全覆盖试点。

2019 年 11 月

二十一、《关于调整优惠贸易协定项下进出海关特殊监管区域（场所）货物申报要求的公告》

进一步优化营商环境，便利优惠贸易协定项下自海关特殊监管区域和保税监管场所内销货物享受优惠关税待遇。具体内容包括对于出区域（场所）内销时申请适用协定税率或者特惠税率的进口货物，除本公告第三条规定的情形外，在货物从境外入区域（场所）时，其收货人或者代理人不再需要按照《中华人民共和国海关进出口货物报关单填制规范》中有关优惠贸易协定项下进口货物填制要求填报进口报关单或者进境备案清单等。

2019 年 11 月

二十二、《上海自贸试验区专项资金（平行进口汽车）申报指南》

申报指南明确了申报主体与奖励标准、申报材料及要求、申报时间及方式等内容，在综合物流成本、强制性认证成本、财务成本、实现上海本地终端销售四方面予以资金支持。单项支持资金最高达 600 万元。

2019 年 12 月

二十三、《长江三角洲区域一体化发展规划纲要》

贯彻落实长三角一体化的国家战略，着力推动上海大都市圈、杭州都市圈、苏锡常都市圈、南京都市圈、合肥都市圈、宁波都市圈六大城市圈 27 城市各领域统筹协调发展，进一步优化中国改革开放空间布局。规划纲要中明确，将高标准建设上海自由贸易试验区新片区，以上海临港等地区为中国（上海）自由贸易试验区新片区，打造与国际通行规则相衔接、更具国际市场影响力和竞争力的特殊经济功能区。

2019 年 12 月

二十四、明年起外资企业新设变更将全部通过网上操作

市商务委发布公告，明确自 2020 年 1 月 1 日起，市商务委与上海自贸试验区管委会不再受理涉及外资准入负面清单的外资企业或再投资企业设立或变更的审批事项，不涉及外资准入负面清单的外资企业无需向商务主管部门申请备案，外资企业设立变更事项通过网上企业登记系统进行操作，并每年通过国家企业信用信息公示系统进行年度报告。

2019 年 12 月

二十五、《上海市浦东新区国土空间总体规划（2017–2035）》

将落实长三角一体化与自贸试验区新片区建设国家战略，推动形成“主城区－新城－新市镇－乡村”的城乡统筹空间体系，新增铁路上海东站进一步增强上海市铁路运载能力与浦东交通枢纽地位，构建机场与铁路一体化交通，打造包括外高桥、张江、临港在内的“南北科技创新走廊”，加强生态建设、传统文化保护、住房体系保障，进一步完善产业用地与生活配套建设等。

2019 年 12 月

二十六、“证照分离”改革试点系列政策梳理

上海市人民政府办公厅印发《关于在中国（上海）自由贸易试验区开展“证照分离”改革全覆盖试点的实施方案》

自 2019 年 12 月 1 日起，在中国（上海）自由贸易试验区（含临港新片区）对本市所有涉企经营许可事项实行全覆盖清单管理，按照直接取消审批、审批改为备案、实行告知承诺、优化审批服务等四种方式分类推进改革。

《工业和信息化部关于自由贸易试验区“证照分离”改革试点工作的通告》

自 2019 年 12 月 1 日起，自由贸易试验区内依法设立的企业申请办理实行“证照分离”改革试点的 20 项涉企经营许可事项，依法依规贯彻落实措施进行办理。针对工业和信息化领域实行“证照分离”改革的 20 项涉企经营许可事项，逐项明确贯彻落实措施。对于道路机动车辆生产企业、食盐定点生产和批发企业、电子认证服务和有关监控化学品、民用爆炸物品、互联网域名服务等 18 项实行优化审批服务的事项，从减少申请材料、压缩审批时间、简化审批流程等方面进行改革。

工信部《开展第二类增值电信业务相关许可事项告知承诺审批试点工作实施方案》

依法在 18 个自由贸易试验区内设立的公司，申请在境内经营第二类增值电信业务时，适用告知承诺审批。相关企业如不选择告知承诺方式，可依法按照一般审批程序办理。但是，列入电信业务经营不良名单和失信名单的公司，不适用告知承诺方式。试点工作自 2019 年 12 月 1 日起开始，试点期限按国务院有关要求执行。

海关总署《关于开展“证照分离”改革全覆盖试点的公告》（2019 年第 182 号）

内容包括审批改为备案 2 项：对登记注册在自由贸易试验区的企业申请“报关企业注册登记”实施“审批改为备案”改革；在全国范围内，对“出口食品生产企业备案核准”实施“审批改为备案”改革；实行告知承诺1项：对全国自由贸易试验区范围内口岸区域的“口岸卫生许可证（涉及公共场所）核发”实施“实行告知承诺”改革；以及“优化审批服务”12 项改革等。

证监会《中国证监会在自由贸易试验区开展“证照分离”改革全覆盖试点工作实施方案》

对纳入“证照分离”改革全覆盖试点事项清单的证监会 17 项涉企经营许可事项，持续优化审批服务，加强事中事后监管。具体改革举措方面，一是推动行政许可事项全程网上办理，二是不断加强政务主动公开力度，三是进一步压减行政许可申请材料，四是定期公布存量企业情况。要强化日常监管，提高信用监管效能，发挥行业协会自律作用。在改革试点期间，及时总结改革经验，不断完善改革措施。（外联发商务咨询）

来源：上海自贸区 2020 年 1 月 2 日

中共上海市委、上海市人民政府《关于促进中国（上海）自由贸易试验区临港新片区高质量发展实施特殊支持政策的若干意见》

增设中国（上海）自由贸易试验区临港新片区（以下简称新片区），是习近平总书记交给上海的三项新的重大任务之一。新片区是上海推进改革开放和创新发展的重要载体，是上海面向未来发展的重要战略空间，在上海建设具有世界影响力的社会主义现代化国际大都市、推进全方位高水平开放等重大战略任务中，承担着特殊使命。为落实《长江三角洲区域一体化发展规划纲要》和《中国（上海）自由贸易试验区临港新片区总体方案》，现提出促进新片区高质量发展、实施特殊支持政策的如下意见。

一、明确总体要求

以习近平新时代中国特色社会主义思想为指导，深入贯彻习近平总书记考察上海重要讲话精神，按照习近平总书记“要在更深层次、更宽领域、以更大力度推进全方位高水平开放”的重要指示，支持更高层次、更高水平的对外开放，形成开放型经济新动能；服务高标准高质量建设，提升产业核心竞争力；促进多元功能开发，集聚创新创业和生活服务要素；坚持以人为本，提升城市服务品质，着力把新片区打造成更具国际市场影响力和竞争力的特殊经济功能区，建设成开放创新、智慧生态、产城融合、宜业宜居的现代化新城。

二、赋予新片区更大改革自主权

支持新片区对标最高标准、最好水平，大胆闯、大胆试、自主改，营造更具吸引力的营商环境。

（一）支持新片区先行先试改革举措。原则上，重大改革举措优先在新片区试点，在新片区适用《中共上海市委、上海市人民政府关于支持浦东新区改革开放再出发实现新时代高质量发展的若干意见》中的各项政策。今后我市出台的政策，对企业和人才的支持力度优于本意见相关规定的，新片区按照“政策从优”原则，普遍适用。

（二）加大向新片区管理机构放权力度。赋予新片区管理机构市级和区级经济管理权限，在经济调节、行政审批等领域，除确需市级行政机关统一协调管理的事项外，原则上授权或委托新片区管理机构依法行使。

（三）深化营商环境改革。深化实施“一网通办”和单一综合窗口建设，进一步优化流程，提高办事效率。加大事中事后监管改革创新力度，建立以信用监管为支撑的事中分类评估、事后联动奖惩的监管制度，推动联合监管、动态监管。

三、打造更具吸引力的人才发展环境

实行更加积极、更加开放、更加有效的人才政策，为新片区集聚海内外人才提供坚强有力的保障，让各类人才在新片区各展其才、各尽其用，打造创新活力迸发的海内外人才高地。

（四）优化新片区人才直接落户政策。赋予新片区管理机构人才引进重点机构推荐权、新片区特殊人才直接申报权、国内人才引进直接落户和留学回国人员落户审批权。对新片区内教育、卫生等公益事业单位录用非上海生源应届普通高校毕业生直接落户打分时加 3 分。

（五）缩短新片区“居转户”年限。对符合一定工作年限并承诺落户后继续在新片区工作 2 年以上的人才，“居转户”年限由 7 年缩短为 5 年。其中，对符合新片区重点产业布局的用人单位的核心人才，“居转户”年限由 7 年缩短为 3 年。

（六）实行居住证专项加分政策。对上海市居住证持证人在新片区工作并居住的，可予以专项加分，即每满 1 年积 2 分，满 3 年后开始计入总积分，最高分值为 20 分。

（七）拓宽技能人才引进通道。在国家职业资格和技能等级认定范围内，聚焦新片区重点产业布局，制定技能人才引进目录。对该目录以外的紧缺技能岗位核心业务骨干，探索经新片区行业代表性企业自主评定和推荐后，纳入引进范围。对获得中华技能大奖、全国技术能手称号、国务院特殊津贴、世界技能大赛奖项等的人员，以及获得省部级高技能人才最高表彰资助的人员，可不受该目录限制，直接引进落户。

（八）加大人才培养培训扶持力度。支持高层次人才申报相关人才计划项目。围绕“高、精、尖、缺”人才，支持在新片区引进国际化专业技术职业培训项目，实施高级研修和急需紧缺人才培训项目。支持新片区建设产教融合示范区，对符合条件的企业优先认定全市产教融合示范型企业，推进校企共建产教融合实训基地、科研成果转化平台。对新片区重点领域的高技能人才培养基地，在资助额度上予以倾斜。率先试点技能等级认定、新技能培训评价，建立工程技术领域的高技能人才与工程技术人才发展贯通机制。

（九）实行更加灵活的用人机制。对紧缺急需、专业性强的公务员职位采用聘任制，实行协议年薪，一职一薪，并进一步探索更大力度的激励措施。对新片区公务员在遴选、交流、学习、培训、表彰等方面予以优先考虑。创新人才激励方式，对新片区内所有事业单位在编在册工作人员，每人每年增加专项补贴，并纳入单位绩效工资总量。对为新片区建设和发展作出重大成绩、突出贡献人员，给予表彰奖励。

（十）放宽现代服务业从业限制。允许具有境外职业资格的金融、建筑、规划、设计等领域符合条件的专业人才经备案后，在新片区提供服务，其在境外的从业经历可视同国内从业经历。允许在新片区工作的境外人才参加房地产估价师、注册城乡规划师等专业技术人才职业资格考试。

（十一）大力集聚海外青年人才。在国（境）外高水平大学取得本科及以上学历的优秀外籍毕业生，可直接在新片区工作。上海高校在读外籍留学生可在新片区兼职创业。在新片区设立留学人员创业园，对拟在创业园创办企业的外籍留学人员，直接给予工作许可，并视同工作经历。对新片区管理机构推荐的紧缺急需留学类项目，实施“直通车”制度，给予专项资金优先支持。鼓励新片区企业按照有关规定，招收外籍实习生。

（十二）进一步提高入外籍留学人员工作生活便利。在新片区工作的入外籍留学人员可直接办理长期（最长有效期 10 年）海外人才居住证 B 证，免办工作许可。

（十三）加大力度引进高科技人才和技能型人才。对拟长期在新片区工作的高科技领域外籍人才、外国技能型人才和符合新片区产业发展方向的单位聘雇的外籍人才，放宽年龄、学历和工作经历的限制，经许可，一次性给予 2 年以上的工作许可。

（十四）赋予新片区管理机构外籍人才加分权及上海科技创新职业清单推荐权。经新片区管理机构认定的外籍人才，可享受外国人来华工作许可和外国人才签证计点积分鼓励性加分。新片区管理机构可根据重点产业布局，直接推荐新片区内的重点企事业单位进入上海科技创新职业清单。清单内单位聘雇的管理或技术职务的外籍人员，可享受相关便利。

（十五）建立境外人才工作和创业绿色通道。在新片区试点实行外国人来华工作许可差异化流程，对新片区管理机构认定的信用企业实行“告知承诺”“容缺受理”等制度。对拥有重大创新技术的外籍高层次人才以技术入股方式在新片区注册企业的，进一步简化办理程序和申请材料。

四、加大财税金融政策支持力度

建立有利于产业和人才集聚的财税制度，按照“地方财力留用、市区专项扶持”的原则，加强财政资金支持。进一步拓展投融资渠道，发挥市场主体建设新片区的作用，为新片区发展提供有力支撑。

（十六）建立新片区专项发展资金。新片区产生的所有地方收入，全部用于新片区建设。整合市区两级税收、土地出让收入、基础设施配套费及市区两级专项资金，建立新片区专项发展资金，5年总计出资不少于1000亿元，统筹用于新片区内各类产业扶持、创新创业支持、人才引进培养、基础设施和公共设施建设等。通过专项发展资金，加大对研发创新、技术改造、新产品应用等的支持力度，对重点产业领域核心创新团队给予奖励。对特别重大的项目，新片区管理机构可采用“一事一议”的方式，申请各专项资金支持。

（十七）实施税收支持。对新片区内符合条件从事集成电路、人工智能、生物医药、民用航空等关键领域核心环节生产研发的企业，自设立之日起5年内减按15%税率征收企业所得税。对符合条件的集成电路生产、设计和软件企业，按照国家规定，予以享受“两免三减半”“五免五减半”等企业所得税优惠政策。对在新片区工作的境外高端、紧缺人才个人所得税税负差额部分给予补贴。对境外进入物理围网区域内的货物、物理围网区域内企业之间的货物交易和服务，实行特殊的税收政策。扩大新片区服务出口增值税政策适用范围，研究适应境外投资和离岸业务发展的新片区税收政策。在不导致税基侵蚀和利润转移的前提下，探索试点自由贸易账户的税收政策安排。

（十八）加大对新片区政府债券发行的支持力度。加大地方政府债券倾斜力度，优先支持新片区符合条件的重大项目。

（十九）对标国际标准，开展跨境金融业务。支持金融机构在依法合规、风险可控、商业可持续的前提下，参照国际通行规则，为新片区内企业和非居民提供跨境发债、跨境投资并购和跨境资金集中运营等跨境金融服务。支持新片区内企业开展真实、合法的离岸转手买卖业务，金融机构可按照国际惯例，为新片区内企业开展离岸转手买卖业务提供高效便利的跨境金融服务。

（二十）加强跨境资金灵活使用。新片区内企业从境外募集的资金、符合条件的金融机构从境外募集的资金及其提供跨境服务取得的收入，可自主用于新片区及境外的经营投资活动。对新片区内符合条件的诚信优质企业，经新片区管理机构认定，可试点开展外汇收支便利化。

（二十一）推进建设资金管理中心。适当降低开展跨境资金集中运营业务的准入门槛，进一步便利新片区内企业开展跨境资金双向归集，实现资金集中管理。

（二十二）发挥银行信贷、保险资金以及融资担保基金等作用。研究出台对重点产业长期低息贷款并吸引保险资本支持政策，以及市、区两级配套贴息政策。鼓励创新融资担保支持方式，加大市政策性融资担保基金对新片区内中小企业的支持力度。

（二十三）提高重点产业直接融资规模。优先支持符合条件的集成电路、人工智能、生物医药、航空航天、新能源汽车等关键重点领域的企业上市。支持新片区设立战略性新兴产业投资平台，创新股权投资等方式，带动社会资本投向重大产业项目、初创型企业等。

五、加大规划土地政策支持力度

以规划为引领，优化新片区空间格局，提高经济密度，促进资源要素高效率配置。

（二十四）编制新片区国土空间规划。新片区国土空间规划在浦东新区等区级总体规划中单独成章，并做好与市、区两级总体规划的衔接。

（二十五）进一步完善资源性要素配置的市级统筹机制。对新片区新增建设用地指标实行市级单列，与减量化指标脱钩。重大项目能耗和污染物排放指标由市级统筹。

（二十六）提高新片区工业、研发用地容积率。对符合新片区产业功能的项目，容积率可进一步提高。对存量工业、研发用地提高容积率的，根据持有比例，经新片区管理机构决策，可减免增容土地出让价款。

（二十七）鼓励土地节约集约混合利用。探索实行混合用地、创新型产业用地等政策，推进工业、研发办公、中试生产等功能混合，引导科技研发、企业总部管理等创新功能加快集聚。

（二十八）支持新片区内园区平台提升创新服务能力。新片区内园区平台收购产业项目类存量工业用地用于通用类研发平台和标准厂房的，在明确土地利用绩效和退出机制等全生命周期管理基础上，可将不超过物业总量的 50% 转让给研发机构或企业，其中直接转让比例不超过物业总量的 30%，鼓励先租后让。

六、推动高端产业集聚发展

坚持创新引领，着力打造世界级前沿产业集群，提升科技创新和产业融合能力，加快形成新动能，增强国际竞争新优势。

（二十九）推动重大项目和平台向新片区集聚。支持集成电路、人工智能、生物医药、航空航天、新能源和智能网联汽车、智能制造、高端装备等领域重点项目优先在新片区布局。在新片区布局建设工程研究中心、重点实验室等关键功能性支撑平台。引导相关领域的重点科研院所、研发机构、标准制定企业、检验检测机构、计量测试平台等向新片区集聚。支持企业联合研究机构和行业上下游共建产业协同创新共同体，建设产业创新中心。

（三十）加快布局新一代信息基础设施。制定新片区通信网络规划，率先布局双千兆网络建设，支持基础电信运营商在新片区共建、共用、共享 5G 基础设施，支持基础电信运营商、互联网以及各行业龙头企业在新片区内协同开展双千兆网络应用示范区建设。深入推进 IPv6 规模部署，统筹规划新片区互联网数据中心及边缘数据中心布局，加快云计算、物联网、新型互联网交换中心等信息基础设施建设。

（三十一）建设工业互联网。建设“工业互联网 + 人工智能”创新和应用示范区，发挥好国家互联网标识解析国家顶级节点的作用，引导新片区内重点行业和重要企业建设工业互联网标识解析二级节点和标识解析企业节点，推动标识解析在重点领域的运用。

（三十二）推进智能应用。围绕数字制造、智慧交通、智能治理，推动应用场景开放。探索全面放开智能网联汽车道路测试，布局车路协同设施建设。

（三十三）授予新片区管理机构高新技术企业认定权。新片区管理机构按照统一标准，对新片区内企业进行国家高新技术企业认定和市级高新技术企业培育入库认定，落实高新技术企业所得税优惠、研发费用加计扣除等政策。

（三十四）压缩专利审查时限。支持在中国（浦东）知识产权保护中心设立新片区专窗，加快生物医药、集成电路、脑科学与人工智能等领域专利审查速度。

七、加大对人才的住房保障力度

坚持职住平衡，针对多层次住房需求，建立以市场供应为主、多主体供应、多渠道保障、租购并举的区域性住房体系。

（三十五）定向微调新片区住房限购政策。按照区域发展和产业导向，对符合一定条件的非本市户籍人才，购房资格由居民家庭调整为个人，可购买新片区普通商品房一套。缩短非本市户籍人才在新片区购房缴纳个人所得税或社会保险金的年限，将自购房之日前连续缴纳满 5 年及以上，调整为连续缴纳满 3 年及以上。

（三十六）调整商品住房选房购房制度。符合购房条件、在新片区稳定就业且稳定居住的常住人口，可在新片区优先选房购房。

（三十七）实施限价商品房政策。控制限价商品房供应量，加大人才公寓供给力度，将部分限价商品房在房源性质不变的情况下，转为人才公寓使用；聚焦激励人才，提高供应的精准性，对新片区有贡献的企业和人才予以倾斜。

（三十八）建设“先租后售”公租房。建成后 10 年内作为公租房使用，其中 50% 房源可由单位按门栋整体购买作为公租房中单位租赁房使用。公租房建成 10 年后可作为商品住房按套上市转让。

（三十九）扩大租赁住房配套建设渠道。商业办公用地配套建设租赁住房等生活服务设施的，其建筑面积占项目总建筑面积的比例上限从 10% 提高至 15%。

（四十）给予规划土地政策支持。对新片区新建人才公寓、租赁住房在供地方式、供地价格上予以规划土地政策支持。支持对租赁住房的建设、筹措，扩大集体土地建设租赁住房试点。支持非房地产企业依法取得土地用于建设租赁住房。探索开展租赁住房用地出让价款分期收取试点。

八、构建便捷的交通网络体系

加强基础设施建设，提高区域连接能力，着力构建对外高效畅达、对内便捷绿色、管理智能便民的综合交通体系，将新片区建设成为长三角区域重要节点城市。

（四十一）制定新片区综合交通规划。完善区域综合交通网络，优化内外交通衔接，有序安排实施计划，提升综合交通效率。重点加强新片区与浦东国际机场、中心城区以及长三角重点城市之间的综合交通网络联系。

（四十二）推进铁路和轨道交通网络建设。加强浦东综合交通枢纽以及与长江北部和浙北地区的铁路通道建设，实现与长三角地区铁路运输快速通行。完善新片区内轨道交通网络，加快提升轨道交通运能。

（四十三）加强新片区与周边区域高速公路建设。提升新片区与浦东国际机场、中心城区及其他周边区域之间高速公路快速通行能力。疏解洋山港货物公路运输交通压力，推进洋山港至 G1503 公路段客货分流改造。继续减免 S2 高速公路客车通行收费。

（四十四）提升新片区内客运能力。支持新片区规划建设中运量局域线，加快线网规划，启动线网建设。增强新片区内轨道交通重要站点与主要集中居住区、重点功能区、重大赛事场馆以及旅游活动场馆之间短驳公交配置。

（四十五）强化新片区多式联运集疏运体系。依托洋山深水港、浦东国际机场、芦潮港铁路集装箱中心站、南港码头等，进一步增强海铁联运、江海联运、水水中转功能。

九、提升城市综合服务功能

坚持产城融合，不断丰富城市服务功能，打造高品质生活，建设宜业宜居现代化国际新城。

（四十六）丰富提升教育资源。深化推进新片区高水平高校发展，支持新片区内具备条件的大学加快建设一流学科，支持高校开展地方高水平高校及高水平应用型高校建设。推动义务教育阶段学区化、集团化办学全覆盖，促进优秀教师跨校流动。支持我市优质教育集团在新片区开办分校或合作办学。支持引进高水平国际学校。

（四十七）进一步优化配置医疗资源。支持境外医疗机构在新片区办医，支持市级医疗机构在新片区发展特色专科，做实家庭医生签约服务，实现基于居民电子健康档案的动态健康管理。

（四十八）加快文化休闲、商业网点设施建设。加快推进青少年活动中心等艺术、体育、文化重点城市功能项目建设。建设临港帆船帆板基地，打造高品质水上运动中心。建设符合新片区特点、具有国际特色的体育休闲旅游集聚区。对连锁商业实行“一照多址”“一证多址”的准入制度。

（四十九）打造绿色生态环境。加强河流、湖泊、林地、野生动物栖息地等生态区域保护，推进滨江沿海岸线绿道和郊野公园、城市公园等建设，促进生态空间与市民游憩空间结合。

（五十）加强区域精细化管理。以全覆盖、法治化、智能化、标准化为着力点，运用信息技术手段，提升社会治理智能化水平，建立高标准的新片区综合管理标准体系，加强环境综合治理，加强基层建设，努力提高新片区区域治理整体能力，为新片区人民群众提供精细化的管理服务。

本意见适用于新片区管理机构管辖范围。《中国（上海）自由贸易试验区临港新片区总体方案》有明确规定的，按照相关规定执行。

来源：上海市人民政府办公厅 2019 年 8 月 30 日

4.2.2 上海自贸区物流业年度综合情况

金桥综合保税区通过验收——上海地区已有 5 个出口加工区完成转型升级

昨天，经上海市人民政府申请和国家海关总署批准，由上海海关会同上海市发改委、商务委等 8 部门组成联合验收组，一致同意 1.52 平方公里的金桥综合保税区符合《海关特殊监管区域基础和监管设施验收标准》以及国家有关法律法规的规定和要求，具备封关运行条件，经实地验收予以通过。

至此，上海地区漕河泾、闵行、松江、青浦、金桥、嘉定 6 个出口加工区中，已有 5 个获国务院批准转型为综保区并通过验收。

开放型经济新高地

以“三来一补”和“两头在外”为典型特征的加工贸易，在上海外贸进出口中也曾一马当先。但随着我国参与经济全球化的程度和“戏份”越来越足，上海外贸发展的自主性愈发提升，原有单一的出口加工功能已难以满足上海在国际舞台上合作与竞争的需要。尤其进入 2010 年后，以“上海制造”为代表的上海品牌的影响力不断走强，科创研发、第三方物流、高端制造等需求不断增长，出口加工区这个“庙”显然太小了。

综保区是仅次于自由贸易区的我国开放层次最高、优惠政策最多、功能最齐全、手续最简化的海关特殊监管区域。

今年初，国务院印发《国务院关于促进综合保税区高水平开放高质量发展的若干意见》。记者从上海海关获悉，上海关区积极贯彻落实《若干意见》（以下简称《若干意见》），促综保区转型升级，助力上海打造开放型经济新高地。目前，《若干意见》21 项支持政策中，出台过实施细则的 17 项已全部在上海关区落地，政策红利日益凸显。如奉贤综保区内“上海晶澳太阳能科技有限公司”，通过开展增值税一般纳税人资格试点，抓住国内市场机遇快速扩大生产规模，年产值超过 40 亿元。今年 1—9 月，上海各综保区共开出一般纳税人增值税发票 5149 张，为企业节约税收成本约 2979 万元。

首创业务加速涌现

与此同时，综保区“试验田”作用明显，首创业务加速涌现。如漕河泾综保区已成功办理全国综保区首辆保税存储汽车内销业务，为特种车辆的入境存储、出区认证检验和完税内销开辟了全新的便捷通道，物流时间比以往节省约 2 个月，超大型设备运输损耗风险大幅降低。

在综保区政策助力下，区内高端产业频现。如金桥综保区大力发展科创和信息产业，引入“中微半导体设备（上海）股份有限公司”和“安集微电子科技（上海）股份有限公司”，致力于半导体加工设备和原材料的研发制造，已成为上海科创板的首批上市企业；青浦综保区引入“晶盟硅材料有限公司”，承接了世界最大芯片制造商“台积电”的委托加工业务，今年 1—9 月完成芯片加工 30 余万片，进一步丰富了上海的集成电路产业集群。

综保区也推动了上海营商环境持续优化。记者获悉，目前上海关区已有 5 家综保区区内企业开展“四自一简”试点，即支持企业自主备案、合理自定核销周期、自主核报、自主补缴税款，简化海关业务核准手续，商品备案由以往的 3 天时间、需往返 2 次简化为远程录入、系统自动审核备案。依托海关总署统一的金关二期系统平台，综保区间保税货物实现点对点流转，目前上海各综保区已同全国 40 余个综保区开展流转业务，今年 1—9 月流转货值达 39.5 亿美元。

出口加工区作为时代产物集体淡出并整合优化为综保区，透视着企业需求升级之变，也为上海挑选和留住高附加值企业增加筹码。

来源：上海市人民政府 2019 年 11 月 16 日

4.2.3 2019 第二届中国国际进口博览会物流业贸易参展商和市物流业展会保障综合信息

2017 年 5 月，中国国家主席习近平在“一带一路”国际合作高峰论坛上宣布，中国将从 2018 年起举办中国国际进口博览会。

举办中国国际进口博览会是中国政府坚定支持贸易自由化和经济全球化、主动向世界开放市场的重大举措，有利于促进世界各国加强经贸交流合作， 促进全球贸易和世界经济增长，推动开放型世界经济发展。

中国政府诚挚欢迎各国政要、工商界人士，以及参展商、专业采购商参展参会，拓展中国市场。我们愿同世界各国和国际组织一道， 努力把中国国际进口博览会打造成国际一流的博览会，为各国开展贸易、加强合作开辟新渠道，促进世界经济和贸易共同繁荣。

展品范围

第二届进博会企业商业展设装备、消费、食品、健康、服务等 5 个板块，分科技生活、汽车、装备、医疗器械及医药保健、品质生活、服务贸易、食品及农产品等 7 个展区。各展区均有众多世界 500 强和龙头企业参展，且每个展区各具特色。

“科技生活展区”集各类与人民生活息息相关的黑科技于一身，并较首届增设ＡＲ＆ＶＲ专区。高档家用电器、智能家居、消费电子、健康及环境科技、服务机器人、人工智能及软件技术等一应俱全，另将展示这些产品背后的各种先进技术及解决方案。

“汽车展区”从材料、零件、系统到整车，囊括了汽车产业上下游的顶尖企业，汇聚飞行汽车、氢燃料电池车、自动驾驶汽车等众多前沿、概念性产品，以及极具历史内涵的古董老爷车，诠释对汽车与环保、汽车与智能、汽车与生活的理解。

“装备展区”以材料加工及成型装备、机器人自动化、航空航天和全方位解决方案为主。世界顶尖技术汇聚于此，众多科技智造新品将在这里首发。展品包括高端机床、能够媲美甚至超越首届“金牛座”龙门铣的设备等。

“医疗器械及医药保健展区” 相比首届，新增养老康复题材。五百强及龙头企业远超首届，众多知名企业将携最新研发产品亮相，包括最新研发的抗癌药及高端医疗设备、远程医疗、智慧医疗解决方案等。

“品质生活展区”在首届已有的家具及家居用品、美妆及日化用品、服装及服饰配件三大板块基础上，新辟母婴及儿童用品板块，并专设高端消费品专区。本届展会精选出一批具有代表性的首次进入中国市场的小众品牌参展。

“服务贸易展区”重点引进物流及供应链管理服务、金融及咨询服务及文化旅游服务，以此全面支撑进出口服务的贸易服务需求。参展企业将在展会期间首发全球最新技术，探讨物联网、区块链、无人驾驶等黑科技及前沿技术在各行业领域中的应用。

“食品及农产品展区”根据不同食品品类，分设乳制品、蔬果农产品、肉制品和水产品、休闲食品甜食调味品、酒类和饮料、综合食品等专业分区，汇聚一百多个国家和地区的上千家食品企业。高端时尚饮品、美食美酒引领，展品精彩纷呈。

进博会食材配送“总仓”升级“云仓”——食安监管更严成本有效降低

为确保第二届进博会展馆内餐饮食品企业原料供应安全万无一失，今年，上海在不再设立物流配送“总仓”的前提下，依托虚拟的物流信息跟踪服务主平台——“云仓”平台，对56个供应商发货点（“分仓”）进行全流程管理。

信息平台将餐饮企业订单信息、供应商商品信息、物流商物流配送信息等静态数据，与实时跟踪车辆位置定位和记录货物在途温度的动态数据集纳在一起，并与“市商务委重要产品追溯管理平台”对接，从而建立起一个集互联网、物联网、云计算、大数据于一体的、完整的进博会餐饮食品供应可追溯体系。

经过6次专项演练和综合演练，“云仓”平台昨天正式上线启用。

一是“总仓”积累有益经验。

首届进博会期间，按照安保要求，考虑到国家会展中心展馆内现有餐饮企业原料供应单位“杂”、配送车辆“多”、配送线路“乱”等情况，确定展馆内餐饮企业原料及食品供应采取“中转物流总仓配送模式”，由光明乳业旗下的全资子公司上海领鲜物流有限公司，担任首届进博会期间展馆内餐饮食品原料供应保障的物流配送企业。

“总仓”模式与传统的食品原材料物流配送相比，关键词是“更安全”。公安、市场监管部门对中转物流总仓的车辆和食品原材料实施24小时驻点监管，做到“安检前移、集中检测、全程押运、绿色通道、统一配送”。具体流程中，下订单、质量检测、收货、验单、入库、仓储管理、分拣、配货、封签、运输、车辆调度、门店签收……每一道环节都会在后台的软件系统中同步留下记录，每一单票据也都印有唯一的二维码，供上下游环节的交接双方“扫一扫”，实现100%信息可追溯。另外，在运输途中，每一辆冷链车都安装有GPS定位系统和在途温度记录系统，“轨迹变化”“温度变化”都做到一清二楚。每一辆车还都配有专门的安保人员押车，确保万无一失。

“总仓模式为本市大型展会的食品安全管理积累了经验，但一个有形的总仓运行成本高，各分仓的物流车辆集中到总仓，带来企业用工成本、运输成本的增加，也给大型展会期间原本紧张的道路交通资源，带来了新的压力。”市商务委有关负责人说。

“第二届进博会考虑到企业在经历首届进博会之后，已经完全适应了这种关口前移的统一监管模式，因此，在市商务委负责统筹协调下，由市公安局、市市场监管局、进博局、国展中心等有关单位按照职责分工协作，启动了全新的云仓管理模式。”根据要求，所有物流配送车辆由“云仓”平台统一调度配送，在中转物流集中点（P9停车场）进行集中安检，采取“分仓食检、车辆铅封、平台调度、分时配送、集中安检、全程押运、绿色通道”等措施，确保供应安全。

二是“云仓”模式将复制推广。

由于“云仓”模式与“总仓”模式的最大区别在于进场馆的物流配送企业由首届进博会的一家

（领鲜物流），变成多个社会物流企业。为了夯实这一模式，市商务委会同相关部门制定了更为严格的准入标准，企业需严格遵循统一车辆运输及统一订单的操作模式。如：需选择多温区冷藏车型作为各供应点与展馆间配送的主要运输车型，可同时满足多温带产品配送要求；安装 GPS 跟踪设备，做到实时监控车辆行驶轨迹；所有车辆均统一标识，并按照一级安保要求进行车证、人证的通行证备案管理等；单证齐全、索证索票、包装规范完整等食品安全的基本规范更是不在话下。

另外，政府在严格管理的同时，也不忘兼顾企业效率和效益的最大化。据介绍，“云仓”管理模式合理规划出夜间食品及原料供应模式和日间餐食配送模式两档。

夜间食品及原料供应商，按照展馆内餐饮企业订单需求和“云仓”平台管理要求，由物流车辆统一将食品及原料配送至中转物流集中点（P9 停车场）进行安检。安检结束后，安保押运，通过绿色通道进入展馆内。

日间餐食配送由物流配送车辆集中在中转物流集中点（P9 停车场）进行空车安检，全程安保押运，至餐食中央厨房提货后经绿色通道直达展馆内指定位置，通过冷链电动车配送至就餐点。

“上海正在全力打造更加精彩的世界会客厅，大型展会、赛事、活动、高端论坛会越来越多，规格也会越来越高。今后云仓管理模式通过复制和推广，还可以用于更多大型保障活动的餐饮食品原料物流配送的管理中，不仅能为世界会客厅的食品安全保驾护航，还能通过大数据分析，为企业采购提供大型保障活动期间消费者的用餐喜好、消费趋势等参数。在此基础上，企业可以更精准地选择餐品品类、合理进行食材配置，避免浪费。”

来源：《解放日报》2019 年 10 月 19 日

第五篇 长三角物流区域联动合作

5.1 长三角物流业区域合作综合信息

长三角四省市：探索实现长三角物流一体化国家战略

2019 年 5 月 6 日下午，“探索实现长三角物流一体化国家战略”座谈会在上海市粤海酒店粤海厅举行。参加会议的有苏浙皖沪四省市政府主管部门、行业协会、受邀参会的优秀物流企业和供应链创新与应用示范企业代表共 70 余人。上海市商务委周岚处长、安徽省发改委陆加军副调研员、上海市物流协会会长、百联集团副总裁浦静波、江苏省现代物流协会副会长候普、安徽省徽商集团副总经理余保山等领导出席。会议由上海市物流协会秘书长刘鹰主持。

本次会议是在积极贯彻习总书记关于实施长三角高质量一体化发展国家战略的重要指示和长三角四省市全力推进这一国家战略的大背景下召开的。为了开好座谈会，四省市协会事先进行了充分沟通和认真准备，确定了会议主题和形式，并各推荐所在省市 5 家物流和供应链管理优秀企业作交流发言。

座谈会上四省市共 20 位企业和协会代表，围绕企业发展和特点、供应链创新与应用中的收获、问题和对策、对长三角物流一体化的建议等进行了充分交流和探讨，形成了许多重要共识，取得了积极成果。大家认为：一要提高政治站位，抓住发展机遇。要充分认识长三角高质量一体化发展的重大政治和经济意义，增强紧迫感，抓住发展机遇，努力实现长三角物流业和物流企业的高质量一体化发展。二要加强联系紧密度，拓展合作新空间。要树立大市场、大合作、大交流、大对接的理念，进一步加强长三角协会和企业的互联互通，互渗互融，提高区域物流的质量和水平。三要推进要素流动，加强协同互补。企业资源要向长三角开放，各种要素要在长三角更好流动。市场、网点、平台都要着眼协同，加强互补性。四要积极建言献策，推动政策落地。行业协会要发挥联系政府和企业的桥梁作用，要在长三角范围内开展考察和调研，反映一线实情，表达企业诉求，推动政策在长三角区域更好更快落地。五要更好服务实体，解决企业需求。政府、协会和有关方面在推进中要聚焦实体，关注企业，指导企业转型，努力推动创新，帮助解决痛点、难点，出实招，办实事，重实效。六要加强协会交流，推动区域联动。要通过多种形式、多种渠道增强长三角行业协会的交流频次，丰富交流内容，研讨区域物流发展热点和焦点，实现联动发展。

浦静波会长在会上作了会议总结。提出要正确研判当前经济形势，在推进高质量发展中善于发现和抓住机遇。以落实国家战略为契机，进一步加强长三角物流企业和行业协会的联系，推动合作，共同实现新的更高质量的发展。浦会长要求根据座谈会的共识，提出推动长三角物流一体化的工作计划，征求大家意见后共同实施。

来源：绪屿新闻 2019 年 5 月 6 日

长三角供应链创新与应用大会暨
2019 年长三角物流发展与合作

2019 年 5 月 6 日，由上海现代服务业联合会、上海市物流协会和学会、江苏省现代物流协会、浙江省物流与采购协会、安徽省物流与采购联合会共同主办的长三角供应链创新与应用大会暨 2019 年长三角物流发展与合作论坛在上海市宝丰联酒店五楼水晶厅举行。来自苏浙皖沪三省一市政府主管部门、物流企业、行业组织、高校和科研单位等近 500 人参会。上海市人大常委会原副主任、上海现代服务业联合会会长郑惠强、上海市商务委副主任刘敏、中国物流与采购联合会副会长蔡进、四省市政府主管部门和行业协会等领导出席。会议由上海现代服务业联合会物流与供应链服务专委会专职副主任兼秘书长韩志雄主持。

郑惠强会长代表主办方在会上首先致欢迎词。刘敏副主任代表四省市政府部门作讲话。指出在长三角区域发展上升为国家战略的背景下，区域发展更要坚持合作精神和创新精神。在发展面临新挑战的形势下，要加快供应链创新与应用，改造行业生态圈，实现新的高质量发展。蔡进副会长在会上作了〞长三角物流与供应链创新〞的主旨演讲。提出长三角推进供应链创新与发展要注重把握创新、智能化、国际化、融合和基础五亇要点。会上倡议发起成立了“长三角供应链创新与应用发展基金”，基金规模人民币 100 亿元，首期 20 亿元，将于第三季度出资。会上还发布了上海物流年鉴、长三角仓储设施情况报告、应收帐款融资服务平台简介等。

来源：绪屿新闻 2019 年 5 月 6 日

2019 长三角区域物流一体化发展报告

王京、张三敏　编写　（现代物流报、上海物流学会）

从 1982 年提出“以上海为中心建立长三角经济圈”开始，到 2019 年《长三角地区一体化发展三年行动计划（2018-2020）》发布，历经 37 年的时间内，长三角地区的概念和城市群空间范围一直处在持续的变化和调整当中。而此次三年行动计划提出，到 2020 年，长三角地区要基本形成世界级城市群框架，分别从基础设施体系、区域产业体系、协同创新体系，以及公共服务供给等方面提出了更高质量的发展要求，为长三角城市群的发展划出了更加清晰的“路线图”。

长三角经济圈是我国特大经济圈之一，也是四大物流圈之一。按照国务院批复的《长江三角洲地区区域规划》要求，到 2020 年，长三角地区将形成以服务业为主的产业结构，这为区域现代物流联动发展迎来难得发展契机。新物流是这份文件的一项重要内容。三年行动计划提出，未来 3 年将鼓励应用无人仓、AGV 等先进物流技术，建成技术和通达率全球领先的长三角智慧物流体系，将长三角地区物流网络从“天”级推到“小时”级，打造新零售“三公里理想生活圈”。

众所周知，现代物流作为重要的基础设施，对区域经济发展的重要性不言而喻。多年来，长三角地区制造业的加速发展使得共建“物流大通道”成为长三角联动发展的重要组成部分。“区划界限没了，条块分割没了，流通成本自然降了”，长三角地区物流一体化发展不仅是长三角经济联动发展的基本需要，也是物流供应链管理的进一步延伸和网络化拓展的切实需要，更是促进我国现代物流业健康发展、降低流通成本的有效途径。

这两年来，长三角地区在围绕参与“一带一路”、长江经济带建设，推进长三角地区协同发展方面取得了重要共识，这背后长三角物流一体化先行发挥了积极促进作用。早在2007年8月，苏浙沪三地（上海、江苏和浙江）共同研究制定了《关于推进长三角地区现代物流联动发展的若干措施》，确定了完善物流一体化基础设施、培育发展物流市场、优化物流发展环境三大发展重点，并启动了长三角地区现代物流发展联席会议制度，每年召开一次会议商讨物流联动发展的工作重点和推进措施。

2019年5月6日，在上海市举行的“探索长三角物流一体化发展国家战略”座谈会上，再次确立了关于推进落实“长三角物流一体化国家战略”具体工作的基本思路。10多年来，加快实现长三角物流一体化一直是各地区城市的一致共识。在长三角地区两省一市的共同努力下，该地区已逐步形成政府部门、行业协会和企业联盟三个层面的交流机制，培育了一批三地制造业与物流业联动示范项目，区域物流一体化发展取得长足进步，从整体上提高了长三角地区现代物流业的国际竞争力，对于拓展新的经济增长空间，增强城市综合竞争力，具有重要意义。

2019年11月，习近平总书记在出席第二届中国国际进口博览会期间对上海视察工作时，提出了长三角一体化发展的新要求：长三角三省一市要增强大局意识、全局意识，抓好《长三角洲区域一体化发展规划纲要》贯彻落实，聚焦重点领域，重点区域，重大项目，重大平台，把一体化发展的文章做好。我们要坚决贯彻落实习近平总书记的重要指示，抓住有利发展时机，全力推进长三角物流一体化快速发展，努力取得新的进展，新的成果。

事实上，跨区域联动发展抓住了物流业发展的关键。物流企业运营的一个显著特点就是跨区域无边界。比如：浙江的车辆可能要跑到江苏去参加运输，中间还要经过上海地界，各地的政策不一样，收费不一样，标准不一样，就会给物流企业造成额外困扰。同时，物流本身又是一个系统工程，牵涉生产和流通企业的方方面面，横跨各行各业，各行业之间的政策是否匹配同样关系到物流企业的发展是否顺利。跨区域联动发展，通过三省一市政府部门、行业协会和企业联盟的交流沟通、统筹协调，及时破除物流业发展中的种种瓶颈和阻碍，创造有利于物流业发展的市场环境、体制机制是一个行之有效的办法。

一、推进落实长三角物流一体化国家战略基本思路

2019年5月6日，在上海市举行的“探索长三角物流一体化发展国家战略座谈会”上，长三角四省市物流机构与会代表进行了富有成效的交流和沟通，提出了很好的宝贵意见和建议，为制定下一步具体工作措施打下了坚实基础。会议提出以下基本思路：

一是长三角物流一体化要求加强联系的紧密度。首先要解决目前长三角区域彼此联系少、交流少、往来少的问题，要从机制和制度上建立起紧密联系的形式和渠道。

二是长三角物流一体化要求加强内容的多样性。我们要从企业实际需求出发，结合各个地区特征、领域特色、企业特点，组织丰富多彩、能有实效的各种交流、对接、学习、考察等活动，服务三省一市物流企业。

三是长三角物流一体化要求四省市立足长三角。这要求我们既要立足本地区本协会本企业，更要站有利于推动长三角地区物流一体化发展的层面组织和开展工作，包括各个地区组织的行业调研、行业培训等活动都要加强协同发展。

四是长三角物流一体化要求操作由粗到细思路。在不断的探索中，三省一市的一些物流联动协同的组织形式、方法内容、效果预期等需要不断尝试，不断改进，可以“先粗后细”，逐步积累后快速提高。

二、推进落实长三角物流一体化国家战略工作方针

2019 年 12 月，长三角地区物流发展联席会议、现代物流合作联盟主席团成员及秘书处工作会议在上海召开。来自上海、浙江、江苏和安徽三省一市的物流行业协会的代表及成员单位代表二十多人参加会议。会议奠定以下基本发展工作方针：

（一）要注重长三角物流一体化发展整体性

长三角区域物流一体化发展的很重要特点，就是要将多个区域的行为放置于一个分工协作的统一整体当中。其整体性主要体现在：三省一市的物流区域布局与基础设施的建设统一规划，相互衔接，避免恶性竞争在内部发生；三省一市的物流信息系统构成是一个即时的完整、连续的网络，实现区域物流传递无缝化的信息；区域物流政策统一有效等。

（二）要注重长三角物流一体化发展开放性

长三角区域物流一体化发展不是一种排他的、封闭的区域联合体系，而是一种开放型的联合体系。物流一体化尽管会在一定范围内逐步形成统一的物流共同市场，但并不排斥各成员同其他区域的联合与协作。长三角区域物流一体化的形成是为了更好地参与合作与竞争。

（三）要注重长三角物流一体化发展区域性

长三角区域物流一体化发展是以某区域为范围的，相对于某一个城市物流，范围要广，它可能包括多个城市，整合若干个城市物流，它不仅要对某个城市服务，更重要的是，还需要合理配置该区域的各方面资源，服务于整个区域。

（四）要注重长三角物流一体化发展共享性

长三角区域物流一体化发展通过合理的协作与分工会给该区域内的物流的各成员方带来共同的利益，达到共赢的目的。因此，长三角区域物流一体化范围内相关的地方政府、各管理部门、企业和组织会由于这种共同利益结合起来，最后形成一个互利共赢的统一的体系。

（五）要注重长三角物流一体化发展独立性

长三角区域物流一体化发展是以经济区划为基础的。经济区划是按照社会劳动区域分工的规律、区域经济发展水平以及经济联系的密切程度构成的一种共同体。因此，长三角区域物流一体化各成员之间具有相对的独立性，是一种合约关系而非隶属关系。

三、推进落实长三角物流一体化国家战略工作计划

针对我国长三角区域物流一体化国家战略，我们要正确研判当前社会经济发展形势，在推进高质量发展中善于发现和抓住市场机遇。以落实国家战略为契机，进一步加强长三角区域物流企业和行业协会的联系，推动合作，共同实现新的更高质量的发展。

为了把在上海市举行的“探索推动长三角物流一体化国家战略座谈会”形成的共识和要求具体化、可操作，做到“月有走动、季有活动、年有推动”，三省一市共同协商提出以下工作设想：

一是建立统一思想理论。要加快建立统一思路发展理论，通过提高政治站位，抓住物流发展机遇。要充分认清长三角高质量一体化发展的重大政治和经济意义，增强紧迫感，抓住发展机遇，努力实现长三角区域物流业和物流企业的高质量一体化协同发展。

二是建立有效协同制度。要加快建立长三角四省市协会会长定期会商制度，每年一次，由四省市协会轮值主办；建立长三角四省市（含地和县）协会秘书长联席会议制度，每季一次，由四省市协会轮值主办；建立长三角四省市（含地和县）协会会长、秘书长的沟通交流群，加强密切联系；建立联席会秘书处，设在上海市物流协会。

三是建立活动联动机制。要通过加强联系紧密度，拓展合作新空间，树立大市场、大合作、大交流、大对接的理念，进一步加强长三角区域物流协会和企业的互联互通，互渗互融，提高区域物流的质

量和水平。长三角四省市要轮值组织好每年一次的长三角区域一体化物流大会和合作论坛；年度协会会员大会互动邀请四省市协会参加，加强联动一体化；省市层面的物流重要会议邀请四省市物流机构代表共同参加；在省市举办的重要展会、招商活动邀请四省市物流机构代表同参加，形成有效联动机制。

四是建立考察互动合作。要加快推进要素流动，加强协同互补。长三角四省市物流企业资源要向长三角开放，各种要素要在长三角更好流动。市场、网点、平台都要着眼协同，加强互补性。一方面积极推荐并组织对优秀物流企业、示范物流企业、代表性物流设施设备等的考察至少每季一次，由四省市轮值组织；另一方面积极推荐并组织对本省市有创新性、特色性物流项目（如统计、信用、标准、物流指数等）的学习和考察。

五是建立对接需求机制。政府、协会和有关方面在推进中要聚焦实体，关注企业，指导物流企业转型，努力推动创新，帮助解决痛点、难点，出实招，办实事，重实效。一方面根据企业实际需求组织对口物流企业或合作方进行长三角区域的物流业务、资源、设施、市场、科技应用等的商务合作活动；另一方面针对各自区域特色，发挥各自优势，联合开展为物流行业和物流企业的职业技能等培训工作。

六是建立共同调研机制。要积极建言献策，推动政策尽快落地。行业协会要发挥联系政府和企业的桥梁作用，要在长三角区域内开展物流考察和调研，反映一线实情，表达企业诉求，推动政策在长三角区域内更好更快的落地。一方面从长三角物流一体化发展角度，联合开展对物流政策落实、企业诉求等的调研活动，建言献策；另一方面从推进协同、互补发展、降本增效等出发，联合走访企业，出谋划策。

七是建立学术交流机制。要加强协会交流，推动区域密切联动。要通过多种形式、多种渠道增强长三角区域物流行业协会的交流频次，丰富交流内容，研讨区域物流发展热点和焦点，实现联动发展。长三角物流一体化城市每年至少开展一次行业物流操作技能等比赛；每半年开展一次物流学术交流活动和物流前瞻性学术研究，并组织创新性案例展示。

四、推进落实长三角物流一体化国家战略关键问题

长三角区域物流一体化国家战略的实施，可以促进长三角各地区的经济协调发展，可以支持它企业将原料的采购与销售，成品的运输与储藏等异地结合或分离，可以有效地推动地区间优势互补与分工协作。不过，目前我们与国际上经济发达地区相比，长三角物流一体化地区的物流企业仍然存在着“小、散、差、弱”等问题，而且各个类型的物流企业的经营规模和传统业务背景差别比较大，造成了目前物流企业类型迥异、业务种类比较多，“产业同构”现象相对较严重。在一定程度上，对物流企业进行优化整合，不仅是物流企业自己专业化、规模化、社会化发展的需要，更是长三角区域物流一体化发展的必要条件。

以这几年的发展情况分析，长三角区域已初步形成多层次、多中心的物流台：上海定位是综合性物流枢纽中心，南京和杭州是区域性物流枢纽中心，其他城市则是城市性物流枢纽中心。虽然物流信息平台有比较完善的空间构架，但是“信息孤岛”“连而不通”等现象仍然存在，就是物流信息还是不完整的、割裂的。这表明，在区域范围内需要对物流信息平台进行优化，来破除行政区划的体制约束，来推动长三角物流一体化国家战略的物流信息平台一体化的发展。

（一）长三角物流一体化信息平台一体化

长三角区域物流一体化国家战略长三角区域物流信息平台的建设目标是在区域内各城市之间建立相对完善的物流信息平台，实现各个城市之间的物流信息电子化管理，促使实物配送网络与信息平台能够融合，促使长三角区域大物流资源的优化配置。

一是要加快推进物流信息平台的建设。建立起覆盖所有长三角一体化区域内仓储运输与流通的企业的网络平台，使各企业、各客户与相关管理机构能够信息联网；建立起平台用于发布物流信息，使信息资源能够充分交换与共享；建立起区域内物流资源的交换平台，其中包括自动交易功能的实现与资源供需信息的发布等。

二是要加快推动改造企业物流信息化。建立包括配备 GPS，将卫星定位技术用于组织、管理货物运输，发挥运用高科技的优势；为实现仓库作业机械化、管理信息化、仓库商品养护与监控报警的自动化，必须建立起现代化仓储和与之相匹配的电脑信息管理系统、货物分拣系统和立体仓库自主条形码录入系统；为实现物流服务的国际网络化，企业的生产、资源、技术以及销售分布在全球各大市场，必然需要现代物流服务的跨国网络化，通过与国外物流企业进行合作，形成相对完善的长三角区域物流信息平台，实现与国际物流平台相链接，使企业的销售系统、生产系统、供应系统被自己的服务网络所覆盖。

（二）长三角物流一体化信息平台标准化

目前，长三角区域物流一体化许多城市都有一定的信息数据库，不过还存在一些技术等方面的问题，所以这些数据库都只是信息的“孤岛”。同样的，物流领域还没有本行业的编码与公共数据接口标准，造成了实际操作过程中无法兼容、数据不能自由共享与交换等情况，根本无法显现出信息应有的价值，同时还影响物流效率。标准化是行业发展与社会分工的基础和前提。所以，为了实现物流信息平台的一体化，使整条物流供应链的工作效率不断提高，其最基础的方式就是实现物流信息网络平台标准化。一般来说，物流信息平台网络标准化主要包括：物流信息分类编码标准、信息传输与电子数据交换标准、信息采集标准。

物流信息分类编码标准是物流信息标准化的专业领域和一个分支，其核心就是将庞大的物流信息统一地进行合理规范的分类，并以代码表示，构建标准的信息类别代码，以便人们凭代码进行计算机或手工方式查询和检索信息。目前，“大通关”工程已经在长三角区域展开，更应该加快专门领域标准的制定工作。由于长三角地区没有统一的物流信息采集标准，针对不同的作业流程、不同的企业都必须制定不同的方案，使得物流信息采集技术在企业中运行成本很高，速度也很慢，普及程度不高。因此必须加快设计统一的物流信息采集标准。

显而易见，电子数据交换标准化可以实现管理工作的规范化与标准化，实现信息的搜集和有效录入，是长三角地区“大通关”工程必须优先考虑的问题。长三角地区很多城市的物流电子化程度还比较低，有些地方甚至还没有起步。建立一个统一的标准化体系，不仅能够提高区域内城市间的物流信息平台建设速度，而且能够促进大通关系统的有效运行，进而推动长三角区域物流信息平台一体化发展。

附件 1：长三角物流一体化会议纪实
2019 年中国（上海）长三角物流发展与合作论坛在上海召开

2019 年 5 月 6 日上午，由上海现代服务业联合会、上海市物流协会、上海市物流学会、江苏省现代物流协会、浙江省物流与采购协会、安徽省物流与采购联合会共同主办的“长三角供应链创新与应用大会暨 2019 年中国（上海）长三角物流发展与合作论坛”在上海市隆重召开。

苏浙皖沪三省一市物流主管部门、三省一市物流与供应链企业、三省一市相关物流与供应链行业组织、高校、研究机构等500余人参会。大会旨在贯彻习近平总书记关于推动长三角更高质量一体化发展的重要指示，落实《国务院办公厅关于积极推进供应链创新与应用的指导意见》，充分发挥长三角市场一体化发展合作机制作用，合力推进实施国家供应链创新与应用试点工作，在现代供应链领域培育新增长点、形成新动能。

上海市人大常委会原副主任、上海现代服务业联合会会长郑惠强致欢迎辞，上海市政府商务委员会刘敏副主任代表苏浙皖沪物流主管部门致辞。中国物流与采购联合会蔡进副会长发表了主旨演讲，他表示物流发展不仅是物流服务体系的建设，而应该是物流服务能力的提升。供应链的创新不仅在于降成本，还能创造新的价值，越来越多的物流企业正在做全产业链的资源整合和优化，打造供应链的公共服务平台。同时，人工智能、大数据、云计算、区块链、5G移动技术等也应用于供应链的数字化。对于长三角来说，协同发展至关重要，而在智能化运作上也应走在前列。要通过供应链的创新，推动长三角地区的先进制造业和现代服务业的融合，形成产业服务化。

会上发布的《上海及长三角地区重点城市物流仓储设施使用现状以及效率提升方案白皮书》显示，长三角五大城市的仓储面积已经达到1.2亿平方米，但高标准、现代化的仓库占比刚刚超过17%，其余八成以上仓库是非标的，约50%的仓库是小于1万平方米的单个项目，小而散。但随着大量电商和物流公司的出现，整个市场的仓库空置率低于8%。

“长三角供应链创新与应用发展基金”在会上宣布正式成立。该基金规模100亿元，首期20亿元。基金将于今年6月完成协议制订、工商注册等手续，于今年3季度，完成首期出资并启动投资。

会上，来自苏浙皖沪三省一市的物流企业代表进行了主题演讲，我省江苏飞力达国际物流股份有限公司副总裁王佩芳演讲了《面向未来的数字智慧供应链》，提出智能供应链技术应用的智能化作业、自动化立体库、智能仓库模型，向我们分享了一体化供应链案例以及从仓库到工厂的5G无人配送解决方案，表明了飞力达致力于打造面向未来的数字智慧供应链的决心。会议同期，来自苏浙皖沪三省一市的物流政府主管部门代表、行业协会代表及物流企业代表参加了“探索实现长三角物流一体化国家战略”座谈会，对如何实现苏浙皖沪物流行业一体化进行了广泛讨论。

2019长三角地区物流发展联席会议

2019年12月10日，长三角地区物流发展联席会议、现代物流合作联盟主席团成员及秘书处工作会议在上海市郁锦香新亚宾馆九楼会议室召开。来自长三角三省一市物流行业协会的代表及成员单位代表三十余人参加会议。会议由上海市物流协会刘鹰秘书长主持。浙江省物流协会会长胡江潮、江苏省现代物流协会副会长兼秘书长候普、安徽省物流与采购联合会副会长周保昌、上海市物流协会会长浦静波等领导出席。

会议贯彻长三角一体化发展的新要求，对秘书处提出的“探索推动长三角物流一体化要求的工作设想”进行了讨论，原则上予以通过，并提出了修改完善的意见和建议。会议还交流了各地物流发展情况。大家认为要抓好《长江三角洲区域一体化发展规划刚要》的贯彻落实，聚焦重点领域、重点区域、重点项目、重大平台，共同努力，把区域物体一体化发展的文章做好。会议经过讨论，决定2020年长三角物流发展大会由江苏省现代物流协会承办。据悉，南京、杨州、苏州、太仓、杭州、宁波、芜湖等协会会长和秘书长到会参加。

附件 2：长三角区域物流一体化国家战略企业发展案例

一、安徽中夏物流：供应链体系中心化博弈

经常说中心化，在供应链金融里也一直提 1+N 的模式。这个 1 就是我们说的核心企业，也是供应链整个链条里经常提到的中心。

中心化其实通俗的理解就是它的前世（集权），集权有什么好处？集权是阶级管理的必然结果，从大的历史角度来看，集权几乎都是代表着高效率高发展，秦始皇结束了奴隶社会，文字在短时间实现统一，从此汉唐盛世拉开帷幕；共产主义结束封建社会，40 年追上西方资本主义 500 多年发展。

再说它的今生，先不说国外，就从中国的国情角度出发，中国的三大产业每一个产业下的诸多供应链中，都会存在一个不可替代的国资企业在里面。换而言之，中国的产业生态中，不管你愿不愿意承认，不管你清不清晰构成，每一个或大或小的供应链体系中，都扎根着国资中心。

从降本增效的角度来说，绝对话语权的核心很重要。绝对话语权的核心企业是只是前提，要达到最终的目的，需要通过核心企业在供应链条内推动：设施设备的标准化、数据采集的制式化以及资金流动的闭环化设施设备的标准化让整个供应链体系实现单元化的前提，而单元化则是数据化的充分必要条件。在数据化的模块下，供应链的管理方或者服务方可以实现数据采集的制式化，清晰易解读的数据流才能让供应链的运营和决策更加的具备效率。也只有这样的情况下，信任机制才能够得到充分的释放，资金的流动也就更容易在供应链内环流动，实现闭环化，从而让供应链整体更加的稳固，达到降本增效的目的。

所以说，在中心化的链条中，绝对话语权的核心企业是前提，而且要有意识有规划的去完成上述三项内容的实施，由可视去完成可信、由可信去实现高效、由高效去实现规模化降本。

去中心化是互联网发展过程中形成的产物。去中心化，不是不要中心，而是由节点来自由选择中心、自由决定中心。简单地说，中心化的意思，是中心决定节点。节点必须依赖中心，节点离开了中心就无法生存。在去中心化系统中，任何人都是一个节点，任何人也都可以成为一个中心。任何中心都不是永久的，而是阶段性的，任何中心对节点都不具有强制性。

从中国目前的产业供应链体系来看，去中心化的思想也开始红红火火，区块链在各产业中的火爆可见一斑。从中国产业供应链中企业的构成来看，国有企业想绝对控制有心无力，民营企业想不甘待宰与日俱增。每个企业都想成为核心企业，在当前的市场状况下，更多的是产能过度释放、需求疲软的矛盾所带来的带血竞争，对产业信心不足、对供应链体系中伙伴企业信心不足是当前的去中心化盛行的关键点我们先说说博弈论，《博弈圣经》关于博弈论的定义：我们把动物利用大自然移动的瘾魂，在决策人期待的空间里，形成三维均衡的语文学理论，称为博弈论。

博弈是浪漫主义的运动，却需要理性的逻辑。就如同产业供应链体系中中心化与去中心化的博弈，想法总是美好的，想落地时却连基本的数据分析都没有。博弈的背后是执子双方的决策与妥协，看不见的执子者那个帷幕里，最需要的同时也是最主要的是真实数据采集分析和理性授信逻辑。

从数据分析来说，从真实数据采集分析来说，一套公共的且具备识别能力的数据采集通道是目前难以突破的点，从中心化的角度来说，核心企业强势根据生产收取供需数据的真实性效果较强，而去中心化的模式各企业的数据失真可能性较大。真实的数据采集并分析后，才是决策者所需要进行计划、管理、控制决策的基础，也是博弈谈判的基本筹码。

从授信逻辑来看，无信用识别工具是当前产业供应链体系提升的掣肘点。当前，从产业看，部分地区、部分领域失信现象比较普遍，国家则在在加强对失信主体的信用监管。一方面是促使失信

主体加快整改失信行为；另一方面是加大失信成本。但从根源来说，监管的作用是最多能算是定期体检，研发有用的增信疫苗才是关键啊！

增信从哪来？中心化由核心企业去判断，这里面的判断逻辑由供需数据来权衡，去中心化则是区块链的小范围自我增信展示逻辑。从当前来看，没有对错没有优劣，但还是要根据产业状况来进行分析，选择适用的逻辑线工具去分析和解决信用识别。

国强则民富，民富则国更强，博弈背后看不见的帷幕就是多方信用保留的结果。产业供应链体系参与者非技术及知识产权数据的共享，是博弈多赢局面的方式！也无外乎就是，要么用中心化强制实现一方多赢多方少赢，要么用更透明的信任机制实现多方共赢。

二、浙江黄岩洲锽：现代商贸物流供应链创新

以商流带物流，物流提商流，增强供应链物流竞争力。公司以经营化工塑料原料为主，借助庞大的商流开发物流，以物流提升商流。以智能仓储为中心，运用立体货架、高位叉车和穿梭机来实现货品高效流转；通过智能仓储提升存储容量和周转效率赚取仓库租金；结合信息化与大数据运用，依托仓单质押等金融产品实现增值；借助在台州传化洲锽公路港整合园内运力资源，形成规模化效益。

黄岩洲锽实业创建于1993年，是一家以经营国内外化工塑料原料为主的供应链管理集成服务商。公司以经营中石化合成树脂为主，并与上海赛科、宁波富德、宁波台塑、绍兴三圆、神华集团、东华能源等石化建立了良好的合作关系；同时以销售海南逸盛、三房巷集团、浙江万凯等PET瓶级切片为特色；多渠道的供应体系，为下游8000多家客户提供个性化的服务。

经过20多年的艰苦创业，公司稳步发展成为台州地区塑料行业供应链管理服务商的典范。公司曾被评为“民营企业全国500强”“浙江省服务业重点企业”“浙江省重点流通企业”“浙江省服务百强企业”“‘十二五’浙江省商贸百强企业”及台州市“现代服务业十强”。

截至2017年底，公司总资产3.82亿元，年商品销售收入超过30亿元，年销售各种类型的塑料原料在40万吨以上，拥有可容纳6万多吨原料的现代化仓储基地，2018年销售收入近40亿元。该仓库现已成为中石化在台州地区唯一的仓储基地和浙江塑料城网上交易市场指定的交割仓库。

以商流带物流，物流提商流

台州，活跃的民营经济城市，素有“塑料制品之都”“中国模具之乡”的称号，是中国最大的塑料制品生产基地。伴随着大量需求，洲锽依托传统塑料原料贸易站稳脚跟，并跟随台州经济进一步发展，为响应国家向高质量发展的决心，洲锽谋划从传统塑料商贸企业转变为商贸供应链企业，通过高效物流打通原料—制造—成品通道，将塑料产业链上下游小而散进行有效的整合，促进产业的升级发展。

从塑料产业实际需求出发，洲锽实业打造了洲锽物流中心智能仓储，总投资3.3亿元，建筑面积6万多平米，日作业能力5000吨，建立“网络交易平台”+“仓储共享平台”，搭建上下游通道，将商流、信息流、物流、资金流整合在同一平台，为产业链提供标准化、信息化、智能化、实时化服务。以台州为中心，业务服务辐射温州、金华、义乌等浙东地区。“搭平台，促共赢”是洲锽新模式。以“产业+互联网+金融”为基础，向大宗商品互联网交易及金融服务发展。

智能仓储一体化，提升效率

仓配一体化是商贸物流企业的一项核心能力，随着企业发展规模化、集约化程度不断提高，自动化立体仓库得到广泛应用。自动化仓库在现代物流系统中的地位不断提升，市场空间也将不断增大，甚至出现成倍增长。“台州市洲锽物流中心”4万平方米的智能化立体仓，投入WMS仓储管理系统，实现仓储管理的自动化、实时化、可视化，打造大宗生产资料供应链管理服务平台，实现仓库大数据的企业级应用。

同时，该仓库通过密集的立体库位提高容积率，通过托盘、高位叉车、穿梭机（智能机器人）实现高效周转，且成本是全自动仓的一半。目前已建丙二类智能立体仓库4万采，于2017年6月投入试运营。年吞吐量是40万吨，公司将在5年内实际突破100万吨目标。此外，洲锽的智能化立体仓还成为中石化在台州地区唯一的仓储基地和浙江塑料城网上交易市场指定的交割仓库。为客户提供交割仓库的服务，并从事仓单质押等物流金融服务，延伸价值链。

强强联手，与传化智联深度合作

专业的人做专业的事，通过与传化智联的合作，洲锽负责经营商贸供应链与智能化塑料粒子仓库，而台州传化洲锽公路港负责运输配送，强强联手。园区占地面积约281亩，其中一期占地126亩，二期约155亩。计划总投资7.06亿元，其中一期投资3.18亿元，二期投资3.88亿元。目前一期项目已建成并进入试运营阶段，一期项目建有货运班车总站（21673.77采）、汽修汽配中心（3201.89采）、三产配套服务中心（7917.14采）、信息交易中心（2143.43采）、行政中心（6220.39采）功能模块。

二期土地155亩已于2018年9月29日摘牌，规划建设智能云仓、智能分拨中心和智能车源中心等三大核心功能模块，现已进入建设方案设计中。依托传化网在全国的布局，通过平台方式，整合港内外资源进行网络节点布局，提高货物流转效率，提供仓配运及网络快运服务，满足洲锽自身的物流运输需求。

在“互联网+”的时代，洲锽与传化致力于：通过“端－网－云”，系统打造中国物流全新生态，引领生产性服务业发展，尤其是服务于塑料产业的发展，服务中国经济转型升级。通过“运营+服务+系统”实现服务百万企业的目标。立足供应链，服务产业链，打造创新、高效、低碳的绿色生态圈，为上中下游企业创造价值，服务实体经济发展。

通过打造城市物流中心形成区域网络，推动区域物流的发展。城市物流中心是公路港网络连接全国骨干网、打通上下游，构建全国实体运输网络以实现互联互通的关键途径。打造城市物流中心能够解决专线物流短板，提升客户服务体验；集约化的物流中心，能够解决配送难、配送效率低及配送风险难把控等难题。

商贸供应链搭建，完整数据链

洲锽生产资料供应链主要依托台州地区的塑料产业集群，向上下游产业链延伸。依靠智能信息化管理系统，将商流、信息流、物流、资金流合理整合分析；从采购原材料开始，制造中间产品以及最终产品，最后把客户需要的产品及时送达，打造当地塑料产业供应链的闭环系统，提高产业粘合度，提升产业的竞争力，打造健康的塑料产业链生态圈。围绕商贸供应链的搭建，洲锽主要做了以下几件事：

一是提高生产和商品配置的可控性，从市场需求输入到企业产品输出，再回到市场需求反馈的闭合性完整数据链，有助于企业优化销售行为、制订市场策略和生产指标。

二是提升库存管理效率，借助供应链补货模型。

三是提供实时物流信息，从出货到交货保证和完成的整个阶段，控制塔可以实时便捷的提供信息。

四是加速财务结算与付款处理，通过统一流程，优化付款体验，加速付款出理，提高企业现金流。

五是提升订单管理KPI指标透明度，将整个供应链系统标准化，为制订KPI指标提供市场化依据。

六是预防订单管理流程风险，对订单各环节发生的问题，可以跟客户及时互动沟通，防范风险。

七是降低成本，以上每一条涉及的人、财、物的优化，都是降本增效点。

三、江苏华东五金城：互联网+商品流通进入成熟期

互联网行业高速发展，引发社会生活方式和思维方式变革，给传统流通市场造成了比较大的冲击，越来越多的企业开始关注网上潜在的巨大市场，纷纷开展“互联网+”行动。面对新经济下的商业流通路径的创新，江苏华东五金城管理有限公司结合2018年网上交易大数据，以华东五金网为案例，从如何应对互联网带来的市场环境巨变、如何加强商品市场线上线下的快速融合、如何利用互联网技术改造流通环节以及商业流通平台如何升级落地等多个方面，与大家分享一下互联网+商品市场的实践经验、实现路径和心得体会。

互联网带来市场环境发生巨变

2018年，全国GDP是90万亿，电子商务交易额37万亿，消费者发生了变化。2018年，15岁-50岁的网民占到了该年龄段人口的92%，80、90后成为了采购主力军，人们的采购习惯逐渐发生转移，主流消费群体消费习惯向互联网的转移，互联网在消费领域主力渗透已达9成，越来越多的线下传统企业积极进行互联网化电商化转型，线上采购逐年增加。

另一方面，主流采购时间越来越碎片化，在时间上，传统商品市场朝九晚五的局限性就暴露出来，而大物件的安装、配送已在线上交易、线下上门装配，也在一点点的把传统商品市场的交易额吞噬掉。

重构供应链加强线上线下快速融合

电子商务已经快速地改变了中国的传统的商业版图，比如苏宁易购开展线下实体店与线上“同店增长”，围绕“店商+电商+零售服务商”新定位，标志着中国零售业进入“云商”时代。同样，随着电子商务第三方平台迅速占领市场份额，不少批发市场也开始摸索电子商务之路，进行品牌整合联营，开通网上商铺，开辟商品批发市场的新盈利模式，实体销售创新转型丰富多样，发展新业态、搭建全渠道、重构供应链。

据商务部门统计，2018年，电子商务交易移动端交易额占72%，PC端交易额占28%，这也就说明人们在采购方式上，更趋向于自由、便捷的格局。马云讲，数据就是生产要素。2016年后，全国商品市场的线上线下交易进入快速融合状态，尤其是2019年以后，商品市场整个交易模式就会进入一个再平衡的状态。线下是根基，线上是驱动，线下是供应链、服务、体验，线上是大数据、流量，有线上才有未来。如果你离开了线上，那么未来发展市场的驱动力一定会出现问题。因此，我们应当把握住这些机会，对如何瞄准互联网客户、链接互联网需求、创新我们的商业模式和服务方式进行有效的思考和行动。

我们都知道，中国最具创新能力的城市，深圳是第一，杭州排第二。深圳有腾讯、华为等一批钻研数字经济的公司，杭州则是以阿里为榜样，全国几十个大的电子商务公司都在杭州，而我们公司的系统开发一直保持与杭州、深圳的技术和商业模式的同步。

互联网技术改造流通商业模式

马云提出的新零售，我们把他理解为新销售，以“新销售”理念，重塑商业企业作为流通平台的重要价值，以互联网为依托，通过大数据、人工智能等先进技术手段，对商品的流通与销售每一个环节进行升级改造，植入新商业模式，进而重塑流通平台业态结构与生态圈，并对线上服务、线下体验以及现代物流、金融服务进行深度融合。现在互联网大数据兴起，传统商品市场必定会以新销售理念为核心，如果没有，传统线下的份额会被线上吞噬，因为主流客户消费已经向线上转移。其次，积极应用大数据人工智能和5G。5G时代很快就能来临，5G具有传输速率高、网络容量大、延时短等特性，网络能效提升超过100倍，买家只需要通过观看VR/AR视频就可以更直观全面的了解产品、功能、使用、安装，能最终实现“信息随心至，万物触手及”的需求，采购、交易更加便捷！

另外，系统的网络交易平台能沉淀出大量有价值的数据，通过大数据来分析网上消费者的习惯、喜好、地区，华东五金网的定位就是以江苏中部泰州为中心，周围500公里服务半径的供应链，然后通过这半径5百公里的供应链、5万多家会员企业的分析，可以了解到他们在网上习惯采购什么，从而锁定8000多家会员，这些会员随时把订单提供给华东五金网，华东五金网通过市场内6万平方、

10 多亿的库存，线上物流 151 条线路，线下 1000 多台车，随时配送，附近乡镇当天到位，两三百公里的地区货物，一两天就能送达，这形成了供应链。

首先应用互联网的大数据进行筛选定位，任何一个商品市场，例如家具市场、农产品市场都可以利用互联网大数据进行定位，哪些产品热度高、哪些地区销量好，我们都能够直观观察到。其次在供应链环节上，华东五金网把物流订单集聚起来，通过与基地物流供应商的共享，收取适量的物流服务费，没有花一点空间，就实现了新的赢利。除此之外，华东五金网还通过供应链金融、产品排名提升、商户自营、代运营等创新服务模式，创造商品市场新的发展力量和新的利润。供应链金融反哺到有需求的商户，帮助到他们更好的扩大经营；还有当商户年均流水达到 100 万，就可以免去他的租金，这从一定程度上保证了大户的利益。

近年来华东五金网推出集中采购和定制服务模式。华东五金城是江苏省五金机电商会会长单位，长三角联盟下有 2 万多个产品供应资源，全国浙商五金产业联盟 10 万多个会员，可以提供众多的产品资源和稳定的价格。华东五金网则通过大数分析出销量大的产品，可以引导买家进行集中采购，对个性化需求进行定制服务。

专业化智能化运营实现平台赢利

当今许多商品市场也进行了网上交易的尝试，几乎没有成功赢利的，原因有两点：一是没有很好地定位和确定商业模式，二是没有借助智能化专业化运营，开支过大，入不敷出！

专业化很重要。传统流通企业存在互联网思路、经验、技术及人才上的匮乏，而互联网专业服务商可以从商业模式设计、平台开发、运营管理、团队建设、供应链完善等众多方面帮助流通企业完成“互联网 +”的转型升级，有效降低传统企业准备成本、营销成本、经验成本、团队成本，企业能够将更多资源投入到核心竞争环节——发掘客户需求，产品和服务创新。

因此，在互联网发展的高速时期，更应该借力于互联网专业公司，降低摸索风险，借助智能化才能实现赢利。利用云计算和大数据实现智能化精准营销，利用智能平台为商品市场完成从平台搭建到网络推广，再营销到网络口碑以及客户询盘转化的各个环节智能化，降低成本 80% 以上，如智能生成 PC 站 + 手机站 + 微官网 + 小程序 +h5 网站 + 英文网站。现在行情下，一个美工、程序员的工资大几千元、上万元，而我们的智能系统导航栏目、类目名称、页面内容等都可以在线可视化编辑，只需要花费三四千元招一个文员，不需要技术员，就可以达到预期的效果，可以省去高额技术人员的费用。

在网络营销推广环节，我们将客户的搜索爱好、习惯的关键词智能地汇总到平台内，为客户提供精准的关键词推广，让客户能更加精准到找到我们。同时我们还跟百度、腾讯、新浪、360 等互联网巨头合作，全面提升企业口碑。

在看结果方面，老板都希望可以看到员工的工作结果，智能系统能全程监控营销数据、官网流量、商铺流量、关键词排名、商机发布、博客发布等，从流量到转化，员工的工作结果一目了然，老板均可在线查看。哪些产品关键词在哪个搜索引擎排名，排在多少名，发布信息的曝光量，每天有多少潜在客户来访，通过哪个平台或哪个关键词过来的都可以清晰的了解，为后期营销提供了有力的数据支撑！只有借助智能化运营，才能大大地降低成本，使商品市场的网上交易赢利成为了可能。

四、宏宝物流：在改革中奋进

宏宝物流是一家总部设在上海的国内领先的综合物流和货运服务公司。拥有自主研发的 IT 线上运输系统和业务创新精神，以客户为中心提供一站式综合物流服务。通过遍布国内的多名专业而富有经验的员工，建立起完善的全国各大运营网点，专业服务于财富 500 强企业。

宏宝物流现已通过 GB/T19001-2016/ISO9001:2015 质量管理体系认证、GB/T28001-2011 职业健康安全管理体系认证、RSQAS、交通运输企业安全运输一级运输资格，以及具有国际货运一级代理资质，并且获得了“全国 AAAA 级物流企业”证书。目前宏宝是一家具备专业的港口及国内陆路运输加仓储的综合性物流企业。

宏宝供应链管理（上海）有限公司 2014 年成立，隶属于宏宝集团总公司，总部位于上海浦东新区，是一家专业的综合物流服务提供商，集团公司始创于 1986 年，总注册资金 13100 万元人民币，固定资产达 63600 万元。

自 1986 年成立南京宏宝仓储运输公司以来，宏宝集团先后在杭州、成都、贵州、兰州、南宁、重庆、郑州、宁波、合肥、石家庄、西安、南昌、深圳、南京、北京等地相继成立了：上海宏宝国际物流有限公司、宏宝供应链管理（上海）有限公司、深圳宏伟世通物流股份有限公司、宏宝供应链管理（上海）有限公司杭州分公司、宏宝供应链管理（上海）有限公司贵州分公司、宏宝供应链管理（上海）有限公司兰州分公司、南京宏宝国际物流有限公司、成都宏宝物流有限公司、郑州宏宝供应链管理有限公司、郑州宏宝物流有限公司、上海宏车信息科技有限公司 11 个子公司及 42 个办事处，构成一张综合物流服务网络。依靠新老客户的长期支持，2018 年，集团公司营业额已经超过 10 亿元。经过多年的经验积累以及不断创新精神，公司已迈入现代化智慧物流行列。

服务经验

我们拥有丰富的项目经验，高端电子产品运输服务经验：Apple 系列手机、电脑、平板、液晶显示屏等；高价值产品运输服务经验：烟草产品、各类化妆品、汽车零配件。

根据不同客户的要求，及不同产品特性，设计合理化的运输方案：从人员科学化的配制要求，最优车辆选择、合理安全的线路制定、过程可视化的控制跟踪、后续全方位的服务理念等，为客户提供多区域，高时效，精细化物流服务管理，每一单项目的完成，不仅做到能满足客户的要求，且要高于客户的期望，与客户时刻做到紧密联系，无死角、无盲点，突显宏宝公司现代物流的服务理念。

智慧物流

拥有自主开发集成物流运输 TMS 货运管理系统，利用信息化技术和网络概念，对自有客户单据的基础数据进行记录、分类、整理等管理工作，及时跟踪物流动态信息。同时可关联手机 APP 客户端，对客户端业务操作进行监督和管理，监控车辆运输过程。

可提供汽车后市场服务模块，管理公司自有车的购置费用、金融保险、违章事故等一系列活动，为司机提供优质的金融服务，做到信息及时交互，提高货车装载率，有效的降低物流成本，充分发挥智慧物流的作用。

发展规划

一是冲击传统物流服务模式，革新物流服务管理方式，在服务理念、服务内容和服务方式上实现创新，科学严谨的物流管理模式能更好的协调供应链物流网链结构中的各节点参与者之间的作用关系。

二是助力中国物流升级，应对物流发展“新常态”，由物流功能服务向管理服务及方式延伸，由单项实物流服务向信息流、资金流和双向物流服务延伸。物流企业和供应链中任何一个节点企业之间都需要信息沟通。

三是加速实现信息平台整合，逐步完善物流网络，供应链管理下的物流极为依赖对大量信息、数据的采集、分析、处理和及时的更新。从某种角度来说，现代物流企业之间的竞争转变成为物流信息之间的竞争，信息能够帮助企业对用户需求和市场行情进行准确判断，并制定生产销售计划，促进物流、资金流、信息流的集成。供应链涉及到物流企业内部以及物流企业之间的各种数据信息，而这些信息可能会位于不同架构的平台之中，信息平台的整合必然加速。

四是创新整体物流技术，改善物流管理体制，企业可以采用引进国外先进的物流设备和成熟的物流技术来改善较为薄弱的物流基础设施，并不断的总结积累经验，提升企业的核心竞争力。在经营中不断创新、超越自我，构建学习型组织体系。凭借丰富的物流服务经验，不断提高客户的物流效率，是“宏宝人”不懈的追求。

长三角一体化规划货运物流 哪些快递企业早有布局

近日发布的《长江三角洲区域一体化发展规划纲要》（下称《纲要》）中提到，加快合肥国际航空货运集散中心、淮安航空货运枢纽建设，规划建设嘉兴航空联运中心。这意味着，除了对长三角机场群的客运功能进行了协调规划，对货运物流产业的相关分工也进一步明晰。

从中国的快递业务量来看，目前超过四成的国内、国际快递量集中在长三角区域，航空快递的年增长率更是高达 44%，为此，嘉兴一直希望以“航空多式联运枢纽 + 超级复合经济体”为重点，力争打造建设成全球航空超级联运中心。

嘉兴的超级联运中心

事实上，已有快递企业提前响应这一规划。去年 7 月，圆通速递（600233.SH）的母公司圆通集团就与嘉兴市人民政府签署战略投资协议，在嘉兴机场建设全球航空物流枢纽，并依托该枢纽打造立足长三角、联通全国、辐射全世界的超级共享联运中心和商贸集散中心。

根据协议，圆通在嘉兴机场建设的全球航空物流枢纽项目首期用地面积 1454 亩，总建筑面积 60 万平方米，主要建设航空货运枢纽区、机务维修区、速递全球营运中心、智慧物流园区以及配套办公区等，届时将成为圆通速递及圆通航空的全球运营基地、创新研发中心和结算中心。

在此基础上，圆通将依托嘉兴空、铁、公、水等发展多式联运的独特优势，推进多式联运平台建设，打造超级共享联运中心和长三角商贸集散中心，总投资额将达到 122 亿元。

根据项目规划和运量测算，到 2030 年，圆通在嘉兴全球航空物流枢纽运营的自有全货机将达到 50 架，每年航空货邮量达 110 万吨；到 2050 年，每年航空货邮量将达 240 万吨。

而之所以选择在嘉兴设立全球航空物流枢纽，首先在于其区位优势。嘉兴处在中国东部沿海的中心偏南的位置，将航空基地设在此地，无论北上北京，南下广州，还是西向成都，飞行时间都大约在 3 小时，覆盖地区的 GDP 超全国 90%。

圆通航空董事长苏秀锋介绍，从覆盖范围看，嘉兴机场三小时飞行圈能够全面覆盖长三角、珠三角、京津冀及成渝经济带等国内核心城市群，三小时公路运输能够覆盖 1.4 亿中国最有消费能力的人口，从区位格局看，杭州湾大湾区起着中国对外连接全球网络、对内辐射区域腹地的“两个扇面”作用，处于大湾区中心位置的嘉兴机场区位优势独一无二。

早在 2015 年 9 月，圆通速递全资子公司圆通航空就开航运营，目前，圆通航空自有机队数量已达 12 架，国际航线 16 条，已搭建起连接中日、中韩、中菲、中越、中泰、中孟、中吉间多条国际航线。

不过，在嘉兴建设全球性航空物流枢纽，并非圆通要自建机场，而是要依托嘉兴现有的航空资源。“在嘉兴的全球航空物流枢纽和超级联运中心，将对‘一带一路’建设、长三角一体化发展和浙江省大湾区建设，以及实现中国快递物流业‘运全球’‘送全球’发挥积极作用。”圆通集团董事长喻渭蛟预计。

瞄准海外新战场

事实上除了圆通速递，包括顺丰控股（002352.SZ）等国内快递巨头都在借鉴国外快递巨头“转运中心”的模式，加速打造自己的超级货运枢纽，并以此向海外拓展。由跨境电商火热带动的国际递送领域，也是顺丰、“三通一达”等国内快递巨头们瞄准的海外新战场。

据记者了解，此前这些民营快递企业，并没有把太多的精力投入到搭建海外网络上。但如今，圆通已经成立了国际业务事业部，并收购了香港联交所主板上市公司先达国际物流控股有限公司(06123.HK)，加速国际市场的布局；顺丰则选择与联邦快递的最大竞争对手UPS合资，双方各投资500万美元成立合资企业环球速运控股有限公司，主营国际快运业务；中通则与河南省机场集团签订战略合作协议，共同打造航空快递集散分拨中心，布局国际快件、跨境电商市场。

《纲要》中也指出，要建设一批跨境电商综合试验区，构建覆盖率和便捷度全球领先的新零售网络；积极对接全球电子商务新模式新规则新标准，联合加强数字化贸易平台建设，加强跨境电商国际合作，推动国际贸易制度创新、管理创新、服务创新。

“通达系的快递企业布局跨境电商递送主要是从2017年开始，但由于网络和品牌知名度、客户认知度还不高，目前就整个业务量的占比来说还是微不足道的。”快递物流咨询网首席顾问徐勇对记者指出，目前国与国之间的快件主要被UPS、联邦快递等国际快递巨头垄断，每个国家又都有当地的快递企业，国内快递公司要想抢占国际市场，需要长时间的培育。

来源：第一财经 2019年12月5日

融入长三角 共建都市区 全力打造长三角南翼高质量发展示范区
——金华篇

长江三角洲地区经济发展活跃、开放程度高、创新能力强，将长江三角洲区域一体化发展上升为国家战略，是以习近平同志为核心的党中央作出的重大战略决策。在长三角一体化发展上升为国家战略一周年之际，“浙江发改”特推出“长三角一体化”系列文章，回顾浙江一年来推进长三角一体化工作进展情况。

金华地处于浙江省的地理中心，是长三角城市27个中心城市之一、沪杭金发展带重要节点城市、G60科创走廊成员单位，也是正在建设中的浙江省三大城市群、四大都市区之一。

长三角一体化发展上升为国家战略以来，金华市委市政府领导高度重视，紧抓顶层设计，积极参与《长江三角洲区域一体化发展规划纲要》《浙江省推进长三角区域一体化发展行动方案》等规划编制，充分发挥“ 区位＋规划”“制造＋市场”“改革＋开放”“生态＋人文”优势，紧扣“一体化”和“高质量”两个关键，全市域、全方位、全领域融入长三角，全力打造长三角南翼高质量发展示范区。

聚焦创新联接　打造长三角南翼成果转化核心承载地

积极融入G60科创走廊，加快金义科创廊道建设。牵头成立G60科创走廊新材料产业技术创新联盟。全市92家高新企业、15个产业园区、11名专家加入G60科创走廊产业联盟。成立长三角G60金义科创廊道高校院所协同创新联盟。开展长三角G60科创走廊首届人工智能成果展示对接活动。承办G60高校优势资源和地方重点产业对接会，共同推进九城市大型科学仪器共享和创新券互认互通。

聚焦产业承接 打造长三角“金南翼”创新制造基地

在上海虹桥成立了金华驻沪招商总部，婺城区在上海、杭州设立研发基地，兰溪、浦江、武义、金华开发区在杭州建立研发孵化飞地。举办G60科创走廊制度创新成果专场——金华市“标准地”招商推介活动。浙江省龙芯智慧产业园项目成功签约，石墨烯应用产业园已投产。

聚焦开放对接 打造“一带一路”重要支点

加快义乌国贸综合改革试验区建设，与阿里巴巴集团共建eWTP全球创新中心，长三角首条跨境电商中欧班列eWTP菜鸟号开通。积极承接进博会溢出效应，举办了为期两个月的进博会义乌展，打造“永不落幕”的进口博览会。共同发布“协同扩大开放30条”。统筹长三角中欧班列资源，召开了长三角中欧班列统筹会议，初步建立统筹框架。

聚焦功能相接 打造长三角城市群区域中心城市

加强与杭州都市区合作，推动创新协同、产业合作、服务共享、市场共赢。聚焦十大指标、八大行动、十大标志性项目，开展都市能级提升战。加快推进金义一体化，协同推动金兰、金武同城，义东浦协同发展。加快金义黄金主轴、金兰永武缙、义东浦磐发展带发展。

聚焦交通连接 打造“轨道上的长三角”枢纽型城市

围绕着全国性综合交通枢纽建设，重点推进杭温高铁、金台、金建、金甬铁路等项目建设。加快金义东轨道交通、杭金衢高速二期拓宽等工程建设，进一步拉近与长三角城市之间的时空距离。

聚焦服务链接 打造长三角和美宜居福地

加强跨区域生态旅游合作，共建浙闽赣皖国家生态旅游协作区，与G60城市开展“玩转G60畅游长三角”主题活动，打造长三角旅游休闲健康养生后花园。积极接轨上海、杭州各大医院，实现全域医保刷卡互联互通，赴上海就医门诊可直接刷卡结算。加强与相关高校合作共建，中国计量大学现代科技学院迁建义乌，谋划推进与复旦大学合作建设“一院三基地”、横店电影学院项目，共建“浙江院士之家”“国际院士创新中心”。

聚焦改革衔接 打造区域营商环境最优地市

以深化“最多跑一次”改革为引领，着力打响无证明城市、标准地和企业开办零见面改革等品牌，打造营商环境最优地市。与G60科创走廊城市合作推进“一网通办”，以跨城市营业执照和工业产品生产许可证办理为突破口，30项涉企服务事项、21项个人服务事项实现长三角相关城市“一体受理，一体发证”。以信用金华升级版建设为抓手，主动参与长三角国家信用区域合作示范区建设。金华市民卡可在全国260城市一卡通乘。

长三角一体化国家战略将进入全面部署阶段，为金华“打造增长极、共建都市区”提供重要战略机遇。金华市将在更高水平、更深层次、更广领域接轨大上海、融入长三角，为促进长三角一体化发展贡献更多金华力量。

来源：浙江发改委 2019年11月14日

5.2 国家 A 级物流企业名录

国家 A 级物流企业名录（上海地区）

序号	等级	单 位 名 称
1	5A	中海集团物流有限公司
2	5A	天地华宇集团
3	5A	远成集团有限公司
4	5A	上海安吉汽车零部件物流有限公司
5	5A	东方国际物流（集团）有限公司
6	5A	上海佳吉快运有限公司
7	5A	安吉汽车物流有限公司
8	5A	全球国际货运代理（中国）有限公司
9	5A	西上海（集团）有限公司
10	5A	上海现代物流投资发展有限公司
11	5A	德邦物流股份有限公司
12	5A	上港集团物流有限公司
13	5A	上海中远物流有限公司
14	5A	港中旅华贸国际物流股份有限公司
15	5A	上海铁路局
16	5A	国药控股股份有限公司
17	5A	东方海外物流（中国）有限公司
18	5A	上海顺衡物流有限公司
19	5A	中通快递股份有限公司
20	5A	圆通速递有限公司
21	5A	上海天地汇供应链管理有限公司
22	5A	上海环世物流（集团）有限公司
23	5A	上海安能聚创供应链管理有限公司
24	5A	上海中谷物流股份有限公司
25	5A	上海则一供应链管理有限公司
26	5A	上海锦江航运（集团）有限公司

国家 A 级物流企业名录（上海地区）

序号	等级	单 位 名 称
27	5A	远孚物流集团有限公司
28	5A	利丰供应链管理（中国）有限公司
29	4A	上海惠尔物流有限公司
30	4A	上海申丝企业发展有限公司
31	4A	上海乾通投资发展有限公司
32	4A	上海商业储运有限公司
33	4A	上海中石化工物流有限公司
34	4A	日立物流（中国）有限公司
35	4A	上海北芳储运实业有限公司
36	4A	上海市浦东汽车运输总公司
37	4A	上海云峰集团国际贸易有限公司
38	4A	上海云峰集团化工有限公司
39	4A	上海新杰物流集团有限公司
40	4A	上海医药物流中心有限公司
41	4A	上海通贸国际供应链管理有限公司
42	4A	上海东方久信集团有限公司
43	4A	上海旭富国际物流有限公司
44	4A	上海铁路物流有限公司
45	4A	上海市长途汽车运输公司
46	4A	上海畅联国际物流有限公司
47	4A	上海新金桥国际物流有限公司
48	4A	上海金山石化物流有限公司
49	4A	上海华谊天原化工物流有限公司
50	4A	上海海通国际汽车物流有限公司
51	4A	上海景鸿国际物流股份有限公司
52	4A	上海会成物流有限公司
53	4A	上海新新运国际货物运输代理有限公司
54	4A	上海益嘉物流有限公司
55	4A	上海华运通仓储配送有限公司
56	4A	上海恒荣国际货运有限公司

国家A级物流企业名录（上海地区）

序号	等级	单位名称
57	4A	上海青旅国际货运有限公司
58	4A	上海宝钢物流有限公司
59	4A	顺丰速运集团（上海）速运有限公司
60	4A	上海安吉通汇汽车物流有限公司
61	4A	上海顶通物流有限公司
62	4A	上海郑明现代物流有限公司
63	4A	上海交运沪北物流发展有限公司
64	4A	上海优通国际物流有限公司
65	4A	上海嘉定国际货运有限公司
66	4A	上海万顺物流有限公司
67	4A	上海美源国际物流有限公司
68	4A	日邮汽车物流（中国）有限公司
69	4A	上海万创危险品物流有限公司
70	4A	中航国际物流有限公司
71	4A	上海安盛汽车船务有限公司
72	4A	中国上海外轮代理有限公司
73	4A	西上海汽车服务股份有限公司
74	4A	上海普天物流有限公司
75	4A	上海无忧物流配送有限公司
76	4A	上海岳锋国际物流有限公司
77	4A	上海万家物流有限公司
78	4A	上海物贸生产资料物流有限公司
79	4A	上海新大洲物流有限公司
80	4A	上海厚谊俊捷国际物流发展有限公司
81	4A	上海邦达隆飞物流有限公司
82	4A	上海立伟物流有限公司
83	4A	上海虹迪物流科技有限公司
84	4A	上海志甄物流有限公司
85	4A	上海茂金物流有限公司
86	4A	上海熙可送物流有限公司

国家A级物流企业名录（上海地区）

序号	等级	单 位 名 称
87	4A	上海康驰物流有限公司
88	4A	上海德邦物流有限公司
89	4A	上海东泽国际物流有限公司
90	4A	上海春风物流有限公司
91	4A	上海贝业新兄弟物流有限公司
92	4A	上海顺意丰速运有限公司
93	4A	上海中集集装箱有限公司
94	4A	上海明乾物流有限公司
95	4A	上海宝臣物流有限公司
96	4A	上海倍智物流有限公司
97	4A	上海惠骏物流有限公司
98	4A	上海领鲜物流有限公司
99	4A	上海丹捷国际物流有限公司
100	4A	德邦（上海）运输有限公司
101	4A	上海优通供应链管理有限公司
102	4A	上海锦江国际低温物流发展有限公司
103	4A	上海吉锐物流有限公司
104	4A	上海车新物流有限公司
105	4A	上海源洪仓储物流有限公司
106	4A	上海能运物流有限公司
107	4A	上海互赢物流股份有限公司
108	4A	上海奔祥物流有限公司
109	4A	上海蒙盛物流有限公司
110	4A	敦豪全球货运（中国）有限公司
111	4A	上海顺城物流有限公司
112	4A	上海利丰国际物流有限公司
113	4A	上海际华物流有限公司
114	4A	上海南北公铁物流有限公司
115	4A	上海昕联路德物流有限公司
116	4A	上海象屿速传供应链有限公司

国家A级物流企业名录（上海地区）

序号	等级	单 位 名 称
117	4A	上海苏宁物流有限公司
118	4A	上海远征物流有限公司
119	4A	上海诺尔国际物流有限公司
120	4A	宇培供应链管理有限公司
121	4A	上海亚申物流有限公司
122	4A	上海纺织集团国际物流有限公司
123	4A	上海远成物流发展有限公司
124	4A	辉源（上海）供应链管理有限公司
125	4A	上海新易泰物流有限公司
126	4A	上海广德物流有限公司
127	4A	上海卡行天下供应链管理有限公司
128	4A	上海普朗物流有限公司
129	4A	上海钢联物流股份有限公司
130	4A	上海集正供应链管理有限公司
131	4A	上海龙邦供应链管理有限公司
132	4A	招商局物流集团上海有限公司
133	4A	上海进极储运有限公司
134	4A	我来运（上海）供应链管理有限公司
135	4A	上海海一航运有限公司
136	4A	上海宏宝国际物流有限公司
137	4A	上海昌伟供应链管理有限公司
138	4A	上海盈思佳德供应链管理有限公司
139	4A	上海安鲜达物流科技有限公司
140	4A	上海扬腾供应链管理有限公司
141	4A	上海无忧物流有限公司
142	4A	上海无忧汽车物流有限公司
143	4A	德迅（中国）货运代理有限公司
144	4A	上海宝钢运输有限公司
145	4A	壹米滴答供应链集团有限公司
146	4A	上海世权物流有限公司

国家 A 级物流企业名录（上海地区）

序号	等级	单 位 名 称
147	4A	新银豪国际物流（上海）有限公司
148	4A	上海发网供应链管理有限公司
149	4A	上海金国物流有限公司
150	4A	上海杰伦圆通快递有限公司
151	4A	联宇达方（上海）物流有限公司
152	4A	上海飞升国际物流有限公司
153	4A	英脉急速物流（上海）有限公司
154	4A	上海环东供应链有限公司
155	4A	上海领速物流有限公司
156	4A	上海新想物流有限公司
157	4A	上海捷泰物流有限公司
158	4A	上海海联船务有限公司
159	3A	上海中外运冷链运输有限公司
160	3A	上海天隽国际货物运输代理有限公司
161	3A	国本（上海）国际物流有限公司
162	3A	上海和实储运有限公司
163	3A	上海巴士化工物流有限公司
164	3A	上海百联配送实业有限公司
165	3A	上海复闽仓储有限公司
166	3A	上海康芸物流发展有限公司
167	3A	上海精裕捷星物流有限公司
168	3A	上海晶通化轻发展有限公司
169	3A	上海外高桥国际物流有限公司
170	3A	上海新发展国际物流有限公司
171	3A	必胜（上海）食品有限公司
172	3A	上海金陵国际物流有限公司
173	3A	上海联达物流有限公司
174	3A	上海弘和物流有限公司
175	3A	上海港口化工物流有限公司
176	3A	上海成协物流配送有限公司

国家 A 级物流企业名录（上海地区）

序号	等级	单 位 名 称
177	3A	上海大中物流有限公司
178	3A	上海吴泾冷藏有限公司
179	3A	上海麒麟物流有限公司
180	3A	上海全胜物流有限公司
181	3A	上海亚太国际集装箱储运有限公司
182	3A	中远化工物流有限公司
183	3A	上海中远物流配送有限公司
184	3A	上海中远国际航空货运代理有限公司
185	3A	上海中远物流重大件运输有限公司
186	3A	上海外轮代理浦东有限公司
187	3A	上海福仑德大件储运有限公司
188	3A	上海百联石化物流有限公司
189	3A	上海菱华仓储服务有限公司
190	3A	阿尔卑斯物流（上海）有限公司
191	3A	上海泓明国际货运有限公司
192	3A	上海华联超市物流有限公司
193	3A	上海精准德邦物流有限公司
194	3A	上海亨利达国际物流有限公司
195	3A	上海盛辉货运有限公司
196	3A	中联运通控股集团有限公司
197	3A	中新通现代物流有限公司
198	3A	上海安宜达物流有限公司
199	3A	上海沧运物流有限公司
200	3A	上海宝通运输实业有限公司
201	3A	上海同程物流发展有限公司
202	3A	上海化学工业区物流有限公司
203	3A	云丰国际物流（上海）有限公司
204	3A	上海易浦物流有限公司
205	3A	上海鑫益物流有限公司
206	3A	上海宏通物流有限公司

国家 A 级物流企业名录（上海地区）

序号	等级	单 位 名 称
207	3A	上海敬诚物流有限公司
208	3A	上海泓明供应链有限公司
209	3A	上海星亚国际货运有限公司
210	3A	上海泓海国际物流有限公司
211	3A	上海优誉物流有限公司
212	3A	宏通太禾国际物流（上海）有限公司
213	3A	赛宇国际物流（上海）有限公司
214	3A	上海嘉勇物流有限公司
215	3A	上海飞升国际物流有限公司
216	3A	上海润东物流有限公司
217	3A	上海江隆物流有限公司
218	3A	上海钧源物流有限公司
219	3A	上海平文物流有限公司
220	3A	上海金溪物流有限公司
221	3A	上海宝英航运有限责任公司
222	3A	上海怡亚通物流有限公司
223	3A	上海劲诚供应链管理有限公司
224	3A	上海宝英物流有限公司
225	3A	上海宝腾物流有限公司
226	3A	上海恒孚物流有限公司
227	3A	上海统超物流有限公司
228	3A	上海亚储物流有限公司
229	3A	上海昕润物流有限公司
230	3A	上海心嘉物流有限公司
231	2A	上海南华国际物流有限公司
232	2A	上海锦路物流有限公司
233	2A	上海九州通物流有限公司
234	2A	上海宏福货运代理有限公司
235	2A	上海缔华物流有限公司
236	2A	上海金箭物流有限公司
237	2A	上海明华物流有限公司

5.3 国家 A 级物流企业（上海地区）案例

国药集团医药物流有限公司

国药集团医药物流有限公司（以下简称“公司”）于 2004 年 5 月注册成立，注册资本 3 亿元。公司依托国药控股网络资源，打造全国药网和最后一公里配送体系，与战略合作伙伴共建中国温控干线运输体系，并获得了全国药品多仓第三方物流服务资质，实现全国城乡医药物流全覆盖，是中国医药物流行业的标杆。公司以“关爱生命、呵护健康、用心交付”为运营理念，致力于服务中国医药大健康产品市场、打造门到门的专业智慧物流服务提供商。公司核心物流业务包括药物多仓物流、冷链物流、保税物流、器械物流、零售物流和各类个性化的医药物流解决方案。

国药物流上海物流中心使用 OSR 零拣系统，采取货到人的拣货方式，减少了人员行走的时间，是传统拣货方式效率的 3 倍。公司采用自主开发的赛飞云供应链管理云平台，打造安全、可及、可视、高效的信息平台，提供药品全程可视化追溯服务，以及供应链智能优化服务、商业咨询服务。

为了保证疫苗和药品质量，提升国内医药物流的发展，公司逐步建立了全国一体化的疫苗项目管理模式，建立了国药冷链疫苗赛飞平台、全国疫苗运作质量标准\操作标准、全国应急救援体系、全国疫苗订单追踪扫码要求的实施、全国 7*24 小时冷链监控平台、上海到北京\广州冷链班车、上海到全国多省温控班车，汇同药品监管和各级预防医学会在区域市场活动与广东、浙江、上海、四川、海南、江苏、陕西等多省业务联动落实政策法规。

地址：上海市静安区康宁路 1089 号

邮编：200436

电话：86-21-56681000

电子邮箱：logistics@sinopharm.com

网站：http://www.sinopharmlog.com

微信公众号：sinopharm_logistics

传真：86-21-66553600

法人代表：蔡买松

联系人： 杨燕华

联系方式： 021-56681000

上海宏宝国际物流有限公司

宏宝物流是一家总部设在上海的国内领先的综合物流和货运服务公司。成立于 2001 年，总部位于上海浦东新区，是一家专业的综合物流服务提供商。集团公司始创于 1986 年，总注册资金 13100 万元，固定资产达 63600 万元。自 1986 年成立南京宏宝仓储运输公司以来，宏宝集团先后在杭州、成都、贵州、兰州、南宁、重庆、郑州、宁波、合肥、石家庄、西安、南昌、深圳、南京、北京等地相继成立 11 个子公司及 42 个办事处，构成一张综合物流服务网络。依靠新老客户的长期支持，2018 年集团公司营业额已经超过 10 亿元。经过多年的经验积累以及不断创新精神，公司已迈入现代化智慧物流行列。

宏宝物流拥有自主研发的 IT 线上运输系统和业务创新精神，以客户为中心提供一站式综合物流服务。通过遍布国内的多名专业而富有经验的员工，建立起完善的全国各大运营网点，专业服务于财富 500 强企业。

宏宝物流现已通过 GB/T19001-2016/ISO9001:2015 质量管理体系认证、GB/T28001-2011 职业健康安全管理体系认证、RSQAS、交通运输企业安全运输一级运输资格，以及具有国际货运一级代理资质，并且获得了“全国 AAAA 级物流企业”证书。目前宏宝是一家具备专业的港口及国内陆路运输加仓储的综合性物流企业。

在经营中不断创新、超越自我，构建学习型组织体系。凭借丰富的物流服务经验，不断提高客户的物流效率，是“宏宝人”不懈的追求。

公司地址：上海市浦东新区宣春路 211 号

公司网址：www.hongbaolog.com

联系人：李先生 021-50689989

利丰供应链管理（中国）有限公司

利丰供应链管理（中国）有限公司作为利丰集团旗下一员，总部位于上海，是一家专注于第三方物流服务的提供商。员工数超过 3200 人，业务范围主要涵盖国内仓储、物流配送及国际货运代理。同时，也在为众多世界知名的企业提供进出口保税业务，仓储设计，订单拣选，多渠道配送，物流网络规划及各种增值服务。

在中国，我司目前管理运营的仓库遍及 14 个城市，包括上海、北京、昆山、深圳、广州、成都、武汉等地，面积超过 100 万平方米，包括普通仓，保税仓，常温及温控仓库，客户行业涵盖服装鞋履，食品饮料酒类， 化妆品，其他消费品等；运输配送覆盖范围已经送达 900 多个目的地城市，建立了成熟的多渠道配送体系，可以更好的为各个类型的客户提供全面高效的运输配送；国际货运代理业务在全国各主要港口城市，包括上海、宁波、天津、青岛、厦门及深圳等地均设有网点，主要代理美国、欧洲、地中海、环亚和拉丁美洲等航线。

近几年中国电商发展蓬勃，除传统的 B2B 业务，我司 B2B2C 的全业务流程日趋成熟稳健，订单处理能力也在逐年递增，日均单量近 10 万，2018 年双十一的订单数量超过 760 万单。在持续的发展中，利丰供应链已成为众多国际品牌在亚洲扩展电商业务最值得信赖的物流伙伴。

利丰供应链管理（中国）有限公司

地址：上海市宜山路 2000 号利丰广场一号楼七楼

联系人：Emily Xie（谢芳）

联系电话：+86 21 2416 4888

邮箱：emilyxie@lflogistics.com

网址：www.lflogistics.com

上海锦江航运（集团）有限公司

上海锦江航运（集团）有限公司成立于1983年（以下简称“锦江航运”），主要从事国际集装箱运输、航运专业服务和航运物流业务。近年来，锦江航运成功实施品牌战略，创新发展、经营升级，实现了经济效益和经营规模的稳步增长。

锦江航运先后荣获“上海市著名商标”“上海名牌”、5A级物流企业等荣誉称号；公司、下属成员单位、精品航线、船舶等先后荣获“上海市五一劳动奖状”。

在国际集装箱运输业务方面，集团主要经营东亚、东南亚及两岸间的集装箱班轮运输业务，已拥有多条品牌航线，提供精确到小时的HDS快速交货服务，并创新推出升级SUPER HDS服务；在长江流域开辟内支线物流服务。锦江航运集团相继在境内外拓展和完善市场营销体系，目前已在香港、新加坡、东京、大阪、太仓、南通、武汉、青岛、大连、天津、厦门等地设立了境内外分支及代理机构。

在做精做强国际集装箱运输主业的基础上，锦江航运同步发展国际船务代理、专业航运人力资源管理、集装箱与船舶买卖租赁等航运服务业务，以及国际货运代理、集装箱堆存、仓储物流、第三方物流服务等航运物流业务，形成了“一主两翼”产业格局。

地址：上海市浦东新区龙居路180弄13号2楼

电话：021-53862200

邮箱：shenxl@jjshipping.cn

官网：www.jjshipping.cn

上海光明领鲜物流有限公司

上海光明领鲜物流有限公司成立于2003年，是光明乳业股份有限公司的全资子公司。上海光明领鲜物流有限公司是一家具有雄厚实力和丰富物流管理经验的冷链物流企业。不仅为光明乳业提供仓储配送服务，同时也面向社会为第三方客户提供专业的物流服务。公司物流营运团队深谙冷链体系及物流服务体系建设，具有极为丰富的冷链运作及实战经验，是专业供应链解决方案提供商。

光明领鲜物流整合全国资源，使物流业务加快区域整合，打通地区阻隔，由华东走向全国，构建全国共配网络。综合物流中心由上海、华东区域25座上升至65座，覆盖除华东以外齐齐哈尔、佳木斯、沈阳、北京、天津、石家庄、德州、济南、青岛、太原、西安、咸阳、郑州、武汉、长沙、南昌、成都、重庆、广州、深圳、东莞、南宁、海口、厦门、福州等全国各大城市。

仓库总面积由5.2万平方米上升至17.3万平米，其中冷藏库42289平方、冷冻库9917平方、常温库120682平方。

上海光明领鲜物流在华东地区拥有车辆多达1008台。其中自有冷藏车辆296台，协作冷藏车辆520台，常温车辆192台。华东以外地区拥有冷藏车辆322台、常温车辆712台。日配送终端网点多达5万余家，由上海及全国各物流中心始发的每日干线线路多达100余条，形成高效送达的全国物流网络。

企业地址：上海市浦东新区浦三路201号3-4号楼

邮编：200126

法人代表姓名：董国银

联系人：路磊

联系方式：021-50650671　　13501703658

传真：021-50567077

网址：www.speedfresh.com.cn

上海医药物流中心有限公司

上海医药物流中心有限公司（以下简称“上药物流”）是上药控股有限公司（全国医药流通行业前三，2018年主营业务收入超1000亿元）的全资子公司。

上药物流立足华东，辐射全国，是目前中国规模最大、网络最广、实力最强的医药物流企业之一。

目前，上药物流共有员工700余人，11万平米的符合GSP资质的仓库资源，6.5万多个托盘货位，日均处理订单明细12000条。运输车辆106辆，其中冷藏车23辆，日均配送客户1550余家。

我们以专业的质量管控体系和物流服务能力，为上药控股及其旗下的16家客户提供药品、医疗器械的物流服务。同时，也为包括拜耳、罗氏等40余家生产企业提供第三方物流服务。

上药物流专心专注医药物流领域的发展，以打造中国领先的全国性医药物流企业为目标，致力于成为物流一体化解决方案提供者，业务模式涵盖BtoB及BtoC，重点打造行业一流的温控、冷链服务能力。自2006年正式运营以来，通过GSP认证，ISO9001:2015版质量管理体系认证，并成为国家首个物流标准化试点单位。先后荣获“上海市五一劳动奖状”“上海名牌”等荣誉，并取得“五星级仓库”“AAAA物流企业”“全国先进物流企业”“上海市现代化物流综合试验基地”等称号。

此外，上药物流还承担着国家级药品战略储备基地、总后战备药品代储基地和国民经济动员保障基地的重任。

我们将把握中国医疗产业改革升级的契机，坚持“服务为荣”的企业文化，以客户需求为导向，以专业医药物流运营团队为保障，充分整合物流资源，加速全国网络化、末端精细化和物流信息化的能力构建，提高整体运营能力，持续引领现代医药物流发展，成为全国领先的健康产业物流服务集成商。

地址：上海市普陀区绥德路99号

邮编：200331

法人代表：任刚

联系人：徐庆 13701925574

云丰国际物流（上海）有限公司

云丰国际物流（上海）有限公司，总部设于浦东新区，为集装箱运输为主干港口物流企业。旗下辖有四个仓储基地，库仓面积25万平方米，主营业务：整箱、拼箱、大件装拆箱、工程机械、援外工程、吊装、绑扎固定，高端货物储存装卸、运输、进出口项目，检品整理，挂衣箱改装、特种挂衣架定制，立体货架货物仓管，城市配送等。

公司拥有运输公司，配备近200辆集卡车以6单元建制主打港口物流运输，普货、危品、散卡，车辆车板种类齐全，可为客户提供多元化物流解决方案及高端货物跟踪服务。另有控股子公司与韩国合资危险品运输单元上海极东靖驰国际物流有限公司，以及国内配送部等，从业人员总计逾700名。公司拥有自主的网络系统，为广大客户提供快速、准确、安全、经济、优质的专业物流服务。企业服务宗旨：认真做事、诚信做人。

总部机关设有总经办、人力资源部、财务部、安全质量保卫部、法务部等10多个部门和机构。企业持有国际物流综合服务型AAA级企业资质，为美国ctpat反恐论证，上海市物流协会会员，上海市交通运输行业协会会员和上海市诚信企业中国物流网会员。

联系地址：上海市浦东新区港城路2008号

网址：www.chyunfeng.com

邮箱：yunfeng@chyunfeng.com

公司法人：董平

联系人：周萍　　联系电话：021-58646780　　传真：021-58646776

第六篇 制造业物流

6.1 汽车物流

未来10年，汽车物流企业核心竞争力和竞争维度在哪里

汽车物流行业内经常性听到业内人士讨论“某某企业就是一个卖板（卖货）企业，二道贩子，怎么拿到一手业务呢？”“某某企业圈地，买船，卖中置轴，成立T3联盟，建合资公司，进军海外，涉足快运，这是什么玩法？”这引出了本文要讨论的两个话题：汽车物流企业核心竞争力和竞争维度。

一、汽车物流市场环境

2019年，中国汽车销量2572.1万台，其中乘用车2371万台，双双出现近20年来首次销量下滑，不要迷信官方机构根据发达国家千人保有量对中国汽车销量的乐观预测，各大车企相继成立出行公司和共享汽车推广应用已经是大势所趋，中国汽车消费市场出现饱和，未来国内汽车消费市场不容乐观，但中国汽车生产也会随出口增长，带来产量增长。

国内汽车整车物流一手业务产值在1500亿-2000亿之间，其中约70%业务为主机厂关联物流企业总包，剩下30%为众多物流商通过激烈投标争夺的自由份额。2018年，全社会物流总费用为13.3万亿元，可见汽车物流领域开放度有限，跟快递、快运相比市场规模很小。这就很容易解释为什么2018年没有资本、投融资、并购进入整车物流领域，资本的逐利性和敏锐性注定不热衷没有想象力的低速市场。

行业增量市场有限，头部企业上汽安吉物流、一汽物流，长安民生物流、长久物流预计2018年业务量预计与2017年持平，受益于下半年实施GB1589新规影响价格上涨，全年销售预计收入小幅增长。2019年至今，汽车消费市场一落千丈，整车物流行业十分惨淡，叠加2018年全行业更新合规装备资金成本压力因素，汽车物流企业面临严峻挑战。如何在同质化恶劣竞争中生存，就需要强身健体练本领，打造核心竞争力和选择新的竞争赛道。

二、汽车物流企业核心竞争力

汽车物流是典型的toB传统合同物流，如何成为主机厂合作的直接供应商，如何修炼跨入行业食物链顶层，以下核心能力不能缺少。

核心能力-竞争力

1. 专业解决方案

汽车物流企业首先是本专业细分物流领域玩家，积累了车辆通关、仓储、公水铁运输、PDI运作经验，有完善的作业SOP流程，通过整合行业资源为主机厂提供专业服务。专业解决方案就是PPT拿项目，很多人认为做个公司简介+堆砌成功案例+报价就是proposal，这没有任何专业性，客户需要的是定制方案customizedsolution。

首先分析吃透客户需求，开始寻找符合客户需求的资源（如仓库，水铁资源、合作伙伴运力、保险公司），后由一个团队分工合作，匹配客户需求，输出为客户量身定制化解决方案和合理报价。

提案展现企业简介、资质、资源、团队、管控手段、服务品质、IT 服务，更多聚焦定制方案、服务保障和项目化运作，除了为客户提供标准化的服务产品，也能满足客户个性化要求。

做解决方案是个技术活，非搞关系型市场营销人员所能胜任。以我多年经验，对于行业日系客户，偏爱服务品质和保障；对于行业德系客户，偏爱有竞争力的价格；对于国产品牌和国人，偏爱关系。对于不同的客户，应采取差异化策略。定制方案能够说服客户认可专业的价值服务和差异化的服务能力，经历复杂的 RFI、RFP、RFQ、评估、考察、谈判、签约等一系列激烈竞争过程，如同十月怀胎的艰辛，才能拿到一手业务。

2. IT 能力

未来的物流服务，更加注重服务与体验，物流过程的透明性和可视化是必然趋势。所以信息服务，已经从支撑物流企业内部管理渗透到直接为客户提供服务，IT 服务与仓储、运输、PDI 等服务并列成为汽车物流企业提供的基本服务。汽车主机厂在采购物流服务需求中，明确汽车物流企业须具备系统 IT 对接能力，但很多行业企业仍停留在 EXCEL 和 GPS 应用阶段，这就是能力差距。

汽车物流企业 IT 基本架构，应拥有支撑内部业务 OMS、TMS、WMS、FMS、BMS 或者其他 ERP 系统，对外提供系统对接 EDI 服务和可视化查询服务。IT 对内部运营来说，用系统固化流程，协同工作，提升效率，减少成本，精益管理，防腐败利器。在业务模式创新方面，IT 可以实施流程再造和优化。物流企业规模做大以后，IT 可以实施资源支撑和总部管控，保持服务质量统一和稳定，让管理变成有秩序。对外来说，物流过程透明可视，具备满足甲方的 IT 服务能力。

汽车物流企业通过系统实现客户定制化服务流程，完成与客户系统数据交互，实现业务的深度融合，也设置了竞争壁垒。强大的系统对接能力才是客户最关注的 IT 服务能力。IT 人员未来在汽车物流企业内部会走向前台，见客户，去现场，做方案，参与运营，未来重视 IT 投入、重视 IT 先导的企业会脱颖而出。

很多汽车物流企业在 IT 方面投入不足，没有支撑信息化的 IT 团队，仅购买通用 TMS/WMS 产品或者委托第三方开发了内部 ERP 后一劳永逸，这样系统的竞争力逐渐弱化。IT 方面要持续投入，构建自有 IT 团队，开发符合汽车物流行业应用系统和定制业务系统，强化 IT 技术标签。

现在物流行业很多人士经常性一口气消费云计算、大数据、IOT，人工智能、区块链和智慧物流这些新概念，但在汽车物流领域应用方面还是空洞的口号，暂时具体应用场景还不明确，互联网和移动互联网才是推动物流系统进步的革命性工具。

3. 团队与人才

主机厂选择物流商，十分关注供应商团队稳定性、经营理念、人员专业性和作业技能。作为综合物流商，人才需求越来越多样且越来越专业，只有专业的人才能做专业的事情，须标配战略、解决方案、运营管理、金融、安全、保险、IT、外语等复合人才组成的团队。人才储备不到位，缺少适岗人才，就无法在竞争中进行战略调整、发展新业务。

人才是企业发展的基石。物流领域德邦、京东、满帮等企业均重视人才发展战略，巨资培育人才，吸纳人才，确保在专业领域竞争中的人才优势。

行业内，不难发现长久物流等长春本地企业纷纷进京发展；主机厂福建奔驰、东风新能源相继在北京建立技术研发中心，招兵买马；最近我发现北方人偏好的“葱伴侣”豆瓣酱和“黄飞鸿花生”生产厂家－烟台欣和食品也北京安寨扎营发展新零售业务。这些虽然是表面现象，但说明北京是人才高地，企业为了争夺人才不惜来京筑巢引凤。

同样，东风标致、东风雪铁龙、东风雷诺将营销中心从上海、北京转移到武汉，人才流失殆尽，瞎折腾导致销量一落千丈。汽车物流企业越来越依赖专业人才，业务因人聚而兴，因人去而失。

4. 资金垫付能力

汽车主机厂与物流企业平均结算周期 3 个月。物流企业需要垫付仓库租金、铁水等公共运输工具运费、港口操作费、自有车辆运行费用等，物流企业为客户垫资已成为业内常态。异常情况下，如主机厂拖延结算，主机厂以承兑汇票支付运费，重大质损先行赔付经销店，对合同物流商来说垫付的资金压力很大。按照通常 3 个月账期，垫资的资金在一年的时间里只能流转 3-4 圈，1 亿资金只能做 3 亿 -4 亿的营收。通俗的讲，就是有多大资金能力，接多大的业务，没有资金实力接不了一手业务，也不支持应对多客户和扩大规模。

作为汽车物流总包商，需要雄厚的资金实力和良好的支付信誉，才能吸引二级供应商提供服务，维持供应商服务稳定。国内主流汽车物流总包商如安吉物流、长久物流等资金比较充足，新晋级一级总包商“段位”的部分民营企业资金方面仍是为钱所困，从 2019 年物流企业是否筹办年会、是否发放年终奖金、承兑汇票支付和拖欠二级供应商运费可以窥见一斑。

部分二级供应商没有足够资金实力，从上游以融资方式借款买车，以运费保理方式从下游 ETC 发卡机构、油品燃料供应商信用消费维系运营，承担较高的财务成本，进一步增加物流成本，这种借钱生存的供应商应当被抛弃。

5. 服务与品质

PPT 拿下项目后，下一步就是提供专业服务，在运营上落地履约。服务能力方面，匹配客户业务量，通过投放自有资源或者整合资社会资源（运力、仓配、设施、设备等），以自营或者分包方式提供服务，落实 PPT 方案和合同约定中投入仓储设施、车间、运力资源。服务内容方面，物流商要在提供标准化的专业服务基础上叠加客户定制化需求，设计符合客户个性化需求场景的 SOP 和流程，不同甲方主机厂服务流程千差万别，物流商不得不放弃平台化、标准化运作思路，采用项目管理形式实施；在服务品质方面，满足客户 KPI 需求，具备资服务管控能力，保证服务的质量稳定。

客户已经不满足简单达成 KPI，越来越多客户要求物流商提供增值服务和创新性的改善方案。整车业务模式简单，提供单一运输模式服务已经无生存。当前服务呈现同质化，提供差异化的增值服务是提升核心竞争力新思路。

未来行业趋势，服务内容将扩展至提供基于 4PL 物流管理咨询，主动优化物流成本方案，物流过程可视化信息服务，物流金融的车辆监管服务，提供物流加工车间服务（含选配件安装、复杂 PDI 整备和维修服务），将物流商车间服务定义为工厂最后一道生产工序，这样可以协助主机厂规避“新三包法”实施后在 4S 店维修商品车法律风险。

物流总包商服务不能局限于简单层层分包和赚差价商业模式，给客户带来基于行业运作特点的最优解决方案和专业运作经验，具备项目管理能力、物流资源整合能力，品质管控能力、信息服务服务对接能力和业务融合能力，为客户提供价值服务，这才是物流总包商存在的价值。

6. 价格与成本

物流商对外提供好服务，对内管理好成本，这是物流企业永恒的主题。服务、时效与成本之间，是互斥关系。成本优先，服务和时效就要退而取其次，只能兼顾服务。在经济下行周期，汽车销售低迷，主机厂对物流商的整体解决方案能力和成本控制要求都空前提高。行业竞争惨烈，利润水平急剧下滑，部分线路运价在短暂上涨 20-30% 后出现回归到实施 GB1589 治超前水平，部分汽车品牌新合同标期中标价格出现低于 2018 年 7 月 1 日治超前价格，低价竞争不利于行业发展和整体服务水平提升。

价格是获取新业务最重要的因素之一。有的客户会兼顾服务与价格平衡，有的客户对成本非常敏感，选择供应商只考量价格一个维度。如德系豪华品牌在华无物流方面战略合作伙伴，每 3 年邀请全国有名号的 10 多家供应商参与投标，白热化的竞争结果就是无畏的低价者入局，主机厂要求物流商以经济舱价格提供头等舱服务。物流商中标后赚了面子，亏了银子，中途以服务失败选择被动退出或者痛苦地维系经营。

2018 年，偏离服务成本的低价竞争，服务品质是无法保障，服务是无法长期维系的。当价格成为企业间竞争的唯一手段时，必然会出现“劣币驱逐良币”的现象。

服务价格依赖服务成本。汽车物流商要做到成本最优，可以从网络规模、多品牌共用提高设施利用率，多品牌混载，业务对流网络，公水铁多式联运，自营运力或者仓储设施，精益运营，物资集采（车辆、轮胎、燃料、尿素），提升运营效率，降低服务成本，只有成本优势才会获取竞争机会。

汽车物流应该摆脱低层次的价格竞争，而是转向价值竞争，为客户提供更具有性价比的服务，从业务需求匹配，走向战略匹配、业务深度融合。长期稳定的业务合作关系，有利于汽车物流商设施方面进行投入，长期摊销将降低客户物流成本，对双方都是有利，故主机厂选择物流商不能只采用价格一个维度作为选择基准。

7. 口碑与品牌

汽车物流商坚守专业的服务能力、优质的服务，遵守契约精神和支付信誉，长期经营积累，在整车物流圈就可以打造出自己的口碑。大众点评网就是靠口碑营销，作主机厂和二级供应商，会从口碑角度考量选择合作。良好的口碑，可以增进与客户之间的粘性，直接影响获客续约和供应商议价能力。

口碑的积累，就可以打造出行业品牌。从口碑升级到品牌，是物流商自我进化和跨越发展的标志。一旦形成品牌，需要明确品牌理念和市场定位。品牌战略不是注册商标，是服务的承诺。有品牌的汽车物流企业，提供了与品牌形象一致服务水准，合理的服务价格。运营品牌、管理品牌、提升品牌影响力，这样可以扩展到非汽车物流服务领域，开展 toC 业务，发展加盟业务，扩展业务边界，成为汽车物流领域的行业佼佼者。行业内已经有物流企业重视品牌运营，如安吉物流、长久物流。

三、汽车物流竞争维度

中国汽车物流增量市场有限，每家物流企业都希望扩大份额和和业务逐年增长，除了行业内互相残杀、虎口夺食、追求“胜者为王”或“剩者为王”为目标以外，也可以选择新的竞争维度，在各自跑道上发展。这一部分我以从公开报道中获取的案例进行说明

1. 进入非汽车物流领域

上汽安吉物流是中国最大的合同物流企业和整车物流企业，是国企上汽集团所属专业从事汽车物流业务的子公司。安吉物流的基因来自上汽，其他汽车品牌与上汽在产品上有竞争关系，上汽标签优势变成劣势，部分品牌不选择竞品关联的供应链服务企业。

安吉的管理团队，正视开辟行业内增量市场的难度，未将业务仅定位于保障上汽供应链安全和服务稳定，而是追随上汽战略，在社会化、多元化和国际化方面实践创新转型。

在非汽车物流领域，拓展工程机械、装备制造业、快消零售业、电子科技等中国高增长潜力行业物流服务，2019 年相继与三一重工、华域车身、中国弹簧开展业务合作。

在快运领域，获取天地华宇经营管理权，布局零担快运板块，充实上汽货运出行平台生态，不排除未来走向资本市场，回报业务创新团队。安吉在深耕上汽物流板块基础上，选择了非汽车物流作为新赛道。

2. 深耕行业垂直产业链

长久物流为国内最大的第三方汽车物流公司，行业内唯一主板上市物流公司（长安民生为香港上市公司），其投资子公司是行业内唯一拥有无车承运人牌照资质。

长久物流专注于汽车行业专业供应链物流服务，向上发展，向下探索，业务延伸至汽车物流产

业链上下游。具体来说，长久服务的不再满足于传统整车运输，仓储和零部件物流，而是将服务扩展至物流金融、汽车改装、轿运车制造和无车承运人平台。从上市公司公开资料了解到，2018 年新投入中置轴车辆约 2100 台，是行业内最大公路车队。

在自营运力方面，尝试司机合伙人模式。水运方面，自建船队，拥有汽车滚装船 6-9 艘，大规模运载工具投入，占据水运资源优势。在合作运力伙伴方面，提供融资购车、运费保理运营资金支持。在无车承运平台运营方面，进一步挖掘社会零散运力资源。长久在轿运车物流装备领域创新，开发的多用途、多规格轿运车产品，适装乘用车、商用车和普货，与传统轿运车厂家的产品形成差异化竞争。可见，长久在运力储备方面和装备方面具备明显优势。

长久物流基因是大车队，选择了围绕运力资源和运输装备赛道，运用自身优势打造装备精良的运力队伍和物流网络，深耕汽车物流产业这一垂直细分领域。大部分 3PL 仍聚焦整车仓储和运输市场，安吉、长久选择其他维度赛道进行发展。

3. 联姻货源

从长远趋势来看，汽车物流资源（货源）由集中走向进一步集中，中国车企的重组将影响物流企业生存，中船、中车整合已经有先例，一汽、二汽、兵装（长安）走向整合也不是没有可能。国资委轮岗三大车企负责人，促成了 T3P5 联盟的成立。

T3P5 物流联盟方向是推进物流资源整合，本质是围猎货源。物流企业变成了主机厂保障性供应商，靠垄断货和业务深度融合获取稳定业务。3PL 供应商可以通过参与混改，建立合资公司，联姻货源，行业内这种合作关系已有先例，长久与重汽，长久与奇瑞均有资本层面合作，中铁特货股改中引入了东风汽车作为股东。

当下，很多物流企业希望拥有稳定的基本盘业务，寻求成为保障性物流企业机会。观今日上汽与安吉，北汽与中都，长安与民生之合作关系，未来也许会出现新的寄生关系。从商流的视角去看待物流的机会，商流为物流带来远远不断的订单，拥抱货源是行业竞争中的一条捷径。

4. 其他维度

国内主机厂开放货源只有 30% 比例，物流商与主机厂之间普遍粘性不高，续约比例低，业务不稳定。从货源的视角，垄断货源获取稳定业务。从供应商视角，物流商可以投资稀缺资源如物流设施、码头、场地、铁路资源，变成主机厂没有选择余地、绕不开的资源，筑巢引凤或者守株待兔获取稳定业务。也有人将“搞关系”视为一个竞争维度，就是通过贿赂特定人人来搞定业务，而非自身实力，我不推崇故不论述。

四、结束语

汽车物流企业获取一手业务，需要有核心竞争力且无短板，建造护城河，打造竞争壁垒，市场会偏爱此类术业有专攻的企业。汽车物流企业发展需要选择合适赛道和竞争维度进行突破，才能成就基业长青；拿不到一手业务的车队，可以争当区域小霸王，合同物流商面对主机厂也有无尽的烦恼，高处不胜寒；没有综合物流解决能力的物流参与者，可以聚焦物流细分环节提供专业单项服务。

脱离汽车物流圈，看看外边的赛道和机会，庞大的 13.3 万亿中国货运市场，我们除了能运车，还能运点啥？新装备中置轴是否可以玩出新花样？

汽车物流行业圈内竞争正酣，安吉物流余德总经理曾提醒警跨界的入侵者，只有拥有核心的竞争力，才不会被“互联网 +”复制和“滴滴范式”所颠覆。

最后我们一起再重温上汽安吉余德总在 2018 年汽车物流行业年会上的讲话：“互联网巨头及快运快递企业携带强大的信息技术人才实力和资金实力，在探索物流新技术以及挖掘利用物流数据方面占据优势，威胁着第三方物流企业对实体运营网络以及物流数据的控制权、主导权和话语权，避免受制于互联网巨头和快运快递企业制定的游戏规则值得我们汽车物流企业未雨绸缪。”

来源：亿欧网 2019年4月10日

上汽集团与中国邮政合作，开展整车采购、快递物流业务

12月9日，上汽集团与中国邮政在上海正式签署战略合作框架协议。根据协议，双方将在整车采购及车辆运营、金融、快递物流、市场拓展等领域展开新业务、新市场的合作。

具体来看，在整车采购及车辆运营方面，上汽集团将计划为中国邮政提供混动、纯电、氢燃料电池等新能源产品，传统能源产品或其他定制化产品，以共同推广新能源和智能化车辆的应用。在金融产业上，双方计划在批发业务中的公司信贷、贸易金融、票据业务、汽车金融、汽车经销商融资等业务领域展开合作。

在快递物流上，中国邮政将为上汽集团提供国际寄递、国际货运代理、国际仓储、境外配送等物流服务。在市场拓展上，中国邮政计划利用网点资源、媒体资源、客户资源、产品资源等综合服务进一步助力上汽集团全国市场的拓展。

据悉，在2018年9月，上汽集团就与中国邮政速递物流展开战略合作，双方共同推动实现“快递到车”服务项目的落地。上汽集团表示，“快递到车”是上汽集团为MARVELX两驱版用户推出的一项服务，即EMS快递员可直接将包裹放入车主前备厢里完成派送。

来源：《新京报》 2019年12月10日

全国487个高速公路省界收费站全部撤销，高速公路实现“一张网”

2019年12月31日晚，取消高速公路省界收费站工程并网切换如期进行，深化收费公路制度改革取消高速公路省界收费站工作领导小组组长、交通运输部部长李小鹏指挥切换并宣布，取消高速公路省界收费站工程并网切换圆满成功。

从2020年1月1日零时起，全国29个联网省份的487个省界收费站全部取消，圆满完成了《政府工作报告》提出的“两年内基本取消高速公路省界收费站任务”，并力争提前的目标，向党和人民交出了一份满意答卷。

深化收费公路制度改革取消高速公路省界收费站，是党中央、国务院决策部署的重大任务，是关系人民群众切实利益的民生工程，具有巨大的经济社会效益。在党中央、国务院的正确领导下，在各省（区、市）党委、政府的有力推动下，各地交通运输部门会同相关部门协同联动、顽强奋战，优质高效地实现了世界上规模最大的一体化运营的高速公路网，推动了交通运输治理体系和治理能力迈向现代化。取消高速公路省界收费站以后，全国高速公路一张网将有效提高综合交通运输体系运转效率，缓解拥堵、改善人民群众出行体验，助力节能减排，降本增效。

自国务院办公厅印发《深化收费公路制度改革取消高速公路省界收费站实施方案》以来，在不到9个月的时间里，交通运输部先后制定了90余个实施方案，召开了5次全行业部署调度会议，进行30多次专题调研、督导、座谈，完善优化了鲜活农产品运输“绿色通道”等通行费减免政策配套措施，调整货车通行费统一按车（轴）型收费，实施高速公路入口不停车称重检测；全国建设完成

了24588套ETC门架系统，改造完成了48211条ETC车道、11401套高速公路不停车称重检测系统；ETC推广发行了1.23亿户，累计用户达到2.04亿；1.2万名高速公路收费员得到了妥善安置，转岗到ETC推广发行客服、清分结算后台服务、高速公路服务区服务、入口称重检测等岗位。

根据统一部署，本市严格按照上海市政府办公厅发布《上海市深化收费公路制度改革取消高速公路省界收费站实施方案》排定的时间表进行工作推进：6月至10月开展工程建设和运营服务准备；10月底部省两级建设任务基本完成；11-12月开展部省联调测试和试运行；12月底取消高速公路省界收费站，实现并网运行。

目前全市共有收费高速公路683公里，省界收费站共9处。本次调整本市拆除所有的省界收费站，其中与江苏交界5处，与浙江交界4处；同时，全市高速路网新建ETC门架318套，车道改造共计571条。

新时代开启新征程。2020年是全面建成小康社会决胜之年，也是加快交通强国建设的紧要之年，交通运输行业将坚持以人民为中心的发展理念，按照《交通强国建设纲要》的蓝图，继续推进深化收费公路制度改革：

一是牢守安全底线，确保路网稳定顺畅。持续提高系统的稳定性、可靠性和安全性，提高交易成功率和通行效率。

二是完善制度体系，提升现代治理能力。深化收费公路制度改革，推动《公路法》《收费公路管理条例》修订工作，进一步完善货车不停车快捷通行、ETC全社会推广服务、绿色通道等政策举措。

三是深化降本增效，服务国家发展大局。扎实推进收费公路控规模、调结构、降成本、防风险、强监管、优服务，着力构建收费路网挖潜增效、降低运行成本、有效防御风险的长效机制。

四是强化创新驱动，提高服务能力水平。利用北斗、5G、区块链等现代信息技术，加快车路协同、自动驾驶等研究应用，完善服务体系，提高服务质量，创新服务载体，拓展服务网络，不断增强人民群众的获得感、幸福感、安全感。

市交通委表示，并网切换后会有一段时间的过渡期，为了应对可能发生的拥堵情况，交通部门制定了“一站一方案”的应急预案，每个收费站根据具体情况，安排各路段加派现场保障力量；根据现场车辆通行情况，适度增设混合车道，确保道口通行通畅；梳理完善车道指示标志，引导车辆有序通行。

此外，交通部门对104个收费站进行了车流量的排摸，对于车流量密集的收费站，将联合交警部门安排适当的人员处置突发事件。

来源：上海交通　2020年1月2日

3.5 万亿整车物流市场的新竞争

2019年11月12日上午，广州招商滚装运输有限公司（简称“招商滚装”）开业揭牌仪式在广州南沙自贸区举行。

电动化、智能化、网联化、共享化、数字化浪潮势不可挡，对汽车物流的运营效率、成本和服务品质提出了更高要求。招商滚装揭牌运营，标志着广汽商贸在构建强有竞争力的绿色物流运输体系上迈出了历史性一步，也标志着招商轮船向整车物流综合服务商迈进。

整车物流虽是一种新型物流，但对于日新月异的物流行业而言其实早已不陌生，其不论是对于物流企业还是对于有整车需要的客户来说，都是一种降低成本、缓解运营压力的良方。然而由于整车物流对于干线及配送业务的要求高、专业性强，国内的整车物流业务几乎都是被大型企业垄断，国内整车物流一手业务产值在 1500 亿 -2000 亿之间，其中约 70% 业务为主机厂关联物流企业总包，剩下 30% 为众多物流商通过激烈投标争夺的自由份额。行业增量市场有限，头部企业上汽安吉物流、一汽物流，长安民生物流、长久物流等等。招商轮船的加入，无疑给这个市场带来了新的改变

慢和乱的困境

整车物流以整车作为物流服务标的物，按照客户订单对交货期、交货地点、品质保证等要求，进行快速响应和准时配送。国内整车物流服务起源于 20 世纪 90 年代，伴随着中国汽车产业的逐步发展而发展，并和汽车产业紧密相连，经历了从无到有、从粗浅到专业、从被动效仿到主动创新的发展过程。前瞻分析推测，到 2024 年我国汽车物流的规模将突破 1.2 万亿元。

然而，根据普华永道发布的《中国汽车物流市场报告》显示，2012—2017 年，中国汽车物流市场规模实现了超过 10% 的复合增长率，市场规模超过 8000 亿元。2018 年，中国乘用车新车销售数量为 2371 万台，同比下滑约 4%，但 2018 年，中国新车销售量出现 20 余年来的首次下滑，目前，根据政府相关部门发布数据，中国 2018 年社会物流总费用为 13.3 万亿元，同比增长 9.8%，其中，整车运输市场份额达 3.5 万亿，2000 万辆运输车辆。2019 年至今，汽车消费市场一落千丈，整车物流行业十分惨淡，叠加 2018 年全行业更新合规装备资金成本压力因素，汽车物流企业面临严峻挑战。

在这样的汽车销售寒冬下，销量的进一步下滑将直接挤压整车物流的市场空间。汽车物流是典型的 toB 传统合同物流，与铁路运输不同，整车运输的运价受到线路、货物品类、天气等因素影响，即便在同一天内早晚运费也会有波动，很不容易标准化，这个万亿级的整车货运市场，也一直存在运价不透明、订单割裂，资产效率低下、服务质量不稳定、市场运力极度分散等问题。同时，整车物流的准入门槛并不高，一直存在“物流慢、价格乱”的困境，导致物流成本居高不下、资源利用不足。不仅如此，整车物流还存在受市场需求影响，季节性波动明显，无法像原材料及入厂件通过 JIT(Just-In-Time) 等方式实现零库存，物流及库存管理难度进一步加大的难点，并且国内各大汽车企业均自建运输网络，企业间缺乏有效合作，容易造成运力资源的重复投入。

据了解，汽车物流 70% 以上的运力都是个体司机和中小车队，个体司机本身风险承担能力有限、经验不同的司机提供的服务质量也不一样，传统议价方式及不稳定的服务都会拉低运输效率。汤氏供应链总裁汤鲁飞认为，在整车物流行业中存在一些问题，包括没有行业标准，例如装载标准、运输标准、不同货物类型的服务标准等都没有建立起来，缺少设计和制定这些行业标准的专业型人才，等等。

业界人士认为，不论是主机厂到区域总仓的干线，还是区域到 4S 店的配送，整车物流的利润空间都不大。一方面是由于专业性不高，成本信息透明，大家都把整车运输的价格压得很低；另一方面，受新规的影响，运输车辆标准也更加严格。行业最大的整车物流企业长久物流净利率也只达到 7%。目前，随着国内汽车销量进入瓶颈期，未来整车物流市场的发展也会相对平缓。对此，汽车物流应该摆脱低层次的价格竞争，而是转向价值竞争，为客户提供更具有性价比的服务，从业务需求匹配，走向战略匹配、业务深度融合。长期稳定的业务合作关系，不仅有利于汽车物流商设施方面进行投入，还长期摊销将降低客户物流成本，对双方都是有利。

作为国内最大的第三方整车物流企业之一，长久物流相关负责人则表示，近年来，我国 GDP 增速趋于平稳，产业结构由原来面向第一、第二产业的生产型服务，逐步转向以第三产业和终端消费者的生活型服务倾斜。整车物流作为第三产业的重要分支，与 GDP 的增长相辅相成走向趋稳，并逐渐转向高质量发展，但也面临诸多挑战，需要企业不断适应行业变化，严抓管理、稳增效益，持续提升服务品质。

竞跑多样化赛道

中国汽车物流增量市场有限，每家物流企业都希望扩大份额和和业务逐年增长，除了在重合的领域进行优胜劣汰，其实整车物流企业也纷纷在寻找新的竞争维度。

有的，如上汽安吉物流，正在非汽车物流领域拓展工程机械、装备制造业、快消零售业、电子科技等中国高增长潜力行业物流服务，2019 年相继与三一重工、华域车身、中国弹簧开展业务合作，再快运领域，安吉物流则获取天地华宇经营管理权，布局零担快运板块，充实上汽货运出行平台生态，显然，安吉物流在深耕上汽物流板块基础上选择了非汽车物流作为新赛道。

长久物流为国内最大的第三方汽车物流公司，则青睐于深耕行业垂直产业链，专注于汽车行业专业供应链物流服务，向上发展，向下探索，业务延伸至汽车物流产业链上下游。具体来说，长久服务的不再满足于传统整车运输，仓储和零部件物流，而是将服务扩展至物流金融、汽车改装、轿运车制造和无车承运人平台。长久物流 2018 年新投入中置轴车辆约 2100 台，是行业内最大公路车队。最近，长久物流在轿运车物流装备领域创新，开发的多用途、多规格轿运车产品，适装乘用车、商用车和普货，与传统轿运车厂家的产品形成差异化竞争。可见，长久在运力储备方面和装备方面具备明显优势。长久物流基因是大车队，选择了围绕运力资源和运输装备赛道，运用自身优势打造装备精良的运力队伍和物流网络，深耕汽车物流产业这一垂直细分领域仍是其主业。

T3P5 物流联盟方向是推进物流资源整合，本质是围猎货源。物流企业变成了主机厂保障性供应商，靠垄断货和业务深度融合获取稳定业务。3PL 供应商可以通过参与混改，建立合资公司，联姻货源，行业内这种合作关系已有先例，长久与重汽，长久与奇瑞均有资本层面合作，中铁特货股改中引入了东风汽车作为股东。

当下，很多物流企业希望拥有稳定的基本盘业务，寻求成为保障性物流企业机会。观今日上汽与安吉，北汽与中都，长安与民生之合作关系，未来也许会出现宝马与 XX，东风与 XX 新的寄生关系。从商流的视角去看待物流的机会，商流为物流带来远远不断的订单，拥抱货源是行业竞争中的一条捷径。

他山之石

经历了几十年的发展，发达国家的汽车物流市场高度成熟。早在 20 世纪 70 年代，海外整车厂已经感受到来自供应链降本增效的压力，同时也发现第三方物流公司由于其高度的专业性以及规模效应，相较整车厂独立开展工作，有着更大的优势。因此海外整车厂逐渐将运输、仓储乃至规划和优化等供应链模块，交给第三方物流负责。

同时考虑到不同第三方物流公司在不同领域和区域的独特优势，海外整车厂也不介意和多家第三方物流公司进行合作。相较国外高度专业化市场化的市场格局，国内的汽车物流体系仍较为封闭，未来有着较大的改善空间。

同时，国际领先的汽车物流企业在产品线、跨界发展和国际化等方面也有诸多值得国内企业借鉴的地方：

产品线。国际领先企业往往拥有丰富的产品系列。他们基于入厂物流、生产物流、出厂物流、售后件物流和逆向物流等传统模块进行了横向和纵向的拓展，开发了诸多精细化和定制化的产品和服务。同时，由于汽车行业所面对的供应链问题越来越复杂，国际领先企业也能针对性地提供一站式的解决方案。丰富的产品线使得交叉销售成为了可能，让企业能捕捉到更多客户的需求，从而把业务做大做强。

跨界发展。国际领先企业往往都采取了跨行业发展的策略。虽然很多第三方物流企业是做汽车物流起家，但由于各种可以借鉴的经验和资源，他们往往对汽车以外的领域也都有涉猎，如工业品、消费品、零售、医疗等。跨界发展使企业摆脱了对于单一客户和单一行业的依赖性，大大增强了企业的抗风险能力。

国际化。国际领先企业往往都积极进行全球化布局。有的企业跟随自己的客户进行全球扩张，而也有的企业凭借自身的技术和规模优势，主动向其他区域市场进军。由于第三方物流行业的规模效应较为明显，因此全球化的布局也使企业能继续巩固自己的领先地位

为了实现在产品线、行业和区域等不同维度上的扩张，国际领先的汽车物流企业往往采用了收购或合资等无机增长模式。这些以收购或合资为手段的增长模式与全球第三方物流行业的整体趋势也是相一致的。这样的增长模式对于尚处于发展阶段的中国第三方汽车物流企业有着一定的启示作用。

目前中国超过 80% 的汽车物流运量仍旧以公路运输为主，铁路、水路等低成本运输模式的较慢发展导致中国汽车物流成本居高不下，这成为了汽车物流行业发展的重大难题（见图七）。而多式联运作为传统运输方式的分支，通过对多种运输方式的组合，在保证原有运输方式的相对优势的同时，其能够在很大程度上弥补单一运输方式所带来的缺陷。

业界专家认为，标准化、规模化、信息智能化将成为未来多式联运的三大核心发展趋势，汽车物流企业应以这三大趋势为方向，积极探索多式联运的发展机遇。

互联网带来新出路

在物联网大背景的推动作用下，整车运输行业也在积极探索出路。

随着中国汽车工业的飞速发展，在成本控制变得越来越重要的今天，汽车物流的成本控制也日益成为人们关注的焦点。利用物流信息化技术或将能为汽车物流企业解决成本控制问题。然而，目前我国物流信息化渗透率不高，除了条码技术的渗透率达到了将近 80%，其余的普及率都没有达到 50%，而且各项技术大部分的普及率也只有 20% 左右，这显然不利于汽车物流企业的长远发展。汽车物流企业可运用现代信息技术对物流过程中产生的全部或部分信息进行采集、分类、传递、汇总、识别、跟踪、查询等一系列处理活动，以实现对货物流动过程的控制，从而降低成本、提高效益的管理活动。

以长安民生物流为例，长安民生整车智慧物流运输管理系统项目属于物流运输技术领域极具专业特色的整车物流运输版块，它基于行业领先的 OracleOTM 系统，搭建企业级的、统一平台化的运输管理信息系统，实现与客户、承运商、驾驶员和长安民生的高效协同和信息共享，打造了订单管理、运力调度、在途监控、移动交付、费用结算、数据统计分析的全流程服务链，并通过系统域的设置，将公司其它运输业务，如供应链运输、备件运输、国际货运运输、循环取货等纳入统一平台管理，形成业务形态独立、运力资源共享的物流生态圈。

整车智慧物流运输管理系统上线以来，已实现对运输全过程的可视化监控和系统自动预警，重组优化了 21 个业务流程，降低各环节操作时长的同时，提高 70% 的操作效率，发运及时率提升 30%，到达准时率提升 24%，结算周期缩短 30 天。

长安民生物流相关负责人介绍，对于汽车物流而言，能否快速交付、安全送达是衡量汽车物流企业能力的关键要素，决定了企业在行业中的竞争力。平台化、协同化、快速实施推广的物流运输管理系统将有利于资源的整合，提高运输车的利用率与周转率，形成良性循环的物流生态圈。

整车运输与互联网技术的深度融合，必将带来物流产业的重大变革。上汽安吉一位负责人说："互联网巨头及快运快递企业携带强大的信息技术人才实力和资金实力，在探索物流新技术以及挖掘利用物流数据方面占据优势，威胁着第三方物流企业对实体运营网络以及物流数据的控制权、主导权和话语权，避免受制于互联网巨头和快运快递企业制定的游戏规则值得我们汽车物流企业未雨绸缪。"

全球战略咨询公司思略特认为，中国汽车物流市场在可预见的未来将会走向成熟。在迈向成熟的过程中，对于汽车物流公司而言，机遇与挑战将伴随左右：虽然新车销售正在放缓，但是二手车以及零部件后市场正在崛起；随着政策的变化以及各方面成本的上升，公路运输的综合成本不断升高，通过技术等手段进行降本增效的吸引力也日渐明显。

市场化程度高、技术先进、规模效应强，这些关键词都对汽车物流企业的未来发展提出了新的要求。

来源：中国水运网 2019 年 11 月 18 日

ETC、智慧停车服务升级 中国智慧交通驶入“快车道”

交通运输部日前发布消息，全国高速公路 ETC（全自动电子收费系统）门架系统和车道改造全面完工，取消高速公路省界收费站工作进入联调联试阶段。城市发展，交通先行。近年来，依靠 ETC、电子停车指引、电子自助付费等新型技术，中国智慧交通建设驶入“快车道”。

“一脚油门”畅行高速路

“安装 ETC 之后，货车可以和普通客车一样走 ETC 专用道，真的实现了一脚油门畅行全国高速公路。”中外运物流东北有限公司运输部总经理张洋经常开货车上下高速路。以前，每次进出收费站时的长时间排队等待是他最苦恼的一件事。最近，公司 300 多辆货车统一安装了货车 ETC 记账卡，不仅通行效率是人工的 3—5 倍，还能享受“先通行后付费”的记账付费。

大货车使用 ETC 还可以减少油耗和碳排放量。一家集装箱运输企业的负责人算了一笔账，一辆大货车安装 ETC 后，每车次平均可减少 10-20 分钟通行时间，一年能减少 300-500 升柴油，平均每台车节约成本可达 3000 元。

目前，辽宁、河南、广东、广西、浙江、福建等正陆续发行货车 ETC 记账卡。据交通运输部规定，这种套装发行将成为下一步全国货车 ETC 卡发行的标准模式。

普通小汽车安装 ETC 的好处也显而易见。很多车主表示，安装 ETC 免去了节假日高速排队的烦恼。记者在首都机场高速收费站出口看到，未安装 ETC 车辆只能通行混合车道，排队等候及通过时长约 3 分钟，ETC 车道则畅通无阻，每辆车平均通行时间仅为 2—3 秒。

出租车上高速，乘车费和过路费合并结算，还能开电子发票。11 月 15 日，全国首个“出租车 ETC”方案在广东深圳上线。这套方案通过 ETC 车载设备与出租车计价器直连等全新技术手段，不仅为乘客解决了在高速出行时的开票难题，也提升了出租车的高速通行效率。目前，装有 ETC 的首批 1000 辆试点出租车已全部完成 ETC 安装改造，下一步将陆续在深圳全市推行。

近年来，类似的 ETC 应用服务创新、技术创新不断出现，各项政策起到了推动作用。国务院办公厅今年 5 月下旬印发的《深化收费公路制度改革取消高速公路省界收费站实施方案》提出，实现不停车快捷收费，力争 2019 年底前基本取消全国高速公路省界收费站。

随着 ETC 全国联网落地完成，中国 ETC 用户数量不断增加。预计到今年 12 月底，全国 ETC 用户数量将突破 1.8 亿，高速公路不停车快捷收费率达到 90% 以上。专家表示，这意味着高速公路将迎来“智慧通行”时代。

涉车场景应用更丰富

最近，北京市朝阳区一家商场地下车库出现一种新型停车缴费方式。车库进口处和出口处上方各安装了一台读取车牌和停车时长的感应器。当车辆进场时，车内的 ETC 设备会发出一声“嘀”的提示音；出场时，车辆无需停车就完成自动缴费。

停车场负责人表示，新系统上线后，不仅商场停车场有望实现 24 小时无人值守，还大大提升了车辆进出场的通行速度。如今，在很多城市的停车场，这种基于 ETC 的“无感支付”系统正在快速推广。

截至 2018 年底，中国汽车保有量已达 2.4 亿辆，ETC 为解决停车难题等涉车领域应用提供了智慧解决方案。《深化收费公路制度改革取消高速公路省界收费站实施方案》提出，鼓励ETC在停车场等涉车领域应用，包括机场、火车站、客运站、港口码头等大型交通场站，以及居民小区、旅游景区等，未来基于ETC的智慧停车系统将涉及越来越多场景。

在贵州、河北省内一些指定加油站内，一家商业银行最近开始试点“智慧加油”服务：安装该银行ETC的车主只要进入指定加油站ETC专用通道加油，即可享受免下车、免排队缴款、免刷卡、免扫码，从开车进场到离场2分钟内完成的“即加即走”加油体验。

业内专家表示，随着移动互联网技术、物联网技术不断发展，智慧停车平台、停车诱导系统及城市停车场所等之间的信息壁垒将逐步被打破，停车交费、加油、洗车、购物等多种涉车场景快速应用将不断增多，真正构建起城市智慧交通体系。

ETC行业乱象亟待整治

在此过程中，一些掣肘新技术发挥作用的问题也逐渐显现，亟待重视。据报道，今年下半年以来，各家银行大力布局ETC业务，各地频频爆出一些车主车牌或个人信息被抢注ETC的现象。一些有偿代办的推广专员还通过非法倒卖车主信息，趁机牟利。相关律师指出，网上代办ETC，非法获取、转让、使用他人信息，买卖双方都涉嫌侵犯公民个人信息。

在线办理ETC服务也出现不少问题。以某社交媒体ETC助手为例，设备无法激活、押金退还困难、设备发货延迟等问题成了用户投诉的重灾区。专家表示，随着ETC用户逐渐饱和，ETC市场发展将进入“下半场”，比拼的是服务品质，不达标商家将被淘汰。

技术应用仍需不断完善。以货车ETC记账卡为例，其好处不言而喻，但发行推广也有难点。辽宁省高速公路运营管理公司董事长刘云峰表示，由于货车用户分散，记账卡发行需要银行授信管理；此外货车车型常发生变化，这对ETC标签写法、车型识别都提出了一定挑战。

专家表示，随着中国进入智慧交通时代，做好相关体制机制创新，加强各项业务服务对接、相关技术完善、加大对用户培训和宣传等工作极为重要，如此才能让技术革新更好服务人们的交通出行。

来源：《人民日报》（海外版） 2019年11月20日

本市扩大国三标准柴油货车限行范围

为进一步改善本市大气环境质量，加快淘汰本市使用年限较长、污染排放较大的国三标准柴油货车，近日，市交通委、市生态环境局、市公安局联合发布《关于扩大国三标准柴油货运机动车限制通行范围的通告》（以下简称《通告》），同时，市生态环境局等七部门印发了《上海市鼓励国三柴油车提前报废补贴实施办法》。

《通告》决定在本市行政区域内对国三标准柴油货车扩大实施限制通行措施：

自2020年4月1日起，全天24小时禁止国三标准柴油货车（不含国三标准柴油冷藏车和已加装尾气净化装置的国三标准柴油集装箱运输车辆）在本市S20外环高速以内的道路上（不含S20外环高速以及S20外环高速高架段投影下的地面道路）行驶。S20外环高速包括S20外环高速与G1503上海绕城高速在外环隧道至五洲大道的共线段。

自2020年6月1日起，全天24小时禁止国三标准柴油冷藏车和已加装尾气净化装置的国三标准柴油集装箱运输车辆在本市S20外环高速（不含S20外环高速以及S20外环高速高架段投影下的地面道路）以内的道路上行驶。S20外环高速包括S20外环高速与G1503上海绕城高速在外环隧道至五洲大道的共线段。

自 2020 年 10 月 1 日起，全天 24 小时禁止国三标准柴油货车在 G1503 上海绕城高速范围（含 G1503 上海绕城高速以及 G1503 上海绕城高速高架段投影下的地面道路）以内的道路上行驶。G1503 上海绕城高速包括 G1503 上海绕城高速与同济路高架共线段和 G1503 上海绕城高速与 S20 外环高速共线段。

据介绍，由于国三标准柴油车发动机功率大，车辆出厂时没有配备尾气净化装置，是本市机动车氮氧化物、颗粒物排放的主要来源。截至 2018 年底，全市在册国三标准柴油货车 12 万辆，占全市机动车总量的 2.9%，但其排放的氮氧化物、颗粒物分别占到全市机动车排放总量的 30%、46%。

经测算，采用国五标准柴油车更新现有国三标准柴油车，将对改善本市空气质量和居民生活环境具有重要意义，也有利于本市机动车结构优化和可持续发展。

本市高度重视高污染机动车的污染物排放治理工作，积极推进黄标车、老旧车等高污染机动车提前淘汰。2015 年，为加快推进国三标准柴油货车淘汰，本市在国内率先实施了国三标准柴油货车限行措施，从 2015 年 11 月 1 日起，调减了中环以内区域国三标准柴油货车的通行时间，仅允许凌晨 1 点至 6 点的 5 个小时通行，其余时段限制通行。2020 年起，本市将通过逐步扩大国三标准柴油货车限行范围，适当提高柴油货车提前报废的补贴标准，加快淘汰国三标准柴油货车，争取在 2022 年基本完成淘汰。

根据市生态环境局等七部门《关于发布〈上海市鼓励国三柴油车提前报废补贴实施办法〉的通知》，为鼓励国三标准柴油车提前淘汰，本市将对提前淘汰的国三标准柴油车根据车型、投放时间不同给予差别化补贴。对微型、轻型和中型柴油货车补贴 0.3-3.9 万元 / 辆、重型货车补贴 2.2-6.8 万元 / 辆、集卡补贴 3.8-11.6 万元 / 辆、柴油客车补贴 1.3-10 万元 / 辆（具体提前报废补贴实施办法可在上海市生态环境局官方网站查询）。

市交通委、市生态环境局、市公安局等部门表示，《通告》实施后，将强化执法检查，利用电子警察、开展路口现场联合执法等方式，加大执法查处力度；将强化信息共享，依托长三角大气污染防治协作小组工作平台，推进长三角区域内国三标准柴油货车信息共享，建立非本市籍国三标准柴油货车信息库，同等实施限行。

来源：市交通委 2019 年 9 月 29 日

汽车物流企业集群式运力内池构建与管控

产业思考

现阶段大家都在谈新物流和传统物流，我首先用两个例子对比一下新和旧。第一个是餐饮新旧的对比，兰州拉面和雕爷牛腩的对比。如果你是一个有情怀的人，你可能会选择雕爷牛腩，如果你是一个比较大众的人，你可能会选择兰州拉面，并不是哪个更好，只是客户的不同。

第二个是周杰伦和蔡徐坤的例子，周杰伦是我们大学时代的一个偶像，我们听着他的歌长大的。第二个人叫蔡徐坤，很有名，现在他的微博流量排名第一。并不是说周杰伦的歌就一定比蔡徐坤的歌唱的好，也不是说蔡徐坤已经没有成长的空间了，他们也是有各自的受众。

讲这两个例子是想说对于新和旧的评价，他的受众、客户才最具有评价权。对于产业思考，物流产业互联网转型实践在近三年的起伏中经历了几个误区：

第一，错把撮合当成了交易。这几年不少企业发展壮大，但有很多企业错把撮合当成了交易，形成不了业务的闭环，而且成本结构不清晰，导致最后盈利模式也不清楚。

第二，错把公共运力池当成私有运力池，等下会详细介绍公共运力池。公共运力池满足零散需求，私有运力池满足稳定需求，公共运力池和私有运力池都各有价值。

第三，错把业务上线当成系统优化。这三年间层次不穷的系统上线，本质上是用先进技术取代了落后组织。比如把黄牛培养上线后，黄牛用低价不断打压市场，由于没有运用好的组织化运营，反而使整个市场越来越混乱。因此，这个业务上线之后，未来的改造成本会很高。

运力池分类

网络平台以后有价值的运力池可能下面四种：

一是离散型外池，领头企业最具价值，适合撮合类平台，但其数据真实性具有挑战。比如我从一些平台调了一辆车，车开到我的厂后，必须做二次检验，货主的真实性也需要检验。

二是孤岛型外池，其黏合度很高，具有短期价值，但业务合规性与数据真实性具有挑战。由于小物流企业开票成本高，所以孤岛型外池能够降低整个税务成本。

三是孤岛型内池，这种运力池价值不大，适用非平台型物流企业。有很多物流企业业务经理一走，把车、业务一起都带走了，但是建立外池的成本又很高，这是传统物流企业的困惑。

四是集聚型内池，据统计，在网络货运平台中，整合 1-5 辆车的占 73%，整合 5 辆车以上占 27%。集聚型内池具有长期价值，适合运营类平台，所以我们的目标是做黏合性很高的集聚型内池。

物流企业的管理痛点

第一，客户需求的进化。现在销售渠道、消费方式在变。比如原来运输路线只是从上海到成都，现在路线有上海到眉山，上海到攀枝花等。同时客户也需要一个整体解决方案，能跟客户的智能制造相匹配。全国一盘货，需要细分到货的具体位置。客户需求从原来只要点对点到现在需求在不断细化。

第二，资源组织模式的落后。以前的资源组织模式是将货源给黄牛，让黄牛之间竞争，最后价格肯定是最低的，现在有了竞价平台，可以改善这种落后的资源组织模式。但货主企业不能都通过外池来调车，全部靠外池调车满足不了旺季需求，而且成本波动性会很大。

所以，我们的目标是建立集聚型内池，拥有一批车来维持稳定性的发货需求，并能满足旺季需求的波动。

第三，内部管理模式的落后。由于部门层级较多，基层权力过大、“跑冒滴漏”现象严重，职业经理人匮乏，员工缺乏培训等问题，造成企业在内部管理上存在困难。

第四，信息系统能力的落后。以上四点是物流企业管理痛点，我们认为要做平台，就要解决物流企业管理和组织模式的落后，解决跟客户需求的进化之间的矛盾。

运力池构建与管控

“外池叉鱼、转化池拢鱼、内池养鱼”

首先，外池需要满足零担和旺季波峰的需求，即“叉鱼”。外池还要了解现有市场价格。以前我们是通过自己去停车场问市场价格，现在我们通过一些平台就可以获取价格信息了。

二是转化池，满足相对稳定的需求，即“拢鱼”。三是内池，将外池转化成为内池，维持客户的黏性和稳定性，即“养鱼”。

运力池的真实价值——运筹学观点

我们把我国大陆的 5 个片区中的一些线路做了数据分析，得出外池平均车次比只占 12%，车辆比占 41%；内池平均车次比占 70%，车辆比占 34%。由于西南地区的内池车次比较低，将西南地区的数据进行稳定性分析，发现内池车辆比例越大，成本越稳定，且内池车辆比例与成本稳定性起到一个显著正相关的关系。

此外，对物流企业发车成本的影响因素进行分析，得出四点结论。

一是当市场波动剧烈时，市场波动因素的离散度较高时，内池可掌控资源的因素与成本稳定性的正相关性会显著增加。且与市场波动因素呈现显著的反相关性。

二是当市场波动稳定，市场波动因素的离散度较低时，内池可掌控资源的因素与成本稳定性的正相关性会减弱，甚至不明显。

三是内部运营干扰因素在市场波动和稳定时，都对成本稳定性有显著的负相关性。

四是构建集群内池，提升内池可掌握资源因素的作用，企业组织再造，减少内部运营干扰因素的影响，双管齐下，标本兼治，才能稳定成本构成。

上海申丝的企业经验

申丝是一家上市控股公司。在集群调度内池的构建和管控方面，申丝把调度私有运力池取缔，取消其调度权，把调度权挪到调度中心。通过调度中心进行调度，整个成本降低了，而且形成很有序的对流。此外，我们采用内池和外池有机结合方式进行调度，外网询价，内网寻车，充分利用内网资源。

通过这种模式，充分利用了内网的资源，把外网成本作为定价基础。同时通过固定价格稳定在网车辆，池外车辆转化为池内车辆。已有大约 1 万辆车在我们的平台中被固定了价格，价格在系统里是锁定的，不能做修改，司机只能按照这个价格发车。

最后通过打造“车队命运共同体”，可以共同开发业务，降低成本。

在组织方面，申丝做的比较先进，对各职能中心进行中台化和中心化。对于司机来说，我们做 “养鱼”工作，内池共享集采平台，与司机形成有黏性、有温度、有担当的物流生态集群，申丝不挣任何中间差价。轮胎销售采取直配直销模式，可抵充运费，轮胎通过平台集采，可开具 13% 的轮胎发票。

申丝也跟集团中的融资租赁公司进行合作，与融资租赁公司共享融资租赁费率，将平台实际运营数据作为风控指标，供应商车可以自己选择型。保险也采用直采模式，包括财产险（车险），员工意外伤害险，雇主责任险。

在生态圈合作伙伴方面，申丝全面战略伙伴有霍尼韦尔、运匠科技；集采合作伙伴有油站端、云游互联、找油网；金融服务伙伴有中国建设银行、中国人保、普洛斯；精益运营伙伴有法大大、卡服科技、中交兴路。

最后，我总结一下申丝近 3 年发展经验。

只有组织模式和管理模式的新旧，没有技术手段的新旧，不是拥有大数据、云平台就是最牛的，适合自己才是最牛的。

内部管理模式的落后和客户需求的进化是主要矛盾，而不是落后和先进技术手段之间的矛盾。

企业集群内池构建与改造组织结构，标本兼治，要一起实施。

企业集群内池要养鱼，不能杀鱼。有供应商捆绑客户进行强制消费，不能维持客户的黏性和稳定性。

只有真正提升组织效率的技术才是好的技术。

防范臆想痛点、防范燃点自嗨、用好每一分投资。因为现在是投资的寒冬，大家每一分投资都来之不易，所以特别是寒冬季节大家一定要用好这些投资，好钢用在刀刃上。我们的内池可以对外展示，如果大家有需要，我们可以共享内池。

来源：上海申丝企业发展有限公司副总经理 熊晔

GB1589，我们准备好啦
——东泽新型多功能轿运车优势详解

随着2018年6月30日的日益临近，距离交通运输部等国家五部委规定的全面完成所有不合规车辆运输车的更新改造只有不到4个月的时间了，新规明确将《汽车、挂车及汽车列车外廓尺寸、轴荷及质量限值》（GB1589-2016）规定的最大允许总质量限值，作为车辆限载标准，实现了车辆生产和使用标准、路政超限治理和交警超载治理认定标准的统一，为治超路警联合执法奠定了良好基础。整车物流行业也积极贯彻《车辆运输车治理工作方案》等相关文件的精神，各家企业对于新车的更新改造也到了最后冲刺阶段。

对于东泽这样一个和世界500强的打交道的物流企业来说，车辆的更新换代既是机遇也是挑战，怎样在新车的使用上既符合新规又能更好的为客户服务？怎样在新车的使用上更好的贯彻国家关于降本增效以及多式联运的有关精神？怎样在新车的使用上让企业和各位卡车司机师傅们取得双赢的结果？这些问题在东泽各位同仁的心中一直存在着疑惑。随着东泽新型轿运车的到来，既揭开了他神秘的面纱，又解开了各位同仁心中的疑惑。

七位半挂车

中置轴车型

新型多功能轿运车分为七位半挂车以及中置轴车型，两种车型是根据装载要求的不同以及新规实施要求的大背景下孕育而生的，在日后的使用中两种车型可以根据不同的装载要求一起使用。经过一段时间的试装以及上路测试，今天，就来为大家详细介绍一下东泽新型多功能轿运车的四大优势。

优势一：七位半挂车以及中置轴车上层板车头部位可多装载一辆车。七位半挂车型采用长头车型可比普通车头多装载一辆车。全车使用锰钢材料，承载材料的使用在行业中处于领先水平，两种车型上层均板按照商品车总重9吨的最大承载力设计，适合各种大中型车辆装载。

优势二：新型轿运车采用螳螂臂技术，引领行业技术创新。螳螂臂技术的使用增加了整车的抗压性，液压臂强度可以支撑上层板大部分商品车重量。也减少了车辆立柱过多而造成的装卸载效率的下降，提升了作业效率。

（螳螂臂技术）

优势三：上层板放平技术。轿运车的上层板能完全放平于底部，能让驾驶员在地面就能操作轮挡绑带，提高操作时的安全系数。同时也解决了轿运车只能拉车不能拉集装箱单一模式的困境。既可以拉车又可以拉集装箱实现一车多用，东泽为公路的降本增效提供了“东泽方案”，也体现了“东泽智慧”。

优势四：两种车型全车均采用气囊悬挂技术。全车采用气囊悬挂技术使车辆能适应各种路面与地形并且在行驶途中能起到减少颠簸的作用，气囊的升降也可在一定限度范围内降低整车的高度。最大限度地符合 GB1589 相关规定。

东泽新型多用途轿运车在试装和测试阶段受到了各大汽车厂商的高度关注和一致好评，引起了行业内广泛关注和热情期盼。东泽在新型多功能轿运车使用中将坚持**“安全为根、品质为本”**的企业宗旨，坚持争做行业标杆的企业愿景，为广大新老客户提供更优质的运输服务提供了硬件保障。

所以我们可以非常自信地说：**“GB1589，我们准备好啦。”**

来源：东泽国际物流 陈春

机械立体库技术在整车仓储中的应用

近些年来，随着国家物流枢纽建设战略的蓬勃发展，越来越多的相关企业将目光投向了物流地产行业，纷纷抢占先机，攻城略地，这直接导致了物流仓储用地价格的水涨船高。有数据指出，因相关物流枢纽建设要求，河南省郑州市中牟县的物流仓储用地每亩价格在 5 年内增长了超过 20 倍。而作为需求大片场地用作停车场且受整体车市走向影响较大的整车物流行业，大多数同行都面临着核心区域土地资源紧缺、企业租、退场地频繁、场地租金不断提高的窘境。因此，如何发展新技术，充分利用现有资源，成了亟需解决的课题。

放眼国外，机械立体库技术在整车仓储行业中的应用由来已久。日本早在 20 世纪 60 年代既已在东京投入使用了塔式停车楼。这种将原有停车场从平面铺张转化为向纵深维度获取空间的解决方案，一经推出，立刻获得了广泛的复制和应用。

而随着技术的不断迭代，如今的整车物流企业在采购机械立体库时，已基本形成了两种截然不同的方案。

一是选择安装简易的立体停车设备。这一类设备种类繁多，根据工作原理和运转路径的差别，主要分为升降横移式、垂直循环式、垂直升降式、平面移动式、多层循环式等。

此处以双柱升降式双层立体库设备为例。其单个车位主要由两根支撑立柱与车辆托盘组成，可实现在仅占用 9000 平方米土地的情况下，存放多达 500 辆商品车，较传统的平面存车方式，将土地利用率提高了接近八成。同时，其投资回报周期仅需 3-5 年，且最大特点为装、拆方便，可反复在不同场地中进行利用。因此近两年已有越来越多的同行开始在场地中试装此类设备。

二是选择建设全自动化立体停车库。以日本石川岛株式会社（IHI）提供的方案为例，其核心技术为基于巷道堆垛机及多排高层货架所共同打造的全数控化封闭式立体停车库，可实现在仅占用 2 万平米土地、30 米净高的情况下，存放超过 1 万辆商品车，较传统的平面存车方式，将土地利用率提高了令人咋舌的 15 倍。与此同时，仍能满足每小时送进、送出商品车数量总计达到 400 辆的高运作效率，且全程无需人员操作，与 WMS、TMS 关联的数控化系统将自动完成所有商品车的存储与拣取工作，而驾驶员仅需在指定道口交付与等待接车即可。相比简易立体停车设备，其高度自动化、高运作效率、高土地利用率处在远远领先的地位。但相对的，其投资回报周期长达 15-20 年，且建成后除内部设备外，无法随意挪动，也是企业在选择该方案前需要谨慎考虑的问题。

来源：东泽国际物流 徐鹏

中国车市的再认识和新思考

2019中国汽车产业发展（泰达）国际论坛在天津举行，论坛聚焦“全面深化改革发展壮大新动能”。去年以来，我国汽车行业弥漫着对下行势态的焦虑。论坛上，多位政府主管部门领导表示，在今后相当长一段时间，不能再寄望中国车市重回高增长，要重新认识、理性判断；同时，在行业管理层面也需要新思路，多家车企代表呼吁，希望在技术路线选择等重大问题上少一些行政色彩。

继去年汽车行业出现首次负增长之后，今年1-7月汽车市场仍未摆脱下行趋势。值得关注的是，近几年一直处于高速增长的新能源汽车也在今年7月首次出现负增长。市场不景气让各预测机构不得不调整对今年车市的预期，中国汽车行业或陷入低潮。应该如何看待当前的低速增长甚至负增长？中国车市的未来在哪？新能源汽车会不会陷入低迷？这些疑问是行业关注的焦点，也是今年中国汽车产业发展（泰达）国际论坛上各方的关切。

市场回调是自身规律长期仍有增长空间

“长远看，中国汽车产业仍有一定的发展空间和潜力。”正如国家发改委产业发展司司长卢卫生所言，尽管当前中国车市面临很大的增长压力，但仍有发展空间。他表示，面对当前汽车市场下行的情况，要科学研判发展趋势，保证产业平稳运行。中国汽车工业协会常务副会长兼秘书长付炳峰表示，中国汽车市场4000万辆的规模一定会到来。

国家市场监督管理总局认证监督管理司司长刘卫军对于汽车产业当前面临的形势并不担心。在他看来，尽管当前汽车产业面临的形势不太好，但只要我们利用好改革手段，汽车行业一定能突破目前的困局，形成更好的发展格局。

工信部装备工业司副司长罗俊杰表示，目前，汽车产业的内外部发展环境正在发生深刻变革，正处于转变发展方式、优化产业结构、转变增长动力，由高速增长转向高质量发展的关键时期。“尽管当前汽车产业发展出现了一些波动，但良好的产业基础、完整的产业体系、高效的基础设施及庞大的消费市场，使得汽车产业仍具有广阔的发展前景。”他说。

汽集团董事长徐留平则强调，汽车产业是长周期行业，对于中国车市来说经历了连续28年的高速增长，今年遇到了挑战，但对于成熟的发达国家市场来说，从来都没有如此长周期、一成不变的增长。市场在经济调整过程当中回调，是汽车产业本身规律始然。“我的体会是这不仅是个拐点，更是一个新的起点。”北汽集团总经理张夕勇也表示，中国汽车行业高速发展的时代已经结束，中国汽车市场正在进入全面调整发展的新阶段。

新能源汽车内生动力不足政策不能左右市场

尽管我国以纯电驱动为主的新能源汽车市场，已经在全球范围内取得了先发优势，但关于新能源汽车技术路线的争论从来就没有停止，随着补贴大幅退坡，新能源汽车市场出现波动，技术路线的争论再次成为焦点。

财政部经济建设司一级巡视员宋秋玲表示，我国以纯电为主的新能源汽车技术路线并未动摇，未来新能源汽车的发展将以示范推广为突破口，公共领域、私人领域协同推进。在政策方面，还将注重协同化推进，配套出台“一揽子”政策；强化政策的扶优扶强等功能，推动企业技术不断创新、不断进步。同时，她强调，氢燃料电池汽车目前尚不具备大范围推广的条件。纯电与燃料电池汽车互补共存。

需要重视的是，我国新能源汽车研发水平和内生动力还存在不足，电芯等某些领域的核心技术和产品仍然依赖进口，当前国际形势不确定因素增多，要警惕新能源汽车供应链断裂的风险。

我国新能源汽车行业正在由政策驱动向市场驱动转变，处于能源、交通、新一代信息通讯技术等产业融合的关口，面临着产业生态和竞争格局的重构。罗俊杰表示，未来，新能源汽车的发展要从降低资源消耗强度、改善生态环境等方面着手，明确战略导向，兼容多种技术路线；加快政府职能转变，更好发挥市场机制作用，激发企业自主创新动力和市场活力；处理好宏观和微观、当前和长远、国内和国际的关系，进一步优化产业布局，完善基础设施，深化开放合作，走更加协调、更高质量、更可持续的新能源汽车产业发展之路。

针对新能源汽车的推广，交通运输部运输服务司副司长蔡团结强调，必须因地制宜开展新能源汽车的推广工作，加强氢燃料电池的技术攻关，明确技术路线，切忌再走纯电动发展的老路；加快完善动力电池回收体系；充分考虑新能源汽车的自动驾驶发展趋势，在生产、设计、技术路线的选择上提前谋划。“最为重要的是，坚守新能源汽车的安全底线，在相关产品的市场推广过程中，重视产品安全运行知识普及。”蔡团结如是说。

汽车作为一个科技产品，身处科技变革期，本身也必须做出变革，而电动化恰是汽车技术变革的最佳表现形式。广汽新能源汽车有限公司总经理古惠南强调：“我们一定要在技术上抓住电动化变革，否则将错失难得的发展机遇。”同时，他还指出，新能源汽车发展存在三大制约，分别是政策、行业和地域，必须要有坚定的技术路线和明确的政策指向才能有所突破。这就要求，政策要有持续性，不能摇摆，把技术路线的决定权交给市场。

对于我国汽车产业政策的制定，世界汽车组织第一副主席董扬表示：“我国新能源汽车相关政策存在立法过严、执法不利、成本共当、群众运动、政策多变、机构牟利六个方面问题。希望以后有关政策能稳定、透明、严格、协调。”

产业结构调整迎好时机企业竞争转向产业链竞争

尽管当前的负增长让汽车产业压力倍增，但竞争加剧的同时，对产业结构调整而言却是好时机，也更具挑战性，需要企业做出各种尝试。长安汽车执行副总裁刘波表示，市场竞争环境恶劣时，中国品牌的市占率也在不断下降，这说明品牌抗风险能力以及产品力、品牌力包括基础技术的抵御力有待加强。此外，TOP10 集团集中度越来越高，达到 89.4%，排名在后 86%的汽车集团只占 10%左右的市场份额，这表明在产业淘汰不断加速的当下，规模小和品牌弱的企业是无法应对竞争的。“我们认为无论是合资还是自主，或者是造车新势力，只要未形成真正的核心竞争力，都将会被淘汰。”董扬也强调，汽车行业目前正处于调整阶段，处于“驻点”过程，不必过度担忧，只是在这个过程中将加速优胜劣汰，“混”日子的企业将出局。

广汽集团副总经理李少强调，中国汽车产业要高质量发展，最高效的发展方式是合资合作、自主创新要齐头并进，两条腿同时走路。“既不能完全依赖引进来，也不能在完全封闭的状态下进行自主创新。”他说，应该坚持以开放、创新的思维，优势互补、加速进步、谋求合作共赢。

华晨汽车董事长阎秉哲则认为，在共享化、个性化的市场消费新理念的驱动下，产品竞争已经从单个企业之间的竞争升级为产业链之间的竞争。在这种技术环境和消费环境下，任何一家汽车制造商如果离开了开放合作，必将是寸步难行。

本田技研（中国）执行副总经理长谷川祐介表示：“我们希望成为一个提供全面出行解决方案的公司，不仅仅提供汽车产品，也提供摩托车以及其他动力产品，今年我们推出了飞机和机器人。”

来源：中国物流与采购联合会汽车物流分会

2020 年汽车物流企业如何发展？“小时级”管控激发行业活力

在 2019 的岁末，我们和不少汽车零部件企业、汽车物流企业都有过交流，很多人给出的年度关键词都是：“太难了”！受价格持续下滑、竞争加剧、业务量增速连续放缓的挤压，汽车企业盈利水平还在进一步走弱。

汽车市场低迷，正倒逼汽车生产和销售企业压缩成本，对供应链管理提出了更高需求。

进入 12 月，南方的冬天也变得格外料峭起来。这是即将过去的 2019 年，汽车物流大军此刻正感受着前所未有的寒冷。下滑还在继续，2020 怎么看？

2020 年下行压力犹在

据中国汽车工业协会发布的《2019 年及 2020 年车市预测报告》显示，预计 2019 年中国市场汽车销量 2583 万辆，同比下降 8%；预计 2020 年汽车销量小幅下降 2%，销量正增长拐点或出现在 2023 年。

在“2020 中国汽车市场发展预测峰会”上，国务院发展研究中心市场经济研究所副所长王青则预计，2020 年中国汽车市场降幅将大幅收窄。中长期销量仍处于 4%-5% 的潜在增长区间，2028 年新车产销规模将保持在 3300 万辆左右。

中国汽车流通协会副秘书长郎学红近日在第十六届中国进口汽车高层论坛上表示，2020 年汽车市场将继续下行探底，年底有望回暖。预计 2019 年汽车销量 2500 万辆左右，2020 年销量 2250 万辆左右，同比下滑 10%。2020 年，汽车市场下行压力或向上游转移，汽车厂家压力将大于经销商。

看天吃饭不如苦修内功

寒冷的冬天孕育着春天，最黑暗的时刻也是最接近光明的时刻。有人萎靡不振，有人却愈挫愈勇，说到底“寒冬”即是淘汰赛，唯有强者胜。

中国汽车工业协会副秘书长师建华认为，尽管今年下半年汽车市场仍持续下滑，但比预期回暖了一些，并没有跌到中汽协半年度预测的全年下降 5%，但总体下降得还是比较多。“不破不立”，这个时候不管是整车还是零部件行业都需要进行调整，也要抓住这个机会进行升级转换。

如何升级转换？他们其实已经给出了一些答案。

降本增效掘出“护城河”

行业增量市场有限，除了谋求转型选择新的赛道，更需要对内管理好成本、效率，掘出最适合自己的“护城河”，才能在同质化恶劣竞争中得以生存。

通过科技、物联网提升流转效率，转向智慧供应链发展已成为业内共识。

成立于 2002 年的某物流公司是一家集调达物流、工厂物流、整车物流、物流规划等为一体专注汽车领域的企业，覆盖进厂、零配件等汽车供应链各个环节。

据介绍，其中零部件供厂 75% 不带托，造成广州全国最大的战略仓，从早排到晚，4-5 个小时，9.6 米的货车手工卸车平均需要 2.5 小时；17.5 米的车，需要 3 个小时左右，根本没有空余库位。“带托入厂，2000 多个厂子提供托盘，无法管理。”该公司相关负责人对此强调。

此外，向下 44 个城市，300 多个地级市的，4s 零配件发的时候都是纸包装零散配送，由于信息断层，运输货物出仓后就进入管控盲区，其货损率也很高。“效率低、难度高，传统的管理方式已远远跟不上公司的发展速度。”该负责人表示，所以我们需要一个智能化的系统来支撑，实现物流节拍管理，物流器具利用率、循环包装回收成本、车辆利用率、商品周转率等多个方面的资产管理目标，让公司全链路数据可视化，这也是选择货安达智能循环包装的原因。

从 2 天库存到小时级管控

我们以汽车行业为例，现在汽车供应链增长下降，增速下来以后，闲置了大量的循环资产，这些资产大家剩下多少，能不能调度到其他的线路和行业上，如果没有一个全面的数据化的采集，是无法做这样的判断。在行业内，丰田的精益可以实现2天的库存，中包物联并不满足这个数字。“目前，我们已经可以通过加载智能模组的集成包装（托盘、围板箱）将所有链路管理起来，自动调用回程空载，可以实现4小时、2小时的小时级管控。”其负责人邢胜男先生表示。

实际上我们现在循环的包装一个最大的问题是我们资产的管理。不仅仅是通过定位知道它在哪里，我们还需要知道我们资产有没有被用，有没有空闲下来，能不能被我调度回来，能不能被我们用到其他的线路上。

货安达®智能循环包装解决方案，从状态感知，到风险感知，通过GPS及LBS定位技术，实现全球定位监测；与物流环境监测数据结合，实现对全程风险实时识别与定位，确保信息全面及时掌控，为企业实现动态库存、自动盘点、科学化包装设计提供数据支撑，将供应链物流全过程数据化、可视化、可控化。

目前，中包物联已为包含吉利、长城、东风、李尔、格特拉克等整车与零配件企业部署了5万多个智能循环箱，以某汽车发动机企业实行循环包装为例，每日量产1000台发动机，可节省包装箱费用25%，节省库存面积15%，节省翻包人员15%。

在场景上，我们可以为整车物流提升运输准时到货率，为生产物流通过信息化，进一步提升资产利用率，进一步降低库存。为零部件物流实现供应链可视化管理，提升从供应商零部件下线，包装、运输到整车厂上线全过程的物流规划能力。

2019并不是终点，2020年车市还会面临更大的挑战。与其看天吃饭，不如苦修内功！

来源：中包物联　2019年12月31日

多部委发文鼓励汽车消费　助推新能源货车产业发展

继新能源出租车、新能源大巴车遍布深圳大街小巷之后，新能源物流车、泥头车也渐渐进入人们的视野。日前，国家多个部门联合发布关于促进汽车消费的文件，其中新能源货车成为未来推广的的重点领域之一。

记者注意到，进入1月以来，国家发布了关于推广新能源货车的多个文件。在新能源汽车的推广导向上，国家政策有从通勤端到运输端扩散的趋势，尤其深圳模式引起行业关注。有机构分析认为，政策层面已经进入了聚焦物流车电动化改革的新阶段，未来布局新能源货车的标的有望受益。

鼓励对新能源货车放开路权限制

不久前，发改委、工信部等多个部门联合发布了《进一步优化供给推动消费平稳增长促进形成强大国内市场的实施方案（2019年）》。方案中提到了“落实新能源货车差别化通行管理政策，提供通行便利，扩大通行范围”。

这是一个月内国家第二次各部门发布的利好新能源货车的政策。2019年1月4日，生态环境部等十一个部门联合发布了《柴油货车污染治理攻坚战行动计划》。文件提出，2020年底将初步形成绿色低碳、清洁高效的交通运输体系；将推广使用新能源和清洁能源汽车，壮大绿色运输车队；2019年7月1日起将在重点区域提前实施国六排放标准，淘汰2万辆营运类轻型柴油车。

据悉，当前，新能源货车主要应用场景是应用于邮政、快递、物流、租赁与电商等领域，属于商用车范畴。这些领域普遍存在用车强度大等问题。新能源货车的推广存在着几大障碍，一是车价本身比传统燃油车要高，二是充电桩的建设、配套还未跟上，三是车辆维修服务跟不上。

有行业人士对记者表示，此次国家在鼓励汽车消费中明确了扩大新能源货车的通行范围，提出了对路权的开放、差异化管理，将有利于推动地方政策的放开，以及有更多的城市有望为新能源货车给予具有一定的优先权，这将对刺激新能源货车的推广有关键作用。

据了解，目前深圳、厦门、长沙、郑州等多个城市就对新能源货车有一定的放宽。尤其是深圳走在了全国的前列。深圳在 2018 年明确提出，工作日 7 时至 10 时，15 时至 20 时，禁止外地牌载货汽车在全市道路通行，但外地的新能源载货汽车不受限，明确了新能源货车比燃油货车拥有更大的路权。

深圳运营模式走在前列

目前，深圳的运营模式走在全国前列。此前深圳在出租车、公交车方面已经率先实现了纯电动化，如今，深圳市政府又提出在运输领域推广新能源车辆。

2018 年 5 月 1 日起，深圳提出新增营运类轻型货车全部为纯电动车；7 月 1 日起，纯电动货车路权优先，采取升降级管理，在 10 个片区试点设立“绿色物流区”，全天禁止轻型柴油货车行驶；12 月 31 日前，淘汰 2 万辆营运类轻型柴油货车，推动 1 万辆非营运性轻型柴油货车置换为纯电动货车。尤其是，6 月 13 日，深圳还出台了《深圳市现代物流业发展专项资金管理办法》，其中首次纳入纯电动物流配送车辆运营资助项目，这意味着深圳成为全国第一座为纯电动物流车提供运营补贴的城市。

深圳市政府曾表示，深圳市轻型货车纯电动化已具备了较成熟的技术条件及应用市场、良好的政策环境，纯电动货车代替传统燃油货车，基本上能满足本市范围内的小吨位货物运输需求；轻型柴油客车更是有多车型的轻型汽油客车和纯电动车代替。

统计数据显示，目前深圳轻型柴油货车的数量超过了 10 万辆，也就是说未来有超过 10 万辆轻型柴油货车将被逐步淘汰，替换成纯电动，这为纯电动货车打开了巨大的市场缺口。而按照深圳的新能源汽车推广工作计划，到 2020 年三吨以下的轻型载货物流车将力争实现 50% 以上的纯电动化，达到 3-4 万辆。

但在总体上，对新能源货车的路权的开放仍呈现出不充分、不平衡的特点，除了上述城市，国内仍有绝大部分城市市对于新能源物流车与燃油货车实行相同的相关政策管理，要求新能源货车办理入城证等相关证件，这在客观上限制了新能源物流车的推广和应用。而一些即便对新能源放开路权的地方，路权放开的仍然不彻底。加上新能源车采购成本高，续航里程短，充电时间长等缺点，造成了物流企业缺乏使用新能源物流车的动力。

多名行业人士及企业对新能源物流车等商用车的前景表示看好。比亚迪总裁王传福曾乐观预测，在 2020 年公共交通将实现全面电动化，2025 年物流用车也能够实现全面电动化。

“一方面是消费及经济发展的需求，带动了运输需求的增长，我们是物流快递行业产业链中的一环，受益于整个行业的增长；另一方面国家也花大力气推动新能源物流车，希望发展绿色运输行业。”有汽车行业人士对 e 公司记者表示。

有行业人士表示，当前新能源汽车的补贴退坡影响很大，新能源汽车补贴政策将行至终点，并考虑到有限的道路资源、城市交通承受力、充电设施等因素，即便新能源没有排放污染，但也只会给予新能源物流车相对路权。所以，新能源物流车要走向终端，还需要回归到产品本身，以便利性、实用性、经济性来撬动传统汽车产业。

来源：中国物流产业网 2019 年 2 月 14 日

数据流入高速路，物流交通有了新玩法

“交通运输最大的特点就是移动的随机性和地域分布的广泛性，而新一代信息技术很好地契合了这种特点，尤其是移动互联网、大数据、云计算等技术的蓬勃发展，推动着交通运输与信息化的深度融合。”近日，在第 19 届 COTA 国际交通科技年会（CICTP2019）政府论坛上，交通运输部总工程师周伟如是说。

货车司机怎样才能不放空车在路上跑？人工智能系统如何预判道路拥堵并给出控制策略？在大数据如石油的新时代，随着数据与算法的加持，传统的物流交通产业也冒出了一些新问题，同时有了许多新玩法。

数据加算法预判拥堵情况

上午 9：45，一辆车牌为“苏 E12345”的小汽车驶入苏嘉杭高速苏州城区站，人工智能算法实时基于大数据对该车行驶路径进行预测，经过分析认为该车将从盛泽驶离，行驶时间约为 30 分钟。

而一旦道路车流量增加，系统就会自动判断拥堵路段车辆主要来自哪里，并预测这辆小汽车未来行驶路段的拥堵情况，随即生成主动控制策略，发布拥堵情况、行程时间、绕行方案等信息，通过车道信号控制设备，让这辆车从最近的互通驶离绕行。

“过去，国内外在拥堵主动预防方面的研究均属于事中控制，缺少对基于历史及相关数据进行二次开发的超前预测研究。”苏交科集团副总裁、智慧城市研究院院长王东平说。而目前通过对 2004 年到现在的历史数据及相关数据进行二次开发，可以运用大数据主动干预道路拥堵，开发的智能系统更是包括了信息采集、存储、传输、大数据分析与预测、交通控制策略智能化自动生成、终端控制等多个环节。

以苏嘉杭高速公路为例，这条高速路全长只有 100 公里，但由于途经长三角经济最发达的核心区域，导致拥堵事件时有发生。系统分析发现，这条高速路设有 11 个高速互通，互通之间的交通量，占该线路总交通量的 46% 以上。相较于目前高速公路拥堵管理中依靠交警经验临时关停互通的管理模式，这套依靠大数据和算法的解决方案，实现了管理模式从经验决策向数据决策的升级转变。

“传统数据分析大多在 excel 表格中完成，但是视频、天气、道路状况等非结构化和半结构化数据，用 excel 表格都是干不了的。”面对种类繁多的数据源，王东平也指出了目前数据分析方法存在的局限性。

他认为，必须从方法论、技术、组织、应用 4 个方面进行数据驱动创新。“原来的数据都没有统一的定义，到底有哪些维度，所以数据治理工作就显得非常重要。”王东平说，面对不断增加的各类交通数据，需要构建一个全新的大数据平台，为大数据应用提供数据处理分析功能。

降本增效赋能公路货运

除了用大数据分析道路拥堵情况，人工智能在优化公路货运方面也开始发挥作用。

当前，我国已成为了一个名副其实的“车轮上的国家”，拥有全球最大的物流市场，全国物流 80% 的货运量、50% 的运输成本都来自公路运输，公路物流费用达 1.2 万亿美元，为美国市场的近两倍。

与巨大的公路物流市场相对应的是，中国高度碎片化的公路运输体系。中国有 3000 万货运汽车司机，承载着中国货运物流总量 75% 的运输量。但是，公路货运多、小、散、乱、弱局面长期存在，货物信息不对称、运价体系不透明，严重制约了公路货运发展。

如何改善公路货运多、小、散、乱、弱的局面？在满帮集团公共与行业政策研究专家孔庆峰看来，大数据、人工智能等数字化手段，已经开始赋能公路货运，原有交易模式、业务流程得到优化，有效解决了效率和成本问题。

2017 年 12 月，综合交通大数据应用技术国家工程实验室贵阳研发中心正式成立，通过大数据、人工智能等技术，研发的智能运力调度和交易系统，使货车的空驶率下降了 15%—20%，司机收入增加 30%，配货时长从原有的 2.27 天缩短至 0.38 天。在成立仪式上，美国西北大学终身教授聂宇认为，未来线上货运平台的发展可以分为三步：一是通过对历史数据的挖掘实现对运量运价的中短期预测；二是通过为车主量身定制运货线路及报价策略逐步整合供给侧资源，打造灵活多样的平台可控车队；三是开发一站式第三方整车物流产品。

“技术层面要解决预测、匹配、定价、调度四大核心技术问题。谁率先解决了这些问题，谁就将成为 MaaS（无缝出行服务）时代物流领军企业。”聂宇说。

随着人工智能的盛行，近年来智能卡车技术也正在加速推进。2018 年 5 月，智加科技研发的一辆自动驾驶 40 吨重型卡车已经完成了首个全球仓对仓 L4 级卡车无人驾驶路测。通过人工智能和深度学习技术，以及车上配备的激光雷达，在高速场景下，无人重卡能够在 300 米外精确识别障碍物，还能以 25m/s 的反应速度来控制车辆采取紧急停车或者绕行避障等措施，在驾驶速度达 80km/h 的情况下依然能实现安全自动驾驶。目前，一汽解放、英伟达、智加科技等就自动驾驶项目达成了深度战略合作，接下来将建立规模无人重卡车队，并于 2021 年上路。

来源：《科技日报》 2019 年 7 月 16 日

新能源物流车推广加速　前行之路挑战仍存

如今，在蓝天保卫战的部署号召下，绿色环保理念被日益推广，各行各业都在抓紧绿色化转型升级。其中，新能源车就是此等背景下的一种时代产物。

据《电商报》了解，从中国雄安官网获悉，《关于划定雄安新区移动源污染物低排放控制区的通告》已于日前发布，其中提到，即日起，雄安新区全区均划定为移动源污染物低排放控制区，新区全区范围内非道路移动机械都实行严格监管。2020 年底前，新区范围内运营的公共汽车、环卫、通勤、轻型物流配送等车辆，应全部实现新能源化。

事实上，在当今市场上，传统燃油汽车所带来的环境污染弊端已开始被愈发重视，新能源汽车迎来高速发展，并逐渐往市场中渗透。而作为我国经济增长中的一大砥柱型产业，正在积极推进绿色转型的物流领域也对新能源车颇为宠爱。数据显示，当前中国物流车的保有量在 2000 万辆左右，其中新能源物流车保有量突破 50 万辆。

与此同时，国家及各地政府都在积极推动新能源物流车的发展。去年 10 月，国务院办公厅正式发布的《推进运输结构调整三年行动计划（2018—2020 年）》指出，要加快新能源和清洁能源车辆的推广应用，要求到 2020 年，城市建成区新增和更新轻型物流配送车辆中，新能源车辆和达到国六排放标准清洁能源车辆的比例超过 50%，重点区域达到 80%。

今年 2 月，国家发改委、网信办、工信部、公安部、财政部等 24 部委联合发布的《关于推动物流高质量发展促进形成强大国内市场的意见》也指出，要加快绿色物流发展，持续推进柴油货车污染治理力度，鼓励企业使用符合标准的低碳环保配送车型，并提出落实新能源货车差别化通行管理政策，提供通行便利，扩大通行范围，对纯电动轻型货车少限行甚至不限行。

而在政策号召、以及城配用车需求爆发式增长等因素的促进下，众快递物流企业也都在纷纷加速新能源物流车布局。菜鸟网络曾在 2017 年发布了一项未来绿色智慧物流汽车计划，拟在未来 5 年，联合上汽、东风等车企共同投放100万辆新能源智慧物流汽车。

京东方面则曾透露，迄今为止集团已经将5000多辆送货车替换成了新能源车，并计划在未来几年投放更多的新能源车。中国邮政集团公司还启动了绿色邮政行动，计划到2020年实现城市新增新能源投递车辆占比达到100%。

今年5月30日，江淮汽车与顺丰速运186台新能源物流车顺利交车。苏宁方面也宣布，2019年计划在全国100个城市投放5000辆新能源车。6月初，苏宁物流宣布，其北京通州基地已迎来了全新交付的100辆新能源车；并表示，618苏宁物流这波新能源车还会在广州、成都、西安、深圳、厦门、沈阳、海口等30个城市和地区上线。

此外，一些新能源物流车运营商也受到了资本的青睐。地上铁租车（深圳）有限公司（简称“地上铁”）就在今年6月宣布，公司已于年初完成7000万美金B3轮融资。在此轮融资完成后，地上铁已累计获得1亿元美元B轮系列融资。值得一提的是，UPS、DHL和联邦快递等国际物流巨头也在积极投入新能源物流车的使用。

不过，尽管有着政策和资本的双重推动，作为一种新兴事物，新能源物流车当下的发展体系中也还是存在着一些痛点待解。在快速发展的势头下，行业内所存在的弊端逐渐显露。

一方面，新能源物流车发展初期门槛较低，导致了从业企业技术水平参差不齐，不乏一些滥竽充数骗取补贴者。此外，虽然当下市场上新能源物流车数量并不少，但其品质好的却并不多。在市场竞争中，各企业缺乏一定的研发创新能力。

另一方面，新能源物流车的技术水平也还存在较大的提升空间。其当下仍面临着续航能力不足、车辆故障率高、配套设施建设不完善、维修保养成本高以及售后服务不健全等问题。并且，自2018年以来，新能源物流车还发生了数十起车辆自燃事件，这也在一定程度上造成了群众的信任危机。

来源：《电商报》 2019年7月19日

新时期完善应急物资保障体系总体思路

国务院发展研究中心产业经济研究部第二研究室主任、研究员　魏际刚

【编者按】新型冠状病毒肺炎疫情防控虽经各方巨大努力，但仍暴露出应急物资储备不足、生产滞后，物流运行不畅、冷链物流薄弱等问题。国务院发展研究中心产业经济研究部研究室主任、国家邮政局发展研究中心学术委员会委员暨战略研究首席特邀专家魏际刚先生认为需完善应急物资保障管理体制，建立国家应急物资保障大数据平台，加强应急物资储备体系建设，完善应急物流网络，提升航空物流、医药物流、冷链物流、智能物流等能力。

第一时间把正确数量、质量、品种的应急物资以正确方式送达目的地，对于一线人员顺利开展防疫救援、保障人民生命安全，快速恢复正常社会生活秩序，减少各类损失、降低经济社会政治方面的不利影响有重大意义。

本次新型冠状病毒肺炎疫情（简称“新冠疫情”）来势猛、波及广，形势复杂严峻。要打赢此疫，需政府快速响应，采取系统综合、多方协同、坚强有力的举措，协调好人力、物力、运力、财力等。其中，为疫区与医疗机构第一时间提供急需医疗物资是一项关键的任务。目前看来，应急物资保障并不尽如人意，应急物资供应链条各环节存在诸多问题，需着力解决。

疫情防控中暴露出的应急物资保障问题

应急物资保障是一项复杂的系统工程。应急物资的生产、采购、捐赠、储备、交通运输、邮政快递、

仓储配送、装卸搬运、分拨等各环节相互关联、环环相扣。有时需跨国跨地区运作。确保应急时效，需各环节紧密衔接。但防控疫情暴露出了应急物资保障效率不高、环节割裂，离“第一时间、快速响应”差距很大等问题。

一是医用应急物资储备不足、生产滞后。疫情爆发初期，医用防护服、护目镜、医用外科口罩、N95 口罩、相关药品等紧急医用应急物资储备严重不足。各地医疗应急储备只能应对一个小规模的疫情。除湖北省医用防护物资十分紧缺外，全国许多省市也比较紧缺。政府组织企业加紧了重点医疗应急防控物资生产，但因春节期间缺少原材料、员工不足量等因素，医用口罩、医用防护服等产能跟不上爆发式医用物资需求。

二是应急物资分发效率不高。国家紧急调拨、采购以及社会捐赠的大量医护物资抵达武汉后，一方面是武汉周边所有仓库几乎爆仓，堆积着从全国来的物资；另一方面是医用物资仓库停留时间过长，不能第一时间分发配送到急需的医院，对防治工作带来影响。

三是分散的应急物流需求让企业难以应对。新冠疫情发生后，一些重点物流快递企业接到相关政府部门、军方和各地政府的多渠道应急物流运输需求，分散化需求让企业感到应接不暇，加之要求高、春节运力不足，企业难以有效调配资源和优化保障，大量应急物流需求不能及时保障。

四是应急物资干线运输通行不畅。一些地方未经批准封闭高速公路、阻断国省干线公路、擅自设卡、拦截、断路，带来物流通道不畅，干线运输通行受阻，运营车辆出入难度增大。部分省份封村封路现象严重。

五是疫区末端快递收派难。快递配送是人民群众日常消费的重要渠道。交通管控从严、物资驰援增加，导致疫区快递配送单量激增。当地运力难以支撑，每天滞留大量快件。小区封锁导致快递柜成为“摆设”。用户选择离家更远的柜子，则增加了人员流动传播疫情的可能性。

六是航空物流能力严重不足。航空是时效性很强的交通运输方式，是“空中生命线”与国际应急物资战略通道。但截止至 2018 年底，全国航空货运飞机仅 160 架，航空货运机场尚为空白，航空物流能力严重不足，很难满足国内广阔地域与快速增长的航空应急物流需求，国际航空应急物流保障能力薄弱。航空货运公司规模普遍偏小，最大的航空货运公司——顺丰航空仅有货运飞机 60 架，而美国联邦快递、联合包裹等航空物流巨头均拥有超过 600 架货运飞机，具有全球送达能力与很强的应急、战时保障能力。

七是医药物流、冷链物流发展滞后。高效医药物流体系尚未完全形成，疫情发生时难以提供快速、精准、高质量的医药配送服务。部分试剂盒、疫苗、药品、血液制品、生鲜食品等需要全程冷链，而冷链物流发展滞后，无全国性冷链物流服务体系，冷链设施设备缺乏，冷链物流标准化程度低，操作流程不规范。

应急物资保障问题背后的深层次原因

上述问题的原因主要是由于五个方面的“缺乏”：

一是缺乏完善的应急物资保障体系与管理体制。国家尚未明确总体应急物资保障的牵头部门，应急物资的采购、生产、接收捐赠、分发调拨、交通运输、邮政快递、仓储配送等职能分散在不同部门、地区和企业，未能形成中央有关部门之间、中央与地方之间以及中央、地方与企业之间的联动机制。应急物资保障缺乏顶层设计、统筹规划、统一调度，应急物资生产与应急物流难以同步。应急物资保障缺乏完善的法规标准，在体制机制、指挥流程、单位协同、职责分工、动员补偿、第三方评估等方面缺乏法律依据，军、地，政、企在力量与资源融合上缺少可操作的标准。

由于部门分割、地区分割、多头管理、政策不一，应急物资保障链条难以一体化运作，体系化程度低，采购、生产、储备、运输、快递、仓配割裂，最后一公里困难，时效大打折扣，保障效果降低，供需难以匹配。疫情发生初期出现防控真空、应急物资缺乏，防控过程中应急物资不断增加却得不到及时配送、浪费较大。各地政策不同，落地执行有偏差，导致即便有“通行证”，也未必能把物资顺利送进疫区。

二是缺乏应急物资保障大数据平台。尽管相关政府部门、企业拥有各类信息平台，但这些平台缺乏互联互通、信息共享，缺乏可用于应急物资指挥调度、物资需求信息、物流资源信息、通道及环境信息等实时呈现的全国统一大数据平台，缺乏数字化、智能化基础上的应急物资保障“国家大脑”，故难以对全国应急物流资源进行大范围高效率配置。

三是缺乏专业应急能力。海量应急物资接收、分发、物流是一项技术含量高的任务，需专业软硬件、设施设备与人力支撑。无论是各省卫计委还是省市红十字会，均缺乏大规模物资接收、仓储、分类、集散的应急经验，缺乏高效物流管理能力。对于疫区医疗机构的需求，也不完全掌握，应急物资分配给谁多少、倾斜哪里，标准不清晰、操作不合理、过程难监督，物资流动堵塞。专业能力不足很大程度上是因平时缺乏实战演练，缺乏专业化、系统性、常态化的培训。

四是缺乏完善的应急法律法规。国内尚未形成完善的应急物资保障法律法规和政策体系，立法空白甚多。从应急物资采购、储备到运输、调拨、配送以及应急物资管理的组织设立等，均缺少相应法律法规基础。现存的一些法规通常以“试行”“暂行”“意见”“通知”等存在，立法层次低，权威性不够。一些指导性政策过于原则而缺少可操作性。

五是缺乏应急思维。常态思维代替应急思维。例如，捐赠物资从接收到物流配送的全流程基本上是常规的流程，应急特征缺失。

完善应急物资保障体系的思路与建议

我国应急物资保障能力亟待提升，应急物资保障体系有待完善。既要着力解决当前突出问题，也要着力解决长期存在的问题。短期，可通过提高资源配置效率、优化应急物资组织方式，提升应急物资保障能力。中长期，要紧紧围绕国家应急体系建设与应急物资保障需要，根据应急物资保障特点，结合制造强国、交通强国、健康中国、现代化产业体系、治理能力现代化等要求，系统性考虑突发公共事件所需应急物资的储备、生产、采购、运输、储存、装卸、搬运、包装、流通加工、分拨、快递、配送、回收以及信息处理等活动，以提升应急物资保障能力与推进应急物资保障现代化为主线，以补齐能力短板为突破方向，以先进技术与组织方式为支撑，以创新体制机制为保障，大力建设供需实时对接、干线支线末端有效衔接、水陆空协同、全国联动、军民融合、国际国内协调、安全高效的现代化应急物资保障体系。

落实上述思路的具体政策建议包括：

短期可通过提高资源配置效率、优化应急物流方式来增强应急物资保障能力。

一是加强信息收集整合，提高应急物资供需匹配度。有关部门加强对应急物资保障各类主体信息的获取整合（如工业和信息化部负责应急物资生产信息、交通运输部负责应急运输信息），并实时上报国务院联防联控机制，以便中央全面掌握应急物资需求、生产能力、库存储备、运力等信息，通过信息共享促进上下游协同运作。考虑到应急生产与物流成本的增加，制定合理的应急生产、物流等补偿标准。

二是提升应急物资分发专业化水平。根据防疫需求调整物资流向，防疫主战场（如医院）物资应保尽保，公共服务体系重点保障，群众全覆盖保基本。按照物资类别实施专业化作业，“专业的人干专业的事”。已有分配方案的捐赠物资可直接配送到急需地点，减少入库、卸货、清点、分配、再装车、出库等中间环节。

三是确保应急物流通道畅通。加强运输绿色通道建设，提高干线支线末端衔接效率，消除末端梗阻。充分利用社会化物流网络与物流园区，建立进入疫区应急物资中转服务站。对参与应急物资保障的车辆与人员颁发跨省通行证。对紧急医疗物资、紧缺生活必需品，优先保障运力，对相关车辆“不停车、不检查、不收费”，优先通行。

四是在一定范围实施“无接触配送”。支持危险地区、疫情隔离区推广使用无人机、智能配送机器人、智能快递柜、无人超市等，实现“无接触配送”。

中长期从优化体制机制、提升能力等方面根本性完善应急物资保障体系

一是完善应急物资保障体制与法律法规。明确不同公共突发事件中应急物资主管或牵头部门，建立由交通、铁路、民航、邮政、卫生、应急、发改、工信、商务、财政、金融、市场监管、农业农村、民政、公安、海关、军队、外交、红十字会等共同参与的应急物资保障联席会议制度。健全中央地方联动机制、供需对接机制、军民融合保障机制、社会力量动员及补偿机制、常态化演练及考核评估机制等。按照“第一时间、最快响应”要求，完善相关法规、政策、标准，使应急物资保障在体制机制、指挥流程、协同机制、职责分工上有法可依，使军、地、政、企在力量与资源融合上有操作标准。对应急物资储备、生产、采购、捐赠、运输、配送等组织协调、工作流程等法律法规进行修订，明确各利益相关主体的责权利。

二是建立国家应急物资保障大数据平台。全面提升应急物资保障的网络化、数字化、智能化水平，构建基于政府、军队、社会、企业等多领域融合的国家应急物资大数据平台，使其涵盖应急物资生产储备、捐赠分配、交通运输、邮政快递、分发配送、应急需求等各方面信息。既有利于政府部门全面掌握情况，进行形势判断，也有利于应急物资保障体系各参与方的协同协作。

三是加强应急物资储备体系建设。借鉴国外经验，推动应急物资储备专业化与社会化的有机结合，建成国家、地方、军队、企事业单位甚至家庭的一体化储备体系。合理安排应急物资储备规模及结构，建设网格化布局的应急物资储备中心库。中央及省（区、市）地方财政在年度财政预算中，可设立应急储备专款。应急物资储备要充分发挥市场机制作用，及时了解医药企业、工业企业、商超、粮库等储存情况，提前协调好各种用品价格，避免价格上涨导致购货不足。做好应急人力资源储备，培训应急装备、设备使用和操作的人员。

四是完善应急物流网络。充分发挥铁路、公路、航空、水路、邮政快递、仓储配送的比较优势，促进彼此有效衔接、互为补充，形成组合优势，构建立体、综合、现代的应急物流网络。加强国内应急物流网络与国际物流网络衔接。合理布局应急物流中心，提升组织能力与服务水平。

五是补齐航空物流、医药物流、冷链物流等短板。从战略高度建设一支与交通强国、大规模应急物资保障相适应的规模化、现代化航空货运机队，布局好航空物流枢纽与货运机场体系，减少战略性国际通道的对外依赖程度。引导大型医药物流企业通过重组、兼并、合作的方式整合中小型医药企业，形成辐射合理区域范围的网络健全、手段先进、配送及时的医药物流服务能力。对医药物流中心建设做好规划，抓好医药物流中心建设的合理布局。健全冷链物流行业标准，提高冷链企业管理水平，加强冷链物流体系建设。

（感谢中国物流与采购联合会应急物流专委会徐东秘书长以及顺丰公司、邮政快递报社等提供的资料支持。）

来源：国家邮政局发展研究中心微信公众号 2020 年 3 月 12 日

实时大数据：到底谁在驰援武汉？

连日来，新型冠状病毒感染的肺炎疫情狙击战在全国打响，作为全国最大的车联网平台之一，截至 2020 年 1 月 28 日，福田智科车联网已接入 1057057 辆。我们一直在想，是不是能从技术和数据的角度出发，为这场十分艰苦的战斗贡献一些绵薄之力。通过福田车联网平台调取了 1 月 24-28 日的福田汽车的车辆运行数据，透过实时大数据来看一看到底谁在驰援武汉？

湖北省在线运营福田汽车的车辆为 2675 辆

累计行驶达 459843 公里，

作业时间超 29627 小时。

活跃车型主要以物流运输与工程作业为主。

是谁在运送物资？

2020 年 1 月 23 日凌晨，湖北省武汉市新型冠状病毒感染肺炎疫情防控指挥部发布通告：自当日 10 时起，武汉公交、地铁、轮渡、长途客运暂停运营；机场、火车站离汉通道暂时关闭。开启“封城状态”。据了解，武汉市所有运营车辆（除绿通或持疫情特别通行证外）不允许行驶。

“封城”后的第三天，包括湖北省第三人民医院、武汉大学人民医院、武汉黄陂区人民医院等在内的 25 家大医院已先后发布求助信息，称护目镜、口罩、外科口罩、医用帽、防护服、手术衣等耗材告急，有些医院的物资储备只够维持 3-5 天。

此时，我们在福田智科车联网大数据中看到：24 日 -28 日，共有 2675 辆福田汽车的车辆在湖北省参与运营，而其中仅有 1048 辆为湖北省牌照，占比 39%，其余 61% 为外省牌照，排名前三的分别为：河南省 68 辆、江苏省 64 辆、山东省 59 辆。此外，一些距离武汉超 1000 公里以上的省份城市，也有不少车辆星夜驰来，包括广东 23 辆；京津冀 70 辆；黑吉辽 52 辆；内蒙古 6 辆；云南 3 辆；新疆 2 辆……“外地车”为何而来，我想您已经从各类媒体的报道中有了答案，物资的转运，工程的建设，在卡车司机们的同心协力下，共同帮助武汉渡过难关。

受疫情的影响，2020 年 1 月 26 日，湖北省 13 个地级市的离城通道均已关闭。1 月 28 日百度发布的《百度新型冠状病毒肺炎搜索大数据报告 - 武汉篇》显示，武汉当地除医疗物资缺乏的情况得到阶段性缓解，而由于出行不便，快递物流需求激增明显。

在武汉，24-28 日，累积运营福田汽车的车辆 1227 辆，行驶公里达 77803 公里，作业时间超 1466 小时。

自 25 日起湖北全省轻卡欧马可、奥铃车型城配物流分别下降 48% 及 59%。而武汉市区内也只允许持有通行证的车辆在指定物流线路通行，整体物流车数量趋于平稳。主要集中在农副产品、果批、海鲜等农贸市场，保障市区日常生活供应；医药器械等相关企业及物流园，保障医疗器械运输分发；并有部分车辆聚集火神山与雷神山工地，运送物资。

是谁在抢建医院？

在不少车辆的目的地中，我们看到了这些字眼：奓山街卫生所、九州通医药集团物流有限公司、协和东西湖医院、武汉启华药业有限公司、武汉市中医医院，还有武汉职工疗养院

不过，现在它又有了新名字：“火神山医院”。

武汉参照 2003 年抗击非典期间北京小汤山医院模式，在武汉蔡甸建设火神山医院，集中收治新型冠状病毒肺炎患者。医院建筑面积 2.5 万平方米，可容纳 700-1000 张床位。

工期计划：第一天完成平整地形，第二天铺筑水稳，第四天新建板房，第六天一座全新的医院

将拔地而起。在其中的每一环我们在大数据中都能看到对应的身影：

受政策影响25日起，整体欧曼重卡车型数量小幅度下滑，但同时我们可以看到渣土车及工程车数量增长明显，现场有超320辆欧曼渣土车在现场清运渣土及建筑材料、15辆雷萨重机，泵车打地基、搅拌车铺混凝土地面、吊车安装板房，其中一台福田雷萨58米泵车已经连续工作了46多个小时。现场服务人员及44家24小时备命的经销商、服务站人员共计100+人次。

1月24日是农历的大年三十，也就是春节。中国是个十分注重团圆的国家。在大数据分析下：2675辆车，简单计算就是2675个人，而他们的背后则代表着2675个家庭。加之100余在岗服务人员，按照一个家庭5口人来算，13875人，这个数字并不渺小。

大广高速：大连至广州，全程3429公里；

京港澳高速：北京至深圳，全程2285公里。

许广高速：许昌至广州，全程1373公里；

武深高速：武汉至深圳，全程1083公里。

沪蓉高速：上海至成都，全程1966公里；

张南高速：张家界至南充，全程793公里。

杭瑞高速：杭州至瑞丽，全程3404公里。

沪渝高速：上海至重庆，全程1768公里；

6条“生命线”，16101公里路，成为了司机们赴武最频繁的几条高速路，千里迢迢满载的医疗物质车，驰援武汉。受武汉市区车辆禁行的影响，所有车辆（除绿通或持疫情特别通行证外）不允许进出，司机们形成接力组织，通过干线物流大车将物资运送到湖北境内，再由其他志愿者驾驶城配中轻卡转运至武汉。

仅1月24日一天，单车驾驶里程超过1000公里的有67辆，平均驾驶时长都在12个小时以上，平均车速94公里/时。北到内蒙古赤峰，南至广东湛江，最远的一位从内蒙赤峰连续驾驶22+个小时，奔驰1706公里，平均时速78，穿越中国5个大省。来到湖北武汉。

时间推移，数字仍在增加：

根据央视新闻报道，24日以来已向湖北派遣19支共25500人的医疗救助队伍。除了医疗人员以外，我们也看到不少企业行业也在用自己的力量驰援武汉：据不完全统计，目前已有超200家企业通过捐款捐物或成立基金等形式支援湖北武汉，其中包括阿里巴巴集团10亿元、腾讯3亿元、百度3亿元，中粮集团向疫区捐赠31.44吨福临门牌大米、2000箱饮用水、163000箱蒙牛牛奶、100箱福临门食用油以及22000个口罩。京东物流捐赠100万只医用口罩及6万件医疗物资以分发到武汉各医院医护人员的手中。京东、德邦、中通等10多家物流企业开通“驰援武汉特别通道”。已有数百吨医疗用品通过他们的手被送往疫区。中通快递小哥，冒雨连夜疾驰10多个小时将10万支口罩从安徽宁国送往武汉……

一方有难八方支援，发稿前，车辆网数据仍在不断增加，仍有许多车辆在赶赴疫区。

隔绝病毒，不隔绝爱，这不是武汉一座城的战“疫”，与疫情赛跑与时间赛跑，全国人民与你同在。

来源：中国物流与采购网 2020年1月29日

6.2 危化品和化学品物流

6.2.1 中国危险物品物流行业现状

危险品物流不止于危险。据统计 2018 年，我国危险品物流市场规模达到 1.69 万亿元，近年来保持着 10% 以上的增长速度。

一、中国危险物品物流行业产业链条分析

我国危险物品物流行业的产业链上游主要是特种车辆制造行业和石化行业；下游行业是工业制造业和建筑行业等。

参考观研天下发布《2019 年中国危险品物流市场分析报告－产业规模现状与发展趋势研究》。中国危险物品物流行业产业链结构如图 1 所示。

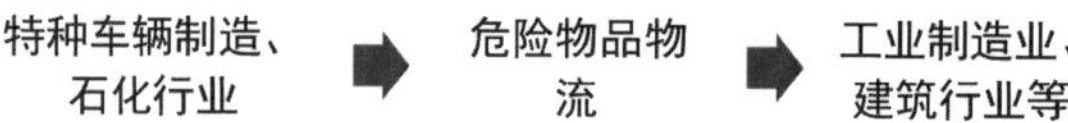

图 1 中国危险物品物流行业产业链

二、中国危险物品物流行业上游分析

1. 特种车辆制造

特种车辆指的是外廓尺寸、重量等方面超过设计车辆限界的及特殊用途的车辆，经特制或专门改装，配有固定的装置设备，主要功能不是用于载人或运货的机动车辆。危险品运输车就是特种车辆的一种。

特种车辆应用领域广泛，服务于我国各行各业，如公路运输、工程建设、电力、通信、物流、农业、消防和国防等。

根据中国汽车技术研究中心数据显示，我国特种车企业分布具备较明显的区域特征，多集中在沿海地区，其中山东、湖北、江苏、河北等地区特种汽车企业数量超过 50 家。

表 1 2018 年中国各省市特种车辆企业数量

排名	省市	企业数量
1	山东	134
2	湖北	81
3	江苏	75
4	河北	60
5	辽宁	42
6	河南	42
7	北京	35
8	安徽	33

9	广东	32
10	福建	30
11	四川	29
12	浙江	26
13	重庆	23
14	上海	21
15	陕西	20
16	吉林	18
17	湖南	17
18	江西	15
19	黑龙江	15
20	山西	13
21	天津	12
22	广西	9
23	内蒙古	8
24	甘肃	8
25	云南	4
26	新疆	4
27	贵州	4
28	青海	2
29	宁夏	1
30	西藏	0
31	海南	0

我国危险品运输车辆主要是厢式车和罐式车，近年来这两类车的产量保持稳定，厢式车产量连续6年保持在60万辆以上，2018年罐式车产量达到12.8万辆，具体如图2所示。

图2 2010—2018年中国厢式车和罐式车产量

2. 化工行业

化工行业是我国危险品运输的主要上游，几乎 90% 以上的危险品运输客户为化工企业，近年来随着国民经济的发展，我国化工行业保持稳定发展，化工原料产量持续增长，带动我国危险品运输行业发展。

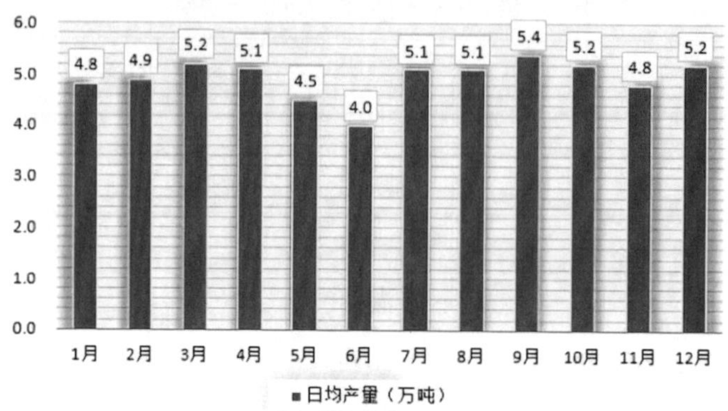

图 3　2018 年 1–12 月中国乙烯日均产量

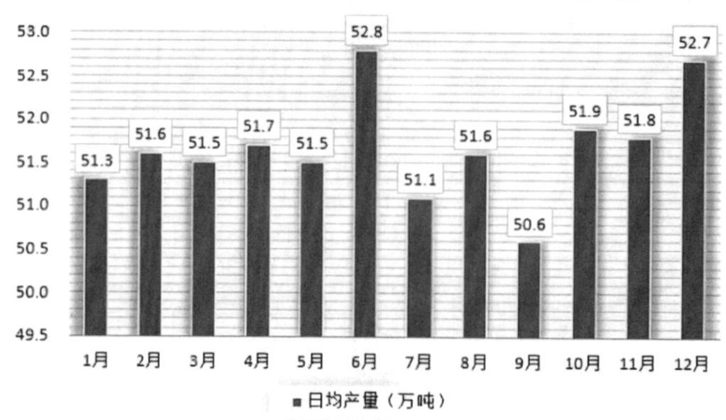

图 4　2018 年 1–12 月中国原油日均产量

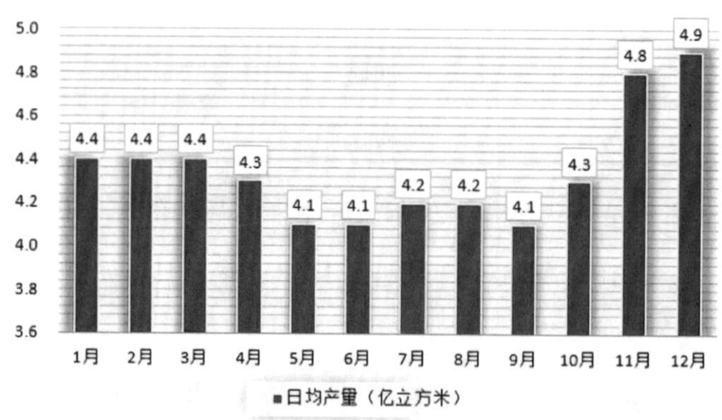

图 5　2018 年 1–12 月中国天然气日均产量

三、中国危险品物流行业重点投资产品分析

从行业形式上来看，我国危险品物流行业的产品主要道路运输、铁路运输、水路运输、航运运输以及管道运输 5 种。

表 2　中国危险品物流行业重点投资产品评估

产品类型	特点	投资机会评估

道路运输	占据大部分危险品的运输市场，行业企业数量较多，竞争较大。且随着“公转铁、公转水”，道路运输市场在逐渐减小。	小
铁路运输	铁路危险品物流占比较小，但是近年在不断增长。且铁路改革后，危险品物流的手续逐渐简化，市场在不断扩大。	大
水路运输	水上运输是我国危险品运输的主要通道，包括国际海上运输，近年来市场在稳定的增长之中。	中
航空运输	航空运输的安全责任十分重大，危险货物事故的危害严重，再加上苛刻的运输条件，使得航空运输相比于其他几种运输方式，运量和占有的市场份额都比较低。	小
管道运输	在危险品运输中管道运输具有明显优势，投入的财力物力要少，且安全性较高，随着工业经济的发展，管道运输进入了黄金发展期。但运输品种有限，只能运输石油等液态、气态、危险品，且行业的技术条件、设备、标准都在不断规范和发展之中，运力有限。	大

四、中国危险品物流行业国内投资环境分析

1. 政策和法律为国内危险品物流投资环境扫清障碍

随着国家颁布了新的《安全生产法》《环境保护法》，其中《安全生产法》提出对于危险品生产、储存、经营、运输的各个环节企业，必须通过安全生产标准化的行业规定等级，才能继续进行生产经营活动。随着这些法律的出台，一些只为利益、不顾人民生命财产安全的中小型企业退出了危险品物流市场。

此外，“天津 8.12”事故的发生，说明我国仍然存在危险品生产、储存、运输等方面还存在一定的薄弱环节，为此，国家有关部门加大了危险品物流行业的整治。在人民群众的舆论以及政策与监督力度的不断加大下，我国危险品物流行业正在逐步完成战略转型，安全生产形势不断趋好，这给我国危险品物流企业带来了良好的运营环境，也给竞争力较强的危险品物流企业带来了更好的发展机会。

2. 经济和市场为国内危险品物流带来新的市场机会

危险品物流离不开国内的交通运输业和工业的发展。虽然目前我国经济处于下行，但是在全球仍保持较高增速的发展。从中国的经济中来看，工业仍是我国经济增长的助力因素，而在工业生产中，石油、天然气、化工材料等基础产品是必不可少的原料，而国内各个地区都需要发展，这为国内的危险品物流提供了市场基础。

此外，近年来，我国交通运输行业的投资也在持续增长，高速公路、铁路、港口、管道等运输基础因素在不断增长。另外，2016 年我国还实行了“营改增”的税收改革，为我国物流运输企业减轻了税负工作。这些相关产业的发展，有了推动我国危险品物流产业的进一步发展，也为国内危险品物流企业带来新的投资机会。

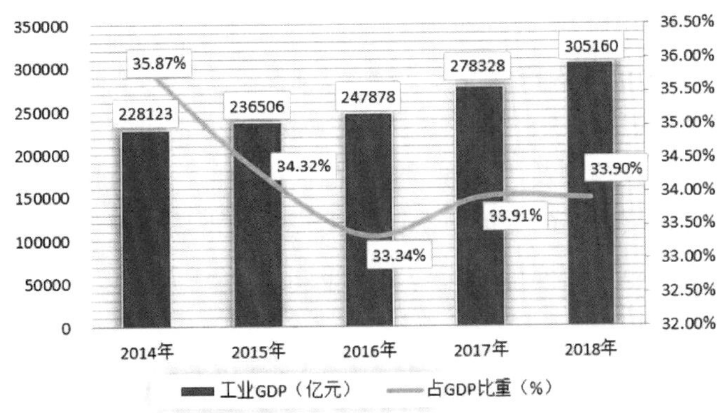

图 6 2014-2018 年我国工业 GDP 及比重（2018 年为初步核算数据）

3. 技术的发展推动着国内危险品物流企业的革新

物流网、大数据为危险品物流增添了新的动力，如电子运单管理、车载GPS、视频系统、车辆防护电子系统等技术的出现，让危险品物流行业从源头到末端都实现了精细管理、安全运输、实时监控、全程防护等保障措施。

随着互联网和科技的不断发展，未来还会有新的技术结合到危险品物流行业，这为国内的危险品物流企业提供了良好的技术环境，也为新的投资者提供了新的市场发展契机。

五、中国危险品物流行业市场规模分析

我国危险品物流市场的发展最主要得益于石化行业的迅速发展。据统计，2018 年，我国危险品物流市场规模达到 1.69 万亿元，同比上涨 13.4%，近年来保持着 10% 以上的增长速度。

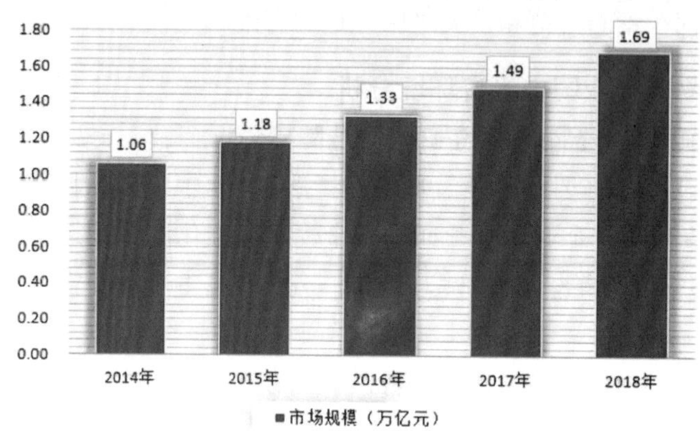

图 7　2014-2018 年危险品物流市场规模

我国危险品物流主要起源于石化产业链，通过将上游企业的原材料运输给下游加工企业来立足，因此该行业的市场消费企业大部分集中在东南沿海省份，因为这里的石化加工类企业更为发达，华东地区和华南地区合计占据着全国 70% 以上的市场比例。

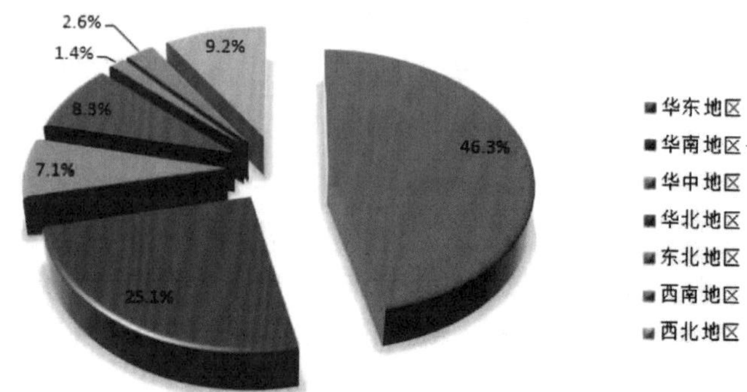

图 8　2018 年我国危险品物流行业区域市场规模分布占比

六、中国危险品物流行业市场规模预测

我国经济长期向好的基本面在未来一段时间内不会发生改变，虽然有一定的下行压力，但是随着危险品物流的经营环境不断改善以及"一带一路"倡议的实行，国内危险品物流在经济和工业以及全球一体化的发展下，将迎来更好的发展机会，未来行业的市场规模将会持续保持增长，预计到 2025 年我国危险品物流行业的市场规模将达到 2.85 万亿元，年复合增长率为 6.20%。

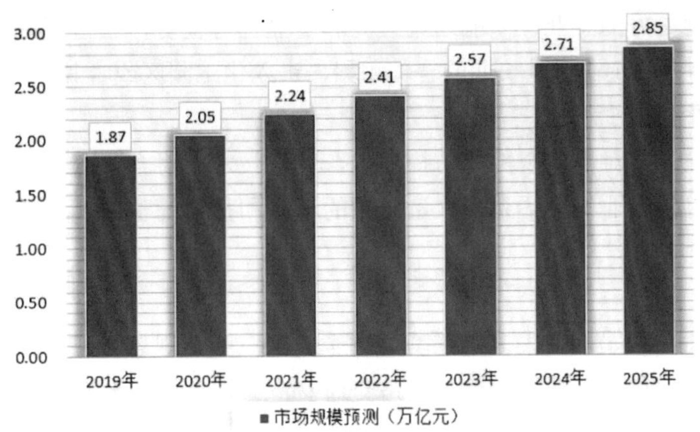

图 9　2019—2025 年中国危险品物流行业市场规模预测

七、中国危险品物流行业发展趋势分析

随着我国互联网相关技术的大面积应用，以及物联网时代的到来，我国整个物流行业都将得到大规模的技术支撑，作为急需新技术使用的危险品物流行业来说，新技术的应用将大大提升危险品物流行业的运行效率以及安全系数。

未来我国危险品物流发展将呈现四大趋势：供应链不断整合、物流企业园区化、物流信息电商化平台化以及环保安全智能化。

图 10　我国危险品物流行业发展趋势

1. 供应链不断整合

众所周知，我国物流运输，包括危险品的运输，主要有三种方式，即公路、水路和铁路。对于大部分企业来说，它们只能提供其中一种运输方式，这就使得供应方存在一定程度的信息失效，即有可能有更加高效的运输方案，却由于企业无法或者不了解，无法提供三种方式综合考虑的最优方案，而只能退而求其次的在其中一种运输方式中进行最优方案的寻找。

这就表明，供给方仍旧有较大的发展空间，未来运输方案的整合性企业一定能够通过提供全渠道的、甚至是多渠道并行的最佳运输方案，来获得更佳的运输效率，从而实现更高的经济效益。

2. 物流企业园区化

目前我国物流企业大多是进驻在物流园，与所服务的对象是独立规划的。这种规划方式对于大部分行业的物流企业来说，由于其通用性更好，因此更加得到物流企业的偏爱。

不过对于相对来说运输更专业的行业来说，比如危险品的运输，由于装卸的相对特殊性，对于本身驻扎在化工园区或者其他危险品园区的企业来说反而更加方便。因此随着市场的发展，能与危险品自身所在园区融合度更好的企业，便能通过装卸和专业性等优势，获得更好的市场反馈效果，未来也会有更多更有竞争力的企业通过长期的合作积累，进入化工园区或者其他危险品园区。

3. 物流信息电商化平台化

对于危险品物流来说，其对于安全性的防控要求，使得技术上对互联网 + 的需求也颇为强烈，常见的互联网优化工作包括企业认证体系、大量零散的车队和货物的整合、交易信息的及时准确可朔源以及潜在风险的排查工作等。

4. 环保安全智能化

2017 年国务院安全生产委员会印发《道路交通安全“十三五”规划》，其中着重提到要提升危化品车辆安全性，优化机动车产品结构，提升道路交通安全科技支撑能力，提高危险货物道路运输安全环保水平。

随着新技术的引入，常见的潜在安全指标的监控会更加地精确，比如胎压监测、辅助驾驶、路况检测等常见的智能驾驶技术的帮助，使得无论是事前防御，还是事中排查，或者事后追溯，都是更加方便有效，太大提高了行业的安全运行水平。

来源：《运输安全》 2020 年 1 月 18 日

6.2.2 危化品分类分级管理

日前，在江西南昌召开的中国工业气体工业协会第 29 次会员大会安全专题峰会上，应急管理部危险化学品登记中心高级工程师慕晶霞表示，针对当前危险化学品管理存在的诸多漏洞，该中心提出了危险化学品分类分级管理的建议。

据慕晶霞介绍，分类分级管理是一种动态的行业风险摸排。具体而言，对危险化学品设计储存量或其在生产装置中设计的最大量高于管理阈值的单位（如果涉及多种危险化学品，需要按公式计算确定是否高于管理阈值），监管部门建立动态的风险摸排机制，利用一体化信息化管理系统，要求其每年定期上报危险化学品存量数据，构建动态的危险化学品安全风险“一张图一张表”，从而能够全面掌握企业危化品实时风险情况。与此同时，在分类分级管理过程中，应对危险化学品相关单位实行统一领导、分类管理、分级负责，做好危险化学品登记、建档、备案、核销、安全管理等日常综合监管工作，并对风险较大的化学品安全管理情况进行专项监督检查。

“为全面摸排危险化学品安全风险，管控大风险，防范大事故，提高政府监管效率，完善我国危险化学品分类分级管理体系，应急管理部化学品登记中心已经对危险化学品监管阈值进行了研究。”慕晶霞说，通过调研美国、欧盟、俄罗斯、澳大利亚等国外危险化学品监管阈值，并对危险货物运输豁免情况进行研究，该中心拟定了危险化学品管理阈值，并结合“放管服”政策，提出了危险化学品分类分级管理的建议。

慕晶霞表示，今年以来我国发生的危险化学品事故，暴露出当前危化品管理存在诸多漏洞。一是不匹配问题。由于《危险化学品目录（2018 版）》将危化品的危险性类别由原先的 8 大类变成了 28 大类 81 项危险性，尤其是增加了慢性健康危害和环境危害，使得危险化学品的内涵更加宽泛，其管理的内容与应急管理部门危化品安全生产关注的重点不完全匹配。二是管理实施“一刀切”，缺乏风险分级管控的理念，不但增加了企业负担，而且降低了政府行政资源利用率。三是部分行政许可设置不尽合理，如危化品经营许可监管对象和重点不清晰、许可条件设置不合理造成一些高风险企业未纳入许可范围等，没能达到预期效果。

而针对危险化学品运输管理问题，交通运输部运输服务司主任范文姬强调，相关企业要着力弥补托运充装环节管理漏洞、常压罐车罐体检验漏洞两个短板；全面实施危货运单管理制度，完善危险货物运输豁免制度；建设一套可以实现联网监管、精准监管、专业监管、协同监管的管理系统；转化国际规则，以标准规范和法律规范作为危货运输的支撑和保障。

与会专家告诉记者，2016-2018 年，化工企业事故数和死亡人数逐年稳步下降，但其中涉及危险化学品事故的数量并没有下降，尤其是死亡人数呈逐年上升的趋势，因此控制危化品风险是化工企业风险管控的重中之重，对种类繁多的危化品实施分类分级管理是一项值得研究的课题。

来源：中国危化品物流网 2019 年 11 月 29 日

上海自贸区临港新片区启用船载危险品集装箱 E 核载系统

2019 年 11 月 2 日上午 10 点 30 分，上海海事局联合上港集团、上海亿通公司在洋山深水港四期自动化码头举行船载危险品集装箱智能监控系统（“E 核载”系统）启用仪式。

近年来，由于货物装载不当尤其是危险货物积载隔离不当引发的恶性海上事故屡见不鲜，给港口、人员、船舶、货物带来了不可估量的损失，2018 年，上海港集装箱吞吐量达到 4201 万 TEU，较 2014 年增长了 19.06%，其中危险货物集装箱吞吐量 88.75 万 TEU，较 2014 年增长了 25.01%。可以看到，集装箱危险货物的吞吐量呈现出稳步增加的趋势，且增速明显高于集装箱总吞吐量的增长速度。仅 2018 年，上海海事局查获集装箱船舶载运危险货物违反积载隔离规定的案件 14 起。在此背景下，洋山港海事局结合自动化码头智能化、信息化运营的特点，与洋山深水港四期码头联合开发“E 核载”船载危险品集装箱智能监控系统，前后历时 8 个月。

该系统具有以下四方面特点：

一是全面性。“E- 核载”系统整合了来自海事申报审核系统的危险货物申报信息和自动化码头作业管控系统的装卸作业信息，能够对所有进出港船舶载运和装卸的危险货物集装箱进行监督，相较于传统采取登轮抽查的监管方式，监管覆盖面更广，执法效率更高。

二是智能性。“E- 核载”系统能够自动提取船舶载运的危险货物信息，并根据《国际海运危险货物规则》的相关要求对船载危险货物的积载、隔离情况进行核查，实现自动抓取、自动比对、自动提醒的功能，提升海事智能化监管水平。

三是实效性。“E- 核载”系统能够实时获取船舶装卸货信息，及时对危险货物集装箱的实际装载位置进行核查，一方面，弥补了传统监监管方式中仅能对装载计划进行核查的弊端；另一方面，能够及早发现并消除因实际装载位置与装载计划位置不一致而导致的安全隐患。

四是可追溯性。“E- 核载”系统利用数据交换网络的便捷性，实现数据处理模式从线下收集和分析向线上自动流转和共享的转变，使危险货物集装箱的运输具有可追溯性，提高了对危险货物事中、事后监管的能力。

“E 核载”系统的启用，是上海海事局落实习近平总书记“把洋山港建设好、管理好、发展好”要求的具体体现，也是“迎进博、保安全、促发展”的生动实践。“E 核载”系统的启用，将实现对船舶载运危险品集装箱的全方位监管和全过程监控，为保障自贸区临港新片区安全高效运行，保障船舶运输安全，提升港口营运效率方面将发挥十分重要的作用。

来源：中国水运网 2019 年 11 月 4 日

《危险货物道路运输安全管理办法》将于明年1月1日起施行

为深入贯彻落实党中央国务院的部署要求，切实强化危险货物道路运输安全管理，预防危险货物道路运输事故，保障人民群众生命、财产安全，保护环境，2019年11月10日，交通运输部、工业和信息化部、公安部、生态环境部、应急管理部、市场监督管理总局发布了《危险货物道路运输安全管理办法》（交通运输部令2019年第29号，以下简称《办法》），自2020年1月1日起施行。

我国是危险化学品、爆炸物品、放射性物品等危险物品的生产和使用大国，也是危险货物道路运输大国。近年来，我国危险货物道路运输行业管理不断规范、发展形势持续向好，但危险货物道路运输事故依然时有发生，暴露出危险货物道路运输管理中还存在一些漏洞和问题。

为深入贯彻落实党中央国务院的部署要求，切实强化危险货物道路运输安全治理，交通运输部、工业和信息化部、公安部、生态环境部、应急管理部、市场监督管理在深入调查研究的基础上，坚持“依法依规、问题导向、对标国际、统筹衔接、部门协同”的原则，制定了《办法》，以弥补法规制度存在的漏洞和缝隙，着力构建“市场主体全流程运行规范、政府部门全链条监管到位、运输服务全要素安全可控”的危险货物道路运输管理体系，让危险货物道路运输更加安全高效。

《办法》共10章79条，分为总则，危险货物托运，例外数量与有限数量危险货物运输的特别规定，危险货物承运，危险货物装卸，危险货物运输车辆及罐式车辆罐体、可移动罐柜、罐箱，危险货物运输车辆运行管理，监督检查，法律责任和附则。主要内容如下：

（一）加强托运、承运、装卸环节管理。一是明确托运人在危险货物信息确定、妥善包装、标志设置、托运清单及相关单证报告提供等方面的义务。二是要求承运人使用符合标准且与危险货物相匹配的车辆、设备运输，制作并使用危险货物运单，在运输前履行相关检查义务。三是明确装货人在充装或者装载前查验相关事项，装载作业符合相关标准，并做好相关信息的记录和保存。四是要求收货人及时收货，并按照操作规程进行卸货。

（二）明确例外数量、有限数量危险货物等的特别管理要求。明确符合要求的例外数量危险货物、有限数量危险货物，可以与其他危险货物、普通货物混载，未达到一定数量的可以按照普通货物运输。同时，对例外数量、有限数量危险货物的包装、标记、测试报告或者书面声明作出明确要求，以保障运输安全。此外，《办法》明确不是危险货物的危险化学品、实施豁免管理的危险废物及诊断用放射性药品的道路运输安全管理不适用本办法。

（三）加强危险货物运输装备的安全管理。一是在生产环节，由工信部门公布车辆产品型号、车辆类型，生产企业按产品型号生产，车辆应取得认证证书；常压罐车罐体生产企业应当取得生产许可证。二是在检验环节，要求罐车罐体、可移动罐柜、罐式集装箱需经具有专业资质的检验机构检验合格方可使用。三是明确危险货物包装容器属于移动式压力容器或者气瓶的，应当满足特种设备相关要求。

（四）规范危险货物运输车辆运行管控措施。一是明确押运员、警示标志、防护用品、应急救援器材、安全卡等人员和安全设施的配备要求，以及承运人对车辆、驾驶人的监控管理要求。二是严格限制危险货物运输车辆行驶速度，高速公路及其他道路分别不超过每小时80、60公里，承运人应当对车辆及驾驶人进行动态监督管理。三是统一通行限制情形和保障措施。明确公安机关可以对5类特定区域、路段、时段采取限制危化品车辆通行措施，并提前向社会公布，确定绕行路线。

（五）明确了各部门监管责任及协作要求。根据《道路运输条例》《危险化学品安全管理条例》等法律法规以及相关部门“三定”职责，明确了交通运输部主管、县级以上地方交通运输主管部门负责，工业和信息化、公安、生态环境、应急管理和市场监管等相关部门按职责监督检查的管理体制。同时，要求建立联合执法协作机制和违法案件移交、接收机制，以增强执法合力，提高市场监管效果。

来源：生态环境部网站 2019 年 12 月 17 日

《危险货物道路运输安全管理办法》实施要点

我国是危险品的生产和使用大国，
每天有近 300 万吨的危险物品运输在道路上，
这些危险品包括危险化学品、爆炸物品、烟花爆竹等，
种类繁多、理化性质复杂，运输过程中一旦发生事故，
容易造成较大的人员伤亡和财产损失。

11 月 28 日，交通运输部举行 11 月份例行新闻发布会，发布《危险货物道路运输安全管理办法》（以下简称《办法》）有关内容。

发布会上，交通运输部新闻发言人吴春耕提到，截至 2018 年底，全国共有危险货物道路运输企业 1.23 万家，车辆 37.3 万辆，从业人员 160 万人，危险品（道路）运输量占危险品运输总量的 70%，还有一些是通过水运、铁路等方式。为了进一步加强危险品道路运输安全管理，交通运输部联合公安部等五部门制定了《办法》，力图从源头开始，全链条加强安全管理。

交通运输部运输服务司徐亚华司长在新闻发布会上介绍了《办法》实施要点，可概括为“834：重点解决八个突出问题、出台三个便利运输利好政策、做好四项重点工作”。

重点解决八个突出问题

一是强化运输源头安全管理。针对非法托运危险货物问题，《办法》建立了危险货物托运清单制度，明确托运人在危险货物信息确定、妥善包装、标志设置及相关单证报告提供等方面的义务。

二是强化装货环节安全管理。针对生产、经营企业充装环节把关不严纵容违规运输问题，《办法》建立了装货查验制度，装货人要做到“五必查”（分别是：车辆是否具有有效行驶证和营运证；驾驶人、押运人员是否具有有效资质证件；运输装备是否在检验合格有效期内；所装载的危险货物是否与运单载明的相一致；所充装的危险货物是否在罐式车辆罐体的适装介质列表范围内等），对不符合要求的不得充装或者装载。

三是强化运输过程安全管理。针对运输企业对所属车辆“挂而不管”“以包代管”等问题，《办法》明确规定“禁止危险货物运输车辆挂靠经营”，建立了危险货物运单制度，明确运输企业在发车例检、安全告知及车辆动态监控等方面的义务。

四是强化运输装备安全管理。针对常压罐车本质安全水平不高问题，《办法》建立了常压罐车罐体检验制度，规定只有经具备专业资质检验机构检验合格的罐车罐体方可出厂使用，重大维修改造需重新检验合格方可重新投入使用。

五是强化从业人员教育培训。针对从业人员专业能力、技术水平不高问题，《办法》规定托运人、承运人、装货人应当对本单位从业人员进行岗前安全教育培训和定期安全教育，考核不合格的人员，不得上岗作业。

六是统一车辆通行管理政策。针对各地危化品运输车辆通行管理政策不统一问题，《办法》规

定公安机关可以依法对 5 类特定区域、路段、时段限制危化品车辆通行，确需限制危化品运输车辆通行高速公路的，应当在 0 时到 6 时之间。

七是实施小件危险品豁免管理。针对 84 消毒液等小包装日化品，以及气雾剂和化工品试剂等低度危害物品合规运输成本高问题，《办法》完善了例外数量和有限数量管理制度，对符合要求的豁免按照普通货物进行管理。

八是强化多部门协同监管。针对危险货物道路运输及相关活动参与方较多、各相关管理部门监管合力未能充分发挥的问题，《办法》明确了交通运输、工业和信息化、公安、生态环境、应急管理和市场监管等相关部门按职责监督检查的管理体制。

下一步，交通运输部将会同工业和信息化部、公安部、生态环境部、应急管理部和市场监管总局抓紧完善配套管理制度、做好《办法》宣贯培训工作，确保各项管理制度落实到位，有效保障危险货物道路运输安全。

发布三个便利运输利好政策

一是统一了危化品运输车辆通行管理政策。目前，很多省份对危化品车辆高速通行采取了不同的限行措施，在一定程度上阻碍了危险货物的高效流通，影响了人民群众生产生活对危险货物的需要。为此，《办法》明确公安机关限制危险化学品运输车辆通行的，应提前向社会公布，并确定绕行路线。确需限制危化品车辆通行高速公路的，限制通行时段应当在 0-6 时之间，以推动全国统一通行管理政策。

二是对符合要求的小件危险货物实施豁免管理。按照现行法律法规规定，运输 84 消毒液、香水等小包装日化品，以及气雾剂和化工品试剂等，需要由危险货物专用车辆运输，且不能与其他货物混装，运输成本较高。为此，《办法》在总结前期农药、涂料等小件危险货物运输豁免相关经验基础上，健全完善了有限数量和例外数量管理制度，对符合要求的豁免按照普通货物运输管理，降低运输成本，促进便民利民。

三是促进多式联运及国际运输发展。《办法》参照《联合国关于危险货物运输的建议书规章范本》和《危险货物国际道路运输公约》，建立了与相关国际规则一致的危险货物的分类、品名、编号、包装、标签等要求，为发展危险货物多式联运及国际运输奠定了基础。

四项重点工作

一是组织开展宣贯培训。目前，交通运输部已经对各省级交通运输主管部门的相关负责人及交通运输部危险货物道路运输专家组成员进行了专题宣贯培训，同时要求各省交通运输主管部门组织宣贯培训，确保危险货物道路运输企业等相关参与方理解掌握《办法》的各项规定。

二是完善配套管理措施。交通运输部将制定发布《例外数量危险货物道路运输指南》和《有限数量危险货物道路运输指南》，并配合市场监管总局制定发布常压罐车罐体检验机构名单及检验规则，工信部、公安部、生态环境部和应急管理部也将根据管理工作需要陆续开展相关文件的制修订工作，进一步健全《办法》配套管理制度、保障各项制度落地实施。

三是加强执法监督检查。交通运输部将指导各地交通运输主管部门加强行政执法监督检查，加快建立完善联合执法协作机制和违法案件移交、接收机制，严厉打击各类违法违规行为，确保《办法》得到严格执行。

四是加快建设信息系统。2017 年 3 月，交通运输部发文部署了全国危险货物道路运输安全监管系统建设工作。下一步，交通运输部将全力推进部省两级信息系统建设，并实现危险货物道路运输电子运单部省联网，为《办法》落实提供技术保障。

来源：中国危化品物流网 2019 年 11 月 29 日

大数据破危险品物流难题 污染有望圈治

近年来，随着我国经济进入中高速增长，以及对高端化工产品的市场需求持续增长，危险品物流开始步入高速增长期。虽然，在这其中我国政府和相关管理部门已陆续建立了一系列规范危险品物流运作的法律、法规和标准，但是危险品物流任然存在严的问题。

大数据破危险品物流难题

危险品在运输与仓储过程中，极易发生爆炸、泄漏和污染等事故。去年8月，天津港危险品爆炸事故带来血的教训，2018年7月，全国海关就此进行了为期一个月的集中性警示教育。据不完全统计，仅去年一年就发生了近百起大大小小的危险品生产安全责任事故，造成许多生命的消逝和巨额财产的损失。

“百年累之，一朝毁之”，危险品的物流安全问题成为悬在头上的达摩克利斯之剑，有针对性地进行系统有效的预防、预警、应急处置与善后处理，便成为危险品物流发展中的当务之急。

危险品物流高速增长

按照维基百科的解释，危险品是指在使用或者运输、仓储过程中，会产生对环境、健康、安全及财产造成危害的物质，按照化学性质一般分为爆炸物和引爆媒介物、易燃性和毒性气体、易燃性液体、易燃性固态、氧化媒介物及有机过氧化物、毒性及感染性物质、放射性物质、腐蚀性物质和其他危险性物质等九类。

随着我国经济进入中高速增长，对高端化工产品的市场需求持续增长，危险品物流开始步入高速增长期。

据统计，2015年全国危险品运输量约为10亿吨，危险品道路运输企业约为1.1万户，运输车辆约31万辆，从业人员约120万人，而每年运输量增速达10%，居全球第二位，且可能很快超过美国成为全球最大的危险品运输国家。

危险品物流的迅猛发展客观要求各管理部门以更快的速度建立起更加完善的危险品安全管理体系。

实际上，中国的物流企业非常粗放，“中国的物流行业能够发展存在很大的机遇性，很多企业发展业务靠的不是技术和服务，而是资源。”危险品物流运输安全管理高峰论坛上，中远化工物流有限公司安全技术管理部总监、战略发展部总经理史毅平说。

“中国的物流行业在安全管理方面跟国外是有很大差距的。”史毅平认为，由于熟人管理、被动管理，很多企业连安全管理的原则、目标、意愿都没有，这就极易造成操作不规范而引发事故。

“我们缺乏的是自主管理或者叫团队管理，”史毅平说，杜邦物流全员管理的方式值得学习，“管理不能出于自然本能，需要打破本位主义和依赖心。”

整体规划系统待建立

诚然，我国政府和相关管理部门已陆续建立了一系列规范危险品物流运作的法律、法规和标准，一定程度上提高了危险品物流的安全系数。但近几年来，每年发生超过百起安全事故，发生率远高于欧美发达国家。

这其中，既有专业水平不足的问题，也有基础设施条件差的问题，既有管理部门过多而协同管理不足的问题，也有信息化程度低导致监管能力差的问题，清华大学工程管理硕士教育中心执行主任刘大成在文章中提到，核心还是缺乏整体规划和系统建构。

危险品物流中的多头管理是其中最严重的问题之一。交通、公安、质检、安监、工商、环保、卫生、税务、海关等部门分头管理、职能交叉，形成的所谓闭环管理机制，容易存在争利时一哄而上而出现事故时则推卸管理责任的可能。

上海日陆外联发物流有限公司总经理江永铭坦言，在他看来，有些检查确实“莫名其妙”，政策标准不一就造成危化品企业接受政府检查时有很大的困惑，“公安部说你危化品的仓库太大，便于管理只能开一个门，交管说你仓库这么大，极易出现安全问题，要开四个门。这种‘恐怖检查’使企业无所适从，政府管理不能九龙治水。”

“实际上我们很多大的客户，包括外资企业，来检查的次数比政府检查还要多，但是检查的细节都会讲得很清楚，也比较合理，让人服气。”江永铭说。

危险品行业管理不规范还表现在行业间执行标准存在差异，整体优化有难度。“危险品的管理是属地化的，”史毅平说，“比如上海市跟江苏省和河北省就有非常多的地方法规，造成危险品在运输过程当中，跨区的时候标准是不统一的。”

另外，在受法律保护方面，危险品物流还没有一部专门的法律，“《安全生产法》或是《交通安全法》都不能全覆盖危险品的生产和流通。”史毅平说，《危险化学品安全法》或许能够打破行业和区域化的壁垒，“安全总局正在做调研，希望这项法律能够尽快出台”。

大数据离不开体制、系统创新

实际上，危险品物流管理体系的主要目标是安全，其次才是效率；而危险品物流运营企业关注的主要是效益，安全则是约束的门槛。

刘大成认为，利用大数据实现物流安全管理的需求在于各级管理部门，特别是很多部门还都有非常庞大的数据在手。例如，储存在交通部门的运输工具安全管理、从业人员资格等数据；储存在公安部门的危化品安全管理、剧毒化学品购买许可证、道路运输通行证、运输车辆的道路管理等数据。

而通过各个区域、各级政府部门建立的大数据平台，可以高度共享协同以往分散存储的安全管理信息数据，从管理源头上实时杜绝任何不符合危险品安全仓储和运输条件的企业、设施装备、从业人员以至安全管理体系，有效规避多头管理中的客户信息数据冲突，让法律法规和标准在企业管理中落地生根。

当然，单纯依靠危险品物流运营企业的自律还难以保证全系统的安全，刘大成提到，可以利用大数据进行深度数据挖掘，从危险品的采购、生产制造、包装、分拣、储存、运输、配送等全供应链环节上实现企业级、区域级和国家级的安全风险识别、控制和规避。

利用大数据建立强大的分级危险品物流安全监控中心，实时对所有危险品的生产、仓储和运输，实施严格的全流程信息管理，包括货品及货物盛装物的车载移动终端、仓储终端、作业人员识别标签等，并建立基于风险识别的预警和报警系统，这有利于危险品物流安全事故发生的应急处置和救援互助。

对此，史毅平表示认可，“信息化技术应该能够将企业的业务系统、监控系统、应急系统、安全标准化系统整合成一个有效的兼容的管理平台，但是整合的过程并不容易”。

新奥能源物流有限公司总经理助理黄昌伟认为，大数据或是“互联网＋”不仅仅是简单的技术问题，更多的是体制、系统的创新，要从管理、体系、教育、培训、员工、技术、监控等等方面建立一个完整的体系，才能实现危险品物流行业的提升，才能达到社会对物流企业越来越高的要求。

来源：中国危化品物流网 2019 年 11 月 22 日

化工产业面临这些调整：国家鼓励17大类，限制13大类，淘汰10大类！

11月6日，国家发改委网站公布了《产业结构调整指导目录（2019年本）（目录（2019年本）》，自2020年1月1日起施行。

目录（2019年本）共涉及行业48个，条目1477条，其中鼓励类821条、限制类215条、淘汰类441条。不属于以上三类，且符合国家有关法律、法规和政策规定的为允许类，不列入《目录》。

石化化工行业鼓励类有17条，与旧版相比减少2条，且部分条目细节内容有调整：

1. 高标准油品生产技术开发与应用，煤经甲醇制对二甲苯。

2. 硫、钾、硼、锂、溴等短缺化工矿产资源勘探开发及综合利用，磷矿选矿尾矿综合利用技术开发与应用，中低品位磷矿、萤石矿采选与利用，磷矿、萤石矿伴生资源综合利用。

3. 零极距、氧阴极等离子膜烧碱电解槽节能技术、废盐酸制氯气等综合利用技术、铬盐清洁生产新工艺的开发和应用，全封闭高压水淬渣及无二次污染磷泥处理黄磷生产工艺，气动流化塔生产高锰酸钾，全热能回收热法磷酸生产，大型脱氟磷酸钙生产装置。

4. 10万吨/年及以上离子交换法双酚A、15万吨/年及以上直接氧化法环氧丙烷、20万吨/年及以上共氧化法环氧丙烷、万吨级己二腈生产装置，万吨级脂肪族异氰酸酯生产技术开发与应用。

5. 优质钾肥及各种专用肥、水溶肥、液体肥、中微量元素肥、硝基肥、缓控释肥的生产，磷石膏综合利用技术开发与应用。

6. 高效、安全、环境友好的农药新品种、新剂型、专用中间体、助剂的开发与生产，定向合成法手性和立体结构农药生产，生物农药新产品、新技术的开发与生产。

7. 水性木器、工业、船舶用涂料，高固体分、无溶剂、辐射固化涂料，低VOCs含量的环境友好、资源节约型涂料，用于大飞机、高铁等重点领域的高性能防腐涂料生产；单线产能3万吨/年及以上氯化法钛白粉生产。

8. 高固着率、高色牢度、高提升性、高匀染性、高重现性、低沾污性以及低盐、低温、小浴比染色用和湿短蒸轧染用的活性染料，高超细旦聚酯纤维染色性、高洗涤牢度、高染着率、高光牢度和低沾污性（尼龙、氨纶）、高耐碱性、低毒低害环保型、小浴比染色用的分散染料，聚酰胺纤维、羊毛和皮革染色用高耐洗、高氯漂、高匀染、高遮盖力的酸性染料，高色牢度、功能性还原染料，高色牢度、功能性、低芳胺、无重金属、易分散、原浆着色的有机颜料，采用上述染料、颜料生产的水性液态着色剂。

9. 染料、有机颜料及其中间体清洁生产、本质安全的新技术（包括发烟硫酸连续磺化、连续硝化、连续酰化、连续萃取、连续加氢还原、连续重氮偶合等连续化工艺，催化、三氧化硫磺化、绝热硝化、定向氯化、组合增效、溶剂反应、双氧水氧化、循环利用等技术，以及取代光气等剧毒原料的适用技术，膜过滤和原浆干燥技术）的开发和应用。

10. 乙烯-乙烯醇共聚树脂、聚偏氯乙烯等高性能阻隔树脂，聚异丁烯、乙烯-辛烯共聚物、茂金属聚乙烯等特种聚烯烃，高碳α烯烃等关键原料的开发与生产，液晶聚合物、聚苯硫醚、聚苯醚、芳族酮聚合物、聚芳醚醚腈等工程塑料生产以及共混改性、合金化技术开发和应用，高吸水性树脂、导电性树脂和可降解聚合物的开发与生产，长碳链尼龙、耐高温尼龙等新型聚酰胺开发与生产。

11. 5万吨/年及以上溴化丁基橡胶、溶聚丁苯橡胶、稀土顺丁橡胶，丙烯酸酯橡胶，固含量大于60%的丁苯胶乳、异戊二烯胶乳开发与生产，合成橡胶化学改性技术开发与应用，聚丙烯热塑性弹性体（PTPE）、热塑性聚酯弹性体（TPEE）、氢化苯乙烯－异戊二烯热塑性弹性体（SEPS）、动态全硫化热塑性弹性体（TPV）、有机硅改性热塑性聚氨酯弹性体等热塑性弹性体材料开发与生产。

12. 改性型、水基型胶粘剂和新型热熔胶，环保型吸水剂、水处理剂，分子筛固汞、无汞等新型高效、环保催化剂和助剂，纳米材料，功能性膜材料，超净高纯试剂、光刻胶、电子气、高性能液晶材料等新型精细化学品的开发与生产。

13. 苯基氯硅烷、乙烯基氯硅烷等新型有机硅单体，苯基硅油、氨基硅油、聚醚改性型硅油等，苯基硅橡胶、苯撑硅橡胶等高性能硅橡胶及杂化材料，甲基苯基硅树脂等高性能树脂，三乙氧基硅烷等高效偶联剂。

14. 全氟烯醚等特种含氟单体，聚全氟乙丙烯、聚偏氟乙烯、聚三氟氯乙烯、乙烯－四氟乙烯共聚物等高品质氟树脂，氟醚橡胶、氟硅橡胶、四丙氟橡胶、高含氟量246氟橡胶等高性能氟橡胶，含氟润滑油脂，消耗臭氧潜能值（ODP）为零、全球变暖潜能值（GWP）低的消耗臭氧层物质（ODS）替代品，全氟辛基磺酰化合物（PFOS）和全氟辛酸（PFOA）及其盐类的替代品和替代技术开发和应用，含氟精细化学品和高品质含氟无机盐。

15. 高性能子午线轮胎（包括无内胎载重子午胎、巨型工程子午胎（49吋以上），低断面和扁平化（低于55系列））及智能制造技术与装备，航空轮胎、农用子午胎及配套专用材料和设备生产，新型天然橡胶开发与应用。

16. 生物高分子材料、填料、试剂、芯片、干扰素、传感器、纤维素生化产品开发与生产

17. 四氯化碳、四氯化硅、甲基三氯硅烷、三甲基氯硅烷等副产物的综合利用，二氧化碳的捕获与应用。

石化化工行业限制类有13条，与旧版数量相同，但部分条目细节内容有调整：

1. 新建1000万吨/年以下常减压、150万吨/年以下催化裂化、100万吨/年以下连续重整（含芳烃抽提）、150万吨/年以下加氢裂化生产装置。

2. 新建80万吨/年以下石脑油裂解制乙烯、13万吨/年以下丙烯腈、100万吨/年以下精对苯二甲酸、20万吨/年以下乙二醇、20万吨/年以下苯乙烯（干气制乙苯工艺除外）、10万吨/年以下己内酰胺、乙烯法醋酸、30万吨/年以下羰基合成法醋酸、天然气制甲醇（CO2含量20%以上的天然气除外），100万吨/年以下煤制甲醇生产装置，丙酮氰醇法甲基丙烯酸甲酯、粮食法丙酮/丁醇、氯醇法环氧丙烷和皂化法环氧氯丙烷生产装置，300吨/年以下皂素（含水解物）生产装置。

3. 新建7万吨/年以下聚丙烯、20万吨/年以下聚乙烯、乙炔法聚氯乙烯、起始规模小于30万吨/年的乙烯氧氯化法聚氯乙烯、10万吨/年以下聚苯乙烯、20万吨/年以下丙烯腈－丁二烯－苯乙烯共聚物（ABS）、3万吨/年以下普通合成胶乳－羧基丁苯胶（含丁苯胶乳）生产装置，新建、改扩建氯丁橡胶类、丁苯热塑性橡胶类、聚氨酯类和聚丙烯酸酯类中溶剂型通用胶粘剂生产装置。

4. 新建纯碱（井下循环制碱、天然碱除外）、烧碱（废盐综合利用的离子膜烧碱装置除外）、30万吨/年以下硫磺制酸（单项金属离子≤100ppb的电子级硫酸除外）、20万吨/年以下硫铁矿制酸、常压法及综合法硝酸、电石（以大型先进工艺设备进行等量替换的除外）、单线产能5万吨/年以下氢氧化钾生产装置。

5. 新建三聚磷酸钠、六偏磷酸钠、三氯化磷、五硫化二磷、磷酸氢钙、氯酸钠、少钙焙烧工艺重铬酸钠、电解二氧化锰、碳酸钙、无水硫酸钠（盐业联产及副产除外）、碳酸钡、硫酸钡、氢氧化钡、氯化钡、硝酸钡、碳酸锶、白炭黑（气相法除外）、氯化胆碱生产装置。

6. 新建黄磷，起始规模小于3万吨/年、单线产能小于1万吨/年氰化钠（折100%），单线产

能5千吨／年以下碳酸锂、氢氧化锂，干法氟化铝及单线产能2万吨／年以下无水氟化铝或中低分子比冰晶石生产装置。

7. 新建以石油、天然气为原料的氮肥，采用固定层间歇气化技术合成氨，磷铵生产装置，铜洗法氨合成原料气净化工艺。

8. 新建高毒、高残留以及对环境影响大的农药原药（包括氧乐果、水胺硫磷、甲基异柳磷、甲拌磷、特丁磷、杀扑磷、溴甲烷、灭多威、涕灭威、克百威、敌鼠钠、敌鼠酮、杀鼠灵、杀鼠醚、溴敌隆、溴鼠灵、肉毒素、杀虫双、灭线磷、磷化铝，有机氯类、有机锡类杀虫剂，福美类杀菌剂，复硝酚钠（钾）、氯磺隆、胺苯磺隆、甲磺隆等）生产装置。

9. 新建草甘膦、毒死蜱（水相法工艺除外）、三唑磷、百草枯、百菌清、阿维菌素、吡虫啉、乙草胺（甲叉法工艺除外）、氯化苦生产装置。

10. 新建硫酸法钛白粉、铅铬黄、1万吨／年以下氧化铁系颜料、溶剂型涂料（鼓励类的涂料品种和生产工艺除外）、含异氰脲酸三缩水甘油酯（TGIC）的粉末涂料生产装置。

11. 新建染料、染料中间体、有机颜料、印染助剂生产装置（鼓励类及采用鼓励类技术的除外）。

12. 新建氟化氢（HF，企业下游深加工产品配套自用、电子级氯甲烷生产装置，可接受用途及湿法磷酸配套除外），新建初始规模小于20万吨／年、单套规模小于10万吨／年的甲基氯硅烷单体生产装置，10万吨／年以下（有机硅配套除外）和10万吨／年及以上、没有副产四氯化碳配套处置设施的甲烷氯化物生产装置，没有副产三氟甲烷配套处置设施的二氟一的全氟辛基磺酸及其盐类和全氟辛基磺酰氟（其余为淘汰类）、全氟辛酸（PFOA），六氟化硫（SF6，高纯级除外），特定豁免用途的六溴环十二烷（其余为淘汰类）生产装置。

13. 新建斜交轮胎和力车胎（含手推车胎）、锦纶帘线、3万吨／年以下钢丝帘线、再生胶（常压连续脱硫工艺除外）、橡胶塑解剂五氯硫酚、橡胶促进剂二硫化四甲基秋兰姆（TMTD）生产装置。

石化化工行业淘汰类有10条，与旧版数量相同，但部分条目细节内容有调整：

1. 200万吨／年及以下常减压装置（青海格尔木、新疆泽普装置除外），采用明火高温加热方式生产油品的釜式蒸馏装置，废旧橡胶和塑料土法炼油工艺，焦油间歇法生产沥青，2.5万吨／年及以下的单套粗（轻）苯精制装置，5万吨／年及以下的单套煤焦油加工装置。

2. 10万吨／年以下的硫铁矿制酸和硫磺制酸（边远地区除外），平炉氧化法高锰酸钾，隔膜法烧碱生产装置（作为废盐综合利用的可以保留），平炉法和大锅蒸发法硫化碱生产工艺，芒硝法硅酸钠（泡花碱）生产工艺，间歇焦炭法二硫化碳工艺。

3. 单台产能5000吨／年以下和不符合准入条件的黄磷生产装置，有钙焙烧铬化合物生产装置，单线产能3000吨／年以下普通级硫酸钡、氢氧化钡、氯化钡、硝酸钡生产装置，产能1万吨／年以下氯酸钠生产装置，单台炉容量小于12500千伏安的电石炉及开放式电石炉，高汞催化剂（氯化汞含量6.5%以上）和使用高汞催化剂的乙炔法聚氯乙烯生产装置，使用汞或汞化合物的甲醇钠、甲醇钾、乙醇钠、乙醇钾、聚氨酯、乙醛、烧碱、生物杀虫剂和局部抗菌剂生产装置，氨钠法及氰熔体氰化钠生产工艺。

4. 单线产能1万吨／年以下三聚磷酸钠、0.5万吨／年以下六偏磷酸钠、0.5万吨／年以下三氯化磷、3万吨／年以下饲料磷酸氢钙、5000吨／年以下工艺技术落后和污染严重的氢氟酸、5000吨／年以下湿法氟化铝及敞开式结晶氟盐生产装置。

5. 单线产能0.3万吨／年以下氰化钠（100%氰化钠）、1万吨／年以下氢氧化钾、1.5万吨／年以下普通级白炭黑、2万吨／年以下普通级碳酸钙、10万吨／年以下普通级无水硫酸钠（盐业联产及副产除外）、0.3万吨／年以下碳酸锂和氢氧化锂、2万吨／年以下普通级碳酸钡、1.5万吨／年以下普通级碳酸锶生产装置。

6. 半水煤气氨水液相脱硫、天然气常压间歇转化工艺制合成氨、一氧化碳常压变化及全中温变换（高温变换）工艺、没有配套硫磺回收装置的湿法脱硫工艺，没有配套建设吹风气余热回收、造气炉渣综合利用装置的固定层间歇式煤气化装置，没有配套工艺冷凝液水解解析装置的尿素生产设施。

7. 钠法百草枯生产工艺，敌百虫碱法敌敌畏生产工艺，小包装（1 公斤及以下）农药产品手工包（灌）装工艺及设备，雷蒙机法生产农药粉剂，以六氯苯为原料生产五氯酚（钠）装置。

8. 用火直接加热的涂料用树脂、四氯化碳溶剂法制取氯化橡胶生产工艺，100 吨 / 年以下皂素（含水解物）生产装置，盐酸酸解法皂素生产工艺及污染物排放不能达标的皂素生产装置，铁粉还原法工艺（4,4- 二氨基二苯乙烯 - 二磺酸 [DSD 酸]、2- 氨基 -4- 甲基 -5- 氯苯磺酸 [CLT 酸]、1- 氨基 -8- 萘酚 -3,6- 二磺酸 [H 酸] 三种产品暂缓执行）。

9. 50 万条 / 年及以下的斜交轮胎和以天然棉帘子布为骨架的轮胎、1.5 万吨 / 年及以下的干法造粒炭黑（特种炭黑和半补强炭黑除外）、3 亿只 / 年以下的天然胶乳安全套，橡胶硫化促进剂 N- 氧联二（1,2- 亚乙基）-2- 苯并噻唑次磺酰胺（NOBS）和橡胶防老剂 D 生产装置。

10. 氯氟烃（CFCs）、含氢氯氟烃（HCFCs，作为自身下游化工产品的原料且不对外销售的除外），用于清洗的 1,1,1- 三氯乙烷（甲基氯仿），主产四氯化碳（CTC）、以四氯化碳（CTC）为加工助剂的所有产品，以 PFOA 为加工助剂的含氟聚合物生产工艺，含滴滴涕的涂料、采用滴滴涕为原料非封闭生产三氯杀螨醇生产装置。

据悉，2005 年，经国务院批准，国家发展改革委发布《目录（2005 年本）》，2011 年和 2013 年，分别对《目录》进行了修订和修正。《目录》是引导投资方向、政府管理投资项目，制定实施财税、信贷、土地、进出口等政策的重要依据。

来源：中国危化品物流网　2019 年 11 月 11 日

六部门出台办法：危险货物运输车辆禁止挂靠经营

日前，交通运输部等六部门联合出台了《危险货物道路运输安全管理办法》（以下简称《办法》），将于 2020 年 1 月 1 日正式实施。

我国是危险品的生产和使用大国，截至 2018 年底，全国共有危险货物道路运输企业 1.23 万家，车辆 37.3 万辆，从业人员 160 万人，每天有近 300 万吨的危险物品运输在路上，危险品道路运输量占危险品运输总量的 70%。近年来，我国危险货物道路运输行业管理不断规范、发展形势持续向好，但仍存在非法托运、违规运输、运输车辆违规挂靠等一些漏洞和问题。

出台《办法》，旨在有效预防危险货物道路运输事故，保障人民群众生命财产安全。《办法》着力强化危险货物道路运输全链条安全管理，重点解决行业存在的八方面问题，分别为：强化运输源头安全管理、强化装货环节安全管理、强化运输过程安全管理、强化运输装备安全管理、强化从业人员教育培训、统一车辆通行管理政策、实施小件危险品豁免管理、强化多部门协同监管等。

《办法》针对生产、经营企业充装环节把关不严纵容违规运输问题，建立了装货查验制度，装货人要做到“五必查”（车辆是否具有有效行驶证和营运证；驾驶人、押运人员是否具有有效资质证件；运输车辆等是否在检验合格有效期内；所装载的危险货物是否与运单载明的相一致；所充装的危险货物是否在罐式车辆罐体的适装介质列表范围内等），对不符合要求的不得充装或者装载。对运输企业对所属车辆“挂而不管”“以包代管”等问题，明确规定禁止危险货物运输车辆挂靠经营，建立危险货物运单制度，明确运输企业在发车例检、安全告知及车辆动态监控等方面的义务。

来源：《人民日报》　2019 年 12 月 2 日 记者 刘志强

运输危险品，国家都有哪些规定？

近年来，越来越多的危险品运输事故发生，给国家和家庭造成了严重后果，这些血淋淋的教训给了我们深刻反省，国家也是针对危险品运输监管越来越严，但仍有很多投机者进行着非法运输，年前全国查获了多起运输烟花爆竹用普通厢式车的案件，还有各种简易车（三轮车、电动车等）运输工业气瓶，液化气瓶的等等数不胜数。为了正确地引导危险品专车专用，我们来看下未按规定运输化学危险品会有什么后果：

1.《危险化学品安全管理条例》第八十五条规定：

未依法取得危险货物道路运输许可、危险货物水路运输许可，从事危险化学品道路运输、水路运输的，分别依照有关道路运输、水路运输的法律、行政法规的规定处罚。

2.《危险化学品安全管理条例》第八十六条规定：

有下列情形之一的，由交通运输主管部门责令改正，处5万元以上10万元以下的罚款；拒不改正的，责令停产停业整顿；构成犯罪的，依法追究刑事责任：

（1）危险化学品道路运输企业、水路运输企业的驾驶人员、船员、装卸管理人员、押运人员、申报人员、集装箱装箱现场检查员未取得从业资格上岗作业的；

（2）运输危险化学品，未根据危险化学品的危险特性采取相应的安全防护措施，或者未配备必要的防护用品和应急救援器材的；

（3）使用未依法取得危险货物适装证书的船舶，通过内河运输危险化学品的；

（4）通过内河运输危险化学品的承运人违反国务院交通运输主管部门对单船运输的危险化学品数量的限制性规定运输危险化学品的；

（5）用于危险化学品运输作业的内河码头、泊位不符合国家有关安全规范，或者未与饮用水取水口保持国家规定的安全距离，或者未经交通运输主管部门验收合格投入使用的；

（6）托运人不向承运人说明所托运的危险化学品的种类、数量、危险特性以及发生危险情况的应急处置措施，或者未按照国家有关规定对所托运的危险化学品妥善包装并在外包装上设置相应标志的；

（7）运输危险化学品需要添加抑制剂或者稳定剂，托运人未添加或者未将有关情况告知承运人的。

3.《危险化学品安全管理条例》第八十七条规定：

有下列情形之一的，由交通运输主管部门责令改正，处10万元以上20万元以下的罚款，有违法所得的，没收违法所得；拒不改正的，责令停产停业整顿；构成犯罪的，依法追究刑事责任：

（1）委托未依法取得危险货物道路运输许可、危险货物水路运输许可的企业承运危险化学品的；

（2）通过内河封闭水域运输剧毒化学品以及国家规定禁止通过内河运输的其他危险化学品的；

（3）通过内河运镉国家规定禁止通过内河运输的剧毒化学品以及其他危险化学品的；

（4）在托运的普通货物中夹带危险化学品，或者将危险化学品谎报或者匿报为普通货物托运的。

在邮件、快件内夹带危险化学品，或者将危险化学品谎报为普通物品交寄的，依法给予治安管理处罚；构成犯罪的，依法追究刑事责任。

邮政企业、快递企业收寄危险化学品的，依照《中华人民共和国邮政法》的规定处罚。

4.《危险化学品安全管理条例》第八十八条规定：

有下列情形之一的，由公安机关责令改正，处5万元以上10万元以下的罚款；构成违反治安管理行为的，依法给予治安管理处罚；构成犯罪的，依法追究刑事责任：

（1）超过运输车辆的核定载质量装载危险化学品的；

（2）使用安全技术条件不符合国家标准要求的车辆运输危险化学品的；

（3）运输危险化学品的车辆未经公安机关批准进入危险化学品运输车辆限制通行的区域的；

（4）未取得剧毒化学品道路运输通行证，通过道路运输剧毒化学品的。

5.《危险化学品安全管理条例》第八十九条规定：

有下列情形之一的，由公安机关责令改正，处 1 万元以上 5 万元以下的罚款；构成违反治安管理行为的，依法给予治安管理处罚：

（1）危险化学品运输车辆未悬挂或者喷涂警示标志，或者悬挂或者喷涂的警示标志不符合国家标准要求的；

（2）通过道路运输危险化学品，不配备押运人员的；

（3）运输剧毒化学品或者易制爆危险化学品途中需要较长时间停车，驾驶人员、押运人员不向当地公安机关报告的；

（4）剧毒化学品、易制爆危险化学品在道路运输途中丢失、被盗、被抢或者发生流散、泄漏等情况，驾驶人员、押运人员不采取必要的警示措施和安全措施，或者不向当地公安机关报告的。

6.《危险化学品安全管理条例》第九十条规定：

对发生交通事故负有全部责任或者主要责任的危险化学品道路运输企业，由公安机关责令消除安全隐患，未消除安全隐患的危险化学品运输车辆，禁止上道路行驶。

7.《危险化学品安全管理条例》第九十一条规定：

有下列情形之一的，由交通运输主管部门责令改正，可以处 1 万元以下的罚款；拒不改正的，处 1 万元以上 5 万元以下的罚款：

（1）危险化学品道路运输企业、水路运输企业未配备专职安全管理人员的；

（2）用于危险化学品运输作业的内河码头、泊位的管理单位未制定码头、泊位危险化学品事故应急救援预案，或者未为码头、泊位配备充足、有效的应急救援器材和设备的。

8.《危险化学品安全管理条例》第九十二条规定：

有下列情形之一的，依照《中华人民共和国内河交通安全管理条例》的规定处罚：

（1）通过内河运输危险化学品的水路运输企业未制定运输船舶危险化学品事故应急救援预案，或者未为运输船舶配备充足、有效的应急救援器材和设备的；

（2）通过内河运输危险化学品的船舶的所有人或者经营人未取得船舶污染损害责任保险证书或者财务担保证明的；

（3）船舶载运危险化学品进出内河港口，未将有关事项事先报告海事管理机构并经其同意的；

（4）载运危险化学品的船舶在内河航行、装卸或者停泊，未悬挂专用的警示标志，或者未按照规定显示专用信号，或者未按照规定申请引航的。

未向港口行政管理部门报告并经其同意，在港口内进行危险化学品的装卸、过驳作业的，依照《中华人民共和国港口法》的规定处罚。

9.《道路危险货物运输管理规定》第四十八条规定：

违反本规定，有下列情形之一的，由县级以上道路运输管理机构责令停止运输，有违法所得的，没收违法所得。运输货物属于危险化学品，违法所得 5 万元以上的，处违法所得 1 倍以上 5 倍以下的罚款；没有违法所得或违法所得不足 5 万元的，处 2 万以上 20 万以下的罚款。运输货物属于危险化学品以外的其他危险货物，有违法所得的，处违法所得 2 倍以上 10 倍以下的罚款；没有违法所得或者违法所得不足2万元的，处3万元以上10万元以下的罚款。构成犯罪的，依法追究刑事责任：

（1）未取得道路危险货物运输许可，擅自从事道路危险货物运输的；

（2）使用失效、伪造、变造、被注销等无效道路危险货物运输许可证件从事道路危险货物运输的；

（3）超越许可事项，从事道路危险货物运输的；

（4）非经营性道路危险货物运输单位从事道路危险货物运输经营的。

10.《道路危险货物运输管理规定》第五十一条规定：

违反本规定，道路危险货物运输企业或者单位未按规定维护和检测专用车辆的，由县级以上道路运输管理机构责令改正，处1000元以上5000元以下的罚款。

11.《道路危险货物运输管理规定》第五十二条规定：

违反本规定，道路危险货物运输企业或者单位不按照规定携带《道路运输证》的，由县级以上道路运输管理机构责令改正，处警告或者20元以上200元以下的罚款。

12.《道路危险货物运输管理规定》第五十三条规定：

违反本规定，道路危险货物运输企业或者单位、托运人有下列行为之一的，处2万元以上10万元以下的罚款；构成犯罪的，依法追究刑事责任。

来源：中国危化品物流网 2019年11月4日

聚焦2020，LNG罐箱新发展

2020年是“打赢蓝天保卫战三年行动计划”的关键决胜之年，天然气占能源消费总量比重将达到10%。当前，伴随着LNG贸易市场的逐渐壮大，以物联网为基础的LNG运输市场正在迅猛发展。而为追求更加便捷、安全、经济，业内正竭尽所能尝试开拓不同方式的LNG物流模式，最具代表性的产品当数LNG罐式集装箱，及其带来的一系列物流模式创新。

2017年，天然气市场需求爆发式增长，出现了供不应求的状态。2017年冬季，国内LNG价格暴涨，无论是LNG进口市场还是国内销售市场均出现巨大的获利空间。中国油气企业开始积极寻求短期解决气荒的新型运作模式。LNG罐箱以门槛低、灵活方便的特点，被各企业追捧。

天然气供应主要是以LNG液体大船运到接收站，从接收站再以气态或者液态方式运输，这是主体。罐箱能帮助更多的中小企业，因为拿不到接收站的窗口期，帮助中小企业以LNG方式在国际上采购现货。

LNG罐箱多式联运是以LNG罐式集装箱作为“能源商品”，集合水陆、陆路多种运输方式，颠覆性地解决LNG运输问题，打破了传统物流产业链，无需换装直达终端用户，实现“一罐到底”。LNG罐箱多式联运健康有序发展，有利于提升LNG运输效率，在一定程度上补给了因管道覆盖不足、管网互联互通程度有限等制约天然气发展的短板，有助于促进天然气产供储销体系建设。与此同时，也会为更多的道路运输企业带来实质性的利润。

但从2002年至今行业先行者进行了多次试验，始终没有找到具备经济性的商业模式。LNG罐箱在国内可以说是处处受阻碍，很多行业规范还没有出台，这一状况制约其规模化发展。LNG罐箱需堆放在具备2.1类危险品堆积资质的场库内，而目国内前这类堆积场库的数量非常少，满足现GB18265-2000规定新建仓库的选址极不容易。同时，国内具备2.1类危险货物作业资质的港口比较少，加之要求严格，无形中增加物流转运成本。

此外根据现行规定，LNG罐箱禁止堆积，规模化的运营需要匹配足够面积的堆场，直接导致投资额及相应费用增加，经济性难以平衡。

2019 年 6 月 25 日，国家发改委发布《关于做好 2019 年能源迎峰度夏工作的通知》提出，对于尚未达到储气任务目标的地区，要提前采取增加备用 LNG 罐箱、租赁储气能力、签订可中断用户等方式，来履行储气责任，补给储气能力不足的短板。

随着大气污染防治计划、“煤改气”工程持续推进，未来中国天然气需求将继续保持快速增长态势，天然气进口需求巨大，LNG 贸易迎来黄金时代，LNG 罐箱作为新一代 LNG 运输工具将有较大发展。

作为新兴的 LNG 运输和储存方式，LNG 罐箱在国内的发展尚处于探索阶段，相关标准不完善、不统一，甚至缺失，在制造、检验、靠泊离港、航运行驶、货场堆放等各个环节，还有许多问题制约其规模化发展。

但是凭借“宜储宜运，宜水宜陆，多式联运，建设周期短”等特点，LNG 罐箱作为 LNG 运输及储存的一个补充。LNG 罐箱在中小批量 LNG 国际贸易、应急储气调峰、终端用户供气以及 LNG 动力船舶的燃料罐等方面找到定位，在我国天然气产供储销体系中找到一条适合其发展的道路。

“聚焦 2020，罐式集装箱物流新发展论坛”组委会特邀中石油大连液化天然气张兵兵就 2020 年 LNG 物流多式联运、LNG 罐箱发展趋势与建议做精彩分析。

来源：中国危化品物流网　2019 年 11 月 25 日

把 LNG 装进集装箱，准时达能源开启运输新时代

日前，准时达能源科技（上海）有限公司（以下简称“准时达能源”）宣布，与日本西部燃气公司签订谅解备忘录，双方制定了为期 3 年，年运输量 20 万吨的运输目标，共同打造 LNG（液化天然气）罐式集装箱业务合作模式，通过海陆联运的方式，将日本液源直接连接至国内终端用户。

自 1960 年第一艘 LNG 船——“甲烷先锋”号成功跨越大西洋将 2000 吨 LNG（液化天然气）从美国安全运至英国坎威尔岛起，全球 LNG 贸易与运输已走过近 60 年。在这 60 年间，随着越来越多的国家对于 LNG 能源的关注，其需求逐步旺盛，我国则处于需求增长的最前沿。数据显示，2018 年，我国 LNG 进口量超过 5300 万吨，占天然气进口总量 60%，未来 5-10 年内，这一规模还将在 2018 年的基础上翻一番。

与使用需求成正比的是，LNG 贸易和运输的增长，以及运输模式的创新。但不容忽视的是，作为典型的物流业运输“三高”（高投入，高风险，高门槛）货类，切入 LNG 运输难度不小，准时达能源如何“对症下药”？

创新运输：点线面液改集

把 LNG 装进集装箱运输，拢共分几步？

“首先，需要选择恰当的切入时机和优质的合作伙伴。”准时达能源首席执行官梅族林表示。

从准时达能源成立的背景来看，实现了供应链和能源“两条腿”走路。一方面，准时达国际供应链管理有限公司（以下简称“准时达”）作为其股东之一，在全球泛电子化物流方面深耕多年，运输和服务网络遍布全球，同时，依托领先于行业的智能化信息系统，在物流信息化落地及运作中经验成熟；另一方面，作为准时达能源另一股东的 IDG 能源，不仅在北美、欧洲等地区能源投资广泛，并且在国内用户终端布局频频。

准时达能源的成立，定位于 LNG 罐箱中游，即端到端的物流和供应链服务，即承接了上游在北美等地区的液源，同时也链接 IDG 布局的下游用户，串连液源到终端用户之间的供应链环节。2018 年 8 月，准时达能源团队建立，2019 年初，拿到 LNG 进出口、LNG 贸易和仓储、危险品陆运等除航运以外的 LNG 运输所有资质，得以准入这一领域。

“从业务开展上来说，我们分为两个阶段，分别是实体物流和平台物流。”梅族林介绍，而这也是把 LNG 装进集装箱运输的关键步骤。

具体而言，在实体物流建设方面，准时达能源将其分为国内和国际网络，代表产品分别是“罐运保”和“海液通”。

“罐运保”的主要作用在于为上下游之间建立一个固化的物流运输通道。从布局上看，是以水路为核心，打造“两横一纵”（两横指长江、珠江沿江港口分拨，一纵指沿海港口分拨）物流分拨网络，通过班轮运输将上海港，青岛港，太仓港，连云港等区域枢纽港口打造为集散中心，然后通过集卡实现陆运。梅族林补充称：“在这个过程中，我们与港口燃气接收站达成协议，一站接货，多点提货，从而供应保障。”

在国际网络方面，准时达能源打造了“海液通”服务。作为船舶的升级，“海液通”服务能够直接通过罐箱进口 LNG，灵活性及市场的通货能力更高，也更符合日本、印尼这样“一带一路”沿线国家多岛屿的地理国情。同时，“海液通”服务坚持“只做交易，不做价格”的模式，为国内终端用户提供海外低价液源，由供需双方直接进行价格谈判，由准时达能源做指定运输。

而在实体物流之外，依托准时达业内领先的 IT 技术与成熟的运营模式，准时达能源同时打造了物联和互联的平台物流。

作为标准化运载单元，单一液货集装箱通过传感器采集的数据具备标准化和模块化的属性。梅族林认为，准时达能源在罐箱运输中通过传感器采集到的压力、液位以及定位等数据，是其物联平台的数据基础。不仅能直接面对客户的使用需求和过程的安全管控，在平台形成后，传感器数据集采同时能够连接上下游生产、能源使用、配送、采购计划，为其提供决策支持。“比如，我们可以通过数据的精准匹配，实现空罐和液罐的相互调配，满足生产要求。”

据悉，目前，准时达能源在批量模式中，除与日本西部燃气签订 3 年 60 万吨的运输协议之外，还在国内签订了一个为期 5 年，年运输量 30 万吨的供应协议。此外，还在日本、加拿大、欧洲、澳大利亚等国家和地区开展了班轮运输模式的测试，通过与马士基等知名班轮公司合作，小批量运输 LNG 罐箱。其中，加拿大和欧洲已经形成了小批量的稳定运输，目前大约在 20FFE/ 周。

难点之下：保安全保供应

无论是从模式再造上，还是在业务开展中，面对 LNG 运输的难点，准时达能源以自身优势破局。

对于 LNG 运输中的难点，梅族林将其总结为两点，一是安全管控，二是稳定运输，即保持供应。这也是所有想要参与 LNG 运输的企业首要考虑的问题。

作为危化品运输的主要货种，LNG 对于运输安全要求极高，即便采用“液改集”方式，其安全风险仍然不容忽视。近年来，全球发生的多起集装箱船在航起火、爆炸事故中，危化品货物瞒报、错报以及装载、处置不当是重要原因。

对于准时达能源来说，从硬件选择开始就已经是安全的起点了。

首先是容器的问题，目前，罐箱作为小批量 LNG 运输中最为顶尖的设备，无论是技术成熟度还是市场应用，均已经得到验证，长达 90 天以上的保冷，能够适应全球几乎所有远洋航线班期，低温控制在很大程度上减少了安全风险的发生。

货物在途风险不仅与承载容器相关，还与信息交互和现场作业管控相关，尤其在航行或者在港操作过程中，货物状况如何是各方关注的问题。准时达能源在 LNG 罐箱装载的传感器就是为了实现过程管控和可视化运输。

“大部分传感器的数据上传频率约为一个小时一次，我们采用的可视化系统是准时达自己研发的，在密集操作的节点，数据传输可以达到 1 分钟一次，而在长途运输的过程中，可以恢复为 1 小时一次。”梅族林介绍。此举就将最易发生安全风险的环节置于最严密的监控之中，从而实现及时有效处置。

此外，值得注意的是，从本质上来说，LNG 罐箱运输是一种包装运输，与集装箱一样，在实现运载单元标准化之后，其操作便利度将会大幅提升，并且能够实现“一罐到底”。中间不需要对货物本身，也就是罐装液体进行操作，在吊装等环节，仅对外包装的罐体进行作业。在以往危化品运输作业中，针对货物本身的操作过于频繁也是事故发生的主要原因。从这个角度来说，LNG 罐箱运输具有天然的操作安全属性。

而针对稳定运输及保供的难点，准时达能源的 LNG 罐箱运输模式显得更为游刃有余。

事实证明，罐箱通过班轮实现港到港运输，再通过集卡分拨到终端的模式更为高效，因为从载具特性上来说，罐箱不仅可使实现“一罐到底”，还可以实现储运一体，对于用户仓储及周转效率要求较低。此外，班轮模式下，定时定点供应是常态，船期保障决定用户需求，实现小批量稳定供应。

优势显著：“轻”模式　重用户

事实上，无论是在时间维度下，还是在空间维度下，尽管行业门槛较高，但 LNG 运输依然不是一个新的市场。无论是通过管道直接运输还是通过大型液散船批量运输，抑或是经过槽车转运，其市场都较为成熟。但是，随着国际油价变动频繁，LNG 价格同样产生波动，从终端用户的角度来说，更倾向于小批量、高频次的现货交易。对于准时达能源来说，此时切入市场，并非贸然之举，而是结合自身优势，紧抓用户需求有备而来。

“相对于 LNG 领域的大宗运输来说，我们的整体运营规模约在 60 亿 -70 亿元之间，在能源行业，算是较‘轻’的运营模式。目前市场存在一个误区，就是大批量的物流模式错配小批量的用户需求，因此，我们本身的定位在于做大宗运输的有效补充，这也是准时达能源的优势体现。”梅族林表示。

而对于其他物流或供应链企业来说，准时达能源通过团队建设、新技术应用等方式以较“轻”的模式切入重资产行业，值得借鉴。

首先，在团队建设方面，梅族林认为最重要的并不只是行业经验，能否通过团队建设实现网络运营的能力，更为重要。从产地到终端，从水运到陆运，每一个环节都需要专业的团队来处理，尤其在标准化流程实现和重塑的过程中，都要懂行业的人。

其次，在网络布局方面，需要对关键资产和稀缺资源进行把控，如堆场、仓储、资质等，在准时达能源的业务进行中，上述稀缺资源在原有平台的加持下，辅之以自研技术等，一旦形成规模，就能很容易形成“护城河”。

此外，准时达能源的定位精准，也成为其区别于其他运输服务商的重要特征。其对标的是物流业务，非能源业务，因此与当下贸易商或分销商角色更为浓厚的企业形成互补，而非竞争。

梅族林总结道：“总的来说，准时达能源模式的精髓还是在‘只做交易，不做价格’上，所以我们的实施路径也是先收集小批量的需求，通过准时达的网络和节点整合成大批量物流，最终实现从流量到批量。”

更为重要的是，背靠准时达与 IDG 能源两大股东分别在供应链管理和能源领域的深厚资源，使得准时达能源在品牌、行业理解与认知、供应采购体系、IT 系统、资金等方面远超同行，在快人一步的同时形成壁垒。

对于未来，基于标准化运输的准时达能源将复制当前的成功模式。

“准时达能源第一个五年规划是在国内做到 200 万 -300 万吨的规模，在海外我们会复制日本模式，做 2-3 个转运点。最终做到 1 万个罐箱的保有规模。而我们近期的目标是跟随国内企业的脚步，切入东南亚市场，实现模式复制。”梅族林说。

总体而言，通过业务的独特性和技术的创新性，准时达能源做到了无缝对接液源与终端用户，而一个被其“轻模式”开启的 LNG 运输新时代，正缓缓到来。

来源：中国物流与采购网　2019 年 12 月 12 日

6.3 钢铁物流

上海钢铁物流电子商务发展报告

作者：王京、王立华

《现代物流报》主任记者、西本新干线企划高管

概述

“中国制造 2025”是国家层面提出的“制造强国”的宏伟蓝图。为加快实现这一目标的落地，这些年，我国实体产业正在积极响应供给侧结构性改革的转型方针，目的就是“去产能、调结构”，走向“制造强国”路线。而“一带一路”倡议又将助力市场主体真正实现“走出去”。所以在政策层面，可以说目前我国传统实体产业正处在一个重要的战略机遇期。这为互联网 + 传统行业的发展，以及促进传统产业转型升级带来了新的契机。目前中国粗钢产能约为 12 亿吨，已经成为全球第一。可单位 GDP 对钢材消费强度却正在下降，我国钢铁产能、产量、流通、需求严重失衡成为突出矛盾，传统钢铁物流产业链从原料端到制造环节，最终将产品提供给终端，呈现出上下游关联主体繁多、流通环节长、供求关系不对、需求难以采集等诸多问题。

由上述传统产业普遍存在的问题所引发的行业痛点集中表现在以下几个方面：在生产制造和销售环节，一是流通环节过于冗长，制造企业无法精准掌握终端市场用户需求，个性化需求无法得到制造企业的有效供给；二是制造企业各自为政、供需信息不对称，恶性竞争；三是由于制造企业间属于竞争关系，横跨制造单元进行集中调配产能安排生产计划几乎不可能。在采购环节，单位采购规模小，对上游制造企业缺乏话语权，采购资源无法共享，MRO 无法跨企业展开协同发展。在物流环节，物流寻源封闭、信息经常不对称，车辆空载率升高、运输成本增加使物流企业经营困难、违章超载严重，存在着巨大的安全隐患。在融资环节，表现为融资难、融资渠道单一，尤其在“钢铁贸易流通信贷危机”发生后，金融机构真是“闻钢色变”，面临着严重的信用危机。

不过，相对传统的流通交易模式，上海钢铁物流产业互联网却具有低成本高效率、商业模式开放、信息资源共享、优化交易流程、贴近终端用户、实现资源整合等优势。我们希望通过产业互联网构建钢铁流通新生态，帮助钢铁供应链上的企业实现生产、销售、采购、物流的在线化、可视化，争取从需求入手“倒逼”这些传统生产企业实现结构调整、转型升级，以此达到多方共赢、互惠互利的市场新局面，共同为钢铁物流供应链上各环节创造新价值。

一般而言，我国钢铁物流电子商务初建时的规划，一是去中间化，直接连接大宗商品生产制造与市场流通需求“两端”，精准定位市场；二是联合供应链链主，加快整合产能、有效供给市场；三是通过“互联网 + 钢铁物流”推动产业生态圈完成重构。在此基础上，逐步构建六大平台服务：一是电子采购招标平台，通过线上完成原料端采集招标，实现招投标环节的公开、公平、公正；二是“云智造”SaaS 平台，通过交易数据收集下游需求，通过云端调度，实现企业之间资源整合和产能共享；三是钢铁物流电子商务联盟，为大型制造企业集团定制化二方电子商务交易平台；四是建立第三方钢铁物流电子商务平台，通过线上交易模式提高交易效率、降低交易成本、减少中间环节、配套物流与金融服务；五是建立第四方综合物流服务平台，以此降低流通环节成本、发现物流价格、

可视化物流跟踪和车后市场增值服务等；六是建立配套的金融服务平台，融通高效、财富增值，解决中小大宗物资生产企业融资难题，搭配高效可控的“云风控”监管体系。

众所周知，我国钢铁物流产业互联网的最大特点就是从终端需求驱动，通过电子商务交易平台与物流信息平台达到“销售、仓储和运输”的三个统一，并通过尝试区域化运营，利用“SaaS 云制造”协调制造企业的产能调度安排。而原料采购则可以通过招投标平台完成，并通过物流平台进行物流委托流向终端需求市场。当然，还有供应链物流金融监管平台，可以提供包括保理、质押、票据、信用等各种金融属性增值服务。总之，钢铁物流产业互联网目的就是通过整合服务钢铁物流全链条，促进 B2B 与 O2O 相结合，以终端需求为最主要的生产和供应依据，提供衍生增值服务，促进大宗物资流通行业的供应链全新变革与创新升级。

针对钢铁行业等严重过剩产业，电子商务是其转型升级的必由之路，因为产业互联网可以通过“订单拉动、交付带动、效益驱动”推动供给端由“生产导向型”向“市场和用户导向型”加快转变，以此解决我国钢铁物流传统产业链上因产销关系不对称所引发的产能过剩、融资困难、产品标准化困难和下游需求不精准等诸多市场难点与行业痛点。不得不承认，无论是受到行业困境的“倒逼”，还是顺应供给侧结构性改革的调整，这两年我国钢铁物流电子商务行业确实“火”了。据不完全统计数据显示，截至目前，全国已有超过 300 家钢铁物流电子商务平台出现，尤其在我国钢铁行业巨大产能的支撑下，未来我国钢铁物流电子商务行业还有很大的发展空间。此外，中间环节的转变将由全新的互联网服务生态体系来完成。比如：卓钢链用一年多的时间在华东区域做了商业模式和平台服务模式的实践：物流方通过小伙帮运平台完成线路竞价与物流委托；而许多西本优质品牌正在委托帮卖商城完成在线的成品销售、成品统一管理；借助“钢购 E 贷”可以通过供应链物流金融监管服务解决各个环节的资金需求，卓仓汇主要负责钢铁物流过程中的仓储加工业务。

具体而言，由于产业互联网的介入，在销售环节可以连接两端去中间化；在生产环节，可以实现以销定产、产能共享、居间调度、提高制造企业产能利用率；在采购环节，可以实现阳光采购、公开招标、原燃料和 MRO 库存共享；在物流环节，可以通过线上公开寻源，发现真实价格，分析产品流向，实现物流安全监管和全程物流跟踪。在金融环节，可以有效降低融资成本、多元化融资服务、确保风险可控。在流通环节，可以实施在线的现货销售，直达次终端和终端用户，有效避开中间商，将传统行业分销演变为高效率、低成本电商模式。

总之，“互联网 + 钢铁物流”应该说是代表了钢铁产业未来的发展趋势，为我国振兴实体经济，走“制造强国”，推动供给侧结构性改革和传统产业转型升级带来了新的动力。不过，产业互联网的介入要尊重传统产业链的特征，融合和顺应产业发展。比如：上海钢铁物流电子商务平台有多种方式，也不乏替代性的商业模式，其弊端在于容易和传统贸易流通商发生冲突。我们鼓励加快发展产业互联网，但在商业逻辑上不是“替代”，而是“服务”，通过创新供应链条创造新价值。

一、钢铁物流电子商务发展现状

这两年，站在“互联网 +”的风口上，上海钢铁物流行业不得不加快拥抱“互联网 +”的步伐，从“触网”“建网”到全面运用“电子商务”的融合发展，一场借力电子商务变革钢铁交易模式的大幕已经拉开。时下，“钢铁行业 B2B 是国内所有 B2B 中发展最快、最耀眼，也是最快将走向成熟的一个新兴行业。”根据市场调研统计发现，未来我国钢铁物流电子商务行业在成熟市场下有望达到万亿级交易规模，上海钢铁物流电子商务超乎想象的扩张预期和广阔的市场空间，一定程度上正是顺应了我国钢铁供给侧结构性改革。

不难想象，我国在推进钢铁供给侧结构性改革创新中，势必会加速钢铁物流电子商务业务模式和云计算技术架构体系的有机结合，突破原有基于 Web 技术面向信息发布和交易撮合的简单电子商务，通过向上游产业链延伸与生产系统集成完成融合，向下游产业链延伸与物流和终端管理系统创新对接，以此促进整个钢铁供应链中各个产业环节在“云”中汇集、交互，真正推动我国钢铁贸易流通方式发生颠覆性改变。

伴随国家“互联网 +”行动计划推进，一时各路资本开始纷纷涌进上海钢铁物流电子商务平台建设当中，以科技创新和电子信息化为主的钢铁物流电子商务交易平台逆势而上。众所周知，钢铁产品非常适合电子商务，因为相对于其他传统大宗商品来说，钢铁具有标准化、非时尚特性、各类规格繁杂和价格波动频繁等特点。在传统的钢铁交易业务中，传递的都是表单信息，而大规模信息的数据化处理正是电子商务大数据的强项。

从全国范围初步调查统计来看，截至 2019 年底，我国大大小小的钢铁物流电子商务交易平台 230 家，同比减少 18%。而两年来上海新建与正在发力的钢铁物流电子商务平台数量减少了 27%，尽管新建数量增幅有所下降，但这一年也是我国钢铁物流电子商务行业由“扩张”转向“深化”之年，上海地区就有少数优质交易平台已经结束“烧钱不盈利”的现状。进入中国钢铁物流电子商务“深化年”，大型钢铁生产企业开始纷纷推进“互联网 + 制造”深度融合。此次调研结果还表明：目前我国自建电子销售平台与合作电子商务交易平台销售的钢铁生产企业数量已达 81%，而参与调研的钢厂中，反映“有意愿借助电子商务谋求发展”的选项占比达 71%。恰好相反的是，参与调研的上海钢铁贸易流通企业似乎并不情愿，关于其“通过钢铁物流电子商务交易的日均成交量”调查显示，小于 1 吨的占比达 67%。

两年前，全国钢铁物流电子商务交易平台的线上总交易额是 2000 亿左右。而最新统计结果显示，2019 年仅上海地区钢铁物流电子商务交易平台的交易额就达到这一数字，而从单个平台交易数据来看，也佐证了成交量逐年增长的事实。调研数据还显示，目前较具影响的上海钢铁物流电子商务交易平台日均成交量已维持在 20 万吨左右，尽管成交量已经出现快速增长，可时下市场上真正通过钢铁物流电子商务交易平台买卖的钢材量，未来仍有很大的发展空间，对照钢铁贸易流通历史交易数据预测，未来我国钢铁物流电子商务交易市场容量在万亿级，净利润规模超过 100 亿元，或将承接 5 亿吨左右钢材交易市场容量，相信钢铁贸易流通行业的未来注定是电子商务交易大行其道。

如果不搞电子商务，未来就无商可务。伴随我国钢铁供给侧结构性改革深化和科技创新驱动发展，催生钢铁行业“困则思变”的产物之一就是“钢铁物流电子商务”，一时间引发各路资本疯狂涌入。三年来，已有超过 10 家钢铁物流电子商务平台获得资本市场青睐，包括阿里巴巴投资五矿发展旗下钢铁物流电子商务板块，引发“五阿哥”名声大噪，以及上海的找钢网宣布迎来高达 11 亿元的 E 轮融资，刷新钢铁 B2B 领域最大单笔融资纪录等。与此同时，作为“触网”最早的钢铁中央级企业，宝钢在整合原有电子商务优势资源基础上，高调注册成立“欧冶云商”，一手持有 20 亿元的注册资本，一手持有 17 家金融机构 1627 亿元的授信，可谓不惜重金走向钢铁物流电子商务交易服务生态圈之路。

对于上海钢铁物流电子商务行业来讲，通过“新三板”上市，不仅可以扩宽融资渠道，获得新的资金支持，有利于进一步整合钢铁行业上下游资源，而且对钢铁物流电子商务交易平台的品牌建设、市场知名度提升都将起到积极作用。比如上海“钢银电商”挂牌新三板前后，平台的市场估值竟然从起初 10 亿元快速攀升到 35 亿元。目前，上海钢铁物流电子商务行业仍处于发展早期，发展重点是做大平台线上业务交易总量，并快速抢占市场份额和客户资源，因此大多数仍旧处于微利或不盈利的状态。不过，随着业务规模的快速发展，人力、技术资源及资金的投入不断加大，销售费用、管理费用、财务费用增加较多，寻求新的增量资金成为各个钢铁物流电子商务交易平台普遍面临的问题。

二、钢铁物流电子商务平台类型

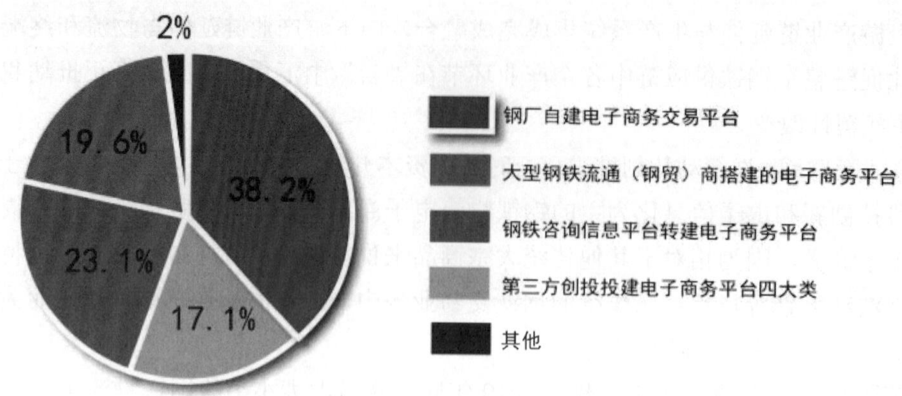

图 1　钢铁物流电子商务平台类型

这两年，在国家大力推进钢铁供给侧结构性改革和互联网技术创新驱动背景下，各种形态的钢铁物流电子商务交易平台如雨后春笋般崛起。由于架构钢铁物流电子商务的主体在钢铁产业链上所处的环节、规模和重要程度都存在差异，以致这段时期我国钢铁物流电子商务交易平台发展呈现出“百花齐放、群雄逐鹿”的特征。

根据我国钢铁物流电子商务交易平台不同股东背景可分为：钢厂自建电子商务交易平台、大型钢铁贸易流通商搭建的电子商务平台、钢铁咨询信息平台转建电子商务平台与第三方创投投建的钢铁物流电子商务交易平台四大类。调研统计显示，截至目前，包括宝钢、河北钢铁、新兴铸管、华菱和沙钢等在内的钢厂自建电子商务交易平台数量占比最高，已达到 38.2%，而完全第三方创投钢铁物流电子商务平台仅占 17.1%，另外两类依次为 23.1%、19.6%，还有其他占比 2%。

与此同时，各家电子商务模式又不尽相同。钢厂自建电子商务交易平台多数陷入了“单纯将线下销售搬上网络”的怪圈，成效迟迟难以显现。以河北钢铁电子交易中心为例，实际盈利业务只是在循环物资和原料采购买卖上。而像上海卓钢链，除向“钢材网上超市”目标发力外，还侧重“动态货值融资”业务。至于由资讯类网站延伸的电子商务交易平台，比较接近于第三方钢铁物流电子商务交易运作模式，不过仍难抵住“广告式交易信息发布”的利益诱惑。而“淘宝式”第三方钢铁物流电子商务交易平台则是一种较为理想的发展类型。比如找钢网和喃喃拼钢网等正在努力接近，可对比五阿哥、物产中拓和西本新干线等，后者凭借大型国有钢铁流通企业实力，拥有着全国覆盖最广的钢材分销网络与物流体系，可谓是目前行业内比较有天然竞争力的“落地型”钢铁物流电子商务交易平台。具体分析如下：

1. 大型钢铁生产企业自建电子商务平台

目前，包括宝钢、武钢、沙钢、河北钢铁与华菱钢铁等在内的主流钢厂，均已不惜重金投建起自己的钢铁物流电子商务交易平台。这类平台的最大弊端在于其货源单一，许多平台基本上只卖自家资源，只是简单将自己的资源搬到网上走走量而已，并没有充分发挥对外电子商务功能。此外，有些钢厂还把传统的线下交易客户强行拉到线上交易，不仅会造成一部分客户不适应，违背建立电子商务“交易便捷”的初衷，更可能会导致自己内部销售员工因为某些隐性收入缺失而对平台产生抵触情绪。当然，此类电子商务交易平台也具有明显优势，除股东方雄厚的资金支持外，整体资源和销售渠道的优势也使其明显优越于其他类平台。

2. 大型钢贸流通商搭建电子商务平台

由于传统的多级分销体系崩溃，“短链”经济时代到来，大型钢铁贸易流通商的生存空间也受到挤压，这不得不迫使他们开发利用电子商务平台，推进网上销售集成运作，形成虚拟与实体“无缝对接”的电子商务运营模式。这其中包括五矿发展联合阿里巴巴投建的“五阿哥”、广东物产集团旗下的“广物电子商务”和中铁物资与上海钢之家合建的“中国大宗物资”等，因为它们凭借大型国有钢铁流通企业实力，拥有着全国覆盖最广的钢材分销网络与物流体系，是当前行业内比较有竞争力的“落地”型电子商务平台。当然，这类电子商务交易平台并非只是将钢材放到互联网上销售，而是结合物流基地搭建起一个真正适合钢铁物流电子商务平台，探索出有助于钢铁供需双方互利共赢的运营模式，用最低的物流成本，联合钢厂给终端用户提供最适合的产品和最优质的服务。

3. 钢铁资讯信息平台转建电子商务平台

此类平台的代表有“我的钢铁”旗下“钢银电子商务”和钢之家现货交易平台等，它们凭借多年积累的客户资源和团队优势，具备挂牌、竞卖、招投标功能，通过发布现货交易信息拓展销售渠道，实现网络签订钢材购销合同，是唯一比较接近第三方钢铁物流电子商务运作模式的平台。未来此类钢铁物流电子商务交易平台应该尽快舍弃资讯收费业务，专注于发展钢铁物流电子商务交易平台，以此快速占据市场份额。与此同时，这类平台值得称赞的地方是，以第三方资金监管和保证金交易制度来确保交易的安全性，而面向钢厂、一级代理商可进行预订货管理，面向中小采购商，可以合并订单集中代订货业务，避免用户单打独斗议价能力不强或因资金问题不能获得订货资格等问题。这也正是其接近第三方钢铁物流电子商务交易平台运作模式的关键所在。

4. 第三方创投企业创建电子商务交易平台

作为居于钢铁生产上下游之外的第三方，此类平台所涵盖的经营业务相对更加全面、公平，不会单单侧重于买方市场或卖方市场。研究发现，起步初期，它们往往会最大限度地为钢材买卖双方提供交易撮合服务。当然，后期它们也会逐步开展在线商城等自营业务板块，真正按照消费品 B2B 电子商务销售模式运营管理和营销推广。譬如上海找钢网和钢铁侠等这类电子商务交易平台，最大的特点是成立初期加大了钢铁 B2B 交易撮合服务，通过筛选出精准可靠的低价快捷交易信息，为买家提供优质钢材供应商，为卖家提供精准采购资源，并通过平台交易积淀“大数据”，深入分析预测钢材市场的运行情况，促使买卖双方在钢铁物流电子商务交易平台开展业务。

三、钢铁物流电子商务平台模式

调研发现，经过前期的野蛮粗放发展，现今上海钢铁物流电子商务交易平台与传统钢铁产业链的融合日趋成熟，平台交易模式创新融合程度正在快速提升。就我国现有钢铁物流电子商务交易模式来看，不外乎有“挂牌”“竞价”“撮合”“网上代销”与“在线商城”五类交易形式，但归根结底主要归并为自营和撮合两种交易类型，具体又可以分为“自营”“自营 + 撮合”和“撮合”三种形式。在这里，特别需要指出的是，随着我国钢铁物流电子商务行业的创新发展，一家电子商务交易平台只采用一种交易模式的情况已经很少见，它们往往会同时存在两种或多种交易模式，只是随着发展阶段不同交易模式所占的交易规模比重不同而已。

1. 自营交易模式

此类模式多为第二方钢铁物流电子商务交易平台使用，类似于企业自己的 ERP 平台或直供系统，较具代表性有早期的上海东方钢铁在线，它们基本上是以钢厂自办自营为主平台，目的是把产品尽可能多地推销出去，在整合线下交易渠道的基础上，利用线上优势扩展销售渠道。尽管这样会对资源销售有一定的促进作用，但钢厂自营平台的建设需要线下仓储物流体系的辅助，这样一来“备库”的成本非常高，需要在全国各地建立钢材仓储物流中心，而且需要拥有雄厚的资金来支撑。

与此同时，还有一些实力雄厚的大型钢铁贸易流通企业也建立了自己的自营平台，它们多以拥有的终端渠道为背景，在垫付一部分资金后，批量从上游钢厂“聚集式”优惠拿货（统购分销模式），从而获得网上自营销售的盈利空间。但需要注意的是，此类自营平台受行情波动影响较大，必须承担价格下跌风险，很难实现长期稳定的直接盈利，多数是靠整合交易数据来提供仓储、物流、加工等增值服务盈利。

2. 撮合交易模式

此类模式比较适应第三方钢铁电子交易平台使用，多由资讯类钢铁物流电子商务交易平台发展而来，极具代表性的有中国钢铁现货网、上海钢之家。它们与生活类消费品电子商务中的“淘宝”模式相似，主张打造一个开放、公平、自由的钢铁物流电子商务交易平台，往往是通过技术、产品和服务聚合钢铁全产业链的用户，形成一个用户黏性强、客户认可度高的网上电子商务交易市场。

在整个交易过程中，这一类平台仅仅扮演了供需双方的“中介”关系，并不参与“货权”与“资金”的转移，但客户将交易放在平台上“过户”的过程中，为以后开展深层次合作提供了基础。不难想象，撮合交易一直都是钢铁物流电子商务交易平台吸引客户流量采取的比较常见和重要的方式之一。这一模式最大的特点在于其独立于钢铁实际的交易链条之外，以第三方的身份撮合供需双方达成交易，只为供需双方搭建互通交易的公开渠道，在大大改善传统交易习惯的同时，也提升了双方客户买卖钢材的信任和效率。当然，一定时期后，当平台注册用户养成网上交易习惯后，如何提升用户体验、提高平台黏性，将成为此类平台发展过程中不可回避的问题。

3.“自营+撮合”交易模式

此类模式是上述两种的结合体，但这里的“自营”又区别于钢厂直营，多在纯正的第三方钢铁物流电子商务交易平台里出现，具有代表性的是上海卓钢链、找钢网和钢银电商等。这里的“自营”模式与生活类消费品电子商务——“京东”的模式相似，特点是钢铁物流电子商务交易平台参与到实际的钢铁贸易交易环节中去，通过在钢材货源方购买产品，然后再在平台挂牌买卖，通过价格优势抢占市场份额，最终目的是做最大的钢铁在线贸易商，取代传统的线下钢铁贸易流通环节。

而在实际的发展过程中，这类“自营+撮合”的钢铁物流电子商务交易平台的“准裁判+运动员”双重身份如何规避，如何真正保障第三方钢铁物流电子商务交易平台具有“开放、公正、资源共享”的公信力很重要。当然，“自营”和“撮合”两种不同模式相结合的业务如何在平台上实现协同发展、相互支持，同样是这类钢铁物流电子商务交易平台时刻要认真思考的问题。

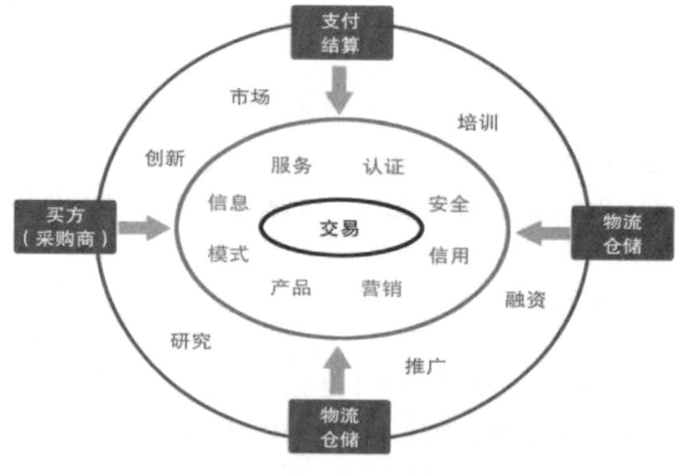

图 2　交易模式

四、钢铁物流电子商务探索难题

面对中国经济“新常态”，实现经济转型升级最得力的工具就是“改革”，最终出路也在“改革”。目前，上海钢铁物流行业缺乏一个具备广泛公信力、系统功能强大的多行业信息、交易与管理的综合交互平台，让这个庞大的钢铁物流产业链条更加集群、透明和高效起来。在此诉求下，这两年上海钢铁物流电子商务交易平台开始迅猛崛起，不过经过前期野蛮生长和粗放式发展之后，这一新兴行业同样积累了许多发展中问题与难题。在此次钢铁供给侧结构性改革过程中，这些难题能否有效加以解决，将决定着上海钢铁物流电子商务行业的未来之路能否长远和光明。

1.“烧钱赚吆喝”数年换来不足0.1%利润率

平台盈利问题，这是任何一个行业都无法回避的问题，尽管我国钢铁物流电子商务行业已经历十多年的探索发展，可直到2016年才首次出现“扭亏为盈”企业。不过从利润率来看，仍处于“微利”阶段。据最新调查数据统计，2019年，上海地区实现“扭亏为盈”的钢铁物流电子商务平台并未超过10家。

究其深层原因，这两年，上海钢铁物流电子商务交易平台都在试图通过“烧钱赚吆喝”来扩大自己的市场份额，而且这些平台还想将传统贸易商通过价格竞争的方式排挤出去，从而霸占整个钢铁市场，这种做法本身就是不利于市场健康发展的，同时也是导致处于发展初级阶段的钢铁物流电子商务利润率低下的根本原因。对照其他电子商务交易平台上流通的产品，都会比实体店的价格优惠，而我们网上的钢材价格并没有比现货更低。如果电子商务交易平台上的价格不能长期占有优势，更大地占有市场份额就很有可能成为一句不折不扣的空话。

同时，当前上海钢铁物流电子商务交易平台运营模式还比较单一，这也是导致钢铁物流电子商务行业利润率低下的重要原因。尤其是以“撮合”模式为主的钢铁物流电子商务交易平台一旦数据量下降，很容易导致客户流失。迫于此压力，上海钢铁物流电子商务交易平台成立初期的“刷单”现象普遍存在，真实交易不足，持续的盈利更是无从谈起。对于“自营”为主的平台来说，对现金流、资金链和钢铁物流供应链的要求极高，如果要实现持续盈利必须要有充足的流动资金和较大的市场份额，可是要想做到这一点并非一朝一夕的功夫。

2. 无法保证“真实的供需、安全的交易”

上海钢铁物流电子商务行业要实现健康有序的发展，必须要有健全的法律体系为其提供保障。这两年，尽管国家针对电子商务的发展出台了一些法规、办法和指导意见，但就钢铁物流电子商务发展形势而言，相关法律法规的出台速度仍然相对滞后。从整体来看，内容方面较为粗糙，有些细节还有待进一步精化，一些权利和义务还需要进一步明确。

例如：在互联网纠纷、诈骗、消费投诉与受理、网络业务发票等方面，目前还是沿用线下的一套操作，在实际执行过程中存在许许多多的争议。当然，除了相应的法律法规，我国钢铁物流电子商务行业在发展过程中还缺乏相应的行业标准，这方面需要国家相关职能部门会同行业协会和行业领军企业，加快钢铁物流电子商务物流配送、平台信息化交互等方面的标准建设。

此外，未来钢铁物流电子商务平台要着力改善的方面，不仅仅是降低钢铁行业运输环节的综合成本（渠道成本、剪切加工成本和物流配送成本），同时还要兼顾资源可得性（产品线富饶程度及上下游嵌入式供应链）、提供信用支持和资金支持（融资垫资和信用平台）、全流程服务便捷（从线上交易到线下实物产品的交割、加工仓储配送等一条龙服务无缝衔接），以及交易资金的闭环运行（免去银行和其他资金交易平台中介）等。

通俗地说，钢铁物流电子商务平台应该是一个大宗商品生产性服务业基地或生态系统，集聚生产性服务业，支撑服务专业化细分，引导制造企业服务化运营。所以制定统一的标准很重要，有关行业组织应加快牵头制定相应的标准，使得行业的发展更加规范，最终实现“真实的供需、安全的交易”。

3. 雷同效仿使得平台同质化竞争日益激烈

目前，上海钢铁物流电子商务行业无论是数量还是成交量，都取得了长足的发展。不过，在许多钢铁物流电子商务交易平台中，平台类型、交易模式大多雷同，同质化竞争仍然非常激烈，未来势必会对行业发展带来消极影响。一方面，钢铁物流电子商务平台为了维持或继续扩大自己的市场份额，会不断加大投资力度，持续不断地“烧钱”，这必将为原本盈利能力就不强的钢铁物流电子商务平台和钢铁行业带来资金困扰；另一方面，在目前整个钢铁物流电子商务行业没有出现明朗的盈利模式之前，不断地大规模重复建设，不仅浪费行业资本，更是增加了平台的盈利难度。

与此同时，在平台同质化的激烈竞争加剧过程中，我国大型钢企在电子商务领域开始展开联合深化合作。这两年，宝钢集团与河钢集团签署战略合作协议，拟共同打造中国钢铁物流电子商务联盟，研究将各自旗下的“欧冶云商”与“河北钢铁交易中心”平台系统对接的可行性；而中国五矿集团与河钢集团、武汉钢铁集团都签署了战略合作协议，准备在钢铁物流电子商务领域深化合作。

此外，在同质化竞争之外，国内不同背景的钢铁物流电子商务平台之间的关系也发生了微妙的变化。钢钢网分别与欧冶云商、钢为网等签署电子商务联盟战略合作协议。其目的是以合作为入口，优化各自平台贸易、数据、金融综合服务领域，通过互助实现各自平台的品牌共促、流量互补、服务共享和物流机制互补等综合服务能力的提升。

4. 身单力薄很难握住大厂产品资源和渠道

目前，上海许多第三方钢铁物流电子商务交易平台都不握有资源掌控权，基于此，第三方平台与大钢厂黏合度较低，即便名义上有大钢厂的合作协议，但不填付足额的资金仍吸引不到大钢厂有效资源上牌交易。基于这一短期无法改变的现实情况，时下许多第三方钢铁物流电子商务平台只得把目光放在小钢厂身上，针对它们应对风险能力较薄弱的弱点，以快捷代理销售为前提，在满足降低经营成本和风险的原则下，通过“一单一议”“代销后结算”等方式拿到小钢厂产品的代理权。

与此同时，有一些第三方钢铁物流电子商务交易平台甚至只得在夹缝中求生存，通过混合代理、经销两种销售模式，制定出一套大中型钢厂不屑做的，而能吸引小钢厂产品上网挂牌的操作方式。原则上是一单一议，订货时付 10%-20%，货到指定仓库后再付 50% 左右的费用，销售定价由钢厂决定，每天根据网上销量结算一次。销售完成后，平台除留存垫付资金外，还扣留代理费用，再在下次订货时结清余款。

不难发现，自从电子商务实行代理经销混合操作方式后，给一些没有太多销售渠道的小钢厂带来了福音，原本在库存前置中换不了现的产品都可以通过与电子商务平台合作，在销掉产品之前就拿到 60%-70% 的现金流。久而久之，小钢厂产品成了第三方钢铁物流电子商务平台一统天下的主流品种，而大钢厂产品几近绝迹。即或偶尔露脸，也是大型钢铁贸易流通企业出于某种原因托盘的产品。这样一来，第三方交易平台无意之中就成了二三级产品的交易市场。

5. 信息技术不足导致平台发展寄托“人海战术”

我国钢铁物流电子商务平台发展到今天，依托密钥认证、数据挖掘、数字签名、EDI 等底层技术，钢材贸易流通已经能够基本打通网上交易。但与这一线上贸易衔接的线下节点，在技术上还存在着很大的提升空间。

为了给客户提供安全、省心的服务，在高端大数据尚未成熟和普及的情况下，目前各家平台成交的每一笔业务，都必须安排专门人员对货物的价格、质量以及物流的状态全程跟踪监控。如果业务量不大，可多聘请几个人，但如果随着业务量快速增长，一旦突破上千万吨，钢铁物流电子商务平台要么变成“重公司”，和传统贸易企业一样，大量建设异地办事处、聘人监管，要么将钢材交易业务的很多环节转交给仓库或运输公司代办，这种结果的风险不言自明，也无法实现电子商务平台的闭环交易。

当然，随着上海钢铁物流电子商务平台对于线下的重视，一些平台开始和部分仓库联合推出了“智能仓库”，其最大亮点无非是加装摄像头、红外线等，实现远程监控。不可否认，这些措施能够方便商家实时监管自己的货物，保证货物安全，但从长远来看，由于没有从货物流通角度进行行业信息化的全盘考虑，只是取单一环节去切割，依然无法解决行业发展的根本困难。

我们要解决信息技术不足的问题，就必须从钢铁全产业链视角出发，加强联合或联盟，不光是行业的横向联合，还包括钢铁供应链上下游，从厂家、贸易商到用户，以及配套的服务商如仓库、运输和加工等，采用系统、规范和统一的技术标准进行线下全产业链节点业务技术升级，真正促使我国钢铁贸易流通行业更加方便、高效和安全。

五、钢铁物流电子商务创新路径

在提出“互联网 +”“供给侧结构性改革”等国家战略框架背景下，我国钢铁物流电子商务行业迎来如火如荼的快速发展。本章结合实际调研情况，通过以欧冶云商、找钢网、卓钢链和西本新干线等已经发展起来的、较为成熟的钢铁物流电子商务平台为主要研究对象，探索分析出五条创新改革发展新路径。当然，未来远远不止这些，相信业内还有很多实战创新发展思路，在此仅供研究探讨。

1. 创新钢铁物流电子商务在线供应链融资

在上海钢铁贸易流通业融资遭受集体性违约的诺言危机之后，银行和钢铁贸易流通商之间的信任关系越来越脆弱。譬如，这一轮危机下来，上海地区钢铁贸易企业贷款余额从繁荣时期的接近 2000 亿元，一度萎缩到不足 500 亿元，这对上海钢铁贸易集散地和金融中心的地位是一个重创，更是对全国钢铁贸易融资产生重大打击，这很值得我们反思和反省。其实这件事是坏事也是好事，现在我们要做的工作是什么呢？就是加快利用互联网平台经济重新建立钢铁业和银行业的合作。重建企业与银行互信的重要性不言而喻，企业融资这个接力棒自然被交到了钢铁物流电子商务交易平台手上。

事实上，在线供应链的金融体系是对传统金融的变革和创新。它的风险和防控不再是以不动产为核心的风险控制模式，而是以动产、物权、账权、行为数据进行实时跟踪采集的新风控方法，所以风险很低，也是可控的。当然，在线供应链融资管理当选为钢铁物流电子商务交易平台的最佳融资模式，但并不意味着融资问题就得到彻底解决。钢铁物流虽然不是核心，但它是钢铁物流电子商务的前提和关键。钢铁物流如果不解决，很多事情就进行不下去，所以谁率先突破现在的物流体系问题，交易生产才能提升，物流解决了，融资才能解决，否则金融也是一个空话。

解决好钢铁现代物流是重建钢铁业与银行业信任的前提，更是建立在线供应链融资信用体系的关键。天物大宗是钢铁物流电子商务交易平台中在这方面取得较好成绩的企业。由于它特别好地解决了行业中物流监管的问题，并在此基础上解决了与重点银行在线供应链融资供应的问题，最终获得 120 亿的资金额度。其实，在线供应链融资管理和传统线下的物流金融完全不一样，它是互联网金融的代表，对钢铁物流电子商务融资来说是一场革命。站在更高端的信息化发展前景来看，在线供应链融资管理是未来的制高点。按需融资，多方共赢。在线供应链融资管理风险是可控的，这是金融行业真正服务于实体行业的模式，如此一来，钢铁生产企业就变成了乙方，至少双方可以平起平坐，这对我国钢铁行业供给侧结构性改革是非常有意义的。

2. 加速破解钢铁物流电子商务配送物流瓶颈

目前，上海钢铁物流电子商务交易平台发展速度已远远超乎大家预想。可不容忽视的是，上海钢铁物流电子商务交易平台虽然在数量和交易量上成绩斐然，但滞后的物流体系仍是制约行业发展的一大“瓶颈”，目前钢铁物流与真正意义的现代物流相比，还存在很大差距。据统计，目前我国钢铁物流成本占整个钢铁产品成本的 20%-30%，而发达国家只占 10% 左右。如何真正降低钢铁物流成本，电子商务或是一个非常重要的手段。事实上，任何一家成功的钢铁物流电子商务交易平台都不外乎遵循三个原则：基础在平台、发展在金融、关键在物流。现在电子商务最重要的不是信息而是物流，钢铁物流电子商务目前只解决了商流的问题而没有解决物流的问题。

那么，如何破解钢铁物流电子商务物流瓶颈呢？首先，要全面提高物流企业的信息化水平，通过技术手段实现钢铁物流电子商务交易平台和传统物流企业之间的融通。借助物联网技术，钢铁物流企业建立与电子商务平台相匹配、可衔接同时也契合自身业务和管理流程的信息化管理系统，在便于电子商务平台客户管理和查询的同时，全面提高我国物流企业信息化水平，减少因物流、仓储信息不透明而造成的钢铁跨区域重复流通。具体而言，物流企业需要借助“二维码”技术和“物联网”技术，实现货物配送的全流程跟踪；仓储企业需要推进仓储管理的数字化，实现仓储企业操作的可视化、便捷化、信息化和智能化。与此同时，物流企业车辆使用情况、驾驶员信息以及仓储企业的存量信息等物流信息也可以在平台上实时呈现，为钢铁物流电子商务交易平台用户提供参考，从而提高交易效率。

当然，要破解钢铁物流电子商务的物流瓶颈，实现长期可持续的发展，还需要自建仓储基地。受到钢铁物流半径的限制，钢铁消耗终端离钢厂距离越远，吨钢物流成本就越高。通过我国钢铁物流电子商务交易平台自建仓储中心不仅可以有效消除二次流通成本，还可以实现平台物流、信息流和资金流的三流合一。总而言之，破解我国钢铁物流电子商务交易平台物流瓶颈，绝非一日之功，需要多主体、多角度、长时间的共同努力。只有电子商务发展到具有物流平台支撑时，钢铁物流电子商务的概念才会发生变化，被平台经济取而代之。目前，为解决钢铁物流瓶颈，各大平台也推出了与自身交易平台相匹配的物流服务平台，如西本新干线物流平台小牛物流、卓钢链的小伙帮运物流平台、找钢网物流平台胖猫物流等。这也正是我国钢铁供给侧结构性改革中想看到的，因为平台经济的出现意味着钢铁物流电子商务的创新到了一个新的阶段，不过这一进程推进的关键在于解决好我国钢铁物流电子商务的物流半径与物流成本。

3. 加快建设并出台钢铁物流电子商务相关标准

由于我国钢铁工业的巨大体量、行业多种特殊性质以及行业领头羊多年的相关积累，钢铁物流电子商务成为工业品 B2B 电子商务的先锋，未来我国钢铁物流电子商务交易市场空间有望达到万亿级规模。但从整体而言，当前的钢铁物流电子商务发展仍然处于“赔钱赚吆喝”阶段。事实上，钢铁物流电子商务交易平台最基本的功能是线上交易功能，实现资金和实物的顺利交割。而在交易过程中涉及实物交易双方，同时还要涉及银行（融资垫资方）、第三方支付平台（资金交割中心）以及线上网站（资讯提供及交易撮合方），如果做不到这些那就难以称为真正的电子商务交易平台。

目前，上海很多钢铁物流电子商务交易平台并非真正意义上的电子商务交易平台，线上网站主要是起到资讯推介的媒介作用，而后续的交易、交割等流程与网上平台已经脱离。有的平台交易量只是客户企业采用它的线上报价信息，线下还是传统交易，只有撮合数据可贡献为交易量。甚至还有些企业存在交易数据造假，由于难以基于真实的交易产生价值，多数电子商务交易平台尚未找到稳定可靠的盈利模式。其实，酿成这些问题的根本原因还是钢铁物流电子商务行业的发展缺乏统一标准。只有基于钢铁供应链的全流程下交易，每个环节都扎扎实实，才是实实在在的交易量。可要做真正的电子商务交易平台，势必要建立完整的钢铁物流电子商务标准化体系，促使线上平台的资讯、推介等媒介流程与交易和支付等流程无缝对接，实现除实体产品加工仓储物流之外的流程全部可以在网络上完成，真正做到网上电子交易。

在此值得指出的是，我国钢铁物流电子商务建设和信息交互方面的国家级相关标准正式出台。作为全国物流标准化技术委员会发起的“重点物流领域关键技术标准研究”的子项目，《钢铁物流互联网公共商务信息平台建设》和《钢铁物流互联网信息交互技术规范》两部国家标准由中国物流与采购联合会钢铁物流专委会牵头，西本新干线股份有限公司联合宝钢、鞍钢等行业单位共同研究制定。两部国家标准从制定钢铁物流互联网信息交互技术规范入手，旨在解决国内钢铁信息平台交互关系复杂、交互方式不一致，从而造成的信息化成本高、周期长、质量差的问题，最终打造成为行业公共信息平台，形成钢铁物流各环节信息的追溯体系，实现钢铁物流作业规范化目标。

4. 创新钢铁物流电子商务诚信与支付监管体系

在资本市场上，我国钢铁物流电子商务交易平台备受投资者“热捧”。不过，钢铁行业涉猎电子商务交易平台要保持清醒头脑，切忌出现“一窝蜂”现象。因为其中涉及的金融问题复杂而又难解，况且钢铁交易本身资金体量就很大，动辄上千万过亿元。因此，钢铁行业发展电子商务要想走得远、做得大，不仅仅是建立一个互联网商品交易平台而已，金融支付体系建设和信用体系建设是关键环节。从金融层面上看，类似于支付宝的第三方支付牌照必须拿到，金融支付结算平台是一切交易包括电子商务交易的最重要手段。而我国现有的钢铁物流电子商务平台中，只有欧冶云商旗下的“东方付通”“中钢银通”和“广物电商”获得了央行发放的第三方金融支付牌照。

当然，这其中诚信体系建设也至关重要，这是互联网金融的本质属性体现。可以说，所有的金融活动都是以信用为基础，都是在经营信用，我国钢铁物流电子商务发展对金融信用度的诉求更高、要求会更严。对于通过电子商务交易平台交易钢铁商品，彼此不见面的需求、供给和消费者来说，没有完备的信用体系几乎是无法生存和发展的。只有金融信用体系建立起来以后，钢铁物流电子商务才不再局限在为钢铁商品交易服务这一片天地里，而可以大踏步进入到颇具特色、背靠钢铁的互联网金融领域。

未来我们完全可以通过钢铁物流电子商务交易平台和金融第三方支付体系形成的大数据，来指导并改变我国钢铁行业市场长期不对等的供需结构矛盾。上海作为中国金融中心，可以尝试建立中国第一家钢铁网上银行——钢铁银行，专门支持上海乃至全国钢铁物流电子商务行业包括钢铁生产企业和钢铁贸易企业生产经营的信贷资金需求。正是有了信用诚信，一切交易才变得那么简单、那么高效，通过互联网电子商务交易平台，许多陌生人、陌生企业就敢于把金钱付给对方，对方就敢于发货给购买需求者，因此，我国钢铁物流电子商务寻找做大做强的出路包括尽快建立完备的金融信用体系。

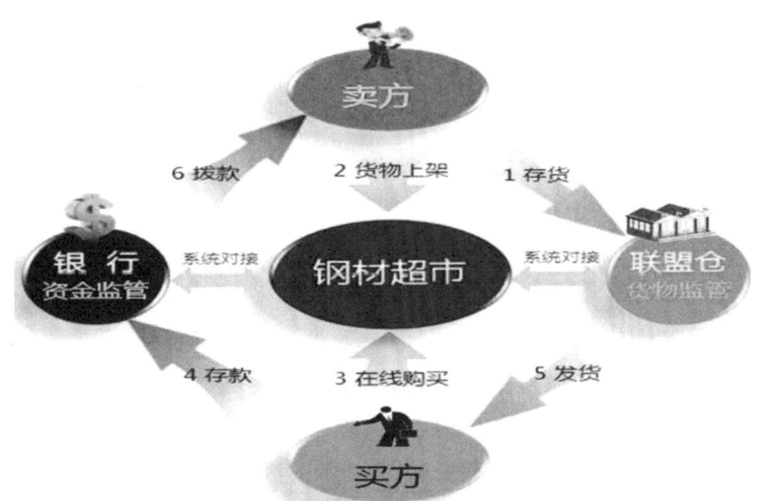

图 3　新的商务模式与资源整合

5. 创新融合钢铁物流电子商务模式和资源整合

相对传统的交易模式，电子商务平台因具有低成本高效率、商业模式开放、信息资源共享、优化交易流程、贴近终端用户、实现资源整合等优势而受到青睐。电子商务主要解决的信息流、物流、资金流问题，是线上与线下、传统与新兴模式的一种融合。但我国现有钢铁物流电子商务交易平台关注更多的是信息流和资金流问题的处理。随着钢铁物流电子商务线上交易、线下交割、线上线下融合的交易模式日渐成熟，物流问题越来越成为钢铁物流电子商务发展的瓶颈，同时钢铁现货交易的熟人交易、单笔交易涉及金额巨大，物流成本较大和运输周期较长等，也是困扰我国钢铁物流电子商务行业进一步发展的问题。

此外，上海现有的钢铁物流电子商务交易平台，目前仅仅具备信息展示、宣传推广和简单的在线业务洽谈等功能，最重要的资金融贷、安全支付、商品物流配送、售后跟踪服务等环节则难以实现。同时，钢材商品的跨区域配送成本较高，可能磨灭电子商务带来的降本增效本质。我们建议在钢铁领域，实现电子商务的全国市场交易过程集中在平台，线下钢材物流配送当地化，必须系统优化监管仓库以及地域的分布，推动交易模式的多元化、便捷化，增强现货资源的供给能力，提高自有软件开发能力（如在线多点销售管控系统、数字化仓储管理系统）以及仓储、物流和深加工能力，从各个方面来增加与现有客户之间合作的黏性、提高线下服务盈利能力和增加平台买家数量。

由于电子商务交易平台的线上市场是无界的，对于线下交割，就需要发挥平台整合线下资源作用。整合终端用户所在区域产品供应方、移植仓库管理模式，强化交易、物流、货物和产权的监督风险防控体系，并引入金融保险机构，实现冶金产品融资配套服务的实质整合，这样既可以实现线下安全便捷交易，又可以促进网上拓展市场边界，实现“线上与线下”融合发展。而在融合模式和整合资源方面，电子商务无疑具有得天独厚的优势。可以说，我国钢铁物流电子商务交易平台的出现顺应了互联网发展的趋势，符合钢铁产业转型的要求，更是用户消费方式转变后的结果。总而言之，目前我国钢铁物流电子商务呈现出“群雄割据、渠道为王”的经营理念，以客户资源或交易信息作为客户需求或区域定价的基础分析数据，将是未来电子商务平台的核心资源和盈利点，因而同类电子商务交易平台之间不可能形成对接。在供给侧结构性改革推动下，可能会出现几种模式的融合，或者发展出新的模式，这些都需要钢铁企业去积极探索实践。

六、钢铁物流电子商务联合重组

如今，我国钢铁物流电子商务行业正在从“成长期”步入“成熟期”。相信未来几年，我国钢铁物流电子商务行业将会朝着更加精细化和专业化的方向发展，钢铁物流电子商务交易平台与传统钢铁产业链的融合也将会进一步加强，尤其是相应的多元化增值服务也会越来越完善。此次调研结果显示，我国钢铁物流电子商务行业最终出路是走向趋同化的商业模式，由“群雄逐鹿”迈进“联合重组”时代，预计再过五年之后，这个行业通过“优胜劣汰”“联合重组”，最后也许就剩三五家大型钢铁物流电子商务交易平台。而这一推进进程需要平台把握“五大方向”，以此在优胜劣汰中抢占先机，处于不败之地。

1. 加快结束“烧钱”引流，将集聚的流量转化为利润源泉

流量是平台的命脉，在上海钢铁物流电子商务行业发展初期，钢铁物流电子商务交易平台通过“烧钱”可以在较短的时间内迅速增加平台流量，提高电子商务交易平台的行业影响力，为其未来发展打下坚实的基础。从长远发展来看，前期“烧钱”引流的做法无可厚非。不过，在流量达到一定规模之后，如何将积聚的流量优势转化为利润源泉，是当前上海钢铁物流电子商务交易平台发展过程中无法逃避的话题，也是钢铁物流电子商务行业能否持续健康发展的关键所在。

未来，我国钢铁物流电子商务交易平台在继续扩大已经盈利的自营业务板块基础上，需要加快利用互联网云计算、大数据和物联网技术，打造高效、低成本的智慧钢铁物流信息化交易平台。比如：中国五矿与阿里巴巴集团联合打造的钢铁领域专业服务平台——“五阿哥”，在探索阶段坚持以平台模式为核心，集结阿里巴巴在大数据、电商平台和互联网产品技术上的巨大优势，紧紧抓住 B2B

互联网“SaaS 工具 + 生态服务 + 大市场”三个关键环节，始终创新钢铁互联网线上与线下相结合的商业模式和服务内涵，构建着和谐、共生、繁荣的生态圈。

除此以外，我们要在钢铁物流电子商务交易平台的物流环节，通过 O2O 线上线下互动，加大配送力度，减少空载和多次往复物流，以此延伸交易服务挖掘、采集多个赢利点，将平台已经集聚起来的流量转化为赢利业务，以便缩短继续“烧钱”的过程，让投资者获得应有的回报。可以预见，我国钢铁物流电子商务交易平台将集聚的流量转化为利润源泉的过程，必将是一个充满曲折和反复的过程，但也是顺应我国钢铁供给侧结构性改革与优化“互联网 + 钢铁”创新发展进程中的必经之路。

2. 以终端需求为导向，加快定制钢铁供应链条深层次服务

众所周知，在供大于求的市场里，用钢终端往往占据着更多的市场主导权，如何更好地服务终端是各大钢铁物流电子商务交易平台亟须解决的重要问题。特别是在各大钢铁物流电子商务交易平台流量起来后，我们发现在所有参与交易的对象中，钢铁贸易流通商居多，很少数是终端企业直接上网采购，这一现象需要各平台引以重视，并加快提上解决议程。

参照这两年上海钢铁物流电子商务交易平台已在酝酿和推进的具体措施来看，不外乎有三方面：首先是与终端用钢企业联手搭建网上采购平台，一些平台在积累了一定数量终端客户资源的基础上，几经筛选，挑出一些信誉较好、经营规范的终端客户，准备合伙搭建一个第三方代理采购电子商务平台。根据预期规划，将按照平台流程服务程序，完成采购招标，再对钢铁流通全程实施全方位监管，并为有需求的代理采购方提供融资贷款、仓储物流、配送加工和采购咨询等多方面配套服务。

其次是抓住终端痛点提供相关服务，有一些钢铁物流电子商务交易平台经过市场调研后，发现众多轧材厂经营困难，便根据平台积累的资源，采取“一对一”特殊服务措施，包括以低息率解决轧材厂采购钢坯的资金缺口，共建专项促销栏目盘活资金，使得即将停产的轧材厂逐渐恢复稳定生产。

最后是主动联手上游大中型钢厂搭建赊销钢材电子商务交易平台，对此，一些钢铁物流电子商务交易平台灵活地与许多钢厂达成了浅深不一的合作。在浅层次合作中，起码平台可以花较少资金获得上牌资源，为面临销售困扰的钢厂拓宽一条销售渠道；在深层次合作中，平台可以和这些钢厂结合成利益共同体，联手共同搭建钢材赊销电子交易平台，让一些产品在较短周期内完成销售业务，促使这些钢厂资金快速回笼盘活，继而投入再生产中去。当然，这其中也有许多上游钢厂不愿“落伍”，想通过“互联网 +”拓展打开新的销售渠道。比如：目前找钢网已经迎来西王特钢、天津钢管等 100 多家钢厂战略合作，钢源城更是和申银特钢建立了密切销售关系，类似钢厂的直销电子商务交易平台。

3. 引入孵化基地模式，组建高黏性高忠诚度供销创业团队

这两年，上海钢铁物流电子商务交易平台的成交量总是与业务精英团队相辅相成的，成交量大的钢铁物流电子商务平台总是配置较为庞大的业务团队。当平台日均成交量破 10 吨流量时，这样的成交量足以抵得上 20-30 家中小型钢铁贸易流通商的成交量。因此，类似这样大成交量的电子商务交易平台，配置 500-700 人的业务团队自然在情理之中。然而，在平台赢利模式真正建立起来之前，当业务团队伴随崛起的流量扩大起来后，就会直接影响到平台流程服务运行成本的提升，这或许也是有些平台在流量起来后还在继续“烧钱”的根本原因之一。

鉴于上述原因，为了让平台轻装上阵，有些钢铁物流电子商务交易平台开始积极发挥整合社会资源的优势，正在筹划组建组织更加松散、机制更加灵活、服务更加高效的采购顾问式营销创业队伍，通过共享办公、共享资源和高额提成聚拢在一起，不受空间、时间限制。这种方式既顺应了当前我国鼓励“大众创业、万众创新”的需求，又为自身添置了一支庞大的不带薪的业务团队。尽管在实际运作过程中会因为种种原因流失一部分人才，但只要管理制度设计合理、奖励机制稳定有效、资源报价公开透明，久而久之，一定能够培育出一支具有高黏度、高忠诚度的营销队伍，为钢铁物流电子商务平台带来可观的效益，促进我国钢铁物流电子商务行业快速健康发展。

4. 发挥科技创新优势，实施多项大宗商品平台化交易计划

不难想象，一家钢铁物流电子商务交易平台从立项建设到初具规模，不仅需要在软硬件设施上投入，还需要一支庞大的技术开发团队。而通过平台的架构和实施，这些技术人员已经对钢铁行业的交易流程有了更加深刻的认识和了解。由于大宗商品具有共同的一些属性，交易流程也大同小异。因此，一些钢铁物流电子商务交易平台在积累了一定的行业经验之后，开始凭借其技术方面积累的优势，进入铁矿石、水泥、化工和煤炭等其他大宗商品交易领域，比如西本新干线、钢源城等。

据了解，西本新干线股份有限公司由“国内知名钢铁现货电子交易平台”正在转身为“中国标准商品电子商务交易平台”。这样，不仅有可能在短期内获得更多赢利点的机会，还会在实际应用中“摊薄”平台运行成本——在原有设施、运行团队基础上，稍加引入专业人才就可扩大经营范围。因为该平台属于产业和IT技术结合产物，主要依托自己首创的BMB结算模式，集交易服务、金融服务、物流服务、技术服务于一体，可以实现产业链上多节点经济效益的提升，同样适用于铁矿石、焦炭、水泥和化工等资源类标准商品领域。

通过科技创新，打造多项大宗电子商务交易平台可以带来三方面作用：一是以交易过程产生的真实需求指导生产，促进大宗商品供需平衡，帮助上游控制产能过剩、有效实现计划排产；协助下游终端用户控制价格风险，支持实现符合需求的合理采购；通过物流全程跟踪，实现品质管理可追溯，杜绝假冒伪劣商品流通。二是彻底改变传统交易体验，实现交易变革；提高物流效率，降低整体物流成本，支持我国物流产业升级。通过交易数据联动，深刻地将生产与消费高度关联。三是推动多项科学技术在大宗商品物流领域的首次应用，如云计算技术、“二维码”防伪识别技术、移动终端技术、智能互动体验等，大大促进物流科学技术整体进步和产业应用。

5. 加速扩大市场份额，促进同质化电商平台走向联合重组

分久必合，这样的情况已经在其他行业纷纷上演过了。当我国钢铁物流电子商务市场的份额被瓜分殆尽，依然没有一家电子商务交易平台以绝对的优势称霸整个钢铁物流电子商务行业的时候，各钢铁物流电子商务交易平台之间的“合纵连横”也就在所难免。目前我国钢铁物流电子商务交易平台数量众多，呈现出来的是“各自为战”的格局，整体看起来显得那么“小而散”。在钢铁供给侧结构性改革大潮下，“没有规模化效应”已经成为当前我国钢铁物流电子商务行业的短板之一，更是“十三五”时期加快创新改变的研究课题之一。

其实，钢铁物流电子商务的核心使命是降本增效，除此之外，再多、再新鲜的花样都只是表象。而实现降本增效的核心就是最大化地聚合资源、聚合市场，形成规模化、集约化。因此，我国钢铁物流电子商务交易平台间的融合，特别是钢铁生产企业自建的电子商务平台融入第三方钢铁物流电子商务交易平台的模式将成为趋势。尤其在钢铁产业链上，作为一个交易平台，是一手牵着上游企业、一手牵着下游企业的中间服务商。尽管随着互联网技术发展，平台具备多种多样功能，但本质上依然离不开传统意义上的服务。因此，平台在运作过程中，绝不能因为互联网技术能做什么就去做什么，而是应该运用互联网新理念，结合自身特长锁定服务对象，在整合一切有效资源后，再来确定体现服务功能的定位，具体布局和落实精准、专业的服务方式，让上下游客户都能享受到安全、贴心、便捷的服务。

总而言之，仍处于我国钢铁产业链中游的电子商务交易平台绝不是万能的上帝，总是有所长和有所短，只有充分发挥长处才能更容易接近成功，而这样的长处应是传承的精华所在。因此，钢铁物流电子商务交易平台在筹划前，就应该首要搞清楚“我是谁”，接下来才能明白“我能做什么”“我该怎么做”等一系列问题。在回答好这些问题过程中，创新决非天马行空，而是必须融合传统，并能落实在传统钢铁产业链物流服务的各个节点上。这样，在搭建平台时就会设定与众不同的目标、定位、客户群体和提供不一样的服务。有了这些不一样产生的差异化服务，就等于有了避免同质化恶性竞争的良方。

当然，上海钢铁物流电子商务发展到目前，可以判定到了“大融合、大发展”的前夜。接下来，强强联合、互为补充、整合集中所有优势资源是未来发展的必然趋势。事实上，目前我国钢铁物流电子商务交易平台之间已经开始开展一些多维度、不同层面的战略合作，实现着“互联互通”共赢发展。例如：有钢厂背景的钢铁物流电子商务平台与流通商背景的钢铁物流电子商务平台之间，钢厂可用独有、优质钢材资源支持流通商的钢铁物流电子商务平台，而流通商的平台凭借线上线下营销网络可帮助钢厂满足各类型客户的个性化需求，双方还可以就线下仓储、物流、加工等资源进行互补互换合作，我们相信未来的最终目标一定是进入“联合重组”时代。

6.4 医药物流

医药物流 2019 年的生存发展之道

随着改革开放的不断推进，“十一五”“十二五”期间我国药品流通市场复合增长率高达 20.5% 和 15.2%。但随着行业规模的不断扩张等多种因素，截至 2017 年，全国七大类医药商品销售总额 20016 亿元，扣除不可比因素，同比增长 8.4%，增速同比下降 2.0 个百分点。18 年末，4+7 集中采购的出台，在医药流通行业掀起轩然大波。预计 2019 年，扣除不可比因素，医药商业整体增速将还将持续走低。

我国医药批发企业共有 1.3 万家，总体上依然呈现多、散、小的格局。2017 年，国药、华润、上药、九州通仅占 32.14% 的市场份额。

两票制、医保控费、药品零加成、处方外流……一波未平一波又起，医药流通行业的未来将如何发展？

我国医药流通领域市场增速逐年走低，但规模仍旧在持续扩大，其他社会物流巨头和电商平台也在纷纷入局医药配送，环境的挑战，企业的竞争，看清形势才是各企业的生存之道。

行业整合加速，企业持续兼并重组

两票制推行以来，整合产业上下游，区域整合加快调整。

2017 年初，国务院办公厅下发的 13 号文件《关于进一步改革完善药品生产流通使用政策的若干意见》指出：“支持药品生产企业兼并重组，简化集团内跨地区转移产品上市许可的审批手续，培育一批具有国际竞争力的大型企业集团，提高医药产业集中度。”

“打破医药产品市场分割、地方保护，推动药品流通企业跨地区、跨所有制兼并重组，培育大型现代药品流通骨干企业。”

各行业企业整合加速，其中医药并购最活跃的的企业分别是华润集团、通化金马、康美药业、美年健康、吉药控股、必康股份。其中必康股份，自 2017 年起，利用“两票制”的政策契机和多年的工业积累，通过并购河北润祥和河南百川，快速构建自身的商业体系，并在 2018 年连续出手投资控股 6 家区域商业公司，覆盖了包括河南、河北、江西、湖南、青海、广西等多个省市。

企业兼并重组也带来了资源的整合。医药流通行业亟待改革的问题之一就是效率过低，流通费用过高。对此，国办 13 号文件还指出：“整合药品仓储和运输资源，实现多仓协同，支持药品流通企业跨区域配送，加快形成以大型骨干企业为主体、中小型企业为补充的城乡药品流通网络。”对企业内部资源整合，建立一个少环节、短距离、低成本、高效率、信息化的物流体系。被大型企业并购的企业一般都配备有各自的仓储运输系统，将这些企业的整合资源，实现异地设库，多仓协同，保证信息一致性，加上通过企业内统一采购，将大大节约成本，发挥最大的竞争优势。同时集团通过大型药品现代物流布点，能够更有效地保证药品储运的质量。

模式转型升级，深化服务

在如今政策、市场背景下，药品流通行业将不断调整结构、转型升级，企业模式只有不断转型，才能走长走远。2017 年国办 13 文件指出：“鼓励中小型药品流通企业专业化经营，推动部分企业向分销配送模式转型。鼓励药品流通企业批发零售一体化经营。”由批发企业向批零一体化发展，零售连锁企业向更专业化的专业药房发展。政策迫使药品流通逐步从医院口流出，DTP 药房将成为零售药店发展过程中的重点机会。上海医药的 2018 年半年报显示，截至报告期末，公司下属品牌连锁零售药房 1981 家，其中，直营店 1324 家。此外，公司拥有医疗机构院边药房 50 家，DTP 药房 77 家。其中，公司收购康德乐中国业务后，正式启动了与康德乐中国 DTP 药房整合工作，这将进一步确立其国内最大新特药 DTP 服务网络地位。

除 DTP 药房外，院内物流也是各企业目光聚焦的关键。目前多数医院耗材管理水平不高，普遍忽视医院运营管理，导致医疗供应链各环节不对接、信息不对称，库存积压、损耗大，整体运营成本高。在取消药品加成、带量采购等政策的不断压迫下，医院运营将会越来越困难，急需降本增效，配套的 SPD 信息服务成为医院刚性需求的风口。

标准推动行业发展

物流标准的不统一已成为制约医药物流向规范化、高效化并与国际接轨的一大障碍。医药物流尤其是医药冷链物流和普通运输的成本相比，冷链运输的成本很高，但利润较低，投入大，损耗大，批发企业缺乏监管、运输不规范等现象普遍。

某药企的技术人员表示，建立一个冷链仓库至少需要 100 万元以上的资金投入，相较于普通仓库 400 元 / 平方米的造价，配备保温系统的冷酷则需要 3000 元 / 平方米以上的造价。并且，为了保持仓库温度的均匀性，需要花费高额的电费，1 万平方米的冷库至少需要 20 万元 / 月的电费。价值每年的检测费用，即 150 平米以下的仓库检测费为 8000 元，冷藏箱验证费用为 1200 元 / 个。

医药冷链所需的高花费使得许多企业节约成本，操作不规范。由此规范行业运输标准，加强监管力度，保证药品从生产到终端的各个企业都能重视药品冷链物流质量。

为提升医药物流标准化，设定适当的产品门槛，保持适当的竞争状态，中物联医药物流分会联合各企业共同起草了《药品冷链运输运作规范》国家标准、《道路运输医药产品冷藏车功能配置要求》行业标准、《医院院内医药产品物流服务规范》团体标准等几项标准，力求每项标准落到实处。

2019 年作为深化标准改革第三阶段的开局之年，将加大推动医药物流领域的标准制修订力度，医药物流方面的标准还不完善，在托盘、包装、物流操作、第三方医学检验等多方面，还有很多空白。分会也将相应国家号召，联合各个企业共同完善国家关于医药物流方面的标准。

精细化管理助力企业降本增效

降本增效一直是所有企业都关注的焦点。尤其对于医药流通企业而言，两票制政策出台后，降低患者看病负担的同时也增大了医药企业的物流成本。“互联网 +”的到来促使企业信息化进程加速，精细化管理越来越受各企业的重视。

如今很多药企都建立了一二线城市的物流网络，实现点对点配送，提高配送效率。但三四线城市、五六线城市的销售网络的布局，存在难以形成共享网络，也难以降低仓储物流成本。很多冷链药品批发企业也已经开始了现代冷链医药物流的信息化建设，根据自身的需求，采用 WMS、FMS、MMS 和 PPS 系统，实现整个冷链物流作业无纸化、信息交换实时化和网络化。实现药品物流精细化管理。仓储物流作为医药商业企业重要的成本中心，通过更加精细的管理方式来降本增效是每个企业都将面对的，也是未来必须进行的工作。

物流行业“小弱多慢”，物流成本和管理成本居高不下，成为制约物流企业发展的痛点，如何降低运营成本和提高企业精细化管理成为迫切需求。

物流技术引领新发展

对于中国医药流通行业而言，物流技术的不断发展必将带来行业的颠覆。

如今机器人技术、A 字分拣机、AR 眼镜等可穿戴系统、自动化设备的故障预警、远程诊断系统以及数据相关技术等技术或是已经应用到医药流通领域，或是将要应用于医药流通领域，如国药平顶山整箱拣选、国药北京拆零拣选正是应用于机器人技术，AR 眼镜等可穿戴系统也将代替传统拣货流程中的人工检索、扫码、核对等繁琐低效的工作。未来也会有越来越多的技术应用在医药流通领域，如医药物流中心、SPD 项目等。信息化的到来，使企业能从已知大数据，探究未来的发生。

政策驱使企业积极寻找提高物流效率的方法，国家不断推动医药电商发展，“互联网 + 物流”被广泛应用。互联网、人工智能、信息技术将引领医药物流更进一步。

来源：中物联医药物流分会 2019 年 2 月 28 日

中国医药流通 69 年发展历程

中国医药流通[①]，要从英国人说起；减肥得从增重说起。

第一笔的临摹

起点，1850 年英国商人在广州的沙面开设屈臣氏药房，同年，英国药剂师洛克在上海开设上海药房（ShanghaiDispensary）。这是外商在中国最早开办的西药房，确切说，是被英商独揽。

紧跟着，德、美、法、日商人的药房在广州、上海成立。

19 世纪 50 年代到 80 年代初，外商的医药商业主要集中在东南沿海口岸城市，并逐渐向北方和内地延伸。1882 年，美洲归侨罗开泰在广州开办泰安药房，打“民族牌”与英商的屈臣氏抗衡。

随后国人范水模山，在全国各大城市相继开办药房，国内医药商业崭露头角。

当时药房的服务，似曾相识。

据史料记载，除售药和经营配方外，当时药房还兼卖饮料和化妆品。很多药房能做到电话购货、接方送货，昼夜营业。有的药房还和私人诊所有固定业务关系，医生开出处方后让患者到指定药房买药，药房定期与医生结算回扣。

跨入 20 世纪，国人经营的药房覆盖区域越来越多，中国医药商业粗具规模。有的药房开始生产一些原料药，自行制销成药，孕育制药工业；有的药房经管有道，衍生批发业务——中国医药流通的雏形。

一条不分叉的运河

抗战期间，医药流通渠道错综复杂。

新中国成立后，以“条条为主、集中管理”的思路重新梳理，医药流通进入计划经济——万流归一、一个渠道。

1950 年 4 月，中国医药公司由卫生部筹建，8 月 1 日正式成立于天津，1952 年 5 月划归贸易部领导。

自 1952 年起，中国医药公司先后建立天津、上海、广州、沈阳、北京、西安、重庆、武汉 8 个一级站（西安、重庆、武汉在 1957 年前被陆续撤销），各省、自治区先后组建二级站和县医药公司。

这是一条垂直的链条，三级结构按行政区逐级调拨，统一计划、统一制度、统一财务核算。渠道极度集中，基本上禁止制药企业直销终端。

事实上在新中国成立初期，选择这个模式是有政治和经济上的双重考虑。

1950 年，医药市场的主要供应渠道还是私营药房。政府建立一个强有力的药品购销渠道，一方面可以稳定市场、打击哄抬物价等乱象；同时还兼具对私营商业社会主义改造之责。

以上海为例，到 1956 年私营药房就全部消失，取而代之的是公方代表居领导地位的公私合营。

1950-1976 年间，有过适当放权的松动，但这套国营体系还是铁板一块，民间资本只能远观、不可涉足。可以想象，当时的商人在严密的三级商业模式外徘徊，心情迫切、技痒难耐。

门微开，万人空巷找寻这道光

1978 年改革开放，1981 年药品政策松动，机会终于出现。

1981 年 5 月 22 日，国务院发出《关于加强医药管理的决定》要求“医药产品只能按需生产，按需供应，不得向企业压产值、压产量、压利润”。根据这份文件，医药商业取消了包销制度，自上而下的指令性计划，逐步过渡为自下而上，上下结合的指导性计划。

基于此，医药流通多年来封闭的渠道很快被冲破，出现了多渠道收购供应、委托销售、特约销售等形式。

一、二、三级站可同时从药厂进货，一、二级站也开始向医院销售。很多下属公司开始办企业进行药品销售；工业进入商业领域自销不再是个别现象；一些新办的批发企业开始出现。

1984 年，全国各地开始建立医药贸易中心，大型药交会出现了、县级订货会出现了、医院订货会也出现了。春天来了，大家都活动起来了。

这一年还出现了由点到面，以利润为中心的经营承包制。这种始于广州，上海、北京、天津等供应站紧随其后的新方式，效果立竿见影，企业盈利飞速提升，于是各地区、各单位群起效仿。

门微开，为民营参与留了一道缝。

时年 32 岁的刘宝林，就是在 1985 年以承包镇供销社医药商店起步，踩准了时代节奏，迈出了若干年后中国民营医药物流千亿帝国的第一步。

封闭的市场打开，机敏的人毫不犹豫追寻这道光。1986 年，全国共有 2300 个县级医药公司，2.6 万多个基层零售网点，5 万多个药品代销点，较 1952 年增长 20 多倍。

百舸争流，都在往这个市场里扎。

为争夺市场，“收受回扣、请客送礼”这个当下还存在的不正之风开始出现；假药劣药流窜市场；药品交易中心遍地开花，很多流于形式，浪费严重；效益下降……

开往春天的列车，挤满期望

各显神通、百业经药。到 90 年代末，医药流通企业数量变成 16000 多家。以“小、散、乱”为特征的中国医药商业自此形成。

国务院 1994 年 9 月 29 日发布的《关于进一步加强药品管理工作的紧急通知》中提到：当时制售假劣药品屡禁不止，犯罪分子丧心病狂；一些地方和部门竞相开办药品生产、经营企业和药品集贸市场，药品生产经营秩序混乱，药品购销中行贿、索贿、回扣等不正之风盛行……

1996 年入行的老医药人张宾对当年的“乱”记忆犹新，“当时的太和医药市场，针剂都有摆摊儿在卖，和菜市场差不多”他回忆道。

80 年代初，始于“跑单帮”后汇聚成“十万贩药大军”的太和人，基于先把货运回家乡再伺机出售的习惯，逐渐形成了皖北最大的普药输入和输出地。

除太和、成都五块石、广东普宁这些成规模的外，遍布各地、几经被取缔的“药品集贸市场”野火烧不尽，到 2001 年还间歇性死灰复燃。

改革开放前期的中国医药流通，处于计划经济瓦解、市场经济崛起的转轨期，从绝对垄断走向了相对竞争、无序竞争，速度前所未有、营收几何级增长。

入世前后，天空飘洒张张门票

1998 年 4 月 16 日，国家医药管理局合并原卫生部的药政司、吸收国家中医药管理局的部分职能，组成了国家药品监督管理局（副部级），去掉了这一机构前 20 年中的“医”，对症下“药”。

1999年11月1日，国家经济贸易委员会（已于2003年撤销，其负责贸易部门与对外经济贸易合作部合并为国家商务部）下发《医药流通体制改革指导意见（1999）1055号文件》。

文件明确，要用5年时间扶持5到10个有竞争力的特大型医药流通集团——为“入世”后迎接外资挑战做准备。（作者注：中国2001年“入世”）。

政策同时提出5项具体措施，其中“允许并鼓励各行各业、各种经济成份以兼并、重组、联合等多种方式参资入股医药流通企业”——医药流通从开道缝、开个窗到现在大门敞开。自此，混合、民营和外资等多种所有制形式的医药流通企业先后开始涌现。

嘉事堂药业，就在这一年通过股权置换方式整合了北京海淀区、石景山区、丰台区、房山区、朝阳区等区属国有医药经营公司资产。

2000年5月28日，湖北九州通医药有限公司正式营业（2000年1月28日注册成立），打破了国有企业“一统天下”的格局。

2000年12月28日，北京市医药公司与北京市医药经济技术经营公司进行资产整合，成立北京医药股份有限公司。2010年进入华润体系，2012年更名，就是现在的“巨无霸”华润医药商业集团公司。

2000年1月28日，回音必集团在杭州市上城区工商局登记成立，主营批发、零售。

2003年，太和县医药公司与中国华源集团整合成安徽华源医药股份有限公司；2003年深圳海王与潍坊医药采购站成立山东海王银河；国药控股也成立于2003年；2003年12月11日，永裕新兴正式成立，境外资本首次实质性介入……

一夜春风来，万树梨花开。

狂奔洪流之上，竖起道窄门

2001年，全国医药流通企业超过1.7万多家，秩序混乱、市场环境恶劣。

乱来，大治就到。

《中国社会保障》2001年第5期《药品流通秩序亟待规范（作者：张鹤镛）》一文写道：当前，中国药品流通领域秩序混乱。全国现有医药批发企业17000多家，市场环境恶劣，一定程度上造成药品价格居高不下，药品质量参差不齐。特别是农村药品质量及药品流通秩序混乱的问题更加突出。

在城市，药品流通秩序混乱和药品质量问题也令人担忧。制售假劣药品的违法犯罪行为还很猖獗，药品生产流通秩序还比较混乱，已经取缔的非法药品集贸市场仍有死灰复燃的种种迹象。

这种乱象在2000年2月21日国务院办公厅转发国务院体改办等部门《关于城镇医药卫生体制改革指导意见的通知（国办发〔2000〕16号）》中体现的比较清晰。

这份文件中，国务院鼓励大型批发企业跨地区兼并市、县级批发企业，将市、县级批发企业改组为区域性基层配送中心，取缔药品集贸市场。

明显是对“小、散、乱”忍无可忍，最后干脆说：近期暂停审批和登记新设药品批发企业。

我问一位从业近30年的医药人“你最喜欢那个阶段？”，他回答“2000年左右，好玩”。他说，那时候手里有药就能卖，“我们收现金用药箱装，百元大钞少，一箱钱就二三十万元”。

可“好玩”的光景还是到头了。

2001年11月15日，国家药品监督管理局发布《关于加快GSP认证步伐和推进监督实施GSP工作进程的通知》。迫切陈词：将原设想的5年内结束现有企业的GSP认证时间缩短到3年。

并公布任务：2004年年底前，所有企业完成GSP改造和GSP认证，不达标就歇业。

由此，药品流通企业数量下降，并得到控制。

至少从2009年起，流通企业数量就保持在1.3万家左右（商务部：2010年药品流通行业运行统计分析报告）直到现在，一直背着“小、散、乱”的标签。

基于对“入世”的承诺，2004年12月11日，我国药品分销业全面对外资开放。

查阅资料，当时行业对全面放开后对外资进入的担忧，现在看并未应验。

永裕在中国并没有太大起色，2011年被康德乐收购，2017年11月康德乐中国将业务出售给上海医药，唯一一家外资医药商业公司谢幕。

目前医药流通行业，国有及国有控股企业主营业务处强势，民企与其共存，但影响力还无法同日而语。

2004年强推企业GSP改造、认证的同时，4月1日起，正式实施新《药品经营企业许可证管理办法》，明确开办药品批发的标准。强行淘汰一批后，流通行业真正的竞争由此开始。

东南和齐鲁，两张不期而遇的健身卡

此后数年，政府忙于医改，着重解决看病贵、以药养医、稳定保护医保基金，发力工业和医院两端，制定了不少政策。期间，流通行业摇摇摆摆前行，在强势国企不断落子布局、医院药房开始被托管、隔三差五被敲打“小、散、乱”节奏中，各自寻找更多的生存空间，依然没有摆脱粗放和混乱的惯性。

再次站在聚光灯下，源于东南。

2010年5月，福建省从基药第七标开始，正式执行两票制；2012年2月，三明医改起步；取得成效后，2014年10月被原国家卫计委当做样板介绍给全国。

高层关注，风光无两。

之后，两票制率先被选中，作为医改的突破口推行。三医联动、取消加成、药占比等紧随其后。

2016年4月27日国家发布《深化医药卫生体制改革2016年重点工作任务》，要求8个省份试点医药流通领域的两票制政策。

7个月后，“压缩流通环节、净化环境、打击过票洗钱”的两票制全国推进，缺乏竞争力的小散企业每况愈下。

“祸不单行”的是，2016年3月山东疫苗案爆发。

医药流通的乱，以及带来的恶性后果让整个社会感受到切肤之痛，再加上为两票制试点推行“开道”的需求，不整顿不行了。

2016年5月3日，原国家食药监总局发布《关于整治药品流通领域违法经营行为的公告（2016年第94号）》，俗称“流通十条”，对挂靠、走票、过票等乱象进行整治，业界有叹“史上最严”。

这一年，全国在流通领域立案查处企业1383家，吊销《药品经营许可证》40张，注销《药品经营许可证》207张，撤销药品GSP证书172张，移送公安机关案件47起……

两票制后是营改增，医药流通的空间愈发收紧。2016年的行业政策密不透风，焦虑情绪相互传染，从业者在表达“危机、洗牌、淘汰”的当下境遇时，往往还会在这些词前加上个“人”字。

每个人都清楚政府改革的目标，只不过当时，弱者焦虑的是对生存的彷徨，强者担心的是市场的动荡。

沪上风云诀，买、卖跨过中间商

整治之下，2017年市场增速放缓。

商务部数据，2017年全国七大类医药商品销售总额20016亿元，同比增长8.4%，增速同比下降2.0个百分点。实际上，增长速度从2013年的16.7%后，逐年缓慢下滑。

医药流通市场从1953年4.4亿、1988年143.7亿[②]、1996年908亿[②]、2006年3360亿高歌猛进到2016年的18393亿后，在密集政策剪裁下，从比拼冲刺速度转轨到“提质增效、转型升级”的步调中。

2018年9月，国药控股原总经理、现中国医药商业协会执行会长付明仲告诉赛柏蓝，虽然商务部2017年度“药品流通行业运行统计分析报告”中，医药流通企业数量还在1.3万家以上，数量几乎没有下降，但实际上已有2500家左右出局了。

“总数量变化不大，主要是另一批创新型的药品流通企业成立，这刚好填补了传统企业出局带来的空缺”她说。

2018年6月，在央视节目——《寻找医药行业真成长》的采访中，河南某医药物流公司的副总透露，半年来，河南93家药品流通企业或倒闭、或被收购。

他说“截止到2017年底的时候，河南有303家医药物流批发企业，截止目前为止，只剩下210多家了”。

“危机、洗牌、淘汰”的焦虑，不幸应验，更大的挑战接踵而来。

2018年12月6日，国家医保局在上海和药企的4+7带量采购谈判落锤，11个城市的公立医院和药企直接连线，2019年3月将启动，朝着一票制的终点站隆隆驰去。

大部分流通企业的分销能力只能雪藏，将自身降格为配送商，和巨头商业血拼利润微薄的配送权，未开战、胜负已定。如果带量采购范围逐年扩大，流通行业资源再一次向头部汇聚，集中度继续提升。

两票制和带量采购一出，医药流通行业明显僧多粥少。

弹指69年，轮回的曲线是螺旋

国家药监局曾在公开场合表态，流通企业有3000家就够了；一知名药企营销负责人告诉笔者“流通企业平均利润很低，数量的确太多了，都赚不到钱，集中度提高是应该的”。

减少数量是共识，似乎是个轮回。只是每家企业都和当地的税收、就业紧密相连，谁离场是个问题。

站在2019年，总览建国后中国医药流通的发展历程，沿循的是集中—分散—再集中的普遍规律，正如一个瘦子暴饮暴食体重狂飙后，再锻炼瘦身的过程，是道螺旋上升的曲线。

从1950年起，弹指69年。对一个人来说已近古稀，但中国医药流通才刚刚开始“魔鬼减肥锤炼”，“瘦身”的目标，是精壮的躯干。

参考资料：

《关于加强医药管理的决定》，1981年5月22日国务院。

《关于进一步加强药品管理工作的紧急通知》，1994年9月29日国务院。

《医药流通体制改革指导意见》，1999年11月1日国家经贸委。

《关于城镇医药卫生体制改革指导意见的通知》，2000年2月21日国务院等历年政策文件。

中国医药公司编：《中国医药商业史稿》，1990年6月第1版。

《1995年我国医药经济运行分析与1996年发展趋势展望》，《中国医药情报》1996年第2卷第1期。

《1997年全国医药市场趋势分析》，《医药导报》1997年第16卷第2期。

《浅析医药商业经营现状与对策》，《安徽医药》1998年第1期。

《国家经贸委制定＜深化医药流通体制改革的指导意见＞》，《中国药业》2000年第9卷第1期。

《2011年药品流通行业运行统计分析报告》，2012年6月商务部。

《中国医药改革开放40年40事》，2018年9月中国医药企业管理协会。

嘉事堂、九州通、国药控股、华润商业河等药企官网。

来源：医药冷链分会2019年3月16日

①注：本文所指的流通，不包括中药材。

② 1988年之前全国销售额的统计包括药品、医疗器械、化学制剂、玻璃器皿，不包括出口金额。

康展物流王浩：打造精细化医药物流配送体系

目前，在政策和市场需求的双层驱动下，医药行业对于医药安全和质量的要求越来越高，医药物流领域竞争日趋激烈。

近日，上海康展物流有限公司创始人、总经理王浩在第四届全球医药供应链峰会上接受采访时表示：“自 2016 年开始，药监总局取消了药品第三方储运机制，意味着国家对药品运输尤其是冷链药品的要求越来越高。随着“两票制”“医药分离”等政策的落地，医药流通模式也逐渐转变，趋向于资源网络化、运作标准化、质量体系化、过程可视化方向发展。”

市场吸引，政策驱动，我国医药流通模型正在发生巨大变化。在此背景下，如何在保证药品质量和安全的大前提下，提高整体供应链运作效率以及控制成本向来是企业需要重点关注的问题。

上海康展物流公司作为一家从事医学类的第三方物流公司，主要为医疗器械和药品的客户提供全程的常温部分或冷链部分的端到端供应链服务，在医药物流行业领域早已形成企业自身的核心竞争力。

医药物流是高附加值市场，康展物流的强项是供应链全程追溯能力和全国化的高效医药仓配网，具备领先优势。

“我们采用物联网和大数据技术，结合现代化运输管理系统，为其搭建了专业的 WMS/TMS/OA/易流 / 思博源 / 冷链全程跟踪云平台等信息管理与监控系统，让该厂家的药品运输全程信息可视化，实现物流的全程追溯。”王浩表示。

在实际运输过程中，“根据一些药品和医疗器械的特性，来进行整个运输的管控和管理，尤其是冷链部分。”据王浩表示，医药物流对冷链设施设备的要求越来越高，不同于食品的冷车，医用级的冷车在法规、温控精度等方面要求更高。康展物流在这块建立了相应的应急方案，主要有两套机制，一套是主力机制，一套是备用机制，当一套机制发生问题的时候，另一套机制就进行使用。同时，康展的冷链车机组是独立的，和车的动力部分不发生任何关系，自带柴油发电机。

除了在冷链技术这一块，康展物流自建 30 个办事处，并搭建起全国 320 家以上配送网络，通过国内干线公路、铁路、区域配送、航空物流网络等以实现覆盖全国大多数城市，用以满足未来医药配送网络下沉的需求。

“康展物流总部在上海，发展至今已经建立上海、北京、广州、沈阳、成都、苏州、福州、武汉、乌鲁木齐等分公司。我们会把这些体系库进一步细化到每一个省会城市，把省会城市作为小的体系库，来满足全程冷链。”王浩表示。

战略布局决定企业发展的高度。在规划“人财物”三合一战略发展布局中，康展物流已经形成体系。据王浩介绍，康展物流首先在有序落实医药物流人才梯队体系的建设。在康展学习营中，内训和外训相结合，普通职员需掌握基础知识和营运能力，中层、基层干部则需掌握管理能力，高层干部掌握规划能力和战略能力。其次，积极采取一些资本的洽谈，改变独资的企业性质，来充实资金实力。“物”就是设施设备，在智能时代，产品升级、设备升级，比如冷机智能化，包括监控的设备精度，报警功能更智能等都需要黑科技的融入。

来源：《中国商报》2019 年 4 月 22 日

沪推进国际医药供应链平台建设 支持“老字号”创新发展

据《劳动报》报道，昨天，市商务委召开上海市药品流通行业发展暨国际医药供应链平台建设推进会。上海正在推进三方信息共享试点，并支持上海“老字号”药企零售创新发展。

市商务委披露，2018 年，上海药品流通行业实现销售总额 1507. 29 亿元，同比下降 6. 62%。其中：商业调拨销售 721. 49 亿元，同比下降 15. 13%。2018 年，本市医药进出口贸易总额完成 28. 18 亿美元，同比下降 6. 37%。实现利润总额 39. 89 亿元，同比增长 10. 07%。

居全国前两位的国药控股和上药集团总体规模持续高位增长，业务结构不断增长。国药控股 2018 年总体销售达 3445. 26 亿元，同比增长 11. 73%。上海医药的分销和零售业务总体收入 1466. 47 亿元，同比增长 20. 41%。

依托上海国际贸易单一窗口，按照国际通行规则，上海整合内外贸资源，初步形成内外贸一体的从源头到终端全程可追溯的国际医药供应链信息平台。以上药、国药、浦东医疗器械贸易行业协会、亿通国际等 8 家单位为牵头单位。联合进口、生产、流通、医院等覆盖医药健康全产业链的 45 家单位成立上海国际医药供应链联盟，共同推动平台建设。

市商务委指出，上海正在推进三方信息共享试点。会同卫生、医保等部门在试点延伸处方、处方外配等基础上，推动企业在长宁区开展医药电商模式创新，促进零售药店配送与医疗处方、医保支付三方信息共享，让患者可以选择在社区卫生服务点、零售药店取药，或者送药上门等服务，大大提高了群众就医用药便利度。

同时，支持“老字号”零售药店创新发展。鼓励雷允上西区、童涵春、蔡同德、余天成等一批“老字号”企业创建“老字号 + 中药 + 名医”独特的医药经营文化，促进中药处方代配代煎、中医坐堂等便民服务焕发更大生机，推进形成传统服务高质量、特色服务多样化的零售新格局。

来源：东方网 2019 年 5 月 31 日

2019 年医药流通行业七大趋势

2018 年，不断接受挑战的医药流通企业

随着人口老龄化加速、人民群众生活水平提高以及保健意识增强，全社会对医药健康产品的需求将不断提升，医药行业一直保持较快的增长速度。过去的 2018 年，两票制、4+7 带量采购等政策不断落地与推行，医药行业内各企业又在波澜起伏中度过一年，其中医药流通业一直维持着增长的趋势，但整体行业环境和企业发展也处于政策带来的压力中。

2018 年，两票制在各省份陆续落地。政策的实施使过去依赖挂靠、走票的违法企业被淘汰出局，流通过程更简洁。医保控费和药占比对经济增速明显下滑的 2018 的影响更加突出，医疗机构医保资金被严控导致流通配送企业货款回笼收到延误的影响。而下半年开展的 4+7 带量采购制度，不断冲击着药品生产企业，也必然会波及医药流通领域其它类型企业。

2019 年，医药流通行业发展新趋势

如今已经迈入 2019 年，在医保控费、带量采购、一致性评价等政策影响下，医药物流行业将呈现以下发展趋势：

1. 行业集中度将继续提高。据商务部统计数据显示，前四家全国性医药流通企业合计销售占比从2013年到2017年分别是27.96%、29.17%、31.58%、32.01%和32.14%。国药占比由14.31%增加到16.06%，华润占比由5.45%上升到6.08%，上药占比由5.45%上升到6.08%，九州通由2.56%上升至3.68%；而百强商业流通企业已达到70.7%的销售占比。前四家商业流通企业销售占比不断提升，行业集中度提高显著。除此之外还有30家区域性医药流通企业拿走了23.1%市场蛋糕，剩下的不到四成市场份额则有中小药商前来分羹。“全国龙头+地方割据”的行业竞争格局已经形成，这是医药物流行业发展的必然趋势。

2. 企业模式不断创新，院内物流、DTP药房将是各企业目光聚焦的关键。目前多数医院耗材管理水平不高，普遍忽视医院运营管理，导致医疗供应链各环节不对接、信息不对称，库存积压、损耗大，整体运营成本高。在取消药品加成、带量采购等政策的不断压迫下，医院运营将会越来越困难，急需降本增效，配套的SPD信息服务成为医院刚性需求的风口。同时医保控费、降低公立医院药占比，取消医院药品加成、两票制改革等多项政策的推行迫使药品流通逐步从医院口流出，药品零售模式崛起成为大势所趋，DTP药房将成为零售药店发展过程中的重点机会。

3. 信息技术智慧化。医药供应链与互联网深度融合，企业边界被打破，信息技术倒逼产业链强化供应链协同。2018年末，国家药监局发布了《关于药品信息化追溯体系建设的指导意见》，其中明确药品经营企业和使用单位应当配合药品上市许可持有人和生产企业，建成完整药品追溯系统，履行各自追溯责任。实现多码并存、来处可查、去处可追、药品信息化追溯体系的建立，并结合无人车、无人仓等先进技术，打造建立标准化、规范化、技术化的智慧医药物流是未来发展的一大趋势。

4. 医药物流管理精益化。医药物流市场保持快速发展态势，佐证了医药市场空间的巨大，也体现出医药作为朝阳产业的特点，而目前市场上医药物流鱼龙混杂，市场、品牌等都尚未整合完毕。医药物流领域主要是由政策主导和指引行业发展，随着各项政策的实施，医药流通环节压缩，毛利也逐步降低，各龙头企业也已陆续开展物流精益化管理，以期达到降本增效、提高自身竞争力的目的。打造精细化运营的医药物流配送体系，是各企业持续发展的必要工作。

5. 医药物流标准化。提升医药物流标准化，可以减少产业碎片化，通过设定适当的产品门槛，保持适当的竞争状态引导企业通过创新提高竞争力，促进行业发展，稳步提升。物流标准的不统一已成为制约医药物流向规范化、高效化并与国际接轨的一大障碍。为避免错误，提高运作效率，医药物流必须严格执行统一完善的技术标准、名称、质量体系。2019年作为深化标准改革第三阶段的开局之年，将加大推动医药物流领域的标准制修订力度，从而带动相关产业转型升级。

6. 第三方物流服务能力将不断提高。随着我国医药流通体制改革的深入推进，以及专业化分工趋势加剧，第三方医药物流逐渐得到业内外的普遍重视，并呈现出良好的发展势头。两票制等新政又给予第三方物流成长更多机会，所以未来更多企业参与药品配送业务是必然趋势，然而我国第三方物流服务并不是十分完善，服务管理的能力有待提高。在激烈的竞争下，提高自身服务能力才能提高企业在竞争中保持优势。

7. 近年电子商务发展迅速，我国在政策上取消了医药电商A、B、C证，对网上药店予以放行，鼓励“网订店取，网订店送”的新型配送方式，各地试点电子处方和处方外流，虽然我国医药电商行业政策或有反复，但大方向是比较确定的：互联网+是医药流通行业发展的机会所在。日前，《药品网络销售监督管理办法（送审稿）》引发热议，送审稿一旦成行，医药电商将获得大规模投资，也将引来药品末端配送的飞速发展。未来的医药电子商务不仅应包括医药流通环节各企业间的网上交易，同时还应包括零售药、医药流通企业对消费者的网上零售，所以完善的物流配送系统是必不可少的。

2019年，医药流通行业新机遇

2019年，医药行业也将迎来新的发展机遇。互联网及信息技术的不断发展，使医药行业在提供传统的服务之外，利用新技术，整合新资源。对于医药物流行业来说，流通企业可以开发新的信息产品，依托智能化平台，在完成自身精细化管理的同时，还可与合作伙伴共享实现更多价值，提高仓储配送效率，提高客户满意度，创新自身营销模式。

同时，在两票制的推进下，将传统的渠道为王模式逼入绝境，大型集团企业不应该再满足于凭借规模获利，中小公司也不应局限单做市场配送的候补角色。医药物流企业应该审视自身，调整自身模式来顺应如今的市场环境。并且如今各地政府正放宽对零售药店的政策，禁止药房托管，医院的处方和零售端互联互通、实时共享。现有的营销模式面临冲击，迎来配送新模式，医药流通企业也可以从中寻找新的发展方向。

来源：中国医药物流网　2019年1月16日

2019，医药冷链如何乘坐政策之风发展？

随着改革开放的不断推进，“十一五”“十二五”期间我国药品流通市场复合增长率高达20.5%和15.2%。但随着行业规模的不断扩张等多种因素，截至2017年，全国七大类医药商品销售总额20016亿元，扣除不可比因素，同比增长8.4%，增速同比下降2个百分点。2018年末，4+7集中采购的出台，在医药流通行业掀起轩然大波。预计2019年，扣除不可比因素，医药商业整体增速将还将持续走低。

我国医药批发企业共有1.3万家，总体上依然呈现多、散、小的格局。2017年，国药、华润、上药、九州通仅占32.14%的市场份额。

两票制、医保控费、药品零加成、处方外流……一波未平一波又起，医药流通行业的未来将如何发展？

我国医药流通领域市场增速逐年走低，但规模仍旧在持续扩大，其他社会物流巨头和电商平台也在纷纷入局医药配送，环境的挑战，企业的竞争，看清形势才是各企业的生存之道。

行业整合加速，企业持续兼并重组

两票制推行以来，整合产业上下游，区域整合加快调整。

2017年初，国务院办公厅下发13号文件《关于进一步改革完善药品生产流通使用政策的若干意见》中指出：

“支持药品生产企业兼并重组，简化集团内跨地区转移产品上市许可的审批手续，培育一批具有国际竞争力的大型企业集团，提高医药产业集中度。”

“打破医药产品市场分割、地方保护，推动药品流通企业跨地区、跨所有制兼并重组，培育大型现代药品流通骨干企业。”

各行业企业整合加速，其中医药并购最活跃的的企业分别是华润集团、通化金马、康美药业、美年健康、吉药控股、必康股份。其中必康股份，自2017年起，利用“两票制”的政策契机和多年的工业积累，通过并购河北润祥和河南百川，快速构建自身的商业体系，并在2018年连续出手投资控股6家区域商业公司，覆盖了包括河南、河北、江西、湖南、青海、广西等多个省市。

企业兼并重组也带来了资源的整合。医药流通行业亟待改革的问题之一就是效率过低，流通费用过高。对此，国办13号文件还指出：”整合药品仓储和运输资源，实现多仓协同，支持药品流通企业跨区域配送，加快形成以大型骨干企业为主体、中小型企业为补充的城乡药品流通网络。“对企业内部资源整合，建立一个少环节、短距离、低成本、高效率、信息化的物流体系。被大型企业并购的企业一般都配备有各自的仓储运输系统，将这些企业的整合资源，实现异地设库，多仓协同，保证信息一致性，加上通过企业内统一采购，将大大节约成本，发挥最大的竞争优势。同时集团通过大型药品现代物流布点，能够更有效地保证药品储运的质量。

模式转型升级，深化服务

在如今政策、市场背景下，药品流通行业将不断调整结构、转型升级，企业模式只有不断转型，才能走长走远。2017 年国办 13 文件指出“鼓励中小型药品流通企业专业化经营，推动部分企业向分销配送模式转型。鼓励药品流通企业批发零售一体化经营。“由批发企业向批零一体化发展，零售连锁企业向更专业化的专业药房发展。政策迫使药品流通逐步从医院口流出，DTP 药房将成为零售药店发展过程中的重点机会。上海医药的 2018 年半年报显示，截至报告期末，公司下属品牌连锁零售药房 1981 家，其中，直营店 1324 家。此外，公司拥有医疗机构院边药房 50 家，DTP 药房 77 家。其中，公司收购康德乐中国业务后，正式启动了与康德乐中国 DTP 药房整合工作，这将进一步确立其国内最大新特药 DTP 服务网络地位。

除 DTP 药房外，院内物流也是各企业目光聚焦的关键。目前多数医院耗材管理水平不高，普遍忽视医院运营管理，导致医疗供应链各环节不对接、信息不对称，库存积压、损耗大，整体运营成本高。在取消药品加成、带量采购等政策的不断压迫下，医院运营将会越来越困难，急需降本增效，配套的 SPD 信息服务成为医院刚性需求的风口。

标准推动行业发展

物流标准的不统一已成为制约医药物流向规范化、高效化并与国际接轨的一大障碍。医药物流尤其是医药冷链物流和普通运输的成本相比，冷链运输的成本很高，但利润较低，投入大，损耗大，批发企业缺乏监管、运输不规范等现象普遍。

某药企的技术人员表示，建立一个冷链仓库至少需要 100 万元以上的资金投入，相较于普通仓库 400 元 / 平方米的造价，配备保温系统的冷酷则需要 3000 元 / 平方米以上的造价。并且，为了保持仓库温度的均匀性，需要花费高额的电费，1 万平方米的冷库至少需要 20 万元 / 月的电费。价值每年的检测费用，即 150 平米以下的仓库检测费为 8000 元，冷藏箱验证费用为 1200 元 / 个。

医药冷链所需的高花费使得许多企业节约成本，操作不规范。由此规范行业运输标准，加强监管力度，保证药品从生产到终端的各个企业都能重视药品冷链物流质量。

为提升医药物流标准化，设定适当的产品门槛，保持适当的竞争状态，中物联医药物流分会联合各企业共同起草了《药品冷链运输运作规范》国家标准、《道路运输医药产品冷藏车功能配置要求》行业标准、《医院院内医药产品物流服务规范》团体标准等几项标准，力求每项标准落到实处。

2019 年作为深化标准改革第三阶段的开局之年，将加大推动医药物流领域的标准制修订力度，医药物流方面的标准还不完善，在托盘、包装、物流操作、第三方医学检验等多方面，还有很多空白。分会也将相应国家号召，联合各个企业共同完善国家关于医药物流方面的标准。

精细化管理助力企业降本增效

降本增效一直是所有企业都关注的焦点。尤其对于医药流通企业而言，两票制政策出台后，降低患者看病负担的同时也增大了医药企业的物流成本。“互联网 +”的到来促使企业信息化进程加速，精细化管理越来越受各企业的重视。

如今很多药企都建立了一二线城市的物流网络，实现点对点配送，提高配送效率。但三四线城市、五六线城市的销售网络的布局，存在难以形成共享网络，也难以降低仓储物流成本。很多冷链药品批发企业也已经开始了现代冷链医药物流的信息化建设，根据自身的需求，采用 WMS、FMS、MMS

和PPS系统，实现整个冷链物流作业无纸化、信息交换实时化和网络化。实现药品物流精细化管理。仓储物流作为医药商业企业重要的成本中心，通过更加精细的管理方式来降本增效是每个企业都将面对的，也是未来必须进行的工作。

物流行业“小弱多慢”，物流成本和管理成本居高不下，成为制约物流企业发展的痛点，如何降低运营成本和提高企业精细化管理成为迫切需求。

物流技术引领新发展

对于中国医药流通行业而言，物流技术的不断发展必将带来行业的颠覆。

如今机器人技术、A字分拣机、AR眼镜等可穿戴系统、自动化设备的故障预警、远程诊断系统以及数据相关技术等技术或是已经应用到医药流通领域，或是将要应用于医药流通领域，如国药平顶山整箱拣选、国药北京拆零拣选正是应用于机器人技术，AR眼镜等可穿戴系统也将代替传统拣货流程中的人工检索、扫码、核对等繁琐低效的工作。未来也会有越来越多的技术应用在医药流通领域，如医药物流中心、SPD项目等。信息化的到来，使企业能从已知大数据，探究未来的发生。

政策驱使企业积极寻找提高物流效率的方法，国家不断推动医药电商发展，“互联网+物流”被广泛应用。互联网、人工智能、信息技术将引领医药物流更进一步。

来源：掌链传媒　2019年2月28日

医疗器械第三方物流企业亟须规范

随着医疗器械行业的快速发展与医用耗材“两票制”的推行，医疗器械第三方物流企业应运而生。它是为医疗器械生产经营企业专门提供贮存、配送服务的企业，由于适应了医疗器械行业的发展现状，契合了“两票制”政策，所以成为业界的新生态，并逐步发展壮大。

然而，法律法规对医疗器械第三方物流企业的规定并不明确，如医疗器械第三方物流企业需要办理什么证件才算合法？第三方物流企业应当具备哪些软、硬件设施？第三方物流企业与委托企业之间的权利、义务以及法律责任如何确定？笔者试对照相关法律法规，对医疗器械第三方物流企业的规范问题进行探讨。

行政许可应知晓

医疗器械第三方物流企业在办理《营业执照》的基础上，还应当取得哪些行政许可呢？笔者认为至少应该包括以下方面。

一是医疗器械第三方物流企业应取得《道路运输许可证》。

梳理《道路运输条例》（2019年修订）第二条对“道路运输经营”“道路运输相关业务”的规定，以及《道路交通安全法》第一百一十九条对“道路”的定义和《道路货物运输及站场管理规定》第二条对“道路货物运输经营”“道路货物运输站（场）经营”的定义可以发现，医疗器械第三方物流企业符合道路货物运输经营的性质；且依据《道路运输条例》第二十四条的规定，为其他医疗器械生产、经营企业提供产品配送服务的第三方物流企业，如果配备的运输车辆总质量在4500千克以上的，应当办理《道路运输许可证》。

同时，根据《道路货物运输及站场管理规定》第二条第四款“本规定所称道路货物运输站（场）（以下简称货运站），是指以场地设施为依托，为社会提供有偿服务的具有仓储、保管、配载、信息服务、装卸、理货等功能的综合货运站（场）、零担货运站、集装箱中转站、物流中心等经营场所”的规定，笔者认为，为其他医疗器械生产经营企业提供贮存服务的第三方物流企业的库房，符合其对道路货运站的定义；而其提供的贮存服务，则符合《道路货物运输及站场管理规定》第九条和第十条的规定。

另外，应当明确的是，医疗器械第三方物流企业需要取得的《道路运输许可证》是取得医疗器械第三方物流运输其他行政许可的前提条件，这在《医疗器械经营监督管理办法》（以下简称《办法》）第三十六条和《医疗器械经营质量管理规范》第三十一条第一款第一项中都给出了明确规定，其中所指的“贮存配送条件”“现代物流储运业务的条件”，均包括取得《道路运输许可证》。

综上，为其他医疗器械生产经营企业提供贮存、配送服务的第三方物流企业，必须取得《道路运输许可证》。

二是医疗器械第三方物流企业应取得《医疗器械经营许可证》。

《办法》第六十二条对医疗器械经营的定义是“以购销的方式提供医疗器械产品的行为，包括采购、验收、贮存、销售、运输、售后服务等”。由此可以看出，医疗器械的贮存、配送环节也属于医疗器械经营行为。且《办法》第三十六条也规定：“医疗器械经营企业为其他医疗器械生产经营企业提供贮存、配送服务的，应当与委托方签订书面协议，明确双方权利义务，并具有与产品贮存配送条件和规模相适应的设备设施，具备与委托方开展实时电子数据交换和实现产品经营全过程可追溯的计算机信息管理平台和技术手段。”这充分证明，为其他医疗器械生产经营企业提供贮存、配送服务的提供者，还应是医疗器械经营企业。

综上，医疗器械第三方物流企业还应取得《医疗器械经营许可证》。

法律责任应明确

一是医疗器械第三方物流企业的《医疗器械经营许可证》不规范。原国家食品药品监管总局于2014年8月1日印发的《关于实施＜医疗器械生产监督管理办法＞和＜医疗器械经营监督管理办法＞有关事项的通知》（食药监械监〔2014〕143号）附件15《医疗器械经营许可申请表（样表）》中，经营方式包括“批发、零售、批零兼营”，经营模式为“销售医疗器械、为其他生产经营企业提供贮存、配送服务”，而附件14《医疗器械经营许可证》（样本）及制证规格中，并无经营模式项目，所以，这将导致“为其他生产经营企业提供贮存、配送服务”无法在《医疗器械经营许可证》上予以体现。在现阶段，只能在经营方式栏目上体现该项内容。

二是医疗器械第三方物流企业的验收与监管缺乏法律依据。目前，国家药监部门尚未对医疗器械第三方物流企业的市场准入条件出台相关文件或规范，现阶段的医疗器械第三方物流企业的市场准入条件，是各省（区、市）药品监管部门自行拟定的，如上海、北京、广东、江西、湖南、福建等地，已经出台了相关准入条件。但由于没有统一、权威的标准要求，各地的准入条件宽严不同，所以对医疗器械第三方物流企业的监管，只能套用对普通医疗器械经营企业监管的法规、规章或规范性文件。

三是法律责任划分问题。根据《医疗器械经营质量管理规范》第四十条“企业委托为其他医疗器械生产经营企业提供贮存、配送服务的医疗器械经营企业进行收货和验收时，委托方应当承担质量管理责任。委托方应当与受托方签订具有法律效力的书面协议，明确双方的法律责任和义务，并按照协议承担和履行相应的质量责任和义务”的规定，由委托方承担医疗器械的质量管理责任。但在实际操作中，很多委托方通常不与产品直接接触，只是承担首营企业、首营品种的资质证明材料的审核义务，于是就产生了“证、货”分离的情况。而产品的入库验收、在库贮存、出库配送等质量管理工作，通常由受托方完成。由此产生的质量问题，法律法规并没有明确法律责任归属，只能通过双方签订协议来确定，这难免会出现互相扯皮、各执一词的情况。

四是医疗器械库房与物流企业库房要求不同的问题。《医药工业仓储工程设计规范》（GB51073-2014）与《物流建筑设计规范》（GB51157-2016）对医疗器械库房与物流企业库房的设计要求有诸多不同，符合医药工业仓储要求的，不一定符合物流建筑设计规范要求。如《医药工业仓储工程设计规范》（GB51073-2014）5.1.3 规定，单层仓库净空高度不宜小于 4.2 米；多层仓库第一层净空高度不宜小于 4.2 米，第二层及以上各层净空高度不宜小于 3.5 米。而《物流建筑设计规范》（GB51157-2016）9.3 规定，存储型物流建筑室内净高，平面操作≥ 5.5 米，使用普通货架≤ 7.0 米，使用高货架≥ 9.0 米。在建设医疗器械第三方物流仓库时，应当以哪个标准为准，亟待明确。

来源：《中国医药报》 2019 年 7 月 25 日

“5N”重构医药供应链

秦玉鸣

2019 年 11 月 13-15 日，由中国物流与采购联合会主办，中国物流与采购联合会医药物流分会、全国物流标准化技术委员会医药物流标准化工作组、济南市口岸和物流办公室、国药集团医药物流有限公司、国药控股山东有限公司承办的 2019 第六届中国医药物流行业年会成功举办。中国物流与采购联合会医药物流分会秘书长秦玉鸣在“向新而生”主论坛的主持环节，进行了分享，内容如下：

2019 年是新中国成立 70 周年，是“十三五”规划的最后一年，是各项战略目标积极达成的一年。今年的医药供应链领域依旧不平凡，医药政策密集出台，医疗领域改革节奏明显加快。

在新的环境形势下，行业“新”主要体现在如下几点：

一、新政策

今年，一系列医改政策陆续深化落实。医保控费方面，“4+7”带量采购品种扩大范围；追溯体制建设方面，《药品信息化追溯体系建设导则》、《药品追溯码编码要求》加快推进药品信息化追溯体系建设，强化追溯信息互通共享，《医疗器械唯一标识系统规则》加强医疗器械全生命周期管理，提升医械产品的可追溯性；《疫苗管理法》定义了疫苗流通方式，提高疫苗流通集约化水平，将疫苗流通推向了新的发展阶段；《药品管理法》推出药品上市许可人制度，实行集中监管，一站式问责，对药品流通行业提出了更高、更严格的要求。

二、新流通

2019 年是颠覆医药供应链的一年。一方面，随着医改政策逐步落实，医药供应链管理扁平化趋势显著，渠道重心继续下沉发展，为第三方物流企业带来了更广阔发展空间；另一方面，政策驱动下医药供应链加快重构，市场竞争更加激烈，企业加快收购、并购整合资源，市场集中度进一步提升，医药流通行业发展逐步规范化。

三、新技术

近年来，大数据、物联网、5G、区块链等新技术蓬勃发展，不断赋能医药领域，与医药供应链加深融合。随着“互联网＋医疗”体系逐步完善，智慧供应链服务水平不断提升，医药生产企业智能生产、智能制造；医药商业企业智能管理、智能仓储；医药物流企业智能运输、智能调度；医药终端开拓智慧药房。可以说，医药供应链信息化发展将构筑全新的医药流通行业智慧健康生态圈，随着高新技术的不断发展，医药流通行业也将迎来新的更大发展空间。

四、新管理

“两票制”、带量采购等政策及行业竞争加剧局面，倒逼医药流通企业加速转型升级，调整经营策略与营销模式。企业纷纷提升物流标准化运作，开展物流精益化管理，提高运作效率，实现降本增效，增强企业竞争力。同时，企业迎来新生代主力军注入，相比70、80后，90后更加注重平等与自由，企业管理者的管理方式也必须做出调整。

五、新价值

一方面，政策影响带来整个医药产业价值链重构，医药物流价值日益突出，成为企业新的价值点；另一方面，商业企业与物流企业都面临着新的价值点的挖掘，重新定义、寻找符合自身发展的新价值。同时，未来如何开拓企业服务延展也是各方都要思考的重要问题。

总之，未来已来，医药供应链将以质量、合规、技术、创新等为导向，踏步进入发展新周期。如此，医药行业处于一个好时代还是坏时代便取决于企业是否已经严阵以待做好迎接新发展的万全准备。变化是发展永不过期的主旋律，在医药的大市场下，希望每家企业都找到适合自己发展的专属药方。

来源：中国医药物流网 2019年11月22日

顺丰速运发力医药物流，已运营23个专业医药集散点

近日，第81届全国药品交易会议在上海举办，顺丰速运有限公司医药事业部（以下简称顺丰医药）作为全国规模领先、专业的第三方医药物流企业首次在展会亮相，充分展示了科技、航空、高铁、仓储技术、包装技术、国际业务、金融等供应链综合服务能力。

在行业大变革的政策背景下，本次药交会唱响了“变革重构未来”，推动产业升级与市场变革的融合与发展的新华章。作为中国医药工业与大健康领域极具规模和影响力的行业盛会，10万平米展馆里聚集了国内外超2000家医药和大健康领域企业和近50万医药人共襄盛举。

顺丰医药，致力于成为中国最有价值和最有影响力的医药行业解决方案提供商。融合顺丰集团在航空、陆运、仓储网络优势，为医药行业客户提供专业高效、安全可靠的医药供应链解决方案，用心守护药品的质量安全，为人民群众的健康事业奉献力量。

目前，顺丰医药在全国范围已落成4个GSP认证医药仓，规划中4个GSP医药仓，总仓储面积超过75000平方米；已开通运营23个专业医药集散点，36条医药干线、484个流向，覆盖全国22个省、超过960个区县。拥有自营GSP验证合格的医药冷藏车236台，并配备完善的物流信息系统以及自主研发的PLSS全程可视化监控平台。

顺丰医药作为唯一的专业医药第三方物流参展商，受到了各大医药行业内朋友广泛关注。医药物流发展多年至今，市场依然是以散、乱、小、弱的玩家为主，随着近些年药品不良事件持续发生，社会舆论对于疫苗、药品关注度持续升温，药品监管部门对药品生产、流通环节监管力度将不断加强。行业亟待一批专业的、有质量保障的医药物流企业能脱颖而出，引领行业变革。正如2014年顺丰进入医药物流行业以来，承载了太多医药人和物流人的期望和关注。

此次顺丰除了展示传统的仓储物流能力以外，在药品安全管理（如全程追溯、专业包装能力）、医药供应链金融、国际货运及清关等方面的解决方案能力都得到了充分展示，甚至是物流黑科技—无人机（用于偏远地区和紧急药品配送）均得到了高度认可和点赞。

来源：第一物流网 2019年5月22日

医药物流标准或将出台　千亿市场发展困境待解

“从药厂到最后一公里，参与者五花八门，涉药运输管理的可控性、可保证性、可追溯、安全性等缺乏统一的标准，存在诸多风险。”近日，在“涉药物流企业分类分级评估标准体系”贯彻试点新闻发布会上，中国医药商业协会副秘书长朱建云表示。

根据中国医药商业协会结合医药工业和医药商业流通数据，2017 年中国医药物流市场规模约 1003 亿元，其中，运输业务 561 亿元，占 56%。但医药物流市场存在诸多隐忧。

在上海市食品药品安全研究会会长唐民皓看来，行业协会等第三方机构应参与到药品物流领域治理。

2017 年初，中国医药商业协会在商务部指导下成立了由跨国药企、医药批发和物流龙头组成的涉药物流分类分级评估标准起草组，并完成《药品经营企业物流服务能力标准》和《涉药运输企业医药物流服务质量及能力评估标准》的起草和研讨修订。截至 2019 年 3 月 15 日，已完成 13 家涉药物流企业的现场分类分级评估。

诸多隐患

“保守估计，医药物流的市场规模在 1000 亿以上。其中，44% 的份额是仓储相关的增值服务，56% 与运输相关，即运输占医药物流市场一半以上。”朱建云说。

我国医药物流参与方共包括两大类：一是有药品经营许可的医药物流公司和药品经营公司的物流；另一类包括涉药物流企业和普通运输公司。中国医药协会结合医药工业和商业流通数据显示，在 561 亿运输业务中，自营配送占 18%，第三方配送占 82%。

当前我国医药运输业务并不乐观。朱建云告诉《21 世纪经济报道》记者，运载工具五花八门，上游敞篷送货到批发商，终端配送车辆条件差；另外，中转场和包装现场环境脏乱，还存在采用极不规范的方式配送冷藏冷冻药品。

北京华欣物流有限公司总经理陈光焰认为，医药配送存在三类风险：合规风险、质量风险和药品供应风险。“合规是底线，一旦触碰，就是犯法；药品是特殊商品，确保质量安全是基本认知；如果运输环节或流通环节出现问题导致药品质量损害，就会影响市场供应、患者用药需求和货主对市场的供应保证。”

商务部发布的《2017 年药品流通行业运行统计分析报告》统计，2017 年医药物流直报企业共 417 家，其中常温库占 25.7%、阴凉库占 71.6%、冷库占 2.7%。值得注意的是，专业运输车辆的数量仅为 17714 辆，其中冷藏车占 14%，特殊药品专用车占 2.4%。

2016 年 2 月 3 日，国务院印发《关于第二批取消 152 项中央指定地方实施行政审批事项的决定》，取消从事第三方药品物流业务批准。此后，大批第三方物流公司涌入涉药物流市场。根据前述商务部报告，受“两票制”和“第三方物流审批取消”等相关政策影响，2017 年全国医药物流仓储面积比 2016 年增加 14.6%，企业拥有自有运输车辆增加 10.5%。

中国医药商业协会副会长程俊佩认为，第三方物流企业的优势在资源配置方面。“他们知道怎样高效配货配载，但也会给产品管理带来一些隐患。”

标准或将出台

近两年，在医保谈判、4+7 带量采购、两票制等政策推动下，药品价格呈下降趋势，药品质量安全备受关注。今年两会上，中国医药商业协会、上海医药商业协会建议，修订 GSP 药品储存阴凉库温度控制标准。

"一系列政策推动医药供应链扁平化，这需要有敏捷的物流服务响应。"朱建云说。

2017 年 2 月，原国家食药监局曾公布一则关于 10 家药品批发企业的检查结果：北京京卫利达医药物流有限公司等 5 家药品批发企业涉嫌严重违反药品 GSP。

针对当前涉药物流行业存在的痛点，上海市食品药品安全研究会会长唐民皓认为，第三方应参与药品领域治理。他解释，第一方指法律和政策制定者和监督者，即政府；第二方是法律和政策的遵循者和实践者，即企业；第三方主体包括行业协会和对市场主体经济活动进行鉴定的社会机构。在他看来，中国行业协会的作用仅发挥了 50%。

首批涉药物流企业分级贯彻试点评估企业九州通集团物流有限公司总经理张青松谈到标准对行业的作用。"第一是行业自律，第二是经营企业和运输企业协同共享，第三是便于第三方监管，第四是便于全社会资源统一协调。"

标准如何应用，朱建云告诉记者，标准必须具有指导性、前瞻性且接地气。

来源：中国国际电子商务网 2019 年 3 月 29 日

药品物流成物流企业的下一个角斗场！

近日，全国最大智能医药物流中心全面投入运营，预计可实现年销售额 125 亿元。实现每天处理数据量超 30 亿条、业务运算量超 60 亿笔，无人仓库里机器人自动识别、搬运货物。

该项目是全国单仓最大的医药物流中心，自动立体化仓库高 24 米、面积 8000 平方米、容量 80 万箱，日吞吐能力 6 万箱，目前能支持逾 5000 家门店配送业务及 500 亿元销售规模。

顺丰物流近日就公布了最新的药品计价模式，称将灵活根据重量、体积等维度定价的第三方物流计价模式正在医药物流领域焕发生机，凭借顺丰医药的业务规模优势、仓网资源优势，可明显降低药企的物流成本，优化医药企业服务竞争力，同时提高盈利水平。

据《电商报》了解，顺丰医药于 2015 年 7 月 29 日成立，经营范围包括非许可类医疗器械、许可类医疗器械以及第三方药品现代物流业务等。半年报显示，2019 年上半年，顺丰冷运及医药业务整体实现不含税营业收入 23.52 亿元，同比增长 53.93%。业务保持快速增长，医药物流业务已成为顺丰新业务拓展的核心板块之一。

同样作为较早一批涉足医药物流的社会物流企业，京东物流前不久也在 2019（第六届）中国医药物流行业年会上荣膺"2019 中国医药物流年度企业"称号。目前，京东物流已经建成了 10 座符合 GSP 要求的现代化医药物流仓库、11 个医药转运中心，并在全国 7 大核心区域持续推进智能医药物流中心建设。

《电商报》了解到，京东集团今年 5 月对外宣布成立京东健康子集团，并完成 10 亿美元融资，估值近 500 亿元。不到半年时间，京东健康于 10 月 28 日召开了首次合作伙伴大会，同时公布了截至目前的部分运营状况：已成为全国规模最大的医药零售渠道，占零售市场 15% 以上的份额。超过老百姓大药房、大参林（603233）以及益丰药房（603939）等线下连锁药店。

在线下健康服务方面，阿里巴巴也在 10 月有了新动作：包括阿里网络等在内的阿里系三家公司齐出手，砸 73 亿抄底美年健康（002044），加速布局医疗健康领域。而去年 3 月，阿里系的企业也参与了爱康国宾私有化要约。

随着我国经济快速发展和医药相关政策的发布，低温贮藏医药品需求激增，医药冷链行业出现新的发展契机。但我国医药冷链物流仍存在体系不完善、物流成本高和技术、设施落后的问题。

药品作为特殊商品，关系到人民的生命安全，国家对其有相当严格的法律法规的规定，对药品的仓储管理都提出了相当高的要求。也希望各地政府、医院携各物流企业早日解决老百姓用药难、等药慢的问题。

来源：《电商报》 2019 年 12 月 23 日

药品供应全链：叮当快药与华润医药携手布局新零售

1 月 28 日，叮当快药宣布与华润医药商业系内公司深化合作形式，结为战略合作伙伴，打通药品供应全链路，在医药新零售行业打响了 2019 年开年的第一枪。

这次合作并不是华润医药和叮当快药合作的起点。在此之前，华润医药旗下品牌药企就借助叮当快药的“到家 + 到店”多场景化服务体系试水新零售，通过线上线下品牌周等品牌营销，实现了产品销量的增长。华润医药商业系内公司进一步携手叮当快药，旨在推进双方深度战略合作，进一步赋能医药新零售。

华润医药商业相关负责人王勇接受记者采访时表示，此前的合作让我们看到了医药新零售的潜力。获客成本高、线上营销经验不足、用户服务亟待提升等是传统供应链企业遇到的问题。而借助这次的深入合作，依托叮当快药“百城千店”的新零售布局和深层次挖掘用户需求的数据能力，华润医药商业系内公司及华润医药旗下工业品牌将加速线上线下融合，与叮当快药携手共建便捷、可靠、专业的医药新零售生态圈。

叮当快药 CEO 俞雷表示，合作会从以下几个方面开展：第一，把华润医药旗下的商业品牌作为叮当快药的重点合作品牌，进行相应的数据化营销以及整合供应链；第二，叮当快药会和华润新龙形成库存共享体系，并致力于提升物流效率；第三，对叮当的会员体系和华润的产品体系进行大数据应用。“我们希望通过这些落地方案，给双方共同的用户带来价值提升，同时有效的缩短供应链，使得流通环节减少之后能够真正的让利于民。”

至于具体如何做到“让利于民”，俞雷称，首先是合作有利于丰富药物品种，满足用户的需求；其次，在供应链范围内，形成高效的运作机制，通过压缩物流环节降低药物成本；此外，通过大数据分析，对用户做到精准推荐，使用户省时省力。

俞雷表示，叮当快药新零售模式的核心不仅为消费者提供价值，还为上下游的关联企业提供价值，此次华润医药商业系内公司与叮当快药的合作也被看做一次品牌“1+1 ＞ 2”的蜕变。未来叮当快药还将持续与华润医药等行业优秀企业加深合作，打通供应链、用户数据等多个维度，缩短医药商品流通环节，用新零售的模式持续为用户和行业创造价值，推动产业优化升级，实现共赢。

来源：万联网 2019 年 1 月 30 日

大动作！顺丰医药发力“精准温控”领域

9 月 5 日，顺丰医药对产品体系进行了升级迭代，发布“精温定达”和“精温定航”两款 2-8℃精准温控产品，服务于生物制药、疫苗、IVD、DTP 新特药等冷链配送，针对小批量多批次和多批量少批次的不同需求场景分别设计了“定达”和“定航”。

长期以来，医药冷链物流行业面临全国性医药冷链网络匮乏、医药冷链物流成本居高不下、温湿度全程追溯困难、数据造假频发等痛点，尤其是在小批量多批次的医药物流需求上尤为凸显。

顺丰医药在产品设计上，针对这些痛点给出了自己的解决方案：顺丰医药在产品设计上，针对这些痛点给出了自己的解决方案

表 1 顺丰医药设计方案

产品名称	精温定达	精温定航
温控区间	2℃ -8℃	
适用场景	小批量多批次 生物制药、IVD、DTP 新特药配送	多批量少批次 生物制药、疫苗配送
针对全国性医药冷链网络匮乏问题	收派范围一致，覆盖 217 个城市： 北京、天津、重庆、上海、四川、广东、海南、福建、浙江、江苏、安徽、湖南、湖北、河南、河北、山西、山东、陕西、辽宁、黑龙江、南昌、南宁、贵阳、昆明、长春 分析：从这些城市可以看出，基本覆盖到了经济较为发达的地区，粗略统计覆盖内陆人口约达 90% +，足以满足绝大部分的配送需求。	中国内地范围内均可收派 分析：覆盖内地所有城市的医药冷链服务能力。
针对医药冷链物流成本问题	基准运费 * 运费系数 240 元起 / 票 分析：定价模式简单透明，让 1 件 1 票冷链市场定价逼近行业价格底线。	运费 + 提贷服务 + 送货服务费 217 个城市免提货费 500 元起 / 票 分析：直接将发运量较大的 217 个城市提贷费免除，几乎等同整个产品免提货费。
针对温度追溯、数据造假等问题	通过顺丰医药自主研发的 TCEMS 全程可视化监控系统，实时追踪托寄物位置、温度、路由器状态，全程可追溯。 分析：背靠顺丰的科技、资源和口碑，无疑多了不少安全保障。	

纵观医药冷链物流市场，“精温定达”和“精温定航”无论在定价上，还是覆盖范围上，都要比目前主要玩家的产品更具竞争力。

从顺丰医药官方微信发布的产品服务介绍来看，随着“精温系列”产品的发布，顺丰医药的产品矩阵进一步清晰：精准温控系列 + 医药常温系列 + 药械仓储系列，此举无疑进一步增强了其在 F（医药工业）2B（医药商业）2B（医药零售、电商）2C（医院、疾控、患者等）各环节的医药物流服务能力。

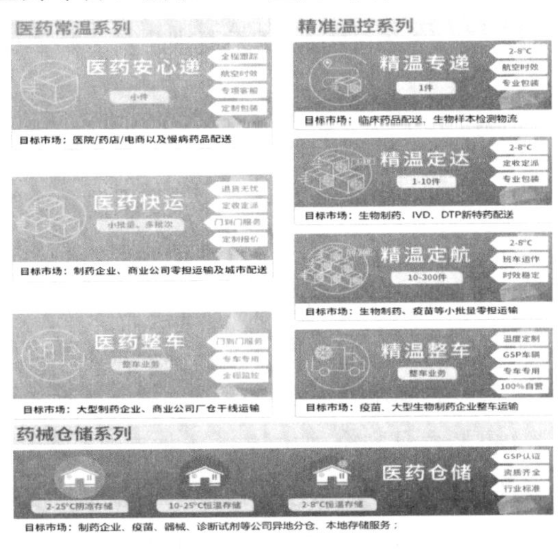

图 1 顺丰医药产品布阵

近年来，在分级诊疗、4+7 政策推行、两票制、新《药品管理法》等政策影响下，医药行业面临多重变化和挑战：

一是营销及供应链渠道下沉：两票制、互联网药品零售、各地药品招标的推进，医药生产企业需要为更多的终端和批发企业提供药品物流服务，营销向地市，甚至区县下沉。

二是要求供应链效率提升和成本优化：4+7 带量采购和医院取消药品加成销售，药品价格面临下降压力，医院和医管部门需要持续降低运营成本，同样给医药生产企业带来了压力。同时，药厂在以量换价的情况下需要集中将大批量药品快速分发配送到各个批发企业或医疗机构，这既是对药厂配送成本的考验也是对自身供应链时效能力的考验。

三是物流安全和保障要求提升：新《药品管理法》已经出台，将于 12 月 1 日施行，药品上市许可持有人需对药品全程质量负责，并建立药品的全程可追溯机制，生产企业的物流部门需要建立统一的物流管理平台，能够跟踪药品出厂后的物流信息以及运输、存储信息。

面对行业机遇和挑战，顺丰医药的做法是提供软硬一体的解决方案，借助顺丰在物流方面的口碑和基础，融合互联网、物联网、包装技术，为医药工业类客户提供中立的第三方基础物流和科技物流服务，涵盖常温药、冷链药品、疫苗、检验标本等，提供干线运输、分仓存储、城市配送、配送到家的基础物流服务，并提供销售端物流从接单、发运、收货、使用、全程跟踪到结算的统一管理，实现物流库存与动态、运输和存储环境完全可视化。为医药商业企业提供更经济、更专业的配送服务。为医院提供包括入院、院内和出院综合物流服务。为患者提供丰富的物流配送和药事服务。

在科技物流服务方面，以顺丰医药为代表的医药第三方物流企业，研发能力强、信息化程度高、追溯方式全、对接能力强，能够为药品上市许可人带来更好的追溯体验和服务。

这一点已经逐步得到印证，据悉，顺丰医药即将推出服务平台，为其客户提供数字化物流服务，通过丰富的 SAAS 及接口服务，企业可以在统一界面下管理仓储和物流信息，同时提供行业车辆 / 仓 / 收货地址查询服务，通过整合医药供应链市场中的车辆、第三方仓储资源信息以及收货特性和要求等信息，为上下游企业提供更多、更丰富的服务。

顺丰医药正在运用自身的科技能力赋能医药企业，帮助医药企业适应新医改下的营销变革，推动、引领行业发展。

来源：中国医药物流网 2019 年 9 月 12 日

医药物流政策小贴士

GMP:

GMP，全称（GOODMANUFACTURINGPRACTICES），中文含义是“生产质量管理规范”或“良好作业规范”、“优良制造标准”。GMP 是一套适用于制药、食品等行业的强制性标准，要求企业从原料、人员、设施设备、生产过程、包装运输、质量控制等方面按国家有关法规达到卫生质量要求，形成一套可操作的作业规范帮助企业改善企业卫生环境，及时发现生产过程中存在的问题，加以改善。简要的说，GMP 要求制药、食品等生产企业应具备良好的生产设备，合理的生产过程，完善的质量管理和严格的检测系统，确保最终产品质量（包括食品安全卫生等）符合法规要求。

1988 年在中国大陆由卫生部发布，称药品生产质量管理规范，根据中华人民共和国卫生部部长签署的 2011 年第 79 号令，《药品生产质量管理规范（2010 年修订）》（下称新版 GMP）已于 2010 年 10 月 19 日经卫生部部务会议审议通过，自 2011 年 3 月 1 日起施行。

GMP 虽然旨在规范药品生产企业，但是服务于药品生产企业的药品的仓储、运输服务，同样需要执行 GMP 管理理念，从组织架构、文件、记录，以及质量体系建设的可控性等方面都应体现 GMP 管理思路。

GSP:

GSP 是英文 GoodSupplyPractice 缩写，在中国称为《药品经营质量管理规范》。1998 年，在 1992 版 GSP 的基础上重新修订了《药品经营质量管理规范》，并于 2000 年 4 月 30 日以国家药品监督管理局令第 20 号颁布，2000 年 7 月 1 日起正式施行。2013 版《药品经营质量管理规范》已于 2012 年 11 月 6 日经卫生部部务会审议通过，自 2013 年 6 月 1 日起施行。《药品经营质量管理规范》（国家食品药品监督管理总局令第 13 号）已于 2015 年 5 月 18 日经国家食品药品监督管理总局局务会议审议通过，现予公布，自公布之日 2015-07-01 起施行。《国家食品药品监督管理总局关于修改〈药品经营质量管理规范〉的决定》（国家食品药品监督管理总局令第 28 号）已于 2016 年 6 月 30 日经国家食品药品监督管理总局局务会议审议通过，现予公布，自公布之日起施行。GSP 对于药品的仓储、运输更具有直接的指导作用，特别是新修订版对于医药冷链管理的要求，更是提升到了一个空前的高度。

医药三方物流服务：

早在 2004-2005 年，医药三方物流服务就被国内几家大型药品经营企业所提出，并在国家药监局开始了政策层面的探讨。随后，部分地区开始以项目形式试点，2005 年 4 月 19 日，国家局以《关于加强药品监督管理促进药品现代物流发展的意见》发布指导。当时更关注医药物流中心建设。后陆续各省出台药品现代物流建设要求，并办理建设审批工作。直至 2016 年 2 月，国务院印发《关于第二批取消 152 项中央指定地方实施行政审批事项的决定》（国发〔2016〕9 号），决定取消从事第三方药品物流业务批准等 7 项中央指定地方实施的食品药品行政审批事项。

目前医药三方物流虽已经取消审批工作，但在各省药监局执行过程中，以及医药企业委托存储过程中，还是会更加倾向于支持具备药品现代物流中心能力企业承接医药三方委托存储业务。甚至有些省明确规定，在本省药品委托存储和运输应交于同一家企业处理，方便追溯管理。

药品两票制：

“两票制”是指药品从药厂卖到一级经销商开一次发票，经销商卖到医院再开一次发票，减少流通环节的层层盘剥，并且每个品种的一级经销商不得超过 2 个。

2017 年 1 月，国务院医改办会同国家卫生计生委等 8 部门联合下发的一份通知明确，综合医改试点省（区、市）和公立医院改革试点城市的公立医疗机构要率先推行药品采购“两票制”，鼓励其他地区执行“两票制”，以期进一步降低药品虚高价格，减轻用药负担。

两票制在医药物流环节的影响是订单单量增加，订单件数变小，订单配送目的地下沉。进一步碎片化。给传统运药的运输模式带来了进一步的冲击。

来源：罗戈研究院 刘俊林 2019 年 2 月 15 日

UPS 联合 Inxeption 推出区块链平台

近日，UPS 和电子商务技术公司 Inxeption 联合推出了一个区块链平台，以改善商户供应链。

新的区块链平台名为 InxeptionZippy，旨在帮助企业展示、营销和向客户分销产品。据称，该平台能让商家监控从产品上市到发货的整个供应链，确保合同的定价和费率等敏感数据只对买家和卖家开放。

据称，通过使用该平台，商家将能够上传产品信息、安排订单、监控退货、处理交易、审查销售和市场分析等服务。

Inxeption 公司首席执行官法扎德 - 迪巴奇表示，该平台为 B2B 商家提供了简化的定价解决方案，利用有限的数字营销和 IT 资源，从一个安全的地方轻松管理销售和发货的方方面面。

1 月中旬，UPS 对 Inxeption 进行了一笔未披露数额的股权投资。法扎德？迪巴奇当时表示，企业客户需要安全的平台来保护他们的客户数据和专有信息，同时让他们更容易与客户互动，甚至更有效地合作。

本月早些时候，北美最大的品牌海鲜公司 BumbleBeeFoods 推出了一个区块链平台，用于海鲜的可追溯性。据称，消费者可以通过智能设备扫描产品包装上的二维码，观察整个供应链，获取产品来源和运输历史信息。

来源：百家号　2019 年 3 月 29 日

海外仓转型更需智慧供应链支撑

如今，海外仓已经成为跨境电商全球采购、全球销售以及第三方物流企业提升服务质量、获取市场竞争优势的重要抓手。

跨境电商设立海外仓是市场竞争下的必然需求。亚马逊、eBay 和速卖通（AliExpress）等全球领先的跨境电商平台发展势头迅猛，对销售海外仓的布局和建设起到了推波助澜作用；而主要面向国内市场的京东则在全球通过 100% 覆盖产地来布局 110 多个采购海外仓，天猫也宣布将在美国仓、日本仓和韩国仓基础上新建欧洲采购仓；服务跨境电商或全球物流的第三方物流企业如顺丰等也同样在境外加大布局第三方海外仓的运储仓配力度。

海外仓火热并非始自今日。早在 2015 年商务部发布的《“互联网 + 流通”行动计划》中就提出推动建设 100 个电子商务“海外仓”；2016 年的政府工作报告中又提出，鼓励商业模式创新，扩大跨境电子商务试点，支持企业建设一批出口产品“海外仓”，促进外贸综合服务企业发展。

高调推动海外仓建设的国家政策已经历时 3 年多，尽管海外仓数量急剧增加，但实际上，多数新增海外仓给投资企业带来的运营成本却远高于收益。货物爆仓、滞销滞压、成本高企、难退换货、供应链上下游博弈、国际税法差异和海外消费者权益差异等问题迭出，如何通过海外仓提升供应链整体利润，已成今后规划和建设海外仓的关键。

海外仓从本质上来说并不复杂，不过是立足跨境贸易而设立在境外的仓储设施，通常提前通过大宗运输方式将商品运往目标市场国家囤货，待目标市场的消费者订购后，以最快速度响应订单，进行分拣、包装、配送和退换货等仓配业务或增值服务，既可以当做类似亚马逊“以储代运”的消费地仓库，也可以当作仓储“结点成网”的一类节点仓库。

但从供应链体系和产业链生态来看，海外仓运营的成功与否，却取决于其在整个供应链和产业链中所处的位置和所起的作用，取决于运营管理的成本与收益的效率对比，取决于仓储商品类型与供应链类型的匹配度，取决于互联网及信息技术、智能技术等对仓储智慧决策的支撑程度。

上述海外仓，是指具有一定市场地位的超大型跨境电商等设置的规模型境外仓库；还有一种历史更为久远且属于市场自发形成的个人作坊式海外仓，主要服务于海外代购。两者的市场定位、运营管理模式和供应链生态体系有许多不同。

以个人为单位的海外代购与个人作坊式海外仓可谓是“珠联璧合”，其海外仓利用的是代购者所在的住宅、车库、储藏室或周边闲置房屋，自己或家人形成看堆式管理，类似菜市场个体摊位，使用成本和管理成本都趋近于零，货品较为单一而易于预测，并多使用“灰色清关”偷漏税等，其近零成本、高利润的高效率模式极大推进了海外代购的超高速发展。

数据显示，2018 年中国海淘市场达到 9000 万人，海外代购市场达到了 2601 亿元，依托各类互联网平台和跨境电商平台的海外代购，通过信息不对称、税收豁免或偷漏税及早期市场自由等贸易便利形成了高速野蛮生长，与此相伴的作坊式海外仓也呈现海量增长的态势。

然而，随着 2019 年国内开始实施电商法，电商经营者也需办理市场主体登记和履行纳税义务，进出口减免税及清关新政开始规范原有的法外之地，美日韩欧盟各国也开始加强打击各类不规范清关行为，俄罗斯也加大了“灰色清关”打击力度，海外代购市场及其衍生的作坊式海外仓面临结构性调整。

我国不断完善跨境电商发展的政策支持。2018 年 8 月，在原有 13 个城市的跨境电商综合试验区基础上，又增加了 22 个城市的跨境电商综合试验区，基本上覆盖了我国主要的一、二线城市。这促进了超大型跨境电商平台的规范性、规模化和全球网络型发展，也遏制了小而散且难合规的海外代购发展，并推动海外代购向合法跨境电商平台迁移和转型。

适用于合法合规跨境电商平台、高运营成本的海外仓需要重新定位新市场，并寻求可控制成本、提高服务水平且提升供应链体系高利润的跨境电商产业链生态。而另一方面，海外代购所催生的作坊式海外仓，依旧还会较长时期在新规和转型过程中发挥作用。

在供应链矩阵理论中，功能型产品与创新型产品的供应链体系应分别划分为效率型供应链与响应型供应链；而面向作坊式海外仓与跨境电商海外仓时也同样需要构建不同的产业链生态，前者需求的是从退路进场式的规范性集群引导，后者需求的是适宜海外仓的商品遴选能力，但两者依然存在着共性问题亟待解决。

海外仓一般包括三个阶段，即头程运输、仓储管理和本地配送。其中头程运输主要是卖家通过海运、空运、陆运及铁运等方式将商品从产地国（更乐于以大宗形式）运输到另外一国海外仓，并按照相关国规定进行商品报关和清关；仓储管理则是在海外仓内实施远程仓储管理和库存管理，按照订单需求出入库操作；本地配送则是按照订单需求及库存管理系统为消费者寄递商品，以及实现退换货等操作。

海外仓现存的主要问题，除国际税法差异和海外消费者权益差异导致的政策风险、经营风险、质量风险和成本风险外，绝大多数与信息不对称、数据难共享和预测不精准直接相关，如货物爆仓、滞销滞压、成本高企、退换货损失大等，却恰恰是智慧供应链所关注和能解决的，更需要依赖“大云移物智”形成跨境电商的智慧产业链生态。

亚马逊之所以可以实现通过本地库存来解决及时交付消费者购买的“以储代运”模式，关键在于 AWS（AmazonWebService）平台的大数据和云服务体系对该模式的支持，使得亚马逊可以比消费者更精准地预测到消费者需求什么、何时需求和需求多少，从而可以低成本高响应地满足仓储与运输的功能间资源配置优化。

海外仓的运营也同样需要如国内仓储一样“结点成网”，利用联盟、资本或信息网络对自身及盟友资源的全禀赋要素优化，融合多式联运、中转仓、货代、退货换标和报关清关等资源，特别在国内国外两端共建姊妹海外仓、姊妹边境仓，实现全程物流轨迹追踪和全网络协同共赢。

海外仓还需要提高节点仓配的即时响应速度。跨境电商平台本就具有全流程全资源的数字化基础，因此较易引入自动化装备，利用操作无人化、运营智能化和决策智慧化实现全球跨境电商智慧供应链体系。

来源：亿欧网　2019 年 5 月 8 日

第七篇 城市配送和快递物流

7.1 城市配送

连锁超市、卖场商超物流的痛点与机遇

一、城市商超物流概述

1. 商超分类

在城配中，有一种重要的配送类型就是商超配送，它指的是在200公里以内的货物运输，将货物送到各大KA商超和BC卖场。

KA商超主要指国内国外大型连锁超市、卖场，单店面积至少拥有3000平方米以上，如沃尔玛、家乐福、大润发等。B类卖场指的是国内中等规模的超市，商场经营面积在1000-3000平方米之间。C类卖场的经营面积一般在300-1000平方米之间，基本分布在郊区。

2. 商超物流特点

商超普遍存在门店众多且分散、货物品类繁杂、销售情况不好预测、不定期进行活动促销等需求。相应的，商超物流同样存在有多品种、少批量、高频次、区域性强的特点。

另外，商超普遍地处市、郊区中心等人流量较多的繁华地区，因而也会导致运输车辆卸货不便的问题。更主要的是到货时间由商超决定，确认收货时间长且不固定，极大程度上增加了司机对于运输时间的把控以及与下一运输地点、时间调配的难度，同时这也是一项依赖客情关系的服务。

3. 商超物流模式

目前，主流的商超物流模式有供应商直送、商超自建物流、第三方配送以及共同配送模式4种商超物流模式。

（1）供应商直送

供应商直送指的是由生产商在指定时间内直接将商品送到各门店甚至上架的物流活动。例如家乐福，主要依托供应商物流，降低自己的运营成本。

（2）商超自营配送

自营配送模式主要指的是商超企业自建物流中心，由企业内部员工负责货物配送的模式。适用于门店多、配送量大的大型连锁超市集团。例如麦德龙、沃尔玛。

（3）合同物流

对大型连锁超市而言，在配送方面，尤其是长途运输、区域成品仓库等环节可以采用第三方物流。对于中小型连锁超市而言，他们货量相对小、资金也少，可以利用第三方物流完成仓储与配送的零库存的目的。

（4）统仓共配

统仓共配物流模式指的是多家商超或是经销商一起投资建设物流设备，共同配送，能够高效率、低成本地为有关企业提供物流服务。但各企业间的商业机密泄露、各客户之间协调物流需求冲突是一问题。

二、商超配送案例分析

1. 家乐福——供应商直送

家乐福在 1995 年进入中国，其选址绝大部分集中在上海、北京、天津及内陆各省会城市，且强调“充分授权，以店长为核心”的运营模式以实现快速本土化经营及扩张，在采购上也是由各店长主导，因而每个门店都拥有各自独立的供应商体系。所有配送以供应商直送为主。

家乐福单店的供应商基本集中于同一城市，“小批量、多频次”的需求能更好的实现。另外，采用供应商直送的配送模式，便于逆向物流的进行。因为商超与供应商之间接触频繁，商品退换货处理也会非常迅速。

但长此以往，将自身的物流成本转嫁给供应商，造成门店与供应商关系紧张。同时门店店主自行采购也导致供应商“走后门”现象严重。为了更好地发展，家乐福决定收回店主权利，建设区域配送中心。

2. 麦德龙——自营配送

麦德龙主打仓储式超市，营业面积普遍超过 1 万平方米。内部结构比较简单，通常采用高 4.5 米的工业用大型货架。货架下半部分用于商品的陈列展示，上半部分则用于相应商品的存放，起到了仓库的作用，从而使销售和仓储合为一体。区别于普通超市，麦德龙的目标客户包括餐饮业、酒店业、食品贸易服务商等 B 端客户。

正是由于麦德龙“以零售的方式来从事批发业务”的商业模式，存在大批量采购的需求，从而采取“中央采购 + 配送中心集中配送”模式，更能达到降低物流成本、便于管理的目的。对于供应商而言，无论麦德龙在哪个区域设立门店，他们只需要联系麦德龙总部即可。

随着麦德龙逐渐适应中国市场，采用多种模式结合，即货物由供应商直送，通过麦德龙的配送中心发送，配送过程外包给第三方物流公司，例如利丰、新科安达。

3. 统仓共配

随着供应商采购渠道发生变化，原本的经销商也在寻求转型机会。联合多个经销商一起转型，共享一个仓，共享一辆车，于是就产生了：统仓共配。而统仓共配的出现给资金链没那么雄厚的中小型商超提供了更低成本的采购物流渠道。

（1）经销商联合做统仓共配

经销商联合更适合规模相对中等的经销商，能够共享资源、优化仓配成本，从而提高竞争力，更有可能成为通往“区域霸主”的捷径。经销商联合模式下，在成立之初就要确定好利益分配与运营机制。另外，在找合伙人时也最好是产品互补类型。但在这种模式下，后期的招商就会尤为困难，经销商往往会因为业务竞争，担心生意被截胡而拒绝入驻。

（2）经销商自建统仓共配，弱化原本业务

当经销商有一定规模、经营的产品、物流流量足够大时，可以自建仓配平台，来满足自身的物流需求。当平台足够大时，如果想要吸纳其他经销商，首先便是要取得竞争对手的信任。在这过程中，可以逐步将自身的代理业务弱化，放弃商流而主做统仓共配。这在一定程度上解决了其他经销商担心自身渠道、业务被平台主导甚至替代的问题。如烟台益商、华夏龙。

（3）原生态统仓共配

直接从物流切入，企业自己做仓做配送，与经销商只有合作关系。一旦合作达成，便是一个较稳定的项目。目前，做统仓共配的企业基本都会接入信息体系，客户的货存放在你的仓库，他们的客户数据、款项流通都要经过企业信息体系，如若想要抽离就要考虑信息安全、竞争对手抢夺等问题。这方面做得比较好的如唯捷。

三、商超物流痛点与机遇

1. 配送线路规划难，配送量难掌控

商超企业大多分布在经济发达、交通便利的地区。商超配送路线复杂多变、且配送量随市场销售情况而改变，时起时落波动大，并且各商超企业的收货时间都不尽相同，确认收货耗时无法掌控。这就给做统仓共配的物流企业如何合理安排配送线路与时间点增加了难度。

2. 配送场景复杂

商超配送场景复杂，如大型卖场、连锁便利店、乡镇小超市等，还有一些场景需要理货，退换货，处理客诉等。举个例子，啤酒和火腿肠都是商超中常见的单品，在服务的过程当中，退瓶、退盖、餐饮流通、KA 类、BC 类全覆盖等等，这就导致想短时间内多行业覆盖，几乎是不可能的事情。所以进入商超物流时，建议优先切入标品、大流量刚需产品，或先专注单一品类服务，做好了某一品类，再扩张也不迟。

3. 小而散的庞大农村超市市场

在商超中，有一种特殊形态的存在，那便是遍布各地，深入乡镇的小超市。这类小超市或许是整个乡镇的购物网点，目前主要采用的是车销带货的形式。而车销带货所能覆盖的范围有限，且不利于管理。如若能够把数量庞大且布局深入的农村小超市进行区域性统筹，一方面使得销售管理规范；另一方面，也能降低经销商运营成本。

来源：运联传媒 陆思远 2019 年 5 月 29 日

1 万家大型超市，近 20 万家连锁店，蜂鸟即配如何改造商超?

饿了么蜂鸟即配 + 大润发，给商超品牌带来哪些启发?

蜂鸟，因飞行时两翅振动发出嗡嗡声酷似蜜蜂而得名，它体小、尾尖、脚短，是唯一一种能真正悬停和前后飞行的鸟类。

由此看，饿了么当初将其即时配送平台取名为“蜂鸟”，算得上恰如其分。如同蜂鸟，即时配送也要求灵活、迅速。如今分钟级配送已成为常态，蜂鸟在整个新零售浪潮中，已成为核心的商业基础设施之一。

一、“万物可送”时代来临

8 月 15 日，阿里巴巴发布了 2020 财年一季度财报。口碑饿了么组成的阿里本地生活服务公司本季度营收强劲增长 137%。

在行业增速整体放缓的当下，阿里本地生活服务公司之所以能够“逆势”上扬，数字化升级与下沉固然是关键，阿里大生态带来的增量同样不容忽视。蜂鸟即配通过服务天猫、淘宝、盒马、大润发、阿里健康等不同商业体，成为连贯阿里新零售多路纵队的基础设施之一。

在今年 6 月 5 日，饿了么宣布即时配送平台蜂鸟品牌独立，并升级品牌名为蜂鸟即配。在阿里巴巴集团合伙人、阿里本地生活服务公司总裁王磊看来，“这标志着本地即时配送行业的新一轮变革已经开始。”

即时配送，从餐饮外卖中诞生，正向万物可送、万店可配的方向拓展，而这种拓展也带来的巨大的商业想象空间。

饿了么副总裁刘歆杨表示：“蜂鸟将建立一个开放的即配生态，将服务运力输送给更多行业。目前，蜂鸟已在商超、生鲜、美护等领域建立高标准配送解决方案，定制化服务超 15 种业态。”

品牌独立 60 天后，蜂鸟为商超行业输出了一套高标准的配送解决方案。门店半径 3 公里内，30 分钟内或 1 小时内送达成为常态。在即时配送基础上成长出的新商业形态，让陷入增长瓶颈的商超行业获得了新动能。

二、商超业态的“复苏”

如今，80、90 成为了消费主力，“宅”与“忙”使得他们更加愿意为“便捷消费”支付溢价。根据艾瑞调研数据，67.6% 的消费者选择 020 平台购买商品的原因是送货上门 / 上门服务。

消费的碎片化和复杂化也要求零售企业做到随时随地、全天候全渠道运营。麦肯锡的消费者调研报告显示，5% 的消费者选择纯线上购买商品，79% 的消费者是线上线下结合的方式进行购物。

在这样的趋势下，商超企业面临巨大的挑战，一些外资企业或“关店退出”或“打包出售”，国内零售超市也纷纷寻求转型之路。接受并拥抱互联网，推进线上线下融合成为不二选择。但无论怎么融合，如果要拓展服务范围，终归需要配送人员完成最后的交付工作。这就给商超企业带来了一定成本压力。相关数据显示，大卖场发展到家业务，每天至少需要 1000 单线上到家的订单规模，才得以实现投入产出比的均衡。

对传统零售企业而言，通过与第三方即时配送平台合作的方式，可以帮助其迅速在区域内实现全渠道订单覆盖，形成规模经济，以此来建立自己的核心优势。而这，与需要扩大订单密度的即时配送平台需求不谋而合。

在这样的背景下，在今年 8 月，饿了么口碑宣布建立数字化商超开放平台，从订单、配送、仓储等环节统一输出数字化成长能力。目前在全国 676 个城市，有超过 1 万家大型超市以及总数近 20 万家的连锁商超入驻开放平台。截至 2019 年 8 月，饿了么口碑已与大润发、家乐福、百联、华润、物美等达成深度合作。

蜂鸟即配除了服务商超的饿了么店铺，同时还可以承接商超官网、独立 APP、小程序等入口的配送需求，以及天猫上的部分电商订单。这次合作给相关企业带来了堪称亮眼的成绩：大润发在一线和三线城市蜂鸟即配订单增幅达到了 250% 左右；屈臣氏、华联超市单店月环比业务量提升超 200%……

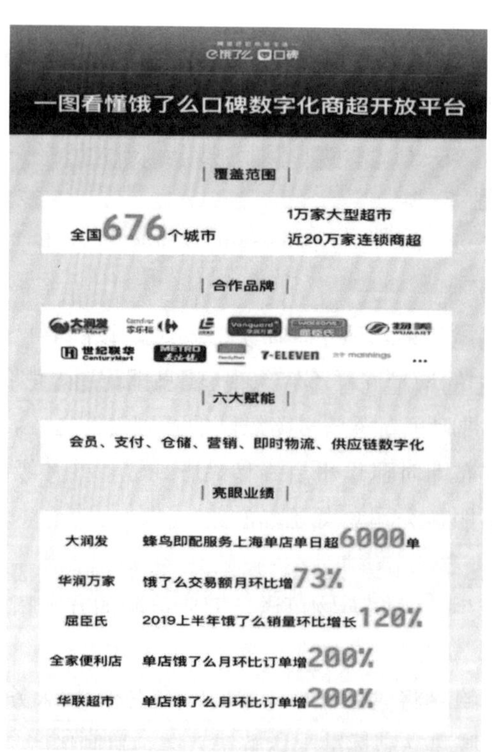

三、蜂鸟即配的赋能

这样的成绩，蜂鸟即配是如何做的？这里以其与大润发的合作为例，从物流配送角度梳理如下：

1. 智能调度

饿了么蜂鸟即配为大润发定制了驻店配送模式，派驻一定数量的骑手服务于指定门店，实现从一点到多点的配送。

“智能调度”系统是蜂鸟即配的智能大脑和决策系统。根据大数据、智能分析，可以做到订单时间预估，订单匹配和订单路径规划。得益于深度学习与多场景人工智能适配分单，该系统能实时感知供需、天气等压力变化，对预计送达时间，商户出餐时间、商圈未来订单负载等做出精准预测，用户的订单将会在最优决策下被匹配最佳路径，保证配送效率和体验。

“智能调度”使之前单纯的订单运力计算转变为了从生产开始到配送终结的全环节数字化计算；从之前单纯的线下固定的点仓配送转变为了以数字智能驱动的实时移动的虚拟网配送。

在“智能调度系统”的驱动下，骑手取订单时将根据行驶路线，分配同一区域的多个订单。通过装载能力设计与智能调度，骑手一趟配送的订单远超 1 单，极大提升了配送效率。蜂鸟即配的骑手对物流指闻表示，通常情况下每天接到 40-50 单。

从配送时间上看，目前针对商超可实现 0-3 公里 60 分钟内，3-4 公里 90 分钟内，4-5 公里 120 分钟内送达，准点率达 99%。这种情况下，客户的满意度高了，骑手的收入也比之前高了。数据显示，目前大润发上海杨浦店的驻店骑手，月入过万的比例超过了 20%。

2. 后端改造

事实上，配送餐饮和配送商超订单有很大的不同。商超店铺 SKU 非常丰富，一家店可能有几千个 SKU，大润发甚至单店 SKU 数可以达到 1 万以上，较普通餐饮店铺翻了很多倍。在这样的情况下，提高配货效率成为重中之重。

为此，门店反向改造必不可少。据蜂鸟方面介绍，目前主要的改造形式有悬挂链和拣货仓。悬挂链主要为了快速集货，在门店多个品类区域设置有上货口，拣货完毕后可运往打包处合并订单发货。“仓”主要有两种形式：一种是店仓一体，在门店内辟出一块区域，专门设置成快拣仓，仓内存放外卖订单的高频商品；一种是纯前置仓，只为了线上订单设置。饿了么蜂鸟目前合作的主要为店仓一体模式。除此之外，蜂鸟即配还帮助门店进行外卖动线设计、拣货仓设置等后端改造。

3. 全链路数字化

商超订单的履约链路和操作方式较一般外卖发生了很大的变化。与餐饮配送的非标化不同，商超零售相对是比较标准化的行业。而饿了么口碑构建的“全链路数字化体系”，正在向商超行业加速复制，帮助商超品牌在会员、支付、库存、营销、即时物流以及供应链实现线上线下一体化。

其中在即时物流方面，蜂鸟即配计划未来 3 年在全国建设 2 万个全数字化即配站，通过商户、骑手、用户的数智化，服务城市商圈，建设真正意义上的本地生活服务智能网络。目前，骑手的物流设备正在快速数智化，比如对餐箱温度管理的精准控制，智能耳机等 IOT 设备普及，电瓶车电池数字化监控等。

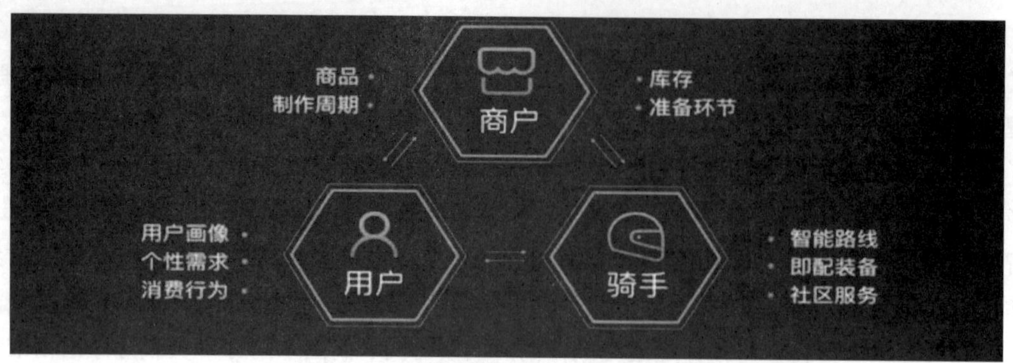

全数字化即配站推进商户、用户、骑手的数智化服务

蜂鸟即配商超解决方案背后是对商业行业的改革。与传统电商时代相比，即时配送的效率要求已经大有不同，它速度更快、频次更高，各个环节的反应更加敏捷。如果说电商打破了传统零售行业的销售效率，那么分钟级的即时物流则是从配送反向改造传统零售的整体效率。

基于即时配送加持，传统线下门店突破了地理区位的限制，在半径 3-5 公里范围内有更高的延展性，不仅拓宽了消费场景，也能满足消费者的不同“到店”或“到家”需求。在租金、人力成本大幅度上涨的当下，通过线上流量和即时配送，帮助商超品牌解决了成本和经营半径短的问题，做到降本增效。

目前，与蜂鸟即配合作的商超品牌包括大润发、盒马、盒小马、中百、新华都、三江购物、欧尚、顺客隆等等。同时，随着蜂鸟即配网络的完善，越来越多三四线商超也上线了外卖平台。这些改变也驱动了口碑饿了么市场份额的持续提升。

四、结语

阿里巴巴集团合伙人、阿里本地生活服务公司总裁王磊就曾表示，自 2015 年蜂鸟配送平台成立以来，即时配送市场体量越来越大，基础性作用越来越明显，已不再只是一个服务于外卖交易的履约环节，而是成长为与传统物流一样的商业支柱产业。

从商超订单到医药、鲜花、生鲜等，蜂鸟即配在向多品类纵深发展。根据艾媒发布的《2019 中国即时配送市场研究报告》，新零售业务已成最强增长点，蜂鸟配送新零售订单 2018 年下半年同比增长 185% 领跑行业，2018 年蜂鸟医药健康订单增幅更是超过 500%。这一过程中，蜂鸟也在驱动着物流行业结构的改变。

如果说，过去电商借助快递，将世界商品送到了消费者面前；如今，商超等业态也正借助即时配送，推动了线上线下的无缝连接，打造出一个美好的三公里生活圈，而传统商业形态也将在这一过程中被重新定义。

来源：物流指闻叶帅 2019 年 8 月 24 日

传统商超闭店潮来袭！新零售模式能够拯救传统商超吗？

随着新零售的概念这两年逐渐火起来，传统的商超却一步步迈向衰退。近几年，零售业经历关店潮，看国内情形，从万达百货大面积关掉国内营业店面，到百盛商业集团关掉天津门店，再到深圳老品牌新一佳、人人乐的落败。放眼国际品牌，家乐福、沃尔玛、麦德龙、大润发也万一不难现昔日荣光，大规模闭店。

耳熟能详的传统商超在当下新一轮经济低潮和电商冲击中日子过得似乎越来越难。销售额下降、房租升高、人员流失、管理层频繁调动、客流减少、客户需求提高、货源不通等问题困扰着掌管这些企业的幕后老板们。

标准化商超遭遇电商明显冲击

传统商超经营的各标准化品类早已受到了电商行业的冲击，相比起传统商超，天猫和京东成立的“线上商超”更有助于消费者理解并培养与线下商超相类似的一站式的大额购买习惯。当然，这背后还有双方的仓储物流建设和供应链整合工作。大电商环境下，线上商超对传统商超的冲击将会持续下去。

外卖改变传统商超需求

外卖行业的发展影响了消费者对于传统商超的消费观念。外卖品类从传统的餐饮类用品逐渐扩张到药品、生活用品甚至水果生鲜，潜移默化中改变了人们线上支付购买各类用品的习惯，京东到家就是受益于这种逐渐形成的消费习惯，才在今年有了长足的发展。

社区新消费业态正处于酝酿期

因为传统商超是依托于周边的社区群开展经营，所以其未来发展必须要结合社区市场的变化来看。近两年，现代化便利店、互联网化的科技便利店、京东便利店纷纷高调亮相，使得整个零售市场将一大部分精力都聚焦在了便利店市场，同时随着盒马鲜生、超级物种等结合菜市场与餐饮店多重身份于一体的围绕社区开展的新零售商超不断崛起，给传统零售业带来了一定打击。

未来的商超模式，大致有三种。

第一种是纯线上百货商城

纯线上百货商城省去了线下房租等成本，以低成本优势持续吸引消费者。和现有的模式相似，分为开放平台和自营两种，比如目前的淘宝和天猫超市的关系。开放平台模式依旧以 C2C 或 B2C 模式进行，成为各品牌集散地，拥有高人流量的优势，但同时物流及服务难免会遭人诟病。自营模式则会以低成本为基础，平台搭建自己的物流基地，加快商品物流运转。

第二种是商超 020 模式的线下体验店

商超和购物中心通过提供门店和展位引进商户入驻，同时搭建自己的网络平台，将商户的商品整合至网上超市，用户通过线上或门店扫码下单后，通过网络发送订单信息给商户，并通过快递进行提货和派送，从而实现整个交易的闭环。

第三种是社区型便利店

社区便利店的 020 模式，这种会成为未来商超模式的热点。今后的经济会呈现区域化的状态，社区经济也将成为未来商业模式的主流。社区便利店基于本社区，将最为贴近人们的日常生活，有着很好的用户体验度和粘度，而快速的时效性是其最大优势。同时，社区便利店可以为社区提供各项增值服务，例如快递网点的建立、提供多项生活服务等，拓展多种业务类型培养客户的黏性。在中国社区化居住的特性下，社区经济将会是主流和发展方向，社群营销热必定是热门营销方式。

来源：Judy 的离岸情报局 2019 年 7 月 29 日

从网络零售看2019电商的三大发展趋势

近日，电子商务司负责人介绍了2019年上半年全国网络零售市场发展情况。数据显示，今年上半年全国网上零售额达4.82万亿元，同比增长17.8%，增速进一步加快。其中B2C零售额占全国网络零售额的比重达75.8%，较上年同期提升4.1个百分点。化妆品、智能家居、保健品等商品成为旺销品，销售额同比增速均超过30%。

作为电商产业最为直观的外在体现，网络销售的情况与电商的发展息息相关，下面我们一起结合上半年网络销售市场的特点来看看2019年电商产业的趋势。

下沉市场的潜力开始释放

数据显示，上半年全国农村网络零售额达7771.3亿元，同比增长21.0%，增速高于全国3.2个百分点。全国农产品网络零售额1873.6亿元，同比增长25.3%。

从数据可以看出，一方面，基于淘宝、拼多多、京东等大电商对下沉市场的耕耘，农村市场对网购的需求得到了拓展，带动了销售额的大幅增长。从占比来看，农村网络销售额占全国网络销售额的16%，未来还有很大的提升空间。另一方面，电商产业的发达以及物流运输的发展开始惠及农产品的销售。以前，很多农产品困于销售渠道、交通不便等因素，出现大规模的农产品滞销问题。现在，淘宝村播等直播电商正为农产品打开新的网络销售渠道，不但给了相关农产品一个向全国展示的窗口，也可以帮助农产品解决滞销问题；不仅如此，邮政、顺丰等快递企业近年对农村市场的物流建设也功不可没，不但全面打通农村“最后一公里”，而且针对鲜果等农产品量身制定了新的物流供应链，为农产品在全国地区的销售打下了基础。

除了农村市场之外，地区之间的差异性也可以发现下沉市场正在崛起。数据显示，大城市生鲜、化妆品、宠物用品等零售额增长较快，而中小城市和农村地区服装、汽车用品、大家电等零售额增长较快。从品类来看，大城市的需求偏向于高端产品，对其他日用、家电的需求反而不大，但是中小城市仍然对服装、家电等产品有强劲的需求，未来也还会对高端产品有更长足的需求。从这个角度来看，下沉市场的会有更好的发展潜力。

而进入2019年，各大电商对下沉市场的争夺也进入了白热化。阿里系正通过淘宝村播、淘宝村、聚划算等方面加强对下沉市场的布局；京东拼购不但全面升级了招商政策，而且即将得到微信10级别流量的加持；苏宁易购近期上线“快手小店”、收购60余家OK便利店，也开始加速布局下沉市场。

下沉市场的潜力已经逐步释放，电商平台和物流快递企业的深入布局，不但将为电商行业带来新的流量，而且还会对农村、中小城市带来红利。

跨境电商成为新风口

数据显示，今年上半年主要跨境电商平台零售进口额同比增长超过20%。从源产地看，自日本、美国、韩国进口额排名前三，占比分别为19.1%、13.9%和10.7%。从品类看，化妆品、粮油食品和日用品进口额排名前三，占比分别为34.8%、24.7%和9.6%。

随着国民生活水平的提高，国内消费者对海外商品的需求也越来越旺盛。iiMediaResearch（艾媒咨询）数据显示，2018年中国海淘用户规模超1亿人，2019年这一数字有望增长50%达到1.5亿。不断扩大的市场需求支撑了跨境电商的快速发展，预计2020年中国跨境电商交易规模将达12.7万亿元。

而在市场需求的不断扩大之下，相关政策也开始顺应趋势，对跨境电商领域释放利好。

今年开始实施的《电商法》提到将促进跨境电商发展，支持企业从事跨境电商；近期，商务部电子商务和信息化司司长骞芳莉表示要完善跨境电商的政策体系，大力发展“丝路电商”，助企业“走出去”。此外，海关总署、商务部都在近期表达了对跨境电商发展的重视，未来，随着相关政策的完善，不仅仅是进口跨境电商，出口跨境电商也将得到快速发展。

目前，从国内来看，跨境电商业务尚处于“群雄争霸”时代，网易考拉、天猫国际等头部平台正在茁壮成长中，国际电商巨头亚马逊在中国的“海外购”也有很强的竞争力。网易考拉近日涉入了直播电商，天猫国际正上线英文站加码跨境电商，亚马逊的“海外购”在7月的会员日购物节中大获成功。从市场份额来看，各头部跨境电商平台并未与其他竞争对手拉开很大差距，总体而言，跨境电商仍然是一个充满变数及发展潜力的领域。

线上、线下融合的“新零售”迎来洗牌

此外，在电商流量见顶的大背景下，线上、线下的融合开始加速，线上与实体的融合向着贴近消费者、提升运营效率的方向发展。与此同时，经历了最初的一轮热潮之后，各类线上、线下的融合发展模式都开始迎来“盈利”难关，已经开始洗牌。

一方面，原本专注于线上销售的电商平台开始注重与线下实体店的融合，其中尤其以生鲜领域的发展最为瞩目。以盒马鲜生和超级物种为例，这两家以生鲜新零售的代表都迎来了首家门店的关闭，并且不约而同的受到了盈利难题的制约。目前，这两家新零售代表正在不断探索新的发展模式，以图寻求突破。京东及天猫等平台也对各类门店有不同的试点，而除了生鲜领域，以特卖为代表的唯品会也开始布局“线上+线下”融合模式，以求新的发展。回首上半年，各大电商平台、各大领域都开始布局线下门店，以求突破流量困局。

另一方面，原先坚守线下的企业也开始加大布局线上。以家电零售巨头苏宁易购为例，2019年苏宁易购加快了其“智慧零售”的布局，其中针对线上资源的拓展尤其令人印象审核。在近期举办的苏宁808拼购日活动中，24小时订单总数突破2600万，花了4个小时便超越了去年同期全天订单，足见苏宁在线上渠道的拓展效果。另外，原先一直坚守线下门店的星巴克，在受到瑞辛咖啡的冲击后，不但迅速推出了外卖服务，而且专门打造了“线上点单到店自取”的“啡快”门店，如此迅速的转变为星巴克带来了业绩上的起色。而作为破局者的瑞幸咖啡，仍然在盈利与烧钱之间苦苦挣扎。此外，沃尔玛、永辉、家乐福等原先以线下商超零售为主的巨头，也都开始了新零售转型之路。

从各界的布局来看，线上、线下的融合正在加速，而无论是生鲜还是特卖，或者是便利店、咖啡，加速洗牌的趋势也越发明显。线上线下融合为核心的新零售，正在悄然间迎来关键的转变，也许随时可能迎来第二轮爆发。

电商产业发展到2019年，正好赶上了消费升级的年代，这对整个行业形成了巨大的利好，其中尤其以跨境电商的火热最为明显。

而与此同时，线上流量的见顶，决定了下沉市场的发展，也决定了线上线下融合的大趋势。目前，下沉市场的潜力已经逐渐显现，而属于下称市场的争夺却还未分出胜负，但无论哪些企业最终能在下称市场称王，这对中小型城市及农村来说都是一件好事。而在经历前期的热潮之后，线上线下的融合及相关产业在2019年迎来了变革，行业迎来洗牌，在部分玩家退出的同时，也不断有新的玩家参与进来，其所涉及的领域、行业有越来越广的趋势，而盈利则成为了全行业追求的目标。

总体而言，尽管会受到流量增长困难的影响，尽管也会受到全球贸易形势的影响，但是电商产业仍然活力十足，有望在各个细分领域创造新的历史。

来源：《电商报》 2019年8月12日

社区电商新市场，企业如何破局“最后一公里”配送难题?

面对社区电商这个新市场，如何突破“最后一公里”配送难题，各家都在摸索，服务的内容、时效等也都需要再精准一点儿。

一边是国安社区开启“瘦身”模式，调整关闭几十家门店，一边是不少扎根社区的新品牌跑马圈地，想通过小区拼团融合线上线下。面对社区电商这个新市场，如何突破“最后一公里”配送难题，各家都在摸索，服务的内容、时效等也都需要再精准一点儿。

24 小时配送成历史

24 小时随时配送曾是国安社区最具吸引力的地方，有人深夜里买一瓶水，也能享受免费送货上门服务。但如今，自建配送队伍换成了第三方众包物流“达达”。记者晚上 9 点下单时看到，夜间已经无法配送，最早的配送时间是次日上午 9 点。据了解，为了控制和降低门店、人员、损耗等运营成本，其门店服务范围从 1 公里半径扩展到了 5 公里半径。

近日记者走访发现，国安社区管庄店顾客并不多，偶尔有人进来购买一些零食或日用品。店里布局较以往已经有所调整，货架上摆放的商品以酒水饮料、零食和日用品为主。这家店此前开设过菜市场，如今已不见生鲜的踪影。

近期，国安社区已在北京关闭 40 多家门店，占此前门店数量的 1/3。“这里面有些门店关闭是由于合同到期，有些是面积和位置不符合当前业务需求，关闭一些门店的同时还要调整布局、选址，符合条件的继续开新店。”国安社区内部人士说，下一阶段将从门店布局加密向精细化运营转型。记者在国安社区 APP 中看到，“安心蔬菜”频道已经没有商品，“新鲜水果”频道只有 17 种水果，居民的购买频率也随之降低。

在北京商业经济学会常务副会长赖阳看来，国安社区中有的商品很特别，但并不是居民每日必需的东西，“社区商业品牌要围绕消费者的需求进行规划，以居民需求为核心，再扩展到居民可能用到的其他项目。”

社区电商难应急

随着线上购物的普及，不少商家都瞄准社区“最后一公里”，推出自家APP，让线上线下连接在一起。苏宁小店、便利蜂、多点、永辉生活……APP 种类繁多，竞争也愈加激烈，但谁能最终留在消费者手机里，还要用户体验来说话。记者调查发现，有的平台可以实现快速送货，但商品种类难以满足需要，有的平台虽然可选择商品繁多，但时效性难以保证，让社区电商的服务效果大打折扣。

去年，苏宁小店仅用一年的时间，就在北京开设了 500 家门店，门店分布密集，加上可以共享苏宁自营物流体系，保障了苏宁小店的线上业务配送时效。但记者通过苏宁小店 APP 下单时看到，目前线上可即时配送的商品以休闲零食、酒水饮料、粮油副食、日用百货为主，生鲜水产品类中只有火腿一种商品。

家住常营的陈女士经常在多点平台购买生鲜，但她今年两次下单发现送货的不再是多点自有配送员，送货时效也比不上从前，而且一些商品下了单后才被告知缺货。“晚上 8 点客服打来电话说生菜缺货，过了半小时又打来电话说面包缺货。”她感受到，如果买急用的商品，还是得靠外卖平台的代购服务，“从接单进度到外卖小哥的实时位置都会显示，起码让你知道订单进行到哪一步了。”

社区拼团成新赛道

尽管深耕社区并不容易，但社区商业依旧蕴藏巨大商机。去年下半年开始，以社区为单位的拼团业务成了最火赛道之一。

“简单来说，就是团长带着社区居民一块买东西。”经常在小区群里参加团购的张先生介绍，团长一头连接社区团购平台，一头连接社区居民，通过在群里分享最新的商品信息，号召群友们一起团购。商品到货后，团长还要将社区居民订购的货物挨家挨户送到家中。

记者了解到，物美去年以来在北京的28家店试水了社区拼团业务。相关负责人透露，目前一天的拼团单量能达到1000多单。“28家店覆盖了50多个小区，如果所有小区都覆盖，未来将是非常大的成长空间。”

苏宁小店今年1月也加入了这个赛道，并称要在全国招募10万个团长。据介绍，用户身边的邻里街坊，可能就是小店社区拼团的团长。

赖阳表示，社区生鲜冷链物流的成本一直很高，社区拼团可以产生成规模的订单，不仅能降低成本，也能实现更便宜的价格。

来源：亿欧网 2019年2月20日

社区配送到户最后500米需要智能物流机器人

11月13日，北京的寒冬在一场大风中如约而至。踩着供暖日（每年11月15日到次年3月15日）的步点，季节的转变使得社区内商超配送的效率向“冰点”缓慢靠近。即便是降温很晚的南方，“最后500米”配送的矛盾同样会激化，和社区配送服务的标准化提升形成鲜明对立。

在艾瑞咨询发布的《中国智能快递柜行业案例研究2018》报告中，直接将配送环节细化到最后100米，给出了最后100米末端配送的主要难题：人难找、门难进、送件慢、收件难。即便智能快递柜大量进场，也无法解决用户需要配送上门的需求。

因此，社区到户的最后500米，一定存在智能物流机器人的生存空间。

物流配送行业的特性决定了其劳动密集型的性质，而且靠大量快递人员上门收取，自动化水平一直较低。智能物流机器人出现之前，“社区到户”最后500米基本不存在自动化可能。当人工智能、物联网、大数据、云计算等先进技术快速成熟，并成为基础配套，智能物流机器人的落地随之加快，加上小区智能化程度越来越高，用户逐步接受了智慧社区的概念，终端配送“无人化”和“智能化”也就水到渠成。

末端配送环节的效率提升，最重要的是完成“人上门”向“货上门”的转变。机器人的最大优势是：全天24小时不间断工作。智能物流机器人可以提升“社区到户”最后500米的取/收件效率，快递员不需要挨家挨户配送和等待；物流公司也可以进一步优化人员配置，专注于社区外的分拣和配送，最终获得更大的劳动价值。

优化身份管理

无论快递还是外卖，进入社区配送最后500米，遇到的安全问题几乎雷同——身份管理。即便物流公司在大数据的帮助下，和物业方合作，后台打通人员登记的信息链，依然不能获得完全的信任。

问题是显而易见的，物流公司人员流动大、频繁进入社区公区，随之而生的安全隐患得到了用户的普遍重视。然而不让快递上门，大量的用户要自行到快递柜和自提点领取，社区服务的体验很差，由此产生的矛盾更大。

物流机器人的另一优势也由此得到重视：安全性。机器人不会偷窥用户隐私，也不会主动泄露终端用户的数据，更不会“入户偷抢”和“拐带小孩”，这样的体验是自动化配送所能达到的理想状态。安全解决了身份管理问题，机器人上门收/取件的障碍进一步降低，每单效率明显比“人上门”高不少。

布局末端配送

据市场研究公司 Tractica 预测，2021 年，全球仓储和物流机器人市场规模为 224 亿美元，物流机器人的行业前景一片光明。国内的主要电商、物流厂商已经在布局末端配送市场。“2019 世界机器人大会”现场，京东物流、美团外卖等纷纷展示了自家的无人配送物流车产品。

杨洁明是小狗机器人技术有限公司室外机器人事业部总经理，他和研发团队面向智慧社区，推出了哈奇智能品牌的第一款智能物流配送机器人 hachidelight，专门用于社区物流配送场景。2019 年世界机器人大会上，hachidelight 也在现场展示了实际运行和扫码取件功能。

针对“货上门”配送的实际需求，hachidelight 的多货柜设计具备“一次多单”的递送特性；通过自主研发的机器人集群调度系统，可对不同楼宇、不同楼层的机器人做整体化调度，最大程度提升配送效率。快递员只要根据订单，将货物放入货柜，hachidelight 就可以自行前往社区内的每个单元、每个楼层进行递送。

技术降低成本

面对“社区到户最后 500 米”，物流机器人不需要身份识别，不管快递人员如何更换，进入社区内，始终由物流机器人配送。然而，一旦进入公区，每栋楼宇、每个住户单元存在不同门禁，物流机器人是否能打通所有门禁，无障碍配送到户，这涉及到后台安全控制、智能视觉等多项技术的应用。

在实地集团重庆永川蔷薇国际的“全场景智慧社区”楼盘项目当中，hachidelight 已经做到后台打通门禁系统，包括电梯设备和监控系统，实现自主开门、呼梯到户，结合自主室内 / 外导航技术，将快递送到用户家门外，全程覆盖“收货→暂存→递送→提货→反馈”环节。货品管理方面，hachidelight 支持刷脸取件、扫码取件、密码输入取件，在智能视觉、深度学习技术的保障下，确保配送出错的概率降到最低。

杨洁明还介绍，在人口超过千人的中型社区，甚至万人以上的大型社区，多台机器人可以共用一套云端地图数据，合理规划配送路线，最大程度释放 24 小时无人值守自主配送的优势。

相关数据显示，人工配送的成本每单在 7 元甚至更高。如果采用智能物流机器人接管末端配送环节，一单配送成本可控制在 1.5-2 元，特别是“双十一”这样的电商配送高峰期，智能物流机器人将为快递公司节省大量的时间和人员成本。

来源：中华网　2019 年 11 月 15 日

阿里的蜂鸟、点我达等新零售物流为何花样百出？

据了解，阿里现在的新零售主要有天猫超市、饿了么、淘鲜达、盒马鲜生等。对应的新零售物流体系主要是万象物流、蜂鸟配送、点我达、盒马鲜生等。通过本文，我们逐一来看一下阿里在新零售方面的物流体系。

2018 年 11 月，阿里公布了新一轮的架构调整。阿里云升级为阿里云智能；天猫将升级成为“大天猫”，形成天猫事业群、天猫超市事业群、天猫进出口事业部三大板块；新成立新零售技术事业群，人工智能实验室进入集团创新业务事业群；菜鸟网络将相应调整阵型，成立超市物流团队和天猫进出口物流团队。

早在 2016 年 9 月的云栖大会上，马云就说过，未来 10 年、20 年没有电子商务这一说，只有新零售。如今，新零售的发展已经如火如荼，据前瞻产业研究院发布的《2018 年中国新零售行业商业模式研究报告》 数据显示，2017 年，我国新零售市场规模为 389.4 亿元。报告预测，未来，随着用户习惯的养成及新零售模式的成熟，预计 2022 年整个市场规模将达到 18000 亿元左右，年均复合率或可达到 115%。中国新零售行业未来大有可期。

菜鸟总裁万霖也曾经表示，大家觉得物流市场上的 211 已经很快了，现在新零售下产生了一大批即时物流，都是小时级、分钟级的送达，已经换道超车了。

据了解，阿里现在的新零售主要有天猫超市、饿了么、淘鲜达、盒马鲜生等。对应的新零售物流体系主要是万象物流、蜂鸟配送、点我达、盒马鲜生等。我们逐一来看一下阿里在新零售方面的物流体系：

天猫超市：首先是作为阿里的综合性电商天猫超市，各种生鲜、生活用品等样样齐全。2018 年 9 月，菜鸟牵头其并购的上海万象、南京晟邦、成都东骏、浙江芝麻开门及陕西黄马甲几家落地配公司成立“新零售配送联盟”，区域型配送线上线下店铺的商品，例如天猫超市商品配送的万象物流，能够在就近的仓库实现当日达、次晨达、隔日达等。

2018 年 11 月 5 日，大猫超市一小时达接入饿了么配送。覆盖了北上广深等 21 个城市。接入了饿了么配送后，天猫一小时达订单量迅速提升，其中生鲜商品占据了大多数订单量。

饿了么：2018 年 4 月被阿里巴巴、蚂蚁金服 95 亿美元并购。饿了么的餐饮配送主要是由蜂鸟速递配送，主打同城快递、同城配送、即时物流、020 平台配送服务等。

表 1 亿欧：蜂鸟速递融资历程

时间	融资轮次	金额（美元）	投资方
2018 年 4 月	并购	95 亿	阿里巴巴、蚂蚁金服
2017 年 6 月	后期阶段	4 亿	阿里巴巴、蚂蚁金服
2017 年 4 月	战略融资	4 亿	阿里巴巴、蚂蚁金服
2016 年 4 月	战略融资	12.5 亿	阿里巴巴、蚂蚁金服
2015 年 11 月	战略融资	/	滴滴出行
2015 年 8 月	F 轮	6.3 亿	华联股份、中信产业基金、华人文化产业投资基金腾讯产业共赢基金、京东数科、红杉资本中国
2015 年 1 月	E 轮	3.5 亿	中信产业基金、腾讯产业共赢基金、京东数科、大众点评网、红杉资本中国
2014 年 5 月	D 轮	8000 万	大众点评网
2013 年 11 月	C 轮	2500 万	红杉资本、中国经纬、中国金沙江创投
2013 年 1 月	B 轮	数百万	经纬中国、金沙江创投
2011 年 3 月	A 轮	数百万	金沙江创投

来源：根据公开资料查询截至日期 2019 年 1 月。

除了餐饮，蜂鸟骑手的配送服务还囊括了商超、医药、鲜花等类目。2018 年 7 月，阿里零售通和饿了么合作，双方将天猫小店进行联合运营，零售通助天猫小店科学管理，饿了么为其提供线上销售平台，蜂鸟则提供 24 小时本地即时配送服务；8 月，蜂鸟配送为星巴克打造“专星送”专属配送团队；10 月，阿里健康携手蜂鸟配送开通了“7×24 小时，最快 24 分钟送达”送药服务；双十二前夕，蜂鸟配送联手淘宝，在全国 8 个城市推出了“淘宝速达”业务等。

点我达：点我达是一家“众包模式的即时物流平台”，致力于末端及时物流服务。在注重末端物流配送的新零售领域，点我达与菜鸟一直是深度业务合作，并联合了线下屈臣氏、周大福、阿里健康等品牌实现门店发货的“分钟级”配送。此外，在菜鸟的 ET 实验室发起的“驼峰计划”中，点我达和菜鸟共同合作推进新型立体智慧物流网络，提升末端物流服务体验。

表2 亿欧：点我达融资历程

时间	轮次	金额	投资方
2018 年 7 月	战略融资	2.9 亿美元	菜鸟网络
2018 年 3 月	战略融资	/	圆通速递
2016 年 7 月	战略融资	近 10 亿元	阿里巴巴、饿了么
2015 年 10 月	C+ 轮	数千万元	创新工场
2015 年 9 月	C 轮	数亿元	阿里巴巴、乔景资本
2014 年 7 月	B 轮	1500 万美元	远镜创投、赛富投资基金
2012 年 1 月	A 轮	200 万美元	戈壁创投

来源：根据公开资料查询截至 2019 年 1 月。

点我达分钟级的配送背后离不开技术应用，将大数据用于系统派单和配送员管理中，实现智能调度、智能管控等完成派单最优化；建立配送员画像、场景画像，围绕订单周期、配送作业周期等进行全链路闭环管控和信用评级，并通过实行千人千面的全面激励措施，实现低成本、高质量的配送服务，推动新零售的发展。

盒马鲜生：O2O 生鲜超市，2016 年 3 月获得过阿里巴巴投资的 1.5 亿美元 A 轮融资。盒马鲜生通过新技术将业务流程网络化和数据化，提高配送时效。2018 年 9 月，盒马鲜生发布了“ReXOS”新零售操作系统，提供了包含门店、APP、仓储物流、餐饮管理等一整套系统解决方案，实现线上线下的无缝对接。例如系统自动提示补货、计算机自动调配员工工作安排等，大部分操作都是由计算机和人工智能来解决的。

2018 年 12 月，阿里巴巴集团宣布猫超生鲜运营权从易果集团转交由盒马管理，进一步打通线上线下推进阿里生鲜全链能力。易果集团发挥供应链、冷链物流和新零售赋能的全链路优势为盒马、大润发、猫超生鲜、饿了么等阿里生态新零售、新餐饮进行赋能。盒马则提供线上线下一体化的优质生鲜产品和服务。

淘鲜达：淘鲜达是手机淘宝首页的一个入口，消费者打开手机淘宝点入淘鲜达频道，就可以享受线上订单一小时送达。淘鲜达主要是接入了盒马、大润发、盒小马、三江购物等传统线下商超，让消费者不用出门逛超市也能够买到超市的东西。

2018 年 12 月，阿里巴巴宣布成立天猫超市事业群，整合原有天猫超市和淘鲜达业务，并和阿里大生态内的大卖场、超市等紧密合作，推进线上线下一体化超市新零售模式。2018 年双十二的时候，天猫超市事业群便宣布了主打生鲜百货 1 小时达的淘鲜达目前已开通 269 个城市，有 660 家线下商超门店参战双 12，其中华东门店数占到 290 家。

饿了么旗下的蜂鸟配送如今已不再像以往只配送餐饮，也涉及了生鲜、医药等品类，还配送天猫超市、天猫小店、阿里健康、淘宝商品等，不再局限于餐饮方面，无限打破本地生活服务市场的可能性。同时，在本地生活服务数字化进程中，蜂鸟骑手提供的分钟级配送服务也正在给品牌、行业和区域带来新的想象力；盒马鲜生也不断拓展新零售物流领域，与易果旗下的安鲜达合作，饿了么接入，共同推进生鲜品类的生活化服务；点我达开启本地生活的即时配送服务，配送线下门店的商品。

正如菜鸟总裁万霖所说，随着快递业务量的增大、新零售等新业态的出现，未来物流的服务质量、末端、环保等压力都不是任何一家公司单独能解决的，都需要整个行业用协同共享的办法去解决。

通过盘点阿里的新零售物流，亿欧物流发现有以下几点：

第一，行业数字化与区域数字化互为拉动，促成了广大商户进阶到“门店 + 网店 + 配送仓”的新模式，且新零售物流辐射范围基本上是 3 公里以内和附近有线下门店的用户群体，同时线上线下一盘货，门店成为物流前端支点是新零售影响物流发展的趋势。

第二，新零售物流和即时物流相互承载，新零售推动即时物流的发展，即时物流以往由 211 达发展到如今的分钟级配送、小时级配送，时效上大大提升。即时物流促进新零售发展，新零售的核心要义在于“网上下单、门店发货”，在推动线上线下一体化进程中关键就在于线上互联网和线下实体店终端形成的合力，合力背后靠的是“分钟级”、“小时级”的即时物流支撑。

第三，新零售小店不再限制于一家即时物流平台，门店的货物配送可通过点我达、蜂鸟配送、盒马外卖等多方即时物流配送，即时物流配送范围也不限制于餐饮、商超等领域，并与线上门店、生鲜小店等店面合作，新零售与即时物流的相互渗透，加速了双方的迅速发展。

第四，移动互联网、大数据平台、自动分拣设备等黑技术的应用，使得线上店铺、线下店铺、物流平台融合迅速，卖家收到系统订单即时匹配货物，物流平台推送给送货人信息接单，一系列操作都将带给消费者快渠道、无缝化、个性化的体验。

虽然新零售物流市场需求巨大，但整个行业仍存在多个痛点和短板。在业内人士看来，即时物流虽满足了短期内企业与消费者对物流时效的需求，但配送质量问题却并成为了服务链条的关键点。

首先，从企业方面来看，企业未成规模效益，价格体系、服务标准不规范，市场细分不明确。而且企业对资本依赖性较大，一旦资本市场遇冷，依靠补贴吸引用户的经营方式将受到阻碍。其次，再从配送端来看，即时配送人员分散，管理难度大。而大量的即时物流订单需要更多的配送人员数量，目前配送人员数量无法实现所有类型商品的即时配送。

清华大学互联网产业研究院副院长刘大成认为，即时物流焦点集中在“快”。“快”成了最核心的要素，就会对其他要素造成冲击，例如成本、服务、品牌等可能被忽略。此外，由于市场集中度不高，也就出现了其规模化及网络化程度低，难以实现降本增效的目标。

“目前，虽然一些平台已经建立起来，但成本很高，体验也没有明显提升，要看市场、资本方及运营方能否有足够的耐心和坚定的意志去培育这种新模式，等待其成长和完善。”刘大成如是说。

来源：亿欧网 2019 年 1 月 9 日

苏宁、沃尔玛等商超供应链布局之道

从整个经济社会发展角度而言，供应链是一种新动能，也是一种新战略。对企业和产业发展还是一种新模式。

随着社会化分工越来越细，经济全球化高速发展，供应链体系越来越重要。当一个企业具有供应链思想和格局时，会站在更高的角度，以更加全面的视角去审视整个企业的发展。如今，全球经济已经进入供应链时代，企业与企业之间的竞争也开始转化为企业所处的供应链与供应链之间的竞争。更有说法称：目前我们已经进入“供应链 +”时代，因此，供应链成为企业布局的重点。

供应链体系建设，有利于企业集成创新和协同发展，促进提质增效和供需匹配，提升企业核心竞争力，这也不难理解为何头部企业为何火速布局供应链，抢占市场。供应链发展大势所趋，7 月已过，这个炎热的夏天玩家们又有哪些新举动？

以下是亿欧物流整理的 7 月份关于物流行业供应链领域发生的事件。

沃尔玛加大在华投资，计划增投 80 亿元升级物流供应链

7月1日，沃尔玛中国供应链高级副总裁麦睿恩表示，沃尔玛将继续加大在物流供应链的投资，除了刚投入使用的首家订制化的华南生鲜配送中心，未来十年计划在中国增投约80亿元升级物流供应链，用于新建或升级10余家物流配送中心。

据了解，沃尔玛华南生鲜配送中心投资超过7亿元，该配送中心目前服务沃尔玛在广东和广西的100多家门店，日处理能力最高可达16.5万箱。

美国发布最新物流报告：3年内，5G将会降低供应链所有环节的运营成本

7月9日，美国供应链管理专家协会(CSCMP)发布了自1988年以来的最新年度物流报告。报告指出，5G即是未来，变革行业布局。3年内，5G将会降低供应链所有环节的运营成本，提高可视性。5G低延时性及大容量连接可以提高效率，随着技术的成熟和布局的完善，5G将会赋能物联网、机器人和人工智能化工具。无缝操作和无人操作将给物流业带来本质性变革，从而带来更高收益。

同城配送领域云鸟科技成立10家物流和供应链企业

7月9日，北京云鸟科技有限公司100%持股或70%持股在天津投资了一系列物流公司，主要从事的业务是道路普通货物运输、通用仓储、建材等。

据了解，这些成立的公司主要有：天津鑫广物流有限公司、天津捷东物流有限公司、天津浩泰物流有限公司、天津昌益物流有限公司、天津旺洪物流有限公司、天津同高物流有限公司、天津泰如物流有限公司、天津立帆物流有限公司、天津凯发物流有限公司、天津戎昌物流有限公司、天津森悦物流有限公司等。

心怡科技推出社交电商“双流全链”供应链解决方案

7月10日，心怡科技发布社交电商“双流全链”供应链解决方案，提供从物流到商流的全链路路径。在物流供应链上，心怡科技主要从“全链路的仓配物流能力”和“智慧供应链系统打造”方面，为商家的社交电商业务提供支持。而在商流供应链，则利用自己在17个国家和地区海外布局的优势，在跨境商流上为社交电商赋能。

永辉超市斥资4亿元成立供应链公司

7月17日，永辉超市发公告称，公司拟与福建省交通运输集团有限责任公司（以下简称“交通集团”）、福州民天集团有限公司（以下简称“民天集团”）、怡和集团和谢香镇共同设立一二三三国际供应链管理股份有限公司（具体以工商登记为准，以下简称“一二三三”），打造1233S2B全球消费品供应链服务平台。

公告还显示，一二三三注册资本为10亿元，其中，永辉超市认缴出资额4亿元、交通集团认缴出资额1.5亿元，民天集团认缴出资额1.5亿元、怡和集团认缴出资额1亿元、谢香镇认缴出资额2亿元。各投资方均以现金方式出资。

易果与苏宁加速生鲜全链路战略布局

7月27日，在苏宁集团南京总部，易果集团与苏宁快消集团正式完成战略合作签约。

易果集团将充分发挥生鲜全链优势，全面整合国内及海外上游资源，与苏宁在生鲜供应链服务、生鲜线上运营等领域展开合作，从而加速双方在生鲜全链路的协同战略布局。据悉，双方拟在未来两年内将通过全面的生鲜供应链领域合作，预计完成20亿元的生鲜产品采购供应链合作计划。

来源：物流供应链亿欧黄修泰 2019年8月3日

新零售变革下，沃尔玛、物美、大润发等商超如何通过科技突破末端配送

近几年，自“新零售”概念被电商巨头提出来以后，无论是互联网企业还是传统商超，均想在新市场中站稳脚跟并分得一杯羹。传统商超将线上线下资源结合，依托供应链的链接，为消费者提供末端货物配送。

近几年，自“新零售”概念被电商巨头提出来以后，无论是互联网企业还是传统商超，均想在新市场中站稳脚跟并分得一杯羹。传统商超将线上线下资源结合，依托供应链的链接，为消费者提供末端货物配送，解决消费者无法亲自到店消费的痛点以及满足消费者多样化的需求。而在这末端配送中，物流配送便是商超的核心。

对于大型超市而言，物流管理和配送的难度就在于单品的品种种类繁多、批量少，对批次有一定的要求，所以这也是满足仓储式超市最有效经营面积的前提。对于超市末端的物流配送而言，不止要在物流末端进行高效的配送体系，还需要在物流前端的系统调度、仓配管理等方面实现一体化，才能够满足末端消费者的多样化需求。

沃尔玛：推出多种时效产品，服务末端客户

沃尔玛的成功就在于它灵活的物流配送中心、强大的物流信息技术、物流配送体系的运作。通过做自己的物流和配送，拥有自己的卡车运输车队，并使用自己的后勤和物流方面的团队，并通过配送中心将门店物流集中管理，由供应商将货物运送到指定的配送中心，然后通过运输团队将集中于配送中心的货物分发到各个零售门店。据了解，沃尔玛如今在中国已经落成并投入使用的配送中心大约有 110 个。

在末端配送领域中，沃尔玛也不断推出新的服务产品。例如，沃尔玛宣布了其电子商务平台将在美国 40 个城市推出免费“次日达”服务；如果用户线上订单超过 35 美元，在无需缴纳会员费的情况下也可以获得“次日达”服务；除了次日达之外，沃尔玛还宣布其 3100 家实体店将在年底完成“在线下单，店内自取”的服务；以及沃尔玛尝试推出“众包快递”，即让到超市购买商品的消费者给同样在沃尔玛官网购物的邻居送货等等。据了解，如果沃尔玛推行“众包”快递的送货形式，可为其节省商品物流配送成本，还能使得全美 40% 的家庭当日收到食品杂货。

同时，沃尔玛除了利用自身的物流体系外，还与京东到家合作，实现门店与库存的结合，消费者在京东到家平台下单后，沃尔玛门店相关工作人员进行货物打包，最后由达达配送员进行配送。

从图 1 可以直观的感受到沃尔玛的技术应用与赋能。

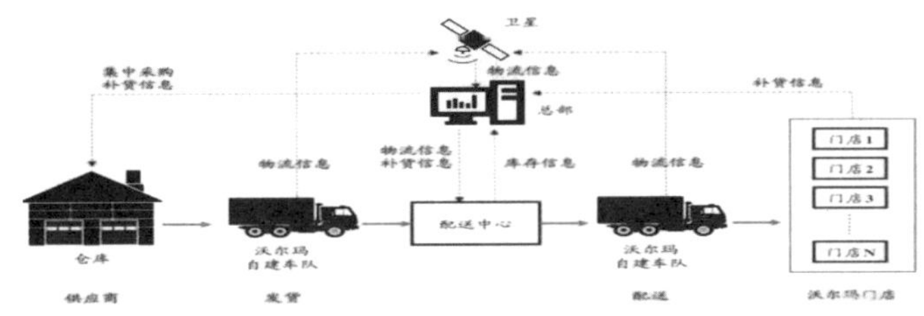

图 1 沃尔玛的全息化供应链体系

来源：兴业证券经济与金融研究院。

物美：联合多点，打造数字化新零售商超

与沃尔玛配送模式不通，物美的配送难度在于，前者均为大型门店，配送需整箱发货，而物美的多家便利店需要将整箱商品拆零，根据商品的不同配置进行集中，然后打包配送。

2018 年 10 月，物美联合多点 Dmall、链商优供合作，拥抱互联网实现数字化升级，打通线上线下，实现用户、商品、供应链、营销、运营、支付等一体化协同发展。物美通过关联公司链商优供发力 B2B 模式，打造“仓 - 站 - 点”的三级城配体系，其中物美旗下物流公司承担配送和储存的功能；多点旗下的宅配团队承担最后一公里业务；物美门店可作为前置仓。

如今物美已形成了多种物流模式：（1）B2B（实体店配送）模式：通过配送中心实现商品配送，24 小时内达到所在区域的店铺；（2）B2b 模式（链商优供，互联网的分销模式），通过搭建基于移动互联网的供应链交易和管理平台，服务于社区便民生活超市；（3）O2O 模式（多点配送）：依托线下超市网络的分布式电商平台，3 公里内 2 小时快速送达客户；（4）B2B2C 模式：针对 C 端客户，采用 DC 中央仓短驳到门店分拣的模式，DC 使用周转箱 / 保温箱发货到门店前置仓，门店拣货，再配送客户。

不过，物美仅仅依靠多点是不够的，在单量出现激增的情况下，多点也会找第三方物流服务商进行合作，有效保证订单的履约能力。

阿里系成员大润发，淘鲜达做支撑

2017 年 11 月，阿里收购大润发之后，开始对大润发进行改造。

在新零售浪潮的推动下，大润发也开始寻找线上流量的入口，2018 年 2 月，首先位于上海和苏州的两家大润发门店开始试点接入淘先达。2018 年 6 月，大润发宣布完成升级改造的 100 家门店全面参与天猫 618。并且在 2018 年双十一前，所有大润发门店均已接入淘先达，完成线上线下的合作。大润发门店的淘鲜达服务配送范围已从 3 公里全面扩展至 5 公里。家住大润发门店周边 5 公里内的用户，都将可以通过手机淘宝“淘鲜达”下单，送货到家。

接入淘鲜达为大润发门店带来了更多的线上流量，拓展了门店服务半径。据悉，大润发接入淘鲜达后 3 个月，日均线上订单超过 1200 单，单店月度销售额环比提升超过 10%，单店累计新增年轻顾客数超过 2 万名。

不过，除了前端的物流运作之外，后台数据的打通也较为关键，只有两者结合才能够实现前端后端的数据一体化，包括门店云 POS 系统升级、供货系统改造等等。通过淘鲜达对实体店的数字化改造，实现了大润发的会员系统、支付、库存、营销、物流及供应链的一体化。反过来，数据化改造有助于其获得用户画像，实现消费者的个性化需求和精准营销。

除了以上提到的沃尔玛、物美、大润发之外，还有很多其他的商超例如家乐福、华润万家、永辉超市等等都在新零售变革的趋势之下完善自己的供应链体系，完善自己末端的物流体系，为消费者带来更好的消费体验。

商超的末端配送无疑是寻求时效、同城配送的要素组合，新零售是其发展的重要增长点。而这其中的末端配送便是即时配送行业发展中的重要组成部分，艾媒咨询数据显示，2018 年中国即时配送市场用户规模继续稳定增长。2018 年中国即时配送用户规模达到 3.58 亿人，预计 2019 年突破 4 亿人。

例如，一些末端配送的服务公司也在进行变革发展，蜂鸟即配品牌的独立，并开放物流服务；5 月初，美团配送品牌的推出，也开始开放物流服务；达达——京东到家，打造众包物流平台 + 超市生鲜 O2O 平台的最后一公里；还有其他的即时配企业 UU 跑腿、闪送、人人快递等，未来或都成为新零售变革下商超发展的推动力。

未来，无论是商超的末端配送服务，还是即时配送服务，都将迎来几大发展趋势：效率革命成重点、实现消费场景全覆盖、与新零售协同式发展、智能化技术将推动行业更快发展等发展趋势。

结论：协同式发展解决行业痛点

当消费者的目光，接踵而至的被新零售物种及末端高时效所吸引时，很多商超常常会忽略一点：供应链体系升级。因为能够提高消费者购物体验的不仅仅局限于零售终端的变革，还有上游原材料、中游运输的协同、下游的配送等等，因此，供应链体系升级所带来的变革也同样同等重要。与其说是新零售所带来的配送改变，不如说是供应链的升级。

通过对这几家商超末端配送体系的了解之后，亿欧物流发现它们的末端配体系虽大不相同，但也存在一些共性，主要有以下几点：

第一，行业数字化与区域数字化互为拉动，供应链体系的不断完善，促成了广大商户进阶到“门店 + 网店 + 配送仓”的新模式，且商超的新零售物流辐射范围基本上是 3 公里以内和附近有线下门店的用户群体，同时线上线下一盘货，门店成为物流前端支点是现当下新零售影响物流发展的趋势；

第二，新零售物流和即时物流相互承载，新零售推动即时物流的发展，即时物流以往由 211 达发展到如今的分钟级配送、小时级配送，时效上提升。商超的物流核心就在于“网上下单、门店发货”，在推动线上线下一体化进程中关键在于线上互联网和线下实体店终端形成的合力，合力背后靠的是“分钟级”“小时级”的即时物流支撑；

第三，商超的物流配送不限制于一家即时物流平台，都可以通过点我达、蜂鸟即配、美团配送等多方即时物流进行配送，加速双方的迅速发展；

第四，物流科技的作用不可忽视。移动互联网、大数据平台、自动分拣设备等黑技术的应用，使得线上店铺、线下店铺、物流平台融合迅速，卖家收到系统订单即时匹配货物，物流平台推送给送货人信息接单，一系列操作都将带给消费者快渠道、无缝化、个性化的体验。

因此，想要在现当下的新零售竞争中突围，光靠烧钱拓展门店抢占市场份额等等，是远远不够的。就目前而言，我国的商超零售业的供应链上下游还存在着散乱的状况，尚未实现有效的协同共进。对于市场变化反应不够迅速，流通成本过高、库存挤压难以消化等问题也是企业所面临的痛点。正如菜鸟总裁万霖所说，随着快递业务量的增大、新零售等新业态的出现，未来物流的服务质量、末端、环保等压力都不是任何一家公司单独能解决的，都需要整个行业用协同共享的办法去解决。

来源：亿欧网　2019 年 6 月 9 日

苏宁易购宣布收购家乐福中国 80% 股权

继年初收购万达百货之后，近日苏宁易购再次对线下优质零售资源发起进攻

6 月 23 日，苏宁易购公告称，公司全资子公司苏宁国际拟出资 48 亿元收购家乐福中国 80% 股份。本次交易完成后，苏宁易购将成为家乐福中国控股股东，家乐福集团持股比例降至 20%。苏宁易购将进一步完善全场景、全品类布局，增强在大快消品类的市场竞争力，为用户带来更场景化、更有价值的购物体验。

苏宁将进一步丰富全场景布局、推进全品类经营发展。苏宁一直致力于构建全场景智慧零售生态系统，实现从线上到线下，从城市到乡镇的全覆盖，为用户搭起随时可见、随时可触的智慧零售场景，满足用户多样化的需求。本次收购家乐福中国，苏宁在锁定国内优质大型综合超市资源的同时，还将加速推进大快消品类扩展与专业化、精细化运营，更为旗下多种业态融合创新带来全新探索。

家乐福集团是全球领先的零售集团。家乐福中国于 1995 年正式进入中国大陆市场，目前在国内开设有 210 家大型综合超市以及 24 家便利店，覆盖 22 个省份及 51 个大中型城市，同时拥有约 3000

万会员。2018 年，家乐福中国营业收入接近 300 亿元，位居 2018 年中国快速消费品（超市 / 便利店）连锁百强前十。

苏宁完成收购后，将实现在大快消类目的跨越式发展。今年以来，苏宁快消集团厚积薄发，一方面，加快建设海内外的供应链能力，另一方面搭建更贴近用户的购物场景。在刚刚结束的 618 年中大促中，苏宁大快消品类订单量同比增长 245%，成为所有品类中的大赢家。苏宁收购家乐福中国，可将后者专业的快消品运营经验以及供应链能力，与苏宁全场景零售模式、立体物流配送网络以及强大的技术手段进行有机结合，完善在大快消品类的 020 布局，有利于降低采购和物流成本，提升市场竞争力与盈利能力。

苏宁通过输出智慧零售场景塑造能力，将家乐福门店进行全面的数字化改造，构筑线上线下融合的超市消费场景。苏宁线下超过 6000 家苏宁小店可与家乐福门店联合，完善最后一公里配送网络，提高到家模式的效率并节约物流成本。同时，家乐福中国在一二级城市的核心位置拥有大量优质且稀缺的网点资源，苏宁家电家居、苏宁红孩子、苏宁极物、苏宁金融、苏鲜生生鲜超市、苏宁小店即时配送等丰富业务，都可以与商超业态进行模块化对接，为消费者提供更丰富的商品选择，更场景化的购物体验以及更便捷高效的服务体验，打造门店全新的核心竞争力。苏宁零售体系 4 亿会员及家乐福中国 3000 万忠实会员也将形成有效互补，丰富苏宁现有的会员生态，从而提升用户价值。

来源：中国物流与采购网　2019 年 6 月 24 日

苏宁收购家乐福搅动行业变革：快消行业上演座次重排大剧

收购万达百货给行业带来的看点尚未消散，6 月 23 日下午，苏宁再次向行业扔出一枚重磅炸弹，宣布以 48 亿收购家乐福中国 80% 股份。收购完成后，苏宁易购将成为家乐福中国控股股东，家乐福集团持股比例降至 20%。

苏宁收购家乐福搅动行业变革：快消行业上演座次重排大剧

对于此次收购，苏宁易购方面表示，将进一步完善全场景、全品类布局，增强在大快消品类的市场竞争力，为用户带来更场景化、更有价值的购物体验。显然，如果收购万达百货是苏宁加码百货布局，加强苏宁智慧广场影响力。那么此次收购家乐福中国意味着快消领域将上演一场座次重排的大剧。

巨头纷纷加码大快消：苏宁收购家乐福中国弯道超车

在过去 20 年的电商革命中，大多数品类都实现了场景与流量的线上迁移，但在快消领域，无论线上如何发展，至今依然是线上线下平分秋色的格局，同时以家乐福、沃尔玛及大润发为代表的大型商超依然是各个城市线下零售的不可替代入口。

这也足以说明，快消品类在线下有着不可替代性，强大的品牌效应以及天然的消费场景，造就了快消用户的高粘性特性。尤其在线上流量红利消失后，巨头们纷纷加码线下的同时，快消也成为核心。无论是此前华润收购乐购，还是阿里入主大润发，亦或是腾讯与沃尔玛、永辉结盟。巨头们对线下快消卖场的热衷，足以印证快消行业的新一轮红利释放迫在眉睫。

苏宁作为中国零售线上线下并进的当之无愧的王者，近年来大快消业务也一度上升为集团的战略重点，从苏宁线上超市、苏鲜生、苏宁红孩子到全国遍地撒网的苏宁小店，以立体化布局的思路跑出异于行业主流的独特模式，并形成了以场景互联为核心的快消流量入口矩阵。

而家乐福早在1995年进入中国，目前在国内开设有210家大型综合超市，覆盖全国51个大中型城市，同时拥有约3000万会员，是快消领域不可置疑的特殊名片。此次苏宁将其拉入麾下，仅从基础规模上就将成为苏宁快消实现跨越式发展的有力补充。

同时，家乐福专业的快消品运营经验以及供应链能力与苏宁全场景智慧零售模式、物流配送网络等进行有效融合，将一举奠定苏宁在快消领域的无可比拟的地位，尤其在供应链与运营思路等方面，苏宁快消有了家乐福中国的助力，为提升市场竞争力与盈利能力找到新的可能。

快消行业座次重排无悬念：苏宁搅动行业变革的底气

随着家乐福中国投入苏宁怀抱，至此，中国快消领域形成了苏宁、阿里及腾讯三足鼎立的新格局。但业内人士普遍认为，苏宁本身有极强的020基因，而快消品类也有着极强的020属性，随着双方整合的深入，苏宁在快消领域的优势将进一步放大，成为快消行业主导也只是时间问题。那么这背后的底气又是什么呢？

苏宁收购家乐福搅动行业变革：快消行业上演座次重排大剧

从行业角度来看，整个零售行业都在经历新一轮的变革，线上线下融合是变革的核心方向。目前纵观整个零售行业，苏宁已经形成了线上线下融合的立体化场景互联布局。苏宁在线上有苏宁易购主站、苏宁拼购、苏宁超市、苏宁小店APP等模式细分、品类细分的流量矩阵，在线下有苏宁小店、苏鲜生、苏宁零售云、苏宁红孩子等业态；同时针对不同业态与场景，还打造出了柔性供应链C2M模式、前置仓、智慧物流等一揽子配套体系，这无疑也是快消领域迈向专业化、精细化深耕的重要基础设施。

与此同时，根据苏宁快消集团2019年战略规划可以看出，其在供应链打造方面，锁定〞产地直采〞关键词，以极简供应链的模式破除行业高成本、低利润的困局。另一方面，苏宁快消依托于智慧零售目前已经具备了的全套数字化能力，这些数字化能力也将与家乐福进行新一轮的融合，线上线下融合的快消新消费场景也将快速落地，实现双方供应链的双向赋能在意料之中。

当然，更为重要的是，苏宁零售体系4亿会员及家乐福中国3000万忠实会员的打通，必然会形成从量变到质变的跨越。并推动全场景全品类的贯通，极大激活会员资源，让线上线下的快消、家电、3C、金融、物流等板块为消费者提供更好的消费体验，瞄定中国零售快消第一的角色。

正如开篇所提，苏宁入主家乐福中国后将直接改变现有的行业格局，中国零售领域即将迎来新一轮的竞赛，零售巨头们必然将开启一轮疯狂的竞买模式。像家乐福中国这样的优质资源也将发挥出这场变革中最为亮眼的价值。

来源：今日头条 2019年6月26日

蜂鸟、美团、京东入局 即时配送市场开启诸侯争霸模式

出门忘带身份证，跑腿一小时帮你送到机场；热门网红店用餐要排队，找外卖小哥代买；想送个文件却抽不出时间，“跑男”5分钟内上门取件……从商超、药店到家的最后一公里，再次成为物流行业“兵家必争之地”。

6月，饿了么宣布蜂鸟即时配送品牌“蜂鸟即配”独立，未来三年将建2万个全数字化即配站。在蜂鸟即配之前，已有美团配送、点我达、UU跑腿相继入局，吸引资本的广泛关注。

记者走访发现，发端于餐饮外卖的同城配送服务，已延伸到超市便利店、药品、生鲜果蔬、鲜花绿植等品类，城市生活进入“万物可送”时代。你，愿意花钱买时间吗？

花钱买时间，跑腿服务成懒人“福音”

“一杯茶颜悦色才 15 元，跑腿费 12 元，要不说有钱任性呢。”6 月 19 日，美团外卖配送员小陈不断刷新着配送后台，当系统更新实时订单后，他仔细比对跑腿费、配送距离及商家排队难度等内容后，抢下一笔订单。

接单后，小陈踢起电瓶车支撑架、右手拧紧转把，在黄兴北路骑行 10 分钟后，进入北辰三角洲附近一家门店，“茶颜悦色的奶油容易融化，要保证口感，就要以最快的速度送达。”

由于职业的缘故，小陈走路几乎是跑步前进。门店出餐后，小陈立即骑车前往送餐地址，刚进入电梯，就熟练地通知顾客准备验证码取餐，“这一单才花了 30 分钟，赚了 10 块钱。”

在平台上，像小陈这样的配送员被通称为“跑男”，他们能提供的“跑腿”服务包含代买、代送、代取、代排队等领域，用户在跑腿 APP 下单后，“跑男”用时间满足顾客需求，跑腿费用则根据配送距离、订单耗时等计算。

记者采访发现，外卖平台上兴起的跑腿服务满足了一部分懒人的需求。“电台巷刚开业时折扣很大，就餐平均排队 3 小时以上。在美团上叫了跑腿提前取号，花了 20 块钱，却省了不少时间。”长沙市民唐小姐如是笑言。

“吸金”超 50 亿，京东、美团相继入局

记者了解到，即时物流服务是以众包共享模式，为用户提供直接从门到门的极速、准时、可信赖的物品送达服务，满足 2B 和 2C 的各类用户对于物流配送“极速、准时”送达的诉求。

6 月 5 日，饿了么旗下即时物流平台蜂鸟品牌宣布独立，正式升级为“蜂鸟即配”，将在未来 3 年建立 2 万个全数字化即配站。5 月 6 日，美团点评宣布开放配送平台，推出新品牌“美团配送”，美团配送针对便利店、传统商超、近场零售、写字楼等场景形成了 4 种运力网络模式，以此满足不同的配送场景和不同商家的需求、降低物流成本。

新入局的玩家不止这些，4 月 16 日，京东推出面向商家和个人的特瞬送同城服务，首先在长沙等 4 个城市开通。记者体验发现，京东快递小程序首页上线了同城送入口，可寄送物品包括文件、食品饮料、鲜花、蛋糕、水果生鲜、数码家电、服饰鞋帽等。

事实上，从商超、药店到家的最后一公里，再次成为物流行业“兵家必争之地”。据记者不完全统计，随着京东、美团、蜂鸟相继入局，加入即时配送领域争夺战的品牌已超过 10 个。

2018 年 8 月，同城即时配送领域获得了资本的广泛关注，闪送、达达－京东到家、UU 跑腿等企业相继宣布完成亿元级别融资，2 个月获得融资金额超 50 亿元，一度成为物流行业“新风口”，并吸引通达系等传统快递企业相继入局。

业内人士认为，本地生活服务从外卖场景切入后，已进入“万物可送”时代，物流派送的核心是智能调度，如何调度闲置时间的运力资源、分配好运力和用户需求峰谷，成为决定企业在即时物流赛道上脱颖而出的关键。

来源：《三湘都市报》 2019 年 6 月 24 日

菜鸟发布“春节不打烊”物流数据

天猫“春节不打烊”，网购年货送到家，已经成为农历己亥春节的新年俗。春节期间，菜鸟平台上有数万名天猫“春节不打烊”的配送小哥们仍在给千家万户送达年货包裹。

包括天猫超市、天猫电器城、天猫国际等购物平台在内，菜鸟智能物流骨干网上的春节配送不打烊服务范围超过全国 400 多个区县，满足消费者网购年货的需求，配送时效方面，仍普遍保持次日达的极致体验。

春节配送服务不降级

2 月 4 日的除夕夜，“天猫直送”快递小哥工作到深夜，当天最后一单包裹在 23 时 59 分被签收。2 月 5 日正月初一凌晨 0 点，河南郑州的配送小哥就送达了新年第一个天猫包裹。

菜鸟数据显示，今年春节期间，天猫“春节不打烊”送货量最多的前十大城市分别是上海、北京、杭州、广州、深圳、成都、苏州、武汉、天津和宁波。

在春节不打烊覆盖的全国区县中，天猫“春节不打烊”收货量最多的是上海浦东新区、北京朝阳区、上海闵行区、上海宝山区、北京海淀区、杭州余杭区、杭州萧山区、深圳宝安区、深圳龙岗区和北京丰台区。

随着菜鸟智能物流骨干网的连接完善，中国人的春节消费者已经不止于购买国内商品，全球好货都被装进了年货礼包，菜鸟的进口物流数据显示，广州、深圳、杭州、宁波等口岸春节期间仍在繁忙工作，服务天猫国际的消费者。

菜鸟数据显示，今年中西部地区春节在天猫国际上购买进口商品的包裹较去年增长明显。增长最快的城市包括新疆塔城、甘肃武威、宁夏中卫、云南丽江、四川阿坝、青海黄南、云南怒江、新疆和田、甘肃陇南、内蒙兴安等地，反映了阿里巴巴数字经济体正在通过“人手一辆购物车”，助力缩小中西部地区的消费差距。

除了正常的加班收入外，今年春节值守服务天猫超市和天猫电器城的配送员继续获得团圆基金奖励，具体金额参照不同的城市消费标准，配送站或者为值守人员还提供年夜饭，或者提供丰富的节日餐饮或相关补助。同时今年还新增了红包激励，配送员每送满一定标准的件量，就可以系统中领取送件红包，最多一天可领两百左右。

菜鸟数据显示，今年春节期间，参与春节不打烊期间配送的配送员收入是平常的三倍左右，在特别繁忙站点的一些配送员收入还要更高一些，春节不回家也能保证不错的收入。

暖心服务受认可

持续增长的年货消费数据背后，是春节不打烊的快递员们的共同努力和付出。

位于上海长宁区剑河路的一家服务天猫超市的配送站里，春节放假前，老家在河南的张富强告诉家人：“实在走不开，这个过年不回来了”，这已经是他第三年没能春节回家过年。

从 1 月 29 日（腊月廿五）到 2 月 11 日（初七），八个人的站点有四人春节期间值守，每天要配送 1000 件左右的天猫超市包裹，遇到突然到来的大量年货，临近网点的配送员会前来驰援，确保春节期间配送保障。

“初一上门送货收到红包，虽然婉拒了，但服务到大家，受到认可特别有成就感。”嘉定黄渡片区的陈俊说，这个春节站里有一半同事值班，服务不打烊，上门送货，他们满足了大家的期待，也收获了最多的春节祝福。

由于送货片区远、区域较大，陈俊春节期间每天开车上门送货要兜转近 100 公里。从大年三十开始，每天如此。“春节团聚，用户家里吃饭用度较多，天猫超市的米面粮油、牛奶，都是必需物资，送货上门，也让大家过一个方便、开心的团圆节日。”陈俊说。

“用户过年收到货都很开心。”上海宝山罗店服务天猫超市的配送员龙军华说。他是四川巴中人，这是他第二次春节不回家，进行春节不打烊的配送，会一直忙到元宵节。在他看来，过年期间网购，很多都是生活必需品，再者街上不少店面关门，生活物资及时上门，满足了很多用户的需求。

龙军华送货的小区里有对老夫妻，住 18 楼，平时基本不下楼，女儿不在身边。过年以为没人送了，担心用油用不上，正犯愁怎么下楼去买，大年三十收到送上门的货，特别开心，拉着他聊了很久，关心他怎么过节，临走还送了他许多糖果，拒绝也拒绝不了。

“过年能方便大家，我们也开心。”龙军华在这片小区已经送快递 4 年，送货前会给每个人打电话，下楼时还会顺手带走垃圾，小区里的用户基本上都熟悉了，很多人留了电话成为朋友。

春节期间，他也收到不少消费者发来的祝福信息，“特别暖心，因为服务受到认可”。

来源：网易新闻　2019 年 2 月 13 日

7.2 快递物流

2018年中国电子商务物流回顾和2019年展望

中物联副会长：崔忠付

2019年9月4日

回顾2018年，我国电子商务交易规模继续扩大并保持高速增长态势。国家统计局数据显示，2018年全国网上零售额9.01万亿元，其中实物商品网上零售额7.02万亿元，同比增长25.4%，占社会消费品零售总额的比重提升至18.4%，较上年增加3.4个百分比。今年上半年，电子商务在促消费方面的作用进一步增强，上半年网上零售额达4.82万亿元，其中实物商品网上零售额为3.82万亿元，同比增长21.6%。电子商务与物流快递协同发展取得新成效。2018年全国快递服务企业业务量累计完成507.1亿件，同比增长26.6%。顺丰、圆通、中通、韵达、百世、德邦、申通等7家上市公司2018年总市值超过5000亿元。2018年，电商物流总体发展态势继续向好，市场规模不断扩大，行业格局仍在演变，高质量发展特征更加突出。

第一，不确定因素增多使市场格局在动态中保持平衡。一是在阿里巴巴、京东等传统电商巨头之外，2018年，社交电商、小程序、短视频等电子商务新模式、新业态成为新的增长点，新的电商势力的崛起为电商物流提供了新的业务来源。以拼多多、云集为代表的社交电商以社交关系、社交话题为驱动，有效满足了消费者多层次、多样化的需求，激发了中小城市和广大农村地区的消费潜力，取得快速发展，成为市场的"生力军"。2018年，拼多多移动平台总订单数达到111亿笔，日均订单量达到3040万单。二是新的电商势力的崛起并没有改变行业白热化竞争的现状。2018年，头部快递企业市场占比进一步提升，达到81.2%，同比提升2.5个百分比。随着电商企业的业务进一步向三四线和农村市场下沉，对快递和物流企业的网络覆盖规模提出了更高要求，相形之下，头部企业比中小企业更易获得优质资源提高市场占有率，更易发挥"马太效应"实现扩张整合，更易形成规模效应降低成本。2018年，全峰、快捷、如风达等快递企业相继关停，部分中小快递企业挣扎在生死线上。

第二，同城即时物流推动了商业模式的创新，并且已经成为重要的基础设施。过去，零售业的核心关键是选址，选址的优劣会直接影响到客流。但现在即时配送服务把商超覆盖的面积半径从过去的500米、1000米拓展到3-5公里，零售企业的人效、坪效和商品效率大大提高。如果说，过去10年是上游电商平台主导了电商物流的发展，并培育出规模世界第一的中国快递市场；那么，如今的即时配送新业态已经具有倒逼商业创新，重构业态模式，优化供应链效率的能力，这些价值使得同城即时配送能力成为行业竞逐的重要基础设施。短短三年的时间，即时物流行业的格局已经基本形成。美团、饿了么牢牢占据着行业的头部位置。今年5月份，美团正式推出美团配送，并升级配送开放平台；6月，饿了么旗下即时物流平台蜂鸟品牌独立，升级为"蜂鸟即配"。巨头围城之下，新达达、闪送等企业不断得到资本的青睐；以顺丰为代表的快递企业也开始进军这一领域。我们预计，未来五年行业仍将保持30%以上的增速，到2020年，市场规模将超过2000亿元。同城即时配送行业已经是物流行业增长速度最快、关注度最高的细分领域之一。

第三，从电商物流向供应链延伸，业态融合趋势加强。菜鸟的新品牌“丹鸟”脱胎于几家落地配公司组建的新零售配送联盟，如今已经升级为可以为客户提供包含运输、配送、客服、售后等一体化综合物流解决方案。伴随着开放战略的实施及个人快递业务的推进，京东物流在今年第二季度已经接近盈亏平衡点，这对于整个电商物流行业，尤其是自营物流模式的探索具有标志性意义。物流企业还通过收购兼并和战略合作等方式提升供应链能力。2018 年 10 月，顺丰与 DPDHL 集团达成战略协议，以 55 亿元收购其中国供应链业务。“通达系”作为电商物流的主力军，也在试图摆脱“件量为王”的惯性思维，拓展业务板图，纷纷抢滩快运、冷链、即时配送、供应链等多个领域，不断拓宽护城河。

第四，跨境电商在提振外贸、促进消费结构升级、推进“一带一路”丝路电商建设等方面发挥越来越重要的作用。物流服务提升，增强了跨境电商的便利化程度。一是海外仓建设与其他物流方式融合，完善跨境物流网络。2018 年，为满足跨境电商卖家的不同需求，国内物流企业不断增强服务跨境电商的能力，国际网络及海外仓覆盖了 50 多个国家和地区，支撑了超过 3500 亿元的跨境电商贸易。二是构建海外物流枢纽，降低跨境物流运输成本。国内物流企业纷纷在全球重要节点城市建设商贸与物流集散枢纽，进行基础设施投资，拓展跨境物流服务。三是政策红利继续释放，跨境电商综试区积极先行先试。杭州作为国内首个跨境电商综试区，以菜鸟等公司为载体，拓展全球主要贸易国的货机航线，在吉隆坡、莫斯科、迪拜等地加快全球物流布局，不断降低企业在跨境贸易中的成本。

第五，在环境保护压力和“人口红利”消退等外部因素的多重约束下，科技创新将成为行业高质量发展的根本驱动力。一方面，电商快递包裹过度包装、包装废弃物增长过快、对社会资源环境压力过大等突出问题已经成为社会热点，环保督察力度和广度不断升级；另一方面，“招工难”和“用工贵”的矛盾日益突出，劳动力市场中愿意从事体力劳动的普通工人比例大幅减少，而蓝领工人的收入追平甚至超过普通白领阶层的工资水平，薪酬的上涨的背后却是员工流失率的居高不下。面对这些发展硬约束，科技创新驱动成为必然选择。绿色技术创新体系建立，在能源管理、碳排减量、驾驶规范、路径优化、机械作业等多领域发力，实现快递包装的绿色化、减量化、可循环，促进全流程减排降耗。仓储环节的自动化、智能化开始广泛应用，智能终端的应用提升了末端交付环节的人效，降低了劳动者强度。

总的来看，2019 年的电商物流行业的发展有以下几点值得大家关注：

一是充分认识我国经济外部环境复杂严峻程度和经济面临的下行压力对消费者信心的影响，这是行业继续保持高速增长的基础保障。

二是上游电商平台通过资本运作、战略合作和技术手段等强化产业链的掌控地位，尤其是数据控制权。这使得行业竞争格局日趋复杂，下游物流企业的话语权逐渐削弱，中小快递企业的淘汰速度加快。

三是跨界竞争带来新挑战。电商物流企业向冷链、快运市场率先跨界；新型即时配送平台则在部分场景下与传统快递企业形成正面竞争；拼多多提出开发“新物流”技术平台，成为影响竞争格局的重要因素。

四是跨境电商在成为国际贸易新亮点的同时，一些国家也基于本国利益收紧了相关政策，中国企业面临潜在的经营风险。美国退出万国邮联、欧盟和俄罗斯继续收紧跨境电商进口政策，中国企业在“走出去”的过程中，需要对当地的法律法规、物流条件、风土人情进行深度考察，对各项政策风险做到提前预警。

五是安全生产的压力日益趋紧，各项合规风险推高运营成本。安全生产是企业的“生死线”，高度重视消防、交通、违法寄递等领域的安全事故。企业越是处于高速发展期，越是要加强监测监控、预测预警和行业安全风险研判。

来源：中物联电商物流与快递分会 2019 年 9 月 4 日

2019 年中国快递行业细分市场发展现状分析

近年来，随着市场需要的快速提升以及快递行业的高速发展，我国邮政业务结构变化明显，邮政寄递服务业务规模增长缓慢，而快递业务规模高速发展。2013-2018 年，快递行业业务收入同步提升，2018 年，全国快递业务收入完成 6038.4 亿元，同比增长 21.8%。截至 2019 年 10 月，快递业务收入为 5929 亿元，较上年同期增长 24.0%。

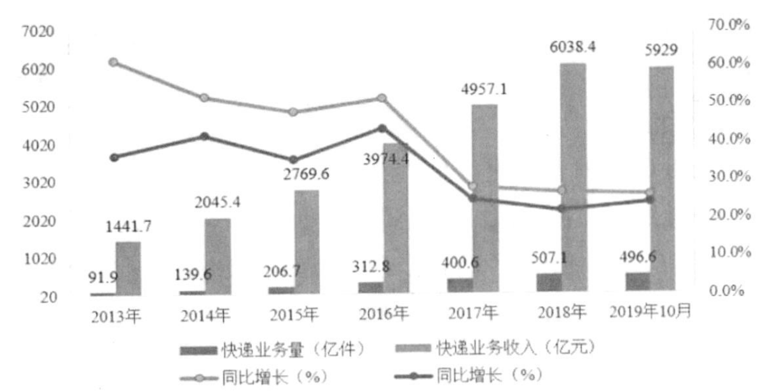

图 1 2013-2019 年中国快递业务总量及业务收入变化趋势（单位：亿件，亿元，%）

资料来源：国家邮政局瞻产业研究院整理。

按照快递业务的不同，我国快递主要分为同城快递、异地快递以及国际 / 港澳台快递。异地快递得益于其距离优势，占据我国快递市场主导地位，从 2018 年我国快递业务总量的构成来看，异地快递全年业务完成量为 381.9 亿件，占快递行业业务量的比重为 75%；同城快递全年业务完成量为 114.1 亿件，占快递行业业务量的比重为 23%；国际 / 港澳台快递全年业务量为 11.1 亿件，占快递行业业务量的比重为 2%。

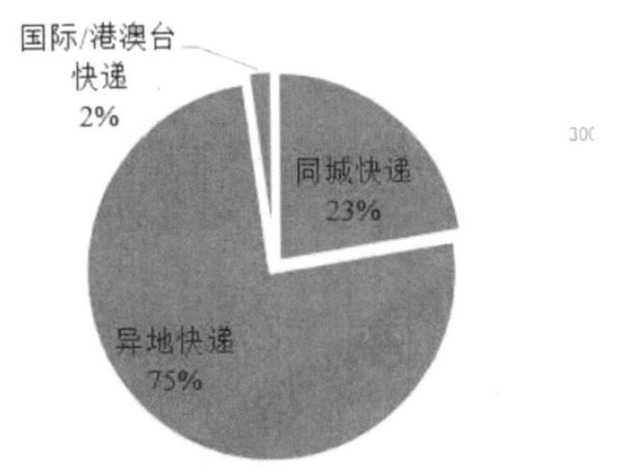

图 2 2018 年中国快递行业业务总量构成（单位：%）

资料来源：国家邮政局瞻产业研究院整理。

细分市场规模增速各有不同；越来越多的人口向城市聚集，已成为现代社会发展的一种趋势。由于城市经济体量巨大、消费活跃，市民和商家对城市重要功能之一的同城物流服务的需求越来越大。

2013-2018 年，我国同城快递发展迅速，2018 年，全国同城快递业务量完成 114.1 亿件，同比增长 23.1%；实现业务收入 904.7 亿元，同比增长 23.6%。据国家邮政局统计数据显示，截至 2019 年 10 月，全国同城快递业务量完成 87.8 亿件，实现业务收入 604.8 亿元。

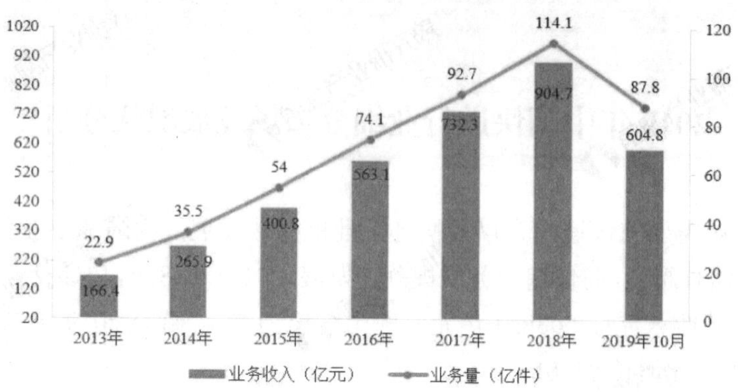

图 3 2013-2019 年中国同城快递业务总量及收入变化趋势（单位：亿件，亿元）

资料来源：国家邮政局瞻产业研究院整理。

异地快递方面，在市场需求的带动下，常年占据我国快递行业市场主要份额。2013-2018 年，我国异地快递发展良好，2018 年，全国异地快递业务量完成 381.9 亿件，同比增长 27.5%；实现业务收入 3101.9 亿元，同比增长 23.4%。据国家邮政局统计数据显示，截至 2019 年 10 月，全国异地快递业务量完成 397.6 亿件，实现业务收入 3136.4 亿元，二者均已超过上年全年业务规模。

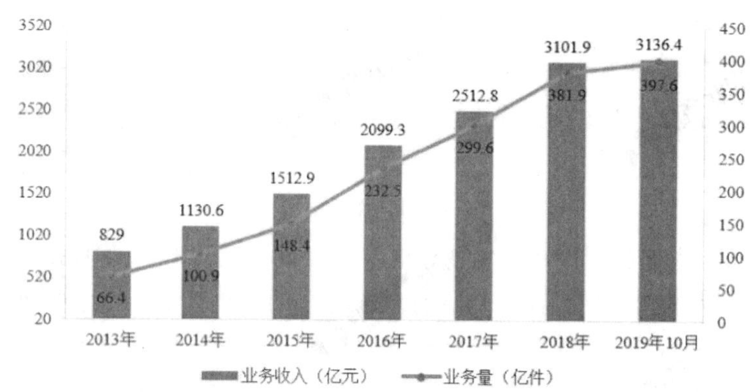

图 4 2013-2019 年中国异地快递业务总量及收入变化趋势（单位：亿件，亿元）

资料来源：国家邮政局瞻产业研究院整理。

国际 / 港澳台快递方面，随着各大快递物流企业海外业务部不断开拓，我国国际 / 港澳台快递业务规模也得到了快速的发展。2018 年 10 月 23 日，阿里巴巴、菜鸟网络宣布，与国家物流信息平台、国际港口社区系统协会发起成立国际物流可视化任务组，共同通过标准推进全球智慧物流的建设，向全球包裹 72 小时达这一目标靠近。

据国家邮政局统计数据显示，2018 年，全国国际 / 港澳台快递业务量完成 11.1 亿件，同比增长 34%；实现业务收入 585.7 亿元，同比增长 10.7%。截至 2019 年 10 月，全国国际 / 港澳台快递业务量完成 11.3 亿件，实现业务收入 587.0 亿元，二者均已超过上年全年业务规模。

注：以上数据来源于前瞻产业研究院《中国快递行业商业模式创新与设计策略分析报告》，同时前瞻产业研究院还提供产业大数据、产业规划、产业申报、产业园区规划、产业招商引资等解决方案。

2019 年 11 月 25 日

双十一的十一年，线下势力“返场”零售江湖生变?

2009 年，中国社会消费品零售总额中的网络购物比重甚至不足 2%，而线下零售品牌则盘踞着 20% 的市场份额，这其中还没有统计数以百万计的夫妻店、小卖部。而淘宝和淘宝商城（天猫前身）面对的，还不只是这些“躺赢”的零售旧贵族，他们更难改变的则是已经持续几千年的“一手交钱一手交货”的传统消费习惯。

十年苦尽，一朝甘来。

到 2017 年，以淘宝和天猫为代表的电商平台已经在中国社会消费品零售总额中占到了近 20% 的比重。从一年一度的双十一我们就能看出电商势如破竹的崛起速度，从 2009 年的 5000 万，到去年的 2135 亿，双十一用“以新代旧”的符号作用，撬动了中国人的电商购物习惯。线上面对线下，毫无疑问地取得了第一阶段的胜利。

然而，没有什么可以永垂不朽。一年比一年套路多的双十一玩法，催生了一年高过一年的销售额，反过来，水涨船高的销售额又倒逼着下一年的双十一玩法像搭积木一样，变得越来越复杂。到了今年，双十一玩法已经在社交网络上成为了许多人的吐槽对象，有网友用这样的大胆预测，表达了消费者对十年如一日玩法的无感，甚至反感。

电商在这 10 年中高奏凯歌，的确创造了许多需求，给国家经济发展、提振内需做出了巨大贡献，但电商的发展无疑也大大挤压了线下零售势力的生存空间。及至今日，如果一款商品，线上购买便宜 10%，快递次日就能送达，你很可能不会选择去楼下超市购买同款。这是非常浅显的商业逻辑，也是电商作为新兴渠道的发展根源。但细想一下其中的原因，我们就会发现，电商之所以能够售价更低，不是单纯因为“商品摆在货架上”变成了“商品图片摆在 App 上”，而是以电商平台为核心的数字化供应链的快速响应、高效物流和减少流通环节产生了价值。换句话说，如果同款产品能过以同样甚至更低的价格在楼下超市买到，想必我们的消费决策就会改变。

而这样的变化，其实已经正在发生。因为数字化供应链的能力不是电商平台的“特权”，只是具有更强科技基因的电商平台拥有先发优势罢了。近两年的新零售战局中，不仅有电商平台参与，还有许多线下零售势力也纷纷加入，这已经说明，在经过近 10 年的转型摸索后，零售旧贵族们也找到了自己的数字化供应链变革之路。尤其在眼下这个互联网流量红利将尽的阶段，线下零售势力“返场”，和电商企业重新开始竞争，即将成为双十一第二个十年的主题。正如新零售所倡导的线上线下结合理念一样，这个阶段的电商企业将具备更强的线下覆盖能力，线下零售势力也将持续加强数字化供应链的优化能力。

无论是阿里收购大润发，苏宁收购家乐福，还是沃尔玛（以及山姆会员店）、永辉、天虹搭建线上平台和数字化物流体系，都印证着这个趋势。回到零售业亘古不变的核心——“用更低的售价卖出更好的商品”，无论是线上还是线下，只要拥有足够强大的降本增效能力，就一定能够拥有更有利的市场优势，反过来讲，如果无法在每一个流通环节都尽可能实现最低成本，那么市场优势就会损失殆尽。

在这个电商拥抱线下，线下拥抱电商的融合时代，一款叫做“蓝尌”的的数字化铅封也许能够帮助企业的大幅降低物流成本。无论是零售企业的商超门店配送，还是电商企业的末端快递配送，这款易流科技最新推出的智能化蓝牙铅封，已经开始对传统的一次性铅封进行革命性的替代。

取代传统一次性铅封的高额浪费，能够重复使用的蓝尌把“成本控制”做到了最优，理论寿命长达三年的蓝尌，使用第一年，就能够帮助企业省出购买蓝尌的费用。接下来，兢兢业业的蓝尌便相当于在免费帮企业省钱。

传统一次性铅封“一剪没”，编码、登记、使用都非常麻烦，工作人员难免忙中出错。而蓝對具备智能化的物联网能力，打开手机 App 进行匹配连接，就可以实现“秒级开关”，同时完成位置、开关人员等信息记录，真正做到“使用无感、可追溯”。

在中国物流数字化转型的大潮里，我们得以从距离电商最近的快递行业管窥到一线作业的进步与困难，我们也从中看到了物流业、零售业数字化转型的痛点。据了解，蓝對目前已开启免费试用，这可是你没有尝试过的全新铅封，不妨让你的物流管理也变得数字化起来吧。

来源： 北国网 2019 年 11 月 11 日

与时俱进，互联网对物流的影响与促进

一年多来，基础设施新的理念变革已经开始逐步被社会认可，阿里巴巴、腾讯、京东等也开始致力于提供商业基础设施运营服务。目前基础设施革命性变革正在推动经济社会全面重构，需要有新的理论思考。本文是作者结合近期思考，从新时代基础设施变革的角度出发，讲述互联网与物流是如何成为基础设施的，以及谈谈智慧的基础设施架构体系与本质，提出基础设施运营商的运营新思维。

一、互联网 + 物流：基础设施的新变革

关于基础设施的概念，我们过去一般把它定义为：为社会生产和居民生活提供公共服务的物质工程设施，是用于保证国家或地区社会经济活动正常进行的公共服务系统。它是社会赖以生存发展的一般物质条件，是国民经济各项事业发展的基础。基础设施是现代经济社会的底层支撑系统，现代社会经济体系架构在基础设施之上。传统概念的基础设施往往指的是纯硬件设施，如水利、铁路、公路、水运、航空、管道、电网等物质工程设施。但是，随着互联网、物联网、云计算、大数据、人工智能、区块链等信息技术高速发展，基础设施开始软硬结合、虚实一体，向智能化、网络化方向发展，进一步推动了互联网与物流成为了新时代经济社会的基础支撑，成为了新的基础设施。

（一）互联网是如何成为基础设施的关于互联网的发展演变我认为有以下几个阶段：（1）信息互联网阶段这时的互联网仅仅是一个信息传输技术手段，主要用于信息交流与沟通。此时互联网以信息门户网站和信息检索服务为主要特征，企业应用的互联网是“+ 互联网”，把互联网当技术手段，利用信息互联网作为沟通的工具。企业建网站是用互联网做品牌宣传与信息展示，互联网还飘在虚拟世界的天空，没有落地。（2）销售互联网阶段这个阶段信息互联网开始进入商务信息沟通领域，互联网技术与商务信息融合，实现了商务信息沟通与交易谈判的功能，推动了网络购物的发展，带来了商贸流通的电子商务革命；这个阶段又称为电子商务的发展阶段。（3）物流互联网阶段网上销售的订单达成离不开实物交接，电子商务交易的完成需要进入实体世界，通过物流完成实物交易。物联网技术推动了互联网与物流网实现虚实融合，推动了物流互联网发展，物流业进入“互联网 + 物流”的发展阶段。（4）产业互联网阶段互联网的边界通过物流互联网向下游延伸，连接了门店、商超、社区，推动了线上与线下销售融合，出现新零售变革；互联网边界向上游制造业延伸，出现制造业互联网变革，推动新制造发展，推动全球智能制造革命；互联网向金融领域延伸，形成金融互联网，推动了新金融变革等等这个时候互联网已经从虚拟世界的空中开始落地，连接了物理世界万事万物，让物理世界实现了虚实结合、互联互通的网络时代，互联网也就自然落到地上成为经济社会底层的操作系统，成为了新时代经济社会的基础支撑，成为了新的基础设施，推动了企业、社会、

产业在新的基础设施上进行重构，让我们进入了一个前所未有的大变革时代。需要指出的是，新基础设施本质特征是互联网，但互联网不是新基础设施的全部，一个集成了互联网、物联网、云计算、大数据、区块链、移动互联网等技术，形成的虚实一体的信息物理系统（CPS）才是智慧经济时代的真正的新基础设施。

（二）物流是如何成为基础设施的现代物流是具有流动特征的复合型产业，一边连着制造业，一边连着消费者。物流理念随信息化技术发展的不断演进，带来了现代物流的变革，并一步一步的推动智慧物流成为了新的基础设施。在信息不通的时代，没有现代物流理念，只有割裂的物流功能作业。信息化带来的现代物流的第一个变革是系统思想的引入。20 世纪 30 年代，随着信息技术的发展和通讯手段的完善，让我们就可以沟通交流等各环节信息，把物流各功能性作业进行统筹的考虑、系统的统筹和进行计划控制，直接催生了现代物流理念，这是现代物流的第一次大变革。到 20 世纪 80 年代以来，随着信息技术的发展，科学技术的进步，使得原料、在制品、制成品从供应到消费地的运动和储存的相关活动信息可以通过许多手段进行更方便地沟通，一体化的运筹。使得企业可以在研究客户需求信息的基础上，对物流作业各功能性环节的活动进行高效而经济的计划、执行和控制，从而现代物流进入到了一体化物流（logistics）时代。近年来，随着互联网信息技术的变革与发展，物联网技术的普及应用，物流与互联网融合给物流系统安装了智慧大脑，推动了智慧物流变革。智慧物流实现了一切流程数字化和一切数字流程化，物流系统的沟通、联网、运算、优化、运筹就更为方便，实现了物流过程中的信息流、资金流、商流四流合一与智慧运筹。智慧物流网络的边界通过扩展与延伸，让农业、制造业、商贸流通业实现全面互联互通并融为一体。智慧物流开始成为了经济社会系统的基础支撑，成为了新时代的基础设施。目前信息互联网与智慧物流网都具有了一定的公共属性，成为了国民经济与社会发展的重要根基，具有了系统、网络、链接的普遍属性，成为了国民经济与社会发展底层系统，成为了新的基础设施。这也是党中央在十九大报告中关于基础设施论述章节，第一次把信息网、物流网纳入基础设施范畴的重要原因。

二、新基础设施的架构与本质

传统的基础设施一般是静态的、物理的、信息割裂的。当互联网与物流网成为新的基础设施后，互联网把传统的基础设施连接起来了，也让信息流动起来了；而物流把实体的产品连接起来了，也让产品流与信息融合并流动起来了。新的基础设施具有流动性、数字化、服务化、互联互通的新属性，是以传统的交通与仓储等基础设施的网络为基础，以“互联网 + 物联网”为载体，以“信息网 + 物流网”为基础服务的支撑，形成的经济社会底层操作系统，具有智慧的属性。

（一）新基础设施架构新的基础设施是智慧时代的基础设施理念，是第一次把信息网络纳入基础设施范畴，形成的是虚实一体、互联互通、智慧升级的基础设施服务体系。新基础设施架构的特点，我给概括为：一硬、一软、一网、一平台。一硬：指的是传统铁路、公路、水运、航空、管道、仓储等物质工程设施和实体物流系统；都是由物质型的硬件组成，是新基础设施硬件部分。一软：指的是以物流信息、资金流信息、商流信息三流合一的数字化为特征，以模型化、代码化、工具化、智慧化的软件处理为手段的虚拟信息流系统；都是由数字型的虚体组成，是新的基础设施的软件部分，代表着新基础设施的思维认知，是新基础设施的大脑。一网：指的是链接实体的基础设施硬件系统与虚体的基础设施软件系统，是实现基础设施全系统互联互通的重要基础，是支撑数据与物品流动的通道，是基础设施的神经网络，其载体是互联网 + 物联网。一平台：指的是新基础设施的共享服务平台。平台即是高度集成、开放共享的数据服务平台，又与物流实体网络融合，是高度集成的智慧物流服务平台。平台跨虚实两界、跨系统、跨领域，属于新基础设施的“设施”部分。

（二）新基础设施的本质特征新基础设施的本质特征我认为就是连接，是信息的连接和物流的连接。连接了制造商、供应商、销售商与消费者，必将推动企业供应链系统的全面重组，推动高效协同的新型供应链的组织形态建立，带来众多颠覆式的商业模式创新；连接了信息流、产品流、资金流、物流系统，将重构信息流、产品流、资金流、物流的运行模式，重建新的价值链和竞争格局。连接了企业内部市场、制造、销售、管理、技术与服务组织部门，将推动企业组织形态重构，重建新型的企业组织形态；连接跨越了各类产业边界，让不同的行业跨界融合，将重建产业价值链生态，推动众多颠覆式的跨界创新；连接了虚实世界将产生智慧（目前人工智能的最主要进展体现在连接主义，连接可以产生智慧），让传统的物理系统有了信息的感知、分析、决策、运筹、学习、提升和自动执行的功能，让物理世界具有了生命的觉醒，物理世界的进化进入智慧时代，软件重新定义物流系统。新的基础设施就是连接的深化带来的变革，把传统基础设施通过互联网链接起来，把经济社会中的信息、物流、金融的基础服务连接起来，就形成了提供经济社会基础服务的新支撑平台：智慧基础设施服务平台。

三、基础设施运营新思维

随着基础设施理念的变革，基础设施运营新思维应用而生，在新的基础设施平台上重新架构经济社会系统，将带来经济社会的重构，带来智慧时代的众多颠覆式创新，也带来基础设施运营商新的运营思维的全面变革。关于基础设施的运营是我考虑很久的一个问题。前几年，针对中国传统的基础设施建设的高速发展，考虑到基础设施对地方经济的拉动，我就提出过基础设施运营商的概念，认为基础设施运营是基础设施的后市场，空间巨大，商机巨大。五年前，到某高速公路集团调研，针对高速公路集团提出的该地区大量的高速公路建设已近尾声，企业已经具备了高速公路建设的丰富经验和建设能力，但未来随着本地高速公路建设项目减少，企业发展方向在哪里等问题，我提出：企业除了走出去，参与全球市场的基础设施建设之外，还有一个最好的策略，那就是转型成为：基础设施运营商。在实体的网络世界，我们基础设施建设者普遍缺乏基础设施运营的理念，建设了大量的基础设施，拉动了中国经济的高速增长，但由于缺乏基础设施运营商的思维，不懂得基础设施的运营，却捧着金饭碗而经营困难。如：最近关于中国铁总债务高，运营效益差，会不会成为灰犀牛热议等等。在虚拟的网络领域，最懂得基础设施运营的公司是阿里集团与京东集团，这两家公司尽管他们自己的表述有所不同，在老王看来其定位其实都是商业基础设施运营商，并且在商业基础设施运营方面取得了很大的成功，可以为线下基础设施运营提供很多新思维。新的基础设施理念，是虚实结合的智慧型基础设施。根据新型基础设施的架构与本质特点，我认为基础设施运营有以下几类新思维。

（一）无边界思维传统的基础设施是静态的，物质型的硬件基础设施，新的基础设施是虚实结合、互联互通的智慧基础设施。新的基础设施打破了传统经济社会的边界，在无边界的基础设施上重新架构企业生态、产业格局，一定要具有无界思维，千万不要受传统的企业边界或行业边界的思维限制。目前各类跨界的颠覆式创新，都具有这一特征，羊毛出在狗身上，让猪买单也具有了合理性。例：在智慧物流领域，可以利用物流互联互通的基础设施特征，重构流通企业供应链网络，通过降低流通成本、供应链库存成本赚取利润，而不是仅仅降低物流成本费用。例：阿里通过电商平台按照商业基础设施运营商定位，不断地跨界。如：通过支付宝系统跨界进入金融支付领域；利用商业基础设施的大数据开展风控，进入网上小贷等金融服务领域；补足商业基础设施短板跨界进入物流领域；通过商业基础设施延伸到传统门店，跨界到线下销售领域；今后还将通过商业基础设施向上游延伸，跨界进入新制造领域。等等。京东集团的发展也遵循与阿里相同的扩展逻辑。他们都具有基础设施的无界新思维。值得注意的是拼多多，拼多多刚刚崛起时负面评价不断，很多人并不看好拼多多。但我认为，拼多多如果杜绝假货，具有商业基础设施运营商的新思维，从社交节点的连接消费者入手聚集流量，打造销售场景，再利用新基础设施互联互通的特点，向上游延伸，通过拼工厂形式，实现 C2B，可以全面挖掘中国最庞大的制造能力，让很多过去通过出口海外市场形成的庞大制造能力的制造企业，在不需要打造品牌的情况下直接与社群消费者链接，消费者可以获得物美价廉的产品，企业省掉庞大的打造品牌的费用。这个思路还可以用于拼物流，来完善拼多多商业基础设施的物流短板。

（二）节点入口思维新的基础设施架构是一软、一硬、一网、一平台，特征具有流动属性、网络属性、数字化属性，信息流与物流的网络节点往往是新基础设施的关键点，是基础设施的流量入口或流量节点，是新基础设施运营的抓手。所以基础设施节点思维又可以称之为入口思维，也是重要的互联网运营思维。首先，网站平台就是高度集成、开放共享的基础设施流量入口，是集成了实体物流网络和虚拟商流网络、金融支付网络的节点，因此阿里、京东都是从电子商务平台的流量入口进行基础设施运营的。美团的业务大家感觉好像什么都想做，没有边界，其实美团的核心竞争力是通过即时物流连接消费者，把控了本地生活服务的末端节点，由此节点先向餐饮配送、门店调拨、新零售末端配送等领域延伸，打通本地生活服务的边界；以后可能会通过连接的餐饮门店、便利店等，沿着供应链向上游延伸，整合餐饮供应链、零售供应链等等。通过末端连接本地消费者是美团的核心能力，互联网 + 物流新基础设施给了美团面向本地生活服务延伸扩张的优势；也给了它今后沿着本地生活服务节点向供应链上游延伸与整合的机遇。做好链接本地消费者的服务是他的抓手，收购摩拜单车、开展本地网约车服务都是在强化他的核心能力，为了更好地链接本地消费者，开展本地生活的基础设施服务。目前阿里和京东的新零售，则是从线下零售门店和销售场景入手，延伸企业的商业基础设施服务。根据新的基础设施运营的理念，新零售可能会出现无数种新的模式，京东干脆直接把它定义为无界零售，阿里集团则强调新零售是数据驱动的泛零售业态。其实新零售所谓的“新”就体现在基础设施的新思维，在新基础设施上重构新商业新业态，驱动的各种零售创新，而绝不仅仅是把互联网、大数据、云计算、人工智能、新物流作为技术手段来提高零售服务水平。新零售是典型的基础设施运营新思维，其本质是把线下门店作为流量入口的节点，在新的商业基础设施基础上重构的线下新商业新业态。目前新零售运营比较成功的盒马鲜生、7FRESH、超级物种、物美多点等都是在新的商业基础设施上重构的商业新业态。绝不是学学盒马鲜生的表面模式，照猫画虎的搞线下与线上融合就是新零售了。仅仅把互联网当技术手段，没有新的商业基础设施的基础支撑，新零售就是空中楼阁。

（三）智慧进化思维新基础设施是虚实结合的智慧基础设施，连接会产生智慧，智慧推动经济社会变革与进化。进入到智慧时代，未来的进化主线是什么？是需要每个企业思考的问题。进入到智慧的基础设施时代，新基础设施也将重构和重新定义企业、产业、经济、社会，其中智慧进化将成为未来企业、产业、经济、社会升级进化的主要方向，“软件”将重新定义企业、产业、经济、社会。智慧进化为主，重新定义的物流，就是软件定义物流。未来的物流系统将虚实结合，数据驱动，软件优化与控制，物流系统将运行在智慧的大脑软件系统之上。智慧进化为主，重新定义零售，将出现零售大脑驱动零售供应链，变革产业价值链，推动供应链高效协同的创新，出现智慧零售变革。

（四）开放共享思维基础设施提供的是基础服务的支撑，基础服务是底层的服务，具有普遍性。互联互通的新基础设施，天然具有共享的基因，共享思维是新基础设施运营的重要思维。以物流服务为例，拼多多的快速崛起就充分利用和共享了三通一达的快递物流服务。没有阿里系统多年整合和促进的快递基础设施服务能力，拼多多的崛起就会慢很多。尽管目前拼多多、京东、淘宝之间是竞争关系，但在物流基础设施服务网络方面有很多是共享的。新零售的快速发展，也需要即时配送服务，很多新零售企业除了自己培育即时配送能力以外，也在共享美团、饿了吗等即时配送的服务。

过去传统企业有边界思维，制造业物流资源、商贸连锁企业物流资源与第三方物流配送资源难以共享，在新的基础设施基础上重新架构服务业态，就可以打破传统边界，实现制造业、流通业、物流企业共享物流资源的创新与发展。目前阿里、腾讯已经充分认识到基础设施共享服务的特点，利用这一特点不断的延伸他们智慧商业基础设施服务，不断整合线下零售企业，共享他们的商业基础设施。

（五）重构生态思维基础设施出现的革命性变革的根本特征就是互联互通，互联互通打破传统边界，连接会涌现出智能，带来全面联通的智慧化基础设施。智慧化基础设施提供的是基础服务，是一切社会形态的基础支撑，企业、产业、社会、经济是建立在基础设施之上的，现在基础设施已经改变，也需要企业、产业、社会、经济在新的基础设施上重构。在新的基础设施之上重构企业生态，一定要认识到新基础设施全面连接的互联互通本质，要有无界的思维，不要受传统企业边界的影响，要脑洞大开，全面创新；更要分析企业核心能力，无边界也不代表企业什么都能干，在新基础设施上重构企业生态取决于企业核心竞争力，企业的能力限制了企业在新基础设施上重构生态系统的边界。如：当快递业信息系统的电子面单标准化，一单到底可以连接各个快递网点，在这一基础设施基础上建立的加盟制组织创新，就是在新的基础设施上重构的一种企业组织形态，这一组织创新极大地降低了快递企业组织体系的管理成本，为中国快递业超高速发展与网点扩张奠定了基础，具有世界意义。如：菜鸟物流并不做具体的物流服务，但是通过提供物流大脑技术平台，整合物流资源，提供物流信息基础设施服务，通过数据驱动物流系统，建立智慧物流骨干网，也重构了一种智慧物流服务体系。特别需要指出的是，中国智能制造本质上也是在新的基础设施基础上重构制造业，其底层的操作系统是信息物理系统，在信息物理系统基础设施上打造产业互联网，提供信息与物流的基础设施服务支撑。在新的基础设施上重构智能制造业态，首先从企业内部做起，先实现企业内部的纵向集成、横向集成、端到端集成，建设智慧工厂，实现智能生产；再通过新基础设施互联互通特点，连接物流与信息流，连接供应商与客户，打造高效协同的智能供应链，全面延伸企业的智能服务，实现产品技术从售前、售中到售后的后市场服务，为客户提供全寿命周期的智能制造服务，推动制造业服务化，打造制造业服务互联网。在新的基础设施上重构的制造业生态，也是无界的，服务化的，互联互通的，双向驱动的，数据赋能的。智能制造从消费端驱动是 C2M，根据市场需求特点实现按需制造，推动个性化大规模定制服务是目前关注热点；但老王认为，从设计与制造端驱动的 M2C，在新的基础设施支撑下更大有可为。根据企业最新技术可实现能力，可以设计规划出远远超越消费者预期的概念产品，借助新基础设施直接连接消费者，与消费者互动，展示新产品，创造新需求，这就是苹果公司乔布斯的运作模式。满足消费者需求和创造消费者新需求是智能制造的双路径战略思维。总之，新的时代基础设施出现了重大变革，成为了虚实结合的智慧型基础设施，随着基础设施理念也不断延伸，这个时代的每个行业、每个企业甚至每个人都要有基础设施运营新思维，都需要考虑如何在新的基础设施上重构行业生态、企业业态，和个人位置，开展颠覆式创新，寻找自己的新天地。茶饮品牌快速发展，与此同时，头部腰部餐企纷纷入局茶饮赛道，使得本身就很热闹的茶饮赛道显得更为火爆。再者，2018 年的整个咖啡市场波澜掀起，越来越多人看到中国咖啡市场蕴含的巨大潜力，国外更多咖啡品牌进入中国市场，国内咖啡品牌的强势崛起，使得咖啡行业的竞争也愈发激烈。随着消费升级愈演愈烈，新生代消费者不仅对茶饮、咖啡的品质提出了越来越高的要求，对一杯饮品所带来的体验也越来越看重。由此，茶饮咖啡品牌们，在好喝之外，从消费者体验出发，也在追求更多可能。

来源：浙江物流网 2019 年 3 月 14 日

达达接入个人快递服务 首批开通北上广深津5城

近日，国内领先的同城速递信息服务平台—达达正式接入个人快递服务。在为用户提供预计15分钟取件，1小时送达的同城配送服务外，达达此次又为用户带来了便捷、安全的同城、跨城快递配送体验。

用户登录达达APP或小程序首页，选择快递服务入口，填写收寄地址、物品等信息，根据不同时效需求选择“特惠送”或“特快送”后即可完成下单，快递小哥会在指定时间一小时内上门揽件。

记者登录软件看到，用户可在最近三天，每天9:00-22:00时间段内指定时间下单。当天18:00左右从上海寄往北京的订单，系统提示将在隔日22:00之前送达。该服务覆盖文件食品药品、数码产品、衣物、日用品等传统快递企业寄送主要品类。

据悉，该服务由达达联合京东快递推出，首批在北京、上海、广州、深圳、天津5个城市上线。未来双方会继续深化合作，将相关服务逐步拓展至更多城市。

达达在北、上、广、深、津5个城市接入个人快递服务

近年来，传统快递与同城速递行业互通愈发频繁，京东、顺丰等快递巨头纷纷入局同城速递市场，与部分同城速递信息服务平台的合作也愈发密切。在这一背景下，达达和京东快递通过对各自能力体系的整合，打通了不同使用场景，拓宽了流量入口，实现了双方优势的互补，达达也正式补足物流“全场景”服务的关键一环。

对于此次合作前景，达达相关负责人表示：“此次合作，达达和京东快递实现了不同场景下头部流量的互相接入，对双方未来发展有着重要的推动作用。”通过对内持续打磨产品和技术、提高系统智能化程度，保障充沛运力；对外延伸服务边界，持续提升服务水平、丰富服务种类，达达保持了持续的高速发展。

目前，达达已推出“帮取、帮送、帮我买”等服务产品，满足了如为老人取送忘带的钥匙、为客户取送重要文件等复杂场景下的同城速递需求，赢得了用户广泛好评。达达推出的“5个100%”准入制度、“三大纪律、六项规定”服务准则等，也为用户带来了极致的配送服务体验。对高品质服务的追求和坚持，也是达达和京东快递此次达成深度合作的核心因素。

自从2014年成立以来，达达迅速成为中国领先的同城速递信息服务平台。根据公开数据显示，目前，达达日单量峰值已达千万级，覆盖全国450个城市，为7000多万个人用户，120多万商家用户，提供安全、高效、定制化的物流“全场景”物流服务。

来源：36氪 2019年4月30日

快递提升“双十一”服务——上海地区揽送包裹超2亿件

随着双十一的准时开启，不少快递企业的分拣中心，据预测，今年（2019年）双十一期间全国产生的快递包裹量将达到新的量级，约为28亿件，而上海地区今年的揽送包裹将超过2亿件。零点刚过，装载着双十一首批快递包裹的8吨厢式货车顺利抵达上海邮政邮区中心局。这座占地158亩，全国数一数二的邮件分拣中心在今年“双十一”期间，日均要处理140万件快递。上海邮政邮区中心局包件处理分中心工作人员曹琦伟：我们预计今天凌晨双十一的第一批包裹（送达），外省的用户能够在明天（11月12日）早上就能拿到手。

根据预测，上海邮政今年“双十一”期间收寄量将达969万件，同时，峰值进口量将达到168万件，这相较去年（2018年）“双十一”峰值增加了54万件。上海邮政邮区中心局邮件处理中心负责人王继刚：今年我们市内运输增加了300多辆邮车，在出口的省际邮路我们新增了30多条，同时我们还筹集了30吨的大型车200多辆次。此外，上海邮政今年重新启用徐德路分拣场地，并外借2个临时场地，新增处理能力约95万余件。除了邮政，其他物流企业自然也开足了马达。

来源：上海市人民政府　2019年11月11日

天天快递上海智能化转运中心投产——每小时可处理10万件

百万级产能、自动化分拣、江浙沪时效更快！天天快递上海转运中心正式搬迁，这是苏宁天天在华东地区智能化水平最高的转运中心，也是天天快递数字化进程中具有里程碑意义的关键一环。

大大快递转运中心上海启用传统转运中心，依靠人工识别包裹地址，搬运到规定区域，进行转运操作，效率低、错误率高、人工成本高。自动化设备的加码，直击分拨转运各种痛点。

天天快递上海转运中心，采用五面扫全动态秤、自动分流器、交叉带分拣机、单件自动分离等众多行业领先自动化设备，超过30个卸货口整齐排列，包裹在这里可以实现自动扫描、称重、量方、分拣；在小件分拣区，配置2条交叉带分拣机，搭配智能分拣柜。在这里，包裹每小时处理能力可达10万票以上，卸车、分拣、建包、装车等全环节进行自动化升级，全面提升分拨中心运营效率和作业质量。此外，场地还预留二期规划，满足业务拓展需求。

骨干网“智变”加速

上海是国家物流枢纽布局承载城市，电商业务量位居全国前列。近年来，物流企业纷纷在上海部署仓储基地，多家物流快递公司在此打造了大型仓储、转运、分拨中心等基础设施。

在这里，苏宁物流布局的“超级云仓”占地面积25万方，AGV机器人、高速分拣系统的运用，拣选效率较传统提升10倍，领先行业智能化发展。天天快递转运中心的投产，可加快辐射全国的干支线转运时效。

“超级云仓”与天天快递转运中心协同呼应，进一步夯实苏宁物流在上海的基础设施建设，加速骨干网“智变”，大大提高末端配送时效，实现上海以及江浙沪地区更多用户的所想即所得。引领快递行业数字化转型

苏宁物流执行总裁姚凯微博透露，天天快递上海转运中心投产后，将带来“百万级产能、自动分拣、江浙沪时效更快”，是凝聚无数汗水和努力，为天天快递锻造的“新武器”。该转运中心的投产是苏宁天天融合的一小步，也是天天快递数字化进程的一大步。

一直以来，苏宁物流在骨干网络、信息系统、管理模式、末端网点等物流全要素赋能天天快递数字化、智能化转型。值得一提的是，除上海外，长沙、昆明、石家庄、大连、福州、长春、郑州、襄阳、徐州、芜湖等数十个分拨中心也在进行场地改造与自动化升级，全国骨干网络的流通效率和城市末端的配送效率将提升。

除自动化设备之外，苏宁物流在“软”件方面同步推进天天快递数字化转型。今年6月，苏宁天天联合，采用苏宁云技术，利用大数据工具，正式上线了仲裁延误全自动系统，实现仲裁无人化操作，并迅速在全国推广。此外，天天快递全网的电子面单使用率已超过99.17%，大幅提高拣货效率。

来源：第一物流网　2019年7月18日

物流“疫”线专题

西本新干线直升机为战“疫”一线空运急需医疗物资

武汉告急、孝感告急、襄阳告急……新冠肺炎疫情来势汹汹，医疗物资四处告急，就在人们纷纷退守家中，保护自己，保护家人之时，有这样一批“逆行者”，在疫区危难时刻，不是朝着家的方向，不是走向安全的后方，而是以最大的勇气，迅速奔赴战“疫”最前线，深入最危险的地方。

这是一次抗疫救援物资志愿联盟行动，是由西本新干线股份有限公司（简称“西本新干线”）联合多地政府、热心企业和爱人人士共同协调组织，由上海新空直升机有限公司（简称“新空直升机”）为此开辟紧急空运专线，并为急需医疗物资免费运输服务提供保障。这些“逆行者”，第一时间将最紧急、最稀缺医疗物资直接空运到前线医护人员手中，他们用自己生命为重点疫区提供了应急物流保障，有效挽救病人，与疫区人民同心抗“疫”。

紧急空运重症病人治疗试剂

2月4日上午9时30分，一架满载20箱疫区急需医疗物资的直升机，缓缓降落在武汉新华路体育场。这驾机身标有着“西本新干线和新空直升机”字号的民用飞机，载有一箱由上海胸科医院托运的重症病人治疗试剂。相较之前缺乏冷链物流又担心路程超过48小时耽搁药效，这次可以借助直升机直接空运到上海医疗队手上，解了一线医护人员的燃眉之急。

在这批捐助物资中，记者还看到了一张来自伦敦的“CiCi 项傑婧和她的小伙伴们捐赠武汉协和医院”的清单，其中包括1177件防护服、护目镜和一次性手术衣等。此外，此次免费空运的全部捐赠物资会直接交给武汉协和医院在内的三家医院，通过点对点的高效空运方式，快速解决湖北“疫”线医院的医疗物资不足问题。

当前，新型冠状病毒感染的肺炎疫情防控工作正处于关键时期。抗疫防控是第一要务，面对武汉多家医院医疗物资告急，“尽管只是微薄之力，我们也要尽全力驰援疫情防控，特殊时期要确保紧急医疗物资能够直接空运至医护人员手中。”新空直升机发起股东、西本新干线CEO虞钢不仅这样说，还亲自组织海外捐助资源和协调新空直升机专线直飞计划。

罗田县副县长亲自担任收货员

除了武汉，由于毗邻武汉、疫情来势汹汹，加上是经济发展相对平缓的二线城市，黄冈此次防疫形式也十分严峻，防疫医院更加缺少高级别医疗物资资源。“因为黄冈疫情紧急，我们在2月3日往武汉运送医疗物资同时，就有了支援黄冈、孝感等二线疫区的计划。”据新空直升机创始人曹新田介绍，经过多方爱心企业和人士的共同努力，上海到黄冈的直升机运输紧急抗疫物资专用航线在2月4日开通。

2月5日下午3时许，一架满载着30多箱高级别医用防护服和医用口罩的AW139中型双发直升机缓缓降落于湖北黄冈中心外校（黄冈疫情防控指挥中心）。该飞机于这天中午从上海起飞，一共送去了2000件急需医用防护服和1万多个急需医用口罩。

疫情再继续，战“疫”也在继续。2月9日上午10点半，“黄冈新干线”巨人号新空直升机紧急救援专线再次起飞，满载500公斤、38箱防护衣等急用医疗物资降落在湖北罗田县。此次空运的物资由黄冈市罗田县防控指挥部接收，黄冈市罗田县副县长胡盼自愿加入“黄冈新干线”收货团队，亲自接货。这种紧急救援专线通过点对点的高效空运方式，快速解决罗田“疫”线医院的医疗物资不足问题。

正在开辟多条新干线继续战"疫"

疫情就是命令，防控就是责任。在国家危难之际，"我们愿意组建'直升机快递'，向全社会免费提供紧缺医疗物资空中运输资源，以解疫区燃眉之急。"曹新田说，新空直升机不仅空运急需医疗物资，一旦国家和地方有需求，还可随时投入转运江浙沪地区医护人员。

通常情况下，直升机和陆路运输相比较，空运物资速度更快更高效，加上省去防疫检验等诸多步骤，从上海飞抵武汉仅需 3 个半小时，而公路运输则至少需要 10 小时。业内专家表示，直升机从上海直飞湖北多地的费用高昂，但是对于急需救援物资的重点防疫地区来说，还是有着非常重要的意义，特别是需要一些通过冷链运输的急需医疗物资。

截止发稿前，这次抗疫救援物资志愿联盟行动已先后紧急开通武汉新干线、黄冈新干线襄阳新干线和杭州新干线等医疗物资空运专线，正在组织协调开通孝感新干线、温州新干线等，空运紧急医疗物资超过 8 次，分别送至武汉协和医院、武汉第三人民医院、杭州第一人民医院和黄冈中学外校等地，已有 20 余位直升机机组人员和保障人员共同参与了此次抗疫救援志愿服务。

疫情不息，战"疫"不止。西本抗疫救援物资志愿服务队队长朱伟坦言，接下来，"我们还将继续筹措一批海外捐助物资，也将设立爱心热线向疫情严重地区免费提供高级别急需医疗物资空运服务，坚决助力国家全面打赢疫情防控这场特殊的战役。"

沪上开设首个新干线"安心家"抗疫中心

"要复工，更要防疫"。为解决上海许多大中型企业健康返沪人员遭遇复工复产和居家隔离这一相互矛盾的"两难"困境，2 月 20 日，上海现代服务业发展研究基金会新干线公益专项基金发起了共建"安心家"抗疫中心公益项目，目前已联合沪上知名三级甲等医院"上海中医药大学附属岳阳中西医结合医院"和位于浦东张江的五星级酒店"上海昊美艺术酒店"，开通上海首个新干线"安心家"（浦东）抗疫中心。

新型冠状病毒肺炎疫情发生以来，为有效防止病毒传播，上海陆续采取了延迟复工、鼓励居家办公等一系列防控措施，控制疫情局面正在积极好转，但抗击疫情的举措仍在继续。作为全国的经济中心，能否正常有序复工复产，不仅关系着疫情过后上海经济是否能快速"回暖"，更对全国经济复苏产生着举足轻重的影响。

复工复产亦是上海当下最紧迫的任务。受疫情影响，上海的第三产业所受创伤不容忽视，聚焦到现代服务业被按下了"暂停键"，表现最突出的是酒店行业，开业酒店入住率不到 10%，绝大多数酒店已经关停歇业。新干线公益基金秘书长朱伟表示，对比酒店行业"门可罗雀"的窘境和日趋严格的社区管控措施，一些健康的来沪商旅、返沪复工高级经理人可能遭遇"无处安身"、"无家可归"的尴尬境地，不利于企业开展复工复产和经济快速复苏。

2 月 18 日，国务院常务会议强调，当前统筹做好疫情防控和经济社会发展工作，让那些处于停滞或半停滞状态的企业充满了信心。"安心家"公益项目媒体负责人王京介绍，为有效解决防疫和复工这一现实痛点问题，我们正在积极联合各区域星级酒店发起志愿自救行动，为来沪返沪不宜居家办公的高端经理人、技术精英和抗疫英雄提供一个"安心家"，进而带动几近"冰封"的酒店行业自我复苏。

"安心家"公益项目提供"一人一房"服务，配备专业医护、体温监测、防疫中药和防疫用品，做到全程无接触健康送餐服务，保障商务办公应用多场景的 IT 支持服务，完全符合政府居家隔离要求。此外，不光是“安心家”更有“放心价”。朱伟强调说，“通过基金会认证后，平日五星酒店一间 800 元的客房，现在入住只需支付不到 1/4，其他由基金会和共建企业来补贴，一起打赢春天里的这场复工战‘疫’。”

据了解，上海现代服务业发展研究基金会新新干线公益专项基金是由具备全国性公募资格的，上海现代服务业发展研究基金会联合新干线生态圈企业发起设立，共同参与国家慈善事业与现代服务业公益创新发展，通过坚持“赋能公益，链接新干线”的核心理念，以科技赋能公益事业。

来源：《现代物流报》 王京

仓储物流——未来“快递”中国的 2025 年，智慧物流！

2014 年，《物流业发展中长期规划》出台，确立了 12 项物流行业重点工程，要求 2020 年基本建立起现代物流体系。

今年 5 月中旬，商务部率先发布首个“互联网 +”专项行动计划，剑指流通领域，利好电子商务及物流业发展。月底，重磅级“中国制造 2025”顶层设计落地，智能工厂风声更疾，智慧物流作为其下游环节不可或缺，迎来爆发机遇。向新经济转型阶段，智慧物流相关政策利好不会就此停歇，将继续升温。

一、物流仓储四阶段：由人工至智能

物流仓储主要经历了人工仓储、机械化仓储、自动化仓储、智能化仓储四阶段。

人工仓储即纯人工完成货物的搬运、上架、分拣等工作；

机械化仓储则以输送机、堆垛机、吊车、升降机等机械设备的运用为特点；

自动化仓储则在机械化仓储的基础上引入了自动导引小车（AGV），搬运机器人、自动识别、自动分拣系统等先进物流设备，并应用计算机技术进行货物信息的采集汇总；

智能化仓储系统则将自动化与信息化相结合，通过物联网及互联网技术实现货物信息的采集处理，计算机发出指令，实现无人化智能作业。

二、智能仓储：自动化 + 信息化

智能仓储即在自动化仓储的基础上，应用物联网与互联网技术，实现自动化物流设备与信息采集处理系统相结合。数据显示，自动化立体仓库节约 40%-70% 的土地成本，人工成本节约 2/3 以上，订单处理效率是纯铜仓库的 5 倍以上。

自动化：

自动化即以高层货架、先进自动化搬运设备为基础的自动化立体仓库，货物到达仓库后，由输送机实现入库，堆垛机与升降机完成货物上架；出库时由自动导引小车（AGV）将货物运至分拣台，自动分拣系统完成分拣出库，并由堆垛机完成出库时的货物堆垛。

信息化：

物联网实现货物属性、温度、湿度等监测信息实时采集与处理，并给出指令。信息化则指对射频识别 RFID、传感器、物联网、互联网等技术，实现对货物的远程感知与控制，实现数据的采集处理并给出决策。因此，自动化物流设备相当于四肢，而物联网信息处理系统则相当于大脑，大脑给出指令，设备自动执行，从而实现了无人化物流作业。

三、市场：

千亿市场可期，国内企业具有性价比及本土优势看现状，物流系统自动化普及程度远低于发达

国家，供需两端增速迅猛，市场潜力巨大。

从需求端来看，中国智能物流市场增速迅猛，自动化物流装备已成为全球最大市场。根据《中国物流技术与装备市场发展报告（2014）》显示，我国物流运输装备与智能设备均在2013年迅速发展，其中物流系统与自动化装备同比增速达近30%，已超过欧洲、日本、美国而成为全球最大的市场。

从供给端来看，我国国内企业力争上游，尽管技术上仍较国外物流系统集成龙头有较大差异，但性价比及本土优势突出。目前，国内物流系统集成龙头主要为北京起重运输机械研究院、昆船物流、今天国际、太原刚玉、新松机器人、沈阳飞机工业集团等，相比于国际龙头德国德马泰克、法国LegrisIndustries、日本大福等，国内企业技术虽然还存在差距，但具有性价比高，熟悉本土企业情况等优势。

观未来，年均增速将维持30%以上，预计2020年智能仓储市场规模将达千亿。

四、掘金智慧物流，把握三大投资主线

智慧物流乃行业不可逆转之大趋势，板块市值小，前期涨幅居中，政策利好催化下后期具有上涨动力。

从政策面来看，“中国制造2025”及“互联网+”风口下，智慧物流迎来爆发机遇。除此之外，从市场面而言，智慧物流板块相关上市公司，除个别市值超600亿意外，大部分公司市值100亿左右，并且板块年初至今丈夫居概念类中游，在政策利好频频催化下，上涨动力充足。

从基本面而言，上市公司纷纷寻找智慧物流切入点，电商及冷链物流发展下，物流系统自动化、智能化乃必然趋势，板块具有长线发展潜力。

来源：搜狐网　2019年4月30日

华新镇快递企业着力应对第四季度快递高峰

进入第四季度，快递业迎来每年需求量最旺盛的季节。网络购物集中促销，特别是“双十一”“双十二”等电商节庆，在极大刺激消费者购物需求的同时，也使得电商对快递需求的集中释放。据国家邮政局数据显示，“双十一”全天，各快递企业共处理5.35亿快件，是二季度以来日常处理量的3倍，同比增长28.6%，再创历史新高。

据国家邮政局显示，前三季度，累计完成快递业务量440亿件，同比增长26.7%，与上年同期基本持平；累计完成快递业务收入5285.5亿元，同比增长24.5%，增速快于上年同期，是同期服务业生产指数增速的3倍多。

中通第三季度业务量完成30.58亿件，同比增长45.9%，超出行业平均增速18.4个百分点。市场份额较上年同期提升2.3个百分点达18.9%。

圆通第三季度收入为76.63亿元，较去年同期同比增长16.87%，净利润同比增长17.4%。

顺丰以单季度287亿元的业绩领跑，同比增长25.38%。

韵达第三季度实现收入86.99亿元，同比增长160.04%。

此外，全国工商联发布的《2019年中国民营企业500强报告》显示，在2019年中国民营企业500强榜单中，有三家快递物流企业上榜，分别是排在62位的顺丰、307位的圆通和340位的中通。

独具“个性化”，快递企业经营模式各显神通

中通推出了“星联时效件”，主打“时效保证、高辨识度、高品质服务、全链路跟踪”等特点。与普通快递产品相比，“星联时效件”在中通网络中具有最高优先级，转运中心优先中转，网点优

先派送，并对中转与派送时间进行了严格规定，以保证货物能在第一时间送达客户手中。

圆通推出“承诺达特快”，采取直营模式，目前已覆盖 89 个城市，产品主要其实有三种，同城即日达、省际次晨达、大区 90% 以上可以次日达。所谓承诺，则是指延时会赔付，同时赔付的行为本身也“快”。

顺丰经过多年潜心经营和前瞻性战略布局，已形成拥有“天网地网信息网”三网合一、可覆盖国内外的综合物流服务网络，采用直营经营模式，由总部对各分支机构实施统一经营、统一管理，保障了网络整体运营质量。

韵达以科技助力，推出“韵达特快”。其主要特点有时效保证、高品质服务、专享服务、全链路守护等。与普通快递产品不同，“韵达特快”在韵达网络中具有优先级优势，中心优先中转，网点优先派送，并且中转与派送时间均有专门的规定。

据艾瑞咨询行业研究报告，我国快递行业基本面持续向好，需求依旧强烈，快递行业总体增量依旧客观。

来源：上海市青浦区人民政府 2019 年 12 月 16 日

倒闭降薪，快递业马太效应加剧

2019 年的快递行业可谓是忧喜参半，面对电商业的持续发展，已在中国市场“混出”成绩的一线快递品牌业绩还在不断增长中；但还未“混出”名堂的二线快递品牌生存愈加艰难。

近日，如风达、国通等品牌纷纷传出停业消息，而本应另消费者期待的快递黑马京东却开始调整快递员薪资，引起诸多讨论，京东集团董事局主席兼首席执行官刘强东甚至频频发声解释，物流业是如何给京东带来亏损的。面对市场格局不断明确的快递领域，业内专家分析称，快递服务企业在市场需求、内生发展和政策鼓励下，未来将通过多种方式实现资源整合，开展并购重组、股权投资等，快递行业集中度将进一步提升，竞争格局将持续改善，所以中小型快递企业需不断调整自身战略，明确定位，才能瓜分市场蛋糕。

一、二线快递企业生存难

国内快递行业经过近年来的快速发展，市场竞争已较为激烈。目前，国内多数主流快递企业已经上市，快递市场格局进一步明确，在此基础上，中小型快递企业发展更加艰难。

3 月 28 日，有消息称国通快递发布停工放假通知，报告显示，自 2018 年以来公司经营困难，处于严重亏损状态，目前已经处于停工状态，并且为恢复正常生产经营做了努力，但预计未来仍将继续停工。据显示，该通知由国通快递人事部下发于 3 月 22 日。3 月 28 日午间时分，国通快递官方发布消息称，停工消息为个别自媒体不实报道，去年年底，国通快递就明确提出 2019 年的经营主旨是“以主营快递业务为底盘不变，大力拓展区域配送等新业务”。

根据此前报道，总部位于上海的国通快递公司即将进入全网停工状态，所有员工进入放假状态。该消息的发布，引起大量网友留言讨论。虽然，国通强调，公司并没有坐以待毙，而是通权达变，利用存量资源，积极谋求转型。但业内人士分析称，国通的经营状况不佳已是不争的事实。快递专家赵小敏也表示，虽然国通没有宣布关闭，但这可能只是对品牌的保护，从实际运营来看，国通并没有多大的改变。而 4 月初，另一快递企业如风达停摆风波爆发，来自全国各地的员工和合作方纷纷来到北京如风达总部维权。这也与如风达 3 月发布的“运行异常动态公告”有着密切的关系，目前，该公告依然挂在如风达官网。从凡客诚品到天地华宇，如风达的快递命运不断转折。根据媒体此前报道，截至 2019 年 2 月，如风达面临着巨额的欠款，加上拖欠员工的工资等，有近 7000 万元。

二、快递行业竞争激烈

随着科学技术不断进步、消费结构与消费理念的逐步变化，快递行业门槛不断提高，竞争日趋激烈，谋求多元布局、跨界发展成为快递服务企业的普遍选择。《十三五规划》亦指出，鼓励骨干快递企业拓展服务领域，健全仓储、冷链、运输、金融、供应链管理等能力，加快向综合性快递物流运营商转型；鼓励骨干快递企业实施国际化发展战略，打造国际快递品牌。2018 年，我国主要快递服务企业在市场需求、内生发展和政策鼓励下，结合自身战略布局与业务发展情况，通过开展战略合作、并购重组、联盟合作、股权投资等多种方式实现资源整合，发展重货快运、冷链、医药、国际、即时配送等新兴业务，加快业务板块多元布局，致力于为市场及广大消费者提供全方位、高质量的产品及服务，打造范围广泛、服务多元、产品多样的综合性快递物流企业，提升其综合服务能力。基于市场现场和时代要求，快递物流企业正在走过粗放竞争的发展阶段，正在向高质量发展方面迈进。快递行业利润空间不断压缩，平均利润率已下降到 3%-5%。电子商务研究中心特约研究员、中国交通运输协会新技术促进分会专家委员解筱文认为，在为数不多的快递头部企业规模化、集约化、资本化发展之下，中小快递企业的生存空间正在不断缩减，并且还在进一步萎缩中，这是大势所趋的现实。面临新的整合和重组，如何转型和“站队”将是这些企业发展的艰难抉择。他表示，在快递巨头企业的市场“蚕食”之下，中小型快递企业面临新的市场划分和企业整合重组的新考验。主要有两个突围发展路径，一是选择属地化的细分领域深耕，加速企业战略转型；二是加强与快递巨头企业合作，实现资源整合，达到互利共赢。

三、需引入新鲜血液

实际上，我国快递行业规模已位居世界前列，并保持稳定、快速增长。随着消费结构、服务理念的不断变化，传统的机械设备和管理体系因成本高昂、效率低下已较难满足市场需求，快递服务企业需通过信息化、数字化、自动化等新技术提高操作效率、提升管理能力、降低运营成本。中小企业更要通过差异化发展获得更多生存空间。电子商务研究中心特约研究员、上海博群律师事务所律师李晓曦律师表示，对于国通这类中小型快递行业来说，在服务、资金、网络、信息技术、仓储管理、配送时效等方面没有任何优势的前提下，与头部公司竞争将异常艰难。国通能维持到今天，已是非常难得，如果不能在以上几个方面有所突破，其境况很可能会更差。国通快递下一步可能会通过引入第三方的新鲜血液，比如头部公司的注资或者股权收购等类似形式，在整个公司的运营管理上做文章，用新的思路带领老团队走出新路，甚至也可能直接被头部公司收购。

此外，进入 2019 年以来，全峰、如风达等中小快递公司的接连出问题，要想在越来越严酷的快速市场生存，转型显得尤为重要。此次，国通快递被曝亏损、员工停工放假，说明其前期依赖低价策略获客的方式已经不再奏效，再加上其在电商市场合作中的举棋不定，长期无法确立明确战略目标，因此陷入困难期。未来这些企业需找准快递细分领域，实现战略突围，品牌再造，或加强与快递巨头企业合作，减少与头部企业在正面市场的竞争，以寻求最大的共赢点。

来源：央视物流网 2019 年 4 月 25 日

申通快递拟转让 146 亿股权，阿里最快 6 月入局

民营快递企业申通快递股份有限公司（下称申通快递，002468.SZ）目前最受关注的事项，当属阿里巴巴对其战略投资的进展。

这笔金额达 46.65 亿元的战略投资，自今年 3 月 11 日公开以来，备受资本市场关注。该事项背后的“阿里光环”，直接促使申通快递 3 月 11 日、12 日连续两个交易日股价涨停。二级市场狂欢过后，外界的目光重新聚焦阿里巴巴对申通快递的战投何时落地。而如今，这一事项总算有了“实锤”性进展。

5 月 7 日晚间，申通快递发布公告称，该公司控股股东德殷投资拟以转让或增资的形式，分别向德殷德润、恭之润两家公司，出让前者所持申通快递约 4.58 亿股和 2.46 亿股股份，所转让股份数占总股本比例分别为 29.90%、16.10%。同时，公告显示，上述股权转让的交易价格合计约 146.46 亿元，折合每股约 20.80 元。

根据公告，德殷德润和恭之润均为德殷投资近期新设公司，成立于今年 4 月 11 日。这与申通快递 3 月公布的阿里战略投资事项的细节相吻合—实际控制人或德殷投资拟新设两家与德殷投资处于同一控制下的子公司新公司 A 和新公司 B，以进行股权出资或转让。

根据股权转让比例，德殷德润对应新公司 A，而阿里巴巴将以约 46.65 亿元的交易对价，获得德殷德润 49% 的股权，以此间接控制申通快递约 14.65% 的股权。

股权转让完成以后，申通快递的股权结构将会发生显著变化：德殷德润将取代现在的德殷投资，成为第一大股东，而恭之润、德殷投资则分列第二、三股东之位。但因德殷德润、恭之润与德殷投资处于同一控制下，这不会导致申通快递的实际控制人发生变化。

不过，阿里巴巴的战略投资落地最快恐需待到 6 月。

根据公告，德殷投资与德殷德润、恭之润的股权转让协议生效后，德殷投资应在 2019 年 5 月 30 日后双方一致同意的期限内赴中国证券登记结算有限公司办理完成标的股份过户手续。而阿里巴巴则需等到上述股权过户完成后，方可受让德殷德润 49% 的股权以完成对申通快递的战略投资。

对申通快递而言，阿里巴巴的入局越快越好。逾 46 亿元的战略投资，将使申通快递成为“通达系”快递企业成员中账面资金最充沛的公司——截至 2018 年底，申通快递货币资金 40.22 亿元，算上来自阿里巴巴的投资，其账上资金将大大远远甩开中通、圆通、韵达等同行对手。

但值得注意的是，对于阿里巴巴而言，眼下申通快递的股价位置并非安全线。截至 5 月 7 日，申通快递股价报收 21.77 元 / 股。较阿里巴巴的入股均价仅高出 4.66%。

来源：新浪财经　2019 年 5 月 7 日

德邦快递——启用全新品牌形象

3 月 22 日，德邦快递正式启用全新升级的品牌视觉形象。全新的形象将秉承提升客户体验的理念，凸显上至 60 千克，100% 免费上楼的优质大件快递服务，进一步展现快递企业的朝气与活力。

据了解，德邦快递的新 logo 由全球顶尖的品牌咨询及设计公司洛杉矶办公室主创，从新品牌策略出发，围绕“让大小货物轻松往来，快递全程倍添愉悦”的价值主张。

此外，为了实现视觉统一规范并推广 VI（企业形象识别系统），避免错误使用 VI 导致形象受损，德邦快递作以下规范：从 3 月 22 日起，凡是涉及公司 logo 的物料及图片，都必须使用最新的德邦快递 logo，之前所有的 logo 都请不要使用；公司对内对外的所有文字描述（如：微信公众号、标题、对外简介、话语话术等），请使用“德邦快递”，严禁使用“德邦物流”或者“德邦”。

来源：搜狐网　2019 年 3 月 25 日

“6 . 18”物流成绩单：全行业共揽收快件31.9亿件

6月20日，国家邮政局微信公众号发布《国家邮政局采取三措施做好“618”年中旺季服务保障工作》。国家邮政局监测数据显示，6月1-18日，“618”年中旺季全行业共揽收快件31.9亿件，同比增长26.6%；最高日处理量超过2.43亿件，同比增长54.8%，比日常处理量高出27.9%。预计“618”活动期间，全行业揽收快件将超过36.3亿件，同比增长29.6%。

6月18日前后，以京东为代表的电商平台举行了年中促销活动，快递业务量迎来新高峰。在总结近年快递旺季服务保障经验做法基础上，全行业全力做好年中旺季服务保障工作：发挥“错峰发货、均衡推进”核心机制作用，引导电商企业合理安排发货周期；增加和调配人力、车辆及航空运力等资源，提升整体生产服务保障能力；通过加快运用全自动分拣、无人仓、无人车、无人机等设备和技术，有效缓解和对冲业务高峰压力。

来源：《新京报》 2019年6月20日

第八篇　冷链物流

8.1　冷链物流概念

随着国民经济的快速发展，中国消费者的消费实力以及对物质的需求也随之水涨船高，以前鲜为人知的冷链物流在今天的物流行业中扮演着越来越重要的角色，在传统物流无法满足人们日益增长的物质需求的背景下，冷链物流发展越来越迅猛。冷链物流的概念的出现和现在的消费升级也是息息相关的，随着人民生活水平的提要，对于食品安全问题更为注重。当前很多食品中含有的防腐剂等添加剂，对于人体健康是不利的。而冷链物流可以在不使用这些添加剂的情况下，还能延长农副产品保鲜和保质期，这说明冷链物流符合社会发展需要，并且具有非常大的发展空间，主要表现在速冻、水果蔬菜的储藏和运输上。冷链物流表示的是冷藏冷冻食品在生产、贮藏运输、销售等各个环节，都是一直处于低温环境下，保证食品质量。最早在国家发改委网站发布了《农产品冷链物流发展规划》，冷链物流概念进入投资者视野；更能引起概念炒作的是各大电商对于生鲜领域的市场抢占：阿里巴巴集团打造了菜鸟网络、1 号店、苏宁宜沟、金东商城都在布局生产电商，网购新鲜水果、蔬菜、肉类甚至海鲜潮流兴起，这就使冷链物流成为刚性需求，冷链物流概念被投资市场关注。

概念：

冷链物流（ColdChainLogistics）泛指冷藏冷冻类食品在生产、贮藏运输、销售，到消费前的各个环节中始终处于规定的低温环境下，以保证食品质量，减少食品损耗的一项系统工程。是以冷冻工艺学为基础、以制冷技术为手段的低温物流过程。

适用范围：

冷链物流的适用范围包括：初级农产品：蔬菜、水果；肉、禽、蛋；水产品、花卉产品。加工食品：速冻食品、禽、肉、水产等包装熟食、冰淇淋和奶制品，巧克力；快餐原料。特殊商品：药品等。

价值：

（1）冷链物流提高了食品的保鲜能力，延长了食品的存储期，满足人们对新鲜食品的需求。2. 通过流通环节控制食品的温度，降低食品腐败，减少了产品损耗量。3. 冷链物流可以实现装卸货物时的封闭环境、储存和运输等，为食品的安全输送提供了保证。

组成部分：

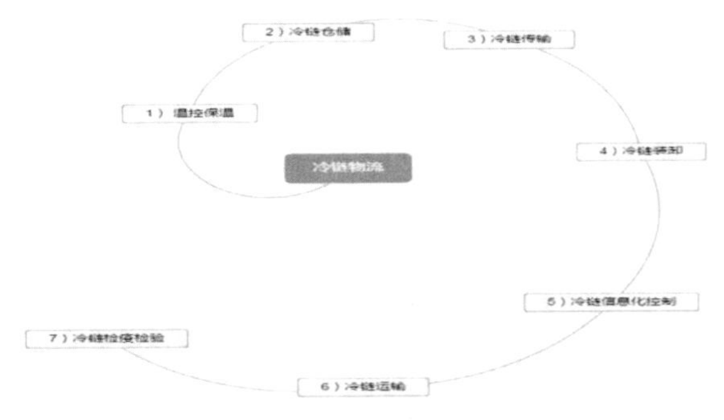

图 1 冷链物流组成

1. 温控保温冷库：对储藏物品的温度湿度有精确要求的冷库，包括恒温恒湿冷库。

2. 冷链仓储冷链仓储一般用于生鲜农产品类，通过仓库对商品与物品的储存与保管。

3. 冷链传输在一定温度下，通过对所需的传输机械设备、器具等的使用，达到对生鲜农产品的分类拣选、包装。

4. 冷链装卸冷链装卸时要进行物品温度检测。冷藏、冷冻物品的卸货时间需要按规定要求，对卸货车辆与卸货仓库进行密封处理，保证卸货期间物品温度升高控制在允许范围。且卸货作业中断时，要即时关闭运输设备厢体门，保持制冷系统保持正常运转。

5. 冷链信息化控制冷链物流信息化系统关键技术包括：信息采集与跟踪技术、信息传输与交换技术、信息处理技术。信息技术是现代冷链物流神经系统，易于实现对企业全部资源进行战略协同管理，降低冷链物流成本。

6. 冷链运输冷链运输（Cold-chaintransportation），是指在运输全过程中，无论是装卸搬运、变更运输方式、更换包装设备等环节，都使所运输货物始终保持一定温度的运输。冷链运输方式可以是公路运输、水路运输、铁路运输、航空运输，也可以是多种运输方式组成的综合运输方式。

7. 冷链检疫检验冷链检疫检验需要建立规范有序的食品检疫检验工作，安排专人管理运输量大、距离远和污染概率高的运输工具，做好常规的清洗、消毒等卫生处理，并落实冷链物流的实时监控和温度记录工作，确保食品在运输过程中质量状态符合要求，保障进口食品安全卫生。

冷链物流比一般常温物流系统要求更专业的设备、信息系统，建设投资也要大很多。相对常温物流来说，冷链行业对时效性与组织协调性的要求会更高。

相关政策：

冷链物流发展的政策环境持续利好，国家“一带一路”倡议深入实施，开创了冷链物流发展的新局面。2017 年 4 月国务院办公厅发布了《加快发展冷链物流保障食品安全促进消费升级的意见》，提出了十条冷链物流发展思路，行业监管力度会不断加强。提出了发展目标：到 2020 年，初步形成布局合理、覆盖广泛、衔接顺畅的冷链基础设施网络，基本建立“全程温控、标准健全、绿色安全、应用广泛”的冷链物流服务体系，培育一批具有核心竞争力、综合服务能力强的冷链物流企业。

冷链物流概念股（部分）A 股市场上，冷链物流概念股包括：烟台冰轮（000811）、汉钟精机（002158）、大冷股份（000530）、雪人股份（002639）、铁龙物流（600125）等。

来源：私募通综合整理

8.2　2019 年冷链物流市场现状及发展趋势分析

近几年以来，冷链物流开始逐渐进入人们的视野，成为物流领域中的一块亿万蓝海。伴随着冷链物流热度的持续高涨，不少巨头公司在冷链上动作频频。

近几年以来，冷链物流开始逐渐进入人们的视野，成为物流领域中的一块亿万蓝海。伴随着冷链物流热度的持续高涨，不少巨头公司在冷链上动作频频。

比如中国顺丰和美国物流巨头夏晖宣布成立冷链物流合资公司；京东物流与中国国际货运航空开始了一项全球冷链物流体系建设合作；阿里巴巴的冷链物流版图上再添驯鹿冷链；分别背靠腾讯、阿里巴巴的 020 餐饮配送平台美团、饿了么也开始布局短途冷链。

以这种情况，冷链物流应是呈现一片欣欣向荣之景，但一直以来，我国冷链物流发展进程并不理想，在发展过程中仍存在诸多问题。

一、未来中国冷藏车产量将达到 14 万辆

冷藏车作为冷链运输环节最重要的交通工具，其产销量逐年增加。中国冷藏车产量从 2012 年的 0.85 万辆增加到 2017 年的 3.38 万辆。预计 2019 年我国冷藏车产量将达到 5.67 万辆，2022 年中国冷藏车产量将突破 10 万辆。并预测在 2023 年中国冷藏车产量将增长至 14 万辆左右，2019-2023 年均复合增长率约为 25.35%。

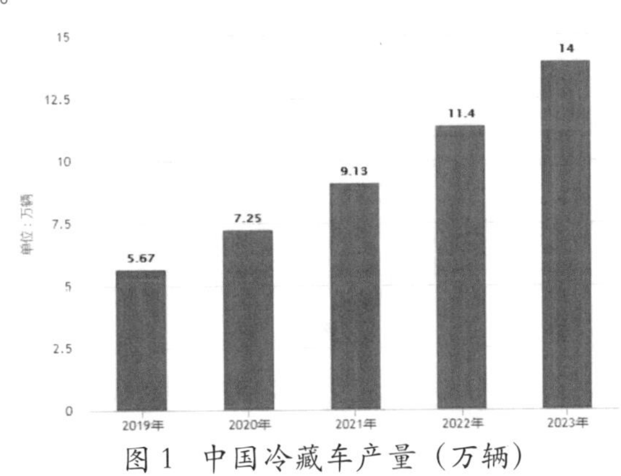

图 1　中国冷藏车产量（万辆）

二、未来中国冷链物流市场规模将突破 9000 亿

冷链物流随着国际层面政策频繁出台，对冷链物流产业发展目标、冷链运输行业标准以及冷链物流供应链体系建设等方面给予了指导，政策效应拉动了冷链物流行业市场规模的增长。

加之我国电子商务发展迅猛，农产品、生鲜、乳制品等行业订单数量增多，对冷链物流行业需求不断增加，推动我国冷链物流行业不断发展。

据前瞻产业研究院发布的《中国冷链物流行业市场前瞻与投资战略规划分析报告》统计数据显示，2012-2017 年，我国冷链物流行业市场规模逐年增长，2012 年我国冷链物流市场规模已突破千亿元。

2015 年，我国冷链物流市场规模达到 1800 亿元，同比增长 20%。到 2016 年，我国冷链物流市场规模增长至 2250 亿元。截至 2017 年，我国冷链物流市场规模达到了 2550 亿元，同比增长 13.33%》预计 2018 年我国冷链物流市场规模将突破 3000 亿元，达到 3035 亿元，较上年增加 485 亿元，同比增幅达到 19.02%。

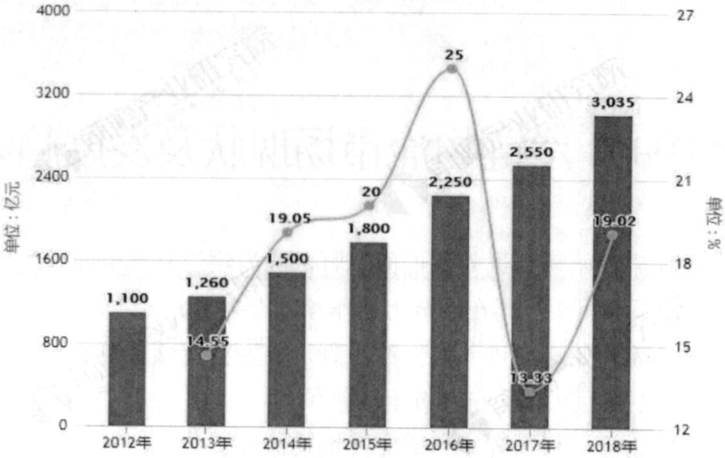

图 2　中国冷链物流市场规模（亿元）增速（%）

据相关机构数据显示，预测 2019 年中国冷链物流市场规模将突破 4000 亿元，2020 年中国冷链物流市场规模将突破 5000 亿元，并预测在 2023 年中国冷链物流市场规模将增长至突破 9000 亿元，达到了 9150 亿元，2019-2023 年均复合增长率约为 22.26%。

三、中国冷链物流行业发展痛点分析

（一）硬件设施发展相对落后

与发达国家相比，我国的冷链硬件设施依然缺乏，设备分布不均，冷链基础设施主要集中在沿海地带和一线发达城市；然而，承担了全国大部分生鲜农产品批发交易的中西部地区却冷链资源匮乏，发展相对滞后。

在设备的种类和功能上发展也不平衡，大型的设备建设比较多，而中小型的冷库却少了很多。除此以外，我国的冷库设备相对老旧，大部分的储存设备功能不全，无法精准控制温度，在对接的过程中，因为设备质量良莠不齐，难以满足要求。

但从另外一个方面而言，不可否认冷链物流的基础配套设施初始投资成本巨大，而这种投资在尚未形成规模效应时，盈利能力总是较低的。因此，仅靠民间资本力量很难实现快速发展与完善，在发展初期，建设冷库等大型冷链物流基础设施，需要我国政府积极做好引导和示范作用。

（二）冷链物流存在脱节现象

冷链物流的最大的优势就是能够实现加工、储藏、运输和销售全程低温保存，但在实际当中，供应链脱节现象比较严重。

其一，对全程低温的观念认识不足，比如对一些农产品没有进行田间预冷，即便在运输中使用冷藏车，产品外表看似没有问题，内部已经开始劣变，致使其货架期缩短。

其二，一些企业为了节约冷链物流的成本，间断性地关闭制冷设备，造成冷链中断，可能对食品药品的成分造成破坏，威胁人类健康。

其三，中转过程中的冷链中断，比如冷藏车到冷库、冷藏车到销售点之间的冷链中断。

其四，生产地缺少预冷设施导致全程冷链物流无法实现。很多冷冻的产品在卸货时，都是在常温状态下，再到经销商的冷藏设备中这段时间，冷链断链，对质量造成了影响，使保质期变短。

（三）标准化过程面临阻碍

在冷链行业标准化建设的推进过程中，面临不少现实的阻碍。标准化建设是一个庞大的系统工程，各方面的考量不可或缺，然而从发展现状来看，其标准化阻碍包含以下几点：

上游本身缺乏标准化。物流是为第一、第二产业服务的，所以就导致在服务体系上，包括设备、技术等，需要配合非标准化的主体，去做量体裁衣的匹配。

冷链物流的主要对象，从上游的角度看，比如农产品、生鲜食品这些，本身是具有天然属性的，并非像汽车、数码产品等纯人造的产品，可以很容易实现标准化、规模化生产。

分析指出，冷链物流企业能够控制的仓储、配送、车辆设备、系统等所有工具的改造，都要依托于上游的产品来进行调整，所以标准化才成为了最大的问题。

标准化范围难以界定。由于技术是冷链物流企业的核心竞争力，如果标准制定过高，一部分企业会受制于技术和成本的限制；另外，冷链物流标准也涉及食品安全问题，标准不能过低，这就成为一个难点。

受限于技术瓶颈。在运输过程中存在断链和分散的问题，物流企业不得不采用〞断点续传〞的方式，就像古代驿站“八百里加急”的形式，每到一处就更换一匹马。“续传”的点越多，所经过的运输途中的工序就越多，更难以保证全流程的标准化。

基础设施不完善，标准化的实行缺乏依托。美国、德国、日本等国家在物流基础设施建设上较为成熟，标准化体系较为完善。而我国物流行业整体情况，都是以“小、散、乱”为主要特征，不仅是冷链，整个物流行业的标准化都是一个难题。

四、中国冷链物流行业发展趋势分析

（一）利好政策积极推进行业健康规范发展

2017 年 4 月，国务院办公厅正式公布了《关于加快发展冷链物流保障食品安全促进消费升级的意见》，提出要加快完善冷链物流标准和服务规范体系，制订一批冷链物流强制性标准。

2017 年 8 月，交通运输部印发《加快发展冷链物流保障食品安全促进消费升级的实施意见》，提出着力提升设施设备技术水平、健全全程温控体系、优化运输组织模式、强化企业运营监管，力争到 2020 年，初步形成全程温控、标准规范、运行高效、安全绿色的冷链物流服务体系，〞断链〞问题基本解决，全面提升冷链物流服务品质，有效保障食品流通安全。

2018 年 4 月，商务部办公厅、国家标准化管理委员会联合印发《关于复制推广农产品冷链流通标准化示范典型经验模式的通知》，确定了 31 个试点城市和 285 家试点企业参与农产品冷链流通标准化示范。

2018 年 9 月，市场监管总局发布《市场监管总局办公厅关于加强冷冻冷藏食品经营监督管理的通知》，内容指出：加强冷藏冷冻食品监督管理，严打违法违规行为。严格落实经营者主体责任、加强日常监管和监督抽查、严厉打击违法违规行为等，要求各地食品药品监督管理部门要强化对冷藏冷冻食品和食用农产品经营、贮存等场所的监督检查。

除此之外，广东、黑龙江、贵州、河南、海南、浙江、山东、陕西、辽宁、云南、天津、广西、吉林、新疆、青岛、石家庄、沈阳等全国多个省市近几年也相继出台印发冷链物流相关政策文件，积极推进冷链物流行业健康规范发展。

（二）冷链物流市场保持持续快速增长

三大因素促进冷链物流市场稳步快速增长。

一是国际化发展机遇：国内自贸区试点扩大，进口生鲜品类和数量大幅提升，进而带来新机遇。

二是消费升级和食品安全意识提升：随着国民经济的发展与国人可支配收入提高，人们对食品安全愈加重视，也更注重食材的新鲜程度。然而，我国食品的保质保鲜状况并不乐观，仅果蔬一类，每年的损失额就达到千亿元；此外，美、日等发达国家和地区的冷链流通率达到 85% 以上，而我国综合冷链流通率仅为 19%，难以满足消费者的需求。因此，我国大力发展冷链物流已是大势所趋。

三是农村市场需求：农村市场需求激活，电商下乡、农产品进城和出口需求必将促进生鲜产品深加工和 F2C（从厂商到消费者）模式的快速发展，也将为冷链物流供应链行业开辟一片广阔的蓝海市场。

（三）生鲜电商推动冷链物流模式升级

电商平台的崛起无疑是冷链物流发展的绝佳契机，一方面，互联网有效降低了信息获取的成本，平台商业模式为供需双方提供了直接接触的渠道，降低了企业的销售成本；另一方面，电商交易额的爆发式增长，尤其是生鲜电商逐渐成气候，为冷链物流企业带来了大量订单。

当然，随着电商国际化以及“新零售”在生鲜食品行业的快速发展，对物流综合服务能力提出了更高要求，冷链物流行业也将跟随“新零售”所带来的需求和渠道不断变革演进，包括与互联网大数据结合实现运营升级、与上下游结合实现整个产业链条的整合，以及供应链与其他产业跨界结合衍生新的消费场景等等，具有一体化贸易执行能力的冷链供应链企业将快速崛起。

（四）跨界竞争呈现更加多元化的特征

冷链行业中新的竞争者不断涌现，除了传统的冷链物流、冷链设备制造企业外，国内一些有实力快递、电商、贸易商、地产商等已经高调进入冷链行业。

冷链物流服务形态将呈现多元化发展的竞争格局，围绕传统冷链物流仓运配业务展开的如物联网技术、供应链金融、融资租赁、冷链包装、冷链装备、冷链商贸、冷链加工与产品交易等全产业链生态系统构建正在形成，同时国内冷链企业开始跟随国家战略逐渐走出国门，跨境收购成为一种新动向。

来源：观麦生鲜 SaaS 2019 年 9 月 7 日

上海冷链物流 2019 年发展简报

上海市物流协会冷链分会 2019 年冷链物流发展简报出炉，根据前三年冷链分会的数据统计，上海地区冷链物流呈现出以下趋势：

冷链发展专业化，大致分为三类：

第一类：围绕货主企业需求而建设的仓干配冷链，简称卖方冷链。

第二类：围绕末端需求方而建设的仓干配冷链，简称买方冷链。

第三类：配套上海港进出口贸易需求而建设的冷库，简称专业存储冷链。

冷库建设产业化：

各地区招商部门，都将项目能产生的税收指标最为一个重要的考核标准，这带给物流企业的压力显而易见，原本就生存在供应链底层的业态，将不得不考虑产业升级，从粗放的供应链管理，到精细化、个性化的定制服务。特别是对于要拿地建冷库的企业来说，难度高过了以往，而且还会更加艰难。只拿地赚土地升值的二房东们，不得不考虑新的出路或者产业升级。

随着生鲜冷链的不断发展和迭代，简单提供仓干配的冷链服务已经不能满足现在的生鲜冷链发展，冷库建设升级成产业园，演变成“冷库 + 冷链干配 + 电子商务 + 食品加工 + 品牌孵化 + 等等”的小型产业中心，或者是规模型冷链产业园。这种升级不仅能满足税收提升的要求，还能带动产业提升和促进就业，势在必行。

一、上海冷链发展新趋势

长三角一体化促进了上海冷链产业的不断发展，上海地区冷库已经成为上海港冷链环节的重要组成部分，不断细化冷链产业，做专做强已经成为新建冷库和升级改造冷库的重要目标。冷库升级成冷链产业中心，“冷库仓干配”加“互联网”加“食品加工”已经成为一种新趋势。

二、上海冷库发展基本信息

2019 年底上海市冷库基本概况：依据对上海现有的 212 家冷库企业调研情况来看。目前上海市冷库总体量约 1128 万立方米，冷冻库约 836 万方冷藏库约 292 万立方米。分别比上一年增加了 14.5%，其中冷冻库增加了 9.57%，冷藏库增加了 31.5%。

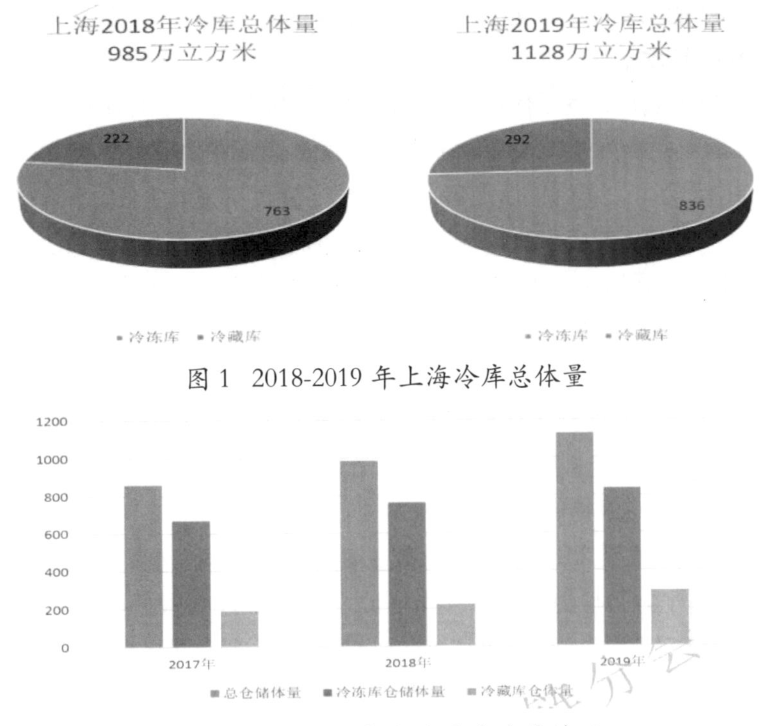

图 1　2018-2019 年上海冷库总体量

图 2　2017-2019 年上海冷库发展情况

其中，位于浦东中环以外地区的冷库，以及 G1501 郊环以外地区的冷库，大多为仓储业务为主；这些冷库的业务量与上海港主副食品进出量保持联动，租金波动明显。浦东中环以内，以及其他区域 G1501 郊环线以内冷库主要是上海城市配送业务，为商超、餐饮门店、便利店、城市菜场、城市前置仓提供配送服务，租金波动不大。

三、上海支持冷链末端配送的前置仓发展信息

前置仓已经成为一二线大中城市消费类产品配送的重要组成部分。前置仓的诞生解决了城市宅配领域对温控产品的响应速度的要求和对产品品质的保障。现阶段前置仓多用于鲜奶制品、冰鲜产品、新鲜果蔬等，其中，以“叮咚买菜”“光明奶站”为代表的专业型前置仓为主，为市民提供冷链到家业务。截至 2019 年底，上海支持冷链的前置仓数量约 729 个。其中不包括支持冷链宅配的生鲜便利店和标超资源（500 多家），比较典型的有“盒马鲜生”“盒马 mini”“家乐福”“大润发”“永辉便利”“清美鲜食”等。

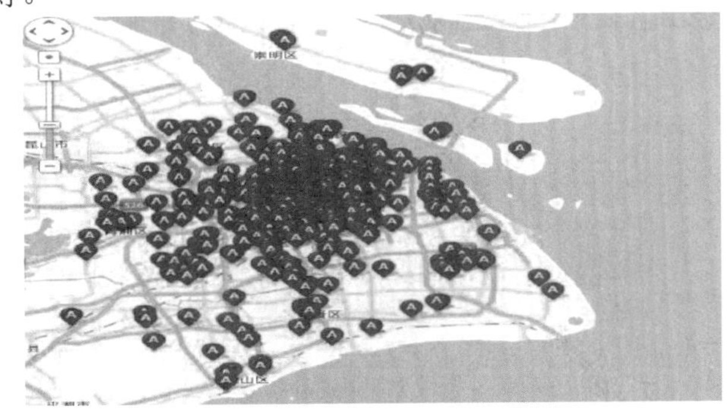

图 3　上海前置仓分布

四、上海冷藏车基本信息

2018 年，上海市沪牌冷藏车辆保有量约 7817 辆，随着 2019 年上海淘汰不符合环保指标的国三柴油车以来，截至 2019 年底，上海沪牌冷藏车保有量约 7500 辆，淘汰后的新购车计划企业正在陆续进行，2020 年预计能增加至 8000 辆左右的规模。随着长三角的联动日益紧密，穿梭在上海的外牌冷藏车将会保持在 5000 辆左右规模，为上海和长三角其他城市的冷链产品提供城际调拨。

五、上海餐饮发展基本信息

上海拥有 10 万家以上餐厅，餐厅数量和密度位居全国城市第一；上海拥有全国最多的购物中心，餐饮占比已达 30% 以上，同样为全国最高。上海市餐饮烹饪行业协会近日发布的《上海市餐饮烹饪行业 2018 年发展报告》显示，上海规模以上餐饮收入已连续四年突破千亿元，四年平均增长率 5.95%。2018 年上海餐饮市场，“首店经济”全国领先。来自市商务委的统计数据显示，去年共有 835 家上海“首店”落户，较上一年猛增 3.7 倍。其中，餐饮类上海首店数量高达 443 家，占据“首店经济”半壁江山，凸显其在上海餐饮消费中的引领作用和风向标功能。在 443 家餐饮类首店中，国际品牌入沪数量达 85 家，其中有 6 家亚洲首店甚至全球首店，包括双立人餐厅 TheTwins、意大利 Terra、阿森纳足球餐吧等。去年，8 家海外米其林餐厅在上海开设了中国大陆首店，包括上海中心大厦的法国 MaisonLameloise、BFC 外滩金融中心的法国 Lamblin 约瑟芬剧院客厅、苏宁宝丽嘉酒店的日本黑木 Kurogi、恒隆广场的日本京锅物等。

上海餐饮业发展迅猛，截至 2019 年底，外卖店铺约 98852 家，外卖已经成为城市工作生活密不可分的组成部分，平均每平方公里约 15 家餐饮门店。上海企业团膳服务稳步发展，截止 2019 年底，注册团餐服务企业数量约 517 家，为广大企事业单位及上海各大会展提供团餐服务。

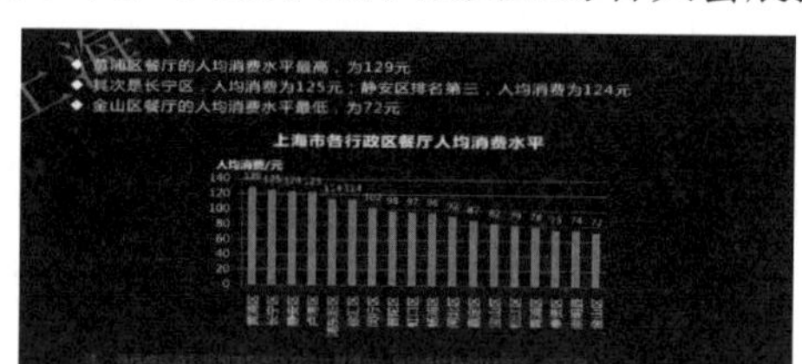

图 4　上海市各行政区餐厅人均消费水平

六、上海市农副产品基本情况

上海市年销售额达到 200 亿规模的大型农批市场有：西郊市场、江桥市场、上农批、江阳市场、龙上市场。从地理位置发现，除上农批以外，其他市场均在上海浦西片区，平均相距 20 公里左右。主营方向全品类，江阳市场水产品较为突出。随着 2020 年上农批可能从现在的康桥镇搬迁至祝桥镇，这会导致浦东地区暂时性出现大型农批市场的真空期。以上规模型农批市场主要服务于分布在上海市区各农贸市场。根据上海市市场监管局数据统计，截至 2019 年底，上海市区菜市场数量约 155 个，其中：长宁区 9 个；松江 3 个；嘉定区 7 个；闵行区 8 个；杨浦区 21 个；黄浦区 2 个；普陀区 9 个；崇明 7 个；静安区 3 个；金山区 2 个；徐汇区 3 个；奉贤区 1 个；虹口区 6 个；浦东新区 48 个；青浦区 13 个；宝山区 12 个。

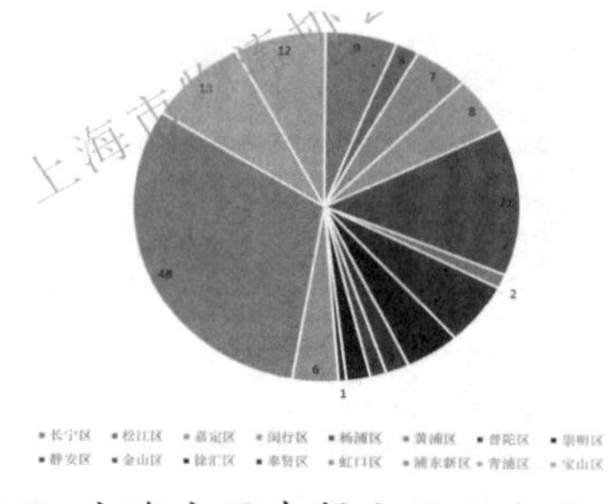

图 5　上海市区农贸市场分布比例

七、上海生鲜电商发展基本信息

回顾 2018 年的电商数据，上海市网络购物交易额（含商品和服务）突破 1 万亿元，其中生鲜电商交易量达到 166 亿元，客单价约为 52 元左右。

据商务委公布的数据，2020 年一季度，上海市生鲜电商销售额达 88 亿元，同比增长 167%，订单量同比增长 80%，每天订单量达 50 万。此外，客单价从 40 多元增加到 100 元以上，活跃用户同比增长 127.5% 据统计。

作为业内标杆的盒马鲜生，在 2016 年 1 月就于上海浦东金桥国际商业广场开出了全国首店。以上海为起点，盒马开始了高速扩张。截至 2019 年 3 月，盒马进入全国 23 个城市，开出了 220 多家门店。2020 年 3 月中旬，盒马宣布启动“双百战略”，在核心区域继续开出 100 家新的盒马鲜生门店。另外，盒马 mini 也将加速开店，盒马小站将全部升级为盒马 mini，今年预计至少达到 100 家。

除了盒马，叮咚买菜也是上海起家的明星公司。以前置仓为主要商业模式的叮咚买菜由退伍军人梁昌霖创办，于 2017 年 5 月上线。上线的第一个月营收为几十万，至 2019 年 12 月的月营收达到了 7 亿，年 GMV 突破了 50 亿元，可以说是业内 GMV 增长最快的公司之一，已经获得了高榕资本、今日资本、红杉资本等著名 VC 机构投资，估值超过百亿元。

盒马鲜生在 2019 年尝试了盒马小站、盒小马、盒马 mini 等多种业态；苏宁菜场、美团买菜也纷纷宣布加入战局。从未来发展趋势可以看出，布局线下，增加粘合频次已经成为生鲜电商发展的新模式。

表 1 2019 年 1-12 月中国零售电商（生鲜电商）融资数据榜

序号	融资方	所属行业	所在地	融资时间	融资轮次	融资金额	投资方
1	谊品生鲜	生鲜电商	重庆市	2019 年 3 月 29 日	B 轮	20 亿人民币	今日资本钟鑫资本腾讯投资...
2	本来生活	生鲜电商	北京市	2019 年 10 月 8 日	D 轮	2 亿美元	明德控股北京电商鑫晖资本...
3	歌德盈香	生鲜电商	北京市	2019 年 3 月 19 日	战略投资	10 亿人民币	光大控股
4	朴朴超市	生鲜电商	福建省福州市	2019 年 12 月 26 日	B1 轮	1 亿美元	未透露
5	呆萝卜	生鲜电商	安徽省合肥市	2019 年 6 月 28 日	A 轮	6.34 亿人民币	展兴资本高领资本
6	洪九果品	生鲜电商	重庆市	2019 年 11 月 19 日	C 轮	5 亿人民币	华人文化产业基金
7	朴朴超市	生鲜电商	福建省福州市	2019 年 3 月 27 日	B 轮	5500 万美元	奉合资本
8	妙生活	生鲜电商	上海市	2019 年 11 月 29 日	B 轮	2 亿人民币	今日资本
9	食行生鲜	生鲜电商	江苏省苏州市	2019 年 8 月 8 日	C1 轮	2.5 亿人民币	易果集团苏州高新创投
10	大希地	生鲜电商	浙江省杭州市	2019 年 3 月 13 日	B 轮	1 亿人民币	国中创投清科创投泊富基金
11	T11	生鲜电商	北京市	2019 年 6 月 3 日	天使轮	亿级人民币	IDG 资本光大控股国美资本
12	尚食主义	生鲜电商	上海市	2019 年 10 月 25 日	A 轮	500 万美元	未透露
13	云菜园	生鲜电商	北京市	2019 年 4 月 1 日	A2 轮	数千万人民币	乐谨资本以太基金
14	源本生鲜	生鲜电商	四川省成都市	2019 年 1 月 31 日	A 轮	数千万人民币	SIG 海纳亚洲 PreAngel

15	西福网络	生鲜电商	北京市	2019 年 3 月 19 日	A 轮	数千万 人民币	钟鑫创投晨光文具
16	懒龙龙	生鲜电商	上海市	2019 年 1 月 7 日	Pre-A 轮	数千万 人民币	君上资本星瀚资本青研资本
17	飞蘑领鲜	生鲜电商	山东省 青岛市	2019 年 5 月 13 日	Pre-A 轮	1000 万 人民币	巨峰科创
18	大鲜浪	生鲜电商	辽宁省 长春市	2019 年 4 月 18 日	天使轮	数百万 人民币	中信地产
19	莱上莱	生鲜电商	江苏省 南京市	2019 年 5 月 28 日	天使轮	数百万 人民币	华和生鲜
20	钱大妈	生鲜电商	广东省 广州市	2019 年 12 月 23 日	D 轮	未透露	启承资本基石资本兼顾资本…
21	生鲜传奇	生鲜电商	安徽省 合肥市	2019 年 7 月 22 日	B1 轮	未透露	嘉实投资
22	绿色家园	生鲜电商	江苏省 苏州市	2019 年 1 月 7 日	A 轮	未透露	福之欣
23	吉及鲜	生鲜电商	湖北省 武汉市	2019 年 4 月 2 日	Pre-A 轮	未透露	IDG 资本
24	吉及鲜	生鲜电商	湖北省 武汉市	2019 年 5 月 30 日	A 轮	未透露	经纬中国
25	欢乐番茄	生鲜电商	广东省 深圳市	2019 年 1 月 15 日	Pre-A 轮	未透露	清流资本
26	欢乐番茄	生鲜电商	广东省 深圳市	2019 年 6 月 5 日	A 轮	未透露	经纬中国 贝塔斯曼亚洲投资基金
27	果然优	生鲜电商	广东省 广州市	2019 年 1 月 30 日	战略投资	未透露	南丰行

注：以上数据摘录于“网经社”。

八、上海医药物流基本信息

截至 2019 年底，冷链分会对上药、国药、九州通三家主要医药物流企业的数据汇总，上海本地现有医药仓库总面积约 30 万方，其中涵盖阴凉库、冷库等不同温区，具备适合各类药品医疗器械的不同储存条件；多数采用高位立体、RFID 托盘等符合国际标准的货架储存方式，以自动堆垛机、自动分拣机、电子标签和 RF 等现代化设备进行作业，并引入先进的 WMS 进行管理和技术支持，与运行方的 ERP 无缝对接，实现了药品验收、存储、分拣、配送等环节的自动化、信息化和实时化。

九、2019 年上海进口博览会期间食品配送情况：

2018 年首届上海进口博览会期间食材供应总箱数：72146 箱，其中常温食材 21589 箱；冷藏食品 40332 箱；冷冻食品 10225 箱；其中 50557 箱为温控食材，占比高达 70%；总吨位：745.41 吨；2019 年第二届进口博览会期间食材供应总箱数：116952 箱，其中常温食材 21530 箱；冷藏食品 79653 箱；冷冻食品 15769 箱；其中 95422 箱为温控食材，占比高达 81.6%；总吨位：988.8 吨；

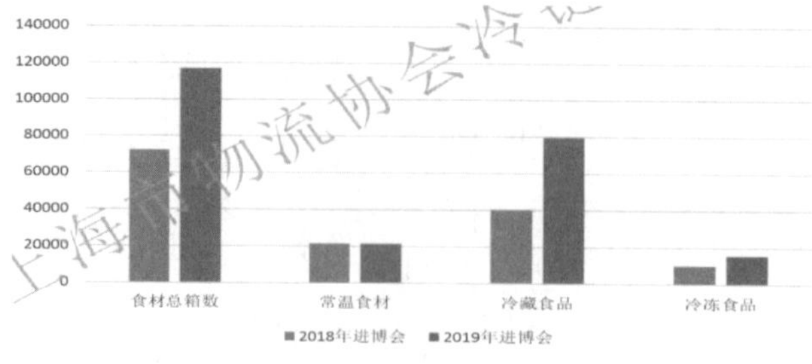

图 6 进博会食材供应对比

我们能清晰发现，进博会对温控食材的需求量呈现出增长趋势，由 2018 年首届进口博览会的

70%增加到2019年的81.6%，食材供应总量上升32.7%。在即将到来的2020年第三届上海国际进口博览会，预计温控食材的比例将会进一步提高，数量也将会大幅度提升。

上海市物流协会冷链分会统计完成

2020年5月14日

冷链专家王继祥谈冷链物流

冷链物流因朋友邀请讲讲冷链物流，在查阅和搜集相关资料中我忽然发现：目前所看到的很多专家分析与描述，其中关于冷链和冷链物流的基本概念都是错的，连国家《物流术语》国家标准中的冷链概念也错的离谱，迄今还未查到关于冷链、冷链物流正确的概念定义。为了正本清源，把冷链、食品冷链、物流冷链、冷链物流等概念辨析清楚，同时让大家对冷链物流适用范围、核心要求等内容有个概括了解，就写了这篇文章，也算一家之言，欢迎大家批判。

最近，中共中央政治局7月30日召开的重要会议上，首次把城乡冷链物流设施建设作为补短板工程，纳入新型基础设施要求全国各地加快建设。今年上半年，国家财政部与商务部也推出了农商互联完善农产品供应链的试点政策，对试点企业冷链物流建设项目也给予资金支持。近几年冷链物流大热，已经成为社会关注焦点。

那么，什么是冷链？什么是物流冷链？什么是食品冷链？什么是农产品冷链？什么是冷链物流？对这些概念目前存在着很多误区，需要辨误分析正本清源。此外，仅就冷链物流而言，其适用范围如何？有哪些核心要求？国家关于农产品冷链物流有哪些支持政策？也需要进行归纳分析，综述概括。

一、关于冷链、物流冷链、冷链物流等概念的定义分析

名不正则言不顺，考虑到目前国内关于冷链、冷链物流的概念存在严重错误，有必要重新界定这些重要概念。下面，我结合自己的研究给出我的定义，抛砖引玉，供大家批判与借鉴，大家有不同意见可以在下面留言讨论。

冷链定义：指根据实际需求，为保证产品的品质，在生产、贮藏、运输、销售，到消费前的各个环节中始终处于规定的低温环境下的网链体系。

物流冷链的定义：指根据实际需求，为保证产品的品质，使其在从生产到消费的过程中，始终处于规定的低温状态下的物流网链体系。

冷链物流的定义：物品从供应地向接收地的实体流动过程中，为保证产品品质，使货物始终保持规定的低温环境下的一种特殊物流。

食品冷链：指根据实际需求，食品在生产、贮藏运输、销售，到消费前的各个环节中始终处于规定的低温环境下，以保证食品质量，减少食品损耗的网链体系。

其他的与冷链相关的概念可以以此类推。

需要指出的是：在上述概念中，冷链的覆盖范围最广，是包括产品生产、商贸流通、流通节共、物流服务的大网链体系。物流冷链的重点应该集中在物流运作层面的网链体系，冷链物流的概念重点强调的是在冷链环境下的一种特殊物流服务，是以冷冻与温控的工艺学为基础，以制冷和保温技术为手段，以生产流通为衔接，以达到保持物品质量完好与安全为目的物流服务。

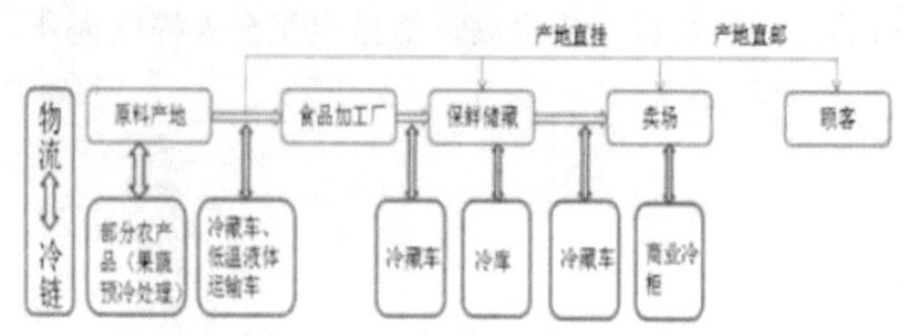

图 1　农产品冷链物流体系

二、冷链物流适用范围与核心要求

冷链物流绝不仅仅是食品冷链物流，食品冷链物流仅仅是冷链物流的一部分。在现实中所有需要在低温环境下运作的物流都属于冷链物流。具体如下

冷链物流适用范围与品类：

(1) 初级农产品（水果、蔬菜；肉、禽、蛋；水产品；花卉产品）。

(2) 加工食品（速冻食品；禽、肉、水产等包装熟食；冰淇淋和奶制品；快餐原料）。

(3) 特殊商品：药品、部分化工产品。

(4) 其他需要低温运作环境的产品。

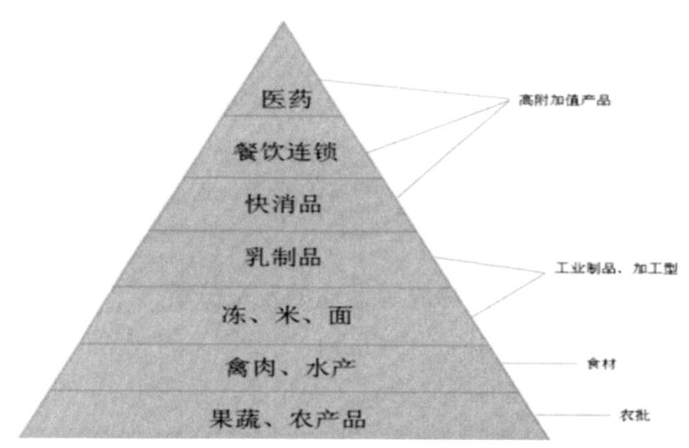

图 2　冷链主要商品及运营示意

冷链物流核心要求是全程温控，以低温为主。关于低温环境，要根据具体产品的实际需求进行确定，所谓的低温也是相对的，在实际物流运作中并不是需要全程制冷，必要时加温加热将温度控制在一定区间的物流也属于冷链物流。如在东北寒冷的冬季关于生鲜蔬果的物流配送，为保持蔬果生鲜，就不是温度越低越好，必要时需要加温保暖，但这也是冷链物流。

那么冷链物流主要有哪几类温度区间要求呢？常见的冷链物流低温温控要求：

（1）超低温冷链：要求温控在零下 60℃，主要商品有金枪鱼等需要超低温冷链的物品。

（2）低温冷冻冷链：一般要求温控在零下 18℃，主要商品有：冷冻畜禽肉类、冷冻水产品、冷冻食品（冰激凌、雪糕、水饺、汤圆、馒头、包子等）、其他冷冻产品。

（3）低温冷藏冷链：一般要求温控在 2℃ -8℃，主要商品有：便当、鲜奶、蔬菜、水果、豆腐、豆浆等产品。

（4）恒常低温冷链：一般要求温控在 8℃ -18℃，主要商品有：巧克力、红酒、糖果等。

当然，关于冷链物流场景与环境的要求，绝不是仅仅限于温控的要求。大部分需要冷链物流运作的产品都是具有“活性”的物品，也就是说这些物品往往是有“生命”的，这类物品不仅仅需要温控要求，还常常需要有湿度要求。有时候为了产品保鲜，还需要有气调保鲜要求等等。

气调保鲜即利用控制气体比例的方式，通过调整环境气体来抑制导致食品变败的生理生化过程及微生物的活动，实现在冷链物流的存储与运输中产品保鲜。

延伸阅读：冷链物流天津地区地方标准（DB12/3012-2018）中对各类物品环境要求：

表 1　水果类产品环境要求

类型	名称	储存温度	储存温度	运输温度		展售柜温度
				中长途运输（直达运输）	短途运输（不过 5h）	
热带、亚热带水果	木瓜	7℃ -13℃	85%-90%	7℃ -13℃	5℃ -12℃	7℃ -13℃
	番荔枝	15℃ -20℃	90%-95%	15℃ -20℃		15℃ -20℃
	菠萝	10℃ -13℃	85%-90%	10℃ -13℃		10℃ -13℃
	香蕉	12℃ -15℃	80%-90%	12℃ -15℃		12℃ -15℃
	龙眼、荔枝	1℃ -4℃	90%-95%	4℃ -7℃		4℃ -7℃
浆果类	葡萄	-1℃ -0℃	90%-95%	0℃ -3℃		0℃ -3℃
	草莓	-0.5℃ -0.5℃	90%-95%	0℃ -3℃		0℃ -3℃
	番石榴	5℃ -6℃	85%-90%	5℃ -6℃		5℃ -6℃
	杨桃	5℃ -10℃	85%-90%	5℃ -10℃		5℃ -10℃
柑桔类	柑橘	5℃ -8℃	85%-90%	5℃ -8℃		5℃ -8℃
	柚子	5℃ -10℃	85%-90%	5℃ -10℃		5℃ -10℃
	柠檬	12℃ -15℃	90%-95%	12℃ -15℃		12℃ -15℃
	西柚	5℃ -10℃	85%-90%	5℃ -10℃		5℃ -10℃
仁果类	苹果	-1℃ -1℃	90%-95%	0℃ -4℃		0℃ -4℃
	梨	-0.5℃ -0.5℃	90%-95%	0℃ -4℃		0℃ -4℃

表 2 水果类产品环境要求（续）

类型	名称	储存温度	储存湿度	运输温度		展售柜温度
				中长途运输（直达运输）	短途配送（不超过 5h）	
核果类	枣	-1℃ -1℃	90%-95%	0℃ -3℃	5℃ -12℃	0℃ -3℃
	桃	0℃ -1℃	90%-95%	0℃ -3℃		0℃ -3℃
	樱桃、李子	-1℃ -0℃	90%-95%	0℃ -3℃		0℃ -3℃
	芒果（生果实）	13℃ -15℃	85%-90%	13℃ -15℃	13℃ -15℃	13℃ -15℃
瓜类	西瓜	8℃ -10℃	80%-85%	10℃	5℃ -12℃	10℃
	甜瓜（中、晚熟）	3℃ -5℃	75%-80%	3℃ -5℃		7℃ -10℃
	甜瓜（早、中熟）	5℃ -8℃		5℃ -10℃		

表 3 蔬菜类产品环境要求

类型	品项	储存温度	储存湿度	运输温度		展售柜温度
				中长途运输（直达运输）	短途配送（不超过 5h）	
根茎菜类	萝卜	0℃ -1℃	95%-98%	0℃ -3℃	5℃ -12℃	0℃ -3℃
	胡萝卜 芦笋、牛蒡	0℃ -1℃	95%-100%	0℃ -2℃		0℃ -2℃
	土豆	3℃ -5℃	80%-85%	5℃ -7℃		5℃ -7℃
	洋葱	0℃ -2℃	65%-70%	0℃ -2℃		0℃ -2℃
花菜类	菜花、韭菜花、黄花菜	0℃ -1℃	95%-98%	0℃ -2℃		0℃ -2℃
	洋白菜、结球生菜（莴苣）	0℃ -1℃	95%-98%	0℃ -2℃		0℃ -2℃
叶菜类	芹菜、茼蒿、结球白菜（大白菜）	0℃ -1℃	98% 以上	0℃ -2℃		0℃ -2℃
	菠菜	-1℃ -0℃	95% 以上	0℃ -2℃		0℃ -2℃
	油菜、芥兰	0℃ -1℃	95% 以上	0℃ -2℃		0℃ -2℃
茄果类	绿熟番茄	10℃ -11℃	85%-90%	10℃ -12℃		10℃ -12℃
	初熟番茄	7℃ -10℃	90%-95%	7℃ -10℃		7℃ -10℃
	成熟番茄	0℃ -2℃	90%-95%	3℃ -5℃		3℃ -5℃
	甜玉米	0℃ -1℃	90%-95%	0℃ -2℃		0℃ -2℃

表 4 蔬菜类产品环境要求（续）

类型	品项	储存温度	储存湿度	运输温度		展售柜温度
				中长途运输（直达运输）	短途配送（不超过 5h）	
瓜菜类	南瓜	10℃ -13℃	65%-70%	13℃ -15℃	5℃ -12℃	13℃ -15℃
	黄瓜	12℃ -13℃	90%-95%	12℃ -13℃	6℃ -8℃	12℃ -13℃
菜用豆类	毛豆	5℃ -6℃	90%-95%	6℃ -8℃	5℃ -6℃	6℃ -8℃
	豌豆	0℃ -1℃	90%-95%	0℃ -2℃	0℃ -2℃	0℃ -2℃
食用菌类	双孢蘑菇	0℃ -1℃	95%-98%	0℃ -2℃	0℃ -2℃	0℃ -2℃
	金针菇	1℃ -2℃		1℃ -3℃	1℃ -3℃	1℃ -3℃
香辛类	大蒜（裸蒜）	-2℃ -0℃	70%-75%	0℃ -3℃	0℃ -3℃	0℃ -5℃
	葱、蒜苗	-0.5℃ -0℃	95%-100%	0℃ -3℃	0℃ -3℃	0℃ -3℃
	辣椒	9℃ -10℃	90%-95%	9℃ -12℃	9℃ -12℃	9℃ -12℃
	生姜	13℃ -14℃	90%-95%	13℃ -14℃	13℃ -14℃	13℃ -18℃

表 5 肉蛋制品环境要求

类型	储存温度	运输温度		展售柜温度
		中长途运输（直达运输）	短途配送（不超过 5h）	

冷冻肉类	-18℃以下	-18℃以下	-15℃以下	-12℃以下
冷藏肉类-新鲜肉类	0℃ -3℃	0℃ -3℃	0℃ -3℃	0℃ -3℃
冷冻加工腌制肉	-18℃以下	-18℃以下	-15℃以下	-12℃以下
冷藏加工腌制肉	0℃ -4℃	0℃ -4℃	0℃ -4℃	0℃ -4℃
冷冻蛋品	-18℃以下	-18℃以下	-12℃以下	-12℃以下
鲜蛋	4℃ -7℃	4℃ -7℃	4℃ -7℃	4℃ -7℃

表6 水产品环境要求

类型	储存温度	运输温度		展售柜温度
		中长途运输（直达运输）	短途配送（不超过5h）	
冷冻水产品	-18℃以下	-18℃以下	-15℃以下	-12℃以下

表7 水产品环境要求（续）

类型	储存温度	运输温度		展售柜温度
		中长途运输（直达运输）	短途配送（不超过5h）	
冷藏水产品	-2℃ -2℃	-2℃ -2℃	-2℃ -2℃	-2℃ -2℃
冷冻水产加工品	-18℃以下	-18℃以下	-15℃以下	-12℃以下
冷藏水产加工品	0℃ -4℃	0℃ -4℃	0℃ -4℃	0℃ -4℃
冷藏加工腌制品	0℃ -4℃	0℃ -4℃	0℃ -4℃	0℃ -4℃
超低温冷冻水产品	-50℃以下	-40℃以下（搬运船）	-30℃以下	-30℃以下

表8 其他类产品环境要求

类型	储存温度	运输温度		展售柜温度
		中长途运输（直达运输）	短途配送（不超过5h）	
冷冻调理食品	-18℃以下	-18℃以下	-12℃以下	-12℃以下
冷藏调理食品	0℃ -5℃	0℃ -5℃	0℃ -5℃	0℃ -5℃
液态奶类	2℃ -5℃	2℃ -5℃	2℃ -5℃	2℃ -5℃
冷藏烘焙食品	2℃ -5℃	2℃ -5℃	2℃ -5℃	2℃ -5℃
巧克力	5℃ -18℃	5℃ -18℃	5℃ -18℃	5℃ -18℃
奶油	-18℃以下	-18℃以下	-12℃以下	-12℃以下
冰激凌	-25℃以下	-25℃以下	-23℃以下	-23℃以下

三、农产品冷链物流及其国家扶持政策

国家发改委《农产品冷链物流发展规划》中对农产品冷链物流所下的定义，农产品冷链物流：是指使肉、禽、水产、蔬菜、水果、蛋等生鲜农产品从产地采收（或屠宰、捕捞）后，在产品加工、贮藏、运输、分销、零售等环节始终处于适宜的低温控制环境下，最大程度地保证产品品质和质量安全、减少损耗、防止污染的特殊供应链系统。

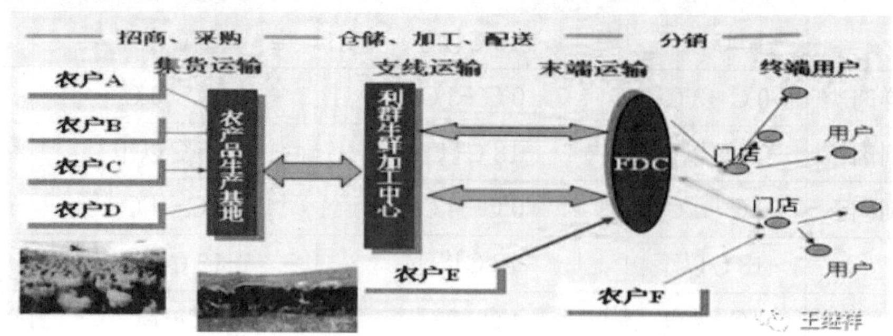

图 3 农产品物流系统

农产品冷链物流是冷链物流重要领域，在冷链物流市场占比中所占比例最高，国家对农产品冷链物流极为重视，中央政治局 7 月 30 号会议强调的加强城乡冷链物流设施建设，主要也是为了加快推进农商互联完善农产品供应链，保证人民餐桌食品安全，实现城乡物流高质量发展。

在此之前，今年上半年财政部与商务部联合发文，启动了关于推动农商互联完善农产品供应链的试点示范工作，通知要求坚持新发展理念，落实高质量发展要求，以供给侧结构性改革为主线，按照乡村振兴战略总体要求，通过政策引导、市场参与的方式，推动农商互联，促进农产品流通企业与新型农业经营主体进行全面、深入、精准对接，重点加强农产品产后商品化处理等流通设施建设，不断提高订单农业、产销一体、股权合作等长期稳定农产品流通模式在农产品流通中的比重，实现联产品、联设施、联标准、联数据、联市场，打造上联生产、下联消费，利益紧密联结、产销密切衔接、长期稳定的新型农商关系，构建符合新时代农产品流通需求的农产品现代供应链体系，提升农产品供给质量和效率。

为推动这项工作，财政部提供政策资金 20 亿元，重点支持采取订单农业、产销一体、股权投资合作经营模式的农产品流通企业或新型农业经营主体结合自身实际情况，重点围绕本地特色优势农产品供应链体系的短板和薄弱环节，不断完善基础设施，创新应用新模式、新技术，推动农商互联互动，提升农产品供应链质量和效率。

重点支持的冷链与冷链物流主要项目如下：

一是加强产后商品化处理设施建设。在产地就近建设改造具有产后商品化处理功能的产地集配中心、冷库、产地仓等设施，配备产后清洗、加工、预冷、烘干、质检、分级、包装、冷藏等设备，补齐农产品供应链“最初一公里”短板，提高农产品商品化处理和错峰销售能力。鼓励新型农业经营主体、农产品流通企业加强产地移动型、共享型商品化处理设施建设，提高商品化处理设施设备使用效率。

二是发展农产品冷链物流。支持农产品流通企业或新型农业经营主体推广现代冷链物流管理理念、标准和技术，建设具有集中采购和跨区域配送能力的农产品冷链物流集散中心，配备预冷、低温分拣加工、冷藏运输、温度监控等冷链设施设备，建立覆盖农产品加工、运输、储存、销售等环节的全程冷链物流体系。

三是提升供应链末端惠民服务能力。支持农产品流通企业或新型农业经营主体建设或改造农贸市场、菜市场、社区菜店等农产品零售市场，完善末端销售网络，发展联合采购、统仓统配等模式，降低流通成本，提升便民惠民服务功能。

四是提升标准化和品牌化水平。建立覆盖本地特色优势农产品种养加工、检验检测、质量分级、标识包装、冷链物流、批发零售等各环节，国标、地标、团标、企标有机结合的全产业链标准体系，推动标准推广应用，打造一批地域特色突出、产品特性鲜明的区域公用品牌，开展品牌推广，提升标准化、品牌化水平。

五是优化重点步行街的农产品供应链产销对接功能。建设智慧街区，优化农商互联对接，提升步行街展示和产销对接功能，引进与农产品供应链相关的经营主体，扩大农产品品牌影响。

来源：王继祥　2019 年 8 月 7 日

物流企业中冷链物流发展的重要性

随着我国经济发展水平的不断发展，物流企业冷链物流的发展水平也得到了提升。国内药品、食品企业纷纷成立自己的冷链物流部门，物流企业冷链物流逐步走向规范化，国内关于冷链物流规范标准的出台和相关法律法规政策的颁布实施，冷链物流的发展也逐步走向正轨。当前我国物流企业冷链物流正处于起步阶段，虽然国内冷链物流企业的发展具有一定的规模，但是同西方发达国家冷链物流的发展水平还存在较大差距。因此对冷链物流发展重要性研究具有重要的理论意义和实践意义。

一、物流企业发展冷链物流已经成为必然趋势

冷链物流和人们的日常生活息息相关，随着人们对于生活品质的要求不断增大，冷链产品的需求量也必然不断上升，这给予物流企业发展冷链物流提供了广阔的发展空间。电子、医药、轻工、化工等行业对于冷链物流的需求量也在逐步上升。食品安全问题已经成为当前备受关注的社会问题，人们对于食品安全和食品质量的要求也逐步提升，但当前我国的食品物流安全仍然是物流企业的软肋。食品变质不仅会造成巨大的社会资源的浪费，还会加剧食品安全纠纷的发生频率。另外相比较而言，我国的冷库资源和冷藏车资源相对紧缺，易腐食品大多都是通过普通物流运输，使用冷藏运输的相对较少。我国食品消费量近两年呈现上升趋势，预计未来十年内冷冻车的使用量将会逐步上升。

二、当前物流企业中冷链物流发展中存在的问题

（一）行业监管机制匮乏

监管机制缺失是造成行业发展滞后的重要原因。对于易腐食品和药品的加工运输最后拿到消费者手中，需要每一个环节之间都密切联系，减少食品药品在运输中的时间。大多消费者认为只要保证食品药品在运输过程中控制冷库温度，就能够确保食品药品不出现腐败变质等问题，然而事实并非如此，单纯的控制运输温度并不能延长食品药品的保质期。另外一些食品药品供应商使用自带物流运输食品药品过程中，并不能够严格按照相关要求完成运输，也是造成食品药品变质的重要原因。当前我国缺乏相关的行业监管机制，即使物流企业或者产品供应商不能使用合格的冷藏设施也不能及时的排除，减少不必要的损失。另外一些供应商即便知道应该使用冷藏运输，为了减少成本宁愿冒险违规运输，缺乏行业监管机制是导致食品药品安全问题的重要原因，也是未来整治食品药品安全问题过程中需要常抓不懈的关键因素。

（二）企业运作成本高昂

物流企业在发展冷链物流的过程中，之所以会遇到发展障碍，其中重要的原因在于冷链物流对于设备的要求较高，设备的耗费相对较大，冷链物流对于冷冻技术和储存技术的要求也相对较高，这是造成冷链物流成本居高不下的重要原因。发展冷链物流成本高、技术要求高等因素是导致物流公司对冷链物流不感兴趣的重要原因。以易腐食品运输为例，一些运输销售企业并不是不知道冷冻运输能够保证食品品质和口感的减损，而是考虑到使用冷冻运输的方式会大大增加物质成本，降低了企业盈利能力和盈利水平，食品药品的冷链物流成本居高不下是导致一些生产企业冒险使用普通运输的重要原因。

（三）融资障碍影响发展规模

对于绝大多数的私营物流企业而言，发展冷链物流首先需要解决的就是融资难的问题，虽然一些地区的冷藏车服务远远不能满足当地对于冷藏运输的需求，但是一些物流企业不敢冒险发展冷链物流领域内的业务，其中最重要的原因是不能有效解决融资难题，融资难已经成为发展冷链物流业务的重要障碍。另外对于多数的物流企业而言，冷链物流运输属于新的服务内容，在该领域内的运作流程和运作模式并没有很多的可以参考借鉴的模式，因此融资难已经成为中小型物流企业在发展过程中都会遇到的重要障碍。冷链物流是以保证品质为目的，而不是以完成运输为目的。因此保持低温环境需要有完成的供应链系统，但是保持完整的低温供应链系统对于技术要求和设备要求普遍较高，发展冷链物流所需要耗费的成本是普通物流成本的 4 倍。

三、完善物流企业中冷链物流问题的对策

（一）提供政策支持解决融资困难

解决融资难问题是确保物流企业能够发展冷链物流的重要保证。政府应该提供政策支持解决融资难问题，建立确保冷链物流事业发展的专项资金。中国人民银行也可以给发展冷链物流的物流公司给予必要的信贷支持，减少物流企业发展冷链物流的初期成本，解决物流企业融资难的问题。银行可以采用新的质押模式，仓单质押就属于一种可以尝试适用的新型的服务项目。这种融资方式不仅给物流企业发展冷链物流提供了资金，帮助物流企业扩展新型业务，同时还大幅度提高了物流企业的服务水平，减少了我国物流企业冷链服务水平和国外冷链服务企业之间的差距。另外政府还可以考虑对农副业产品冷链物流给予必要优惠政策，扶持农副产品冷链物流服务的发展。

（二）加快推进行业标准化建设

当前我国物流企业冷链物流发展难以形成规模，其中较大的障碍在于没有形成行业标准。造成供应链之间缺乏配套的沟通协调机制，难以及时准确地传递市场动态，因此也就难以形成稳定科学的信息反馈机制。制定强制性的行业标准是推进冷链物流发展的重要保证。国家应该制定关于冷链物流领域的相关行业标准，只有出台强制性的法规才能够规制物流行业发展。

（三）推进行业信息化建设降低运作成本

当前我国的物流企业所经营的冷链物流业务不存在信息共享平台，缺乏完整独立的冷链物流体系是导致运营成本居高不下的原因之一，缺乏整体上的规划协调就会造成不必要的运营成本的浪费。由于冷链物流的终极目的是保证运输商品的质量，在低温运输的过程中，不能确保低温处于持续不间断的状态，就会造成断链的情况发生，除了政府应该致力于构建信息交流平台外，行业协会也应该在构建信息交流平台中贡献自己的力量，促进企业之间形成良性的信息互动。

以需求为导向，聚焦中国冷链物流产业发展

随着中国居民收入的增长，消费者对商品、产品和服务的要求越来越高，其中新鲜的农产品和医药用品，都需要冷链运输。

美通社报道的《2019——2025年中国冷链物流行业市场》指出

预计中国冷链市场规模将在2025年达到人民币5,220亿元，2018年至2025年的年复合增长率(CAGR)为8.5%。

中国冷链物流市场规模(2025 年预测)

市场规模：	人民币 5220 亿元
2018-2025年的年复合增长率：	8.5%

来源:美通社，戴德梁行研究部

而今年年初新冠肺炎的爆发，也对中国冷链物流行业，尤其是对我国的冷库仓储，产生了重大影响。**冷链物流产业无疑已经成为备受关注的领域。**

生鲜行业推动冷链物流发展

中国生鲜电商行业正在迅速发展。根据欧睿咨询和前瞻产业研究院统计数据显示，2019 年中国生鲜电商市场规模约为 2888 亿元，同比增长 19.1%，占中国生鲜零售市场总额的 5.6% 以上。

中国生鲜市场规模

生鲜零售市场总额/生鲜电商市场总额

(2015—2019年)

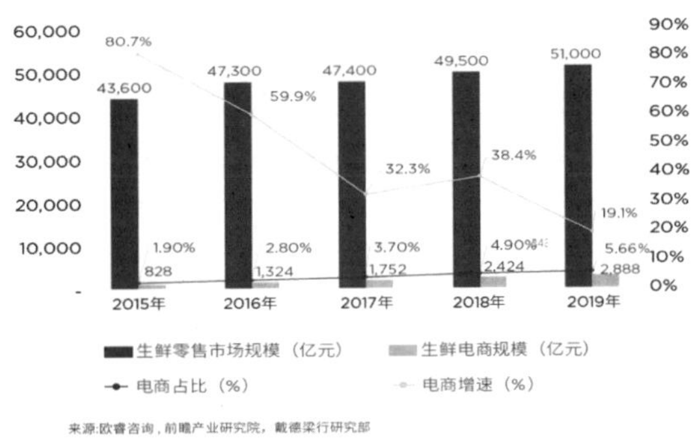

来源:欧睿咨询，前瞻产业研究院，戴德梁行研究部

近年来，以需求为主导的产业增长使得冷链物流得到了长足的发展。相应的，中国冷链物流仓储供应面积也在同步增长。根据物联云仓数据，2019 年，全国冷库仓储的总存量超过 665 万平方米，占物流仓储总量的 2.15%。

中国冷库面积占总物流仓储面积的比例(2019年)

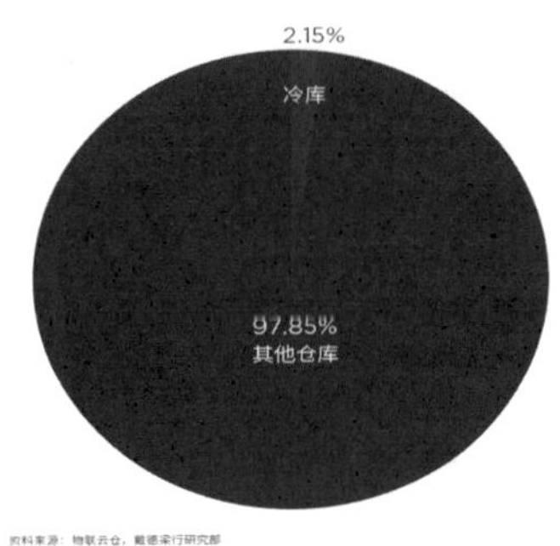

资料来源：物联云仓，戴德梁行研究部

详解冷库资源地区分布

物联云仓统计数据显示，2019 年，我国冷库资源从地区分布来看，排名前五的是辽宁、河南、四川、江苏和广东。每个省的冷库面积均超过 39 万平米，其中辽宁省更是超过了 106 万平米。

中国部分省份/直辖市冷库物流仓储存量（2019年）

地区	冷库面积（平方米）
辽宁	1,065,340
河南	1,059,100
四川	684,988
江苏	567,567
广东	399,267
山东	387,380
陕西	373,000
天津	363,500
北京	282,950
湖北	258,590
上海	235,060
黑龙江	150,000
河北	132,000
海南	81,764
浙江	80,000
湖南	75,000
重庆	72,600
福建	58,680
广西	49,850
安徽	49,218
江西	40,000
云南	36,000
山西	25,300
贵州	12,000

资料来源：物联云仓，戴德梁行研究部

从区域冷库空置率对比来看，2019 年，南京冷库空置率较高，高达 15.5%。成都、郑州和广州地区空置率较低，均低于 4%。

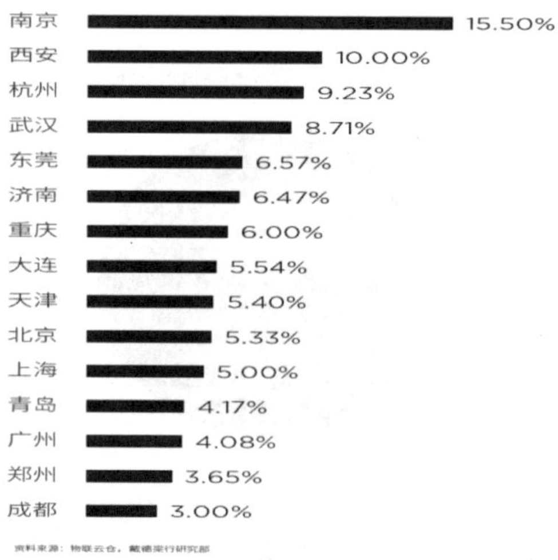

各个城市的租金水平也有所差别。一般来说，沿海地区的租金普遍较高，但内陆地区的租金普遍较低。物联云仓数据显示，**2019 年，北京、上海、广州和大连成为全国冷库物流仓库租金最高的城市**，这些城市的租金均高于每月每平方米 100 元。

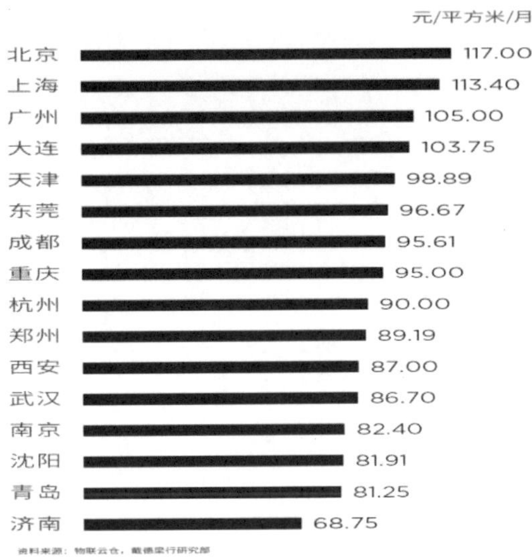

疫情加速冷链物流发展

2020 年初，为抑制疫情蔓延、保障安全社交距离，人们开始居家隔离，网购需求爆发，人们更愿意足不出户地在线上购买新鲜食品和外送食品。此外，许多不习惯使用网购的人群，如老年人，也不得不开始学习并使用这种购物模式。这期间庞大网购量，尤其是对于生活必需品的购买，进一步推高了国内居家隔离期间的各类生鲜和药物商品网购订单量。 此外，疫情的爆发使得国内食品行业更加重视食品质量和安全问题。而冷库物流仓储设施在这两方面都具有优势，因此，优质冷库设施的建设很可能会激增。 未来，新增的优质冷库设施将能够存储国内大量的新鲜食品和药品，以保障存储的易腐产品始终保持最高水准的储存安全。

不难发现，中国冷库市场对仓储空间的需求越来越大，整体冷链物流市场持续升温，预计将会有更多的投资者、开发商和运营商关注这一领域。

第九篇 物流供应链

9.1 物流供应链概念

9.1.1 供应链物流管理概念

物流各功能要素之间普遍存在着“效益背反”现象，如何避免这一不利现象的产生是物流系统管理的重要任务之一。解决该问题的传统方法是，分析组成物流系统的各个环节，在各种效益背反、相互矛盾的主要功能要素之间权衡利弊、协调关系，从而寻求最优的物流作业，或独立去管理部分环节。而在物流系统变得更大、更复杂时，这种处理办法往往不再有效。供应链物流管理就是采用供应链管理思想来实施对物流活动的组织、计划、协调与控制，实际上是把企业的所有物流活动作为一个统一的过程来管理。供应链物流管理的基本原则和方法包括以下方面。

(1) 整体观念。供应链物流是一个单向、连续的过程，链中各环节不是彼此分割的，而是通过某种联系（如契约、合同等），在物流、资本、信息等方面形成的一个有效整体。供应链内成员企业不能孤立地优化自身的物流活动，而是通过协作、协调与协同，提高供应链物流的整体效率。

(2) 全过程管理。供应链物流管理是全过程的战略管理，它连接供应链的各结点企业，是企业之间相互合作、联系的纽带。因此，必须依靠全过程贯通的物流信息，才能保证从总体上来把握供应链物流管理，如果部分信息出现信息的局限或失真，可能导致整体管理的计划失真和判断失误。

(3) 协调利益。从物流角度分析，在供应链内部存在不同的利益，不同链结上的利益观不同。因此，在供应链物流管理中，必须通过合理的利益协调和有效分配，形成统一的利益观。

(4) 全新的管理方法。传统方法不能完全适应供应链中的物流管理，需要采取新的管理方法。这些方法主要包括以下几种：①采用整合的方法来代替企业管理的方法；②采用总体综合的方法代替接口的方法；③采用解除最薄弱链的方法寻求总体平衡；④采用简化供应链的方法来增强信息的有效性，防止信号的堆积放大；⑤采用经济控制论的方法实现系统控制。

有效利用社会力量。供应链物流管理虽然指明了从企业战略角度来管理全部供应链，但并不是只能依靠企业内部力量进行运作，也可利用社会力量来执行。例如，利用一个或者多个第三方物流企业进行物流的运作，而由第四方物流去进行总体的物流资源整合。

9.1.2 供应链概念

早期的观点认为，供应链是制造企业中的一个内部过程，它是指把从企业外部采购的原材料和零部件，通过生产转换和销售等活动，再传递到零售商和用户的一个过程。传统的供应链局限于企业的内部操作层面，注重企业的自身资源利用目标。

有些学者把供应链的概念与采购、供应管理联系起来，用来表示与供应商之间的关系，这种观点得到了研究合作关系、准时制生产方式、精益化供应、供应商行为评估等问题的学者的重视。但是，这种观点仅局限于制造商和供应商之间的关系，而且供应链中的企业独立运作，忽略了与外部供应链的成员企业的联系，往往会造成企业之间的目标冲突。

随后，供应链管理概念开始关注制造企业与其他企业的联系及其外部环境，认为它应是一个“通过供应链中不同企业的制造、组装、分销、零售等过程将原材料转换成产品，再到最终用户的转换过程”。这是更大范围、更为系统的概念。例如，史迪文斯（Stevens）认为，通过增值过程和分销渠道控制从供应商的供应商到用户的用户的流就是供应链，它始于供应的源点，结束于消费的终点。

目前，供应链的概念更加注重于围绕核心企业的合作关系，如核心企业与供应商、供应商的供应商乃至一切前向的关系，核心企业与用户、用户的用户及一切后向的关系。此时，对供应链的认识也形成了一个网链概念，例如丰田（Toyota）、耐克（Nike）、尼桑（Nissan）、苹果（Apple）公司的供应链管理都是从网链关系来理解和实施。哈理森（Harrison）将供应链定义为，供应链是执行采购原材料、将它们转换为中间产品和成品并且将成品销售到用户的功能网链。这种概念同时强调供应链的战略伙伴关系问题。菲力浦（Phillip）、温德尔（Wendell）等认为，供应链中战略伙伴关系是很重要的，通过建立战略伙伴关系，可以与重要的供应商和用户更有效地开展工作。

综上所述，供应链是一个范围更广的企业结构模式，包含了所有加盟的结点企业，它围绕核心企业，通过对信息流、物流、资金流的控制，将供应商、制造商、分销商、零售商、最终用户连成一个整体的功能网络结构模式，从原材料的供应开始，经过链中不同企业的制造、加工、组装、分销等过程直到最终用户。

9.1.3 供应链特征

从供应链的结构模型可以看出，供应链是一个网链结构，由围绕核心企业的供应商、供应商的供应商和客户、客户的客户组成。一个企业是一个节点，节点企业和节点企业之间是一种需求与供应关系。供应链主要具有以下特征：

(1) 复杂性。因为供应链节点企业组成的层次不同，供应链往往由多个、多类型甚至多国企业构成，涉及不同的组织文化或民族文化背景，所以供应链结构模式比一般单个企业的结构模式更为复杂。

(2) 动态型。因企业战略和适应市场需求变化的需要，节点企业需要动态的更新，这就使得供应链具有明显的动态型。

(3) 面向用户需求。供应链的形成、存在、重构，都是基于一定的市场需求而发生，并且在供应链的运作过程中，用户的需求拉动是供应链中物流、信息流、资金流运作的驱动源。

(4) 交叉性。节点企业可以是这个供应链的成员，同时又是另一个供应链上的成员，众多的供应链形成交叉结构，增加了协调管理的难度。尤其是在信息系统的建设和使用上，会产生接口的协调问题，需要有信息技术的支持使之标准化，才能满足节点企业处在多条供应链上交叉点的现实需求。

9.1.4 供应链管理的特点

与传统的企业管理相比，供应链管理更强调供应链整体的集成和协调，要求各连接企业围绕物流、信息流、资金流以及工作流进行信息共享与经营协调，实现柔性的与稳定的供需关系。其本质特点是：

1. 基于流程的集成化管理模式

传统的管理以职能部门为基础，往往由于职能矛盾、利益目标冲突、信息分散等原因，各职能部门无法完全发挥其潜在效能，因而很难实现整体目标最优。供应链管理则是以流程为基础，物流、信息流、价值流、资金流、工作流贯穿于供应链的全过程。通过业务流程再造，消除各职能部门以及供应链企业成员的自我保护主义，实现供应链组织的集成和优化；通过核心企业管理思想在整个供应链上的扩散和移植，实现管理思想的集成；通过准时制管理、企业资源计划、快速反应、全面质量管理等管理技术方法的综合运用，实现供应链管理方法的集成；通过现代信息技术手段的运用，信息共享，实现供应链管理手段的集成；通过资源整体优化配置，有效运用价值链激励机制，寻求非增值活动及相应结构的最小化，实现供应链管理效益的优化与集成。

2. 强调全过程的战略管理

供应链上的各个环节是不可分割、环环相扣的一个有机整体。因此，从总体上考虑，如果只依赖部分环节的信息，则由于信息的局限或失真，可能导致决策失误、计划失控、管理失败。在供应链管理过程中，高层管理者必须从战略的高度统筹安排，协调资源及可能存在的冲突，这样才能实现供应链管理的目标。

3. 全新的库存观

传统的库存思想认为，库存是维系生产和销售的必要措施，因而企业与其上下游企业之间在不同的市场环境下只是实现了库存的转移，整个社会库存总量并不减少。供应链的形成是链上各个成员建立了战略合作伙伴关系，通过快速反应致力于总体库存的大幅度降低，库存是供应链管理的平衡机制。

4. 以客户为中心

不管供应链的节点企业有多少类型，也无论供应链的节点企业的数量多少，供应链都是由最终客户驱动的，正是最终客户的需求使得供应链存在。

5. 注重核心竞争力

核心竞争力是指企业内部经过整合的知识和技能，尤其是协调各方面资源的知识和技能。只有企业本身具有核心竞争能力，供应链业务伙伴关系才能持久。

9.1.5 物流配送中心的功能

集货功能配送中心首先必须按照顾客要求，就客户所需货物的规模和数量进行备货，特别是多品种、小批量的配送。由于各客户的要求不同，配送中心必须提前做好相应的计划，并统一部署。

储存功能配送中心的服务对象是为数众多的生产企业和商业网点，配送中心需要按照用户的要求及时将各种配装好的货物送交到用户手中，满足生产和消费需要。为保证正常配送特别是即时配送的需要，配送中心必须有适当的储备，同时，配送中心一般配备大型的仓储设施和设备。配送中心通过把各种工、农产品直接运送到用户手中，构成生产和消费的纽带，起到良好的媒介作用。

衔接功能配送中心通过集货和储存货物，有效地解决季节性货物的产需衔接问题，这就起到了平衡供求的作用，即“时间效应”；同时，由于货物在不同地区的交易价格不一致，因此，通过集货和存储，配送中心还具备“地点效应”。“时间效应”和“地点效应”使配送中心具备良好的衔接功能。

分拣、组合功能不同的用户对于货物的种类、规格、数量会提出不同的要求，为了有效地进行配送，及时地满足客户的要求，配送中心必须根据商品的品种、规格、型号、数量、质量、送达时间和地点等的不同要求，采取适当的方式对组织进来的货物进行拣选和配组。这就使得配送中心具备分拣和组合功能。

配货配载功能客户为了降低库存、加快资金周转、减少资金占用，往往要求采用小批量进货的方法。而配送中心为了提高经济效益，往往希望通过大批量的进货来降低进货价格和进货费用。在物流实践中，配送中心将分散在各个企业的产品集中到一起，然后经过分拣、配装向多家客户发运。与此同时，配送中心把各个用户所需要的多种货物有效地组织在一起，形成经济、合理的货载批量。因此，配货配载功能已不是单纯的送货准备活动，而是配送企业为提高目 & 务质量和自身经济效益的延伸，代表了物流配送的一大发展趋势。

流通加工功能配送中心为促进销售，便利物流或提高原材料的利用率，按照用户提出的要求，并根据合理配送商品的原则，对货物进行必要的加工，如下料、打孔、解包、分装、贴标签、组装、包装等简单的流通加工活动，因此使配送中心具备一定的加工能力。配送中心的这一功能是提升配送中心服务品质的重要手段，有利于提高资源利用率，并满足用户的多样化需求。

信息处理功能配送中心连接物流干线和配送，直接面对产品的供需双方，配送中心不仅连接实物，还进行信息的传递和处理，包括在配送中心的信息生成和交换等。为提高作业效率，减少作业失误，配送中心往往配备先进的信息设备，以提高信息处理能力。

9.2 如何构建汽车产业供应链生态圈

中国物流与采购联合会副会长蔡进在 2019 汽车物流全球会议上的讲话

对当前中国经济的基本判断

当前，中国经济在稳中趋缓的过程中出现了一系列的积极变化，特别要把握住的是“一系列”这三个字，主要有以下几个方面：

第一个变化是稳健发展。从采购经理人指数（PMI）来看，3 月 PMI 指数重新回到了 50 以上，达到 50.5，结束了连续两个月在 50 以下的收缩运行，更为关键的是，结束了连续八个月的下滑趋势。所以，中国经济正在趋缓的过程中逐步过渡进入稳健发展的时期，不用担心中国经济会出现比较大的下滑，这是第一个积极的变化。

第二个变化是需求。需求的回升也比较明显，而且需求的回升比较早。在 2 月的 PMI 指数中，新订单指数开始有比较大幅度的回升，也是从 50 以下回升到 50 以上。到了 3 月，在 2 月回升的基础上进一步上升。所以说，新订单指数已经连续两个月都有回升，这意味着未来的几个月，至少上半年，需求回升为中国经济稳定运行奠定了基础。

第三个变化是市场。市场的供需开始趋于平衡，从 PMI 指数来看，中国在这几年内都是供大于求的运行状况，从今年 2、3 月的情况看，市场的供需开始趋于平衡。

第四个变化是价格。市场的价格重新趋于活跃，无论是购进价格，还是出厂价格，都出现了比较大的回升。反过来就说明，中国的市场或者是中国的经济开始趋于活跃。

第五个变化是资本活跃。PMI 指数中有一指数叫金融服务业指数，该指数在 3 月份回升比较明显，比如近期贷款增加较多，这说明它对实体经济的支持力度在进一步加大。在资本市场，大家亲身感受到的就是股票市场，股市最近一段时间，4 月已经有了比较明显的回升，升到 3200 点以上。所以说，资本市场在活跃，金融市场在活跃，金融对实体的支持力度也在进一步加大。

当然还有一系列的数据，特别是国家统计局最近出台的一系列数据，都可以说明中国的经济在稳中趋缓的过程中出现了一系列的积极变化。从这个角度来讲，不用担心中国的经济会出现比较大的回落。

去年第四季度，中国 GDP 增长是 6.4%，我个人有一个预测，今年一季度 GDP 的增长会保持在 6.4% 的水平，这是有条件也有基础的。如果可以保持在 6.4%，那说明中国的经济运行目前来看是非常稳健的，在稳中趋缓中出现了一系列的积极变化。对汽车产业，要冷静客观的分析，没有必要太悲观。虽然去年汽车产业有所回落，但今年的汽车产业应该不会差于去年的水平。

如何把握汽车产业未来发展趋势?

从规模扩张的角度来说，中国汽车产业结束了过去十几年的高速增长。换句话说，中国经济开始由高速增长的阶段进入高质量发展的阶段，这是我们首先要把握好的一个基本判断。

我觉得经济在由高速增长进入高质量发展的过程中，我们要转变方式，汽车行业要转变生产组织方式，转变发展方式。在这个转变的过程中，汽车产业供应链的创新和实践就显得非常重要。在汽车产业向现代供应链转型的过程中，至少要做三件事情：

第一是降成本。通过规模扩张增加效益的空间应该说已经走到了极致，未来汽车的利润，汽车的效益空间，在于降成本。

根据中国物流与采购联合会做的物流费用率统计显示，中国汽车产业的物流费用率是 8% 左右，汽车的营业收入大概是 8 万亿元，那么，其物流费用率大约就是 6400 亿元，而 2017 年中国汽车产业的利润约为 6000 亿元左右。

与发达国家相比，日本汽车产业物流费用率在 4% 以下，我们是 8%。所以说，如果我们通过降低成本的方式，可以达到和日本差不多的水平，那么就可以减少 4% 的成本空间，就有 3200 亿元的成本节省下来。我们不敢说这 3200 亿完全是你的利润，中间也有耗散的过程，但这 3200 亿中会有相当一部分可以变成你的利润空间。

所以在未来，汽车产业从高速增长转变为高质量增长的过程中，推进汽车供应链创新和实践的第一件事情就是降成本，尤其是降低物流成本。

第二是要打通汽车全产业链的供应链生态圈。通过供应链的创新和实践，不仅仅是围绕汽车生产或是贸易，而是要从零部件供应到汽车整车生产与销售各环节，尤其是要打通汽车后市场，这样才能形成一个比较完整的产业链。通过供应链，打通产业链，从而形成新的汽车价值链。

汽车的价值不仅仅在于生产或是贸易，它还有在零部件生产和销售过程中所创造的价值，更为重要的是汽车后市场。有人测算，汽车产业 60% 的利润空间都在后市场中。所以，第二件事情就是要通过供应链打通汽车全产业链的生态圈，挖掘零部件和汽车后市场的利润空间。

第三是要发展汽车产业的服务化内容。无论是汽车物流企业，还是汽车生产企业，不能单一的提供企业的产品，而是要提供一个全流程的解决方案。

汽车生产企业要依托汽车为载体，提供一系列后续服务。我们说全流程，从一个主机厂来讲的话，就要从汽车设计开始，到最终销售为止，提供一个全流程的解决方案，我们把这个解决方案定义为服务化。所以，在汽车服务化的过程中，我们会将一些先进技术应用到汽车领域中，未来汽车的消费模式，也会因此发生很大的变化。

简单来说，现在车企的营销模式是卖车送服务，未来的营销模式应该是送车卖服务，只有做好汽车服务化，才能使企业的价值得到可持续发展。所以说，在供应链的创新过程中，汽车产业的服务化是未来发展的一种必然趋势。未来，中国汽车的消费不仅取决于国民收入水平的高低，还取决于供应链模式的创新与汽车服务化的进程。

来源：掌链传媒　2019 年 4 月 23 日

中国物流与采购联合会副会长蔡进
在全国供应链创新与应用试点工作推进会上的讲话

2019 年 11 月 29 日

尊敬的王炳南副部长、庄稼汉市长、赵建局长，尊敬的各位来宾：

非常高兴有这个机会，就我们一年来对试点的一些调研情况，谈一谈对当前供应链创新与应用工作初步的认识。

在推进的过程中，我感觉到各地区和企业通过供应链创新，在以下几个方面有明显的提升：

第一个方面就是思维的转变。有越来越多的企业、越来越多的部门开始形成了彼此包容、彼此开放、彼此共享的供应链思维，而且在供应链思维的指导下，从根本上转变了发展经营的机制，由过去通过市场的竞争拼速度、拼规模，转变为现在通过供应链互利共赢的生态圈，来共同推进降低供应链的成本，实现降本增效的经营机制。在这个基础上，还有更多的企业在通过供应链的创新实现价值创造，这种思维的转变，推进了整个经营和发展机制的转变，这是非常关键的一步，也是我们国家向高质量发展非常重要的一环。

第二个方面是生产和经营组织能力在进一步提升。传统的生产和经营组织能力是模块化的，生产是生产、交易是交易、流通是流通，彼此间并没有打通。物流领域也是一样，仓储是仓储，运输运输，彼此都是分割的。供应链创新模式突破了各个环节的边界，打破了各个环节之间的壁垒，形成了一个无缝衔接的生产组织流程。在过去的生产组织模块化的模式下，功能发挥有限，资源整合有限，更谈不上组织协同，现在有越来越多的企业开始追求全流程上下协同，组织能力有进一步的提升，形成了以产业链为基础的更加高效、更加柔性、更加敏捷的生产经营组织方式。这也是我们深刻地体会到的。

第三个方面是平台升级成为供应链创新的重要抓手。几乎每一个试点城市和试点企业都有自己的平台。这些平台有的是基于原来的平台做供应链创新的升级，有的是重新搭建供应链创新形态。平台建设已经供应链创新与应用非常重要的抓手，这些平台有两大亮点：第一，基于全流程的资源整合，做全流程的解决方案，尤其是企业平台；第二个亮点是突破了互联网边界，也就是突破了互联网与人之间的联系，进入了物联网发展的阶段，实现的是人与万物互联。在成果展示上大家都可以看到，很多展示的单位都有这种特征，在万物互联的过程中提升价值创造的能力。这一点认识也是比较深刻的。

第四个方面是进一步提升了先进技术的应用能力，实现了科技创新和新的生产组织方式、现代供应链的融合。如果不发展现代供应链，科技创新的应用不会发展得那么快，传统的生产组织模式，并不会急迫地需要运用最新的科学技术，正是现代供应链的创新和实践，使得我们对现代科技的应用显得更加迫切。现代科技和先进生产组织模式的融合能够形成价值创造的能力，这也是非常值得赞赏的。现在我们在看这35家展示单位的时候就可以看到，几乎每一家都不是简单进行科技的应用，而是将科技和组织方式、组织模式融合，创造了新的价值，形成了新的业态。这个方面也是我们在去年一年的调研过程中，同时也是在供应链创新与应用工作中突出的变化。

第五个方面是更加注重挖掘数据资源。供应链创新过程推动了企业、地方大数据的建设进入2.0时代。1.0时代是数据积累时代，主要是积累数据、挖掘数据。2.0时代是通过数据形成新的价值。现在有很多企业开始做到了，尤其是在展示的35家企业中，有很多企业在通过数据来推动价值的形成，我称之为2.0时代，叫做数据资源时代。当然我们还要朝数据3.0发展，真正使得数据本身有价值，将形成数据资产。有一些企业的数据本身是有价值的，尤其是物流的数据。

第六个方面是把供应链安全提升到非常重要的位置。在这一年多供应链创新与应用工作推进过程中，恰恰遇到了中美贸易摩擦，在贸易摩擦中，我们更清楚地认识到真正的摩擦焦点是供应链、是供应链安全。中国物流与采购联合会这一年来就供应链安全做了多次调研，在这方面形成了“供应链安全非常重要”的理论体系。很多企业针对供应链风险采取了不同的防范措施，有的企业不仅对一级供应链提出了安全防范，还对二级、三级供应商都提出了安全防范，这一点也是在供应链创新过程中显而易见的。

第七个方面是更加重视供应链基础工作。首先是供应链人才培养。我们在供应链推进调研过程中，企业纷纷反映人才短缺，因此每一个企业都把供应链人才培养提到了非常重要的位置上。另外还有供应链标准、供应链理论研究等等，这些方面的工作都有非常好的进展。这是在一年的供应链创新与应用推进过程中，我们在调研和了解到的情况。我由此形成了这七个方面的基本认识，不一定成熟，供大家参考。

中国物流与采购联合会作为共同发文的八部门之一，按照供应链创新与实践试点工作统一部署，主要做了以下工作：

一是做基础工作，协助政府有关部门加大供应链创新与应用工作推进的力度。我们配合这次工作推进会举办了供应链创新与应用成果展示；配合工信部做了供应链风险评估指数开发设计等。其次是在物流领域，为了配合推进供应链创新与应用，我们正在推广数字化仓库，预计今年会有一定的成效；其次是推动产业融合，推动产业服务化，主要是推进物流装备技术的产业服务化；再次是加强供应链理论创新研究，我们成立了中国物流与采购联合会现代供应链研究院，邀请了经济学界泰斗厉以宁教授作为名誉院长；同时我们也在积极地推进供应链标准化的建设，中物联开展了《供应链服务企业分类与评价指标》团体标准的编制；最后是人才培训，我们自主研发了适合中国供应链发展情况、具有国际一流专业水准的我国首个“供应链管理专家”（SCMP）知识体系，为人才的培养提供基本的条件。

中国物流与采购联合会对供应链工作高度重视，内部专门成立了供应链创新协同小组，统一协调供应链创新工作。下一步我们会抓住基础性工作不放，进一步配合商务部等八部门，深入推进供应链创新工作。我们将继续开展“供应链中国行”系列活动，进一步总结各类城市和企业的优秀供应链模式，推广供应链最佳实践，带动非试点城市和企业提升现代供应链意识，创新现代供应链商业实践。在有关部门支持领导下，推进供应链相关指数、标准的开发与宣贯工作，利用中物联团体标准试点的契机，充分发挥在供应链领域的专业优势和行业影响力，按照新思路、新模式持续渐进地推动我国供应链标准体系建设。继续加强供应链专业研究与知识普及工作，以《供应链管理》杂志为依托，打造未来我国供应链学术研究领域的风向标；以自有知识体系为抓手，开展供应链职业培训。当然，我会还将继续组织各类供应链会议和论坛，为试点城市和试点企业搭建交流的平台。

本文编辑：李丹

9.3 京东的供应链与物流优势

京东的供应链与物流优势体现在独创的仓配一体模式和运营效率上。

京东物流从成立之初起，独创的仓配一体模式奠定了自身的供应链服务优势，以客户体验为中心进行网络、服务模式和产品设计，使得体验和效率成为京东物流的核心竞争力。

运营效率上，通过“全球”“全景”“全链”的通路网络智能数据双轮驱动实现高效运营；在财务效率上，通过打造在线、实时、前瞻的财务体系，保障结算、资金和财务数据等的快速流转，为管理层、投资人提供业务、市场、战略等前瞻性洞见。

针对提升网络效率和标准服务能力，京东物流将深化网络变革优化，全面落实班次升级，继续提升跨区时效；做好网络间协同，深入推进 B 网、大件、冷链网建设；构建运力平台，充分整合城配终端资源，搭建完整的体验提升体系。

针对健全全面供应链服务能力，京东物流将基于供应链一体化服务优势，真正打通服饰、消费品、家电等重点行业，帮助商家优化库存、提高效率、提升体验、扩大销量，实现价值最大化，形成满足客户所有需求的供应链解决方案。

针对强化科技领先和平台化能力，2019 年无人科技持续创新并扩大应用，要在 5G 技术应用创新有所突破，IoT 应用快速布局，保持京东物流的科技领先地位。同时加强平台化能力建设，继续将经过实践验证的物流技术和创新模式对外输出。

具体而言：京东的物流优势体现在以下几点：

（1）京东有自己的实体物流配送中心和实体的物流运输配送团队，因此不会被社会物流和运营商自身的能力问题，干扰到最终业务和客户体验度，全供应链可控。

（2）由于有自有配送中心和配送能力，导致物流平台效率比供应商自己找社会物流更高，而运营成本却低于供应商自建电子商务平台，京东自己的供应链就有存在合理性和价值。

（3）京东自己有电商平台，B2C 和 C2C 都已经完善，其他商家如果自己做 B2C 的电子商务平台，自建物流，配送和货到付款的支付体系的话，后台体系的成本是销售额的 12%-18%（物流与技术杂质有测算）。京东商城却能把成本压到 6%左右，这对于品牌供应商具有着极大的吸引力。正因为如此，后台成本的超过 5 个百分点的降低成为了打动供应商的理由；而且京东配套的增值服务，还有延长质保，逆向退换货服务，京东白条融资借贷等小微金融服务等，这些很多是商家自己玩不来的。

（4）由于自己能控制供应链，因此库存和库存资金占用绩效，而且在京东商城，库存周转的周期是 12 天，而国美苏宁这一类实体店面竞争对手通常达到了 40-60 天（物流与技术杂质有测算）。这对于更新速度极为快速的电子产品行业（京东最主要的业务范围）来说，供应链速度快一天，就能在产品过时掉价之前多卖一天，也就能多获得一天的利润，所以，这也凸显京东强大的竞争力。

（5）由于全供应链可控，配送效率极高，造成客户体验度极好，超越了当年上海地区客户体验度最好的易迅，易迅现在也被京东控股和收购，也算是京东的子公司了，易迅的长处也被京东模仿和推广；对于 B2C 平台来说，供应链的提速依赖于后台的仓储物流体系的高效运转。而京东这些年来，一直把物流作为第一任务来发展，不断加大对仓储物流后台的扩建。京东在华北、华东、华南、西南建立了四大覆盖全国各大城市的物流中心；在天津、苏州、杭州、南京、深圳、宁波、无锡、济南、武汉、厦门等 40 余座重点城市建立了配送站；去年 12 月 15 日，京东商城宣布在武汉买地建物流中心。

此外，京东目前正在筹建一个新的项目——亚洲一号。京东网上商城仓储副总裁姜海东向记者介绍说，京东在上海嘉定购置了260亩土地，用于打造亚洲最大的现代化B2C物流中心，其中包括单体15万-20万平方米的库房。“亚洲一号”将至少支持百万级的SKU(StockKeepingUnit，库存量单位)，目标是适应京东未来5-10年的发展。京东自建的物流体系不仅为用户提供了更好的服务，更重要的是缩短了供应链流程，大大缩减了运营成本。商品从厂商生产基地到京东库房，再到配送站，最后送达客户，只经过三个环节，而且没有店面，成本降低，用户也得到了更大的实惠。以“满足用户对电子商务的需求”为根本的物流体系，为用户提供了优质的配送服务，已经成为京东的一大竞争力。

（6）发挥逆向物流的价值：一个完整的供应链除了包括正向物流之外，还应包括逆向物流。逆向物流是以市场和顾客为导向，以信息技术为基础，通过渠道成员将物资从消费点返回原产地的过程，这主要是对因损坏、召回、使用寿命到期、多余库存等造成的退货进行回收。包括不符合要求品退回、维修与再制造、废弃物回收处理等流程，从而使这些物资得到正确处置，重新获得价值。逆向物流的形成可以有很多原因，而且逆向物流的形成可以发生在终端顾客、零售商、批发商、运输商等任何一个节点上。刚才说过：虽然B2C电子商务市场成功地打破了时空界限，简化了贸易流程，但由于市场所独具的虚拟性，也大大增加了其不稳定性。首先，信息技术带来的低成本优势让产品入门障碍低，大量信息涌入，给消费者提供参考的同时也增加了虚假信息误导的可能。其次，电子商务市场中有形产品的交易（订购和配送）与经营者是分离的，这种方式体现了电子商务领域交易的方便性，但同时也给交易安全带来了隐患。再者，无形产品（信息商品）的比例大增，消费者使用之前并不知该产品的质量如何，而在电子商务环境中，消费者可以方便地在不同页面中进行跳转。因此，一旦消费者购买了一次赝品，他便有可能马上转向替代品市场。因此，把逆向物流战略作为其降低成本、增加顾客满意度、强化竞争优势的重要手段，对于大多数涉足电子商务领域的企业来说，显得尤为重要。

（7）积极开展相关供应链配套服务，例如保险：京东商城有承诺说永久免除运输“保价费”，在配送环节上承担保险费用，运输过程的风险一律由京东承担，客户收到货物如有损坏、遗失等情况，只要当场声明，京东会立即发送全新的商品予以更换。京东在实践中还发现，正确的逆向物流不仅能够降低成本，而且还会提高收入。其调查更是表明，退货渠道和措施足以影响到客户的决策，尤其是那些潜在客户。因此，电子商务企业选择了正确可行的逆向物流解决方案，便可为企业留住现有客户，挖掘潜在客户，从而保持较高的客户忠诚度。我们老百姓或者消费者，相同价格的商品，当然会选择质保和保修时间长的商家，这个毫无疑问。

（8）先进人性化的信息系统：京东的信息系统号称都是自己做的，没有一个代码是买别人的，但实际上，还是有一部分外包，本人就是其中的外包承包商之一，不过对外京东不承认罢了。作为京东运营中枢的ERP系统可以提供每一款产品的详细信息：什么时间入库、采购员是谁、供应商是哪一家、进价多少、质保期多长、在哪个货架。客户在京东购物页面下单后，信息系统就开始高速运转起来。它首先确定这个商品在哪个库房，是否需要内部调拨，然后把该订单对应到相应的库房管理系统（WMS）；该库房的管理系统就会做出相应的定位，即找到该商品在哪个货架，同时将信息发送到库房工作人员随身携带的PDA上；工作人员收到信息后，去相应的货架取货，将货物放到已经在相应位置弹出来的周转箱。如果一个客户同时购买了几种商品，那么周转箱将根据订单顺序依次在这几种商品的相应位置弹出，库房工作人员将相应的商品放进去。在拣完货以后，周转箱又被传送到复核扫描台，出货前工作人员再检查一遍，确认无误后，打印发票和购物清单，完成打包后转到发货组。发货组再将这些货物放到暂存区，到配送时间后发货，司机将货物运送到配送站，配送站将货物分给配送员，由配送员完成送货。这整个过程信息系统都会有记录。

另外，京东的网页信息更新技术采用了中间件的方式，从而避免了缓存，消除了时间差问题，使客户在购物时可随时查询到所订购商品的具体状态，这为京东客服部门省去了很大一部分工作。其自身完备的信息技术更是可以预测将来 15 天之内的销量。正是由于这种强大的信息系统成为了物流体系的一部分，使得京东商城比其他网上商城的产品价格要低 10%-20%，这种优势无疑对消费者有着极大的吸引力。我参与的京东亚洲一号项目，大量使我们公司提供的云终端、语音、可视化拣选等手段，大大提高了人工效率，降低了人工差错率。

（9）京东商城的集中供应链合作方式：

FBP：京东给商家一个独立操作的后台，但是从仓储到配送到客服都是京东来操作，京东本身自营的产品所有能享受的服务，商家都能享受。

LBP：配送和客服交给京东操作，要求每天有订单，将产生的订单包装好发货到京东就近的仓储，由京东来开具给消费者的发票。

SOP：跟淘宝商城模式比较类似，由商家来承担所有的服务。

SOPL：配送和客服交给京东操作，要求每天有订单，将产生的订单包装好发货到京东就近的仓储，由商家来开具给消费者的发票。

（10）看不见的供应链：金融供应链。从月光族使用的京东白条，到中小型物流公司的金融借贷，到商家商品的货物保质抵押，金融服务和结算控制体系，在京东供应链中占据重要低位，没有这个强大的金融结算和供应链金融控制，实体的供应链再好，没有资金支撑也会运转不良，京东已经熬过了最缺钱，最需要风投资金且被逼债的严冬，以后的路会有走越好，京东的模式和亚马逊极其类似但是又有很多不同，和国内的苏宁、国美、海尔、小米、美的、格力也完全不同，这个和企业的运营模式完全相关，因此不同的企业必然有不同的物流供应链系统。

2019 上海市第六届现代物流与供应链高峰论坛

产业互联网时代，在大数据、云计算、人工智能、区块链等新兴技术驱动下，物流行业也面临着企业信息化建设的压力，越来越多的物流企业开始关注并主动适应这些新变化，通过数字化转型等战略调整，提高企业各项工作的效率，引领业务增长。

基于上述情况，在成功举办五届的基础上，上海物流企业家协会联合相关单位共同联合举办第六届现代物流与智慧供应链高峰论坛，主题为：数智共享链启未来，本次峰会活动将邀请国内外知名交通物流企业 CEO、CIO、CTO、物流供应链总监、IT 信息总监等分享成功转型案例，展现云计算、大数据、智能制造、物联网、人工智能、供应链等行业应用的全景，展开精彩的演讲与探讨，探索新技术和创新如何驱动企业革新并引领业务增长，加速企业转型升级，推动产业技术快速向前健康发展。真诚的欢迎物流行业企业家前来参会，让我们业界同仁汇聚一堂，深度交流，开拓思路，面向未来！

此次供应链高峰论坛是由上海物流与供应链企业家协会、上海现代服务业联合会物流与供应链服务专业委员会、ITShare 智享会组织主办单位的。同时又有上海市商务委员会、上海市交通委员会、上海市发展和改革委员会、上海现代服务业联合会进行指导。还获得了上海市物流协会、上海市仓储行业协会、上海市交通运输行业协会、上海市国际货运代理行业协会、上海跨境电子商务行业协会、上海浦东现代物流行业协会、上海市航空学会、中欧校友物流与供应链协会的支持。

2019 年 12 月 11 日于上海

第十篇 逆向物流

10.1 逆向物流大赛

"云丰杯"第三届全国逆向物流设计大赛在上海海事大学成功举办

2019 年 10 月 26 日，第三届"云丰杯"全国逆向物流设计大赛决赛暨 2019 逆向物流高峰论坛 26 日在上海海事大学临港校区成功举办。本次大赛在中国运筹学会、上海市教育委员会、上海市学位办、上海市商务委、全国物流职业教育教学指导委员会、全国物流标准化技术委员会逆向物流标准化工作组、上海市管理科学学会物流和供应链专业委员会的指导下，由上海市物流协会、上海市运筹学会、上海市物流学会主办，上海海事大学和上海第二工业大学承办。大赛吸引了上海交通大学、复旦大学、北京理工大学、上海大学等高校的团队积极参与，共有 333 支团队报名参赛，1300 余名学生参与。最终进入决赛的共有 40 支代表队，他们分别参加高职组、本科组和硕、博研究生组的角逐。

本届大赛新增了逆向物流高峰论坛，关注当前全球逆向物流发展趋势和新技术、欧美日逆向物流发展、我国逆向物流发展机遇与挑战及现阶段商业模式与创新等前沿性研究主题。本次论坛的参与嘉宾包括中国科学院数学与系统科学研究院研究员胡晓东博士、上海交通大学安泰经济与管理学院朱庆华教授、英国伟尔集团中国总裁吕建中博士、南开大学商学院李勇建教授、中国物流学会副会长郝皓教授以及上海善衣网络科技有限公司 CEO、飞蚂蚁平台创始人马云等。

经选手们激烈比拼和评委们严格评议，最终，来自全国各地的 40 支队伍分获金象奖、一、二、三等奖、优胜奖、优秀创意奖及金丰祥云奖。代表逆向物流设计大赛最高奖项的最佳金像奖被安徽工程大学"不忘初心"队获得。闭幕式上，大赛组委会向获得获奖队伍分别颁发了奖牌和奖金。

10.2 逆向物流行业活动

上海市物流协会逆向物流分会出席协会第三届第二次会员代表大会暨理事会

2019 年 3 月 27 日，上海市物流协会逆向物流分会的代表在上海大酒店上海厅出席了上海市物流协会第三届第二次会员代表大会暨理事会。市交通委饶小兵老师、市商务委朱冰心老师、市发改委吴保峰博士及市社团局张春桂老师等市政府物主管部门领导、协会监事长出席会议。协会秘书长刘鹰老师主持会议。

会上，浦静波会长进行了关于协会 2018 年工作总结和 2019 年工作设想的报告，并汇报了全国物流标准化技术委员会逆向物流标准化工作组成立、我国首个逆向物流国家标准《非危液态化工产品逆向物流通用服务规范》（GB/T34404-2017）正式实施及第二届“云丰杯”逆向物流设计大赛成功举办等诸多亮点。同时，浦静波会长就老旧汽车、废旧电池、废旧金属、电商回收等领域的逆向物流研究发展进行了展望与设想。逆向物流分会的发展，离不开上级领导的鼎力支持，同时也需要更加民主规范的章程报告作为指引，从而推动逆向物流健康快速稳定的发展。

张悦来、陈震、固晨曦三位副秘书长分别进行了关于协会章程修改说明、关于理事、副会长调整增补以及关于会费收取补充意见的报告，与会代表和理事对三个文件进行了审议。最终大会文件以投票或举手的方式予以通过。

市政府主管部门领导在会上作了讲话，并同市物流协会一起梳理了主要工作计划，对市物流协会提出了殷切希望。主管部门领导希望市物流协会的会员及理事能够在拓展物流发展新空间中发挥更大作用，从而实现政、协、企共同推进，更好辐射长三角，服务全国。

此次上海市物流协会第三届第二次会员代表大会暨理事会圆满结束。逆向物流分会不仅借以回顾过去一年所取得的成果，也了解到即将由上海市举办的长三角供应链创新应用大会的情况，这些都有利于我们逆向物流分会的内部治理与规范化建设，从而在 2019 年里做出更优异的成绩！

郝皓教授在 LogiMATChina2019 展览会主论坛作大会报告

2019 年 4 月 15 日，国际内部物流解决方案及流程管理展览会（LogiMATChina2019）于上午 9:30 在上海新国际博览中心 N3 馆隆重开幕。本次展会展示面积超过 1.3 万平方米，100+ 品牌企业，50+ 场高端演讲，围绕智能、效率、创新主题，在为中国物流企业及人才提供最先进的物流技术及解决方案展示平台，助力中国物流科技化进程发展。

ChristophHuss、德国斯图加特展览公司副总裁 BernardMueller、商务部物流专家、中国仓储与配送协会副会长王继祥、中国仓储与配送协会副会长郁士祥、中国仓储与配送协会技术应用与工程服务分会秘书长郭雷潮、中国工程机械工业协会工业车辆分会秘书长张洁、ASCOM 国际供应链与运营管理学会副秘书长王宇女士等领导和嘉宾出席并讲话，中国物流学会兼职副会长、全国物流标准化技术委员会逆向物流标准化工作组秘书长、上海市物流协会逆向物流分会秘书长郝皓教授应邀在主论坛上做题为“全球逆向物流发展趋势与创新技术”的大会报告。

郝皓教授在“全球逆向物流发展趋势与创新技术”报告中对全球逆向物流发展趋势和新技术、欧美日逆向物流发展、我国逆向物流发展机遇与挑战和现阶段商业模式与创新等关键问题做了全面而系统地阐述，并呼吁产学研各界关注逆向物流的全球发展形势和中国创新需求，同时分享了我国逆向物流的5种商业模式、“第五利润源”和“主动式逆向物流（RLOM）”理论、4项逆向物流国家标准和行业标准发布实施、逆向物流标准化工作组（SAC/TC269/WG4）成立、“云丰杯”全国逆向物流设计大赛的成功举办。重点介绍了团队创新研发的全球首创RLOM主动式逆向物流平台系统以及18年来专注于逆向物流研究的其他学术及科研成果，该报告引起了与会代表的良好反响和高度评价。

本次主论坛报告是进一步推进逆向物流学术与应用研究的重要契机，也向国际学术界与企业界展示了全国物流标准化技术委员会逆向物流标准化工作组、上海第二工业大学和上海市物流协会逆向物流分会在逆向物流领域理论与实际结合研究的持续性和高度专注力，提升了在国际物流领域的影响力。

全国物流标准化技术委员会逆向物流标准化工作组2019年度工作会议成功召开

2019年9月11日，全国物流标准化技术委员会逆向物流标准化工作组（TC/269/WG4）2019年度工作会议在上海第二工业大学成功召开。

本次大会邀请上海市发改委、中国物流采购与联合会、全国物流标准化技术委员会及行业相关企业机构的领导出席，来自东方海外、东方久信集团、云丰国际物流、上海家化、赣州豪鹏、圆通速递、复旦大学、上海交大、上海大学、上海市物流学会、上海市物流协会逆向物流分会、上海市服务业联合会物流与供应链专业委员会、上海市质量与标准化研究院、上海市质协用户评价中心等近20家生产企业、物流企业、科研院校的30余名代表参加了会议。

上海市发改委处领导殷飞肯定了上海第二工业大学与郝皓教授团队起到的表率作用，提出了“标准先行，顶层设计”的观点，并期待听到每位与会专家的声音，期待看到团队的壮大，多方合力推进标准化工作。

上海现代服务业物流与供应链专业委员会常务副主任韩志雄肯定了郝皓教授的多个单项成果已经填补国际逆向物流领域的诸多空白，并且鼓励回收再利用及减量化应用深化，不断减少、杜绝逆向物流的发生。

接着，全国逆向物流标准化工作组秘书长、上海市物流协会逆向物流分会秘书长郝皓教授进行工作总结，汇报了工作组一年来获得的主要成绩，提出我们可以将阴阳思想等中国元素推广到世界以及如何在每个标准中植入可持续发展理念，并总结了在中联重科、“飞蚂蚁”回收平台等多家企业调研工作的心得。同时，郝教授也指出美国已在探索智能编码标签标准体系工作，我们需要加快步伐。最后指出了目前存在的问题与不足，并对下一年的工作重点进行了展望。

在接下来的发言中，各参会人员积极建言献策，进一步完善了工作组的发展目标。

上海市质量与标准化研究院高级工程师路欢欢指出工作组的定位应是交流学习的平台，并建议在制定标准化文件时要依靠委员们的合力，深入行业与企业的实际运作之中。

上海大学管理学院副院长镇璐教授提出可以与国外相关高校联合培养双学位人才，同时建议逆向物流的国际标准起草方向可以与一带一路相结合。

圆通速递有限公司高级总监周杨分享了绿色圆通战略体系的建设思路以及快递包装物减量化的现状与难题，这些给工作组带来了诸多启发。

上海市物流协会秘书长刘鹰提出国际标准的建设思路依然是行业 + 逆向物流，另外也现场探讨了如何回收快递周转箱和如何回收过期药品。

上海市物流学会秘书长陈震建议聘请专职人才专家进行调研、对接工作，同时要扩宽与物流以外的企业交流的渠道，加快产学研工作成果的产出；另外可每年开辟一个新领域，如废旧金属、电子仪器等大类。

除此之外，后续有刘建林提出调研还需要面向消费者，可通过抖音等新媒体进行宣传；颜家平提出工作组要联合大企业进行制定标准，这样制定的标准容易落地，同时要继续在国际论坛上大力发声，以扩大工作组的国际影响，有利于工作组的发展；牟屹东提出社会化逆向物流的标准是比较容易和迅速产生价值的，建议从此着手。但需要注意，各个物流企业内部有各自的标准，企业之间做协同相对复杂，同时指出如何在通用性和实用性上达到平衡是我们可以共同探讨的问题。

会议后期，由中国物流与采购联合会专家委员会主任，逆向物流标准化工作组组长戴定一作总结发言，并指出产业化的重要性，强调要将废弃物的社会问题转变为逆向物流的产业，形成逆向物流的商业案例。同时需要扩大产业化的规模，完善分工协作体系，只有这样才能使逆向物流永远充满着活力。

最后，会议进行了两场专家论坛与逆向物流设计大赛回音壁的环节。上海交通大学研究员陈铭分享了“我国汽车产品回收利用的法规与标准体系”；赣州市豪鹏科技有限公司部门经理宁志敏分享了“国内外电池回收利用体系建设进展”；上海第二工业大学陶世鹏作了“我在大赛中的成长与反思”的分享交流。

RLOM 主动式逆向物流平台系统受邀参展 2019 全球物流技术大会

2019 年 3 月，“主动式逆向物流 RLOM 平台体系标准”受全球物流技术大会之邀参展，该项目通过现场讲解、图文展示等形式，展示了标准化工作组近年来在逆向物流领域具有较强应用性的最新技术成果，吸引了大批观众驻足观摩交流，获得了社会及媒体的好评。

RLOM 主动式逆向物流平台系统受邀参展第二十一届中国国际工业博览会

第二十一届中国国际工业博览会于 9 月 17 日在上海国家会展中心开幕。今年工博会的主题为“智能、互联——赋能产业新发展”。在 6.2H 展馆 E033 展位上，郝皓教授携“RLOM 主动式逆向物流平台系统”亮相展会。

上海市物流协会逆向物流分会秘书长郝皓教授团队研发的“Rlom 主动式逆向物流平台系统”吸引了众多业内专家、企业负责人和市民观众的目光。该系统囊括了全生命周期追溯跟踪、预防减少、信息管理、产品矫正、绩效管理、大数据分析、计划预测、应急管理八大环节，可对接企业正向物流系统、第三方电商、物流公司、仓库系统等，实现产品全生命周期的管理。基于物联网的后台可视化数据屏幕，可实时观察碳排放量、成本及利润的变化量等各种数据，供大数据决策分析。采用智能分拣技术，大大提升了分拣效率，准确性达到 99.8%。基于物联网的追溯管理系统可追踪管理产品逆向处理进程和流向，结合不可篡改的区块链技术，使溯源数据更真实可信，快速有效解决逆向物流难题。

据此，不少企业厂商、专家学者主动询问交流，在充分肯定了郝皓教授团队成果所带来的效益的同时，与郝皓教授互留名片，期待与郝皓教授团队进一步交流与合作。

工博会期间，上海第二工业大学校长俞涛、经管院顾书记、卓院长亲临展台，指导工作；中共上海市教育卫生工作委员会副书记、上海市教育委员会主任陆靖、教育部科技发展中心副主任刘红斌、上海市教委巡视员蒋红、教委科发中心主任陆震等一行人分别前往展位参观，并听取了郝皓教授工作及参展项目情况介绍。

工博会历经20余年发展，始终践行创新引领发展，促进科技与社会经济深度融合，已成为助推全球工业技术、产品交流和交易的重要平台，是建设具有全球影响力的上海科创中心的重要载体之一，也是中国工业经济领域创新规模最大、功能最全、水平最高的展览盛会之一。

在此盛会上，郝皓教授团队的“RLOM主动式逆向物流平台系统”荣获第二十一届中国国际工业博览会高校展区“优秀展品奖”，这充分肯定了郝皓教授团队的成果，同时也为本次参展画上了圆满的句号。

调研“赣州豪鹏”

2019年12月5-6日，全国物流标准化技术委员会逆向物流标准化工作组(SAC/TC269/WG4)秘书长、上海市物流协会逆向物流分会秘书长郝皓教授一行来到国家级高新技术企业——江西省赣州市豪鹏科技有限公司，调研新能源汽车动力蓄电池逆向物流发展情况及标准化事宜。

赣州市豪鹏科技有限公司总经理区汉成向工作组介绍了“赣州豪鹏”业务模式、发展现状、企业痛点、标准化过程等。

“赣州豪鹏”是主营业务为废旧新能源汽车动力电池回收及梯次利用，废旧电池无害化和资源循环利用企业，是国内最早从事废旧二次电池回收及加工利用的国家级高新技术企业之一，2017年8月被工信部认定为首批国家级绿色工厂。2018年7月成为工信部第一批的《新能源汽车废旧动力蓄电池综合利用行业规范条件》企业名单（全国仅五家），核心业务为废旧动力电池回收、动力电池梯次利用、废旧电池无害化处理、电池材料生产，希望共同构建电池循环利用闭合生态圈。

目前新能源汽车动力蓄电池逆向物流存在的主要痛点是：退回动力蓄电池的数量与时间不确定，对退回动力蓄电池有效期、以前的相关数据无法进行有效追溯，处理退回物品缺乏自动化设备，耗费了大量的人力成本，存在一定的安全隐患。

会后，双方表示共同努力攻关逆向物流的瓶颈问题和标准化问题，解决企业、行业的痛点，真正实现逆向物流的“第五利润源”。此次会谈，为今后双方在逆向物流领域纵深拓展奠定了一个良好的基础和开端。

调研张家港国家再制造产业示范基地

12月9日，全国物流标准化技术委员会逆向物流工作组（SAC/TC269/WG4）秘书长、上海市物流协会逆向物流分会秘书长郝皓教授一行前往张家港国家再制造产业示范基地进行调研。

清研再制造产业研究院标准所副所长徐强陪同郝皓教授等参观了电池拆解的产地以及电池处理的实验室，在现场详细介绍了各种电池回收、拆解、处理等操作过程。工作组成员对梯次利用流程有了进一步的认识。

参观后，工作组与清研再制造产业研究院标准所副所长徐强在会议室展开座谈。郝皓教授首先从成立背景、工作介绍、已取得的成绩以及未来定位四个方面对全国物流标准化技术委员会逆向物流标准化工作组（SAC/TC269/WG4）做了详细介绍。然后，清研再制造产业研究院标准所副所长徐强表示，清研再制造团队在动力电池的回收及梯次利用的技术研究、政策标准等几个方面已积极开展工作并都取得了阶段性进展，希望从课题、逆向物流标准化等方面与工作组紧密合作，力争取得更大的进展和突破。

郝皓教授代表工作组感谢清妍再制造团队的热情接待，表示工作组的目标就是要为企业、行业解决标准化方面的痛点问题，将为推进回收制造产业的可持续发展提供有力支撑。此次会谈为今后双方在逆向物流标准化领域里进行合作奠定了一个良好基础，创立一个良好开端。

2019 年 12 月 20 日上午，全国物流标准化技术委员会逆向物流标准化工作组（SAC/TC269/WG4）秘书长、上海市物流协会逆向物流分会秘书长郝皓教授率队前往上海国际汽车城，调研新能源汽车动力电池回收产业及逆向物流标准化事宜。郝皓教授与电池循环利用和回收的相关负责人李总等共同研讨了新能源汽车逆向物流标准编制工作。

会上，首先由郝皓教授提出了申报新能源汽车动力电池回收标准的事宜，李总表示这是比较好的端口。双方就我国今后建立新能源汽车技术标准、安全标准和数据标准展开了讨论。

随后郝皓教授向李总介绍了其课题组正在进行的科委项目，介绍了进行该项目的意义，李总表示该项目跟其单位进行的工作相关度非常高，并提出了新能源汽车动力电池回收目前存在的一些问题，双方就存在的问题给出了自己的一些建议，以便于后续电池的回收和梯次利用。

此外，郝皓教授李总展示了其团队研发的全球首例 RLOM 主动式逆向物流平台，并邀请李总等人来实验室参观。

双方共同认为推进新能源汽车动力电池回收逆向物流标准化体系对于促进动力电池的回收是非常有意义的一件事情。在会议上，双方初定了不定期交流的工作机制。为今后双方在新能源汽车动力电池回收逆向物流标准化领域里进行合作，奠定了一个良好的基础，创立了一个良好的开端。

10.3 逆向物流学术研究文摘

中国汽车逆向物流发展及物流系统建设分析（上）

摘要：随着我国汽车保有量的持续增长，汽车产品的生命周期逐渐缩短，更新速度不断加快，与汽车产量增长相伴生的是因产品质量引起的退回、产品召回以及报废汽车的回收等问题日益严重。本文从汽车逆向物流的内涵出发，在中美汽车逆向物流发展情况对比的基础上，对汽车行业逆向物流的发展机遇进行了分析。

关键词：汽车逆向物流、循环经济、发展机遇

来源：《物流技术与应用》作者：郝皓 张继 孙亦辰 陶世鹏

双渠道回收成本差异下的闭环供应链定价策略与协调机制

摘要：基于互联网平台的线上回收商是现有电子废弃物回收体系的有益补充。本文考虑传统分销商和线上回收商之间的回收成本差异以及回收产品的可再制造比例，构建了制造商、分销商和线上回收商之间的Stackelberg博弈定价模型，分别给出了分散决策和集中决策下双渠道的最优回收定价和利润，通过数值仿真分析了可再制造比例、回收竞争系数、消费者回收价格敏感系数等因素对回收价格、回收量和利润的影响。最后，使用收益成本共享契约来实现供应链帕累托改进，并用数值算例来验证协调契约的效率。结果表明：集中决策下整个闭环供应链的利润水平达到最高，分散决策下存在双重边际化的问题而导致效率损失。可再制造比例、回收渠道竞争系数、消费者对回收价格的敏感系数、差异化回收成本与产品回收量、供应链利润呈相关关系。通过设计收益成本共享契约能够有效地改进闭环供应链效率、提高各方利润，且制造商、分销商和线上回收商都有主动实施契约的动力。

关键词：闭环供应链；双渠道回收；Stackelberg博弈；可再制造比例；收益成本共享契约

来源：《中国管理科学》2017年12月第12期第25卷作者：朱晓东 吴冰冰 王哲

Forecasting the number of end-of-life vehicles using a hybrid modelbased on grey model and artificial neural network

Abstract: This paper aims to better manage the reverse supply chain of the automotive industry in the context ofgreen, circular, and sustainable development by predicting the number of end-of-life vehicles to berecycled through the establishment of a multi-factor model. The prediction of the number of end-of-lifevehicles to be recycled in this paper will support the end-of-life vehicle recycling industry in terms ofrecycling management and investment decision-making and provide a reference for the formulation andimplementation of policies relating to end-of-life vehicles. Tosolve the problems posed by nonlinearcharacteristics and uncertainty in the numberof end-of-life vehicles recycled, and deal with the multiplefactors influencing the recycling number, this paper presents a combined prediction model consisting ofa grey model, exponential smoothing and an artificial neural network optimized by the particle swarmoptimization (PSO) algorithm. Using Shanghai's end-of-life vehicle reverse logistics industry as anexample, this study selects historical data about end-of-life vehicles recycled in Shanghai during the2005—2016 period, identifiesmultiple influential factors, and validates the effectiveness and feasibility ofthe prediction model through empirical research. This paper proposes an effective prediction model forend-of-life vehicle industry managers, researchers, and regulators dealing with the industry's commonchallenges.

Keywords: Forecasting; End-of-life vehicles; Grey model; Artificial neuralnetwork; Reverse logistics

来源：Journal of Cleaner Production 作者：郝皓 张骞 王治国 张继

不同模式下逆向物流库存控制的分析与研究

摘要：科学技术的不断进步，使得产品更新和换代的速度加快，生命周期大幅缩短，废旧产品的数量大幅增加，以合理利用、妥善解决废旧产品为主要目标的逆向物流活动受到社会越来越高的重视。逆向物流活动中一个重要的组成部分就是库存控制，在逆向物流库存控制过程中可能面临着正向与逆向双货源的问题、回收产品的品质差异性问题和回收产品数量随机性等问题，使得逆向物流的库存控制与管理更加复杂。本论文迎合我国逆向物流发展的新形势，探讨不同的物流运作模式下的库存问题，选题无疑对有效降低逆向物流运作成本，促进逆向物流活动的发展大有裨益。论文在国内外相关理论研究的基础之上，对逆向物流进行系统的分析，并针对不同模式下逆向物流库存管理的不同特点，构建了双源的库存控制模型与可以分批次取货的逆向物流库存与路径联合优化模型。在双源库存控制模型中，分析了逆向物流过程中经过回收处理的零部件回流对制造企业零部件库存控制的影响，推导出双货源条件下使总库存成本最低的订货批量以及对回收加工处理产品的处理批量，从而实现双货源条件下库存的优化管理；在可分批取货的逆向物流与路径联合优化模型中，考虑多种类、多品质产品对库存的影响因素，采用模糊聚类分析法对回收物品的重量、体积和价值等模糊聚类，针对不同类别的物品单位库存成本不同，构建了包括库存持有成本、运输成本和车辆的固定成本考虑在内的总成本最低的可分批取货的多种类零部件回收的库存路径模型，采用遗传算法的双层染色体编码的方式进行设计并给出具体的算例。最后，总结展望了本文研究的主要内容和方向。

关键词：逆向物流；双源库存；库存控制；遗传算法；双层染色体编码

来源：北京交通大学硕士论文 2018 年作者：刘倩

基于服务外包的汽保售后服务商逆向物流协同及实证研究

摘要：近年来，随着汽保产品生产企业广泛地将售后服务外包给外部服务商，许多企业在售后服务外包之后遭遇到了诸多与外包服务商之间逆向物流协同的问题。尝试性地对基于服务外包的汽保售后逆向物流协同进行了定义，并认为双方协同运作的过程决非只有外包服务商单方面的努力配合，而更是生产企业与服务供应商双向的紧密联动，这一协同包括了四方面的要素。在此基础上，提出售后逆向物流的外包服务商协同模式。该模式的主要构成因素有：信息实时共享、联合反向预测与补货、回流及决策同步化、协同激励、售后逆向物流外包整合流程、基于时间窗的售后逆向物流外包协同绩效系统。接着，进一步就协同模式提出了外包服务商协同对绩效影响的假设，对假设进行了回归验证并识别出供应商协同 3 个核心要素的协同变量。最后，由实证研究分析和访谈调研结果证明，服务外包只有建立在合作双方有效协同的基础上，才可能有更长远的成功。

关键词：服务外包；协同；逆向物流

来源：《重庆师范大学学报》作者：郝皓 邬星根 唐国春

自营回收模式下再制造逆向物流网络多周期多目标选址规划

摘要：考虑再制造回收的不确定性，及多周期和多目标的特点，构建四级再制造回收网络，提出自营回收模式下的再制造逆向物流网络选址规划模型。采用改进遗传算法对模型进行求解，从备选地址中确定各类物流设施的最优策略。算例结果表明，回收量对选址的影响较小，社会负效应目标系数对选址影响较大。

关键词：再制造；自营回收模式；多周期；多目标；选址规划

来源：《系统工程》2018 年 9 月第 36 卷第 9 期作者：周向红 成思婕 成鹏飞

顾客体验视角下逆向服务优化的科学意义

摘要：我国整体经济形态正处于向服务经济转型的关键阶段，客户需求已逐步从实用层次转向体验层次，如安全感、身心愉悦等。近年来，国内一些企业片面追逐经济利益而引发的“安全事件”以及网上购物的普及，促使客户和政府要求企业对“终身服务”、“绿色低碳服务”、“投诉退换”以及废旧回收等担负更大的责任，实行有效的逆向服务。首次提出“逆向服务”的概念，并对其“客户拉动式”、个性化、绿色低碳和可循环性的特性展开阐述。综述相关领域的研究现状和发展动态，阐述从顾客体验视角进行研究的科学意义，包括独特性、系统科学性和绿色可持续性。最后对该领域研究的空白和未来趋势进行总结。

关键词：逆向服务；优化；客户体验

来源：《上海第二工业大学学报》作者：郝皓 唐国春

A Multi-objective and Multi-period Optimization Model for Urban Healthcare Waste’s Reverse Logistics Network Design

Abstract: Various types of healthcare waste (or medical waste) generated by urban healthcare activities have increased due to the expansion of urban population and medical needs. As healthcare wastes are harmful to both the environment and human health, managing medical waste is becoming progressively more important. Constructing an optimized medical waste recycling network is one of the key problems in the management of urban healthcare waste. This paper conducts a two-stage reverse logistics network design for urban health-care waste. The first stage involves the prediction of the amount of medical waste. Based on the Grey GM (1,1) prediction model, the amount of medical waste in multi-period of the target hospitals is predicted. In the second stage, a multi-objective model aimed at minimizing operating costs and minimizing environmental impact is developed for facilities allocation decisions, which include the configuration of key facilities such as hospitals, collection centers, transshipment centers, processing centers, and disposal sites, as well as medical waste flow control among facilities. A dynamic approach for the healthcare waste reverse logistics network is constructed by combining the Grey GM (1,1) prediction method with multi-objective optimization model. Sensitivity analysis of key parameters has been performed to analyze their impact on network performance. Some insightful management practices have been revealed.

Keywords : Healthcare waste management; Reverse logistics network design; Grey prediction model; Multi-objective optimization

来源：: Journal of CombinatorialOptimization 作者：zhiguo Wang，LufeiHuang，CiciXiao He

循环经济下我国动力电池回收逆向物流发展对策

随着经济快速发展，国民生活质量不断提高，消费者对汽车的购买力显著增强，机动车行业呈现出高需求与大规模的特点，与此同时，由汽车发展带来的环境问题也日益严重。考虑到环境保护以及资源有限的问题，新能源汽车产销在政府和生产商的推动下，近年来呈高速增长。据统计，2018 年我国新能源汽车产、销分别为 127 万辆和 125.6 万辆，比 2017 年同期分别增长 59.9% 和 61.7%，未来新能源汽车行业仍将维持快速增长，由此带来的报废新能源汽车面临的回收及废弃处理问题，将成为热门话题。

随着新能源汽车数量的增长，作为新能源汽车“心脏”的动力电池，其市场需求也在逐年增加，数据显示，截至 2017 年底，国内动力电池总产能达到 135GWh。目前市场上流通的新能源汽车的质保期多以 5 年或 8 万千米为标准，若照此标准计算，2009—2012 年推广的新能源汽车或行驶里程接近 8 万千米车辆的动力电池已经到了需要更换的标准，2019 年新能源汽车动力电池报废的大潮即将来临。废旧动力电池作为新能源汽车的核心部件，当前面临一系列困境，其中包括回收体系不健全、回收模式不完善、循环利用率不高、规范性不标准等问题，目前已经引起政府及相关企业的高度重视。2018 年，工信部等七部门联合印发的《新能源汽车动力蓄电池回收利用管理暂行办法》中明确提出，落实生产者责任延伸制度，汽车生产企业承担动力蓄电池回收的主体责任，相关企业在动力蓄电池回收利用各环节履行相应责任，保障动力蓄电池的有效利用和环保处置。新政策的实施不仅对动力电池回收行业的发展起到有效指导作用，更是在提高公众循环低碳环保意识方面具有重要意义。由于新能源汽车动力电池回收逆向物流自身的特性，在产生时间、地点及数目上存在不确定性，而且较分散，运营效率与经济效益无疑是企业需要面对并解决的首要问题。对政府和公众而言，因回收而带来的环境污染以及资源浪费问题亟须解决。本文结合当前动力电池回收难的问题对动力电池回收逆向物流发展方面提出建议，引导企业关于动力电池回收做出合理的相关决策，为政府出台动力电池回收逆向物流相关政策提供参考依据，为循环经济可持续发展提供支撑。

作者：郝皓 张继

第十一篇 物流装备技术与物流标准

11.1 物流装备技术

11.1.1 综述

数字化物流开启万物互联新时代

——中物联副会长蔡进在第四届全球物流技术大会上的讲话节选

由中国物流与采购联合会主办的“全球物流技术大会”已成功举办了四届，在国内外顶尖物流技术开发与应用企业、研究机构、专家学者的积极支持和参与下，对物流技术的全面提升、发展与应用起到了积极的推动和促进作用，成为全球最前沿物流技术开发和应用成果的全景展现平台。

蔡进：数字化物流开启万物互联新时代

万物互联的数字经济时代呼之欲出，数字化的物流正是引领数字经济发展的排头兵。

物流行业发展有哪些新特点?

当前物流业发展进入了转型升级的新阶段。**新特点之一就是由原来的规模扩张转向高质量发展。**突出体现在物流的组织方式发生了巨大变化，由原来的传统物流向供应链创新转变。这是最根本的变化，也是物流转型升级的一个非常重要的抓手。**新特点之二就是现代物流组织方式与现代科技密切融合。**当先进的科学技术和现代组织方式融合在一起的时候，就能够形成一种创造价值的能力。这种融合很重要，在整个物流领域，以及供应链创新过程中，大大提升了现代科学技术应用的能力。**新特点之三就是整个物流已经突破边界，**向上游的生产领域和下游的运营场景延伸。通过物流供应链的创新，形成整个产业链，继而构建整个价值链。以上三点既是物流行业发展的新特点，也是重要突破!

新阶段物流企业如何应对?

物流企业一定要做服务，延伸服务链。不能仅仅停留在单一的运输、仓储，或者运输加仓储上，要从模块化的功能转变为供应链无缝链接的物流组织流程。这种服务主要体现在三个方面：一是推进企业和企业之间的资源整合；二是推进上下游产业链的流程优化；三是供应链过程中的组织协同。参与供应链中的这种组织协同，既是物流企业未来所面临的挑战，也是机遇！物流企业要在变化的过程中得到提升。

物流装备和技术领域最新发展趋势

2019 全球物流技术大会上我们提出了产业服务化发展趋势，我认为，物流装备技术企业一定要走服务化的道路，通过服务形成价值空间，而不仅仅是提供产品。形象地说，就是从过去的卖产品送服务，转变为送产品卖服务。这是一种服务化的过程，在这个过程中，通过服务形成价值链，进而形成企业发展的坚实基础。

我国物流技术发展的国际比较

我们的技术水平，从硬件方面看，与发达国家的差距不大，有些甚至是领先的，特别是一些新技术的应用，有的已经超过了一些发达国家。从软件方面看，我们的差距主要表现在组织方式和组织能力上。当前我们的供应链还处在初级水平，还停留在企业和企业之间的整合，以及流程的优化上，发达国家基本上已经处在协同层面，以及产业之间的融合上面。

数字化物流是引领数字经济发展的排头兵

不是单个技术，而是各种技术，比如人工智能、区块链、云计算，大数据、5G、6G 等等的整合，才能引领和推动物流行业的发展。在这些技术中间，哪一个是纲呢，可以起到纲举目张的作用，或者说可以起到引领未来方向的作用？我认为是大数据。在各种技术综合的基础上，形成了大数据。大数据是各种技术应用的一个结果。第一阶段是数据挖掘；第二阶段是数据应用，通过数据的应用和数据化的运营，提供精准分析，为决策提供最优方案，创造价值；第三阶段是要把数据形成资产。在技术应用过程中间，最终形成的就是数据化。当前信息化时代正向数据化时代转型。我们希望通过物流行业的这种转型升级，能够起到这种引领的作用。物流数据是最实用、最有价值的数据。

寄语 2020 全球物流技术大会

我希望全球物流技术大会能够对物流行业发展起到引领作用，能够使行业内企业对未来的高质量发展趋势达成共识。2019 全球物流技术大会提出了物流装备技术领域一定要走服务化的道路，这就是大的方向。今年，我们要在这个基础上进一步细化，落地。在找到方向和切入点的基础上，还要有抓手，要通过物流装备的服务化，通过供应链创新来推进整个物流业高质量发展。引领行业发展的基本趋势和基本方向，是我们大会的根本宗旨，也是我们服务的最高境界。

来源：中物联物流装备专业委员会

物流装备市场回顾与展望

2018 年，物流咨询行业呈现出非常显著的时代特征，所服务的客户无不强调及要求物流方案务必要达到“AGV 化”和“自动化”，从而实现“智能化”。90% 以上的物流咨询方案中都大量使用 AGV 和自动分拣设备，电商库和快递库尤甚；紧随其后的是工厂的物流中心。

在最后一公里配送领域，“无人配送”热闹非凡，智能配送机器人上路，无人机山区投递，自动收货箱入小区……大有你方唱罢我登场之势，各路人马纷纷加入、积极亮相，一度出现实现“无人化”即为最先进的错觉！物流咨询行业既迎合，又助推了这种不成熟市场的氛围。

不过，2018 年毕竟处于经济危机后的调整期内。受全球经济下行压力增大的严峻环境影响，市场需求疲软，订单严重萎缩，资本寒冬到来，大量迎合市场匆忙加入 AGV、自动化分拣设备、无人配送领域的企业均难以为继。为客户提供解决方案的物流咨询行业，同样如此。

一、迎合并助推市场热度，将智能化简单等同于“AGV”和“自动化”

客观来看，2018 年物流咨询行业整体明显下行，太过流于表面概念炒作。

物流咨询行业的从业者们，积极推广使用先进物流技术、自动设备，原本是正向的行为。因为通过仓库设施或配送领域的自动化应用或改造，来代替越来越难找且日益昂贵的操作工人，可以化解企业用工难的窘境。

然而，如果物流咨询公司在解决方案中，重心倚重在 AGV 或者一些自动化设备，那么，离智能化管理的目标则相去甚远。

设计完整且更加高效的存储方案、拣选方案、配送方案，符合实际情况的布局方案，适合的设备组合方案，以及合理的投资方案、信息追溯方案、资源共享方案，实现供应链最优化等等，才是智能化的核心。

迎合市场热度，提供不实用、不适用的物流咨询服务，其结果是项目落地性不强，进而会拉低整个物流咨询行业的服务口碑。

二、一线城市高标准且灵活的仓库需求，增加了物流咨询行业的业务

随着物流业高速发展，越来越多的人将目标聚集到行业细分领域，仓储物流成为其中一大热门领域。在北上杭深等一线城市和经济发达的二线省会城市，优质仓库近几年一直处于供不应求的状况，这主要出于两方面的原因：

一是维持一个城市的正常运转，尤其是人口众多的特大型城市，要解决千万级人口最基本的衣、食、住、行、医，就需要大量的仓储设施、物流配送来支撑；此外，市政、道路、住宅、办公、商业、学校、医院、体育设施等建设和修葺用的材料，也离不开仓库中转存储和配送。

二是由于电商迅速发展，仓储物流是电商的核心基础，造成对仓储设施的需求激增，而市场中原有仓储设施很大一部分并不适合电商物流的操作要求；另一方面，在一线城市和经济发达的二线城市，仓储土地供应本就短缺，如今又加大了缺口。这也是近年来资本密集进入此领域的原因，投资回报率很高且稳定。再加上物流政策的支持，对违规违建的拆除，使得优质仓库的投资回报远高于同地段的办公楼宇。

值得一提的是，优质好用的仓库必须要先有顶层设计，才能进行下一步的招标和施工建设。

三、制造业的生产物流咨询服务呈上升态势

经济危机后的调整期，各国都在重新重视制造业等实体经济发展。制造企业自身有大量生产物流咨询服务需求，同时也要求其产业链上下游企业必须要加强物流顶层设计，加强供应链体系建设，以保证能快速响应市场需求，同时降本增效，让利于最终消费者，从而增加其市场份额。

同时，物流咨询服务的内容也变得更多、更全面，不再仅仅局限于某项或某几项范围中，例如自动化物流设备的购买、信息系统的实施等等，而是基于整个供应链体系来制定物流咨询方案，并将方案落地实施。

四、2019 年物流咨询需求将呈现新变化

总体来看，物流咨询的需求在 2019 年将呈现全面开花、齐头并进的发展态势，以下一些要点值得关注：

（1）与农村相关的农产品、食品冷链物流咨询服务，将正式大规模提上日程。

（2）制造业生产物流咨询服务将再由汽车主机厂拉动提起。

（3）电商库、快递快运库，以及“最后一公里”配送方案等等，都将在 2019 提档升级。

（4）智能设备将持续在物流领域试验、应用和推广，将衍生出设备分析的需求。

（5）政府主导类物流园区将进入提档升级阶段，而企业主导类物流园区将再现拿地方案需求激增。

（6）物流咨询行业的公司也将进入重组期。

来源：亿欧网 2019 年 4 月 22 日

11.1.2 综合信息

国际经验对我国物流业发展转变的启发

当前我国物流业发展正处在从高速增长向高质量转变的关键时期，迫切需要借鉴国际经验，加快形成以服务创新、技术创新、组织创新、方式创新、体制机制创新等多元创新为动力的物流发展全新格局，为降低物流成本、构建现代化物流体系、实现物流产业结构调整和转型升级、加快建设物流强国提供有力支撑。

一、全球物流创新的主要路径与特点

自20世纪80年代以来，由于技术进步、全球化、资源环境条件变化、制度与政策调整等因素推动，发达国家物流产业出现了频繁多样的创新活动，形成了一系列新服务、新技术、新组织、新方式，极大地推动了物流产业的结构调整和转型升级，实现了物流效率的快速提升，逐步形成了知识技术资本高度密集、高效运行的现代物流体系。

（一）分工深化和专业化促进物流服务创新加速发展

随着经济发展水平的提升和物流产业规模的持续扩大，物流产业内部分工深化和专业化呈现加速发展趋势，促进了物流服务的多样化、细分化和专业化，使得新型物流服务及新兴行业加速涌现。

物流服务日益分化和专业化。在传统运输和仓储领域，出现了物流服务日益分化的新趋势，形成了许多新的专业服务领域和新兴行业。如按照商品类型和运输要求，形成了危险品运输、冷藏运输、快件运输等新的货运行业。

新兴物流服务加速涌现与专业化。在物流服务日益细分的基础上，物流企业探索和创新延伸服务、增值服务及第三方服务等新型服务。如运输中介服务，主要从事为货主和运输企业提供信息沟通、供求对接、运输优化等第三方的交易和管理服务。目前，美国有不同规模的运输中介企业超过1万家，为全美约11%的载货汽车和数十万家工商企业提供服务，在整合零散载货汽车运力资源方面发挥了重要作用。

物流资源要素服务日益专业化。物流产业的快速发展，带动了各类物流设施及信息、知识、资金等要素需求的增加，促进了相关服务的专业化发展。例如，在物流设施和装备方面，围绕运输枢纽、多式联运场站、仓库、集装箱、托盘、特种装备等，形成一系列专业化的投资、运营和租赁服务企业，不仅有效地提高了物流设施利用效率，也有效地降低了物流企业的投资压力。如普洛斯集团（ProLogis），是全球的仓库及配送设施的投资和运营企业，在北美、欧洲、亚洲等20多个国家和地区，持有和管理2523个、约4100万平米的仓储和配送设施，资产价值高达300亿美元，为全球4700家工商企业和物流企业提供仓储设施租赁及物业管理服务。

（二）现代信息技术成为物流技术创新的主导

在全面实现物流作业机械化、电气化和自动化的基础上，自20世纪80年代以来，发达国家进入以现代信息技术为主导的物流技术创新阶段，物流业成为信息化应用最为普及的行业之一。

推动物流活动全过程信息化。现代信息技术的应用起步于企业内部管理和物流操作各环节，由此推动了订单处理、仓储、配送、财务等环节的信息化，极大提升了各种物流活动的运作效率。

推动基于信息技术的技术创新。信息技术的广泛应用和全程信息化水平的提高，带动了基于信息技术的物流管理工具、作业方式、设施装备等方面的一系列创新和研发，为物流企业提供了如全球定位系统（GPS）等大量自动化、智能化的新型物流设施和装备，加速了企业信息管理系统、ERP等新型管理模式和管理工具的研发和应用，信息化逐步成为发达国家物流领域技术创新的主要途径。

促进物流各环节融合互动，推动一体化集成创新。进入新世纪以来，互联网等技术的兴起和广泛深度应用，极大地促进了物流各环节之间、企业之间的信息互通、流程对接和操作融合，逐步打破了物流领域传统的组织边界和技术束缚，实现了更大范围内的供应链体系整合，促进了流程再造、功能重组、商业模式创新等方面的集成创新，不仅带动了物流电商（e-logistics）等新型服务组织及运营平台的发展，也为资源整合方式创新提供了支撑和新途径。

值得注意的是，在全球气候变化和资源环境约束日益严峻的大背景下，发达国家的物流行业已开始转向以节能降耗为核心的绿色技术创新。例如，欧盟已于2012年开始实施冷链物流节能计划（ICE-E），为欧盟各国冷链企业绿色发展提供技术进步和研发创新支持。

（三）物流组织创新呈现大型化、集群化和平台化趋势

在全球化背景下，全球产业加快转移促进了全球物流体系大范围调整，加上日益专业化的服务创新和以信息技术为主导的技术创新的有力推动，传统的物流组织边界和网络体系逐渐被打破，为新型物流产业组织的孕育和发展提供了前所未有的机遇和市场空间。

全球物流巨头加速涌现。为适应全球化物流格局的形成和参与全球竞争，发达国家物流企业纷纷通过上市、并购、重组等方式加速全球扩张，一批具有影响力和服务能力的大型跨国物流企业加速涌现。例如，美国联邦快递（Fedex），在1971年成立和1978年上市时，只是从事本土航空货运的运输企业。在抢占全球市场的过程中，联邦快递经过数次大型并购和扩张，目前已成长为拥有16万名员工、1200个转运货站、10个航空枢纽、47000部运输车辆、634架货运飞机，服务网络覆盖220多个国家和地区的超大型物流企业，能够提供航空货运、快递、陆运、供应链管理等服务的“全球物流经营人”。

物流集群得到快速发展。与物流企业大型化相并行，发达国家大量专业化的中小物流企业，则加快向交通枢纽、制造业中心、大都市地区集中集聚，形成了一批具有完善物流产业配套、多样化服务功能、强大规模优势和整体竞争能力的大型物流集群，成为对接和支撑全球物流体系的骨干网络。如美国的芝加哥，曾经是美国最为重要的制造业中心、农产品贸易中心和运输中心。1980年以来，在美国制造业大量转移的背景下，芝加哥依托其优越的地理中心区位，借助综合运输枢纽优势，以及连接北美大陆的铁路、公路、航空、内河航运运输网络优势，大力吸引和集聚各类物流企业和发展多式联运，形成了规模庞大、功能健全、辐射集聚能力强大的大型物流集群，使芝加哥成功转型成为连接美国东西海岸、对接南北、联通全球市场的国际物流中心。2000年以来，芝加哥物流集群的年均增长率达到7%，铁路运输量达到全美的50%，公路运量占全美约1/3，航空货运量居全球第二。

多样化物流功能平台成为新型物流产业组织。在物流领域分工专业化深化和信息技术应用日益普及的背景下，众多中小物流企业采取共享资源、互助联盟等方式寻求创新发展，形成了包括物流园区、信息平台、知识创新中心等具有较强资源共享功能的一批新型平台组织。如欧洲的“冷库能源顾问”（ColdStoreEnergyAdviser）是一个专业化的信息平台和冷链创新中心，是由欧洲冷库企业、知名大学及专业研究机构共同发起成立的，主要针对降低能耗和促进高效节能技术的应用，为冷库企业提供信息技术咨询、推广培训、节能方案设计、管理工具研发等服务。

（四）服务方式创新加速物流资源整合与优化配置

伴随经济发展水平的提高，发达国家的物流设施、企业数量、服务能力日益丰富和多样化，迫切需要更加有效地进行物流资源要素的整合和优化配置，以更具效率的方式提供服务和创造价值，从而形成了一系列新型服务方式、商业模式及资源配置方式。

以多式联运为核心的综合运输服务方式得到迅速发展。多式联运是在水、铁、公、空等多种运输方式发展日益成熟和运力资源不断丰富的基础上，以运输单元标准化和整合优化利用多种运输服务能力为核心，形成的一体化的新型运输方式。国际上，多式联运发端于上世纪80年代国际集装箱的海铁联运和江海联运，并逐步拓展至铁水联运、公铁联运、空路联运、空铁联运等方面。目前，美、德、法等国港口集装箱的海铁联运比例分别为40%、30%和35%，江海联运比例也超过20%。多式联运的发展不仅实现了多种运输方式之间的分工合作和优势互补，而且促进了不同运输方式在运输组织、基础设施、物流装备、标准化及操作规范等方面的对接和一体化集成创新，极大地促进发达国家综合交通运输体系的形成和运输效率的提升。

以第三方物流为代表的专业化物流服务方式迅猛发展。第三方物流（ThirdPartyLogistics，3PL）是自上世纪80年代以来全球最重要的物流创新，是物流企业将运输、仓储等多种物流服务活动及资源进行整合。与传统物流方式不同，发达国家从事第三方物流服务的企业，基本上是没有运输仓储设施的轻资产企业，也不直接从事传统的运输和仓储服务，而是通过采购或外包运输、仓储服务，利用和整合社会物流设施资源，为工商企业提供一体化、综合性的物流管理服务。其核心优势是对工商企业物流活动的管理能力和对社会物流资源的整合能力。全球物流50强企业中的美国罗宾逊公司（C.H.Robinson），是典型的第三方物流企业，其2012年营业收入超过114亿美元，签署合作协议的运输供应商达53000个，可以调动的汽车超过100万辆、集装箱超过50万个，平均每年运输服务采购额超过40亿美元。

以供应链管理为核心的系统化物流服务方式正在快速兴起。进入21世纪以来，在信息化、全球化有力推动下，全球产业链重组进一步加快，连接上下游企业的物流活动也逐渐形成一体化的供应链，物流服务逐渐从服务单一企业转向服务供应链。物流企业需要系统梳理和整合供应链的各种物流需求，通过流程再造和整合供应链中的各种物流资源，形成面向供应链全过程的系统化、一体化的新型物流服务管理方式和服务体系。如发达国家近年来快速发展的冷链体系，已基本实现对肉类、水产品及奶制品的从生产到餐桌的全覆盖，蔬果的冷链经由率也已达70%以上，极大地减少了鲜活农产品的流通损耗，提升了产品品质。再如，香港的利丰集团（Li&FungGroup），是从事供应链管理和服务的代表企业，依托其良好的全球客户服务能力和在中国及亚洲的强大资源整合能力，为众多国际品牌和大型零售企业提供从原材料采购、定制加工、国际贸易到零售门店的供应链管理服务。

二、创新驱动物流产业加快转型升级

经过30多年的持续创新，发达国家不仅形成了一系列新服务、新组织、新技术和新方式，而且实现了物流产业的结构调整与转型升级，有效地促进了物流效率的稳步提升。

（一）推动物流产业结构升级

随着新型流服务组织、新兴物流行业的大量涌现和快速发展，近年来发达国家物流产业结构出现重大变化，形成了以运输、仓储为基础，以第三方物流、供应链管理等新兴物流服务业为主导，以物流设施及要素服务为支撑的现代物流产业结构。在美国，运输服务业在全部物流产业就业中的比重已下降到三分之一，而新兴物流服务业、设施运营行业的就业比重则不断上升，成为物流产业发展的新支柱。

（二）促进全球物流体系重构与提升

在全球化背景下，基础设施水平的提升和多样化新型物流组织的发展和集聚，推动了全球物流网络体系及主要枢纽的布局调整，形成了一批具有综合基础设施支撑、集聚庞大物流产业集群、能够提供多样化物流服务功能的大型物流枢纽或国际物流中心，极大地改变着各国在全球物流体系的地位和竞争优势。如西班牙阿拉贡省的萨拉戈萨市，自20世纪90年代以来，在地方政府和企业的推动下，利用其具有的欧洲区域运输中心优势和高速路网、机场、铁路等基础设施优势，通过发展多式联运、开辟国际航线、开发物流园区、引入美国麻省理工大学的全球物流知识创新中心等方式，吸引了数百家西班牙及欧洲的物流企业，以及欧宝、Zara 等一大批欧洲著名厂商，迅速成为欧洲南部最大的物流枢纽，并在冷链、时尚产品、汽车及零配件等全球物流体系中占据核心枢纽地位，在西班牙货运市场的份额已从成立之初的 2% 上升到目前的 15%。

（三）促进物流产业向知识技术密集型转变

在分工专业化持续深化和现代信息技术深度应用的推动下，物流产业的发展动力出现巨大转变。从传统上更多依赖物流设施装备及劳动力的大量资源投入，转向更多依靠物流管理知识、市场信息以及高素质的人力资源等创新要素，极大地推动了物流产业向知识技术密集型产业的转变。在全球物流百强企业中，不仅出现了 20 余家像美国罗宾逊公司这样的大型轻资产型物流企业，而且多数物流巨头都在加速向第三方物流、供应链管理转变。信息网络、物流管理技能、服务方案设计和资源配置能力，成为全球物流企业发展的新竞争优势。

（四）有效促进物流效率持续提升

20 世纪 80 年代前后，欧美国家都曾出现物流成本下降趋缓或停滞的局面。而随着多样化、深层次、大范围物流创新的出现和发展，极大地促进了全社会物流资源的优化配置和使用效率，有效地推动了发达国家物流成本水平持续稳步下降。如美国，物流成本占 GDP 的比例已从 20 世纪 80 年代的 16% 下降到目前的 8%。

三、制度创新是实现物流创新的必要基础

物流创新的实现，与发达国家顺应创新发展要求，持续推进市场经济体制完善和制度创新密不可分。

（一）放松管制和改革监管有利于释放创新活力

以美国为例，20 世纪 80 年代美国国会陆续通过斯塔格斯铁路法、公路运输法案，对交通运输业的规制内容和监管方式进行了重大调整和改革。一方面，取消了对铁路运输准入、运费定价、州际公路卡车运输等方面的限制；另一方面，解散了负责交通运输监管的州际贸易委员会（ICC），在美国交通部（DOT）下设立地面运输委员会（STB），负责对交通运输安全和运营管理方面进行规制和监管。上述改革措施有效地促进了各种运输方式、物流服务之间的相互竞争和合作，为美国物流产业创新发展提供了重要的制度保障。

（二）推进制度创新为物流创新开辟更大空间

仍以美国为例，一方面，在新的国家运输政策（NTP）中引入新的制度安排。如建立了“运输中介”制度，确立了多式联运、第三方物流服务、供应链管理企业与传统运输企业具有同等的法律地位，为罗宾逊公司等大型物流企业提供了全新发展机遇。另一方面，为物流创新设立专项制度安排。如出台多式联运地面运输效率法案（ISTEA），成立联邦多式联运办公室，推进了联运标准化促进行动、破除联运法律障碍、建立联运统计和信息交换制度等一系列制度建设，有力地推动了经济高效且环保的多式联运体系发展，为加快物流创新和提高效率奠定了制度基础。

（三）为物流创新提供有效支持和引导

为支持物流创新和加大知识、人才、技术、资金等创新要素投入，发达国家还探索和引入了一些新机制和新政策。例如，2000 年以来，欧盟实施了促进多式联运发展的马可波罗计划（MarcoPolo/MarcoPoloII）、冷链发展计划（Chill-on）、冷链物流节能计划（ICE-E）等一系列物流创新发展计划，并设立专项创新资金，用于支持形成政、产、学、研合作创新平台。欧盟利用这些创新平台，促进了相关物流领域的信息共享、合作研发、标准制定、人才培训和技术推广等，成为有效引导、支持、推广欧盟物流创新的新机制。

来源：物流北京网 2019 年 2 月 22 日

与时俱进，互联网对物流的影响与促进

一年多来，基础设施新的理念变革已经开始逐步被社会认可，阿里巴巴、腾讯、京东等也开始致力于提供商业基础设施运营服务。目前基础设施革命性变革正在推动经济社会全面重构，需要有新的理论思考。本文是作者结合近期思考，从新时代基础设施变革的角度出发，讲述互联网与物流是如何成为基础设施的，以及谈谈智慧的基础设施架构体系与本质，提出基础设施运营商的运营新思维。

一、互联网＋物流：基础设施的新变革

关于基础设施的概念，我们过去一般把它定义为：为社会生产和居民生活提供公共服务的物质工程设施，是用于保证国家或地区社会经济活动正常进行的公共服务系统。它是社会赖以生存发展的一般物质条件，是国民经济各项事业发展的基础。基础设施是现代经济社会的底层支撑系统，现代社会经济体系架构在基础设施之上。传统概念的基础设施往往指的是纯硬件设施，如水利、铁路、公路、水运、航空、管道、电网等物质工程设施。但是，随着互联网、物联网、云计算、大数据、人工智能、区块链等信息技术高速发展，基础设施开始软硬结合、虚实一体，向智能化、网络化方向发展，进一步推动了互联网与物流成为了新时代经济社会的基础支撑，成为了新的基础设施。

互联网的发展演变有以下几个阶段：（1）信息互联网阶段这时的互联网仅仅是一个信息传输技术手段，主要用于信息交流与沟通。此时互联网以信息门户网站和信息检索服务为主要特征，企业应用的互联网是“+互联网”，把互联网当技术手段，利用信息互联网作为沟通的工具。企业建网站是用互联网做品牌宣传与信息展示，互联网还飘在虚拟世界的天空，没有落地。（2）销售互联网阶段这个阶段信息互联网开始进入商务信息沟通领域，互联网技术与商务信息融合，实现了商务信息沟通与交易谈判的功能，推动了网络购物的发展，带来了商贸流通的电子商务革命；这个阶段又称为电子商务的发展阶段。（3）物流互联网阶段网上销售的订单达成离不开实物交接，电子商务交易的完成需要进入实体世界，通过物流完成实物交易。物联网技术推动了互联网与物流网实现虚实融合，推动了物流互联网发展，物流业进入“互联网+物流”的发展阶段。（4）产业互联网阶段互联网的边界通过物流互联网向下游延伸，连接了门店、商超、社区，推动了线上与线下销售融合，出现新零售变革；互联网边界向上游制造业延伸，出现制造业互联网变革，推动新制造发展，推动全球智能制造革命；互联网向金融领域延伸，形成金融互联网，推动了新金融变革等等这个时候互联网已经从虚拟世界的空中开始落地，连接了物理世界万事万物，让物理世界实现了虚实结合、互联互通的网络时代，互联网也就自然落到地上成为经济社会底层的操作系统，成为了新时代经济社会的基础支撑，成为了新的基础设施，推动了企业、社会、产业在新的基础设施上进行重构，让我们进入了一个前所未有的大变革时代。需要指出的是，新基础设施本质特征是互联网，但互联网不是新基础设施的全部，一个集成了互联网、物联网、云计算、大数据、区块链、移动互联网等技术，形成的虚实一体的信息物理系统（CPS）才是智慧经济时代的真正的新基础设施。

现代物流是具有流动特征的复合型产业，一边连着制造业，一边连着消费者。物流理念随信息化技术发展的不断演进，带来了现代物流的变革，并一步一步的推动智慧物流成为了新的基础设施。在信息不通的时代，没有现代物流理念，只有割裂的物流功能作业。信息化带来的现代物流的第一个变革是系统思想的引入。20世纪30年代，随着信息技术的发展和通讯手段的完善，让我们就可以沟通交流等各环节信息，把物流各功能性作业进行统筹的考虑、系统的统筹和进行计划控制，直接催生了现代物流理念，这是现代物流的第一次大变革。到20世纪80年代以来，随着信息技术的发展，

科学技术的进步，使得原料、在制品、制成品从供应到消费地的运动和储存的相关活动信息可以通过许多手段进行更方便地沟通，一体化的运筹。使得企业可以在研究客户需求信息的基础上，对物流作业各功能性环节的活动进行高效而经济的计划、执行和控制，从而现代物流进入到了一体化物流（logistics）时代。近年来，随着互联网信息技术的变革与发展，物联网技术的普及应用，物流与互联网融合给物流系统安装了智慧大脑，推动了智慧物流变革。智慧物流实现了一切流程数字化和一切数字流程化，物流系统的沟通、联网、运算、优化、运筹就更为方便，实现了物流过程中的信息流、资金流、商流四流合一与智慧运筹。智慧物流网络的边界通过扩展与延伸，让农业、制造业、商贸流通业实现全面互联互通并融为一体。智慧物流开始成为了经济社会系统的基础支撑，成为了新时代的基础设施。目前信息互联网与智慧物流网都具有了一定的公共属性，成为了国民经济与社会发展的重要根基，具有了系统、网络、链接的普遍属性，成为了国民经济与社会发展底层系统，成为了新的基础设施。这也是党中央在十九大报告中关于基础设施论述章节，第一次把信息网、物流网纳入基础设施范畴的重要原因。

二、新基础设施的架构与本质

传统的基础设施一般是静态的、物理的、信息割裂的。当互联网与物流网成为新的基础设施后，互联网把传统的基础设施连接起来了，也让信息流动起来了；而物流把实体的产品连接起来了，也让产品流与信息融合并流动起来了。新的基础设施具有流动性、数字化、服务化、互联互通的新属性，是以传统的交通与仓储等基础设施的网络为基础，以“互联网+物联网”为载体，以“信息网+物流网”为基础服务的支撑，形成的经济社会底层操作系统，具有智慧的属性。

（一）新基础设施是智慧时代的基础设施理念，第一次把信息网络纳入基础设施范畴，形成的是虚实一体、互联互通、智慧升级的基础设施服务体系。新基础设施架构的特点，我给概括为：一硬、一软、一网、一平台。一硬：指的是传统铁路、公路、水运、航空、管道、仓储等物质工程设施和实体物流系统；都是由物质型的硬件组成，是新基础设施硬件部分。一软：指的是以物流信息、资金流信息、商流信息三流合一的数字化为特征，以模型化、代码化、工具化、智慧化的软件处理为手段的虚拟信息流系统；都是由数字型的虚体组成，是新的基础设施的软件部分，代表着新基础设施的思维认知，是新基础设施的大脑。一网：指的是链接实体的基础设施硬件系统与虚体的基础设施软件系统，是实现基础设施全系统互联互通的重要基础，是支撑数据与物品流动的通道，是基础设施的神经网络，其载体是互联网+物联网。一平台：指的是新基础设施的共享服务平台。平台即是高度集成、开放共享的数据服务平台，又与物流实体网络融合，是高度集成的智慧物流服务平台。平台跨虚实两界、跨系统、跨领域，属于新基础设施的“设施”部分。

（二）新基础设施的本质特征是连接，是信息的连接和物流的连接。连接了制造商、供应商、销售商与消费者，必将推动企业供应链系统的全面重组，推动高效协同的新型供应链的组织形态建立，带来众多颠覆式的商业模式创新；连接了信息流、产品流、资金流、物流系统，将重构信息流、产品流、资金流、物流的运行模式，重建新的价值链和竞争格局。连接了企业内部市场、制造、销售、管理、技术与服务组织部门，将推动企业组织形态重构，重建新型的企业组织形态；连接跨越了各类产业边界，让不同的行业跨界融合，将重建产业价值链生态，推动众多颠覆式的跨界创新；连接了虚实世界将产生智慧（目前人工智能的最主要进展体现在连接主义，连接可以产生智慧），让传统的物理系统有了信息的感知、分析、决策、运筹、学习、提升和自动执行的功能，让物理世界具有了生命的觉醒，物理世界的进化进入智慧时代，软件重新定义物流系统。新的基础设施就是连接的深化带来的变革，把传统基础设施通过互联网链接起来，把经济社会中的信息、物流、金融的基础服务连接起来，就形成了提供经济社会基础服务的新支撑平台：智慧基础设施服务平台。

三、基础设施运营新思维

随着基础设施理念的变革，基础设施运营新思维应用而生，在新的基础设施平台上重新架构经济社会系统，将带来经济社会的重构，带来智慧时代的众多颠覆式创新，也带来基础设施运营商新的运营思维的全面变革。关于基础设施的运营是我考虑很久的一个问题。前几年，针对中国传统的基础设施建设的高速发展，考虑到基础设施对地方经济的拉动，我就提出过基础设施运营商的概念，认为基础设施运营是基础设施的后市场，空间巨大，商机巨大。五年前，到某高速公路集团调研，针对高速公路集团提出的该地区大量的高速公路建设已近尾声，企业已经具备了高速公路建设的丰富经验和建设能力，但未来随着本地高速公路建设项目减少，企业发展方向在哪里等问题，我提出：企业除了走出去，参与全球市场的基础设施建设之外，还有一个最好的策略，那就是转型成为：基础设施运营商。在实体的网络世界，我们基础设施建设者普遍缺乏基础设施运营的理念，建设了大量的基础设施，拉动了中国经济的高速增长，但由于缺乏基础设施运营商的思维，不懂得基础设施的运营，却捧着金饭碗而经营困难。如：最近关于中国铁总债务高，运营效益差，会不会成为灰犀牛热议等等。在虚拟的网络领域，最懂得基础设施运营的公司是阿里集团与京东集团，这两家公司尽管他们自己的表述有所不同，在老王看来其定位其实都是商业基础设施运营商，并且在商业基础设施运营方面取得了很大的成功，可以为线下基础设施运营提供很多新思维。新的基础设施理念，是虚实结合的智慧型基础设施。根据新型基础设施的架构与本质特点，我认为基础设施运营有以下几类新思维。

（一）无边界思维传统的基础设施是静态的，物质型的硬件基础设施，新的基础设施是虚实结合、互联互通的智慧基础设施。新的基础设施打破了传统经济社会的边界，在无边界的基础设施上重新架构企业生态、产业格局，一定要具有无界思维，千万不要受传统的企业边界或行业边界的思维限制。目前各类跨界的颠覆式创新，都具有这一特征，羊毛出在狗身上，让猪买单也具有了合理性。例：在智慧物流领域，可以利用物流互联互通的基础设施特征，重构流通企业供应链网络，通过降低流通成本、供应链库存成本赚取利润，而不是仅仅降低物流成本费用。例：阿里通过电商平台按照商业基础设施运营商定位，不断地跨界。如：通过支付宝系统跨界进入金融支付领域；利用商业基础设施的大数据开展风控，进入网上小贷等金融服务领域；补足商业基础设施短板跨界进入物流领域；通过商业基础设施延伸到传统门店，跨界到线下销售领域；今后还将通过商业基础设施向上游延伸，跨界进入新制造领域。等等。京东集团的发展也遵循与阿里相同的扩展逻辑。他们都具有基础设施的无界新思维。值得注意的是拼多多，拼多多刚刚崛起时负面评价不断，很多人并不看好拼多多。但我认为，拼多多如果杜绝假货，具有商业基础设施运营商的新思维，从社交节点的连接消费者入手聚集流量，打造销售场景，再利用新基础设施互联互通的特点，向上游延伸，通过拼工厂形式，实现 C2B，可以全面挖掘中国最庞大的制造能力，让很多过去通过出口海外市场形成的庞大制造能力的制造企业，在不需要打造品牌的情况下直接与社群消费者链接，消费者可以获得物美价廉的产品，企业省掉庞大的打造品牌的费用。这个思路还可以用于拼物流，来完善拼多多商业基础设施的物流短板。

（二）节点入口思维新的基础设施架构是一软、一硬、一网、一平台，特征具有流动属性、网络属性、数字化属性，信息流与物流的网络节点往往是新基础设施的关键点，是基础设施的流量入口或流量节点，是新基础设施运营的抓手。所以基础设施节点思维又可以称之为入口思维，也是重要的互联网运营思维。首先，网站平台就是高度集成、开放共享的基础设施流量入口，是集成了实体物流网络和虚拟商流网络、金融支付网络的节点，因此阿里、京东都是从电子商务平台的流量入口进行基础设施运营的。美团的业务大家感觉好像什么都想做，没有边界，其实美团的核心竞争力是通过即时物流连接消费者，把控了本地生活服务的末端节点，由此节点先向餐饮配送、门店调拨、新零售末端配送等领域延伸，打通本地生活服务的边界；以后可能会通过连接的餐饮门店、便利店等，沿着供应链向上游延伸，整合餐饮供应链、零售供应链等等。通过末端连接本地消费者是美团的核心能力，互联网 + 物流新基础设施给了美团面向本地生活服务延伸扩张的优势；也给了它今后沿着本地生活服务节点向供应链上游延伸与整合的机遇。做好链接本地消费者的服务是他的抓手，收购摩拜单车、开展本地网约车服务都是在强化他的核心能力，为了更好地链接本地消费者，开展本地生活的基础设施服务。目前阿里和京东的新零售，则是从线下零售门店和销售场景入手，延伸企业的商业基础设施服务。根据新的基础设施运营的理念，新零售可能会出现无数种新的模式，京东干脆直接把它定义为无界零售，阿里集团则强调新零售是数据驱动的泛零售业态。其实新零售所谓的“新”就体现在基础设施的新思维，在新基础设施上重构新商业新业态，驱动的各种零售创新，而绝不仅仅是把互联网、大数据、云计算、人工智能、新物流作为技术手段来提高零售服务水平。新零售是典型的基础设施运营新思维，其本质是把线下门店作为流量入口的节点，在新的商业基础设施基础上重构的线下新商业新业态。目前新零售运营比较成功的盒马鲜生、7FRESH、超级物种、物美多点等都是在新的商业基础设施上重构的商业新业态。绝不是学学盒马鲜生的表面模式，照猫画虎的搞线下与线上融合就是新零售了。仅仅把互联网当技术手段，没有新的商业基础设施的基础支撑，新零售就是空中楼阁。

（三）智慧进化思维新基础设施是虚实结合的智慧基础设施，连接会产生智慧，智慧推动经济社会变革与进化。进入到智慧时代，未来的进化主线是什么？是需要每个企业思考的问题。进入到智慧的基础设施时代，新基础设施也将重构和重新定义企业、产业、经济、社会，其中智慧进化将成为未来企业、产业、经济、社会升级进化的主要方向，“软件”将重新定义企业、产业、经济、社会。智慧进化为主，重新定义的物流，就是软件定义物流。未来的物流系统将虚实结合，数据驱动，软件优化与控制，物流系统将运行在智慧的大脑软件系统之上。智慧进化为主，重新定义零售，将出现零售大脑驱动零售供应链，变革产业价值链，推动供应链高效协同的创新，出现智慧零售变革。

（四）开放共享思维基础设施提供的是基础服务的支撑，基础服务是底层的服务，具有普遍性。互联互通的新基础设施，天然具有共享的基因，共享思维是新基础设施运营的重要思维。以物流服务为例，拼多多的快速崛起就充分利用和共享了三通一达的快递物流服务。没有阿里系统多年整合和促进的快递基础设施服务能力，拼多多的崛起就会慢很多。尽管目前拼多多、京东、淘宝之间是竞争关系，但在物流基础设施服务网络方面有很多是共享的。新零售的快速发展，也需要即时配送服务，很多新零售企业除了自己培育即时配送能力以外，也在共享美团、饿了吗等即时配送的服务。过去传统企业有边界思维，制造业物流资源、商贸连锁企业物流资源与第三方物流配送资源难以共享，在新的基础设施基础上重新架构服务业态，就可以打破传统边界，实现制造业、流通业、物流企业共享物流资源的创新与发展。目前阿里、腾讯已经充分认识到基础设施共享服务的特点，利用这一特点不断的延伸他们智慧商业基础设施服务，不断整合线下零售企业，共享他们的商业基础设施。

（五）重构生态思维基础设施出现的革命性变革的根本特征就是互联互通，互联互通打破传统边界，连接会涌现出智能，带来全面联通的智慧化基础设施。智慧化基础设施提供的是基础服务，是一切社会形态的基础支撑，企业、产业、社会、经济是建立在基础设施之上的，现在基础设施已经改变，也需要企业、产业、社会、经济在新的基础设施上重构。在新的基础设施之上重构企业生态，一定要认识到新基础设施全面连接的互联互通本质，要有无界的思维，不要受传统企业边界的影响，要脑洞大开，全面创新；更要分析企业核心能力，无边界也不代表企业什么都能干，在新基础设施上重构企业生态取决于企业核心竞争力，企业的能力限制了企业在新基础设施上重构生态系统的边界。如：当快递业信息系统的电子面单标准化，一单到底可以连接各个快递网点，在这一基础设施基础上建立的加盟制组织创新，就是在新的基础设施上重构的一种企业组织形态，这一组织创新极大地降低了快递企业组织体系的管理成本，为中国快递业超高速发展与网点扩张奠定了基础，具有世界意义。如：菜鸟物流并不做具体的物流服务，但是通过提供物流大脑技术平台，整合物流资源，提供物流信息基础设施服务，通过数据驱动物流系统，建立智慧物流骨干网，也重构了一种智慧物流服务体系。特别需要指出的是，中国智能制造本质上也是在新的基础设施基础上重构制造业，其底层的操作系统是信息物理系统，在信息物理系统基础设施上打造产业互联网，提供信息与物流的基础设施服务支撑。在新的基础设施上重构智能制造业态，首先从企业内部做起，先实现企业内部的纵向集成、横向集成、端到端集成，建设智慧工厂，实现智能生产；再通过新基础设施互联互通特点，连接物流与信息流，连接供应商与客户，打造高效协同的智能供应链，全面延伸企业的智能服务，实现产品技术从售前、售中到售后的后市场服务，为客户提供全寿命周期的智能制造服务，推动制造业服务化，打造制造业服务互联网。在新的基础设施上重构的制造业生态，也是无界的，服务化的，互联互通的，双向驱动的，数据赋能的。智能制造从消费端驱动是C2M，根据市场需求特点实现按需制造，推动个性化大规模定制服务是目前关注热点；从设计与制造端驱动的M2C，在新的基础设施支撑下更大有可为。根据企业最新技术可实现能力，可以设计规划出远远超越消费者预期的概念产品，借助新基础设施直接连接消费者，与消费者互动，展示新产品，创造新需求，这就是苹果公司乔布斯的运作模式。满足消费者需求和创造消费者新需求是智能制造的双路径战略思维。总之，新的时代基础设施出现了重大变革，成为了虚实结合的智慧型基础设施，随着基础设施理念也不断延伸，这个时代的每个行业、每个企业甚至每个人都要有基础设施运营新思维，都需要考虑如何在新的基础设施上重构行业生态、企业业态，和个人位置，开展颠覆式创新，寻找自己的新天地。茶饮品牌快速发展，与此同时，头部腰部餐企纷纷入局茶饮赛道，使得本身就很热闹的茶饮赛道显得更为火爆。再者，2018年的整个咖啡市场波澜掀起，越来越多人看到中国咖啡市场蕴含的巨大潜力，国外更多咖啡品牌进入中国市场，国内咖啡品牌的强势崛起，使得咖啡行业的竞争也愈发激烈。随着消费升级愈演愈烈，新生代消费者不仅对茶饮、咖啡的品质提出了越来越高的要求，对一杯饮品所带来的体验也越来越看重。由此，茶饮咖啡品牌们，在好喝之外，从消费者体验出发，也在追求更多可能。

来源：浙江物流网 2019年3月14日

仓储物流机器人正在向更智能化的高性能物流装备转变

仓储物流机器人属于工业机器人的范畴，是指应用在仓储环节，可通过接受指令或系统预先设置的程序，自动执行货物转移、搬运等操作的机器装置。仓储物流机器人作为智慧物流的重要组成部分，顺应了新时代的发展需求，成为物流行业在解决高度依赖人工、业务高峰期分拣能力有限等瓶颈问题的突破口。

根据应用场景的不同，仓储物流机器人可分为AGV机器人、码垛机器人、分拣机器人、AMR机器人、RGV穿梭车五大类：

AGV机器人：(AutomaticGuidedVehicles)又称为自动引导车，是一种具备高性能的智能化物流搬运设备，主要用于货运的搬运和移动。自动引导车可分为有轨和无轨引导车。顾名思义，有轨引导车需要铺设轨道，只能沿着轨道移动。无轨引导车则无需借助轨道，可任意转弯，灵活性及智能化程度更高。自动引导车运用的核心技术包括：传感器技术、导航技术、伺服驱动技术、系统集成技术等。

码垛机器人：一种用来堆叠货品或者执行装箱、出货等物流任务的机器设备。每台码垛机器人携带独立的机器人控制系统，能够根据不同货物，进行不同形状的堆叠。码垛机器人进行搬运重物作业的速度和质量远远高于人工，具有负重高、频率高、灵活性高的优势。按照运动坐标形式分类，码垛机器人可分为直角坐标式机器人、关节式机器人和极坐标式机器人。

分拣机器人：是一种可以快速进行货物分拣的机器设备。分拣机器人可利用图象识别系统分辨物品形状，用机械手抓取物品，然后放到指定位置，实现货物的快速分拣。分拣机器人运用的核心技术包括：传感器、物镜、图象识别系统、多功能机械手。

AMR 机器人：(AutomaticMobileRobot) 又称自主移动机器人，与 AGV 自动引导车相比具备一定优势，主要体现在：

①智能化导航能力更强，能够利用相机、内在传感器、扫描仪探测周围环境，规划最优路径。

②自主操作灵活性更加优越，通过简单的软件调整即可自由调整运输路线。

③经济适用，可以快速部署，初始成本低。

RGV 穿梭车：是一种智能仓储设备，可以配合叉车、堆垛机、穿梭母车运行，实现自动化立体仓库存取，适用于密集存储货架区域，具有运行速度快，灵活性强、操作简单等特点。

仓储物流机器人行业发展前景良好，机遇与挑战并存

中国仓储物流机器人行业发展时间较短，大部分的仓储物流机器人厂商成立时间不超过 5 年，总体来说机遇与挑战并存。一方面，仓储物流机器人可在物流行业的转型升级中发挥积极作用，尤其是在人力劳动最繁重的搬运环节以及需要较多劳动力资源的分拣环节。目前行业内已经涌现出几家发展速度较快、技术水平较高的仓储物流机器人厂商如极智嘉 (Geek+)、快仓、海康威视等。由于行业发展前景较好，且机器人的技术研发需要大量的资金支持，仓储物流机器人行业的投融资动作频频。据沙利文统计，2017 年仓储物流机器人行业的融资总金额已超过 10 亿元。

另一方面，仓储物流机器人行业还面临着一系列挑战：

仓储物流机器人行业属于新兴行业，在快速发展壮大的同时也暴露出了一些问题：机器人的智能化程度不够导致在多场景运行下反应能力不足；机器人功能不全，障碍物识别存在盲区，产品的设计上还需添加独立的开关按钮；机器人带载运行稳定性差，容易出现无法举升货架或行驶轨迹偏移等严重问题；机器人制造商服务水平相比工业发达国家的来说还有很大差距，还需要进一步提升系统稳定性以及减少机器人故障率；

以电商物流为主的服务限制了仓储物流机器人向其他行业渗透。当前中国仓储物流机器人行业面临的最大挑战是如何解决客户的痛点问题，如降低物流环节的劳动力成本和提高仓库分拣效率等。因此机器人厂商所提供的产品与服务必须贴合客户公司的实际物流需求，这既是仓储物流机器人生产企业增强核心竞争力，也是仓储物流机器人走向产品化的重要途径；

本土品牌影响力不够。仓储物流机器人企业还需继续加强品牌建设，加大对核心零部件的研发力度，推动行业快速走向成熟。

产品未成熟，商业模式还在进一步探索中

中国仓储物流机器人行业的商业模式主要可分为四种，分别是提供产品解决方案、提供运营服务、提供租赁服务以及中介合作：

提供产品解决方案的模式：指为企业建立自动化仓库，提供集规划设计、软件开发、设备生产、现场安装、售后为一体的服务，由企业对仓库进行管理。仓储物流机器人厂商只收取一次性的行业

解决方案费用，不参与仓库日常管理工作。

提供运营服务的模式：指为企业运营一个智能仓库，由仓储物流机器人厂商提供设备、人员和运营服务，帮助企业管理仓库和负责发送到该仓库的订单。仓储物流机器人厂商负责仓库的日常运营并将按照仓库的发货数量收取一定的服务费用。

提供租赁服务的模式：指针对一些难以承受机器人换人费用的企业而提供的仓储物流机器人租赁服务，仓储物流机器人厂商将按月或按年收取租赁费用。这种提供租赁服务的方式对于机器人产品使用方来说，能够减轻有使用意愿企业的资金压力；对于机器人提供方来说，能够提升自身的产业格局并扩大仓储物流机器人的应用领域。

中介合作的模式：指与物流运营商签订长期合作协议，为其提供智能仓库，仓储物流机器人厂商将从该仓库发送的每一笔订单收取一定比例的费用。

中国仓储物流机器人行业的商业模式仍在不断摸索中，当前下游应用需求并未完全打开，一体化产品解决方案还未成熟，按单收费更贴合实际需求；其次，仓储物流机器人厂商打造的机器人产品趋于标准化，有需求的企业更加青睐于机器人租赁方案。

未来，向更加智能化的高性能物流装备转变

在物联网技术、人工智能技术与机器人技术融合发展的背景下，未来仓储物流机器人不再被看作为单一的高性能硬件，而是更加智能化的高性能物流装备。其智能化将体现在三个方面：

一是状态感知。借助于物联网技术，机器人能够与周边硬件或产品如可穿戴设备、环境监控设备等进行数据交互，从而实现对自身及周边环境状态的感知。

二是实时决策。借助于人工智能技术，机器人能够对特定场景该如何动作做出决策。通过利用计算机技术模拟人类的视觉系统，赋予机器“看”和“认知”的功能。计算机视觉技术是机器认知世界的基础，与语音识别、自然语言处理等技术共同构成机器的感知智能，让机器人自行完成对外部世界的探测，进而做出判断，采取行动，让更复杂层面的指挥决策和自主行动成为可能。

三是准确执行。这需要进一步提高机器人核心零部件的精度与能力，使机器人按照决策的结果做出精准的动作。

沙利文全球合伙人、全球市场战略规划副总裁兼中华区总裁王昕博士指出，技术是仓储物流机器人的核心，目前市场上仓储物流机器人的运送方式、拣选技术还不够成熟，产品的稳定性和安全性有较大进步空间。仓储物流机器人制造商还应在自动导航避障、运动控制、视觉识别、多传感器信息融合等方面继续优化，提升机器人性能，进一步提高物流效率，使机器人在智能物流时代发挥更大的作用。

来源：亿欧网 2019 年 3 月 28 日

海外仓转型更需智慧供应链支撑

如今，海外仓已经成为跨境电商全球采购、全球销售以及第三方物流企业提升服务质量、获取市场竞争优势的重要抓手。

跨境电商设立海外仓是市场竞争下的必然需求。亚马逊、eBay 和速卖通（AliExpress）等全球领先的跨境电商平台发展势头迅猛，对销售海外仓的布局和建设起到了推波助澜作用；而主要面向国内市场的京东则在全球通过 100% 覆盖产地来布局 110 多个采购海外仓，天猫也宣布将在美国仓、日本仓和韩国仓基础上新建欧洲采购仓；服务跨境电商或全球物流的第三方物流企业如顺丰等也同样在境外加大布局第三方海外仓的运储仓配力度。

海外仓火热并非始自今日。早在2015年商务部发布的《“互联网+流通”行动计划》中就提出推动建设100个电子商务“海外仓”；2016年的政府工作报告中又提出，鼓励商业模式创新，扩大跨境电子商务试点，支持企业建设一批出口产品“海外仓”，促进外贸综合服务企业发展。

高调推动海外仓建设的国家政策已经历时3年多，尽管海外仓数量急剧增加，但实际上，多数新增海外仓给投资企业带来的运营成本却远高于收益。货物爆仓、滞销滞压、成本高企、难退换货、供应链上下游博弈、国际税法差异和海外消费者权益差异等问题迭出，如何通过海外仓提升供应链整体利润，已成今后规划和建设海外仓的关键。

海外仓从本质上来说并不复杂，不过是立足跨境贸易而设立在境外的仓储设施，通常提前通过大宗运输方式将商品运往目标市场国家囤货，待目标市场的消费者订购后，以最快速度响应订单，进行分拣、包装、配送和退换货等仓配业务或增值服务，既可以当做类似亚马逊“以储代运”的消费地仓库，也可以当作仓储“结点成网”的一类节点仓库。

但从供应链体系和产业链生态来看，海外仓运营的成功与否，却取决于其在整个供应链和产业链中所处的位置和所起的作用，取决于运营管理的成本与收益的效率对比，取决于仓储商品类型与供应链类型的匹配度，取决于互联网及信息技术、智能技术等对仓储智慧决策的支撑程度。

上述海外仓，是指具有一定市场地位的超大型跨境电商等设置的规模型境外仓库；还有一种历史更为久远且属于市场自发形成的个人作坊式海外仓，主要服务于海外代购。两者的市场定位、运营管理模式和供应链生态体系有许多不同。

以个人为单位的海外代购与个人作坊式海外仓可谓是“珠联璧合”，其海外仓利用的是代购者所在的住宅、车库、储藏室或周边闲置房屋，自己或家人形成看堆式管理，类似菜市场个体摊位，使用成本和管理成本都趋近于零，货品较为单一而易于预测，并多使用“灰色清关”偷漏税等，其近零成本、高利润的高效率模式极大推进了海外代购的超高速发展。

数据显示，2018年中国海淘市场达到9000万人，海外代购市场达到了2601亿元，依托各类互联网平台和跨境电商平台的海外代购，通过信息不对称、税收豁免或偷漏税及早期市场自由等贸易便利形成了高速野蛮生长，与此相伴的作坊式海外仓也呈现海量增长的态势。

然而，随着2019年国内开始实施电商法，电商经营者也需办理市场主体登记和履行纳税义务，进出口减免税及清关新政开始规范原有的法外之地，美日韩欧盟各国也开始加强打击各类不规范清关行为，俄罗斯也加大了“灰色清关”打击力度，海外代购市场及其衍生的作坊式海外仓面临结构性调整。

我国不断完善跨境电商发展的政策支持。2018年8月，在原有13个城市的跨境电商综合试验区基础上，又增加了22个城市的跨境电商综合试验区，基本上覆盖了我国主要的一、二线城市。这促进了超大型跨境电商平台的规范性、规模化和全球网络型发展，也遏制了小而散且难合规的海外代购发展，并推动海外代购向合法跨境电商平台迁移和转型。

适用于合法合规跨境电商平台、高运营成本的海外仓需要重新定位新市场，并寻求可控制成本、提高服务水平且提升供应链体系高利润的跨境电商产业链生态。而另一方面，海外代购所催生的作坊式海外仓，依旧还会较长时期在新规和转型过程中发挥作用。

在供应链矩阵理论中，功能型产品与创新型产品的供应链体系应分别划分为效率型供应链与响应型供应链；而面向作坊式海外仓与跨境电商海外仓时也同样需要构建不同的产业链生态，前者需求的是从退路进场式的规范性集群引导，后者需求的是适宜海外仓的商品遴选能力，但两者依然存在着共性问题亟待解决。

海外仓一般包括三个阶段，即头程运输、仓储管理和本地配送。其中头程运输主要是卖家通过海运、空运、陆运及铁运等方式将商品从产地国（更乐于以大宗形式）运输到另外一国海外仓，并按照相关国规定进行商品报关和清关；仓储管理则是在海外仓内实施远程仓储管理和库存管理，按照订单需求出入库操作；本地配送则是按照订单需求及库存管理系统为消费者寄递商品，以及实现退换货等操作。

海外仓现存的主要问题，除国际税法差异和海外消费者权益差异导致的政策风险、经营风险、质量风险和成本风险外，绝大多数与信息不对称、数据难共享和预测不精准直接相关，如货物爆仓、滞销滞压、成本高企、退换货损失大等，却恰恰是智慧供应链所关注和能解决的，更需要依赖“大云移物智”形成跨境电商的智慧产业链生态。

亚马逊之所以可以实现通过本地库存来解决及时交付消费者购买的“以储代运”模式，关键在于 AWS（AmazonWebService）平台的大数据和云服务体系对该模式的支持，使得亚马逊可以比消费者更精准地预测到消费者需求什么、何时需求和需求多少，从而可以低成本高响应地满足仓储与运输的功能间资源配置优化。

海外仓的运营也同样需要如国内仓储一样“结点成网”，利用联盟、资本或信息网络对自身及盟友资源的全禀赋要素优化，融合多式联运、中转仓、货代、退货换标和报关清关等资源，特别在国内国外两端共建姊妹海外仓、姊妹边境仓，实现全程物流轨迹追踪和全网络协同共赢。

海外仓还需要提高节点仓配的即时响应速度。跨境电商平台本就具有全流程全资源的数字化基础，因此较易引入自动化装备，利用操作无人化、运营智能化和决策智慧化实现全球跨境电商智慧供应链体系。

来源：亿欧网 2019 年 5 月 8 日

未来 10 年，哪些技术是物流行业发展的关键因素

货主企业对于高质量运力有了更多需求，电子商务、新零售的发展催生了更多“最后一公里”的交付需求，而贸易摩擦、地缘政治、恶劣天气等不确定因素又提升了供应链的中断风险……人们已意识到我们正处于物流供应链的变革风暴中，货主企业与物流供应链服务商都需要快速适应变革并应对繁多的挑战，这就要求我们要了解哪些是未来十年中将影响或塑造供应链的战略、技术和工具。

也正是基于此目的，来自奥本大学供应链创新中心、供应链管理专业委员会（CSCMP）、美国托运人战略运输委员会（NASSTRAC）和 AGiLE 商业媒体的专家团队，发起了这项“物流 2030”研究；此次公开发布的《物流 2030 之货运篇》报告，尝试解答什么样的运输策略及能力可以应对质量与成本挑战、如何招募并培养运输专业人才、哪些技术工具将改变“游戏规则”并推动行业的卓越发展等问题。那么在未来十年，哪些是影响物流货运的关键技术呢？

四项关键技术

满足客户需求与控制合理成本之间的平衡，对于所有企业来说都是一项艰巨的任务；如果没有合适的技术工具，这项工作就会变得更具挑战性。传统的人工操作显然已无法满足需要，Excel 或第一代运输管理系统（TMS）也只能提供有限的帮助。

下一代工具

TMS 系统如今被许多货主企业及物流企业所应用，但是大家对其评价参差不齐，因为供应链复杂性及客户服务需求均在不断升级，对于技术、系统均有更高的期望。报告数据显示，在受访者对于

TMS 功能的预期中，成本分析、绩效监测、货运可视化、需求预测等四项能力最受关注。

而在具体的技术工具方面，研究团队根据受访者的反馈，从规模化应用时间及变革性影响两个维度，将 12 项物流供应链技术进行了进一步的排序与分析。从中我们发现，大家普通认为“预测性分析”是近期就会规模化应用且对于现状有较高变革性影响的技术。

一方面，越来越多的货主企业比以前更加重视前端，希望能实现以销定产或者产销协同，前几天与华为员工交流中也发现他们正在加强这方面的努力，希望借助需求的预测分析来更好地指导生产，减少库存。

另一方面，新零售的推进以及快速履约的要求，催生出越来越多的前置仓与即时配送，而时效提升的背后需要大量的投入，为了平衡时效与成本，就需要高度依赖于预测性分析，从而更好地决定前置仓的选址、选品、存储数量等决策问题，提高现货率的同时减少库存浪费。比如叮咚买菜会根据周边商圈、用户画像、菜谱特征以及用户实时意图等参数，预测某个前置仓的销售情况，将单仓 SKU 压缩至 1500 个左右，实现更加精细、精准的运营管理。

另一项关键技术组合则是物联网与人工智能，物联网传感器可以帮助我们及时了解在途情况、地理围栏等信息，以实现货运可视化，并优化对交付过程及结果的绩效监测；人工智能主要应用于成本效率、劳动效率等方面的优化，减少对人的依赖。在将来 5G 网络普及的时代，物流行业将迎来物联网 +AI+ 物流的新模式；物联网主要解决信息数据采集与上传问题，5G 网络主要解决数据的实时上传及交互，人工智能则在大数据的基础上实现对深度分析与有效应用，指导流程优化、效率提升。物联网 +5G+ 人工智能，将帮助我们实现从数据采集到数据传输，再到数据应用的完整数据链条，更好地发挥数字化供应链的效用。

最后一项关键技术是区块链，也是被较多受访认可为将在 5 年内实现规模化应用且将产生变革性影响的技术。区块链技术是一种分布式、共享式的账本，用于存储数字交易的记录，且具有不可篡改性。区块链由于有去中心、公开、透明，防篡改等特点，有助于解决供应链中信息不对称、数据信任等问题，尤其是在供应链金融、跨境长途远洋运输、食品与药品安全溯源等领域，正在被逐渐应用。

顺丰建立了基于区块链技术的医药溯源平台，打通了药品行业上下游企业，建设供应链体系，覆盖包含药品制造企业、药品 GSP 仓库、药品运输企业、药品流通企业、诊所 / 医院在内的全链条相关利益者。

而近一两年“炒得”比较火的无人化概念，其中无人自动驾驶离规模化应用至少还有 10 年的时间，因为还有如何降低成本、如何简化传感交互、如何提高安全系数等众多难题需要解决。而无人机交付虽然已在 DHL、UPS、亚马逊等企业被加以应用，但是该技术仍有局限性，只适合于在偏远地区或危急场景下的交付；在国内，京东、苏宁、饿了么等公司的无人机配送航线，要么是偏远农村、山区，要么是楼层低、密度小的工业园区，基本上没有在市中心应用的案例；因此无人机交付可以作为现有交付方式的一种补充，但难以成为主流。

五项行动建议

虽然新技术在应用过程中，面临资金耗费大、产出效果不确定、实际效用可能言过其实等问题，但是仍然改变不了未来 10 年里物流供应链领域应用新技术工具、新设备设施的趋势，因为这将是企业核心竞争力的主要来源之一，是企业保持长青、保持领先的关键举措。在报告的末尾，研究团队也就如何做好未来 10 年的物流货运问题，为企业提供了五项行动建议，在此也总结出来，以供参考。

行动建议 1：建立连贯的、数据驱动的计划

凭直觉、经验而拍脑袋做决策的做法，已越来越不适用。尤其是当我们的注意力逐渐从降低成本转向客户服务时，要求物流供应链服务商要有系统性思维，要使规划与更广泛的供应链相协调，而不能只看局部。在未来，系统性的整体解决方案、以数据驱动的战略计划及决策将变得至关重要。

行动建议 2: 加强关键关系

未来十年，物流外包的比例将会逐渐增大，为了从外包中获得更大的利益，货主企业应与承运商建立战略合作关系，相信他们能承担更多责任，并在关键问题上进行有效沟通。

行动建议 3: 将货运纳入战略规划中

快速交付履约变得越来越重要，货物运输应该成为企业高层管理者眼中的关键事项。高管们应该认识到，做好货物运输工作可以为企业带来竞争优势，未来应将其纳入到企业战略规划工作中来。而物流专业人员应抓住这个机会，展示其工作将如何最大限度地提高企业绩效。

行动建议 4: 采用 21 世纪的技术

Excel 的应用已是 20 世纪的事情，基于拼凑在一起的 Excel 表格来进行关键决策的做法，将让您的公司处于明显的劣势。企业高管们应意识到，有必要对新兴技术做战略投资，这些新技术工具的应用将有助于企业应对不断提升的客户期望、运营成本波动、资源有限性等所带来的挑战。

行动建议 5: 要有资金投入的决心

一分钱一分货，新兴技术的应用、良好绩效的实现都需要资金的投入作为保障。更快的运输交付、更好地应对复杂需求，都要求企业投入资金建设一支拥有各种技能和能力的强大运输专业团队。这样的团队一方面需要新技术、新设备的应用，另一方面需要企业做好人才选、育、用、留激励人才做出更好的绩效。

来源：《物流时代周刊》 2019 年 5 月 27 日

5G 如何改变快递物流业

2019 年将成为 5G 商用的元年，5G 商用不仅改变我们的生活，也将会引发行业的巨大变革，5G 将给整个物流行业带来哪些变革呢？

5G 与 4G 的区别

5G 网络以其广覆盖、低时延、高安全性、高行业赋能等特性，在企业的运营过程中具有显著优势。

在 5G 技术中，同一基站下的两个用户，如果相互间进行通信，他们的数据将不再通过基站转发，而是直接设备到设备，是谓 D2D，DevicetoDevice。

基于与 4G 时代的巨大提升，ITU 国际电信联盟定义了 5G 的三个标准或者叫三大业务场景，简单来讲，就是 5G 拥有更快的速度，更多的设备以及超低延迟。

增强型移动宽带（eMBB），实现更高的传输速度；eMBB 将面向超高清视频、虚拟现实（VR）/增强现实（AR）、高速移动上网等大流量移动宽带应用；

超可靠和低延迟通信（uRLLC），实现超低低延迟；uRLLC 面向车联网、工业控制，远程手术等时延要求极高，不能通过缓存解决实时连接的特殊应用；

大规模机器类型通信（mMTC），实现更大数量的可扩展性。mMTC 面向以传感和数据采集为目标的物联网等应用场景，具有小数据包、海量连接、更多基站间协作等特点。

5G 如何改变物流

我们可以看到这些应用方向与物流行业的未来发展一致，5G 技术及物联网传感器成本的迅速下降，促使 IoT 物联网的在端到端供应链中使用场景普及，实现人、设备、车及货物等万物互联……物流企业将获得更多数据；其次，人工智能技术的发展，让数据处理的能力变得更强了，数据挖掘的价值更大。此外，自动驾驶，AGVs 无人车及 UAVs 无人机的实际应用也将在 5G 的推动下更快地进入到实用阶段。以上种种，将会推动物流行业实现基于物联网 + 人工智能（IoT+AI）的智慧物流模式。

物流仓储：储不尽的智能化设备

5G 的发展推动着物流仓储设备向智能化更近一步，无论是 AGVs，还是机器视觉识别，VR/AR 应用等等，都开始逐渐发生变化。这种趋势主要体现在以下三个方面：

首先，在机器人云化的过程中，需要无线通信网络具备极低时延和高可靠的特征，而 5G 网络是云机器人理想的通信网络，是云机器人的关键。5G 网络切片能够为云化机器人应用提供端到端定制化的网络支撑。

其次，在嵌入智能设备的仓储物流设施中，无论是高速分拣设备、机器人、智能叉车等设备未来能够实现远程集中操作、监控、预防性维护保养。

此外，在运营流程实现网络化、远程操控及可视化的基础上，云仓模式将会得到进一步的发展与落实。在此基础上，企业在对物流园区以及场站进行管理的过程中，能够通过智能设备来实现智慧物流园区的建设和管理。

智能物流跟踪：千万里，我追寻你

目前的物流追踪大多具有延迟性，而且并非全程无缝。随着业务的发展和用户需求的提升，企业对货物的追踪可视化将有更大的需求。而 5G 将在深度覆盖、低功耗和低成本等方面显露优势。5G 提供的改进将包括在广泛产业中优化物流——提升人员效率，安全和提高商品，货物定位与跟踪效率。从而帮助企业最大化节约成本，并实现实时的动态跟踪。

目前，全 019 各类物流仓库和场站分布着亿万计的摄像头，它们将在 5G 的赋能下从简单的监控回溯设施升级为智能感知设备组成的云监控网络，进而帮管理人员实现智能化的物流管理。如此一来，基于云计算，融入大数据、人工智能等新技术的低成本视频监控解决方案，可将视频监控画面精准可视化展现，并实时进行监控、计算、分析和预警，为物流运输保驾护航。

动态车联网：无人驾驶，飞一般的感觉

车联网是 5G 在物流领域的重要赋能加速方向，它是以车内网、车际网和车载移动互联网为基础，融合了传感器、RFID、数据挖掘、自动控制等相关技术，按照约定的通信协议和标准，在车与车、路、行人、互联网的交互过程中，实现车辆与公众网络的动态移动通信。

5G 可以解决车联网在安全、通信标准、体系结构等方面的问题，使得车联网可以真正应用于物流中的无人驾驶、智能挂车等的日常运营中。此外，车联网与 OBD 也能帮助实现车辆设备的预防性维保，实现车辆动态实时可视化，在此基础实现运输等运营的动态实时优化。

无人机：明天，也许你的快递“无人”配送

5G 的高带宽、低时延和抗干扰，可以对无人物流机器人的实时通信提供强大支撑，这样的实时控制可以使得无人设备运行得更加安全可靠，提供更流畅的服务体验。目前，菜鸟，京东，顺丰，苏宁都在试用 AGVs 无人车进行运营，摸索及积累无人车的运营经验、模式，而 5G 将让这些尝试变成大规模应用。

而 UAVs 无人机应用主要还处于对偏远地区的干线运营，或者中转中心到站点等场景的探索阶段。未来要实现在最后一公里服务中的应用，特别是对 UAVs 无人机的导航，飞控的准确性等都提出更高的要求。在 5G 的帮助下，导航将不再仅依赖于 GPS，5G 能够让强大的机器视觉能力变得像人眼一样方便，抗干扰特性能够让高楼密集、电磁环境复杂的城市场景将不再是飞行禁区。

同时，这些 AGVs 无人车或者 UAVs 无人机自身配备了大量的传感器，比如图像、温湿度、信号强度甚至空气质量传感器，大量的配送 AGVs 无人车及 UAVs 无人机在完成配送任务过程中能够采集到丰富的立体的实时数据。5G 网络能够保障海量数据的传输，为物流企业未来的跨界发展提供丰富的数据基础。

生态互联：为物联网而生的 5G

5G 技术包括大规模天线阵列、新型多天线、超密集组网、新型多址、D2D 通信等技术。其中，5G 网络在物联网的运用过程中更符合其所需要的高宽带、低时延的要求，更具有低能耗、大连接、深度覆盖的低成本优势。

物联网将是 5G 技术的主要战场，同时也是 5G 发展的主要动力，5G 很大程度上就是为万物互联设计的。在 5G 的推动下，物联网将实现在更大范围，更深程度上的人，设备，车辆，货物的互联。

预计到 2021 年，将有 280 亿部移动设备实现互联，其中 IoT 设备将达到 160 亿部；未来十年，物联网领域的服务对象将扩展至各行业用户，M2M 终端数量将大幅激增，应用无所不在。

可以看出，在 5G 能力大升级，重构生态系统的背景下，5G 技术将推进物流行业在物流仓储装备、物流可视、车联网、无人配送设备、物联网等领域的跨越发展，赋能垂直行业并深度融合，形成 5G 大生态。

来源：亿欧网　2019 年 6 月 10 日

无人车、无人机 5G 助推物流智能化时代加速到来

时下，5G 的讨论正热，有关 5G 的商业应用在四处萌芽。在物流领域，机器分拣应用、信息协同、快递面单加密、开放的数据平台等正带动整个物流业向智能化发展。那么 5G 来临后，将会引发物流业的巨变吗？

在专家看来，5G 首先带来的是物联网技术质的飞跃，将会推动物流行业实现基于“物联网 + 人工智能”的智慧物流模式转型，车、货、仓真正实现互联互通互动，物流的智能化将加速实现。对于业界来说，5G 会带来新的技术角逐，既是机遇亦是挑战。

5G 将会如何改变物流业

5G，是第五代移动通信技术的全称，也被认为是万物互联的开端。相较于 4G 而言，5G 的理论下行速度为 10Gb/s，能达到 4G 速度的百倍。“高速率、大容量、低时延”，这正是 5G 的三个特点。采访的多位业内人士认为，5G 不止给物流业带来速度的变化，它更是具有重塑、推动行业快速变革的潜质。

“如果说 4G 改变了生活，5G 则将改变世界。因为 4G 在带宽、时延和接入特性上仍然不能完全适应物联网、人工智能等热点技术，而 5G 的到来则会克服 4G 的诸多不足，给物流等领域带来革命性的变革。”圆通副总裁相峰说。

苏宁物流研究院副院长栾学锋表示，低延时的网络传输技术，让物流运作相关的信息更迅捷地触达设备端、作业端、管理端，让端到端无缝连接。物联网技术的大跨越将改变原本物流的信息都是碎片化的弊端，更加全面的环境信息被获取，形成了更具有应用价值的“数据链”。并且，人工智能在物流领域有了更多的切入点，真正让技术赋能物流产业。

中国物流学会特约研究员杨达卿认为，5G 至少会给行业带来三方面的变化：一是设备和设施的智能化应用的普及，无人车、无人机、仓储机器人等更多地应用，把人从低端劳动中释放出来；二

是人与车、货、仓的互联互通互动，物联网和 AI 技术将让车、货、仓拟人化并与人沟通联动，实现更高效的互动；三是服务的动态化、透明化和智能化，比如在供应链金融服务中，过去做静态的仓单质押，但 5G 时代可对一些高附加值商品实现在途运单质押等。

推动物流智能化加速到来

5G 可以说是物联网达成万物互联目标的点金石。此前多数物流企业通过以无人机、无人车、无人仓、人机交互等为代表的智能物流技术上的布局，为 5G 时代物流智能化发展打下了基础，也提供了想象空间。从应用场景的角度来看，5G 技术在智能物流园区、自动分拣、冷链、蜂窝物联网、无人机配送方面，都可能带来变化。

以菜鸟为例，去年菜鸟将物联网战略定义为物流智能化发展的关键。菜鸟首席架构师许俊说，5G 有助于加速自动化仓储、物流自动驾驶的布局和发展。“由于 4G 速率有限，行业内通常使用 WiFi 网络调度机器人，但 WiFi 网络覆盖范围小，需要频繁切换网络，存在网络不稳定以及网络延时等问题，影响机器人运行效率，5G 时代这些问题将得到解决，仓储、分拨中心的运营更为稳定和高效。此外，菜鸟将加速物流无人车规模化应用。”

相峰认为，5G 在新一代物流行业中也有一些特殊的场景，例如增强现实技术实现的场景，包括协助员工完成分拣、协助快递员识别门牌号；在冷链供应的物流体系中，节点可以通过 5G 连接远程云物流架构实现温度调控和物品跟踪。

对于从业者来说，栾学锋认为，海量物联网、增强型户外无线宽带等网络技术的实现，进一步丰富和深化车联网的应用，对于货车行驶安全性及驾驶人员的舒适性都将带来大幅提升。苏宁物流方面进一步认为，运用 5G、区块链、物联网技术，我们可以轻松地掌控全链路的动作和工序，通过场景互联打造智慧园区、无人仓库、无人运输、“最后一公里”无人配送，以及冷链物流等专业的细分物流领域。

不仅是对行业、从业者带来改变，在许俊看来，5G 还可以为消费者带来更好的物流体验，“譬如在目前，我们能够通过人工智能技术去预测包裹的轨迹。在 5G 时代，消费者或许可以实时视频去追踪自己的包裹”。

业界积极布局　既是机遇也是挑战

5G 对于物流来说，意义不言而喻。纵观技术行业的发展，作为底层基础技术都是优先被变革的，并且这种变革是不可逆的。技术变革是产业变革的原动力，新技术的产生必然推动社会不断地进步，5G 作为新的改变产业格局的突破性技术，也将推动物流产业向前发展。

根据中国信息通信研究院预测，按照 2020 年 5G 正式商用算起，预计 2020—2025 年间，中国 5G 发展将直接带动经济总产出 10.6 万亿元，直接创造经济增加值 3.3 万亿元，创造直接就业岗位达 310 万个。

显然，5G 会带来新的技术角逐，多数企业认为这既是机遇也是挑战。采访了解，目前业界也在积极行动。阿里巴巴旗下物流平台菜鸟与中国联通、圆通速递联合打造“5G 快递分拨中心”，据称建成后将大幅提高包裹自动分拣效率和稳定性；顺丰在研究机器视觉，包括冷链可视化在 5G 下的创新应用；德邦携手广东联通成立快递物流界 5G 联合创新实验室，将在干线物联网、“最后一公里”物联网、冷链物流等领域进行研究。

“虽然 5G 并不会马上到来，但是我认为至少在目前这个阶段，我们所做的一些创新要基于 5G 去思考，最基本的就是要为 5G 发展预留空间，一旦 5G 时代到来，设备要能够接入。”许俊说。

相峰认为，5G 来临后数据安全也必须重视起来，5G 因为具有高带宽特性，使得区块链能够更为高效地完成秘钥计算和数据处理，和上游的电商平台的安全方案一起维护物流体系的安全，能够使得物流企业和消费用户以及电商企业安心运转。

"5G 带来的是向数字化物流和供应链服务的全面换道，但是技术适应对很多人来说却是个渐进过程。在这个过程中人才战是关键，这既包括熟练应用适应新技术的新物流人，也包括对传统人力队伍的能力升级及重塑。"在杨达卿看来，5G 来临后，对人才的储备提出了新的要求。

来源：《经济参考报》 2019 年 6 月 25 日

UPS 联合 Inxeption 推出区块链平台

近日，UPS 和电子商务技术公司 Inxeption 联合推出了一个区块链平台，以改善商户供应链。

新的区块链平台名为 InxeptionZippy，旨在帮助企业展示、营销和向客户分销产品。据称，该平台能让商家监控从产品上市到发货的整个供应链，确保合同的定价和费率等敏感数据只对买家和卖家开放。

据称，通过使用该平台，商家将能够上传产品信息、安排订单、监控退货、处理交易、审查销售和市场分析等服务。

Inxeption 公司首席执行官法扎德－迪巴奇表示，该平台为 B2B 商家提供了简化的定价解决方案，利用有限的数字营销和 IT 资源，从一个安全的地方轻松管理销售和发货的方方面面。

1 月中旬，UPS 对 Inxeption 进行了一笔未披露数额的股权投资。法扎德？迪巴奇当时表示，企业客户需要安全的平台来保护他们的客户数据和专有信息，同时让他们更容易与客户互动，甚至更有效地合作。

本月早些时候，北美最大的品牌海鲜公司 BumbleBeeFoods 推出了一个区块链平台，用于海鲜的可追溯性。据称，消费者可以通过智能设备扫描产品包装上的二维码，观察整个供应链，获取产品来源和运输历史信息。

来源：百家号 2019 年 3 月 29 日

传统制造业的物流技术

物流的现代化为企业一方面节省了生产成本另一方面还能为企业带来新的利润增长点。因此，物流技术与制造业的融合将是未来几年企业的重点发展方向之一。

随着 2013 年德国率先提出工业 4.0 概念，国内也同样提出了"中国制造 2025"制造强国战略的第一个十年行动纲领，旨在通过 10 年时间在制造领域的技术提升，助推中国迈入制造强国的行列。如何快速转型已成为传统制造企业绞尽脑汁亟待解决的问题，本文从物流环节入手，剖析现代化物流技术与传统制造业的结合点及发展趋势。

制造领域物流现状

据统计，在商品的整个生产销售中，用于加工和制造的时间仅为 10% 左右，用于物流过程的时间几乎为 90%。在我国工业企业生产中，直接劳动成本占总成本的比重不到 10%，而物流费用占商品总成本的比重，从账面反映约为 40%，全社会物流支出约占 GDP 的 20%。物流俨然已成为企业生产的一大包袱，但从另外一个角度看物流作为企业的第三利润源泉，具有极大的开发潜力。目前，我国制造企业的生产物流现状主要体现在以下几个方面：

一是企业对物流的定位未能转变，企业物流环节无论是仓储还是厂内配送均不产生新的利润，因此，长久以来，“成本中心”的高帽无法摘除。与此同时，对物流环节的改善则需要投入巨大的资金且在短时间内无法获得成效也让企业的管理者显得束手束脚，企业对物流在整个生产环节的定位亟待改变。

二是物流作业技能与管理理念停滞不前。传统制造企业中，物流部门仅服务于本公司或本集团，固化的运作模式及响应需求无法对物流的变革和现代化产生推动力。此外，作业人员年龄段普遍偏高，长年累月代代相传的操作流程使得每一步都显得“恰到好处”，在实际运作中完全依赖经验丰富的老员工，对企业的长久发展则成为了一种隐患。

三是物流信息化技术落后，整体规划不足，信息孤岛制约了企业信息化的进程。通常情况下，ERP、MRP、MES 承担了企业生产运转信息传递的主要职能，ERP 仓库管理模块则负责仓库进销存的日常管理工作。非专业化的仓储管理软件系统在适应现代化物流设备及物流需求中显得些许笨重，在如今多品种变批量的市场需求中无法做出快速反应。

四是物理设施设备陈旧，多采用横梁式货架、笼车等进行物料的存储，有些企业甚至直接采用地堆大库位管理，仓库利用率低下；物料周转暂存区划分不明确，影响仓库作业效率的提升。

五是制造型企业中涉及的物料多为异形、非标的原材料或辅料，在实际管理上很难对现场进行统一的规划布局，一定程度上也限制了物流现代化的进程。

现代化物流技术在消费流通领域的应用

与制造业物流现状相比，消费流通领域的物流现代化应用情况就显得高大上多了，随处可见的条码及读码设备，各式各样的存储货架充分利用空间，自动化输送线则解放了人力，还能大大提高货物在物流仓库内部的转运效率。消费流通行业的物流技术一方面在市场的深度推动下不断革新，另一方面，先进的物流技术和管理理念则反哺用户，更快更好的将货物送到用户手中。下文简析流通领域中常见的几种物流技术，通过对这些技术的分享，从而启发制造业物流发展应用的结合。

自动识别技术将计算机、光、电、通信和网络技术融为一体，与互联网、移动通信等技术相结合，从而给物体赋予智能，实现人与物体以及物体与物体之间的沟通和对话。自动识别技术包括条码识别技术、生物识别技术、图像识别技术、磁卡识别技术、IC 卡识别技术、光学字符识别技术、射频识别技术。

在物流仓库中，应用较为广泛的主要是条码技术和射频技术。一维码、二维码技术在仓库的应用，使得操作人员不需要再去对繁琐的物料信息、货位信息进行死记硬背，通过条码合理规范化的设置，他们能够快速定位，并且有效的防止和降低了误操作的概率。射频识别技术则在近几年再次掀起热潮，如医院手术里使用的高频耗材柜、海澜之家 RFID 在物流中心和供应商之间的大规模应用都是相当成功的案例，通过在 RFID 标签绑定物料信息，物料在通过射频识别器时能够准确的获取物料的数量，避免了反复对批量到货物料的清点工作，效率上的提升也是显而易见。不过，RFID 标签的成本目前是阻碍其大范围推广的因素之一，一张带有芯片的不干胶标签成本基本在 0.1-0.5 元不等，而且可重复利用性差。

自动输送技术：无论是输送线还是 AGV，在流通领域的仓库里似乎已经司空见惯了，目前我们常见的包括有辊筒输送线、皮带输送线、提升机、穿梭车以及在医院和冷链仓库中应用较为多的管道气动物流。

自动输送技术的应用解放了劳动力，改善了员工的工作条件和工作环境，与此同时，在效率上，输送设备持续不断的工作也对部分 24 小时运作的企业提供了保障。

自动存储技术的应用则偏向于小众，由于需要大规模的投资，很多企业依旧采用普通的高位横梁式货架存储，但是即便是常规货架，为了更大化地利用有限的仓库面积，驶入式货架、后推式货架等新型货架形式不断被推广和使用。

此外，对于那些自动化程度要求更高的企业，在各项资源充足的情况下 AS/RS(AutomatedStorageandRetrievalSystem，自动存取系统）则是一项不错的选择。自动化立体仓库能够帮助企业充分利用仓库面积，实现最大化存储，堆垛机 / 穿梭车则负责货物存入和取出工作，物流中心的工作人员仅需要通过 WMS 发出指令，WCS 进行指令的解析来控制设备，完成各项操作。

自动拣选技术在近年来发展也是十分火热，从亚马逊的 KIVA 机器人发展到各大快递公司的货到人拣选项目，无论是从资本运作的角度出发还是为了切实解决电商行业自身的效率问题，机器人 / 输送线货到人的拣选方式为企业拣选提供了新的思路。此外，借鉴于医院的发药机，近年来部分设备厂家也提出了盒装 / 瓶装物料分拣设备的解决方案，在处理标准化物料的零散出库时，最大处理能力能够达到 8-10 秒 / 处方。自动上料机械臂则有效地避免了塔式分拣机上料难的问题。

现代化物流管理理念是流通领域物流发展的根本，他们主动或者被动的寻求着物流领域的变革，开放的市场和更为贴近用户的物流理念再加上资本的助推，成就了物流行业快速发展。

物流技术与制造业结合

随着国家制造业战略的转型与升级，制造业物流的变革如拉弓之箭，蓄势待发，除了外部政策的扶持大环境向好的同时，对于企业内部来说，物流的现代化为企业一方面节省了生产成本另一方面还能为企业带来新的利润增长点。因此，物流技术与制造业的融合将是未来几年企业的重点发展方向之一。

先进的物流管理理念是有助于企业物流转型的重要因素之一。物理管理的方法论并不只是适用于某一个行业，如 EIQ 分析、ABC 分类法，通过对历史销售数据的分析，将仓库物料变成一个个数字模型，然后再还原到仓库每一个货位或区域中，从而使企业仓库显得井然有序。此外，流程清晰、边界明确的制度规范，是让每一位员工操作的准则，在统一的标准下执行工作，减少沟通成本，提高作业效率。

信息技术是物流现代化的基础，明确的技术体系架构尤为关键，当前多数企业都是头痛医头脚痛医脚，无规划的进行系统堆砌，最终造成各个系统之间形成信息孤岛，数据不统一，无法为生产提供有效的指导。从物流仓库管理环节来看，围绕着 WMS（WarehouseManagementSystem，仓库管理系统）除了常规的对于进销存的管理，现代化物流中增加了更多了与外部系统的衔接和交互，同时还进行了设备的集成和应用，如 PDA、自动化设备等，实现仓库作业无纸化，通过信息的实时传递来执行仓库作业。

随着市场需求的转变，企业的生产模式也逐渐由单品种、定批量转变为多品种变批量，柔性化的生产作业对物流提出了新的个性化要求。因此在物流流程的规划和设计过程中，需要同时适应精细和粗放的生产经营模式。快速响应是确保生产持续的基础。

物流自动化技术包含了自动识别系统、自动检测系统、自动分拣系统、自动存取系统、自动跟踪系统等。在场内物流中，可以通过系统的集成，驱动 AGV 小车完成物料从仓库往产线的配送；在库内管理过程中，输送线可以替代人工将物料传送到指定的位置，AS/RS 则可以完成物料的批量集中存储，有效的利用存储空间。

技术的应用始终显得抽象，回归运作本身，物流过程的可视化、物流结果的分析和展示可以帮助企业科学决策。管理者通过清晰的界面展示随时随地查看现场运作的进度，进而对生产过程做到良好的管控。对于作业人员而言，图形化的具体工作任务，也能帮助年龄稍大一些的员工在短时间内熟悉系统。

对制造企业而言，物流现代化的进程会是一个漫长而痛苦的过程，这是一次行业的洗牌，此时不变更待何时。当然制造企业的转型在结合自身中长期发展战略的同时，需要根据自身产品、工艺、设备和订单的特点，合理规划与物流技术结合与应用的蓝图，点线面阶段性的逐步推进，从而形成良性循环，建设一套服务于生产的现代化物流体系。

来源：物流沙龙 2019 年 8 月 30 日

物流行业必备“法宝”——物流地图

物流行业必备“法宝”重磅来袭！据9月5日消息，百度智能云物流行业专属地图公测版近日上线，面向所有涉及物流场景的企业客户，推出了地址、定位、路线规划、私有化地址库、轨迹重合对比五大主要功能，支持多种复杂业务场景，主要包括选址决策、调度规划、运输监控、地址校准和司机管理。

目前唯捷城配、吉诺救援等企业已经将物流地图应用在路线规划、排单排线等核心业务环节，进行智能化转型升级。

随着电子商务的发展，以快递为代表的物流行业正迅速扩张，快递网点、物流转运中心如雨后春笋般涌现。若想在其中占得先机，地图是不能忽视的一环，无论是干线车辆运输、快递员派送，还是仓库网点选址等物流活动，都需要使用地图提供的地址、定位、路线规划等服务。

可以说，地图是保证物流正常运营的基础支撑，也是智能物流发展的决胜战略图。为此，借助百度地图先进的数据采集能力、服务开放能力和海量的位置数据，百度智能云将空间地理信息和物流行业信息结合打造了物流行业专属地图。

海量特定数据支持

简单来讲，物流专属地图就是服务于特定物流场景的地图。在构建过程中，需要大量物流行业特定地理和业务数据的支撑。

在物流活动过程中，从供给端到需求端，有许多和空间地理相关的要素，如布局各地的仓库、物流园、网点、门店、公铁水空交通运输枢纽和线路、运输过程中的车辆等。这些物流要素的地理数据，是构建物流专属地图的基础，也是百度智能云正在采集和获取的对象。

目前，全国的货车交通限制数据已经采集完成，包括货车的限高、限重、限宽、限轴、限行（五限）。未来，更多静态、动态的物流地理和业务数据将被采集和集成到物流地图中，包括仓库位置和租金、加油站分布和油价、充电桩分布和电量、司机实际行驶路线和运费等。

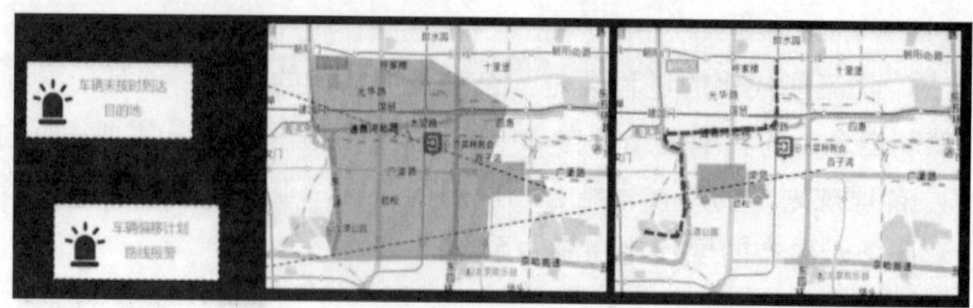

基于物流专属数据，物流地图可以提供基础的地址和定位服务、货运批量算路、货运路线规划、私有化地址库等服务。应用场景众多，包括地址校准、运输前调度规划、运输任务实时追踪监控、运输后司机绩效管理和运费结算、仓库选址决策等。

五大核心功能上线，服务更精细

本次上线的物流专属地图公测版，面向所有涉及物流场景的企业客户，推出了地址、定位、路线规划、私有化地址库、轨迹重合对比五大主要功能。

地址服务：地址相关服务包含地点检索和正／逆地理编码。地点检索服务，能提供多场景的地点（POI）检索功能，包含行政区划检索、圆形区域检索（常用于周边检索场景）、矩形区域检索、地点详情检索。

正／逆地理编码服务，能提供地理坐标与行政区划＆结构化地址相互解析的功能。使用正地理编码服务时，用户可将结构化地址数据（如：北京市海淀区上地十街十号）转换为对应坐标点（经纬度）；逆地理编码则提供将坐标点（经纬度）转换为对应位置信息（如所在行政区划，周边地标点分布）的功能。

定位服务：定位服务包含普通 IP 定位和智能硬件定位。可获取包括：省、市等地址信息和经纬度信息。智能硬件服务通过智能可穿戴、智能家居、智能交通设备和 VR 设备等智能硬件，提供精准定位的功能，适用于室内、室外多种定位场景，支持 Wi-Fi、蓝牙、GPS、基站等多种定位方式。

路线规划服务：路线规划服务，分为货车和非货车两种模式，其一是货运批量算路和路线规划。货运批量算路，能够基于全国的货车五限信息，考虑货车交通限制信息和实时路况，支持输入多个起终点，批量计算两点间行驶里程和时间，适用于高频计算多个点位距离的场景，如快消品行业多网点城市配送场景中，货主可以利用批量算路提高效率。货运路线规划，能够综合货运限行策略及实时路况，提供里程优先、时间优先、不走高速等偏好的货车行驶路线方案。本次公测版中，已支持同城和不超过 300km 的跨城路线规划，未来将没有距离限制，支持所有跨城路线规划。

路线规划服务之二，是普通批量算路和路线规划，能够支持计算公交、骑行、驾车、步行等非货车交通方式的行驶路线长度和时间。

轨迹重合对比：轨迹重合对比服务，能支持计算两条轨迹的重合率和相似性。重合率指轨迹和规划路线重合的里程数，占规划路线总里程数的比重。相似性则提供了更详细的对比结果，包括匹配和未匹配的轨迹点、匹配和未匹配的配轨迹里程等。

私有化地址和路线库：私有化地址库服务，支持对用户业务中常用地址数据的校准、存储和管理，提供单个 POI 点上传和批量上传两种方式。上传单个 POI 点时，支持输入非结构化的地址信息或经纬度坐标，在地图上显示坐标点，通过拖拽坐标点或编辑地址信息，就能得到用户想要存储的地址和坐标。批量上传时，支持直接上传一批正确的地址。上传完成后，用户可在云端对地址进行存储管理，并随时查询调用。

私有化路线库服务，支持用户自主标注私有限制路段并在云端存储，在路线规划时可以进行规避。支持用户拖拽起终点和路线的途径点进行标注，支持设置每条路线对应车型、限制时间和路线属性，实现对依维柯、4 米 2 厢货等特定车型在某天某个时段禁行和避让的效果。

支持多种复杂业务场景

基于多年积累的人工智能及大数据经验，以及对物流行业的长期探索，本次上线的物流专属地图，已经支持多种复杂业务场景，主要包括选址决策、调度规划、运输监控、地址校准和司机管理。

选址决策：仓库、网点、门店在选址时，周边环境是重要考察因素。物流地图能提供地点检索服务，可通过周边检索，以拟选择的地址为中心，查询附近交通、住宅、商业等不同类别 POI 分布情况，辅助客户进行选址决策。

调度规划：车辆运输配送过程中，路线长度和耗时是调度规划的重要依据。物流地图在不同运输配送环节中，能根据不同车型的交通限制信息和实时路况，为调度人员或系统规划里程、时间最短的路线，实现干线 + 末端的合理调度配送方案。

运输监管：运输监管能保证货物可追踪，提高运输过程安全性。物流地图的 IP 定位和智能硬件定位服务，可以在获得授权的情况下获取车辆、司机的实时位置和轨迹，帮助客户进行运输监管，实现运输过程透明化，提高安全性。

地址校准：正确的地址数据是物流活动的基础。物流地图的正 / 逆地理编码、私有化地址库服务，可以帮助客户对地址信息和经纬度坐标进行相互解析，私有化地址库还能提供标注、校准功能，在地址解析时返回客户认为正确的地址信息和坐标。

司机管理：绩效考评可以量化对司机的管理。物流地图提供的轨迹重合对比服务，可计算出规划路线和司机实际行走路线的重合度，作为司机绩效考核的重要指标，从而科学有效地对司机进行管理。

此外，通过连接货主、物流公司、TMS 厂商、司机等不同角色，并集成多物流要素的地理和业务数据，百度智能云打造了多物流场景下的智能化应用。

智能物流升级案例

目前，百度智能云物流地图已经应用在多家企业，切实帮助企业降本增效。

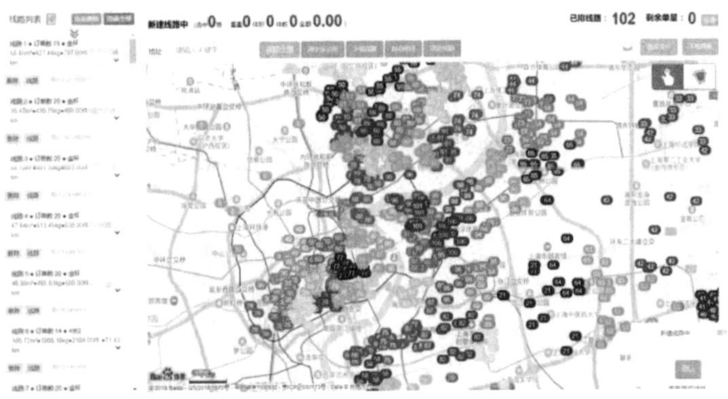

致力于新城配的唯捷城配发现，传统的物流配送在时效性与线路规划上，越来越难满足现在新零售时代品类多、频次高的配送需求。唯捷城配引入了百度智能云联合百度地图共同推出的物流地图和智能调度引擎，能准确识别出无限信息，路线规划的准确率提升了 9%，车辆装载率提升了 12%，车辆行驶里程数降低了 18%。

对于道路救援企业来说，时间和效率是核心，洪水、台风等造成大面积受灾的情况，更是对道路救援公司业务系统的极大考验。“利奇马”台风登录浙江后不到一个小时时间，吉诺救援就接收到 295 个救援请求，利用百度智能云物流地图、智能调度引擎、车联网等产品，吉诺救援在 40 分钟内就调度了 300 多台车辆前往 37 个县展开救援，救援的效率和准确性大大提升。

未来，百度智能云将继续打通物流数据、整合物流信息、优化物流资源，赋能更多物流企业，助推智能物流时代的全面到来。

来源：互联快报网 2019 年 9 月 5 日

11.2 物流标准

11.2.1 2019年物流国家标准发布一览

2018年12月28日，国家市场监督管理总局、国家标准化管理委员发布2018年第17号公告，批准发布646项国家标准。其中包括全国物流标准化技术委员会归口的三项物流标准。

一、《绿色物流指标构成与核算方法》(GB/T37099-2018)

该标准规定了企业的绿色物流指标体系与指标核算方法。标准适用于绿色物流的建设、评价和考核，为政府、行业管理部门、第三方评价机构以及企业绿色物流水平评估提供依据。

二、《物流园区绩效指标体系》(GB/T37102-2018)

该标准规定了物流园区绩效指标体系、指标内涵。标准适用于各类物流园区的绩效管理与评价，亦可作为各类示范物流园区评价的参考论据。

三、《托盘单元化物流系统托盘设计准则》(GB/T37106-2018)

该标准规定了托盘单元化物流系统中流通的平托盘、箱式托盘、立柱式托盘和滑板托盘的设计准则和射频识别标签(RFID)及条码符号的基本要求。标准适用于托盘单元化物流系统内平面尺寸为1200毫米×1000毫米的托盘的设计和生产。其他平面尺寸的托盘的设计和生产可参考使用。

2019年5月10日，国家市场监督管理总局（国家标准化管理委员会）批准《绿色包装评价方法与准则》等173项国家标准和3项国家标准修改单，其中包括两项物流国家标准，分别为:《物流中心分类与规划基本要求》（GB/T24358-2019）、《物流公共信息平台服务质量要求与测评》（GB/T37503-2019）。

《物流中心分类与规划基本要求》（GB/T24358-2019）国家标准本标准首次发布于2009年，本次修订的标准给出了物流中心的分类类型，规定了物流中心规划的基本要求、设施要求等。适用于政府主管部门对我国各类物流中心的界定，可为物流中心的立项与审批提供参考，也可作为企业规划物流中心的依据。

《物流公共信息平台服务质量要求与测评》（GB/T37503-2019）国家标准给出了我国物流公共信息平台分类，从系统功能、平台管理、客户协议、业务运营服务、客户服务、客户信息保护、信用管理、业务风险与应急管理等八个方面规定了不同类型的物流公共信息平台的通用服务质量要求，规定了物流公共信息平台服务质量的测评原则和评价内容。标准适用于我国物流公共信息平台的管理与测评。

两项标准将于2019年12月1日正式实施。

2019年8月30日，国家市场监督管理总局、国家标准化管理委员会印发《关于批准发布〈针叶树锯材〉等501项国家标准和6项国家标准修改单的公告》（2019年第10号），正式发布了501项国家标准，其中包括《冷藏、冷冻食品物流包装、标志、运输和储存》（GB/T24616-2019）和《托盘单元化物流系统通用技术条件》（GB/T37922-2019）两项国家标准，这两项标准将于2020年3月1日正式实施。

《冷藏、冷冻食品物流包装、标志、运输和储存》（GB/T24616-2019）国家标准为修订标准，标准代替了原《冷藏食品物流包装、标志、运输和储存》（GB/T24616-2009）和《冷冻食品物流包装、标志、运输和储存》(GB/T24617-2009)两项国家标准。新修订发布的国家标准以GB/T24616-2009为主，整合了GB/T24617-2009中对冷冻食品的要求，与GB/T24616-2009相比，除编辑性修改外主要技术变化包括：（1）增加了术语“冷冻食品”和“物流包装”术语，修改了原“冷藏食品”和“冷冻食品”的定义；（2）在包装方面修改了“包装方案”如包装材料与包装尺寸的相关要求，增加了包装方式、包装作业环境和作业器具等要求；（3）在运输方面，补充或增加了如温控能力、实时监控设备要求等专用设备的要求，在运输作业方面增加了作业清洁、作业区温度控制、作业装载原则、混装、装装码放、在途控制，以及记录的具体要求；（4）在储存方面，修改了对冷库的管理要求，对入库、在库维护、出库等提出了补充要求；（5）新增了全流程的信息追溯管理及要求。标准的制定对于进一步规范冷链物流服务，提升物流企业服务水平，促进物流业的转型升级具有积极意义。

《托盘单元化物流系统通用技术条件》（GB/T37922-2019）国家标准规定了托盘单元化物流系统中常用的托盘集装单元、托盘、单元货物包装容器、装卸及搬运设备、仓储货架、集装箱及运输车辆的要求。标准选取了GB/T2934中首推的托盘平面尺寸为1200mm×1000mm托盘为一个集装单元的物流系统通用技术要求，其他托盘单元化物流系统可参考使用。标准的制定旨在实现以托盘为集装单元的物流系统，在其堆码、包装、装载、搬运、及仓储过程能够参照统一的规范进行，将托盘、运输包装器具、装卸及搬运设备、仓储设备及设施、运输车辆与装备等有机的结合在一起，以单元化、模块化、标准化的形式完成物流的高效运转，从而达到提高物流运作效率、降低物流成本、增强物流服务能力和管理水平。

来源：中物联网

2019年执行的物流标准

一、基础类标准

（一）术语

序号	标准编号	标准名称	发布日期	实施日期	制定范围
1	GB/T 12905-2019	条码术语	2019-3-25	2019-10-1	标准界定了条码基础、码制、条码识读、条码符号制作、条码符号检测等方面的术语及其定义。适用于与条码技术有关的研究和应用。

（二）导则

序号	标准编号	标准名称	发布日期	实施日期	制定范围
1	GB/T19002-2018	质量管理体系 GB/T19001—2016应用指南	2018-12-28	2019-7-1	标准在对GB/T19001—2016的要求提供指南，并给出组织为满足这些要求可能采取步骤的示例。标准没有增加、删减或以任何方式修改这些要求，标准没有规定强制性的实施方法或提供任何首选的解释方法。
2	GB/T19028-2018	质量管理人员参与和能力指南	2018-12-28	2019-7-1	标准为人员积极参与到组织的质量管理体系、增强参与和能力提供指南，适用于各种类型、 不同规模或从事任何活动的组织。

二、公共类标准

（一）综合类标准

序号	标准编号	标准名称	类别	发布日期	实施日期	制定范围
1	GB/T24358-2019	物流中心分类与基本要求	管理	2019-5-10	2019-12-1	标准规定了物流中心分类、总体规划要求，以及仓库、道路、堆场、停车场、铁路专用线、专用码头、信息化平台等设施的规划要求。适用于对物流中心的界定和物流中心的规划设计。
2	GB/T37099-2018	绿色物流指标构成与核算方法	管理	2018-12-28	2019-7-1	标准规定了企业的绿色物流指标体系与指标核算方法。适用于从事物流活动的企业。
3	GB/T37102-2018	物流园区绩效指标体系	管理	2018-12-28	2019-7-1	标准规定了物流园区绩效指标体系、物流园区绩效指标的内涵和计算方法。适用于全国各地冠名为物流园区（基地、中心、公路港、物流港、铁路物流中心、无水港）的物流基础设施，可作为政府和物流园区经营实体评价园区建设成效和运营管理的依据，也可作为国家级和省级示范物流园区评选的参考依据。
4	GB/T37503-2019	物流公共信息平台服务质量要求与测评	管理	2019-5-10	2019-12-1	标准规定了物流公共信息平台的类型、服务质量要求以及服务质量测评。适用于物流公共信息平台的服务和测评。

（二）物流设施设备标准

托盘	GB/T37106-2018	托盘单元化物流系统托盘设计准则	技术	2018-12-28	2019-7-1	标准规定了托盘单元化物流系统中流通的平托盘、箱式托盘、立柱式托盘和滑板托盘的设计准则和射频识别标签（RFID）及条码符号的基本要求。适用于托盘单元化物流系统内平面尺寸为1200mm×1000mm的托盘的设计和生产。其他平面尺寸托盘的设计和生产可参考使用。
装卸搬运设备	GB/T37706-2019	车用起重尾板安装与使用技术要求	技术	2019-5-10	2019-12-1	标准规定了车用起重尾板（以下简称尾板）的选型与车辆相关设计要求、安装技术要求、使用要求以及检验。适用于：——注册登记前进行车用起重尾板安装的厢式货车、03和04类厢式挂车；——依照车辆生产企业设计规定及要求，由车辆生产企业或由其授权的单位在注册登记后进行车用起重尾板安装的上述车辆。

包装	GB/T4857.1-2019	包装运输包装件基本试验第1部分：试验时各部位的标示方法	技术	2019-5-10	2019-12-1	GB/T4857 的本部分规定了运输包装件（以下简称包装件）在进行试验时各部分的标示方法。本部分适用于包装件各部位的标示，包装容器各部位的标识可参照使用。
	GB/T36911-2018	运输包装指南	技术	2018-12-28	2019-7-1	标准规定了运输包装的物流环境因素、包装作业要求、包装用辅助材料、装载和紧固、标志和运输文件等内容的运输包装作业。适用于各类工业产品的运输包装。
	GB/T37422-2019	绿色包装评价方法与准则	管理	2019-5-10	2019-5-10	标准规定了绿色包装评价准则、评价方法、评价报告内容和格式。适用于绿色包装的评价，也适用于各类绿色包装评价规范的编制。
运输设备	GB/T17275-2019	货运牵引杆挂车通用技术条件	技术	2019-5-10	2019-12-1	标准规定了货运牵引杆挂车的技术要求、试验方法、检验规则和标志、包装、运输和储存以及质量保证。适用于在道路上行驶的货运牵引杆挂车。

（三）物流信息标准

分类	标准编号	标准名称	类别	发布日期	实施日期	制定范围
单证	GB/T37376-2019	交通运输数字证书格式	基础	2019-5-10	2019-12-1	标准规定了交通运输信息系统中数字证书分类和数字证书格式。适用于交通运输信息系统中与数字证书应用相关的软硬件系统设计、研发及测试。
编码	GB/T37059-2018	集装箱电子箱封编码与标识规范	基础	2018-12-28	2019-7-1	标准规定了集装箱电子箱封的编码原则、编码结构以及外观标识要求。适用于集装箱电子箱封编码的标识和使用。
	GB/T37375-2019	交通运输物联网标识规则	基础	2019-5-10	2019-12-1	标准规定了交通运输物联网标识规则，包括标识编码体系设计原则、标识编码结构和标识编码解析等。适用于公路和水路运输领域从业人员，经营性运载工具、基础设施、信息化智能化节点设备等对象的标识编码，交通运输行业其他对象的标识编码可参照使用。
	GB/T37377-2019	交通运输物联网标识应用分类及编码	基础	2019-5-10	2019-12-1	标准规定了交通运输物联网标识应用分类及编码，包括交通运输对象标识基础分类，以及交通运输从业人员、交通运载工具、交通基础设施、车载及船载设备、路侧及岸侧交通机电节点设备等对象标识分类及编码。适用于公路运输和水路运输所涉及的交通运输对象标识编码应用，其他交通运输方式标识编码分类可参照使用。

编码	SB/T11220-2018	零售物流单元商品条码实施指南	基础	2018-6-20	2019-4-1	适用于物流单元的代码编制与条码标识。
信息系统	GB/T31024.3-2019	合作式智能运输系统专用短程通信第 3 部分：网络层和应用层规范	技术	2019-5-10	2019-12-1	GB/T31024 的本部分规定了合作式智能运输系统专用短程通信网络层技术要求和应用层技术要求。本部分适用于合作式智能运输系统专用短程通信网络层及应用层的设计与开发。
	GB/T31024.4-2019	合作式智能运输系统专用短程通信第 4 部分：设备应用规范	技术	2019-5-10	2019-12-1	GB/T31024 的本部分规定了合作式智能运输系统专用短程通信设备的应用技术框架、路侧单元（RSU）和车载单元（OBU）的设备总体要求，以及路侧单元设备的技术规格。本部分适用于合作式智能运输系统中专用短程通信设备的设计与开发。
	GB/T37373-2019	智能交通数据安全服务	技术	2019-5-10	2019-12-1	标准规定了智能运输系统安全支撑平台和数据安全服务内容。适用于智能运输系统实现基于密码技术的数据安全服务。
	GB/T37374-2019	智能交通数字证书应用接口规范	技术	2019-5-10	2019-12-1	标准规定了智能运输系统中的数字证书应用接口和安全消息语法，规定了安全消息语法中的基本元素格式。适用于智能运输系统中数字证书应用相关的软硬件系统（包括合作式智能运输系统和车联网等应用），的设计、研发、测试及数字证书认证机构的运行、维护和管理。
	GB/T37378-2019	交通运输信息安全规范	管理	2019-5-10	2019-12-1	标准规定了智能运输系统中的数字证书应用接口和安全消息语法，规定了安全消息语法中的基本元素格式。适用于智能运输系统中数字证书应用相关的软硬件系统（包括合作式智能运输系统和车联网等应用），的设计、研发、测试及数字证书认证机构的运行、维护和管理。
	GB/T37436-2019	智能运输系统扩展型倒车辅助系统性能要求与检测方法	技术	2019-5-10	2019-12-1	标准规定了扩展型倒车辅助系统的功能和性能要求以及测试要求。适用于轻型车辆，主要包括乘用车、商用车辆中的小型客车和普通货车等，摩托车除外，参考 GB/T3730.1 中对汽车的分类。
	GB/T37471-2019	智能运输系统换道决策辅助系统性能要求与检测方法	技术	2019-5-10	2019-12-1	标准规定了换道决策辅助系统(LCDAS) 的分类、功能和性能要求及测试要求。适用于前向行驶情况下，安装于 M 类（包括 M1 类、M2 类和 M3 类）、N 类（包括 N1 类、N2 类和 N3 类）车辆的换道决策辅助系统，不适用于安装在 O 类（包括 O1 类、O2 类、O3 类和 O4 类）、L 类（包括 L1 类、L2 类、L3 类、L4 类和 L5 类）车辆的类似系统。
信息系统	GB/T37486-2019	城市轨道交通设施设备分类与代码	管理	2019-5-10	2019-12-1	标准规定了城市轨道交通设施设备分类和编码的要求。适用于地铁、轻轨、单轨、市域快速轨道等城市轨道交通设施设备管理。自动导向轨道及磁浮、有轨电车可参照执行。

三、专业类标准

（一）电子商务物流与快递标准

分类	标准编号	标准名称	发布日期	实施日期	规定范围
设施设备	YZ/T0164-2018	快递手持终端安全技术要求	2018-11-29	2019-3-1	标准规定了快递手持终端的基本要求、系统安全、业务系统登录安全、应用软件安全、寄送服务用户个人信息保护和传输安全等内容。适用于收派环节快递手持终端的设计、生产、使用和检测，邮政手持终端可参照使用。
	YZ/T0166-2018	邮件快件包装填充物技术要求	2018-11-29	2019-3-1	标准规定了邮件快件包装填充物（以下简称"填充物"）的产品种类、要求、试验方法、检验规则以及标志、包装、运输和储存的内容。适用于填充物的设计、生产、检验和储存。
	YZ/T0167-2018	快件集装容器第2部分：集装袋	2018-11-29	2019-3-1	本部分规定了快件集装袋（以下简称"集装袋"）的分类、代码、尺寸与偏差、技术要求、试验方法、检验规则以及标志、包装、运输和储存等内容。本部分适用于集装袋的设计、生产、检验和储存、其他类型的柔性集装容器和邮件集装袋可参照使用。
信息	GB/T37146-2018	跨境电子商务电子舱单基础信息描述	2018-12-28	2019-4-1	标准规定了跨境电子商务电子舱单信息的描述属性、原始舱单框架基本信息和装载舱单基础信息描述的要求。适用于跨境电子商务交易过程中，舱单相关电子数据的传输。

（二）进出口物流标准

分类	标准编号	标准名称	发布日期	实施日期	规定范围
信息	GB/T37064-2018	国际货运代理系列单证基于ebXML货运委托书报文	2018-12-28	2019-7-1	标准规定了基于ebXML货运委托书（单）报文的结构和编制方法。适用于国际贸易业务中基于ebXML的电子数据交换，亦可作为企业及相关机构进行电子单证管理的参考。
	GB/T37065-2018	国际货运代理系列单证基于ebXML费用结算单报文	2018-12-28	2019-7-1	标准规定的基于ebXML运输及其他费用结算单的结构和编制方法。适用于国际贸易运输及其他费用结算业务中基于ebXML的电子数据交换，亦可作为企业及相关机构进行电子单证管理的参考。

设施设备	GB/T37243-2019	危险化学品生产装置和储存设施外部安全防护距离确定方法	2019-2-25	2019-6-1	标准规定了危险化学品生产装置和储存设施外部安全防护距离确定方法。适用于确定危险化学品生产装置和储存设施外部安全防护距离。标准不适用于民爆行业生产、流通企业，烟花爆竹生产企业和储存仓库，汽车加油加气站，油气输送管道，城镇燃气，港区内以及用于国防科研生产的危险化学品生产装置和储存设施。

（三）其他物流标准

分类	标准编号	标准名称	发布日期	实施日期	规定范围
作业服务	GB/T36682-2018	展览物流服务基本要求 XE“展览物流服务基本要求”	2018-10-10	2019-5-1	标准规定了展览物流服务的基本要求、人员与设施设备要求、服务提供要求及评价与改进要求等。适用于提供展览物流服务的组织或机构，也可作为展览会相关方对展览物流服务商进行选择和评估的依据。

2019 年 3–12 月《物流标准化动态》目录

2019 年 4 月《物流标准化动态》目录

2019 年 5 月《物流标准化动态》目录

2019 年 6 月《物流标准化动态》目录

2019 年 7 月《物流标准化动态》目录

2019 年 8 月《物流标准化动态》目录

06 交通部：出台《网络平台道路货物运输经营管理暂行办法》
07 《中华人民共和国药品管理法》修订通过

2019 年 9 月《物流标准化动态》目录

【标准化工作动态】
01《生产性服务业标准化三年行动计划（2019-2021 年）》印发
【物流标准动态】
02 两项物流国家标准发布
03《冷链物流分类与基本要求》国标修订研讨会召开
04《食品冷链物流交接规范》国家标准研讨会在南京召开
04 数字供应链行业标准体系建设座谈会在北京召开
05 2020 年物流国家（行业）标准项目编报启动
05 中国物流与采购联合会 2019 年三季度团体标准项目计划印发
06 中物联 2019 年三季度第二次团体标准化工作会议召开
【相关标准动态】
07《邮政企业、快递企业安全生产主体责任落实规范》发布
【相关新闻】
08《交通强国建设纲要》正式发布
09《网络平台道路货物运输经营管理暂行办法》发布

2019 年 10 月《物流标准化动态》目录

【标准化工作动态】
012019 年世界标准日主题活动在京举行
01 市场监管总局标准技术司征求 2020 年国家标准制修订重点领域意见
【物流标准动态】
02《托盘单元化物流系统通用技术条件》国家标准发布
02《冷链物流分类与基本要求》等两项国标研讨会在成都召开
03《即时配送服务规范》行业标准向社会征求意见
03《食品供应链溯源区块链应用规范》团体标准征求意见
【相关标准动态】
04《快递绿色包装标准化工作方案》发布
【相关新闻】
05 发改委交通部开展物流降本增效综合改革试点
05《电子商务交易产品质量网上监测规范》等一批重要国家标准在义乌发布
08 中物联召开供应链工作协调会议

2019 年 11 月《物流标准化动态》目录

【标准化工作动态】
01 国家标准及其外文版同步立项、同步制定、同步发布
【物流标准动态】
02《电子商务冷链物流配送服务管理规范》国家标准征求意见
03《冷链物流分类与基本要求》等两项国家标准研讨会在新疆成功召开
03《电子商务第三方仓储服务管理规范》国家标准审查会召开
04《出版物物流退货作业规范》等两项行业标准征求意见

04《体外诊断试剂温控物流服务规范》行业标准研讨会召开
05《大宗货物电子运单》等两项行业标准审查会在北京召开
06 五项团体标准发布
06《城市配送电动汽车采购规范》团体标准审查会在京召开
【相关标准动态】
07 交通部：《公铁联运货运枢纽功能区布设规范》等 5 项行业标准向社会征求意见
08《关于开展快递包装绿色产品认证工作的实施意见（征求意见稿）》公开征求意见
【相关新闻】
08 国家标准委新建一批全国专业标准化技术委员会
082019 年 1-10 月物流运行通报

2019 年 12 月《物流标准化动态》目录

【标准化工作动态】
01 国标委推进国家技术标准创新基地建设
【物流标准动态】
02 全国物流标准化技术委员会换届大会暨 2019 年度工作会议在京召开
03《通用仓库及库区规划设计参数》国家标准向社会征求意见
04《冷链物流分类与基本要求》国家标准召开两次研讨会
04《食品冷链物流交接规范》国家标准研讨会在海口成功召开
04《预应力混凝土管桩物流服务规范》行业标准向社会征求意见
05《应急物流公共数据模型》等两项行业标准向社会征求意见
05《国有企业采购管理规范》团体标准向社会征求意见
【相关标准动态】
06 交通部：道路大型物件运输两项行业标准发布
【相关新闻】
06 交通运输部印发《推进综合交通运输大数据发展行动纲要（2020－2025 年）》的通知

2020 年 1、2 月合刊《物流标准化动态》目录

【标准化工作动态】
01 全国标准化工作会议在京召开
012020 年全国标准化工作要点（征求意见稿）征求意见
【物流标准动态】
02《食品低温配送中心规划设计指南》国家标准正式发布
03《食品冷链物流交接规范》国家标准开始征求意见
04《物流追溯信息管理要求》国家标准开始征求意见
【相关标准动态】
05《交通信息基础数据元第 7 部分：道路运输信息基础数据元》行业标准征求意见
05“疫情防控”团体标准在行动

信息来源：中国物流与采购网

11.2.2 综合信息

国家标准及其外文版同步立项、同步制定、同步发布

2019 年 11 月 26 日，国家标准化管理委员会秘书处发布了《关于加强国家标准及其外文版同步立项、同步制定、同步发布工作的通知》（以下简称《通知》）。《通知》指出，国家标准外文版是共建“一带一路”合作高质量发展，构建全方位、多层次、宽领域的全面开放新格局的重要制度支撑。为加强国家标准外文版制定，优化完善国家标准外文版工作机制，国家标准化管理委员会秘书处就国家标准及其外文版同步立项、同步制定、同步发布工作通知有以下三个方面：

一是强化国家标准及其外文版的同步立项。

对于有利于降低对外贸易与外商投资制度性交易成本、优化进口结构、促进出口向稳向好、促进国际产能和装备合作、优化营商环境、构建双多边友好关系的国家标准项目，鼓励相关单位在申报国家标准制修订计划时，同步申报国家标准外文版制定工作（不包括等同或修改采用国际标准的项目），标准委对中、外文版同步制定的标准项目进行同步评估、同步立项公示、同步下达计划，同等条件予以优先支持。

二是强化国家标准及其外文版的同步制定。

对于同步立项中外文版国家标准制修订项目，起草单位应按照同步起草、同步征求意见同步技术审查、同步报批的要求，推进中、外文版国家标准制定工作，因特殊原因，无法同步报批的项目，应在国家标准批准发布后 90 天内完成报批。

三是强化国家标准及其外文版的同步发布。

对于同步报批的中、外文版国家标准，标准委将加强业务协同，按照同步审核、同步批准、同步公告、同步出版发行的原则，保障中外文版国家标准同步发布。

国家标准外文版发布后，归口单位应加强国家标准外文版实施应用和实施评估工作，及时组织外文版标准的复审和修订，当已有外文版的国家标准修订时，应同步组织外文版的修订工作。

信息来源：中物联网

《快递绿色包装标准化工作方案》发布

2019 年 10 月 16 日，快递绿色包装标准化联合工作组召开第一次会议。国家市场监督管理总局副局长、标准委主任田世宏出席会议并讲话。会议由市场监管总局标准技术司徐长兴副司长主持，国家发展改革委、工业和信息化部、生态环境部、住房城乡建设部、商务部、国家邮政局等联合工作组成员单位，以及总局相关业务司局和处室、直属单位共 29 人参加会议。

会议传达了党中央、国务院领导关于快递绿色包装标准化工作指示批示，审议通过了《快递绿色包装标准化工作方案》。会议强调，标准化对推动快递包装绿色治理具有基础性、引领性作用，推动快递绿色包装标准化要把握五个关键点，一是标准体系突出“全”，二是标准研制突出“快”，三是标准内容突出“新”，四是标准效力突出“严”，五是标准实施突出“实”。会议要求，要进一步统一思想，提高政治站位，充分发挥各行业部门的行业推动作用和联合工作组秘书处的统筹协调作用，有效调动专家咨询组和相关研究机构的技术支撑力量，共同做好快递绿色包装标准化工作，助力快递包装“绿色革命”。

来源：中物联网

五项团体标准发布

2019 年 11 月 5 日，中国物流与采购联合会批准发布《供应链服务企业分类及评估指标》（T/CFLP 0020-2019）、《道路货运车队评估指标》（T/CFLP 0021-2019）、《食品冷库温度监测规程》（T/CFLP 0022-2019）、《医药产品医院院内物流服务规范》（T/CFLP 0023-2019）、《网络货运平台服务能力评估指标》（T/CFLP 0024-2019）等五项团体标准。五项团体标准于 2019 年 12 月 30 日正式开始实施。

来源：中物联网

《食品低温配送中心规划设计指南》国家标准发布

经国家市场监督管理总局、国家标准化管理委员会批准发布、全国物流标准化技术委员会提出并归口的《食品低温配送中心规划设计指南》（GB/T38375-2019）国家标准于 2019 年 12 月 31 日正式发布，此项国家标准将于 2020 年 7 月 1 日实施。现就标准制定的总体情况及标准的主要内容介绍如下：

一、背景情况

随着我国经济的快速发展与人民生活水平的提高，食品卫生、质量及安全，得到党和国家的高度重视，习近平总书记在党的十九大报告中着重提出“实施食品安全战略，让人民吃得放心。”冷链物流对于保证食品的卫生、质量及安全，发挥着重要作用，国家高度重视冷链物流的发展，并相继出台相关政策予以支持。

配送是冷链物流重要组成，其作业效率与质量，直接影响食品冷链“最后一公里”的卫生、质量及安全。随着经济的发展和人民生活水平的提高，特别是电子商务等新零售的发展，配送日益向碎片化、海量化、多样化、个性化、即时化发展，以储存为主的传统冷库难以满足食品配送的需求。同时，一些新建的配送中心，也存在规划布局、设计、设施建设与设备选用、监控设施配套等不足，影响配送作业的效率与质量。所以亟需制定相关国家标准来引导冷库企业通过设施改造，向低温配送中心转型升级，进而指导新建低温配送中心的规划与建设。本项国家标准 2017 年经国家标准化管理委员会批准立项，是列入国家质检总局《支撑物流和电子商务发展的 30 项重要标准研究》质检科研公益专项课题的重要标准，经过 10 余家起草单位的共同努力制定完成。

二、目的和意义

此项国家标准基于现代冷链物流运营的需要，给出了食品低温配送中心规划设计的总体原则，就规划设计、主体建筑、核心功能区、道路及动线、作业设备选用、信息化管理等提出了设计与参考的标准和方法。该标准对于提高我国食品低温配送中心新建、改建或扩建水平与质量，促进作业效率和服务质量提升、推动冷链物流规范化、标准化运营，提升食品冷链“最后一公里”的卫生、质量及安全，满足与提升人民日益增长的美好生活需要，具有重要意义。

三、主要内容

本标准给出了食品低温配送中心规划设计的基本要求，并就规划设计、主体建筑、核心功能区、道路及动线、作业设备选用、信息化管理等提出了设计参数与参考方法。标准适用于食品低温配送中心的新建、改建或扩建。

标准的核心内容包括了以下几个方面：

1. 标准对食品低温配送中心从功能定位、全程冷链、洁净等级、技术与材料的选择、安全环保、绿色节能、主体建筑及制冷系统等方面给出了规划和设计的总体要求。

2. 在总体规划方面，给出了气候条件、地势状况、交通条件、消防要求等因素下的规划设计要求和参照标准。

3. 标准对食品低温配送中心主体建筑－冷库要求进行了规定，给出了建设、设计的参数及参照标准。对配套设施如站台等给出了设计考虑的因素与相应参数。

4. 标准根据作业流程和作业要求，对食品低温配送中心的收发货区、储存区、流通加工区、分拣区、待发暂存区、装卸作业区、检测区等功能区，提出了规划和设计要求。

5. 标准对食品低温配送中心从物流作业效率、人员安全、作业安全等方面提出了设计与优化要求，对各类作业动线及道路、物流动线、人流动线提出了规划和设计参数。

6. 标准对食品低温配送中心各类储存设备、物流容器、分拣设备、搬运设备、流通加工设备、检测设备等作业设备、设施的选用条件提出了要求。

来源：中物联网

《电子商务第三方仓储服务管理规范》等两项国家标准研讨会在京召开

6 月 25 日，全国物流标准化技术委员会组织召开了《电子商务第三方仓储服务管理规范》《电子商务冷链物流配送服务管理规范》两项国家标准研讨会。来自行业协会、电子商务企业、物流企业、大专院校、标准化专家等 13 位专家出席会议。全国物流标准化技术委员会秘书长李红梅主持会议。

起草组介绍了标准的项目来源、制订的目的意义、标准主要内容以及征求意见的情况。专家们对两项标准名称、结构、内容等进行了热烈讨论，提出了很多建设性的意见和建议。会后，起草组会根据专家提出的意见对标准进行修改和完善，争取高质量地完成标准制定工作。

来源：中物联网

交通运输部：道路大型物件运输两项行业标准发布

2019 年 12 月 27 日，交通运输部关于发布《道路大型物件运输规范》和《道路大型物件运输企业等级》等 22 项交通运输行业标准。

《道路大型物件运输规范》(JT/T 1295—2019)标准规定了道路大型物件运输承运人的基本要求，以及运输前准备、运输过程控制和交付验收要求。标准适用于道路大型物件承运人承运车货总高度从地面算起超过 4.5 米，或者总宽度超过 3.75 米，或者总长度超过 28 米，或者总质量超过 100t 的道路大型物件的运输活动，其他道路大型物件运输活动可参照使用。

《道路大型物件运输企业等级》（JT/T 1296—2019）标准规定了道路大型物件运输企业的等级划分和等级条件。本标准适用于从事营业性道路大型物件运输企业基于市场需求的自评，行业管理部门对道路大型物件运输企业分级指导，以及相关社团对道路大型物件运输企业的评定。两项标准的发布与实施对于道路大型物件运输企业的规范管理，以及运输服务及管理具有重要作用。标准将于 2020 年 3 月 1 日正式实施。

详情请登录交通运输部网站（http://www.mot.gov.cn/）查询。

来源：中物联网

2019 年 7 月正式实施的物流国家标准解读

《绿色物流指标构成与核算方法》（GB/T37099-2018）、《物流园区绩效指标体系》（GB/T37102-2018）、《托盘单元化物流系统托盘设计准则》（GB/T37106-2018）三项国家标准已于 2018 年 12 月 28 日经国家市场监督管理总局、国家标准化管理委员会批准发布，并于 2019 年 7 月 1 日正式实施。三项国家标准均是列入物流标准化中长期发展规划的重点标准项目，标准的发布与实施将有利的支撑物流业的高质量、可持续发展。

★《绿色物流指标构成与核算方法》（GB/T37099-2018）

一、背景情况

随着世界经济的不断发展，人类的生存环境出现能源危机，资源枯竭，生态系统失衡等等现状。各国政府采用各种方式推动绿色的发展，包括追加投入以促进环保事业的发展、组织力量监督环保工作的开展、制定专门政策和法令来引导企业的环保行为。我国政府也越来越重视绿色的发展，党的十九大提出“必须坚定不移贯彻创新、协调、绿色、开放、共享的发展理念”“加快建立绿色生产和消费的法律制度和政策导向，建立健全绿色低碳循环发展的经济体系”。

2014 年国务院印发《物流业发展中长期规划（2014—2020 年）》，提出将“大力发展绿色物流”作为七项主要任务之一。为了落实国务院发布的《物流业发展中长期规划（2014—2020 年）》提出的主要任务，国家标准委汇同 13 个部门于 2015 年 11 月发布了《物流标准化中长期发展规划（2015—2020 年）》，《规划》将绿色物流指标及评价列为标准制修订重点领域。

二、目的意义

1. 为政府和行业管理提供依据

标准提供的绿色物流指标体系及指标核算方法，可以作为政府或社会组织全面考核企业绿色物流管理绩效的参考依据，对企业的绿色物流水平做出客观评价。通过对企业的测评，政府或相关组织部门可以有效掌握我国绿色物流的发展现状及存在的主要问题，从而为制定推进绿色物流的相关政策如推展绿色物流工作、支持企业发展绿色物流提供决策依据。因此，标准将为政府和行业的规范化管理提供依据。

2. 为评估企业绿色物流水平提供技术支撑

标准提供的绿色物流指标体系及指标核算方法易于实施，可计量与横向对比，应纳入到企业考核中，评估企业是否为绿色物流企业。企业可应用本标准计算出企业物流过程的资源消耗总量、物流规模与作业效率、温室气体排放量和各类污染物排放量。在此基础上，企业可以制定下一步的减排目标，从而推动企业节能降耗、绿色减排。

三、主要内容

标准首次给出了绿色物流的定义，规定了企业的绿色物流指标体系与指标核算方法，适用于绿色物流的建设、评价和考核，为政府、行业管理部门、第三方评价机构以及企业绿色物流水平评估提供依据。标准的主要技术内容包括了以下几个方面：

1.“绿色物流”定义

标准首次给出了绿色物流的定义，“通过充分利用物流资源、采用先进的物流技术，合理实施运输、储存、包装、装卸、搬运、流通加工、配送、信息处理等物流活动，实现物流环境净化的过程”，即通过对土地、能源、水、材料、管理等资源的合理配置和有效利用，通过在物流各环节中设施设备的高效运行和物流作业效率提升，进而达到减少能源消耗、降低排放，实现对环境的保护。

2. 绿色物流指标体系

标准依据“绿色物流”的定义，按照开展物流活动的输入、物流运作、物流活动产生的能耗排放输出全过程展开，选取资源、运作、环境三个层面的共 34 个关键指标构建形成绿色物流指标体系。

表 1 绿色物流指标

一级指标	二级指标	三级指标
资源指标（17 个）	设施	物流节点选址
		容积率
		建筑节能率
		库区绿地率
	设备	场库高效灯具占比
		新能源车或符合国家最新环保要求车辆占比
		清洁能源装卸设备占比
		标准化周转容器占比（集装箱、交换厢体、托盘、周转箱、笼车等）
	能源	场库单位容积能耗
		载运工具百吨（立方米 / 车）公里燃料消耗量
		使用可再生能源电量占比
	物流包装	生物降解塑料包装材料使用率
		可再利用包装材料使用率
		减量化包装材料使用率
	管理	物流管理体系
		物流运营方案
		物流信息化水平
运作指标（9 个）	设施设备利用	场库单位面积（容积）吞吐量
		载运工具载重量（容积）利用率
		周转容器循环使用占比
		机械设备使用率
	物流作业	集装单元化运输占比
		共同配送占比
		货损率
		物流包装回收率
		不合格品（含废弃物）合规处理率

环境指标（8 个）	温室气体	单位业务量温室气体排放量
	大气污染	单位业务量载货汽车大气污染物排放量
		单位业务量柴油叉车大气污染物排放量
		单位业务量锅炉大气污染物排放量
	固液体污染	单位业务量固体污染物产生量
		单位业务量液体污染物排放量
		固液体污染物合规处理率
	噪声污染	噪声排放值

3. 绿色物流指标核算方法

标准从可比、可量化原则给出了每个三级指标的核算条件性说明、核算方法以及和企业绿色化程度的关系。

★《物流园区绩效指标体系》（GB/T37102-2018）

一、背景情况

物流园区作为重要的物流基础设施，具有功能集成、设施共享、用地节约的优势，促进物流园区健康有序发展，对于提高社会物流服务效率、促进产业结构调整、转变经济发展方式、提高国民经济竞争力具有重要意义。经过近 20 年的发展，我国物流园区已由规划建设为主向运营管理为主转变。根据中国物流与采购联合会物流园区专委会调查，2017 年我国物流园区数量已经达到 1638 家，其中进入运营阶段的物流园区有 1113 家，占物流园区总数的 68%，与 2006 年的 24% 相比有了大幅提升。

同时，党中央、国务院近年来高度重视物流园区发展。2009 年，国务院《物流业调整振兴规划》（国发〔2009〕8 号）把物流园区工程列为 9 项重点工程之一。2013 年，国家发展和改革委员会等十二部门联合发布《全国物流园区发展规划》（发改经贸〔2013〕1949 号），这是我国首个物流园区专项规划。2014 年，国务院《物流业发展中长期规划（2014—2020 年）》（国发〔2014〕42 号）将物流园区列为 12 项重点工程之一。

随着物流业供给侧结构性改革的深入，各政府部门也将物流园区作为推进物流业降本增效的主要抓手之一。但受诸多因素影响，我国多数物流园区尚存在资源聚集效应不强、多式联运衔接不畅、综合服务能力不足、运营管理水平不高等诸多问题，物流园区发展现状与十九大报告对经济高质量发展要求极不相称。2017 年 12 月 18-20 日召开的中央经济工作会议指出，必须加快形成推动高质量发展的指标体系、政策体系、标准体系、统计体系、绩效评价、政绩考核，创建和完善制度环境，推动我国经济在实现高质量发展上不断取得新进展，可见绩效是衡量经济高质量发展的重要手段。

因此，物流园区高质量发展迫切需要建立绩效指标体系，本标准作为评价物流园区建设成果和园区运营管理水平的依据，通过行业对标、树立典型和示范引领，提升园区运营质量和管理水平，从而为企业和政府制定园区发展政策提供依据。

二、目的意义

1. 提高运营水平

在园区管理方面，建立物流园区绩效指标体系，有利于判断园区自身地位与发展水平，并通过各指标评价结果的分析，找出园区自身不足，加强园区的自我管理，从而明确园区发展与改进的方向，提升物流园区运营水平。

2. 树立行业标杆

在行业管理方面，目前我国物流园区仍然缺乏成功的经验，建立物流园区绩效指标体系，有助于形成统一评判标准，区分经营成效好的和成效差的物流园区，通过对经营状况良好的物流园区进行试点示范，可以为经营不善和尚未运营的物流园区的学习借鉴经验提供可靠依据。

3. 把握发展趋势

在政府管理方面，建立物流园区绩效指标体系，有利于政府掌握物流园区整体运营情况，了解不同发展水平物流园区的分布情况，并通过进一步分析不同物流园区的发展前景，为政府重新配置物流发展资源、精准制定发展政策、推动物流园区高质量发展提供决策支持。

4. 辅助投资决策

在社会责任方面，建立物流园区绩效指标体系，有利于社会各界了解物流园区发展水平，有效区分不同物流园区的发展优势与劣势，确定物流园区的业务特点，从而为企业入驻园区和投资决策提供参考。

三、主要内容

标准规定物流园区绩效指标体系和指标内涵，是各类物流园区的绩效管理与评价的参考依据。

1. 物流园区绩效指标体系

标准从园区的物流基础设施、服务能力、运营管理与社会贡献四方面给出了52个绩效指标要求。

表2 物流园区绩效指标

一级指标	二级指标	三级指标
基础设施（9个）	基础设施水平	园区实际占地面积
		物流运营面积占比
		建筑面积
		建筑占地面积
		投资强度
基础设施（9个）	交通设施衔接	公路设施衔接
		铁路设施衔接
		航空设施衔接
		港口设施衔接
服务能力（22个）	仓储服务能力	仓储面积
		仓储容积
		年货物吞吐量
	运输服务能力	运载工具数
		运载工具载重吨数
		年货运量
		年货物周转量
	装卸搬运服务能力	装卸搬运设备数量
		装卸搬运设备新度系数
		单机最大起重能力
		总起重能力
		分拣能力
	流通加工服务能力	年流通加工量
	信息服务能力	园区信息化发展水平
		公共信息平台注册账号量
		公共信息平台日均访问量
		公共信息平台网页级别（PR值）
		公共信息平台功能完备性

服务能力（22 个）	金融物流服务能力	仓单质押、提单质押、保兑仓、代理采购、垫付贷款、代收货款、保理等
	增值服务能力	货运代理、咨询与方案设计、市场交易、贸易代理、口岸、保税等
	基础配套服务能力	停车、住宿、餐饮、加油（加气、充电）、物业、修理、购物、娱乐等
	政务和商务服务能力	工商、税务、金融、保险、海关、国检、财务、财政服务等
运营管理（13 个）	作业效率	人均作业量
		自动化处理效率
		物流强度
		园区发送量占地区运量比例
	经营效率	投入产出率
		劳动生产率
	综合服务质量	客户满意度
		入驻企业数量
		入驻企业质量
	安全管理	安全管理体系
		安全生产事故数量
		连续安全生产天数
		环境事件数量
社会贡献（8 个）	社会责任	从业人员数量
		单位面积税收额
	生态责任	单位收入（作业）耗电量
		可再生能源使用率
		新能源汽车使用率
		绿色建筑覆盖率
	土地集约	建筑密度
		容积率

2. 指标内涵

标准给出了每一个三级绩效指标内涵、指标说明、评价要求和计算方法。

★《托盘单元化物流系统托盘设计准则》（GB/T37106-2018）

一、背景情况

为了进一步促进我国物流业发展，国家高度重视物流标准化工作。国务院先后印发的《物流业发展中长期规划(2014－2020年)》、《物流业降本增效专项行动方案(2016－2018年)等政策文件，都重点部署了物流标准化等工作。2014年，商务部联合国家标准委相继出台《关于加快推进商贸物流标准化工作的意见》、《商贸物流标准化专项行动计划》等指导性文件，明确了“由商贸物流起步、从标准托盘切入、带动提高物流标准化整体水平”的工作部署。2018年，商务部联合9部委正式发布了《关于推广标准托盘发展单元化物流的意见》，明确了将标准托盘作为切入点进行推广标准化应用，标准托盘将作为物流运输设施设备进行标准化所围绕的中心点，包装箱、周转箱（筐）、货运车厢、集装箱等上下游标准设施设备要围绕标准托盘为中心设立标准，进行衔接、运作，提升物流上下游设施设备和服务标准化水平。

深入贯彻国家物流标准化发展战略，落实国家推广标准托盘发展单元化物流的方针，本标准基于对单元化物流系统的系统规划，对单元化物流系统适用的各类托盘在尺寸规格、载重量、标识等主要性能指标和使用等要求进行统一和规范，作为供应链物流的各个环节无缝衔接的基点，从而为我国形成高效低成本的社会化的托盘单元化物流系统奠定基础。

二、目的意义

1. 规范和控制物流过程

单元化物流强调货物以规格化单元的形式在供应链从始至终地顺畅流通。标准通过对单元化物流系统适用的各类托盘的规范和统一，为货物单元规格化、标准化奠定了基础，确保了货物单元在供应链里实现一贯化作业，使得生产企业、物流企业、批发企业、零售企业和用户之间的物流更加顺畅流通，从而提高物流效率，降低物流成本。

2. 促进物流链各环节标准化衔接

托盘是货物运输最基础的装载单元，是物流机械化与自动化搬运最主要的作业单元，是仓储系统最基本的储存单元，也是物流信息系统最基本的记录单元，牵一发动全身，在运输、仓储、装卸搬运、配送等物流环节中起着衔接贯通的关键作用。标准通过托盘的规范和统一，今后就能够以托盘尺寸标准为核心，推动包装箱、周转箱、车厢等物流载具与之相匹配，储存、装卸、搬运、分拣、包装等物流设施设备与之相衔接。这对于整合优化供应链各物流环节的设备和工艺，形成我国单元化物流系统至关重要。

3. 提升单元化物流水平

标准秉承物流科学理念，从单元化物流系统协调发展的角度，规范和统一托盘标准，倡导和鼓励生产制造、物流、商贸流通等企业以单元化、标准化托盘载具为依托，规范包装、储存、装卸、搬运、分拣、配送、运输等物流各环节操作，协同推进物流一体化运作，从而在整体上提升我国单元化物流水平，促进物流提质增效。

三、主要内容

标准给出了托盘单元化物流系统中流通的平托盘、箱式托盘、立柱式托盘和滑板托盘的设计准则和射频识别标签（RFID）及条码符号的基本要求，是形成我国单元化物流系统时托盘设计、生产、检验和使用的依据。

1. 托盘形式

主要规定了托盘单元化物流系统中托盘的主要形式有平托盘、箱式托盘、立柱式托盘和滑板托盘。

2. 平托盘设计准则

主要规定了托盘单元化物流系统中平托盘材质分类以及各材质平托盘在尺寸及公差、形式、额定载荷以及在性能要求和试验方法等方面的要求。

3. 箱式托盘设计准则

主要规定了托盘单元化物流系统中箱式托盘在形式、尺寸、额定载荷、性能要求和试验方法等方面的要求。

4. 立柱式托盘设计准则

本章规定了托盘单元化物流系统中立柱式托盘在形式、尺寸、额定载荷、性能要求和试验方法等方面的要求。

5. 滑板托盘设计准则

主要规定了托盘单元化物流系统中滑板托盘在形式、尺寸、额定载荷、性能要求和试验方法等方面的要求。

6. 射频识别标签（RFID）及条码符号的基本要求

主要规定了托盘单元化物流系统对射频识别标签（RFID）及条码符号在安装质量、标识位置以及两者匹配关系等方面的要求。

信息来源：中物联网

仓储物流机器人——正在向更智能化的高性能物流装备转变

仓储物流机器人属于工业机器人的范畴，是指应用在仓储环节，可通过接受指令或系统预先设置的程序，自动执行货物转移、搬运等操作的机器装置。仓储物流机器人作为智慧物流的重要组成部分，顺应了新时代的发展需求，成为物流行业在解决高度依赖人工、业务高峰期分拣能力有限等瓶颈问题的突破口。

根据应用场景的不同，仓储物流机器人可分为AGV机器人、码垛机器人、分拣机器人、AMR机器人、RGV穿梭车五大类：

AGV机器人：(AutomaticGuidedVehicles)又称为自动引导车，是一种具备高性能的智能化物流搬运设备，主要用于货运的搬运和移动。自动引导车可分为有轨和无轨引导车。顾名思义，有轨引导车需要铺设轨道，只能沿着轨道移动。无轨引导车则无需借助轨道，可任意转弯，灵活性及智能化程度更高。自动引导车运用的核心技术包括：传感器技术、导航技术、伺服驱动技术、系统集成技术等。

码垛机器人：一种用来堆叠货品或者执行装箱、出货等物流任务的机器设备。每台码垛机器人携带独立的机器人控制系统，能够根据不同货物，进行不同形状的堆叠。码垛机器人进行搬运重物作业的速度和质量远远高于人工，具有负重高、频率高、灵活性高的优势。按照运动坐标形式分类，码垛机器人可分为直角坐标式机器人、关节式机器人和极坐标式机器人。

分拣机器人：是一种可以快速进行货物分拣的机器设备。分拣机器人可利用图象识别系统分辨物品形状，用机械手抓取物品，然后放到指定位置，实现货物的快速分拣。分拣机器人运用的核心技术包括：传感器、物镜、图象识别系统、多功能机械手。

AMR机器人：(AutomaticMobileRobot)又称自主移动机器人，与AGV自动引导车相比具备一定优势，主要体现在：

①智能化导航能力更强，能够利用相机、内在传感器、扫描仪探测周围环境，规划最优路径；

②自主操作灵活性更加优越，通过简单的软件调整即可自由调整运输路线；

③经济适用，可以快速部署，初始成本低。

RGV穿梭车：是一种智能仓储设备，可以配合叉车、堆垛机、穿梭母车运行，实现自动化立体仓库存取，适用于密集存储货架区域，具有运行速度快，灵活性强、操作简单等特点。

仓储物流机器人行业发展前景良好，机遇与挑战并存

中国仓储物流机器人行业发展时间较短，大部分的仓储物流机器人厂商成立时间不超过5年，总体来说机遇与挑战并存。一方面，仓储物流机器人可在物流行业的转型升级中发挥积极作用，尤其是在人力劳动最繁重的搬运环节以及需要较多劳动力资源的分拣环节。目前行业内已经涌现出几家发展速度较快、技术水平较高的仓储物流机器人厂商如极智嘉(Geek+)、快仓、海康威视等。由于行业发展前景较好，且机器人的技术研发需要大量的资金支持，仓储物流机器人行业的投融资动作频频。据沙利文统计，2017年仓储物流机器人行业的融资总金额已超过10亿元。

另一方面，仓储物流机器人行业还面临着一系列挑战：

①仓储物流机器人行业属于新兴行业，在快速发展壮大的同时也暴露出了一些问题：机器人的智能化程度不够导致在多场景运行下反应能力不足；机器人功能不全，障碍物识别存在盲区，产品的设计上还需添加独立的开关按钮；机器人带载运行稳定性差，容易出现无法举升货架或行驶轨迹偏移等严重问题；机器人制造商服务水平相比工业发达国家的来说还有很大差距，还需要进一步提升系统稳定性以及减少机器人故障率。

②以电商物流为主的服务限制了仓储物流机器人向其他行业渗透。当前中国仓储物流机器人行业面临的最大挑战是如何解决客户的痛点问题，如降低物流环节的劳动力成本和提高仓库分拣效率等。因此机器人厂商所提供的产品与服务必须贴合客户公司的实际物流需求，这既是仓储物流机器人生产企业增强核心竞争力，也是仓储物流机器人走向产品化的重要途径。

③本土品牌影响力不够。仓储物流机器人企业还需继续加强品牌建设，加大对核心零部件的研发力度，推动行业快速走向成熟。

产品未成熟，商业模式还在进一步探索中

中国仓储物流机器人行业的商业模式主要可分为四种，分别是提供产品解决方案、提供运营服务、提供租赁服务以及中介合作：

提供产品解决方案的模式：指为企业建立自动化仓库，提供集规划设计、软件开发、设备生产、现场安装、售后为一体的服务，由企业对仓库进行管理。仓储物流机器人厂商只收取一次性的行业解决方案费用，不参与仓库日常管理工作。

提供运营服务的模式：指为企业运营一个智能仓库，由仓储物流机器人厂商提供设备、人员和运营服务，帮助企业管理仓库和负责发送到该仓库的订单。仓储物流机器人厂商负责仓库的日常运营并将按照仓库的发货数量收取一定的服务费用。

提供租赁服务的模式：指针对一些难以承受机器人换人费用的企业而提供的仓储物流机器人租赁服务，仓储物流机器人厂商将按月或按年收取租赁费用。这种提供租赁服务的方式对于机器人产品使用方来说，能够减轻有使用意愿企业的资金压力；对于机器人提供方来说，能够提升自身的产业格局并扩大仓储物流机器人的应用领域。

中介合作的模式：指与物流运营商签订长期合作协议，为其提供智能仓库，仓储物流机器人厂商将从该仓库发送的每一笔订单收取一定比例的费用。

中国仓储物流机器人行业的商业模式仍在不断摸索中，当前下游应用需求并未完全打开，一体化产品解决方案还未成熟，按单收费更贴合实际需求；其次，仓储物流机器人厂商打造的机器人产品趋于标准化，有需求的企业更加青睐于机器人租赁方案。

未来，向更加智能化的高性能物流装备转变

在物联网技术、人工智能技术与机器人技术融合发展的背景下，未来仓储物流机器人不再被看作为单一的高性能硬件，而是更加智能化的高性能物流装备。其智能化将体现在三个方面：

①状态感知。借助于物联网技术，机器人能够与周边硬件或产品如可穿戴设备、环境监控设备等进行数据交互，从而实现对自身及周边环境状态的感知。

②实时决策。借助于人工智能技术，机器人能够对特定场景该如何动作做出决策。通过利用计算机技术模拟人类的视觉系统，赋予机器“看”和“认知”的功能。计算机视觉技术是机器认知世界的基础，与语音识别、自然语言处理等技术共同构成机器的感知智能，让机器人自行完成对外部世界的探测，进而做出判断，采取行动，让更复杂层面的指挥决策和自主行动成为可能。

③准确执行。这需要进一步提高机器人核心零部件的精度与能力，使机器人按照决策的结果做出精准的动作。

沙利文全球合伙人、全球市场战略规划副总裁兼中华区总裁王昕博士指出，技术是仓储物流机器人的核心，目前市场上仓储物流机器人的运送方式、拣选技术还不够成熟，产品的稳定性和安全性有较大进步空间。仓储物流机器人制造商还应在自动导航避障、运动控制、视觉识别、多传感器信息融合等方面继续优化，提升机器人性能，进一步提高物流效率，使机器人在智能物流时代发挥更大的作用。

来源：亿欧网 2019 年 3 月 28 日

第十二篇 物流金融

12.1 物流融资租赁

一、物流融资租赁发展空间

作为复合型的一个新兴产业，物流为制造业、工业、金融业等周边产业创造了更多的发展机遇。提升物流与制造业、工业、金融业等相关产业的融合度，将有利于促进物流行业由高速发展迈向高质量发展。

“租赁＋物流金融”有良好发展空间，将融资租赁与物流行业结合起来，既能助力构建现代物流金融服务生态圈，也可以促进租赁业务创新升级。随着互联网经济的迅猛发展，融资租赁公司切入物流金融这一新兴市场，为物流运输市场内的运力企业提供融资类服务，或为物流产业供应链中的中小微企业提供一整套的综合服务解决方案，在物流金融市场中开展差异化服务。

租赁的特点不仅仅在于融资，还具有贸易、投资、融资促销等多重功能，融资租赁切入物流领域，可以较好地将租赁的资产管理、贸易管理的特色体现出来，从而为租赁公司带来一种新的盈利模式。就融资租赁投放来看，据商务部统计，排在前五位的分别是能源、交通运输设备、基础设施及不动产、通用机械设备和工业装备，其中的交通运输在租赁行业投放中，是一个非常重要的板块，因此融资租赁在物流行业有巨大的发展空间。

二、物流融资租赁细分市场

租赁行业同质化竞争激烈，创新业务模式和品类也成为融资租赁行业的共同诉求。而对于物流业务的融资租赁，则是部分融资租赁公司开拓的创新业务领域。物流行业市场广阔，无论是物流地产、物流园区、物流数据基础设施、物流交通等基础市场，还是物流冷链、物流智能化（自动分拣设备）等专业细分市场，均可以成为融资租赁企业业务布局的着力点。

1. 商用车金融

物流交通是租赁公司做物流金融的主要阵地。其中，商用车金融这一细分市场是一片蓝海。有深耕商用车市场的租赁人士表示，当前包括商用车新车、二手车、客车等细分市场，国内商用车市场目前也只有 50% 的金融渗透率，远低于国际成熟市场的 90%，有待开发。

已有部分租赁公司在交通运力这一细分领域持续发力，如切入车后金融市场和整车干线物流市场，为商用车产业链上下游提供全周期、多场景的金融服务，打通交通运力的供应链。如狮桥集团，其专注于干线物流金融，已为近 12 万名卡车司机车主提供了金融产品服务，并通过联结数万名司机，为国内一线电商、快递、快运公司和第三方物流公司提供承运服务。

2. 中小企业的物流供应链

小企业制造物流供应链中，融资租赁也有广阔的发展空间，小商品制造企业的分散造成了物流的碎片化，当发展到一定的企业规模时，商品制造产业链就需要强有力的物流链和供应链来做支撑，租赁公司可通过对资金流、物流和信息流的有效控制，与供应链条上游的供应商、下游的经销商对接，为其提供有针对性的融资类服务或是货物囤积服务，从而提高产业链的总体效益。

三、上海融资租赁公司概况

截至 2019 年 12 月底，中国融资租赁企业（不含单一项目公司、分公司、SPV 公司、港澳台当地租赁企业和收购海外的企业）总数约为12130家，较上年增加了353家，增长2.91%。具体企业发展概况情况见表1。

表1 2019年全国融资租赁企业发展概况

	2019年底（家）	2018年底（家）	增加（家）	增长（%）	行业占比（%）
金融租赁	70	69	1	1.45%	0.6%
内资租赁	403	397	6	1.51%	3.3%
外资租赁	11657	11311	346	3.06%	96.1%
总计	12130	11777	353	3.00%	100.0%

截至2019年12月底，在已注册资金为序的全国融资租赁企业50强排行榜中，有108家企业入围其中，而其中注册地在上海的融资租赁公司共22家，具体情况见表2。

表2 上海主要融资租赁公司

排名	企业	注册时间	注册资金（亿元）	业务范围
1	平安国际融资租赁有限公司	2012	132.41	城市发展、能源冶金、工程建设、企业融资、教育文化、制造加工、汽车金融、商用车等
2	浦航租赁有限公司	2009	126.83	船舶租赁与航运类基础设施租赁业务
3	远东国际租赁有限公司	1991	125.35	医疗、建设、教育、民生与消费、工业与装备、交通与物流、城市公用
4	芯鑫融资租赁有限责任公司	2015	106.50	集成电路产业
5	上海易鑫融资租赁有限公司	2014	103.50	汽车金融助贷业务
6	中航国际租赁有限公司	1993	99.78	航空租赁、船舶租赁、设备租赁、公共事业
7	农银金融租赁有限责任公司	2010	95.00	现代农业、中小企业、装备制造、交通运输、公共事业、节能环保和金融同业
8	交银金融租赁有限责任公司	2007	85.00	航空、航运、机械设备、公用事业、能源设备
9	交银航空航运金融租赁有限责任公司	2014	85.00	航空、航运融资租赁
10	中垠融资租赁有限公司	2014	70.60	飞机、船舶高端装备制造、新能源、节能环保和生物
11	海通恒信国际租赁股份有限公司	2004	70.00	工业、商业、公共服务、医疗健康、小微、交通物流、互联网融资租赁
12	上海金昊阳融资租赁有限公司	2015	69.00	经营异常
13	招银金融租赁有限公司	2007	60.00	能源、装备制造、航空、航运、节能环保、健康产业、公用事业与文化产业、租赁同业
14	招银航空航运金融租赁有限公司	2015	50.00	航空航运融资租赁
15	浦银金融租赁股份有限公司	2011	50.00	国产干／支线飞机、航空设备、船舶、轨道交通、工程机械设备、工业制造设备及公共基础设施建设等

16	中交建融租赁有限公司	2014	50.00	基础设施、工程装备、商业地产及旅游
17	太平石化金融租赁有限责任公司	2014	50.00	石油石化、航空航运（加油船）、民生工程、绿色金融、创新业务
18	石投（上海）融资租赁有限公司	2016	50.00	经营异常
19	中电投融和融资租赁有限公司	2014	43.47	新能源
20	中远海运租赁有限公司	2013	35.00	公共服务、医疗、能源、工信、建设、汽车金融、物流、轻工
21	上海祥达融资租赁有限公司	2014	30.00	节能环保、健康医疗、基础设施、港口物流、精细化工、新能源、新材料、高端装备
22	海尔融资租赁（中国）有限公司	2013	29.63	医疗健康、智能制造、教育文化、农牧食品、城市运营、交通物流

资料来源：中国租赁联盟、租赁联合研发中心、天津滨海融资租赁研究院、各公司网站。

四、上海主要融资租赁企业物流融资租赁业务开展情况

由表2中数据可以看出，除两家经营异常的企业外，大部分融资租赁公司除了开展传统的医疗、制造、能源业的融资租赁外，都涉及了交通物流的融资租赁业务。

1. 平安国际融资租赁有限公司

平安国际融资租赁有限公司（以下简称“平安租赁”）凭借其在商用车融资租赁业务上的产品、技术、服务等方面积极探索和创新，在中国物流与采购联合会物流与供应链金融分会主办的“2019第四届中国物流与供应链金融峰会”上，摘获“2019中国物流与供应链金融卓越服务企业”殊荣。

平安租赁以直接租赁和售后回租两种模式为主，通过丰富的产品满足物流企业及个人在商用车购买、物流设备采购、自有物流设备回租赁等多种融资需求。业务快速发展的同时，平安租赁进一步提升对物流细分行业的专注度，在普货物流、危化品物流、轿运物流、冷链物流等领域设计推出贴合行业属性的产品，并与各细分行业的数十家头部企业开展了良好的合作。与此同时，平安租赁与各大主机厂建立战略合作，为客户提供更全面的服务和优惠的产品，促进商用车融资租赁业务的发展。

随着国内物流行业规模的不断扩大、业态的不断升级，平安租赁在商用车物流行业，通过产业深耕、模式创新、科技领先，不断为全产业链客户提供金融产品和服务，推动中国商用车行业发展和物流产业升级。

2. 浦航租赁有限公司

浦航租赁原名为大新华船舶租赁有限公司，由海航资本集团出资，2009年10月成立于上海市浦东机场综合保税区，专业从事船舶租赁与航运类基础设施租赁业务。

浦航租赁立足VLCC油轮、集装箱船和散货船等领域，拓展各类型船舶与大型船厂设备的租赁业务、船舶贸易、船舶经纪及资产管理业务，为客户提供直接融资租赁、委托租赁、售后回租、转租赁、分成租赁、租赁顾问服务、租赁结构安排、风险管理、船舶资产买卖经纪、国际业务和行业内综合服务等业务。

3. 远东国际租赁有限公司

远东国际租赁有限公司为交通与物流行业提供直接融资租赁、售后回租赁等金融服务。如在某快递公司售后回租项目中，针对客户拟补充中长期资金用于企业固定资产投资的需求，远东交通提供为期3年、总额1亿的信用授信，利用客户无法在银行授信层面使用的分拣设备作为租赁物件，采用售后回租赁方式，为客户中长期资金提供了有力保障。

4. 农银金融租赁有限公司

农银金融租赁有限公司（以下简称“农银租赁”）是农业银行的全资子公司，专注于“三农”领域的融资租赁服务，为更好打通农产品流通的“第一公里”，农银租赁将农产品冷链物流作为重点支持的业务方向。并积极支持供销合作社骨干企业建设农产品批发市场和仓储物流设施。中国供销集团（宁波）海洋公司（以下简称“宁波海洋公司”）与农银租赁合作的4900万冷库冷链设备回租业务，以宁波海洋公司已建成的冷库制冷设备为租赁物，最大限度帮助宁波海洋公司盘活固定资产，在利率、期限、资金用途等多方面给予最优惠的用款条件，该笔业务于2019年12月正式投放落地，是供销集团与农银租赁合作的首笔业务。

与传统的银行产品相比，租赁产品具有期限长、还款安排灵活、资金使用便捷等特点，十分适合冷链企业的资金需求。下一步，农银租赁还将加大对供销系统优质、龙头冷链企业的支持力度，与全国供销系统携手为冷链物流“补短板”、提高农业综合效益、助力脱贫攻坚。

5. 交银金融租赁有限责任公司

交银租赁的业务范围包含开展中小企业融资租赁业务，类型主要包括直接租赁和售后回租两种。直租业务可以有效的满足了中小企业在高速发展阶段扩大再生产的设备采购需求，使得企业能提高竞争力，提高产能，保持较高的市场占有率；回租业务通过最大程度的盘活中小企业的存量固定资产，有效补充企业生产经营中所需的流动资金，由于回租业务一般期限较长，一定程度上能够满足中小企业对中期流动资金的需求。

同时，公司的航空租赁业务覆盖全球，服务于国内外50多家知名航空公司。航运租赁业务方面，也不断开拓创新业务模式，为航运客户提供直租、回租、经营租赁、融资租赁、混合租赁及境内保税区SPV项目等多种租模式；服务产品丰富多元，涉及散货船、集装箱船、豪华邮轮、油轮、以及工程船舶与设备等租赁标的。

6. 招银金融租赁有限公司

招银金融租赁已成功树立国内具有强势影响力的船舶融资租赁品牌。目前，公司拥有各类船型近百艘，船舶类资产余额近100亿元，散货船运力近300万载重吨。船型涵盖商业运输类船舶、水上施工类船舶、海洋工程类船舶及其他特种船舶。并已建立起完善的船舶金融服务体系，包括提供融资租赁、结构化产品、整体项目融资规划、船舶资产管理、新项目投融资管理等。

7. 浦银金融租赁股份有限公司

航空租赁是浦银租赁公司的战略性主营业务，公司是国内唯一具有民用航空制造企业和航空服务业股东背景的金融租赁公司，兼具民用支干线飞机研发、设计、总装制造、航空服务多重特色优势，具备为飞机制造商、运营商等各类客户，航材、配件的供应、维修、管理、培训等上下游产业提供全产业链、全方位融资租赁服务的独特功能和优势，能够为客户度身定做融资租赁产品，充分满足客户多方面、个性化的需求。

2019年10月29日，浦银金融租赁股份有限公司以新设于中国（上海）自由贸易试验区临港新片区的项目公司作为出租人，由法国达飞海运集团公司的全资控股子公司作为承租人，完成了两条11380TEU（标准箱）集装箱船舶经营性租赁业务，这是国内金融租赁公司在临港新片区落地的首单船舶跨境租赁业务，标志着新片区跨境租赁业务迈出了实质性的第一步，是新片区聚焦跨境租赁与离岸金融，创新引领，打造具备国际先进水准租赁业聚集地的成功实践，是浦银租赁依托浦发银行集团优势，充分发挥租赁产品特点和专业化服务能力，构建航运生态圈综合金融服务，努力迈向国际化发展的重要里程碑。2019年11月18日，上海临港新片区与浦银金融租赁公司战略合作签约。

8. 中交建融租赁有限公司

公司的船舶、海工装备的跨境租赁业务以及包括盾构设备、以疏浚船舶为代表的工程装备融资租赁业务为其设备租赁业务的重点。基础设施领域的融资业务主要通过：直接融资租赁、售后回租赁、正反向保理及相关产品组合实施。交通基础设施租赁包括公路、桥梁、港口码头、轨道交通设施等的租赁。

9. 中远海运租赁有限公司

中远租赁物流领域业务主要涉及：道路运输、管道运输、铁路运输、水上运输以及相关配套服务产业的融资租赁。

五、信息化成为提升物流融资租赁服务效能关键

对于融资租赁而言，使用信息化手段提升其物流服务能力同样重要。金融目前对于利益的追逐，在一定程度上还非现在的物流及其体系所能够满足的。融资租赁的融资成本和运营成本不低，此外，物流金融领域也会出现一些违约事件，所以租赁进入物流行业，需要把握好行业的本质和成本。通过现代信息化技术去降低运营成本，提升风控能力，有助于支撑租赁公司更好地开展物流金融业务。

通过把物联网、人工智能、大数据和区块链等技术相结合，对交易信用、监管信用进行增信，把物流订单执行过程、监管对象、监管经营信息变得可视，通过可视、可追、可控制来解决问题。

12.2 物流业直接融资

2019 年，对物流业来说喜忧参半。政策利好、科技创新、市场升级成为行业发展重要引擎，但不容忽视的是，物流业依然面临结构调整、产业优化、降本增效等挑战。

物流业的持续快速发展对相应的金融服务提出了巨大的需求，尤其是民营物流企业。民营物流企业一般靠自有资金起步，自身积累和民间借贷成为最主要的企业发展资金来源。随着自身经营规模不断扩大，业务范围持续扩张，资金的压力越来越大。这些压力主要是设施设备的投入压力，日常运营流动资金的需求压力，客户应收款账期压力，业务保证金和押金所占压的流动资金压力等。

2019 年的投融资表现是近 5 年中最冷的一年。这不仅出现在物流行业，全行业的融资环境都十分恶劣。2019 年，全行业的融资次数较 2018 年直降 56%，融资总金额降幅也高达 35%；而物流行业与全行业相比则相对缓和，融资次数下降 38%，融资总金额下降 25%。

2019 年物流行业共发生 86 笔融资事件，产生融资总金额约 533 亿元，其中最大一笔融资是阿里追投菜鸟的 233 亿元，约占全年总投资额的 42%。

资本对物流业从普遍撒网转为重点培养，对企业市场占有率的关注到看重企业中短期收益，资本市场风向的改变间接推动了行业整合步伐的加快。此外，广大中小物流企业融资渠道窄、融资贵等难题依然突出。

图 1 近 5 年全行业投资次数与总金额

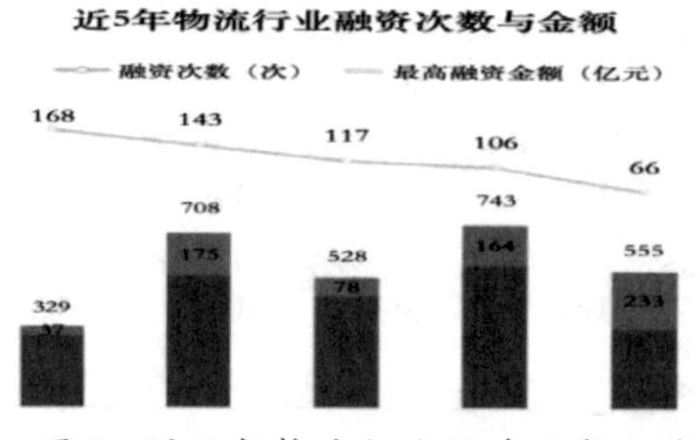

图 2 近 5 年物流行业融资次数与金额

数据来源：运联研究院。

从融资企业所在地看，地域集中分布表现十分明显，主要集中在京津、上海和广州；其中，上海作为物流之都，共产生 38 笔融资，占融资总笔数的 44%。

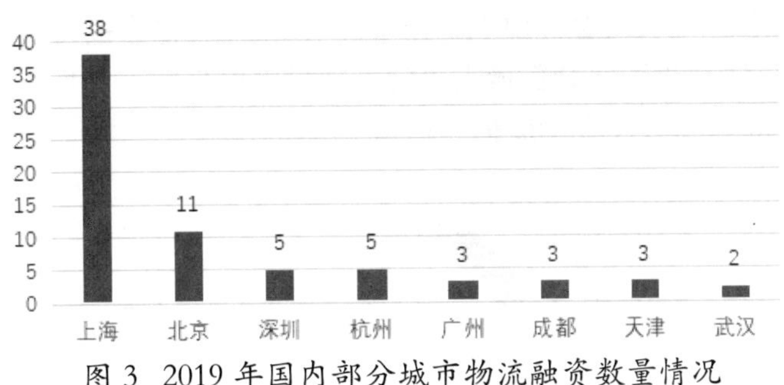

图 3 2019 年国内部分城市物流融资数量情况

数据来源：编者整理。

一、上海市物流业投融资概况

截至 2019 年 12 月 31 日，上海物流行业全年融资 38 笔，总金额 195.4 亿元人民币。与 2018 年上海物流融资的 47 笔、272 亿元相比，融资笔数、融资额均大幅减少。实际上不仅上海，全国物流行业融资数量、融资额纷纷遭遇滑铁卢。

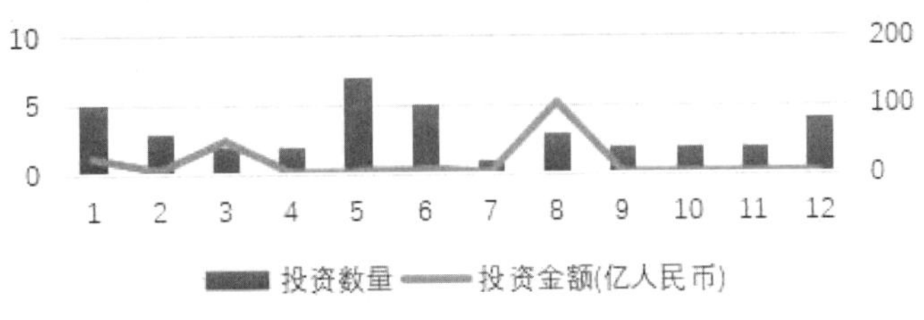

图 4 2019 年上海物流融资情况

数据来源：根据 IT 桔子数据整理。

从投资细分市场来看，最多的三个领域分别为：物流信息化（14 个）、货运服务（10 个）、云服务（4 个），从融资集中投资金额来看，2019 年，上海市物流融资 10 亿元以上融资项目为 3 个，占比 8%，1 亿 -10 亿元项目 12 项，占比 31%，1000 万元至 1 亿元项目占比 29%，千万元以下占 3%，未披露数额占 29%。

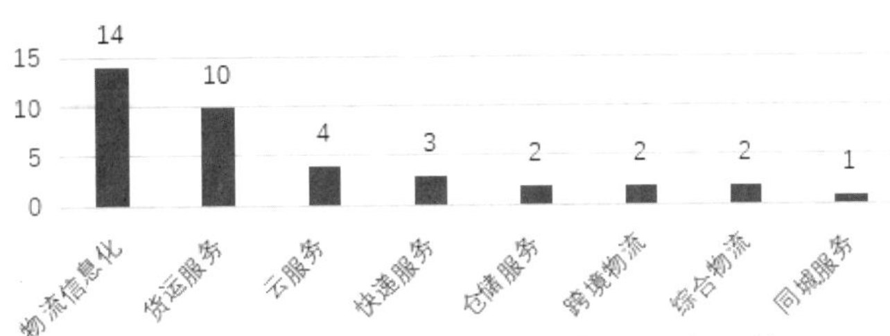

图 5 2019 年上海物流行业投资细分市场情况

数据来源：根据 IT 桔子数据整理。

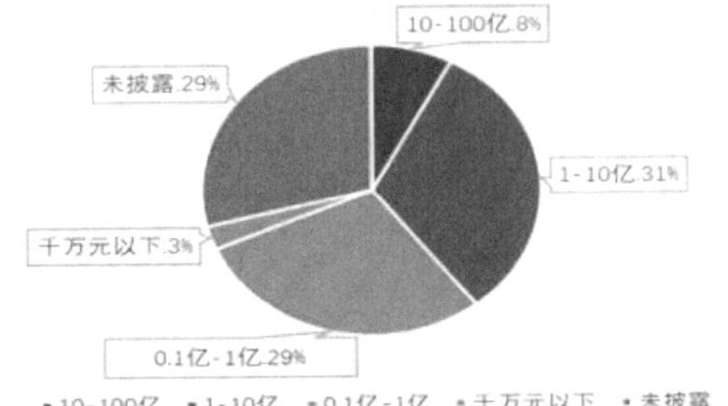

图 6 2019 上海物流融资规模分布占比统计情况

数据来源：根据 IT 桔子数据整理

从投资轮次看，种子轮 0 个，天使轮 1 个，pre-A/A/A+ 轮 20 个，B/B+ 轮 4 个，C/C+ 轮 11 个，

D轮及以后1个，战略投资8个；投资金额由于部分项目未披露，无法直接比较，但从可获得数据得知，战略投资金额占比最大，本年度两笔金额最大投资为阿里巴巴分别于3月和8月对申通快递进行的投资项目，金额分别为46.65亿元、99.82亿元均属于战略投资。

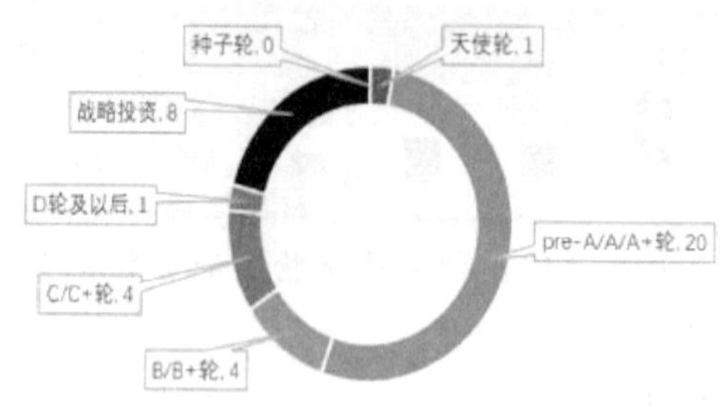

图7 2019年上海物流融资数量轮次分布（个）

数据来源：根据IT桔子数据整理。

2019年，上海物流融资亿元以上企业共11家，其中申通快递、聚盟本年均获得两轮融资。融资企业、融资时间、所属行业、投资轮次、金额及投资方情况如下表所示。

表1 2019年上海亿元以上融资规模物流企业情况统计

公司名	时间	子行业	轮次	金额	投资方
聚盟	2019-01-08	物流信息化	Pre-A轮	1亿人民币	赛富基金 SAIFPartners
壹米滴答	2019-01-14	货运物流	D轮	18亿人民币	厚朴基金，源码资本，普洛斯GLP，博裕资本
优速快递	2019-01-27	快递服务	C轮	数亿人民币	普洛斯GLP
申通快递	2019-03-11	快递服务	战略投资	46.65亿人民币	阿里巴巴
晶链通	2019-05-06	物流信息化	A轮	1亿人民币	中通快递
运去哪	2019-06-11	跨境物流	C轮	7000万美元	红杉资本中国，CoatueManagement，源码资本
壹米滴答	2019-06-30	货运物流	战略投资	数亿人民币	中银投资，宁波天时仁合股权投资合伙企业(有限合伙）
申通快递	2019-08-01	快递服务	战略投资	99.82亿人民币	阿里巴巴
智租出行	2019-08-20	物流信息化	A轮	1亿人民币	联动天翼，华熠基金
箱箱共用	2019-08-28	综合物流	C轮	数亿人民币	中美绿色基金，领中资本
聚盟	2019-09-06	物流信息化	A轮	数亿人民币	IDG资本，三峡鑫泰
商桥物流	2019-11-18	货运物流	A+轮	1亿人民币	前海母基金，拓邦投资，启创资本QCCapital，中集集团
新鲜严选天鲜配	2019-11-20	同城物流	战略投资	数亿人民币	阿里巴巴
卡力互联	2019-12-09	货运物流	A轮	1亿人民币	远洋资本，子米投资，蜂网投资

聚盟是一家大票零担网络运营服务商，以园区为基础、聚合城市有物流梦想的专线融合共享，强强连接，实现产品化、标准化、信息化、集约化发展，形成一张覆盖全国一、二、三级城市稳定、高效、经济的门到门全直达运输体系，打造共生、共赢的物流生态圈。

壹米滴答是一个供应链管理公司，采用网络众筹、运力众包等运营模式，以信息化系统为纽带，汇聚各区域物流网络及专线公司，实现末端无盲点的配送，隶属于上海壹米滴答供应链管理有限公司。

优速快递是一家提供全国性快递服务的规模型快递企业，聚焦“大包裹”，主要定位于提供单件 3KG-50KG 大件包裹，单票不设上限的门到门服务。

申通快递是一家综合性的快递公司，兼具传统快递业务以及电子商务物流服务，可为国内大型 C2C、B2C 企业提供物流配送、第三方物流和仓储、代收货款、贵重物品通道等服务。

晶链通是一家冷链运输服务商，基于云计算、大数据和区块链技术，专注为食品、医药及连锁餐饮提供供应链技术解决方案和业务解决方案，提供异常预报警、订单全程跟踪可追溯、质量资质管控、物流标准化服务。

运去哪是一家 B2B 电商平台，主打国际货运领域，旨在为进出口企业和货运代理企业搭建一条快捷的沟通与交易通道，可提供在线运价查询、报价、订舱、货物追踪、支付等服务，隶属于上海汇航捷讯网络科技有限公司。

智租出行是一家末端配送租赁服务提供商，专注于为快递企业、外卖企业提供更符合其应用场景、合理规化的末端配送车辆全套解决方案，并基于人工智能技术、车联网平台构建大数据系统。

箱箱共用将新一代物联网、大数据、云计算、人工智能等技术与物流包装进行融合，构建了面向全球的“物流包装智慧循环大脑”。目前已适用于汽车配件、新零售及散装液体三大行业的循环管理、智能租赁、供应链预测及跨国共用四大业务场景，从而实现物流包装数据可视化、实时化，并赋能于第三方物流、中小型租赁业从业者，共同推动物流包装在一国内、在跨国间的共享共用及社会化大循环。

商桥物流是一家单元化甩箱物流网络服务商，率先推出单元化智能化产品：快件箱、公交货巴，同时更为客户推出时效产品：小货通、快运达、点到达，为客户提供更准时、安全的物流服务。依托商桥强大的骨干网，目前网络已覆盖全国七大地区 380 多个城市，1.5 万余名员工和 2000 多家服务网点，平台交易额每年以 100% 的复合速度增长。

新鲜严选天鲜配是一家 O2O 智能订奶平台，与蒙牛乳品合作，与阿里巴巴旗下的淘宝、天猫技术合作，打造了消费者通过线上平台订奶，线下智能冰柜取奶的新零售模式，为消费者带来全新 O2O 鲜奶配送新体验！天鲜配，斥重资变传统奶箱为消费者家楼下的智能冰柜，并通过全程冷链运输模式，最大化的保证牛奶的新鲜口感和鲜活营养，全方位迭代升级牛奶消费。

卡力互联是一家以构建运力网络为核心的公司。运用“物流 + 互联网“手段，整合中小物流优质运力资源，专注于整车运输过程管理和客户体验，持续为客户降低物流成本，提升运输效率。卡力互联始终坚持以客户需求为核心，积极拓展多层次、专业化业务，为不同类型客户提供线上线下一站式整车物流解决方案，并提供融资、保险等综合性的金融服务和卡车后市场集采服务。

二、上海物流业融资趋势

从上述物流融资企业情况介绍可以发现，目前物流融资项目更加关注于物联网、大数据、云计算、人工智能等技术与物流各环节的融合、物流网络信息资源的整合、物流平台、冷链物流等领域。

2020 年初，在新冠肺炎疫情的影响下，一些企业出现订单推迟、人员短缺等暂时经营困境，虽不会改变中国经济长期向好的基本面，但仍会给各产业带来一定阵痛，投融资环境将面临较大压力，对物流行业来说，疫情考验着许多细分领域的生存能力，也可能引发产业发展速度和竞争格局的改变。物流企业如何能够在此次疫情中顺势而为，拥有符合行业发展趋势的核心竞争力和清晰发展战略成为关键，因此物流企业融资未来可以关注以下几个方面的趋势：

一是行业整合加深，各领域的领军企业，通过扩张整合，促进行业集中度提升，改变物流行业“小、散、乱”特点。

二是服务能力加强，许多企业由单一的物流服务环节向全面供应链管理转型，综合复杂服务能力不断提升。

三是产业内涵拓展，许多企业不断挖掘行业需求，创新发展出针对企业、车辆、从业人员的多种增值服务，为行业的健康发展提供有力支撑。

四是信息技术普及，利用信息手段进行业务管理和交易促成已成风气，提升行业整体效率。

五是绿色理念渗透，能源节约和新能源利用成为重要领域。

六是智能技术探索，企业已经开始尝试将人工智能、自动驾驶与物流行业进行结合。

12.3 物流保险

一、物流业保险发展空间

物流业的发展推动了保险业的发展。货物在运输过程中充满各种风险，包括在物流服务过程中的错误与延时配送，物品的破损、甚至货物丢失或被盗抢等的威胁。物流保险产生的重要原因就是为了规避上述一系列的责任风险。在传统的物流保险市场中，保险公司提供的保险产品或服务只能覆盖物流过程中的其中一个环节，对于同一批货物需要多次投保。面对物流保险巨大的市场需求，在没有相应新产品出现的情况下，大多数保险公司的做法是将货物运输保险、财产保险进行重新组合、批改和包装之后，推出了与现代物流行业相匹配的保险方案。和传统物流业相比，现代物流行业强调为用户提供个性化与多样化的服务，这都会导致物流运作过程中面临更多潜在的赔偿风险和责任。

近十几年来，我国物流业的规模呈现明显的扩张特征。据不完全统计，与物流行业相关的货运险、物流责任险、仓储险、车险、司机个人及家庭保险等险种保费规模将超过千亿元，市场空间巨大。传统类物流保险的需求保持强劲的势头，加之意外险、营运车险、创新场景险等险种的不断涌现，结合长期以来对物流行业保险需求的市场进行估算，物流保险总体发展趋势处于缓慢上升期。

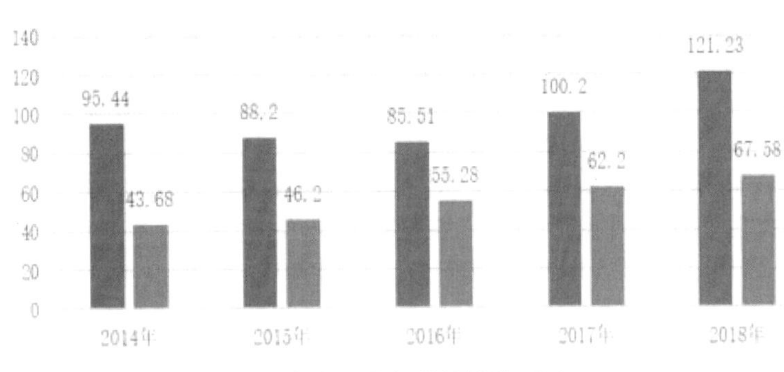

图 1 全国货物运输保险技术指标

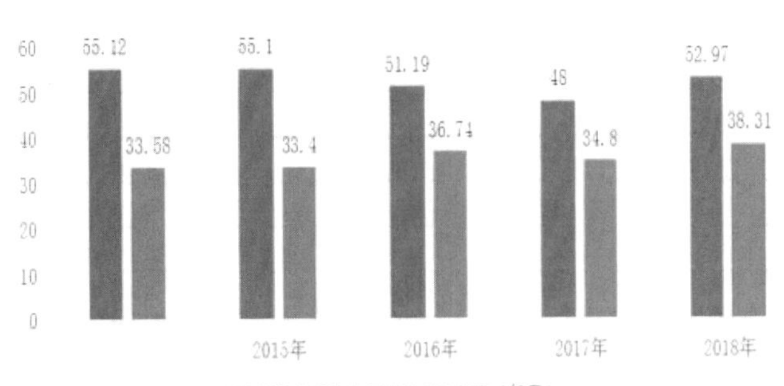

图 2 全国船舶保险技术指标

目前我国保险市场没有针对物流业的统计数据，其市场规模到底有多大尚无官方数字可参考。可以明确的是，2018 年我国货运险保费规模为 121.1 亿元，同比增长 20.6%，略高于工程险、家财险的市场规模。另据中国物流与采购联合会发布的数据显示，2019 年全国物流相关保险的规模已突破902亿元大关。

二、物流业保险市场发展历程

事实上，“物流+保险”并非新事物。早在1998年，一些保险界的有识之士就聚在一起商讨物流保险实施的可行性，并形成了舆论。之后，社会各界呼唤物流保险的声音不断增加。2002年3月，第一份专门的物流保险在人保手中诞生，时隔一年便告夭折。2004年7月，中国人民财产保险股份有限公司推出一款曾被人们认为“具有划时代意思的物流保险”——物流责任险，其结果也是少人问津。

随着物流行业的发展，物流保险业务也不再仅限于由传统保险公司进行提供，近年来，越来越多的物流企业尝试涉足这一物流衍生业务。早在2014年，顺丰控股旗下顺丰金融成立金融保险服务事业部，从事金融保险的配送服务，据了解，在经过数次组织调整后，目前顺丰金融已撤销金融保险事业部，仅围绕供应链金融开展业务。

2017年，申通快递、中通快递、圆通快递、韵达快递等数家快递公司更拟联合设立中邦物流保险股份有限公司（以下简称“中邦物流保险”），期望以更为直接的方式“入局”保险行业。根据规划，中邦物流保险成立初期将以物流行业的保险需求为主，销售各类货物运输险、车险、责任保险及意外险产品。

彼时，中邦物流保险几家发起方表示，随着物流行业尤其是快递行业的快速发展，传统保险公司的产品尚缺少对快递行业的风险转移覆盖及业务风险补偿，而联合组建专业的物流保险公司，有利于解决快递行业的经营痛点，分担、补偿快递领域的特殊风险。“三通一达”基于现有物流数据，以及对物流行业的风险特征掌握程度，某种程度上或可以针对性开发特色保险产品，但也面临能否有效融合的问题。

此外，也有多家物流相关企业，通过设立、收购保险中介公司，涉足保险，如贵阳山恩保险经纪，背后即是物流企业货车帮。

而在保险业内，也有聚焦物流全产业链的保险中介公司。举例来看，早前新三板挂牌的龙琨保险经纪，则聚焦供应链体系中的生产与物流产业提供保险与风险管理服务，基于物流公司与保险公司信息不对称等现状，对保险公司与投保企业进行对接，设计场景化、定制化的保险解决方案。

三、上海新兴物流保险公司概况

根据IT桔子数据整理，截至2019年12月底，全国范围内物流行业中主营业务涉及物流保险的初创型企业有50余家，而其中注册地在上海的新兴物流保险相关公司共6家，具体情况如下表所示：

表1 上海物流保险新兴公司列表

序号	企业	注册时间	总融资额（万元）	行业分类
1	泛森船务	2005	未透露	物流 - 综合物流
2	晟德物流	2011	未透露	物流 - 跨境物流
3	集翊达	2008	未透露	物流 - 跨境物流
4	樱皇国际	2011	10000	物流 - 货运物流
5	畅越飞平	2012	10000	物流 - 仓储服务
6	卡力互联	2017	10000	物流 - 货运物流

资料来源：IT桔子数据

1. 泛森船务

上海泛森国际物流有限公司是一家第三方物流公司，服务范围涵盖了租船、订舱、包装、仓储、港口服务、浮吊、内陆运输、驳船等中转运输服务、报关、报检、货运保险等，为客户提供全面、专业、个性化的工程物流解决方案，包括物流成本预算分析、道路勘察、报关清关、检验检疫、多式联运等，并对各类复杂的工程项目实施全程物流策划和现场监装，操作，航拍等服务。

2. 晟德物流

晟德物流是一家国际货运代理公司，公司致力于葡萄酒进口运输的服务，目前公司的主要业务为海运、空运进出口货物的国际运输代理服务，包括揽货、订舱、仓储、中转、集装箱拼装拆箱、结算运杂费、报关、报验、保险、相关的短途运输服务及咨询业务。

3. 集翊达

集翊达是一家一级货运代理机构，是以经营海运为主并涵盖空运、物流运输和仓储的综合性国际物流公司。专注于海运集装箱整及拼箱业务、液态化工品进出口运输业务、国际空运、陆路运输、仓储服务以及报关报检与货运保险等领域。

4. 樱皇国际

樱皇国际是经国家商务部备案审批的一级货运代理的专业化物流企业。公司集进出口海运、陆路集运为一体，提供散杂货租船、订舱、中转集装箱拼箱拆箱、国际货运保险等相关业务。

5. 畅越飞平

畅越飞平是一家有色金属第三方物流仓储企业，专门从事稀贵金属、贵重物品的储存、中转、流通、运输等业务，具有航空运输销售代理资质，服务内容包括仓储服务、保险报关、设备搬运和多式联运等。

6. 卡力互联

卡力互联是一家以构建运力网络为核心的公司。运用“物流 + 互联网”手段，整合中小物流优质运力资源，专注于整车运输过程管理和客户体验，持续为客户降低物流成本，提升运输效率。卡力互联始终坚持以客户需求为核心，积极拓展多层次、专业化业务，为不同类型客户提供线上线下一站式整车物流解决方案，并提供融资、保险等综合性的金融服务和卡车后市场集采服务。

四、物流保险发展缓慢原因

1 物流行业风险多样，风险系数高

现代物流不仅提供运输和仓储服务，还提供如配送、流通加工、保税、通关等增值服务，服务的多功能性导致其环节繁多、操作过程复杂，使得物流行业风险不确定、可控性差、认知性差，导致保险行业也望而却步。

2. 物流行业发展不规范

物流行业本身发展不够规范导致物流保险的条款的措辞、责任的界定都难以明确。因为保险必须以大量同质风险的存在为前提，而无标准、无规范的物流运作显然加大了保险产品开发设计的难度，所以目前针对物流企业设计的保险产品开展的很一般。

3. 物流保险专业人才的匮乏

保险公司对物流业不熟悉，就无法开展有效地服务，双向人才的缺乏，阻碍了物流保险的发展。

4. 分散业务的局限性

由于货运险等业务具有点多面广，展业难度大，单位收费少等特点，更多保险公司把精力放在了机动车险和企业财险等大块业务上，使业务分散、收费较低的货运险倍受冷落

第十三篇 附录

13.1 2019年上海物流业大事记

上海物流业2019年1月—2020年2月部分大事记

2019年

☆**1月8日，**由上海市公共卫生临床中心与百联集团联手打造的本市首个设在实体商场内的智慧健康航站楼在百联曲阳购物中心正式运营。上海现代服务业联合会会长郑惠强，上海现代服务业联合会副会长、上海申康医院发展中心副主任、上海市公共卫生临床中心主任朱同玉，上海现代服务业联合会副会长、百联集团党委副书记秦青林，上海市公共卫生临床中心副主任张建良，百联股份副总经理、百联股份购物中心事业部总经理陈旭存，百联曲阳购物中心总经理张文逸等共同启动健康航站楼项目。同时，上海现代服务业联合会授予市公卫中心、百联集团智慧健康航站楼“现代服务创新示范项目”称号。

☆**3月26日下午，**联合会会长郑惠强率队前往临港新片区管委会走访调研，市政府副秘书长，临港新片区管委会常务副主任朱芝松会前热情接待了郑惠强会长一行。管委会专职副主任武伟向郑惠强会长一行介绍了临港新片区成立以来的情况，临港新片区学习国际上高水平自由贸易园区建立开放的政策体系，围绕6个方面建立一套对外开放的政策体系，主要包括投资、货物贸易和服务贸易、资金跨境流动、国际航运、国际人才就业以及跨境数据便捷联通方面，建立具有国际水平的跨境税收体系、外籍专家的特殊税收体系、对前沿制造业的税费减免；建立一套防范经济风险和化解经济风险的体系，包括外资安全审查、国门防疫与货物防疫问题。临港新片区管委会高级招商专员叶坚华、管委会金融贸易处处长张晓阳、管委会金融贸易处副处长沈杰、管委会特殊综合保税区处副处长张俊、投资促进服务中心副主任俞斌等出席座谈会。

☆**4月7日下午，**联合会常务副会长陈振鸿带队前往上海得辛医疗科技服务有限公司走访调研。公司董事长韩元良、采购运营副总监杨琦等热情迎候。韩元良陪同陈振鸿副会长一行首先参观了公司的办公场地，以及员工风采、企业大事记宣传墙；介绍了公司的发展历程与运营模式。他说，作为2014年新创立的高科技医疗服务领域的知名公司，自成立以来秉承立志成为国内一流医疗后勤服务与物资供应链解决方案供应商的愿景，持续聚焦于各类医疗机构后勤及物资供应链解决方案的设计与交付。在随后的座谈会上，公司人事行政总监张怡全面介绍了近期公司抗疫工作情况。

☆**4月9日下午，**联合会常务副会长陈振鸿一行驱车前往位于青浦区华新镇华徐公路3029弄18号圆通总部走访调研，圆通速递有限公司副总裁兼物流信息互通共享技术及应用国家工程实验室主任相峰等热情迎候，并向陈振鸿副会长一行详细介绍了圆通速递的发展历程、企业文化、信息化建设水平，航空、国际化布局以及公司未来的发展战略与规划。2017年11月，圆通战略并购香港上市公司先达国际，完成快递行业首例大规模跨境并购，圆通旗下拥有两家上市公司。目前，圆通国际网络已覆盖4大洲，服务覆盖50多个国家和地区，开通国际航线2000多条，海外网络代理点突破

1000 家。同时，圆通发起的“全球包裹联盟”，也是目前唯一一个由国内物流快递企业发起的国际化物流快递联盟平台。

☆5 月 6 日上午，在上海宝丰联大酒店水晶厅成功举办主题为长三角供应链创新与应用大会暨 2019 年中国（上海）长三角物流发展与合作论坛。本次论坛主题是为贯彻习近平总书记关于推动长三角更高质量一体化发展的重要指示，落实《国务院办公厅关于积极推进供应链创新与应用的指导意见》充分发挥长三角市场一体化发展合作机制作用，加快实施长三角区域一体化发展国家战略，联合推进实施国家供应链创新与应用试点工作，共同促进长三角地区产业组织方式、商业模式和政府治理方式创新，发挥长三角示范引领作用，在现代供应链领域培育新的增长点，形成新动能。

☆6 月 3 日上午，戴德梁行新任华东区董事总经理黎庆文一行拜访了上海现代服务业联合会会长郑惠强，双方进行了友好座谈，黎庆文总经理表示，戴德梁行是真正的服务业企业，目前在中国国内的发展趋势很好，规模越来越大。作为联合会副会长和商务服务专委会副主任单位，戴德梁行愿为联合会的各项工作贡献一份力量。郑惠强会长对黎庆文总经理担任戴德梁行华东区董事总经理表示祝贺，他表示联合会也将尽力助推戴德梁行的发展。联合会副会长兼秘书长李关德、商务服务专委会主任姜耀中、联合会副秘书陈虎祺，商务服务专委会副主任董伦超，秘书长李尚华、副秘书长高俊雯以及联合会联络部部长刘宇参加了座谈。

☆6月4日上午，2019 上海国际建筑业主与物业管理产业展览会暨高峰论坛在世博中心隆重举行，上海现代服务业联合会会长郑惠强出席并致辞。本次上海物业管理行业协会举办以“智领城市服务未来”为主题的高峰论坛和 12 场分论坛，聚焦了新形势下上海和国际建筑业与物业管理产业的新趋势。这是向建国 70 周年献礼的重要举措，又能共同探讨新时代行业发展的未来。郑惠强会长在致辞中指出，2019 上海国际建筑业主与物业管理产业展览会暨高峰论坛，聚焦建筑与物流行业发展的新技术、新趋势、新作为，起点高、眼光锐，主题鲜明突出，具有强烈的时代感，他由衷地期待上海物业管理行业在建设卓越城市进程中，永远把满足人民对美好生活的向往作为奋斗目标，为打造“上海服务”品牌加油助力，不断作出新作为、新贡献。上海现代服务业联合会副秘书长陈虎祺、白焕耀陪同出席了活动。

☆6 月 13 日下午，郑惠强会长、陈振鸿常务副会长率队一行冒雨抵达平湖，在平湖市政府的相关领导陪同下参观了平湖经济开发区车创园，随后冒雨赶来的平湖市委副书记市长仲旭东全程陪同郑会长一行参观了平湖城市展览馆并亲自介绍了平湖城市发展规划蓝图、平湖历史、美哉金平湖的由来。座谈会上双方就上海现代服务业与平湖市如何打开深度合作进行了深入的分析探讨，仲书记热情地讲解了平湖的区位优势和现代服务业的发展方向，与联合会的服务理念不谋而合。随后陈振鸿常务副会长介绍了出席平湖调研考察的企业代表，并逐一让联合会会员单位代表发言寻找合作商机，最后郑惠强会长表示非常高兴能够看到上海平湖两地因为服务业的发展紧密联动，期待与平湖有跟多的深度合作。会员单位上汽集团监事长卞百平、上海郑明物流董事长黄郑明、万家物流有限公司董事长范立军、上海新英源物流有限公司董事长王智源、上海合亚实业有限公司董事长柯楚溪、联合会汽车产业金融服务专委会秘书长沈颐辰、体育之窗文化产业集团副总裁牛爱岩、徐汇区现代服务业促进中心秘书长朱慧群、上海高通半导体有限公司董事长程儒萍、上海航天动力科技工程有限公司副总经理夏芳；联合会李关德副会长兼秘书长、陈虎祺副秘书长、白焕耀副秘书长，促进中心杨军主任、信息中心副主任王宜琳等参加考察交流。

☆7 月 2 日下午，郑惠强会长、简大年副会长一行走访上海市嘉兴商会。

上海市嘉兴商会副会长、全球商会网董事长何振明，上海市嘉兴商会副会长兼秘书长吴少，上海市嘉兴商会理事、上海集年众创空间管理有限公司总经理步勇捷等陪同接待。 吴少重点介绍了商会联席会长会议机制及双轮驱动的运营模式、何振明副会长介绍了自己的创业经历、步勇捷理事介绍了自己一路走来的发展经历以及目前从事的行业等情况。双方表示上海市嘉兴商会将在教育、文化、医疗方面进行资源的整合与对接，合作共赢！ 陈虎祺副秘书长，联络部部长刘宇陪同调研

☆**7月11日下午，**李关德副会长主持召开中卫安（上海）项目建设介绍会。会上，中卫安（北京）认证中心董事长徐维等介绍了中心情况以及来沪建立检测和认证中心的构想。李关德副会长高度肯定中卫安（上海）项目建设的重大意义，并就相关项目落户上海提出建议，他表示联合会会全力支持与配合。刘春景主任、隋军副秘书长及有关会员单位和专委会代表出席介绍会。

☆**8月7日，**在《新加坡公约》签署之际，上海现代服务业联合会发布了全国首个商事调解团体标准《商事调解规则团体标准》（以下简称《标准》）。该《标准》由上海现代服务业联合会发起，上海经贸商事调解中心、上海锦天城律师事务所、上海君和律师事务所、上海振华重工（集团）股份有限公司、上海仪电控股（集团）公司、金光纸业（中国）投资有限公司、德中工商技术咨询服务有限公司上海分公司（德国商会）、中国欧盟商会、美国德汇律师事务所、上海市质量和标准化研究院等单位共同参与编制。《标准》涵盖了调解范围、规范性引用文件、术语和定义、调解程序、调解费用、调解效力以及附则等八个部分，为未来的国内和国际性商事调解提供了通用性规则。特别值得一提的是，《标准》中重点突出了商事调解的不公开的原则，确保商事调解当事方对企业商事安排的保密需求，符合国际商事调解领域的根本要求。《标准》的发布，将进一步规范和促进上海乃至全国的商事调解规范、有序、健康、可持续的发展。随着该《标准》在上海的逐步贯彻落实，必将进一步增强本市调解行业、企业和全社会对于商事调解重要性的认识，进而有利于从源头上优化上海营商环境，提升中国商事调解在国际上的影响力与服务水平，夯实“上海国际贸易中心”建设的法治基础。

☆**8月9日，**国务院印发《中国(上海)自由贸易试验区临港新片区总体方案》(以下简称《方案》)。《方案》指出，要以习近平新时代中国特色社会主义思想为指导，坚持新发展理念，坚持高质量发展，推动经济发展质量变革、效率变革、动力变革，对标国际上公认的竞争力最强的自由贸易园区，选择国家战略需要、国际市场需求大、对开放度要求高但其他地区尚不具备实施条件的重点领域，实施具有较强国际市场竞争力的开放政策和制度，加大开放型经济的风险压力测试，实现新片区与境外投资经营便利、货物自由进出、资金流动便利、运输高度开放、人员自由执业、信息快捷联通，打造更具国际市场影响力和竞争力的特殊经济功能区，主动服务和融入国家重大战略，更好服务对外开放总体战略布局。

☆**11月8日下午，**《华辰优安进口食品论坛暨采销签约会》在上海国家会展中心举行，上海现代服务业联合会会长郑惠强应邀出席并致辞。行业专家和精英共聚进博会分享观点、展望未来，共同探讨进口食品、金融贸易的发展，促进行业合作，实现发展共赢。中国饭店协会会长韩明、越南社会主义共和国驻上海领事馆总领事宁成功、上海海关党委委员、副关长兼海关总署风险防控局（上海）局长叶建、中国自由贸易试验区沈阳片区管理委员会副书记、副主任王知非、伊藤忠（中国）集团有限公司东亚区食料事业部总经理松井学、华辰隆德丰企业集团董事长朱永兴出席了本次论坛并进行开场致辞。华辰隆德丰企业集团董事长朱永兴在欢迎辞中说，华辰优安作为进博会“6+365”常年展示交易平台，积极探索和实践针对进口食品产业链上下游的专项服务，携手海关、商务部、进口博览局、各国大使馆等政府机构和相关行业协会为进博会参展商提供一站式服务解决方案，包括365天展览展示、通关报检、物流仓储、B2B交易、渠道对接、食品安全和供应链金融服务等，打造线上线下一体化的食品产业服务平台。

☆**11月10日**召开的第二届进博会专业观众注册超过50万人，其中包括7000多位境外采购商，

大大超过首届，采购商国际化程度进一步提高；采购商专业性更强，其中，境内企业中来自制造业的占32%，来自批发和零售业的占25%。交易采购成果丰硕，按一年计，累计意向成交711.3亿美元，比首届增长23%，第二届进博会国家展参展国分布广泛，各国展台特色鲜明，活动丰富多彩，促进了各国间的沟通交流，中国馆彰显中国特色，以新中国成立70周年为主题，展示中国新发展理念和高质量发展成就。企业商业展规模、质量、布展水平，与首届相比，均实现了新突破。

☆**11月21日**，应宜昌市政府的邀请，联合会物流与供应链服务专委会等参加的一行17人，于今年10月25日赴当地进行考察交流，并介绍上海物流业的发展现状。交流会上，咨询行业协会的郭德利秘书长，专委会韩志雄秘书长各自介绍了本行业的发展与整体情况。宜昌市政府参事，质量协会名誉会长，安琪酵母原董事长俞学峰和宜昌市人民政府副秘书长郭一彬作了精彩演讲，并对两市行业之间的友好交流表示赞赏，新一轮的发展已蓄势待发，希望这种行业和企业之间的互动能够持续地发展下去，并得到进一步的扩展和延伸。

☆**11月29日上午**，“陆家嘴产业金融论坛暨GIIS 2019第三届汽车新消费峰会”在上海凯宾斯基大酒店举行，上海现代服务业联合会会长郑惠强应邀出席并致辞。步入2019年，全球汽车行业面临新的机遇与挑战。汽车行业不断脱离传统机械制造的范畴，向智能化、数字化、电动化进一步转变。依靠单个国家或地区，已很难实现汽车行业的转型、升级与蜕变，国际化俨然大势所趋。本次大会以“守望2020——产业共生·协同创新”为主题，由上海市浦东新区人民政府、上海市金融服务办公室、上海现代服务业联合会指导，亿欧公司、亿欧汽车子公司、上海现代服务业联合会汽车产业金融服务专委会、圆石金融研究院主办。来自各行业组织、汽车企业、银行、第三方金融机构等500位嘉宾齐聚一堂，围绕金融与汽车产业的共生、协同关系等议题，共同勾勒了一幅未来汽车消费新蓝图。

☆**12月11日**，在上海圣诺亚皇冠假日酒店隆重举行主题为“数智共享·链启未来”的2019上海第六届现代物流与供应链高峰论坛。本次峰会由上海市商务委员会、上海市交通委员会、上海市发展和改革委员会、上海现代服务业联合会指导；上海物流与供应链企业家协会、上海现代服务业联合会物流与供应链服务专业委员会共同主办；ITShare智享会承办。联合会物流与供应链服务专委会主任范鸿喜、副主任兼秘书长韩志雄，联合会副秘书长陈虎祺、白焕耀出席论坛。

2020年

☆**2月8日**，市委书记李强在上海市统筹推进新冠肺炎疫情防控和经济社会发展工作电视电话会议上指出：要有序推进复工复产复市，加快扶持政策落实落地，精准实施“减、免、缓、退、补”等纾困解困措施。上海出台《上海市全力防控疫情支持服务企业平稳健康发展的若干政策措施》，提出28条综合政策举措，集政策优势形成“组合拳”，支持帮助企业共渡难关。22日，首批东方国际三枪集团爱心捐赠湖北省武汉市的保暖衣物已运抵湖北省武汉市环同济大健康科技产业园，将在当地志愿者的协助下陆续分发给武汉市各定点医院及发热门诊，以及其他一些医疗单位和一线单位的手中。24日下午，三枪集团已先后向孝感、恩施、武汉等多个地区发送并已抵达超过15万套保暖衣物，更多物资也将在近日尽快发往湖北省其他地区。据统计，此次三枪集团向湖北一线爱心捐赠的物资将会突破最初预估的40万套，最终将达到约55万套保暖衣物和其他物资的数字。

☆**2月19日**，为贯彻落实上海市商务委员会关于生活服务行业在疫情防控上既要做好各项防控工作又要发挥行业优势的精神，上海市餐饮烹饪行业协会联合上海市食品安全工作联合会携手外卖网络平台，组织符合要求的餐饮企业，继“11+80餐饮企业供餐名单”后，上海再向社会餐饮征集供餐外送餐饮企业，对疫情期间经地区监管部门容许经营并处于正在营业的申请门店，经审核筛选后整合，扩容后供餐企业达到“11+150”，3006家门店，企业为企事业单位提供送餐服务，解决企事业单位复工后的职工就餐问题。

☆2月22日，首批东方国际三枪集团爱心捐赠湖北省武汉市的保暖衣物已运抵湖北省武汉市环同济大健康科技产业园，将在当地志愿者的协助下陆续分发给武汉市各定点医院及发热门诊，以及其他一些医疗单位和一线单位的手中。目前，三枪集团已先后向孝感、恩施、武汉等多个地区发送并已抵达超过15万套保暖衣物，更多物资也将在近日尽快发往湖北省其他地区。据统计，此次三枪集团向湖北一线爱心捐赠的物资将会突破最初预估的40万套，最终将达到约55万套保暖衣物和其他物资的数字。

信息收集整理：喻海峰

13.2 上海图书馆馆藏部分 2019 年出版物流业文献目录

表 1 上海图书馆馆藏部分 2019 年出版物流业文献目录

序号	书名	著者	出版社
1	《物流技术创新与实践》	余名宪	浙江工商大学出版社
2	《物流统计实务》	刘徐方	清华大学出版社
3	《物流决策与优化》=Logisticsdecisionandoptimization	马璐	华中科技大学出版社
4	《物流配送实务》	李海民	北京理工大学出版社有限责任公司
5	《物流方案设计》=Logisticsprojectdesign	王清斌	东北财经大学出版社
6	《食品物流学基础》	和东芹	中国商业出版社
7	《重新定义物流》产品、平台、科技和资本驱动的物流变革	潘永刚	中国经济出版社
8	《物流与供应链管理》	张钦	科学出版社
9	《物流运输管理》	郑宁	上海财经大学出版社
10	《乡村振兴战略下县、乡、村三级物流模式创新研究》	宾厚	经济科学出版社
11	《物流设施设备》	王欣	中国劳动社会保障出版社
12	《跨境电商物流》=Cross-borderE-commercelogistics	项捷	电子工业出版社
13	《现代物流管理》	钱廷仙	高等教育出版社
14	《物流系统规划与设计》	徐丰伟	电子工业出版社
15	《现代物流学》	易兵	中国财富出版社
16	《跨境电子商务物流》=Cross-borderelectroniccommerce	陆端	人民邮电出版社
17	《物流产品精益行》物流产品经理职场修炼与企业转型变革之道	蒋啸冰	电子工业出版社
18	《物流信息管理》	余建海	中国人民大学出版社
19	《福建沿海港口物流协同发展研究》	郑颖	吉林大学出版社
20	《全球物流管理》=Globallogisticsmanagement	李怀政	浙江工商大学出版社
21	《中国冷链物流发展报告》2019=Chinacoldchainlogisticsdevelopmentreport.2019	秦玉鸣	中国财富出版社
22	《物流企业会计》=Logisticsenterprisesaccounting	李艳花	立信会计出版社
23	《物流管理》=Logisticsmanagementandstrategy:competingthroughthesupplychain	哈里森	机械工业出版社
24	《物流企业客户关系管理》	张松涛	中国人民大学出版社

25	《智能物流实验实训教程》	石彪	中国铁道出版社有限公司
26	《国际物流与货运代理》	顾永才	首都经济贸易大学出版社
27	《区域煤炭物流管理》	王喜富	中国财富出版社
28	《突发事件中物流服务供应链的服务补救研究》	张默	上海交通大学出版社
29	《第三方物流》=Thirdpartylogistics	骆温平	高等教育出版社
30	《物流地理》	杨秀茹	高等教育出版社
31	《物流与供应链管理》	汪小芬	西安交通大学出版社
32	《物流节点规划设计》	陈子侠	浙江大学出版社
33	《物流成本管理》	陈洁	中国水利水电出版社
34	《现代设施规划与物流分析》	戢守峰	机械工业出版社
35	《国际物流与货运代理》	田振中	清华大学出版社
36	《物流经济学》=Logisticseconomics	舒辉	机械工业出版社
37	《航空物流管理》	周叶	北京大学出版社
38	《会展物流服务供应链系统构建研究》	戴黎燕	中国纺织出版社
39	《物流风险管理》=Riskmangementforlogistics	孙家庆	东北财经大学出版社
40	《物流经济地理》	常利平	北京交通大学出版社
41	《物流基础》	胡建波	西南财经大学出版社
42	《物流与供应链管理》=Logisticsandsupplychainmanagement	克里斯托弗	电子工业出版社
43	《港航物流生态治理》=Portandshippinglogisticsecologicalmanagement	李秋正	浙江大学出版社
44	《大物流时代：物流集群如何推动经济增长》=Logisticsclusters:deliveringvalueanddrivinggrowth	谢菲	机械工业出版社
45	《跨境电商背景下物流风险管理研究》	李文立	科学出版社
46	《皖江口岸进出口物流协同联动发展研究》	金泽虎	光明日报出版社
47	《商品仓储物流学习指导与练习》	应旭萍	高等教育出版社
48	《现代物流信息技术与应用实践》	白世贞	科学出版社
49	《江苏物流创新典型案例》	毛海军	东南大学出版社
50	《“一带一路”背景下国际物流对国际贸易的影响度研究》=Studyontheimpactofinternationallogisticsoninternationaltradeunderthebackground	张军	经济科学出版社
51	《山东省冷链物流产业发展的对策研究》	肖长刚	中国矿业大学出版社有限责任公司
52	《中国物流通道的区域空间效应》=RegionalspatialeffectsoflogisticscorridorinChina	范月娇	社会科学文献出版社
53	《冷链物流策划实务》	李学工	清华大学出版社

54	《物流信息系统》=Logisticsinformationsystem	姜方桃	西安电子科技大学出版社
55	《电子商务物流管理》=E-commercelogisticsmanagement	张铎	高等教育出版社
56	《外贸与物流单证项目实训教程》	王平	中国铁道出版社
57	《模块化特征、知识转移与平台组织绩效研究》：以物流服务平台为例	沈玉燕	浙江大学出版社
58	《物流市场营销学》=Logisticsmarketing	董千里	电子工业出版社

来源：上海图书馆网查询 整理制表：喻海峰 2020 年 4 月 26 日

编辑说明

《上海物流年鉴 2019》出版了，这已经是第九本行业年鉴。本年度年鉴共分十三篇章：第一篇：综合报告和政策文件，第二篇：物流基础领域，第三篇：物流业创新研发与应用实践，第四篇：口岸、自贸区和进口博览会物流，第五篇：长三角物流区域联动合作，第六篇：制造业物流，第七篇：城市配送和快递物流，第八篇：冷链物流，第九篇：物流供应链，第十篇：逆向物流，第十一篇：物流装备技术与物流标准，第十二篇：物流金融，第十三篇：附录。本年鉴信息和稿件收集的时间范围为 2019 年全年（部分延至 2020 年 2 月）

本年鉴在 2018 年鉴基础上做了篇幅前后的改动，其余的篇章也有相应不同程度的框架及内容上的扩充或缩减。

本次调整如下；第一篇综合报告和政策文件、第二篇物流基础领域，这两个章节主要是登载当年主要政府政策及法律、法规的文件和官方的解读，取消了第三篇“物流业改革开放四十年整个篇章”，由上一年鉴的第四篇“物流创新研发与应用实践”，提至为今年的第三篇，第四篇口岸与自贸区和进口博览会物流，将原第四篇中的“长三角物流业区域合作”，单独纳入第五篇“长三角物流业区域联动合作”，物流企业作为今年年鉴的新增部分也纳入第五篇中，第六篇制造业物流章节未变，第七篇城市配送和快递物流，是由原年鉴城市配送的基础上又再增加快递物流，第八篇冷链物流，第九篇物流与供应链，第十篇逆向物流，第十一篇物流装备技术和物流标准该章节未变。第十二篇物流金融，其中第十三篇附录作了相应的调整。

本年鉴选摘稿件信息主要来源于：国家统计局、工信部、国家发展改革委、国家邮政局、交通运输部、国家商务委、中物联、上海市发展改革委、上海市经信委、上海市商务委、市统计局、市交通委、市城市交通运输管理处、市口岸服务办公室、上海市邮电管理局、上海海关、上海市港口行业协会、上海市物流协会（学会）、上海市快递协会、上海现代服务业联合会等公共网站，本年鉴采用的选摘稿件均注明数据信息来源出处。

由于今年年初“疫情”原因，物流行业信息统计不够全面及时，加以物流业涉及面广，内容浩繁，少数数据由于统计口径不尽一致，数值若不尽相同，再加上编辑专业水平经验不足，若有疏漏及不足之处，敬请读者和业内外人士批评指正。

《上海物流年鉴》编辑部

2020 年 4 月 28 日